AUFKLÄRUNG

Interdisziplinäres Jahrbuch
zur Erforschung des 18. Jahrhunderts
und seiner Wirkungsgeschichte

Herausgegeben von
Lothar Kreimendahl, Martin Mulsow
und Friedrich Vollhardt

Redaktion:
Marianne Willems

Band 25 · Jg. 2013

Thema:

NATUR

Herausgegeben von
Martin Mulsow und Friedrich Vollhardt

D1721516

FELIX MEINER VERLAG

ISSN 0178–7128

Aufklärung. Interdisziplinäres Jahrbuch für die Erforschung des 18. Jahrhunderts und seiner Wirkungsgeschichte. – Herausgegeben von Lothar Kreimendahl, Martin Mulsow und Friedrich Vollhardt. – Redaktion: Dr. Marianne Willems, Ludwig-Maximilians-Universität München, Institut für deutsche Philologie, Schellingstraße 3, 80799 München, E-mail: aufklaerung@lrz.uni-muenchen.de.

INHALT

Aufklärung 25 · © Felix Meiner Verlag 2013 · ISSN 0178-7128

KURZBIOGRAPHIE

DISKUSSION

EINLEITUNG

Das vorliegende Jahrbuch unternimmt den Versuch, die Gesamtheit der Aus-drucksformen, die mit dem Problem der Naturreflexion in der Aufklärung zusam-menhängen, in genau umschriebenen Kontexten zu erfassen, zu erörtern und im Blick auf die neueste Forschung zu diskutieren. Was kann die Berufung auf Natur und Natürlichkeit im 18. Jahrhundert bedeuten? Wie hängt das Erkenntnisobjekt mit den abstrakten Vorstellungen von ‚Natur‘ (als Legitimationsgrund etc.) zu-sammen? Mit anderen Worten: Wie sind naturphilosophische und normative Dis-kurse miteinander verbunden?

Was das 17. Jahrhundert angeht, so steht immer noch die alte These Wilhelm Diltheys im Raum, es habe damals ein „natürliches System der Geisteswissen-schaften" gegeben, in dem – gefördert vor allem durch den Neostoizismus – un-terschiedlichste Disziplinen ihre Legitimation in einem gemeinsamen Begriff der Natur gefunden hätten.[1] Diltheys These kann heute sicher nicht mehr in ihrer ur-sprünglichen Form übernommen werden. Das 17. Jahrhundert war in seiner – zu-gestandenen – Vorliebe für Berufungen auf Natürliches ein Zeitalter der Konkur-renzen und Konflikte bezüglich des Naturbegriffs, keineswegs aber monolithisch. Es war ein Zeitalter des Multi-Naturalismus, das sich lediglich darin einig war, daß Natur als solche ein Argument sein konnte, sei es im Naturrecht, in der natür-lichen Religion oder in einer natürlichen Pädagogik. Wolfgang Proß hat diesen Aspekt der Vielfalt und Konkurrenz begrifflich schärfer gefaßt und zugleich die Perspektive ausgeweitet, indem er das 17. und 18. Jahrhundert als Einheit be-trachtete.[2] In eben diesem Sinne wird auch in dem vorliegenden Band danach ge-fragt, wie die synchrone Apperzeption von ‚Natürlichkeit‘ in so verschiedenen Wissenschaftssphären wie Recht, Religion und Physik beschrieben werden kann, ohne in die Sackgasse der Annahme eines konfliktfreien ‚natürlichen Sy-stems‘ zu geraten. Das betrifft vor allem das Jahrhundert der Aufklärung, da sich die Ambivalenz in der Berufung auf Natur oft erst in diesem Jahrhundert ge-zeigt hat. Daß Natürlichkeit nicht nur eine Emanzipation von der Offenbarungs-religion oder verkünsteltem Geschmack, sondern ebenso eine Berufung auf Rasse

---

[1] Wilhelm Dilthey, Das natürliche System der Geisteswissenschaften im siebzehnten Jahrhun-dert, in: Archiv für Geschichte der Philosophie 5 und 6 (1892/1893), wiederabgedruckt in W.D., Gesammelte Schriften, Bd. 2, Stuttgart, Göttingen 1957, 90–245.

[2] Wolfgang Proß, „Natur“, Naturrecht und Geschichte. Zur Entwicklung der Naturwissen-schaften und der sozialen Selbstinterpretation im Zeitalter des Naturrechts (1600–1800), in: Inter-nationales Archiv für Sozialgeschichte der deutschen Literatur 3/1 (1978), 38–67.

und Volk bedeuten kann, wird nun deutlich und erzeugt eine Dialektik, die in etwas umschlagen kann, das wir heute eher als Gegenaufklärung bezeichnen möchten. Wie sind die Verwendungen von ‚Natur' als Argument im 18. Jahrhundert fortgeschritten, was hat sich verändert? Der Band versucht Antworten – und Anregungen für weitere Forschungen zu geben.

Martin Mulsow, Friedrich Vollhardt

ABHANDLUNGEN

Natürliches Licht und natürliche Religion in der Religionsphilosophie der Aufklärung

Das eigentliche Thema der Religionsphilosophie der Aufklärung ist das Thema der natürlichen Religion. Als Voltaire 1756 sein *Poème sur le désastre de Lisbonne ou examen de cet axiome: „Tout est bien"* publizierte, war es mit einem *Poème sur la loi naturelle* verbunden, das in einer Manuskriptfassung auch als *Poème sur la religion naturelle* benannt war.[1] Als David Hume 1757 seine *Natural history of religion* publizierte, hatte er schon mehrere Jahre zuvor an dem Manuskript seiner kritischen *Dialogues concerning natural religion* (postum 1779) gearbeitet.[2] Nur kurz nachdem Johann Joachim Spalding eine deutsche Übersetzung von James Fosters attraktiven *Discourses on all the principal branches of natural religion and social virtue* publiziert hatte (1751/53), erschien für interessierte Leser auch Hermann Samuel Reimarus' Buch *Die vornehmsten Wahrheiten der natürlichen Religion* (1754).[3] Matthew Tindals *Christianity as old as the creation, or, the Gospel a republication of the religion of nature* von 1730 war 1741 von

---

[1] Voltaire, *Mélanges*, hg. von Jacques van den Heuvel, Paris 1961; die Texte dort 271–287 bzw. 301–309; vgl. die Anmerkungen des Hg. ebd., 1435 bzw. 1440 f.

[2] David Hume, Principal writings on religion including Dialogues concerning natural religion and The natural history of religion, hg. von J. C. A. Gaskin, Oxford 1993; vgl. die Einleitung des Hg. ebd., xviii-xix. Für einige Aspekte der Rolle von Hume in der christlichen Apologetik des 18. Jahrhunderts vgl. Christoph Bultmann, Die biblische Urgeschichte in der Aufklärung. Johann Gottfried Herders Interpretation der Genesis als Antwort auf die Religionskritik David Humes, Tübingen 1999, 86–130 (vgl. zur Literatur bes. ebd., 120, Anm. 132).

[3] Vgl. für eine kurze Vorstellung von Foster Christoph Bultmann, Was ist ein theologischer Klassiker? Anmerkungen zu Johann Joachim Spaldings *Über die Nutzbarkeit des Predigtamtes und deren Beförderung* (2006), in: C.B., Bibelrezeption in der Aufklärung, Tübingen 2012, 13–40, hier 16–22. Für eine kurze Vorstellung von Reimarus ders., Langweiliges Wissen. Die Wahrheiten des Hermann Samuel Reimarus, in: Albrecht Beutel, Volker Leppin (Hg.), Religion und Aufklärung. Studien zur neuzeitlichen „Umformung des Christlichen", Leipzig 2004, 81–91. Zu Reimarus weiter Jonathan Israel, The philosophical context of Hermann Samuel Reimarus' radical Bible criticism, in: Martin Mulsow (Hg.), Between philology and radical enlightenment. Hermann Samuel Reimarus (1694–1768), Leiden 2011, 183–200; Dietrich Klein, Hermann Samuel Reimarus (1694–1768). Das theologische Werk, Tübingen 2009, 201–266.

Aufklärung 25 · © Felix Meiner Verlag 2013 · ISSN 0178-7128

Johann Lorenz Schmidt ins Deutsche übersetzt und dabei noch gleich mit einer kommentierenden Schrift Fosters verbunden worden.[4] Um die Mitte des 18. Jahrhunderts waren mehr als genug Titel verfügbar, durch die ein Leser oder eine Leserin sich kritisch oder unkritisch ein Bild von der Debatte um die ‚natürliche Religion' machen und die Entwicklung einer bestimmten religionsphilosophischen Linie im Kontext einer Religionskultur beobachten konnte, die weitgehend noch von kirchlichen Autoritäten bestimmt war.

Bei Tindal konnten interessierte Leser dafür die folgende Ermutigung finden:

> And therefore, I shall not scruple to affirm, That He who stedfastly adheres to what the Light of Nature teaches him concerning the divine Goodness, as he will avoid the comfortless Prospect of the Atheist, the perpetual Anxiety of the superstitious, the wild Perturbation of the Enthusiast, and the pernicious Fury of the Bigot; so he can't fail of the True Religion, happily seated in the Middle between these Extreams. And, as such a Person can't but love God as he ought, so in Imitation of the divine Goodness, which influences all his Actions, he will contribute his utmost to the Good of Others; and his Love and Kindness will be as extensive as human Nature; and going on rational and evident Principles, which must give him entire Satisfaction, he will act a steady uniform Part. And what can be wanting to a Man, who has this heavenly, this godlike Disposition, which renders him happy in himself; and as far as it is in his Power, makes the whole World so too.[5]

Und diese Leser durften sich als „men of good sense" verstehen; als aufgeklärt:

> [...] there can be nothing in God but what is God-like; he either must be perfectly good or not be at all. It wou'd be well, if all who in Words give this Character of the Deity, were consistent with themselves, and did not impute such Actions to him, as make him resemble the worst of Beings, and so run into downright Demonism. And let me add, Men of good Sense, and who mean well, will naturally fall into the same Sentiments; a Shaftesbury will say the same as a Tillotson.[6]

---

[4] Matthew Tindal, Christianity as old as the Creation, or, the Gospel a republication of the religion of nature, London 1730, Nachdruck hg. von Günter Gawlick, Stuttgart-Bad Cannstatt 1967; vgl. zur Übersetzung die Einleitung des Hg. ebd., 36*-37*. Zu Reaktionen auf Tindal vgl. Christopher Voigt, Der englische Deismus in Deutschland. Eine Studie zur Rezeption englisch-deistischer Literatur in deutschen Zeitschriften und Kompendien des 18. Jahrhunderts, Tübingen 2003, 81–112. Tindal findet auch bei Ernst Feil, Religio. Die Geschichte eines neuzeitlichen Grundbegriffs [...], Bd. 4, Göttingen 2007, 224–233, Berücksichtigung.

[5] Ebd., 76. – Tindal bezieht sich hier auf Plutarch, *De superstitione* (171 E); vgl. auch ebd., 99 f., 126 und (im Zitat) 219.

[6] Ebd., 78. – Shaftesbury (1671–1713) steht für die philosophische Tradition von John Locke her, Tillotson (1630–1694; ab 1691 Erzbischof von Canterbury) für die theologische Tradition in der anglikanischen Kirche. Vgl. zu Tillotson Feil, Religio (wie Anm. 4), Bd. 3, Göttingen 2001, 374–383; zu Shaftesbury ebd., Bd. 4, 236–243. Als Studie zur Wirkungsgeschichte Shaftesburys vgl. Mark-Georg Dehrmann, Das „Orakel der Deisten". Shaftesbury und die deutsche Aufklärung, Göttingen 2008.

Eine Diskussion über die Bedeutung der religionsphilosophischen Aufbrüche und Argumente, die das ebenso konstruktive wie kritische Konzept der natürlichen Religion in der Aufklärung getragen haben, kann im gegenwärtigen Kontext nur angestoßen werden. Peter Byrne hat 1989 der Frage eine Studie *Natural religion and the nature of religion. The legacy of deism* gewidmet, in der er das Werk repräsentativer Religionsphilosophen der Zeit folgendermaßen charakterisiert:

> The conclusions of deism may strike us as naive in many respects. Its importance lies in the way in which it opens up vital issues in the history of religion. It is concerned, among other things with the universality, comparability, and naturalness of religion and, through these things, with profound questions about the nature of history. [...] What is under debate in radical religious rationalism is the extent to which human destiny and salvation are centred upon a special period of history, as traditional theological accounts affirm, and ultimately whether salvation is offered through an historical process at all. In denying that one period of religious history is the focus for all else, deism is affirming the comparability of all periods of history. Likewise, the universality of religion rests upon the uniformity of history. One obvious legacy of deism that makes it of enduring interest is the clear way in which it raises questions about the nature of history and about the role of religion in history.[7]

Der religionsphilosophische Weg zu einer postulierten vernunftkonformen Zentralität des Gottesattributes der Güte Gottes, wie sie etwa von Tindal als Leitvorstellung entworfen wird, ist nicht leicht zu beschreiben. Byrne stellt in seiner Studie zu Recht fest: „To affirm the universality, comparability, and naturalness or religion is to place an obvious question-mark against the kind of traditional account of the place of Christianity in history [...]"; dafür verweist er auf seine Darstellung dieser Sicht in einem Abschnitt „Religion and Christianity" mit Bezug auf Augustin, Thomas von Aquin und Martin Luther. Dort war er zu der Schlußfolgerung gelangt:

> The particularity of Christianity will provoke the scandal of God's apparent injustice to mankind as a whole, and a high evaluation of human nature will enable thinkers to rest upon human conceptions of desert and justice in investigating the apparent arbitrariness of the Christian God. A re-valuing of human nature will bring with it a vision of what counts as a proper relationship between God and man in terms of which the Christian interpretation of history will present itself as the very model of an account of an unjust, partial deity.[8]

Im Folgenden sollen im Anschluß an Byrne beispielhaft einige Aspekte der theologischen Tradition aus der Wittenberger Reformation des 16. Jahrhunderts genannt werden, die deutlich machen können, inwiefern die innerchristliche Kon-

---

[7] Peter Byrne, Natural religion and the nature of religion. The legacy of deism, London 1989, 53. Das Zitat gehört zur Einleitung zu den Kapiteln 3 und 4 „Deism and the case for natural religion" und „Deism and the criticism of religion" (52–110), in denen u. a. Tindal Berücksichtigung findet.

[8] Ebd., 21. bzw. 53.

troverse um die rechte Gewichtung des „Evangeliums" als Botschaft der Gnade Gottes aus einer Offenbarung Gottes den religionsphilosophischen Diskurs für mehrere Generationen behindert hat. Dabei ergibt sich das Problem, ob das Licht der Heilsgewissheit das Licht der Natur in einer Weise überstrahlt, daß die religionsphilosophische Frage nach einer natürlichen Religion nicht mehr sinnvoll gestellt werden kann. Für die Selbstverständigung innerhalb einer exklusiven kirchlichen Gemeinschaft ließ sich eine solche Beschränkung wohl hinnehmen, für ein erwachendes, Aufklärung suchendes philosophisches Interesse an der Pluralität von Kulturen und Religionen in der universalen Geschichte der Menschheit mußte sie unbefriedigend scheinen.[9]

Um zum Thema der natürlichen Religion eine Skizze im Hinblick auf die evangelische theologische Lehrbildung nach der Wittenberger Reformation zu versuchen, kann auf einen schulprägenden Text zurückgegriffen werden, die „Loci theologici" von Philipp Melanchthon.[10] Auch vorbehaltlich einer näheren Untersuchung des konsonanten oder dissonanten Charakters von Äußerungen nachfolgender evangelischer Theologen, die den Weg zur Aufklärung beförderten oder verzögerten, wird der Einfluß von Melanchthons Lehrbuch in seiner lateinischen oder deutschen Fassung nicht zu unterschätzen sein. Mit den „Loci praecipui" oder den „Hauptartikeln" liegt ein Werk vor, das die evangelische Position innerhalb der Religionskultur der Frühen Neuzeit in Deutschland entscheidend bestimmt hat.[11] Die Druckgeschichte des Werkes hat Ralf Jenett in den wesentlichen Zügen in seiner Einleitung zu einer Neuausgabe der deutschen Übersetzung in der Textfassung von 1553 erläutert. Demnach folgte unmittelbar auf die lateinische Erstfassung von 1521 eine deutsche Übersetzung durch Georg Spalatin (1522). Auf die lateinische Neufassung von 1535, deren Druck dem englischen König Heinrich VIII. gewidmet war, folgte unmittelbar eine deutsche Übersetzung

---

[9] Eine umfassende einschlägige Studie von der Seite der calvinistisch bestimmten Lehrbildung her ist Peter Harrison, ‚Religion' and the religions in the English enlightenment, Cambridge 1990.

[10] Vgl. für den akademischen Zusammenhang auch die Studie von Asaph Ben-Tov, Lutheran humanists and Greek antiquity. Melanchthonian scholarship between universal history and pedagogy, Leiden 2009, hier bes. 47–49 und 159–165.

[11] Vgl. zu Melanchthons „Meisterwerk" als dem „wichtigsten dogmatischen Lehrbuch der sich bildenden professionellen protestantischen Amtsgeistlichkeit" Thomas Kaufmann, Geschichte der Reformation, Frankfurt am Main 2009, 562–565; auch Kenneth G. Appold, Orthodoxie als Konsensbildung. Das theologische Disputationswesen an der Universität Wittenberg zwischen 1570 und 1710, bes. 156–166. Eine reizvolle Studie ist Theodor Mahlmann, Die Bezeichnung Melanchthons als Praeceptor Germaniae auf ihre Herkunft geprüft, in: Udo Sträter (Hg.), Melanchthonbild und Melanchthonrezeption in der Lutherischen Orthodoxie und im Pietismus, Wittenberg 1999, 135–226. Als Überblick über die evangelischen Lehrkontroversen der 2. Hälfte des 16. Jahrhunderts vgl. Gottfried Seebaß, Geschichte des Christentums III. Spätmittelalter, Reformation, Konfessionalisierung, Stuttgart 2006, 237–249. Die Frage der natürlichen Religion hat in diesen Kontroversen offenbar keine besondere Rolle gespielt.

durch Justus Jonas (1536). Melanchthon bearbeitete dann erneut die deutsche Fassung 1542 und die lateinische Fassung 1544; weitere Revisionen begleiteten die Druckgeschichte des deutschen und des lateinischen Textes bis 1558, d. h. bis kurz vor Melanchthons Tod im Jahr 1560.[12] Zwischen der ersten und der zweiten lateinischen Fassung des Lehrbuchs liegt Melanchthons Abfassung des protestantischen Bekenntnisdokuments für den Reichstag in Augsburg 1530 (*Confessio Augustana*) sowie seine anschließende Ausarbeitung einer umfangreichen „Apologie" der Bekenntnispunkte in diesem Dokument (1531).[13]

Wer nun Melanchthons Lehrbuch[14] als einen signifikanten Bezugspunkt für die Frage nach einem theologischen Urteil zu dem Problem einer natürlichen Religion im Sinne einer Erkennbarkeit Gottes für die natürlichen Kräfte der menschlichen Vernunft betrachtet, sieht sich mit einer starken Negation konfrontiert. Das Werk beginnt – nach der Vorrede – mit einem Kapitel „Von Gott", das dem Kapitel über den christlichen trinitarischen Gottesbegriff vorangestellt ist (86–93). Gemäß dem „Register der fürnemsten Heubstücke christlicher Lere, so in diesem Buch gehandelt sind" bietet dieses Kapitel auch „Antwort auff die frage, Ob auch ein Mensch aus natürlichem liecht der vernunfft Gott erkennen genugsam möge" (476). Melanchthon nähert sich hier dem Thema der Gotteserkenntnis von der Frage des Gebets, der „anruffung gottes", her – man mag dabei ebenso an die Szene auf Jonas Schiff nach Tarschisch denken, die ein Erzähler im antiken Juda entworfen hat (Jona 1,5 f.), wie an die Reflexionen über „scire" und „invoc-

---

[12] So nach Philipp Melanchthon, Heubtartikel Christlicher Lere. Melanchthons deutsche Fassung seiner Loci theologici, nach dem Autograph und dem Originaldruck von 1553 hg. von Ralf Jenett und Johannes Schilling, Leipzig 2002, 50 f.; die Textfassung von 1558 in der Ausgabe von Melanchthons *Opera omnia*, hg. von H. E. Bindseil (Corpus Reformatorum, Bd. 22, Braunschweig 1855), ist mit der Fassung von 1553 „weithin identisch" (ebd., 68). Einen ausdrücklichen Hinweis auf die Widmung gibt Heinz Scheible, Melanchthon. Eine Biographie, München 1997, 122. Die lateinischen Fassungen der „Loci communes/praecipui theologici" von 1521, 1535 und 1543 sind in der Ausgabe *Opera omnia* (Corpus Reformatorum, Bd. 21, Braunschweig 1854), 81–227 bzw. 331–560 bzw. 602–1050 enthalten (dort die Widmung an Heinrich VIII, in späteren Ausgaben auch „lectori": 333–340). Die Erstfassung von 1521 liegt auch in einer lat./dt. Ausgabe vor: Loci communes 1521, übers. von Horst Georg Pöhlmann, Gütersloh 1993.

[13] Beide Texte sind in den Bekenntnisschriften der evangelisch-lutherischen Kirche (BSLK), hg. vom Deutschen Evangelischen Kirchenausschuß, Berlin 1930 u. ö., enthalten: 31–137 und 139–404 (lat./dt.). Für den Reichstag vgl. z. B. Scheible, Melanchthon (wie Anm. 12), 106–116; Seebaß, Geschichte des Christentums (wie Anm. 11), 186–188; Kaufmann, Geschichte der Reformation (wie Anm. 11), 570–608.

[14] Im folgenden werden nur Textbelege aus der deutschsprachigen Version von 1553 herangezogen (Seitenzahlen im Text nach der Neuausgabe von 2002). Vgl. für andere Varianten der Diskussion einer natürlichen Gotteserkenntnis die Kapitel „De Deo" in der lateinischen Fassung von 1535 (CR 21, 351 f.) bzw. von 1544 (CR 21, 607–612). Melanchthon bereitet jeweils durch eine Schilderung der „dubitationes" im Fall der natürlichen Gotteserkenntnis die Offenheit für die Offenbarung des Evangeliums vor.

are" in der Eröffnung der *Confessiones* Augustins. Indessen grenzt Melanchthon
die Gotteserkenntnis aus der biblischen Tradition des Alten und des Neuen Testaments nicht nur gegenüber dem Polytheismus ab, sondern konstatiert, daß insgesamt die „heiden, turken, ungleubige Iuden und alle gottlosen" nur eine in die Irre
führende religiöse Suchbewegung verfolgten (86).[15] Sofern überhaupt von einer
natürlichen Gotteserkenntnis zu sprechen ist, beschränkt sich diese auf das Postulat einer durch wenige grundlegende Attribute charakterisierten Gottheit, zu der
sich der Mensch als Glaubender – oder eben als Betender – in keine Beziehung zu
setzen wisse.

> Die [die Heiden] wissen von natur so viel, das gott ein allmechtiger, weiser, gerechter
> herr sey, der alles erschaffen hatt. Wo ehr aber zu finden sey und ob ehr unser schreyen
> erhoren wolle, das wissen sie gantz nicht, schreyen allein zu gott aus gewonheit […]
> (86).

Die existentielle Logik des Verdikts „allein aus Gewohnheit" mag im gegenwärtigen Kontext auf sich beruhen; wichtig ist zunächst, daß Gott als Gott der Schöpfung „von natur" erkennbar sein soll.

Im Sinne einer von den *artes liberales* geprägten Wissenschaftskultur[16] läßt
Melanchthon die Stimme eines Opponenten zum Zuge kommen, der die antike
griechische und römische Philosophie zu verstehen sucht:

> Dagegen aber fragen ettlich: Ist doch menschlicher vernunfft erkantnus von gott ein-
> gebildet wie erkantnus der zal. Alle menschen wissen von natur, das ein ewig, allmech-
> tig wesen ist, voll weißheit, gutikeit und gerechtikeit, das alle creaturn erschaffen hatt
> und erhellt [*scil.* erhält]. Und den selbigen allmechtigen, weisen, gutigen und gerechten
> herrn nennet mann gott auch auß naturlichem verstand (88, vgl. 179 und 234).[17]

In der griechischen (Sokrates, Xenophon, Platon, Aristoteles) und römischen (Cicero) Religionsphilosophie habe sich ein Religionskonzept herausgebildet, für
das die Existenz Gottes und die Verpflichtung des Menschen zum moralisch guten
Handeln die Determinanten von Religion gewesen seien. Die ethische Verpflich-

---

[15] Da die Confessio Augustana in ihrem Artikel „De Deo" sogleich mit dem trinitarischen
Gottesbegriff einsetzt, werden dort die „Mahometistae" nur im Verwerfungssatz über „haereses"
erwähnt (BSLK 51 f.); vgl. aber auch CR 21, 609 und 611.

[16] Vgl. die Widmungsvorrede von 1535 (CR 21, 338): „[…] etsi sunt aliae praestantiores virtutes,
pietas, usus vitae, experientia certaminum spiritualium, prudentia, tamen impudentes sunt hi quoque, qui cum se interpretes doctrinae Christianae esse profiteantur, non dant operam, ut adiungant
liberalem eruditionem, quae non solum ornamento est Ecclesiae Christianae, sed aliquid ipsi doctrinae lucis addit".

[17] Für das Argument der „notitia numerorum" und das damit verbundene Argument der „notitia
ordinis" vgl. Günter Frank, Die theologische Philosophie Philipp Melanchthons (1497–1560),
Leipzig 1995, 267–283. Die Studie von Frank zeichnet sich nicht zuletzt durch eine Vielzahl oft
paralleler Quellenbelege aus den Schriften Melanchthons aus. Der gelegentlich irritierende Begriff
einer „Geistphilosophie" bei Melanchthon stellt eine Aufnahme von lateinisch „mens" dar.

tung oder das moralische Gesetz (*lex moralis*) wird dabei – mit einem zumindest indirekten Bezug auf Röm 2,14 f. – auf ein „Licht" zurückgeführt, das Gott als Schöpfer „in die natur gebildet hatt" und das eine Unterscheidung zwischen „tugent und untugent" erlaube. „Ist diser verstand von gott nicht gnug?" läßt Melanchthon seinen Opponenten fragen (88 f., vgl. 177 f. und 251).

Für seine Antwort macht Melanchthon drei Gegengründe geltend: Erstens gelange der „naturlich verstand" nicht zu einem Gottesbild, nach dem auch von Gottes Vergebung zu sprechen wäre. Die im skizzierten Sinne natürliche Religion sei auf „gesetz und straff" fixiert; hier hat der Begriff des Gesetzes, der als Gegenbegriff zum Begriff des Evangeliums spezifisch konnotiert ist, die im „natürlichen Licht" erkennbare Unterscheidung von gut und böse aufzunehmen (89, vgl. 139 f. und 251). Zweitens scheitere das philosophische – und offenbar nur das philosophische – Religionskonzept an der Theodizeefrage. Bei den Philosophen werde deshalb „das naturlich liecht" „gantz verblendet". Als Konsequenz biete sich der Atheismus nach Epikur oder der Determinismus der Stoa an. Die „Weisen" „bleiben [...] nit bey dem naturlichen verstand", der den ‚allmächtigen, weisen, guten und gerechten' Gott erfaßt hatte, d. h. ihr Gottesbegriff zerfällt (89 f.). Drittens entarte das philosophische Religionskonzept zu einer Form von Gottesfurcht, die in sinnlosen Ritualismus münde (90). Die philosophische Hypothese des Opponenten, nach der es aus den natürlichen Kräften der Vernunft eine Religion mit einer kultisch unspezifisch bleibenden Ehrfurcht vor einem durch bestimmte grundlegende Attribute ausgezeichneten Gott und mit einem Verständnis des moralisch guten Handelns als der eigentlichen Form von Gottesdienst gebe, hat Melanchthon zufolge keinen Bestand.

Soweit das Modell einer natürlichen Religion anerkannt wird, dient es der Kontrastierung mit der Offenbarungsreligion. So kann Melanchthon mit Bezug auf das Naturgesetz (*lex moralis*) schreiben:

> Also [*scil.* so] sind mancherley heidnische versamlungen gewesen, wie noch mahometische versamlungen sind, welche, ob sie gleich gesetz lehr haben, sind sie dennoch nicht gottes kirch (250).

Bei den „heidnischen weisen" ist „viel rechter gesetz lehr", „denn das gesetz ist ettlicher massen ein naturlich liecht, wie zal" (251).[18] Es bleibt indessen bei der Behauptung, daß es aus natürlichen Quellen kein Gottesbild gebe, nach dem auch von Gottes Vergebung zu sprechen wäre:

> Denn dise predig vom herrn Christo und von vergebung der sunden ist nicht ein liecht, das naturlich in uns leuchtet und das wir in der fleischlichen geburt mitt unß bringen, wie zal, sondern ist ein besondere, hohe lehre, die gott [...] durch gewisse offembarungen [...] verkundigt hat [...] (251).

---

[18] So im Kapitel „Vom Evangelio"; vgl. schon in der Vorrede, ebd., 83.

Melanchthons Theorie der Offenbarung und des Evangeliums braucht hier nicht im Einzelnen dargelegt zu werden. Es versteht sich von selbst, daß Begriffe wie „Kirche", „Verheißung (auf Christus hin)" und „Evangelium (von Christus)" keine Universalität im Sinne einer natürlichen Religion beanspruchen können. Es läßt sich ideengeschichtlich auch nur notieren, daß Melanchthon die Theologie der Vergebung, die in Dichtungen und Schriften Israels Ausdruck gefunden hat, nicht religionsphilosophisch reflektiert, sondern ausschließlich als Äußerungen im Modus der Verheißung betrachtet und auf Christus bezieht.[19] Im Modus der Verheißung begleitet das „Evangelium" die Geschichte seit ihrem Anfang bei Adam und Eva und konstituiert in der bruchlosen Traditionslinie, in der es erhalten wird, eine „Kirche" (251).[20] Wo aber diese Verheißung „verachtet" oder „vergessen" wird, kann es für Melanchthon keinen wahren Gottesbegriff mehr geben (88). Bestand hat nur die Offenbarung, nicht das – in der Schöpfung begründete – „natürliche Licht".

In einer Form von Geschichtsbetrachtung stilisiert Melanchthon die Alternative von Offenbarung/Evangelium und Erkenntnis des Schöpfers/Gesetz als das Gegeneinander der ebenso historisch wie symbolisch gedachten genealogischen Linien der Nachkommen Adams durch Set bzw. der Nachkommen Adams durch Kain. Kain und „andere gottlose" haben die Verheißung vergessen und haben deshalb „nicht mehr den warhafftigen got angeruffen, sondern das ienig, das sie alß gott angesprochen haben, ist ein getichter, falscher gedanke gewesen" (88). Im Kapitel „Von der Erbsund" wird Kain deshalb typologisch der Repräsentant der „Phariseer, Pelagianer und Pebstlichen", die die Vergebung Gottes nur als eine durch den Menschen bei Gott verdiente Vergebung denken können (171). Mit der Kritik einer solchen Theologie der Vergebung fällt die Bestreitung natürlicher Gotteserkenntnis zusammen.

Melanchthons Verwerfung des Modells einer natürlichen Religion nimmt eine interessantere Wendung dort, wo er sich mit dem Problem auseinandersetzt, daß die „lehr von erschaffung und vom fall der menschlichen natur" in weiten Kreisen nur als „fabeln" gelten (160). Gegenüber der bloßen Behauptung der Positivität der Offenbarung – und deren zirkulärer Bestätigung durch biblisch überlieferte Wunder – gewinnt das Thema „wie gott zeugnis von sich in unser natur gebildet hatt" ein neues Gewicht (160). Im Horizont der Anthropologie sind das Naturgesetz, die Weisheit „in unterschied der tugent und untugent", im Raum der Ethik, und die ordnende Vernunft, die Weisheit „in verstand der zal und ordnung", im

---

[19] Vgl. z. B. die Zusammenfassung von Röm 8,1 und Psalm 32,1, ebd., 168.

[20] Vgl. auch die zusammenfassende Feststellung von Ben-Tov, Lutheran humanists (wie Anm. 10), 213: „Since the Melanchthonian view of the Church was predominantly doctrinal, the righteous denizens of the Old Testament, from the repentant Adam to the Hebrew Patriarchs and Prophets, were fully fledged Christians".

Raum der wissenschaftlichen Rationalität als Aspekte des Selbstverständnisses des Menschen zu würdigen. Sie führen, so heißt es hier, zu einer natürlichen Erkenntnis Gottes weiter:

> So offt du diese gaben ansihest, so ist dein hertz uberwisen und muß bekennen, das ein weiser werkmeister und gott sey, der dises werk mit weisem radt gemacht hatt, und das die schone, ordenliche werk, himel, Sonnen, mon, menschen, nicht selb also zu samen geflossen sind, one ein meister und one ein radt. Also schreyet die natur in unß, das gewißlich sey etc. (161)

In seiner weiteren Erörterung zu der Frage, was durch den Sündenfall verloren geht und was erhalten bleibt, führt Melanchthon wiederum die beiden Indikatoren aus der theoretischen und der praktischen Vernunft an:

> Hie solltu auch merken: Ob wol menschlich natur also verderbet ist, so hatt doch gott noch in den menschen ettlich erkantnus bleiben lassen, als zal und messen, bauen, item die hohe weißheit, das naturlich gesetz. Dise gaben sind gottlich liecht und wahrheit, ob sie gleich in einem verderbten gefesß sind, da gott nicht selb wohnet und nicht das hertz regirt. Also sind auch im menschen von natur ettlich gute neigungen und tugenden gegen menschen [...] (172).

Das Thema, das hier im Kapitel „Von der Erbsund" behandelt wird, wird in dem Kapitel „Vom gottlichen Gesetz" zum Abschluß einer Kommentierung der Zehn Gebote in einem Abschnitt „Vom naturlichen Gesetz" wiederholt, weil – gemäß dem Register – eine „Antwort auff die Frage, warumb Gott die zehen Gebot auffs neue verkündiget habe, Dieweil doch der verstand der zehen Gebot den Menschen in der ersten erschaffung eingepflantzet ist", gesucht wird (479). Die Antwort heißt in ihrem wichtigsten Punkt: „Nach der sund ist das liecht in menschlicher vernunfft nicht so klar und hell, wie es zuvor gewesen ist" (235). Für diese relative Differenzierung wird noch einmal die konzeptionelle Basis des natürlichen Gesetzes beschrieben:

> Denn gott hatt diser seiner ewigen, unwandelbaren weißheit glantz in die menschen in der ersten erschaffung gepflantzt wie die zal [...]. Also ist auch dises liecht in unß, das gott ein ewig, allmechtig, weiß, warhafftig, gutig, gerecht, keusch wesen sey, das alle ding erschaffen habe, und wolle, das alle vernunfftige creaturn yhm in tugenden gleichformig sind, und wolle straffen [...] die vernunfftigen creaturn, die seiner weißheit und gerechtikeit widerwertig sind. Diser verstand ist ein gesetz verstand und ist in menschen blieben auch nach der sund. Denn gott will, das wir wissen, wie ehr ist, und das in uns selb das urteil bleibe wider die sund, Item das dennoch das eusserlich burgerlich leben nach disem naturlichen liecht regirt werde (234).

Die starke Negation, die Melanchthon gegenüber seinem Opponenten im ersten Kapitel seines Lehrbuchs vertritt – das „naturlich liecht" sei „gantz verblendet" (89) – erfährt im Fortgang seines Lehrvortrags über die christlichen Hauptartikel eine offenkundige Einschränkung – „also schreyet die natur in unß, das gewißlich sey etc" (161) –, doch werden die konkurrierenden Positionen nicht miteinander zum Ausgleich gebracht. So kann es auch nicht überraschen, daß anders als im ersten Kapitel „Von Gott" (vgl. 86) in dem späteren Kapitel „Von der Erbsund" die ‚Heiden, Türken, Juden und andere Gottlose' nicht angeführt werden; im Kapitel „Vom Evangelio" werden dann die „Heiden" und „Mahometisten" und „andere vervolger des herrn Christi" wieder genannt, denn hier geht es wieder um die Kontrastbestimmung von Evangelium und Gesetz (251).

Man wird Melanchthon nicht einen Autor der Aufklärung nennen – doch warum nicht? Seine Betrachtung der ‚schönen ordentlichen Werke' der Schöpfung läßt sich zumindest als eine Einladung zur Physikotheologie lesen, und seine Deutung des Naturgesetzes als Grundlage der Ethik innerhalb und außerhalb des Raumes von Verheißung/Evangelium bzw. der „Kirche" läßt sich zumindest als eine Vorbereitung der aufgeklärten Verknüpfung von Moralphilosophie und Religionsphilosophie lesen. Doch von einer Kritik der Positivität historischer Offenbarungsereignisse kann bei Melanchthon noch keine Rede sein. Gott hat sich „in gottes volk mit gewissen zeugnis geoffembart" (86), ja Gott hat „alß bald, da ehr Adam und Heva widerumb zu gnaden [an-]genomen hatt, seine gnedige verheissung vom Heiland geoffembart" (87). Die Geschichte Israels ist als die Geschichte eines Landes und eines „Regiments" zu lesen, das „ein herberg sein sollt der Gottlichen verheissung vom Heiland Christo und der warhafftigen kirchen gottes" (307), nicht zuletzt auch zur Sicherung des natürlichen „Gesetzes" in Gestalt der Zehn Gebote (307, vgl. 234 f.). Die Vorstellung von einer durch die Verheißung, danach das Evangelium konstituierten Kirche absorbiert jedoch das Interesse an Geschichte in einer Weise, daß – wie es schon in der Vorrede heißt – „im menschlichen Geschlecht" neben „gottes volk" der „gross[e] hauff Gottes verechter, die eigner weißheit volgen", nicht ins Gewicht fällt (81). Mit diesem Geschichtsbild verbindet sich eine entsprechende Einschätzung der Bibel als eine Offenbarungsschrift. Im Rahmen eines solchen Geschichtsbildes über die Frage einer natürlichen Religion zu urteilen, ist etwas anderes, als über diese Frage im Kontext eines aufgeklärten Denkens über historische Kontingenz religiöser Setzungen zu urteilen. Auch im Blick auf Melanchthon ist Peter Byrne zuzustimmen, wenn er feststellt: „One obvious legacy of deism that makes it of enduring interest is the clear way in which it raises questions about the nature of history and about the role of religion in history".[21]

Auch ohne einen Bezug auf das Problem des voraufgeklärten Geschichtsbildes stellt Melanchthons inkohärente Position hinsichtlich einer natürlichen Religion ein spannungsreiches Problem dar. Günter Frank hat 1995 in seiner Untersuchung zu Melanchthons „theologischer Philosophie" die Spannung folgendermaßen zu erfassen versucht:

---

[21] S.o. Anm. 7. – In seiner Vorrede zu den *Heubtartikeln Christlicher Lere* betont Melanchthon nachdrücklich die Struktur der Bibel „alß ein historien", ebd., 80–84.

Melanchthons theologische Lehre der Gottebenbildlichkeit des Menschen zeigt […] ein doppeltes Gesicht. Ihre begründende und bestimmende Perspektive ist sein reform-theologisches Gesamtinteresse. Die Gottebenbildlichkeit des Menschen bezieht sich in der Identifizierung von „imago" und „similitudo" [im Anschluß an Gen 1,26 *Vulgata*] auf den Zustand der Urstandsgerechtigkeit (iustitia originalis), der durch die Erbsünde verlorenging und zum Verlust der Gottesgemeinschaft und einer Fähigkeit zur Gottes-erkenntnis führte. Auf der philosophischen Seite verdeutlichen jedoch andererseits die geistphilosophischen Elemente der „notitiae naturales" ihre zentrale Begründungs-funktion. Melanchthon konzipiert auf diese Weise eine faktisch bleibende Gotteben-bildlichkeit und eine allen Menschen eignende Fähigkeit zur Gotteserkenntnis.[22]

Das „natürliche Licht" ist bei Melanchthon ein spezifischer Faktor in der Moral-philosophie, aber ein unspezifischer, weil ambivalenter Faktor in der Religions-philosophie. Wo die Religionsphilosophie von der Moralphilosophie her ent-wickelt wird, baut sie auf einem Verständnis der Natur des Menschen auf, nach dem die Erkenntnis des Naturgesetzes (*lex moralis*) zur Erkenntnis Gottes weiter-führt. Wo die Religionsphilosophie von der Interpretation des Evangeliums her entwickelt wird, baut sie auf einem Verständnis der Natur des Menschen auf, nach dem die Erkenntnis Gottes keinen Bestand hat. Die Spannung hat ihren bi-blischen Hintergrund. Während sich aus Röm 2,14 f. eine bleibende Wirksamkeit der Erkenntnis des „Gesetzes" ableiten läßt, läßt sich aus Röm 1,18–21 eine ver-schollene Wirksamkeit der Erkenntnis Gottes als Schöpfer ableiten. Weitere ka-nonische Texte wie Eph 2,11 f. und 4,17 f. verstärken diese erkenntniskritische Linie. Als Exeget mußte sich Melanchthon wohl durch diese biblischen Vorgaben gebunden sehen, auch wenn sie sich nicht stimmig mit einem philosophischen Konzept verbinden ließen, das seinerseits wiederum Anhalt an Röm 2,14 f. hatte.

Gegenüber Tindals Ermutigung seines Lesers, sich konsequent an das zu hal-ten, was „the Light of Nature teaches him concerning the divine Goodness", ste-hen die Leser von Melanchthon auf einer sehr anderen Position. Ein Beispiel aus der Erörterung spezifischer Verheißungen im Zusammenhang von biblischer Ge-botsparänese mag das verdeutlichen:

> Aber das gesetz fordert von unß gantzen gehorsam, und die verheissungen, die an das gesetz angehengt sind, sind uff den volkomen gehorsam gegrundet. Nu ist offentlich, das der volkhomen gehorsam unß in disem leben nicht moglich ist und das in disem leben sund in uns bleibet. Darumb haben wir kein Recht zu den verheissungen, die an das gesetz angehengt sind. Wenn wir aber durch den glauben an den herrn Christum gerecht sind und gott der angefangen gehorsam umb des herrn Christi willen gefellig wirt, so volget denn auch belohnung für den selbigen gehorsam […] (258).

---

[22] Frank, Die theologische Philosophie (wie Anm. 17), 110 f. Frank bietet ebd., 112–158, 196–211 und 315–333, eine reichhaltige Untersuchung zur Frage der „notitiae naturales" und der „lex naturae".

Die Differenzierung zwischen „vollkommenem" und „angefangenem" Gehorsam verweist auf ein Bedingungsgefüge, in dem der Gedanke der Universalität des „Gesetzes" negativ qualifiziert wird, während der Gedanke der Partikularität des „Evangeliums" („durch den Glauben an den Herrn Christus gerecht werden") positiv qualifiziert wird. Daß dabei die negative Qualifikation des Gesetzes ein Problem ist, findet keine hinreichende Berücksichtigung.

Für die Wege der Religionsphilosophie von Melanchthon zu Tindal soll abschließend ein weiterer Autor genannt werden, weil Tindal in seiner Ausarbeitung der Zentralität des Gottesattributes der Güte Gottes nachdrücklich auf diesen Autor und dessen „extensive charity" Bezug nimmt. Dabei geht es um die Frage der Universalität von Religion aus der Perspektive christlicher Apologetik. Tindal führt dazu Hugo Grotius mit einem Zitat aus *De veritate religionis christianae* (1629/1640) an:[23]

> The great Grotius, in a Discourse own'd to be the best that was ever writ in Defence of Christianity, lays it down as a Maxim, that „Tis absolutely repugnant to the Goodness of God, that those, who without respect to worldly Advantage, seek after the Way which leads to eternal Happiness; imploring withal the divine Assistance, and submitting themselves intirely to his Providence, should not be able to find it." And if this is too evident to be deny'd, can there be any Thing either in relation to Faith or Manners in the Way that leads to eternal Happiness, but may be found at all Times and Places of every One, who diligently searches after it.[24]

Es entbehrt nicht der Ironie, daß Tindal hier ein Zitat aus der „Refutatio Mahumetismi", d. h. Buch 6 von *De veritate religionis christianae*, aufgreift, doch Grotius unterstreicht in diesem Buch neben den üblichen antiislamischen Stereotypen überhaupt noch einmal die Bedeutung einer grundlegenden religionsphilosophischen Positionsbestimmung.[25] Als Grundlage für sein in der Tat strikt apo-

---

[23] Der lateinische Text: Hugo Grotius, De veritate religionis christianae, in: Opera theologica, Bd. 3, Amsterdam 1679, Nachdruck: Stuttgart-Bad Cannstatt 1972, 3–96; die englische Übersetzung: The truth of the christian religion, transl. by John Clarke (1743), hg. von Maria Rosa Antognazza, Indianapolis 2012; zu Grotius' langfristig einflußreichem Werk ist ein Tagungsband, hg. von Hans Blom, in Vorbereitung. Für das einschlägige voraufgehende apologetische Werk von Philippe Duplessis-Mornay (franz. 1581/lat. 1583), dessen „eruditio" und „facundia" Grotius zu Beginn seines Traktates lobt, vgl. Feil, Religio (wie Anm. 4), Bd. 2, Göttingen 1997, 230–242; mit Grotius beschäftigt sich Feil in Bd. 3, 206–226.

[24] Tindal, Christianity (wie Anm. 4), 55; mit Quellenangabe „Grotius de Verit. chr. Relig. lib. 6. Sect. 2". Bei Grotius: „[…] ut via ad aeternam salutem cognosci nequeat […] bonitas Divina vetat credi"; das Votum bezieht sich bei Grotius eigentlich auf ein Verstehen des eigenen Glaubens innerhalb einer Offenbarungsreligion (hier des Islam); vgl. auch die Wendung „conjecturis indagare" in I.25. Bei Tindal, ebd., 219 f., findet sich ein Nachklang des Arguments aus Grotius VI.2.

[25] Grotius, De veritate religionis christianae (wie Anm. 23), 89–93 bzw. 231–243. Tindal bezieht sich auf Abschnitt VI.2, in dem Grotius die Frage der Erkenntnis („viam ad aeternam salutem cognoscere") mit Bezug auf Justin und Origenes anspricht; vgl. Abschnitt VI.7, in dem er die Frage

logetisch ausgerichtetes Werk hatte Grotius in Buch 1 für die Religionsphilosophie nicht nur rationale Argumente geltend gemacht, sondern sich für die Grund-
bestimmungen des Gottesbegriffs auch auf den „manifestissimus consensus omnium gentium apud quas ratio (et) boni mores non plane extincta sunt inducta fe-
ritate" berufen (I.2). In diesem religionsphilosophischen Zusammenhang hatte
Grotius auch das für Tindal wesentliche Gottesattribut der Güte Gottes entwickelt
(„[Deum esse] omnino sine ulla exceptione bonum"; I.6).

Inwiefern sich Nuancen des apologetischen Diskurses in den Generationen der
Gelehrten nach Melanchthon ändern, um die Spannung zwischen einer religionsphilosophischen Grundlegung christlicher Theologie und einer für apologetische
Zwecke notwendigen Theorie der Verdunkelung des natürlichen Lichtes auszu-
gleichen, muß hier offen bleiben. In seiner ausladenden Diskussion des Wunder-
arguments setzt Grotius sich in einem besonderen Abschnitt (I.18) auch mit der
Frage auseinander, warum in der Zeit der Gegenwart keine Wunder mehr zu beobachten seien, um zu der Antwort zu gelangen, daß die Wunder, die die jüdische
und christliche Offenbarungslinie beglaubigten, durch die Zeitumstände bedingt
und gerechtfertigt gewesen seien:

> Neque vero aequum fuit, leges Universo datas de rerum cursu naturali […] temere aut
> semper excedi: sed tum demum, cum digna incidisset causa: ut quo tempore veri Dei
> cultus toto prope orbe ejectus in uno mundi angulo, id est, in Iudaea residebat, (et) ad-
> versus circumfusam impietatem novis subinde praesidiis muniendus erat, aut cum
> Christiana religio […] ex Dei decreto per totum orbem primum spargi debuit (I.18).

Der Fall, daß sich religiöse Wahrheit nur noch „in uno mundi angulo" erhalten
kann, läßt sich kaum anders denn als eine Außerkraftsetzung religionsphilosophi-
scher Argumente für eine natürliche Gotteserkenntnis lesen; Melanchthons Sicht
der ungebrochenen Tradition der „Kirche" steht dazu ganz analog. Tindal geht –
soweit ich sehe – auf diesen Fall nicht ein, der sich wohl auch nicht mit seiner Forderung verbinden ließe, „It wou'd be well, if all who in Words give this Character
of the Deity [*scil.* of being ,perfectly good'], were consistent with themselves
[…]".[26]

Ein Ausblick auf eine weitere einflußreiche Gestalt des Religionsdiskurses, in
dem die apologetische und die aufgeklärte Orientierung miteinander im Konflikt
stehen, soll die vorliegende Skizze schließen, um die anhaltende Behinderung einer religionsphilosophisch orientierten Aufmerksamkeit auf Religionen außerhalb des Raumes eines christlichen Bekenntnisses und das Problem einer die jeweiligen kontingenten Bekenntnistraditionen fundierenden natürlichen Religion
zu unterstreichen. Im Jahr 1829 publizierte Schleiermacher in den *Theologischen*

---

der Glaubensfreiheit („cultus Dei nullus est, nisi ab animo volente procedat") mit Bezug auf Laktanz
anspricht.
[26] S.o. bei Anm. 6.

Studien und Kritiken zwei „Sendschreiben" an Friedrich Lücke, mit denen er sein Programm einer christlichen Glaubenslehre erläutern und gegen Kritiker auf verschiedenen Seiten verteidigen wollte.[27] Schleiermacher erklärt die religionsphilosophische Diskussion der Aufklärung als für die Glaubenslehre irrelevant:

> [...] und wenn man die seit den letzten hundert Jahren übliche Behandlung der Lehre von den göttlichen Eigenschaften Kirchenlehre nennen will [...]: so weiß ich auch in der Geschichte meiner Bildung von keiner Annäherung an dieselbe, sondern nur von immer bestimmterer Entfernung. [...] Ich [...] habe niemals zu meiner Frömmigkeit, weder um sie zu nähren, noch um sie zu verstehen, irgend einer rationalen Theologie bedurft [...].[28]

Die Aufgabe, die er sich mit seiner Glaubenslehre gestellt habe, sei ausschließlich, daß sie „Rechenschaft geben soll von dem christlichen Glauben an und für sich".[29] Man wird auch Schleiermacher nicht einen Autor der Aufklärung nennen – doch warum nicht? Sein Bewußtsein von der historischen Kritik als Zugang zur biblischen Tradition des Alten wie des Neuen Testaments und sein Bewußtsein von der Naturwissenschaft als Fundament eines rationalen Weltbildes liegen zweifellos in einem aufgeklärten Horizont. Doch das aufgeklärte Interesse an der Religionsphilosophie ist bei Schleiermacher versunken. Es herrscht wieder die Selbstbeschränkung auf eine Deutung der eigenen partikularen Glaubenstradition, auch wenn in dieser in universaler Ausrichtung von dem ‚Gott des Himmels, der das Meer und das Trockene gemacht hat', die Rede ist (Jona 1,9).[30] So behält auch gegenüber Schleiermacher die Metaphorik des natürlichen Lichts ihre kritische Kraft – die Kraft der Aufklärung.

Im Anschluß an Peter Byrnes Studie Natural religion and the nature of religion (1989) soll der Übergang von konfessionalistischen Verengungen christlicher Lehrbildung zur aufgeklärten Aufmerksamkeit auf den wesentlichen religiösen Gehalt in den unterschiedlichen Religionen beschrieben werden. Dafür werden exemplarisch zwei klassische Texte von Philipp Melanchthon und Matthew Tindal herangezogen. Indem Philosophen der Aufklärung auf das Konzept des ‚natürlichen Lichts' (lumen naturale) zurückgreifen, um eine

---

[27] Der Text der „Sendschreiben" ist leicht zugänglich in: Schleiermacher-Auswahl, hg. von Heinz Bolli, Gütersloh 1968 u.ö., 120–175. Schleiermacher hatte 1821/1822 sein Dogmatiklehrbuch *Der christliche Glaube* publiziert, 1830/1831 erschien das Werk in einer revidierten zweiten Auflage. Der Adressat Friedrich Lücke (1791–1855) war 1829 Professor in Göttingen.

[28] Ebd., 138.

[29] Ebd., 150.

[30] Schleiermacher weist indessen die Tradition des Alten Testaments ebenso eindeutig zurück wie die aufgeklärte Linie der Religionsphilosophie, vgl. ebd., 138 f., 150 f. Eine interessante Diskussion von Schleiermacher mit Bezug auf die *Reden über die Religion* (1799) bietet Byrne, Natural religion (wie Anm. 7), 156–166. Byrne zeigt, wie zwar auch die *Reden* auf „the superiority of Christianity over other faiths" zielen, dennoch aber Schleiermachers Polemik gegen das Konzept der natürlichen Religion diesem Konzept selbst verpflichtet bleibt.

Theorie der ‚natürlichen Religion' zu entwerfen, setzen sie ein beachtliches kritisches Potential der Religionsphilosophie frei.

Starting from Peter Byrne's book of 1989, Natural religion and the nature of religion, the article attempts to outline the transition from narrowly conceived doctrines of post-Reformation Christian confessionalism towards an analysis in Enlightenment philosophy of religion of what is essential to religion and thus may be found in different religions. The article focusses on two major classical authors, Philipp Melanchthon and Matthew Tindal. In reviving the concept of a „natural light" (lumen naturale) and thus constructing a theory of „natural religion", 18th-century philosophers generated a significant critical dynamics in the philosophy of religion.

Prof. Dr. Christoph Bultmann, Martin-Luther-Institut, Universität Erfurt, Nordhäuser Straße 63, 99089 Erfurt, E-Mail: christoph.bultmann@uni-erfurt.de

OLIVER BACH

Natur als juridisches Argument an der Schwelle zur Aufklärung

Zu den theonomen, rationalistischen und voluntaristischen Systemstellen des Denkens vom Naturzustand bei Samuel Pufendorf und Christian Thomasius

> Man muß *wirklich* denken,
> um zu *erfahren*,
> daß das Widersprechende
> nicht zu denken ist.
> *F. W. J. Schelling*[1]

Die Naturrechtslehren Samuel Pufendorfs (1632–1694) und Christian Thomasius' (1655–1728) versuchen, auf mehrere Herausforderungen systematischer wie rechtshistorischer Art zu reagieren: Da ist natürlich *erstens* die nahezu allen zeitgenössischen Rechtslehren gemeinsame Zurückweisung des machiavellischen Urteils von der politischen Unverbindlichkeit staatlichen und überstaatlichen Rechts:[2] Die Frage nach der Existenz und Geltung besonders eines universalen Rechts beschäftigte die frühneuzeitlichen Rechtslehren intensiv und wurde in unterschiedlicher Weise beantwortet. Damit ist *zweitens* die Distanzierung besonders von derjenigen Antwort des philippistischen Naturrechts angezeigt,[3] dessen Innatismus die Fundamentalnormen natürlichen wie göttlichen Rechts, nämlich den Dekalog, als dem Menschen jedweder Herkunft und Konfession angeboren erachtete:[4] Dabei sollte der melanchthonische Normenbestand weniger bestritten

---

[1] Friedrich Wilhelm Joseph von Schelling, Einleitung in die Philosophie der Mythologie. Vierzehnte Vorlesung, in: Sämmtliche Werke. Zweite Abtheilung. Erster Band, hg. von Karl Friedrich August Schelling, Stuttgart, Augsburg 1856, 321–339, hier 326.

[2] Vgl. jüngst Stefano Saracino, Tyrannis und Tyrannenmord bei Machiavelli. Zur Genese einer antitraditionellen Auffassung politischer Gewalt, politischer Ordnung und Herrschaftsmoral, München 2012, 33–55; Gideon Stiening, „Notitiae principiorum practicorum". Melanchthons Rechtslehre zwischen Machiavelli und Vitoria, in: Günter Frank, Ursula Kocher, Felix Mundt (Hg.), Der Philosoph Melanchthon, Berlin, New York 2012, 115–146.

[3] Vgl. Thomas Behme, Samuel von Pufendorf: Naturrecht und Staat, Göttingen 1995, 43.

[4] Vgl. Gideon Stiening, Melanchthons Rechtslehre zwischen Machiavelli und Vitoria (wie Anm. 2).

Aufklärung 25 · © Felix Meiner Verlag 2013 · ISSN 0178-7128

werden als ein ihm vorgängiger Beweis seiner vernünftigen Erkennbarkeit und Geltung erschlossen werden. *Drittens* wird versucht, auf die Pluralisierungserfahrungen zu reagieren, welche die reiche Reiseliteratur seit der Entdeckung Amerikas ebenso nahelegte wie die vordergründige Vermutung, daß die Menschen in der Tat *nicht* dieselben allgemeinen Normen teilten. Dies führt „zu einer neuen Qualität und Dramatik des Auseinanderdriftens behaupteter Einheit".[5]

Tatsächlich ist die Forschung noch weitgehend undeutlich bzw. unklar darüber, wie besonders Pufendorf jene Herausforderungen meistert. Die Rede von Pufendorfs Anwendung der geometrischen Methode ist hierbei nahezu topisch, wobei tatsächlich lediglich darüber Konsens besteht, daß Pufendorf dieser Methode *innerhalb* seiner Naturrechtslehre folgt.[6] Die im wesentlichen an Arithmetik und Geometrie orientierte Methodenlehre René Descartes' beschränkt sich ausdrücklich auf Intuition und Deduktion.[7] Pufendorf kann der Cartesianismus daher bei dessen bestimmten Bestreben nicht mehr weiterhelfen, die letzten Prinzipien seines Naturrechts selbst nicht als bloße ἀρχαί axiomatisch zu setzen, sondern selbst wiederum herzuleiten. Genauso wie den Innatismus Melanchthons muß Pufendorf den Intuismus Descartes' ablehnen, zumindest insofern nicht hinreichend geklärt ist, wann ein intuitiver Satz gemäß Descartes schlichthin zweifelsfrei ist.[8] Die Deduktion innerhalb der Naturrechtslehre wiederum muß sich erschöpfen: Möchte Pufendorf einen infiniten Regreß vermeiden, so dürfen die letzten Prinzipien ihrerseits nicht substantiell deduziert sein.

Dasselbe Beweisproblem der Prinzipien des Naturrechts quält seinen Schüler Christian Thomasius noch genauso, wie es das gesamte 18. Jahrhundert bis Immanuel Kant beschäftigen wird. Auch Thomasius nimmt das Spannungsverhält-

---

[5] Norbert Brieskorn, Systematisieren und Öffnen von Rechtspositionen in Francisco Suárez: *De legibus ac Deo legislatore* (1612) und Johannes Azor: *Institutiones morales* (1602), in: Mitteilungen des Sonderforschungsbereichs 573/2 (2008), 35–42, hier 35.

[6] Vgl. Gerhard Sprenger, Der Einfluß der Naturwissenschaften auf das Denken Samuel Pufendorfs, in: Bodo Geyer, Helmut Goerlich (Hg.), Samuel Pufendorf und seine Wirkungen bis auf die heutige Zeit. Baden-Baden 1996, 165–193, hier 171; Thomas Behme, Gegensätzliche Einflüsse in Pufendorfs Naturrecht, in: Fiammetta Palladini, Gerald Hartung (Hg.), Samuel Pufendorf und die europäische Frühaufklärung. Werk und Einfluß eines deutschen Bürgers der Gelehrtenrepublik nach 300 Jahren (1694–1994), Berlin 1996, 74–82, hier 75; Alfred Dufour, L'influence de la méthodologie des sciences physiques et mathématiques sur les Fondateurs de l'Ecole du Droit naturel moderne (Grotius, Hobbes, Pufendorf), in: Grotiana 10 (1980), 33–52, hier 37.

[7] René Descartes, Regulae ad directionem ingenii, krit. rev., übers. und hg. von Heinrich Springmeyer u. a., Hamburg 1973, 8 (II. 2) und 16 (III. 4).

[8] Ebd. 16 (III. 5): „Per intuitum intelligo, non fluctuantem sensuum fidem, vel male componentis imaginationis judicium fallax, sed mentis purae et attentae tam facilem distinctumque conceptum, ut de eo, quod intelligimus, nulla prorsus dubitatio relinquatur; [...]"; vgl. Ernan McMullin, Explanation as Confirmation in Descartes's Natural Philosophy, in: Janet Broughton, John Carriero (Hg.), A Companion to Descartes, Malden, Oxford, Carlton 2008, 84–102, hier 87 f.

nis der bisher versuchten Prinzipienfindung zwischen bloß wahrscheinlicher Induktion und schlichter Setzung behaupteter Prinzipien im exklusiven Deduktionismus wahr. Wie sein Lehrer Pufendorf wird auch Thomasius dem Problem nicht eigentlich Herr werden können. Der allein adäquate Blick auf die Eigenperspektive der Epoche läßt jedoch begreifen, daß Pufendorf und in seiner Nachfolge Thomasius das Problem allemal präziser zu fassen, es zuzuspitzen helfen, bis schließlich der späte Thomasius den Problemhorizont radikal verschiebt: Der Akzent wird von der Spannung zwischen theologischem Dogma und philosophischer curiositas verlagert auf die Spannung zwischen epistemologischem Rationalismus und (rechts)anthropologischem Voluntarismus; damit leistet Thomasius den entscheidenden Vorschub auf denjenigen Fokus, unter dem das Naturrechtsdenken des 18. Jahrhunderts das reife Universalrecht zu erschließen unternimmt.

I. Pufendorfs resolutiv-kompositive Methode, ihr empirischer Anspruch und theonomer Grundstein

Daß Pufendorf zur Lösung dieses Problems den Weg der resolutiv-kompositiven Methode wählt, ist der Forschung gleichfalls nicht neu: Die Fundamentalnormen des universalen Rechts sollen aus dem fingierten, abstrakt gebildeten Naturzustand erschlossen werden. Es ist jedoch entscheidend zu untersuchen, *wie* diese als *fictio Pufendorffiana* berühmt gewordene Abstraktion genau verfährt. In der Tat soll sich herausstellen, daß es sich mit ihr komplexer verhält, als mit dem Etikett des mos geometricus bzw. der resolutiv-kompositiven Methode erledigt werden könnte. Pufendorfs tatsächliche Erschließung der naturrechtlichen Fundamentalnormen unterscheidet sich nämlich nicht unwesentlich von seinem eigentlichen methodischen Anspruch, weshalb hier eben dieser Anspruch seiner wissenschaftlichen Selbstverortung (1.) vom Vollzug seiner Naturstandslehre (2.) getrennt zu betrachten ist.

1. *accuratius contemplari* und *singulorum sibi respondentium collatio*: Zu Pufendorfs empirischem Vorhaben

Besonders Thomas Behme bescheinigt Samuel Pufendorf einen „empiristischen Zug seines Denkens"[9] in der Gewinnung der letzten Prinzipien des Naturrechts. Eine methodologische Äußerung Pufendorfs in *De Jure Naturae et Gentium* legt diesen Eindruck zweifellos nahe: „Nobis nulla via proprior videtur, & magis ad-

---

[9] Thomas Behme, Samuel von Pufendorf: Naturrecht und Staat, Göttingen 1995, 34.

posita, ad investigandum jus naturale, quam ipsam hominis naturam, conditio-
nemque, & inclinationes accuratius contemplari [...]".[10]

Allerdings macht sich Pufendorf mit der Verwendung des Begriffes *contemplari* terminologiegeschichtlich nicht zwingend zum Empiristen. Im Gegenteil
kann *contemplatio* erkenntnistheoretisch auch eine besondere Form der intuitiven
Erkenntnis bezeichnen.[11] Gerade für Pufendorfs Fall ist eher dieser zweiten möglichen Bedeutung der Vorzug zu geben. Die Kontemplation ist in der Mathema-
tikphilosophie seines Jenaer Lehrers Erhard Weigel gerade nicht Wahrnehmung
der Sinne, sondern die Betrachtung der von Gott eingegebenen „Real-Weisheit".[12]
Thomas Behme bezieht sich allerdings noch auf eine andere methodologische
Überlegung Pufendorfs, diesmal aus den *Elementorum jurisprudentiae universalis libri duo* von 1660. Hier führt Pufendorf die Universaljurisprudenz auf zweierlei ihr wesentliche Prinzipien zurück:

> [...] duplicia deprehenduntur hujus disciplinae Principia propria, *rationalia* scilicet &
> *experimentalia.* Illorum veritas, certitudo atque necessitas ex ipsa ratione fluit absque
> singularium perceptione aut instituto discursu, nudo duntaxat mentis intuitu. Horum
> vero certitudo ex singulorum constanter sibi respondentium collatione ac perceptione
> intelligitur. Quae *Observationes* nobis dicentur, uti illa *Axiomata.*[13]

Tatsächlich entspräche ein solches experimentell geordnetes Schließen vom
Besonderen auf das Allgemeine, das Zusammentragen (collatio) und Erfassen
(perceptio) einander entsprechender Einzelphänomene einem Induktionismus
baconischer Prägung.[14] Schon mit Blick auf den von Bacon selbst eingestandenen
Konjekturalcharakter der gewonnenen Einsichten[15] mußte sich Pufendorf nach-

---

[10] Samuel Pufendorf, Gesammelte Werke, Bd. 4: De jure naturae et gentium, hg. von Frank
Böhling, Berlin 1998 (im folgenden zitiert als JNG) II. III. § 14.

[11] Vgl. Gereon Wolters, Art. „Intuition", in: Enzyklopädie Philosophie und Wissenschaftstheo-
rie, hg. von Jürgen Mittelstraß, Stuttgart 1995, Bd. 2, 285 f., hier 285; Rainer Wimmer, Siegfried
Blasche, Art. „Kontemplation", in: ebd., Bd. 2, 453 f., hier 453.

[12] Konrad Moll, Naturerkenntnis und Imitatio Dei als Norm der Humanität in der deutschen
Frühaufklärung. Ein Hinweis auf die Philosophia mathematica Erhard Weigels, in: Studia Leibnitiana 38–39/1 (2006/2007), 42–62, hier 49.

[13] Samuel Pufendorf, Gesammelte Werke, Bd. 3: Elementa jurisprudentiae universalis, hg. von
Thomas Behme, Berlin 1999 (im folgenden zitiert als EJU) II. A I. § 1.

[14] Überlegungen, inwieweit Pufendorfs Methodenreflexionen einem „Retroduktivismus" nach
Bacon am nächsten kommen, unternimmt Ernan McMullin, Conceptions of science in the Scientific
Revolution, in: David C. Lindberg, Robert S. Westman (Hg.), Reappraisals of the Scientific Revo-
lution, Cambridge 1990, 27–92, hier 50.

[15] Francis Bacon, De dignitate et augmentis scientiarum, in: The Works, hg. von James Spedding,
Robert Leslie Ellis, Douglas Denon Heath, London 1857–1874, Bd. 1, 423–840, hier 588 f.: „Ergo
demum ista subjecti inconstantia et varietas artem reddidit magis conjecturalem; ars autem tam
conjecturalis cum sit, locum ampliorem dedit non solum errori, verum etiam imposturæ. Siquidem
omnes aliæ propemodum artes et scientiæ virtute sua et funtione, non successu aut opera, judicantur.
Advocatum ipsa agenda et dicendi facultas, non exitus causæ, commendat; gubernator navis clavi

gerade gezwungen sehen, drei Jahre nach Erscheinen der *Elementa* die induktive Methode für seine Naturrechtslehre für unangemessen zu erklären, wie er in einem Brief Johan Christian von Boineburg deutlich macht:

> Mea sententia duae heic dantur viae [...] Unam secuti sunt potissimum Mathematici, qui ex paucis principiis immensam vim conclusionum elicere amant. Alteram ingressi sunt, quibus res naturales investigare cordi fuit. Scilicet ut ex observatione et collatione plurium singularium tandem aliquod generale concluderent decretum. Posteriorem hanc viam in hac quoque materia insistendam esse nonnulli me admonuerunt. [...] Ab orbe condito plurimi populi floruerunt, moribus atque institutis longe diversissimis [...] Denique si hanc viam insistimus, non jus aliquod universale extruemus, sed illud penitus eversum ibimus. Vix enim credo dari ullum praeceptum juris naturae, in quod non impingant publice adprobati et recepti gentis alicuius mores [...] Rejecta itaque hac methodo, ego Mathematicos potissimum heic sequendos censuerim.[16]

Damit ist Pufendorfs Streben, die letzten Prinzipien der Universaljurisprudenz nicht unhinterfragt zu setzen, weder gebrochen noch ist ihm weitergeholfen. Nachdem er sich von der induktiven Methode abgewandt hat, kann Pufendorf ebensowenig zur deduktiven Methode allein zurückkehren, wo sich nur wieder das Problem des infiniten Regreß' ergeben würde. Unter diesem zunächst rein aussagenlogischen Zwang versucht Pufendorf daher, die letzten Prinzipien seines Naturrechts ihrerseits aus einem dem Naturrecht Äußerlichen herzuleiten, der Natur des Menschen. Er möchte die wesentlichen Eigenschaften der menschlichen Natur auffächern und so Aufschluß über die *socialitas* gewinnen. Hierfür will Pufendorf an die Methode von Resolution und Komposition anknüpfen:

> Qui circa corporum naturalium constitutionem investigandam soliciti fuerunt, non satis habuere, *faciem* eorum *exteriorem*, & quae primo statim obtutu in oculos incurrunt, adspexisse; sed & eadem penitius rimari, & in partes, ex quibus componuntur, resolvere praecipuus labor fuit.[17]

Ein empirischer Zug bleibt jedoch an dieser Stelle der 1677er Dissertation *De Statu Hominum Naturali* genauso merklich erhalten wie im naturrechtlichen Hauptwerk 1672:

> Igitur hoc sensu lex naturalis nobis dictamen rectae rationis asseritur, quod intellectu humano ea sit facultas, ut ex contemplatione conditionis humanae liquido perspicere

---

tenendi peritia, non expeditionis fortuna, se probat. At Medicus, et fortasse politicus, vix habent actiones aliquas proprias quibus specimen artis et virtutis suæ liquido exhibeant; sed ab eventu præcipue honorem aut dedecus reportant, iniquissimo prorsus judicio. Quotus enim quisque novit, ægroto mortuo aut resituto, item republica stante vel labante, utrum sit res casus an consilii?"

[16] Pufendorf an Johan Christian Boineburg, Heidelberg, 13.1.1663: Samuel Pufendorf, Gesammelte Werke, Bd. 1: Briefwechsel, hg. von Detlef Döring, Berlin 1996, 24–29, hier 26.

[17] Samuel Pufendorf, Dissertatio de Statu Hominum Naturali, in: S.P., Dissertationes academicae selectiores, Uppsala 1677, § 1; vgl. Dufour, L'influence de la méthodologie (wie Anm. 6), 37 f.

possit, ad normam eius legis sibi necessario vivendum: simulque investigare principium, ex quo eiusdem praecepta solide & plane demonstrari queant.[18]

2. Pufendorfs *Observationes* und ihre voraussetzungsvollen theonomen Implikationen

Die Natur des Menschen zeichnet sich für Pufendorf bekanntlich wesentlich durch Selbstliebe (amor sui), eine natürliche Schwachheit beziehungsweise Bedürftigkeit (imbecillitas, naturalis indigentia) und die Fähigkeit, anderen zu schaden, aus.[19] Während der Mensch die Selbstliebe noch „mit allen Lebewesen gemein" hat,[20] sind demgegenüber Bedürftigkeit und Schadenfreude genuin menschliche Eigenschaften, die in einem Spannungsverhältnis zueinander stehen, das die Vergemeinschaftung, mithin das Naturrecht erst erforderlich macht. In dieser Weise aus den resolutiv gewonnenen Teilen der menschlichen Natur kompositiv allgemeine Naturrechtsprinzipien zu erschließen, könnte zwar als induktives Vorgehen bezeichnet werden, insofern aus einem Besonderen auf ein Allgemeines geschlossen wird. Dagegen spricht allerdings die kategoriale Verschiedenheit von normativen Prinzipien und deskriptiven Seins-Elementen, wie sie Pufendorf in der Unterscheidung von *entia moralia* und *entia physica* nachdrücklich selbst vertritt.[21] Es wird nicht von einem normativen Besonderen auf ein normatives Allgemeines geschlossen, weshalb ein strenger Induktionsbegriff nicht standhält.

Dies anhand der naturrechtlichen Hauptschrift *De Jure Naturae et Gentium* tatsächlich zu beurteilen, fällt allerdings nicht ohne Grund schwer: Vom methodologischen Postulat der *observatio* gelangt man unvermittelt zum Ergebnis dieser zu einem Schluß gebündelten Beobachtungen. Wie weit Pufendorfs ‚Empirismus' aus seiner Metho*dologie* tatsächlich in seine Metho*dik* im Vollzug seiner Naturrechtslehre gelangt, läßt sich wiederum nur anhand der *Elementa* beobachten. Allein hier führt Pufendorf die behaupteten *Observationes* ausführlich durch. Sie folgen im zweiten Buch zwei Axiomen, die erstens die Zurechenbarkeit[22] und zweitens Macht[23] definieren.

---

[18] JNG II. III. § 13.

[19] JNG II. III. § 14; vgl. JNG II. I. § 8.

[20] JNG II. III. § 14.

[21] Vgl. Klaus-Gert Lutterbeck, Pufendorfs Unterscheidung von physischem und moralischem Sein und seine politische Theorie, in: Dieter Hüning (Hg.), Naturrecht und Staatstheorie bei Samuel Pufendorf, Baden-Baden 2009, 19–35.

[22] EJU II. A I. §2 ff. und § 6ff.

[23] EJU II. A II. § 2f.

Die erste Observatio lautet, daß der Mensch auf Grund seiner Vernunftbegabung über ihm verständliche Dinge angemessen urteilen kann. Diese Fähigkeit nennt er die judikative und unterscheidet sie von der repräsentativen Fähigkeit des Verstandes. Diese Unterscheidung steht gleich am Anfang jener ersten Observatio[24] und alles Weitere wird für die facultas judicativa ausschließlich mittels Deduktion gefolgert:

> Per facultatem judicativam intellectus discernit ac dictitat, quid, quando & quomodo sit agendum, ac de mediis ad finem maxime accommodis consultat. Vocatur alias ista facultas ratio practica & judicium practicum; (nam quae in nuda rerum contemplatione intellectui vis sit, nostrum jam non est disquirere.[25]

Wichtigste Folgerung ist dabei wohl die Bestimmung des Gewissensbegriffs als Instanz derjenigen Verstandesurteile hinsichtlich moralisch notwendiger Handlungen.[26]

Die zweite Observatio zielt auf den menschlichen Willen, der ihm erlaubt, Handlungen durchzuführen oder zu unterlassen, unabhängig vom Vernunfturteil über diese Handlung:[27] „Homo ex principio interno potest se movere ad actionem aliquam suscipiendam vel ommittendam".[28] Die zumindest prohairetische Freiheit des Willens betont Pufendorf hierbei nachdrücklich: Kein äußeres oder inneres Prinzip kann dergestalt den Willen zwingen, daß nicht zumindest in der Ausführung ein Rest von Freiheit verbleibt. Im Rahmen einer Güterabwägung entscheide sich der Wille für ein Übel nur, um ein größeres zu vermeiden; der Willensentschluß erfolge jedoch weder im Hinblick auf die prinzipielle Schlechtigkeit des Übels als solche noch mit der Absicht einer gleichermaßen lustvollen Selbstschädigung:

> Sed & illud in propatulo est, voluntatem neque à principio extrinseco neque intrinseco ita posse cogi ad aliquod sibi conveniens adversandum, aut disconveniens adpetendum, ut nulla prorsus libertas, saltem exercitii, ipsi relinquatur. Vis enim externa non id proprie efficit, ut in id feramur, à quo voluntas nostra abhorret, sed vel proposito majori malo minus malum adpetibile, *adeo*que voluntati conveniens reddit […] Equidem bonum in genere semper voluntas adpetit, malum aversatur.[29]

Von dieser grundsätzlichen Freiheit des Willens her begründet Pufendorf schließlich den Unterschied von Naturgesetz und Naturrecht:

> Cum enim voluntas sit libera facultas, cujus actus neque quoad specificationem, neque quoad exercitium *naturali necessitate* adstringantur; nec quae ad unum agendi modum

---

[24] EJU II. O I. § 1.
[25] EJU II. O I. § 3.
[26] EJU O I. § 5.
[27] Siehe hierzu in der ersten Observatio: EJU II. O I. § 5.
[28] EJU O II.
[29] EJU O II. § 7. Hervorhebung O.B.

sibi semper similem determinetur, sed intrinseco velut impulsu ad agendum sese mo-
veat.[30]

Handlungsnormen formulieren keine Seins-Notwendigkeiten. Pufendorf folgert allerdings nicht, der Mensch bedürfe deshalb eines Gesetzes, das ihn als zusätzliche äußere Instanz zu einer Handlung an- oder von ihr abhält. Tatsächlich
verfährt Pufendorf genau umgekehrt: Er folgert die Möglichkeit von Durchfüh-
rung respektive Unterlassung einer Handlung aus der bereits vorangenommenen
Notwendigkeit von Gesetzen: „Homo cum à Creatore formandus esset animal per
leges gubernandum, voluntatem habere debeat, actionum suarum internam mo-
deratricem, […]".[31] Die zweite Observatio besitzt mithin kaum wirkliche Beweiskraft, ist sie doch erstens keine Beobachtung, sondern eine Folgerung, und zweitens ist sie dies innerhalb eines Zirkelschlusses. Es soll die Notwendigkeit von
Gesetzen, natürlichen wie bürgerlichen, durch einen ihr vorangehenden angeblichen Beobachtungssatz bewiesen werden, dem die Notwendigkeit von Gesetzen
wiederum vorausgeht.

Die dritte Observatio schließlich führt durch, wovon sich die Observationes eigentlich selbständig unterscheiden wollten: Sie führt das theologische Argument
von der hervorragenden Stellung des Menschen in der Schöpfung. Im Rahmen
eines Gedankenexperiments zeigt Pufendorf den Zustand des Menschen auf,
wäre der wie jedes andere Tier nicht durch Obligationen gebunden.[32] Das Gedan-
kenexperiment abstrahiert vom *appetitus societatis*, womit Pufendorf doch den
hobbesianischen Naturzustand des *ius omnium in omnia* und des *bellum omnium
contra omnes* in seine Argumentation einführt: „Atque idem cum cuilibet in
quemlibet licuisset, quid aliud, quam rapaces in proprium genus belluae fuissent
homines?"[33]

Anders als Hobbes jedoch folgert Pufendorf nicht die Notwendigkeit der
Staatsgründung und Normsetzung durch die eine Willkür der Herrscherperson,[34]
sondern kontrastiert dem sein Konzept der socialitas. Hobbes' Annahme einer na-

---

[30] EJU O II. § 8. Hervorhebung O.B.

[31] EJU II. O II. § 1.

[32] EJU II. O III. § 6: „[…] sic si nulla mihi adversus ullum hominem esset obligatio, posita
naturali facultate alterum laedendi vel etiam occidendi, liceret mihi utique vitam ac membra mea
quantum possem tueri, omniaque media eo inservientia adhibere, quorum ad finem aptitudinem
penes me solum esset judicare; adeoque possem non tantum mihi vindicare ea omnia, quae con-
ducere mihi judicassem, sed etiam quemcunque hominem occidere, debilitare aut alio modo
constringere, siquidem id securitati meae expedire videretur; cui utique in tali statu, nulla obliga-
tione mutua existente, nisi per vim, prospicere non possem. Atque idem cum cuilibet in quemlibet
licuisset, quid aliud, quam rapaces in proprium genus belluae fuissent homines? Enimvero cum in
tali statu homines nunquam extiterint, nec ex intentione Creatoris unquam existere debuerint."

[33] Ebd.

[34] Vgl. Georg Geismann, Kant als Vollender von Hobbes und Rousseau, in: Der Staat 21/2
(1982), 161–189, hier 163–168.

turständlichen Rechtsfreiheit soll als absurd vorgeführt werden; diese Absurdität besteht allerdings nicht mehr gegenüber philosophisch logischen Kategorien, sondern nurmehr gegenüber theologischen Prämissen. Pufendorf expliziert nichts anderes, als daß das Naturrecht nicht auf den Resultaten dieses Gedankenexperiments fuße wie bei Hobbes, sondern direkt aus Gottes Bestimmung vom Menschen als ζῷον κοινωνῖκόν zu folgern sei:

> Unde quoque incommoda ex tali statu resultantia directe non debent substerni pro fundamentis legis naturae, [...] sed illud potius, quod Deus directe destinaverit hominem ad colendam vitam socialem.[35]

Dies ist kein Zirkelschluß, jedoch wird der Beweis der socialitas in der Natur des Menschen von der Ebene angeblich empirischer Argumentation auf die Ebene eines theologischen Dogmas verschoben. Klaus-Gert Lutterbeck stuft im Fokus der Geschichte der praktischen Philosophie Pufendorfs Naturrechtskonzeption als entsprechend reaktionär ein: Pufendorf führt Hobbes' Idee vom status naturalis als gottlos vor, um die Bedeutung der Gottesinstanz für die naturrechtliche Geltungstheorie aufzuzeigen.[36]

Die vierte und fünfte Observatio sind ebenfalls keine Beobachtungen. Observatio IV ist bereits eine Ableitung, nämlich aus den Observationes I und III und dem Axiom I: Die Vernunft des Menschen diktiert die Einhaltung des Naturrechts.[37] Damit ist Pufendorfs Naturrecht jedoch nur epistemologisch Vernunftrecht. Geltungstheoretisch macht die Observatio IV selbst die theonome Autorität des universalen Rechts deutlich: „Obtinet autem dictamen illud rationis, seu lex naturae, vim obligandi homines ex autoritate Creatoris, tanquam supremum in ipsos imperium gerentis".[38] Observatio V ist abgeleitet aus den Observationes I und IV und dem Axiom II: Einzelne Menschen können bezüglich Handlungen, deren Konsequenzen noch nicht absehbar sind,[39] in Kontroversen darüber geraten, wer von Naturrechts wegen Recht besitzt und wer nicht. Hieraus wird die Notwendigkeit der societas gefolgert, die eine Schiedsinstanz bietet: „Ad vitam hominis socialem servandam non sola ex naturae immediate sufficit, sed, ut in particularibus societatibus imperia quoque constituantur, necessum est".[40]

Es macht die spezifische Antinomik sowohl prä- als auch antihobbesianischer Naturstandslehren aus, die Erkenntnis Hobbes' von der grundsätzlichen Zwangsfreiheit des Menschen im Naturzustand einerseits – wie hier Pufendorf – zu teilen,

---

[35] EJU II. O III. § 6.
[36] Lutterbeck, Pufendorfs Unterscheidung von physischem und moralischem Sein (wie Anm. 21), S. 364.
[37] EJU II. O IV.
[38] EJU II. O IV. § 3.
[39] EJU II. O I. § 5.
[40] EJU II. O V.

andererseits Hobbes' Schritt zu demjenigen Schluß auf die praktische Unwirksamkeit des Naturrechts jedoch nicht mitzugehen, den der eigene Gesetzesbegriff eigentlich immer schon auferlegt hätte: Ein Gesetz ist zwangsbewehrt.[41] Anders etwa als im Falle des Ratschlags, dessen Befolgung dem freien Belieben des Beratschlagten anheimgestellt ist, führt der Gesetzesverstoß zu wirkmächtigen Sanktionen wider den Verbundenen. Schon der Geltungsbegriff der (neo)aristotelischen Naturrechtstradition impliziert die Geltend*machung*. Insofern auch für das Naturrecht Pufendorfs die eigentliche Verbindlichkeit seiner Normen ausschließlich gegenüber Gott gilt,[42] läßt sich deren vermehrt jenseitige Geltendmachung, mithin ihre Geltung und ihr Status als Gesetze gar nicht empirisch erschließen. Marie-France Renoux-Zagamé betont daher zu Recht den paradoxalen Charakter der pufendorfschen Systematisierung von Natur (der Sache) und Natürlichkeit (der Verpflichtung):

> Pufendorf doit en effet reconnaître que, si les règles morales imposées par Dieu aux hommes ne naissent pas ,ex ipsa re', elles conviennent néanmoins – il le faut bien – à la ,natura' de l'homme, et ont par conséquent leur fondement dans la chose même.[43]

Hobbes' Naturrechtskritik schließlich abstrahiert hiervon nicht radikal, sondern reflektiert gerade die widersprüchlichen rechtslogischen Momente solcher voraussetzungsvoller Naturstandslehren.[44]

Pufendorf leitet seine letzten Prinzipien nicht empiristisch, „ex singulorum constanter sibi respondentium collatione"[45] her. Der Vorgang ihrer Erkenntnis hält sich in der Tat an den Intuitionismus Descartes' und Weigels. Descartes' Beispiel vom Wachs in seinen *Meditationes* zeigt eine strukturell weitgehende Deckungsgleichheit mit diesem Erkenntnis-,Vorgang'. Pufendorf besitzt einen Begriff von der Natur des Menschen, der nicht auf Beobachtung beruhen kann, ist doch der Mensch veränderlich. Diese Veränderlichkeit selbst kann nicht Grundlage eines allgemeingültigen Naturrechts sein. Dies gefährdete die Einhal-

---

[41] So stellt es auch Pufendorf unmißverständlich in seinem Manual *De officio* fest: Samuel Pufendorf, Gesammelte Werke, Bd. 2: De officio, hg. von Gerald Hartung, Berlin 1997, I. II. § 1–7, besonders § 7: „Cujuslibet *legis perfectæ duæ partes* sunt: una, per quam definitur quid sit faciendum, quidvè omittendum: altera, per quam indicator, quondam malum sit propositum ei, qui præceptum intermittit, & interdictum facit."

[42] Vgl. Gerald Hartung, Die Naturrechtsdebatte. Geschichte der Obligatio vom 17. bis 20. Jahrhundert, Freiburg, München 1998, 18 und 36 f.

[43] Marie-France Renoux-Zagamé, Origines théologiques du concept moderne de propriété, Genève 1987, 175.

[44] Siehe hierzu nochmals Geismann, Kant als Vollender von Hobbes und Rousseau (wie Anm. 34), 168: „Gerade indem Hobbes wie die Rechtsphilosophen der mittelalterlich-christlichen Tradition von einem ,materialen' Naturrecht ausgeht, wird er als der gründlichere und konsequentere Denker zum Überwinder eben dieser Tradition."

[45] EJU II. A I. § 1.

tung des Satzes vom Widerspruch und in der Folge das einheitlich-kohärente Systemgebäude des Naturrechts und damit seinen Anspruch auf Allgemeingültigkeit. Es bleibt also nichts übrig als zuzugeben, daß Pufendorf sich gar nicht bildlich ausmalen, sondern nur denkend begreifen kann, was die Natur des Menschen *ist*.[46] Die Herleitung der socialitas aus der Natur des Menschen – dies macht besonders die dritte Observatio der *Elementa* deutlich – scheint Pufendorf implizit schon dadurch hinreichend gelungen, daß das Fehlen des Prädikats *sociabile* im Subjekt *Mensch* nicht widerspruchslos möglich ist, solange der Mensch nicht dem Tier gleich sein soll. An exakt diesem argumentativen Moment greift die voraussetzungsvolle Setzung der *praestantia* als gültig akzeptierter Prämisse.

Problematisch ist jedoch nicht nur die eigentliche Theonomie dieser socialitas, die lediglich mit dem ursprünglichen Anspruch Pufendorfs kollidiert; problematisch ist auch und vor allem, daß selbst von einer göttlich gewollten socialitas nicht unvermittelt auf die materiale Bestimmtheit der allgemeinmenschlichen Ordnung, des Naturrechts zu kommen ist, wie Pufendorf glaubt. Norbert Brieskorn erläutert in seiner Einleitung in die Rechtsphilosophie den Unterschied der Sollensordnung vom Sollen der Ordnung selbst.[47] Dementsprechend beweisen die *indigentia* und *imbecillitas* des Menschen zunächst nur die Notwendigkeit des Zusammenschlusses des Menschen mit Seinesgleichen; seine Selbstliebe verursacht eine Schadensfähigkeit, die eine Ordnung dieser – natürlichen oder bürgerlichen – Gemeinschaft notwendig macht (Sollen der Ordnung). Die theonome *vis obligativa* beweist weiterhin, daß diese Ordnung in der natürlichen Gemeinschaft *eine bestimmte* sein muß (Sollensordnung). Jedoch ist man mit diesen Voraussetzungen noch nicht dahingekommen, *wie* diese eine Sollensordnung beschaffen ist. Samuel Pufendorf vermengt hier den Beweis, wodurch Recht ist (διότι), mithin, ob es ist (εἰ ἔστι), mit einem Beweis dafür, wie es ist (τί ἐστιν).[48] Durch diese ignorantia elenchi besteht für Pufendorfs Naturrechtslehre die Gefahr substantieller Kontingenz. Durch die weitere Zuspitzung ihrer systematischen Leerstelle zeigt sie jedoch auf, was für die Naturstandslehren des ausgehenden 17. und 18. Jahrhunderts noch zu tun übrig bleibt. Derjenige, der die Naturrechtslehre in diesem Sinne wirkmächtig weiter voranzutreiben unternimmt, ist Christian Thomasius.

---

[46] Im Wortlaut formuliert nach Descartes: René Descartes, Meditationes de prima philosophia, hg. von Lüder Gäbe, Hamburg ³1992, 30 f., II. 12: „Quid vero est hoc flexibile, mutabile? […] Quid extensum? numquid etiam ipsa eius extensio est ignota […] Superest igitur, ut concedam me nequidem imaginari, quid sit haec cera, sed sola mente percipere; […]."

[47] Norbert Brieskorn, Rechtsphilosophie. Grundkurs Philosophie 14, Stuttgart 1990, 19 f.

[48] Vgl. Aristoteles, Anal. post. II. 1, 89b24–25: „Ζητοῦμεν δὲ τέτταρα, τὸ ὅτι, τὸ διότι, εἰ ἔστι, τί ἐστιν."

II. Das Naturstandsdenken des Christian Thomasius zwischen Theonomie, Rationalismus und Voluntarismus

Christian Thomasius, ansonsten als ‚Vater der deutschen Aufklärung' gefeiert, wird ausgerechnet in seinem rechtsphilosophischen Kerngebiet häufig vorgeworfen, „unselbständiger Schüler S. Pufendorfs" zu sein.[49] Diesem Eindruck entgegen stehen nicht nur Thomasius' rechtsdidaktische Leistungen in den *Cautelen zur Erlernung der Rechtsgelehrtheit*,[50] sondern auch seine kategoriale Neuerung der juridischen Interpretationslehre, die er nicht mehr nach deklarativer, extensiver und restriktiver, sondern nach grammatischer und logischer Interpretation ordnet.[51]

Ebenso wie sein Lehrer Pufendorf ist Thomasius angetrieben von einem Ungenügsamkeitsempfinden sowohl gegenüber einem vorurteilsbehafteten Intuitionismus der Descartes-Schule als auch gegenüber der „Verkehrtheit" der nur losen aristotelischen Prinzipienfindung. Seine *Introductio ad Philosophiam aulicam* (1688) hebt dieses Spannungsverhältnis der traditionellen und neuen Methodologien schon im Titel pointiert hervor und projektiert eine media via, welche eine Klugheitslehre des Erkennens und Vernunftschließens etablieren soll: „Lineæ primæ libri de Prudentia Cogitandi et Ratiocinandi, Ubi ostenditur media inter præjudicia Cartesianorum, & ineptias Peripateticorum, veritatem inveniendi via".[52] Die Herausforderung, diese Spannung mithilfe eines Mittelweges zu lösen, korreliert Thomasius ebenfalls mit der ‚pragmatistischen Bedrohung' der Moralphilosophie durch die machiavellische Staatslehre: Sie macht das Finden verbindlicher moralischer Prinzipien für das politische Handeln dringlich und steht daher in der *Introductio* mit gutem Grund zwischen den Skizzen cartesischer und aristo-

---

[49] Matthias J. Fritsch, Religiöse Toleranz im Zeitalter der Aufklärung. Naturrechtliche Begründung – konfessionelle Differenzen, Hamburg 2004, 52; vgl. auch Christoph Bühler, Die Naturrechtslehre und Christian Thomasius (1655–1728), Regensburg 1991, 4.

[50] Vgl. Friedrich Vollhardt, Vorwort, in: Christian Thomasius, Cautelen zur Erneuerung der Rechtsgelehrtheit, hg. von Friedrich Vollhardt, Hildesheim, Zürich, New York 2006, V–XXXVI, hier IXf. Vollhardt wirft besonders der an Kants Wahrheitsbegriff geschulten Thomasiuskritik zu Recht vor, die thomasianische Leistung unter Abstraktion von „der Eigenperspektive der Epoche" zu verkennen (X).

[51] Vgl. Jan Schröder, Recht als Wissenschaft. Geschichte der juristischen Methodenlehre in der Neuzeit (1500–1933), München 2012, 137.

[52] Christian Thomasius, Introductio ad Philosophiam aulicam, Seu Lineæ primæ libri de Prudentia Cogitandi et Rationcinandi, Ubi ostenditur media inter præjudicia Cartesianorum, & ineptias Peripateticorum, veritatem inveniendi via, Leipzig 1688; vgl. Rita Widmaier, Alter und neuer Empirismus. Zur Erfahrungslehre von Locke und Thomasius, in: Werner Schneiders (Hg.), Christian Thomasius (1655–1728). Interpretationen zu Werk und Wirkung, Hamburg 1989, 95–114, hier 98–101.

telischer Schule.[53] Vor allem letztere habe sich in ihrer Moralphilosophie fast ausschließlich um unnütze Fragen gekümmert, von denen Thomasius an erster Stelle diejenige nach dem höchsten Gut nennt, gefolgt von der Tugendlehre und der Staatsformenlehre: Diese definitorische, bloß in Katalogen und Unterteilungen denkende Moralphilosophie habe so gut als nichts ‚Handfestes' („nihil ferè solidi") zustandegebracht, – eine Erkenntnis, die Thomasius schon der katholischen Theologie zugutehält, die aber nur in das andere Extrem eines „barbarischen Moralismus" gefallen sei, der Philosophie, Theologie und römisches Recht chaotisch vermischte.[54] Beides, der Mangel einer materialen Prinzipienbestimmung der aristotelischen Moralphilosophie genauso wie ihr nur mangelhafter Kompensationsversuch im unzulässigen Zusammenwurf heterogener Disziplinen und Ansätze, werden der machiavellistischen Herausforderung von der behaupteten Unverbindlichkeit moralischer Prinzipien nicht habhaft: jener, weil er diese Herausforderung verkennt, dieser, weil er ihre valide Lösung notwendig verfehlt.

Demgegenüber weiß Thomasius Descartes durchaus zu würdigen, schließlich war es ihm der „Nobilis Gallus", der sich zur Auffindung der Prinzipien von Aristoteles' Empirismus und Deduktionismus entfernte[55] und selbst schon einen Mittelweg zwischen platonischem Ideenoptimismus und radikalem Skeptizismus etablierte; auch gesteht er Descartes tatsächlich ein außerordentliches natürliches Verstandestalent und ebensolche Urteilskraft zu; der „wahrheitsbegierige" Franzose schien Thomasius allein nicht hinreichend in die Kunst des Vernunftschlus-

---

[53] Thomasius, Introductio ad Philosophiam aulicam (wie Anm. 52), 35, 37–39, Cap. I, §§ 75, 80 f., 83.

[54] Ebd., 38 f., Cap. I, §83: „Porro *integrum Philosophiam morale Aristotelicam* præter quæstiones inutiles de Summo Bono, & catalogum undecim virtutum, ac divisions rerumpublicarum, nihil ferè solidi continentem jam dudum imperfectam esse judicarunt *Theologici Pontificii*, qui, in alterum extremum prolapsi, scriptis vastis *de Justitia & Jure*, loco Philosophiæ moralis exhibuerunt informe chaos, miscentes videlicet inter se *Philosophiam, Theologiam & Jurisprudentiam Romanam*, digni adeò, qui barbarô *Moralistarum* nomine communiter appellarentur."

[55] Das darf nicht übersehen lassen, welchen Erkenntnisanspruch *empirischer* Phänomene Descartes' epistemologischer Rationalismus tatsächlich erhob. Dies wird besonders an dessen Essay *Les Météores* (1637) deutlich. Descartes' Meteorologie als Wissenschaft derjenigen offenbar unregelmäßigen, traditionell als wundersam empfundenen Himmelserscheinungen gehört genauso in das Systemganze seines Rationalismus wie das Cogito, die Geometrie und Dioptrik. Daß der Gegenstand dieser Schrift ein per se empirischer ist, hat allein schon zu editorischen Irrtümern geführt, insofern der *Discours* schon früh von den drei Essays entkleidet ediert wurde. Wie Claus Zittel in seiner Edition der *Météores* zu Recht in Erinnerung ruft, ist dieser Fokus falsch, weil ein Anspruch, mit Hilfe des Rationalismus nur rationale Gegenstände handhaben zu können, nicht nur banal wäre, sondern schlicht nicht der Anspruch Descartes' ist: Claus Zittel, Einleitung [zu Descartes' ›Les Météores / Die Meteore‹], in: Zeitsprünge. Forschungen zur Frühen Neuzeit 10–1/2 (2006), 1–28, hier 5 f. Natürlich war der Irrtum bald historischer Fakt; jedoch droht die wirkungsgeschichtliche Rekonstruktion naiv zu werden, wenn sie von den Irrtümern der Rezipienten auf den entsprechenden Irrtum des Rezipierten schließt.

ses instruiert.[56] M.a.W. sprechen Descartes' Prinzipien Thomasius grosso modo durchaus an, ihrer wissenschaftlichen Beweislast war Descartes jedoch nicht ausreichend nachgekommen: Der Intuitionismus kann sich seiner selbst nur *durch* sich selbst versichern und muß damit immer unbefriedigend bleiben.

Im Hinblick auf die Begründungsleistung der Naturrechts- und Staatslehre des Thomasius ist eine frühere, vermehrt pufendorfianisch-antihobbesianische Phase von einer späteren Periode zu unterscheiden, in welcher sich Thomasius mit der entschiedenen Stärkung des voluntaristischen Grundsatzproblems des Naturzustandes von seinem Lehrer entfernt und sich Hobbes in dessen Ansatz sogar annähert.[57] Eingedenk der schon in der *Introductio* kundgetanen rechtsepistemologischen Absicht des Thomasius soll dabei auch aufgezeigt werden, inwiefern die *Institutiones iurisprudentiae divinae* (1688) und die *Fundamenta iuris naturae et gentium* (1705) als Erfüllungsstufen dieser Intention begriffen werden können. Die *Fundamenta* haben nicht nur als Ergebnis eines Bruchs mit den naturständlichen Annahmen der *Institutiones* zu gelten, sondern sind auch vor dem Hintergrund der Projektierung zu verstehen, die Thomasius schon zur Zeit seines ersten Naturrechtsentwurfs ausgegeben hatte.

1. Die *Institutiones iurisprudentiae divinae* (1688): Säkularisierung des Naturrechts und (Re)Theologisierung der Universaljurisprudenz

Schon Frank Grunert diagnostiziert bei Thomasius ein solches Auseinanderfallen von ausdrücklichem Anspruch und ausgeführtem Vollzug, wie es oben für Pufendorfs Fall festgestellt wurde – und Thomasius' Anspruch ist gerade, die Richtigkeit von Pufendorfs Hypothesen mit unumstößlicher Beweiskraft („apodictè") nachzuweisen und zu erhärten.[58] Die Trennung von Theologie und Rechtswissenschaft wird in den *Institutiones* im Ergebnis „doch nicht so radikal durchgeführt,

---

[56] Thomasius, Introductio ad Philosophiam aulicam (wie Anm. 52), 35, Cap. I, § 75: „Deinde & RENATUS DES CARTES vulgô *Cartesius* dictus Nobilis Gallus huc referri meretur, qui quoad principia cognoscendi ab Aristotele recessit, sensibus plurimum denegans, & mediam quondam sectam inter *Platonismum & Scepticismum* instituens […]. Fuit autem *Cartesius*, ut summatim dicam, Vir judiciô naturali & ingeniô maximè pollens & veritatis cupidus, sed ratiocinandi arte non probe instructus […]."

[57] Vgl. hierzu überblickend Frank Grunert, Vorwort, in: Christian Thomasius, Grundlehren des Natur- und Völkerrechts, hg. von Frank Grunert, Hildesheim, Zürich, New York 2003, IXf.; Fritsch, Religiöse Toleranz (wie Anm. 49), 55.

[58] Christian Thomasius, Institutiones Jurisprudentiæ Divinæ, In Positiones succintè contract, In quibus Hypotheses Illustris Pufendorffii circa doctrinam Juris Naturalis Apodictè demonstrantur & corroborantur, præcepta vero Juris Divini Positivi Universalis primùm à Jure Naturali distinct secernuntur, & perspicuè explicantur, Frankfurt [Oder], Leipzig, 1688.

wie es erwartet werden konnte".[59] Grunert bezieht sich besonders auf § 50 der Vorrede, in dem Thomasius das *ius divinum positivum universale* als gemeinsamen Gegenstand von Theologie und Jurisprudenz hervorhebt, insofern es Pflichten von Menschen gegenüber Menschen formuliert.[60] Das bedeutet zum einen den unmittelbaren Widerspruch zu Thomasius' Differenzierung von göttlichem und natürlichem Recht in § 48: „Scimus, quod lex scilicet divina, spiritualis; at ego carnalis sum, venditus sub peccatum. Decalogus itaqve sive lex divina spiritualis est, at homo quantus est sibi relictus etiam cũ lege naturæ carnalis".[61] Denn tatsächlich regelt auch das göttliche Offenbarungsgesetz fleischlich-zwischenmenschliche Angelegenheiten wie die Ehe. Damit ist aber zum anderen das Naturrecht der *Institutiones* tatsächlich kein universales Recht,[62] weil es universal verbindliche göttliche Offenbarungsgesetze gibt, die aus der Natur bzw. dem Naturzustand nicht abgeleitet werden können und dabei dennoch ebenso äußere wie interpersonale Verhältnisse regeln.

Es wird eine Doppelbewegung im frühen Naturrechtsdenken des Thomasius deutlich, nämlich einerseits eine *säkularisierende*: Das Naturrecht wird durch die endlich strikte Bindung an sein principium cognoscendi, der Natur des Menschen, von göttlichen Normen freigemacht, die sich in der Natur nicht begründen lassen.[63] Dem korrespondiert andererseits eine *(re)theologisierende* Bewegung mit Blick auf den Universalrechtsgedanken: Die unnatürlichen, göttlich gesetzten Rechte und Pflichten werden als ebenso *notwendig*, d. h. für sich universal gefaßt. Damit speist sich das Universalrecht proprio sensu gerade nur segmental aus dem natürlichen vernünftigen Recht. M.a.W.: Unter Aufrechterhaltung des Universalrechtsgedankens *wie auch* der Notwendigkeit der originären göttlichen positiven Gesetze bedeutet die Säkularisierung des Naturrechts gerade seine Depotenzierung. Hinter das Projekt seines Lehrers Pufendorf, der mit den *Elementa* schließlich schon 1660 eine ausschließlich vom Naturrecht besorgte Universaljurisprudenz zu entwerfen suchte, fällt Thomasius mit den *Institutiones* sozusagen zurück.

[59] Frank Grunert, Normbegründung und politische Legitimität. Zur Rechts- und Staatsphilosophie der deutschen Frühaufklärung, Tübingen 2000, 173.
[60] Thomasius, Institutiones Jurisprudentiæ Divinæ (wie Anm. 58), Diss. Procem. § 50: „[O]stendam exactam differentiam inter Jurisprudentiam & Theologiam & genuinis limites inter has Facultates duas superiores, ubi asserui, ad Jurisprudentiam etiam pertinere expositionem legume divinarum de officiis hominum erga homines disponentium, eamque doctrinam JCtis cum Theologis esse communem […]."
[61] Ebd., Diss. Procem. § 48.
[62] Vgl. dagegen Hans-Peter Schneiders, Justitia universalis. Quellenstudien zur Geschichte des ‚christlichen Naturrechts' bei Gottfried Wilhelm Leibniz, Frankfurt am Main 1967, 209.
[63] Grunert, Normbegründung und politische Legitimität (wie Anm. 59), 174 f.

Dabei ist Thomasius' Argumentationsbemühung sogar minutiöser als diejenige Pufendorfs in den *Elementa*. Erstes Prinzip ist ihm zunächst allein das Widerspruchsverbot, von dem aus Thomasius die schöpfungstheologischen Ausstattungen der Natur des Menschen als evident ableitbar erachtet.[64] Gott ist dabei genauso Urheber des Menschen wie aller Schöpfung; dies stellt den ersten, gegenüber dem Gottes- und Allheitsbegriff zunächst rein analytischen Schluß Thomasius' dar: Gott kann nicht Urheber von allem und gleichzeitig nicht des Menschen sein.[65] Aufmerksamkeit verdient schon der *zweite* Schluß von Thomasius' Naturstandsanalyse, denn diese zeigt sich hier durch einen Doppelcharakter geprägt: „*Voluit* ergo *Deus, ut homo sit animal rationale*. Fluit hoc ex definitione hominis".[66] Denn im Rahmen des hier vollzogenen Syllogismus bildet die schon konstatierte göttliche Urheberschaft nur den Obersatz. Den Untersatz bildet die erst später vollzogene „definitio" des Menschen *als* vernunftbegabtes Tier – hierzu gleich mehr. Entscheidend ist der Beweischarakter dieses Satzes für das Naturrecht: Bewiesen wird unter einstweiliger Vorausnahme der Vernunftbegabtheit des Menschen zunächst nur die göttliche Willentlichkeit dessen. Insofern der Mensch als Teil der Schöpfung Gott als Urheber hat (Obersatz), dabei augenscheinlich ein vernünftiges Wesen ist (Untersatz), ist seine Vernunftnatur ebenso göttliche Schöpfung und daher göttlich gewollt (Schluß). In diesem zunächst nur normativen, noch nicht materiale Normen festlegenden Beweisschritt gewinnt das Naturrecht sein theonomes Fundament. Es geht Thomasius an dieser Stelle noch nicht um den sachlichen Nachweis, daß der Mensch vernunftbegabt ist, sondern daß er – sofern seine Vernunftbegabtheit sich späterhin erhärten läßt – dies logischer Weise nur Gottes Willen nach sein kann und ein widervernünftiges Verhalten daher schon eine erste Verleugnung von Gottes Schöpfung und ein Aufbegehren gegen seinen Schöpferwillen bedeutete.

Die sachliche Erkenntnis von der Vernunftbegabung des Menschen erschließt sich Thomasius durch empirische Feststellungen („apparet", „deprehendit", „videt")[67] über die Menschennatur. Diese ‚Beobachtungen' sind komparatistischer Art:

Necesse autem esse, ut hanc aptitudinem [sc. actiones suas secundum normam externam dirigere;[68] O.B.] in actum deducat, apparet, si *naturam suam*, cum animalium reliquorum naturâ conferat […] § 84. Quà *corpus*, majorem deprehendit imbecillitatem, se sine ope aliorum hominum conservandi, quam in animalibus brutis, quæ tanta est, ut necessariò periret, si alii homines non obligati forent, ut ipsi succurrant. § 85. Quà *animum*, prout ille in hoc statu post lapsum *corruptus* est, videt majorem

[64] Thomasius, Institutiones Jurisprudentiæ Divinæ (wie Anm. 58), I. Buch, 3. Hauptstück, § 72.

[65] Ebd., I, 3, § 73.

[66] Ebd., I, 3, § 74.

[67] Nicht: empiristische Erhebungen!

[68] Thomasius, Institutiones Jurisprudentiæ Divinæ (wie Anm. 58), I. Buch, 3. Hauptstück, § 82.

pravitatem aliis nocendi, à diversis effectibus provenientem, quibus bestiæ [...] carent; quæ si non per metum majoris mali coerceretur, interiret genus humanum.[69]

Es ist von nicht geringer Bedeutung, daß Thomasius hier auf zwei Ebenen operiert, der unmittelbar sachlichen und der persuasiv-strategischen: Offensichtlich will er sowohl die persuasive Eingängigkeit seiner Argumentation erreichen als auch die argumentative Unstrittigkeit ihrer selbst augenscheinlich machen („necesse esse"): Daß der Mensch im Unterschied zum Tier schwächer und gleichzeitig ‚böser' („major pravitas aliis nocendi") ist, sich dabei aber doch als überlebensfähig erwiesen hat, *muß* Sinn, Ursache, Zweck haben. Entscheidender aber ist, daß Thomasius schon hier den Nachweis der Notwendigkeit einer natürlichen wie bürgerlichen Ordnung nicht unmittelbar teleologisch führt: Von der ihm augenfälligen Schwachheit (imbecillitas) und Bosheit des Menschen (pravitas), die den Menschen ohne Ordnung überlebensunfähig machten (Obersatz), schließt Thomasius abermals syllogistisch auf das Vorhandensein einer Ordnung: Ohne jeden Zweifel haben die Menschen überlebt (Untersatz). Ob die imbecillitas und pravitas ein tieferes telos besitzen – ihre letztlich nur heilsgeschichtlich mögliche Auflösung –, ist für diesen Syllogismus irrelevant: Sie interessieren beide als wirkursächlicher Fakt für die Notwendigkeit einer das Überleben gewährleistenden Ordnung. Auch die Frage, ob dieser Fakt in der Tat vor dem Hintergrund einer empirischen oder vermehrt theologischen Überzeugung (status post lapsum) besteht, ist indifferent dafür, daß Thomasius den Fakt argumentativ wirkursächlich veranschlagt.

Damit geht Thomasius schon in den *Institutiones* trotz der ausgeprägten Syllogistik[70] der nachgezeichneten Argumentation und besonders trotz aller Theologeme, die sie noch bestimmen, wiederum weiter als Pufendorf: Dieser hatte seine *socialitas* schließlich noch teleologisch als Bestimmung des Menschen begründet („Deus directe *destinaverit* hominem ad colendam vitam socialem"). Natürlich war schon für Pufendorf die imbecillitas Wirkursache für die Notwendigkeit einer Ordnung; erst Thomasius jedoch versteht wirklich, daß diese Ordnung *schon deshalb* auch denknotwendig *exisitieren* muß, schließlich ist das Menschengeschlecht noch nicht untergegangen („interiret genus humanum"). Diese Denknotwendigkeit wird nicht mehr wie bei Pufendorf aus der Annahme einer finalursächlichen Bestimmung (destinatio) des Menschen durch Gott gefolgert. Thomasius ‚denkt wirklich um zu erfahren, daß das Widersprechende nicht zu

[69] Ebd., I, 3, § 83–85.

[70] Vgl. dazu die seit 1699 gefestigte Auffassung des Thomasius, der Syllogismus diene mehr zur Überzeugung der Leser denn zur Auffindung von Schlüssen, die einem schon bekannt seien, bevor man deren Prämissen aufgefunden habe: Wolfgang Röd, Geometrischer Geist und Naturrecht. Methodengeschichtliche Untersuchungen zur Staatsphilosophie im 17. und 18. Jahrundert, München 1970, 157.

denken ist', während Pufendorf lediglich nicht denkt, was nicht gedacht werden soll.

Natürlich bleibt Gott auch bei Thomasius als Schöpfer der menschlichen Vernunft noch das mittelbare principium cognoscendi, genauso wie er als Schöpfer der natürlichen Gesetze das principium cognoti bleibt. Auf ihn ist nach wie vor zu regredieren, um zu zeigen, daß die notwendige Ordnung absolut gewollt ist und daher unhintergehbare Verpflichtungskraft besitzt. Es ist jedoch nicht mehr auf diesen Willen zu regredieren, um zu zeigen, daß diese Ordnung notwendig ist: Sie ist – unter Thomasius' Prämissen – *denk*notwendig. Die entscheidende Frage an Thomasius' ersten Naturrechtsentwurf jedoch lautet, *in welcher Hinsicht* notwendig diese Ordnung ist. Damit erst ist zurückzukommen auf Thomasius' *dritten* Argumentationsschritt: „Eo ipso verò *Deus voluit, ut homo vivat secundum normam quandam, seu legem. Fluit hoc iterum ex definitione hominis, hoc est: essentiæ animalis rationalis non convenit, ut vivat exlex*".[71] Dieser Schritt erweist sich als nicht eigentlich eigenständig bzw. inhaltlich nicht mehr als neu: Denn hier wird dasselbe wirkmächtige Moment expliziert, das schon im zweiten Schritt implizit gewirkt hatte, daß es nämlich widervernünftiges Verhalten des Menschen gibt, welches rundheraus ordnungswidriges Verhalten bedeutet. Der Vernunftgebrauch wird hier unmittelbar rechtsförmig. Gerade das jedoch läßt Thomasius die Indifferenz seines bisherigen Beweisganges übersehen, die im Hinblick auf den Naturrechtsinhalt gegenüber der hobbesianischen Naturstandsanalyse noch besteht. Daß Gott nämlich der Vernunft und einer Ordnung gemäß zu leben aufgetragen hat, bestimmt noch nicht hinreichend, daß diese Ordnung notwendig eine selbst schon vernünftige – und nicht wie bei Hobbes willkürlich gesetzte – ist: Die Vernünftigkeit des Sollens der Ordnung ist grundverschieden von der Vernünftigkeit der Sollensordnung selbst und damit von ihrer inhaltlichen Natürlichkeit. Ebenso wie Pufendorf übersieht Thomasius' erster Naturrechtsentwurf also den Unterschied von Sollen der Ordnung und Sollensordnung. Anders als dieser spitzen jedoch schon Thomasius' *Institutiones* diesen Unterschied auf denjenigen ihrer Vernünftigkeit weiter zu. Mit Blick auf seinen methodologischen Anspruch aus der *Introductio* wird Thomasius gerade hieran ansetzen können, um seinen zweiten Naturrechtsentwurf, die *Fundamenta iuris naturae et gentium*, zu entwickeln. Diese werden sich weiter auf die Vernünftigkeit der Sollensordnung, mithin ihre menschenmögliche Einsehbarkeit zubewegen.

---

[71] Thomasius, Institutiones Jurisprudentiæ Divinæ (wie Anm. 58), I, 3, § 75.

2. *Die Fundamenta iuris naturae et gentium* (1705): Menschlicher Wille – göttliche Ausstattung, vernünftiges Erkennen

Der rechtssystematisch rationalistischen Herausforderung, welche die *Institutiones* in geschärfter Form hinterlassen haben, widerspricht dabei nicht der zunächst voluntaristische Paradigmenwechsel von Thomasius' Naturstandsdenken. Dies gilt *erstens*, weil Thomasius diesen Voluntarismus im Verlauf der *Fundamenta* in bestimmter Weise auffaßt; dies gilt jedoch besonders *zweitens*, weil es ihm nunmehr mit der Einsehbarkeit des Naturrechts vermehrt sowohl um seine epistemologische Erkennbarkeit als auch stets um seine subjektive Wollbarkeit geht.

Blickt man dabei zurück auf die Naturstandslehre der *Institutiones*, muß man Thomasius' eingangs der *Fundamenta* geübte Selbstkritik durchaus nicht teilen, er sei „mehr umb dasjenige bekümmert gewesen / was andere zu der menschlichen Natur gehörig vorgegeben / als daß wir dieselbe / so ein jedweder bey sich selbst hat / mit gehöriger Sorgfalt untersuchet haben sollten".[72] Wie zu sehen war, hatte Thomasius schon in seiner ersten Naturstandslehre keine „grosse Menge Zeugnisse und allegationes anderer Scribenten" mehr angeführt, wie es noch Grotius und Pufendorf getan hatten.[73] Den Vorwurf ungenannter, systematisch jedoch allemal statthabender Übernahme falscher Annahmen hingegen macht sich Thomasius in zwei wesentlichen Punkten: Da ist *erstens* die Übernahme des Gedankens vom göttlichen positiven allgemeinen Recht. Dieses sei von Scholastikern als waghalsiges, gleichwohl systematisch unhaltbares „Mittel zwischen dem Recht der Natur und dem mosaischen Particular Gesetze" ausgedacht worden.[74] *Zweitens* kritisiert Thomasius seinen „Haupt-Irrthum / von der geschickten Ubereinstimmung des Verstandes und Willens / das ist / von der Herrschaft des Verstandes über den Willen".[75] Ihm begegnet Thomasius mit der schon angekündigten, noch genau zu erläuternden voluntaristischen Wende seines Ansatzes.

a) Die Verabschiedung des göttlichen Offenbarungsgesetzes aus dem Universalrecht und des Strafkriteriums aus dem Naturrecht

Das jus divinum positivum universale verabschiedet Thomasius aus seiner Universaljurisprudenz mit der strengen Unterscheidung der Zuständigkeitsbereiche und Teloi des göttlichen und natürlichen Rechts, daß nämlich „der End-Zweck

---

[72] Christian Thomasius, Grundlehren des Natur- und Völkerrechts, hg. von Frank Grunert, Hildesheim, Zürich, New York 2003, Vorrede § 5.

[73] Ebd., Vorrede § 3.

[74] Ebd., Vorrede § 14.

[75] Ebd., Vorrede § 6.

der Heiligen Schrifft das glückseelige Leben der zukünfftigen Welt ist / die Sitten-Lehre aber und die *gantze* Rechts-Gelahrheit bloß zur wahren Glückseeligkeit des gegenwärtigen Lebens abzielet".[76] Jene göttlichen Offenbarungsgesetze schließlich, die sich durchaus irdisch-zwischenmenschlicher Angelegenheiten annehmen, sind zeitlich wie auch im Geltungsbereich begrenzt erlassen worden und insofern kein Teil der Universaljurisprudenz: „[D]ie Verrichtungen / wovon das offenbarte Recht qua tale handelt / seyn nicht nach der Natur allen Menschen und allezeit gut und böse".[77]

Dieses Argument aus dem 5. Hauptstück des ersten Buches ist jedoch für das Weitere besonders auf Grund der ihm vorangehenden Begründungsleistung so interessant: Denn die Relevanz der Kriterien Ubiquität und Perennität für die Universaljurisprudenz nimmt Thomasius nicht begriffslogisch an, sondern gewinnt diese nur wieder aus einer Unterscheidung von Gottvater und Strafgott, mit welcher er den eigentlichen Unterschied von natürlichem und positivem Recht aufzeigen will. Ihm geht es dabei vor allem um die *perseitas* natürlicher Güte bzw. Schlechtigkeit, die ihm für ein qua Vernunft erkennbares Naturrecht notwendige Ermöglichungsbedingung ist:

> [W]enn ein GOtt / als ein absoluter Gesetz-Geber / der den Menschen äusserlich zur Straffe verbindet / concipiret und die Ehrligkeit und Schändligkeit mit der Gerechtigkeit und Ungerechtigkeit vor einerley genommen wird; so ist falsch / daß es solche Verrichtungen gibt / die vor sich ihrer Natur nach und vor den göttlichen Willen ehrlich oder schändlich seyn.[78]

Damit gleitet Thomasius nicht etwa in einen theologischen Intellektualismus über, denn in der Tat hat Gott als Urheber auch der natürlichen Gesetze die moralische Güte bzw. Schlechtigkeit von Handlungen durch seinen Willen festgelegt. Worum es Thomasius geht, ist die von ihm nunmehr als *additiv* verstandene Strafandrohung, wie sie einen Gesetzgeber und ein Gesetz im strengen Sinne ausmachen. Eine solche Strafandrohung wäre Thomasius *zum einen* ein den natürlichen Dingen unmöglich wesentliches Attribut, also notwendig äußerlich und akzidentiell; *zum anderen* bedeutet für Thomasius eine solche Akzidentialität umgekehrt den Wesentlichkeitsverlust der Naturrechtsnormen und damit nichts weniger als den Verlust ihres Universalitätsanspruchs: Das Naturrecht wäre nur solange in Kraft, wie die Strafandrohung durch Gott gilt, oder schlimmer noch nur solange, wie diese Strafandrohung unter den Menschen noch bekannt ist; da dieses Recht nur für diese Zeit Geltung besäße, wäre es mehr auf die Offenbarung dieser Strafandrohung angewiesen als auf inhaltliche Schlüssigkeit; das Ergebnis wäre kein universales Naturrecht, sondern ein begrenztes positives Offenbarungs-

---

[76] Ebd., Vorrede § 19. Hervorhebung O.B.
[77] Ebd., I. Buch, 5. Hauptstück, § 52.
[78] Ebd., I, 5, § 51.

gesetz. Demgegenüber sieht Thomasius im *consilium*-Charakter, der für die gesamte Tradition noch das wesentlich Unterschiedene von *jedwedem* Recht dargestellt hatte, gerade die epistemologische Chance für sein universales Recht – wenngleich er dessen obligationstheoretische Schwächen mit in Kauf nehmen muß:

> Aber weñ Gott / als ein Vater / Rath oder Lehrer concipiret wird / und die Ehrligkeit und Schåndligkeit mehr die Gůte u. Boßheit oder das Laster überhaupt / als ins besondere die Gerechtigkeit und Ungerechtigkeit bedeutet / so ist es wahr / daß die Verrichtungen / von welchen das so wohl, als stricte genommene Recht der Natur handelt / vor sich und ihrer moralischen Natur nach / in Ansehung des gantzen menschlichen Geschlechts böse und gut seyn.[79]

Hier rubriziert Thomasius die positivistischen Folgen einer göttlichen Strafandrohung. Dem Unterschied von Wesentlichkeit und Akzidentialität entspricht der von Allgemeinheit und Besonderheit zwangsfreier Naturrechtsnormen und positiver Zwangsgesetze. Erstaunlich ist dieser Bruch mit dem *praeceptum*-Charakter jedweden Rechts allerdings besonders dadurch, daß Thomasius den Unterschied von innerer Verpflichtung und äußerem Zwang aufgreift, wie er der Spätscholastik ebenso wie dem philippistischen Naturrecht schon längst bekannt war, ihn jedoch anders umsetzt: Thomasius bestreitet wie gesagt weder die Akzidentialität äußerer Zwangsandrohung noch die exklusiv naturrechtliche Gewissensverpflichtung; auch bestreitet er nicht, daß Gott als Urheber des Naturrechts dieses *der Sache nach* mit Strafen ausstattet. Aber „die Ubel / so GOtt denen Ubertretern des natürlichen Rechts gesetzet hat / kommen verborgen und heimlich",[80] womit der Vernunft *dem Begriffe nach* unmöglich ist, sich in der Erkenntnis des Naturrechts an Strafandrohungen zu halten:

> Die blosse Vernunfft weiß nicht / daß sie sich GOtt vorstellen soll / als einen Kőnig oder Herrn / der diejenigen mit äusserlicher willkührlicher Straffe belegen wolle / die wieder die Gebothe des natürlichen Rechts handeln",[81] denn „die Verknüpffung des Ubels mit der Sünde fållet nicht in die Augen / obgleich vielleicht das Ubel selbst sichtbar ist.[82]

Die Verpflichtungskraft der positiven menschlichen Gesetze als rein äußerlich zwingender Vorschriften ist auf die Sichtbarkeit ihrer Strafandrohungen und Strafen angewiesen, um ihre Gewissensneutralität kompensieren zu können. Das Naturrecht bedarf dessen für seine Erkennbarkeit gerade nicht, im Gegenteil verhinderte die räumlich wie zeitlich notwendige Eingeschränktheit einer nur als Offenbarungsakt möglichen Strafandrohung das Erkennen des Naturrechts als universalen Rechts. Insofern vollzieht Thomasius in der Tat nur eine Positivierung des

---

[79] Ebd., I, 5, § 52; vgl. auch ebd., I, 6, § 6.
[80] Ebd., I, 5, § 39.
[81] Ebd., I, 5, § 37.
[82] Ebd., I, 5, § 39.

Rechts*begriffs*, zumal nur des engeren. Gegen eine „radikale Positivierung"[83] arbeitet er hingegen gerade an.

Dem korrespondiert auch bei Thomasius' reifem Naturrecht ein nach wie vor eminent theologisches Argument, „weil es der Vollkommenheit gõttlicher Gũtigkeit eher zukommet / der Menschen bestes zu suchen / als in denen der Menschen Hertzen eingeschriebenen Gesetzen auf despotische Art und Weise seinen Nutzen zu suchen".[84] Insofern die Erkenntnis der natürlichen Gesetze ohne eine explizierte Versicherung einer Zwangsbewehrtheit auskommt, würde für Thomasius die traditionelle Veranschlagung des Strafkriteriums umgekehrt die Verunsicherung des göttlichen Vollkommenheitsgedankens zur Folge haben. In einem solchen bloß symmetrischen Verhältnis von bedrohten Befehlsempfängern und drohendem Befehlsgeber stünde Gott in Thomasius' Augen gerade nicht als allmächtiger Gottvater, sondern als verunsicherter Rachegott da, der die concordia juris seiner Schöpfung von der mangelnden Furcht seines Geschöpfes Mensch bedroht sieht. Mehr noch verdeutlicht Thomasius die notwendige Unmöglichkeit einer natürlichen Erkenntnis von Gottes Strafandrohung und Straftätigkeit durch seine Positionierung im theologischen Voluntarismus: Gottes Wille ist jenseits des Offenbarungszeugnisses nicht erkennbar, Thomasius ist mithin vollkommen schleierhaft, „woher ich erkenne / ob dieses oder jenes der Wille Gottes sey".[85] So sehr also Thomasius' zweiter Naturrechtsentwurf einen deutlichen Säkularisierungsschub leistet, weil der menschliche Verstand nunmehr weder inhaltlich noch verpflichtungstheoretisch auf die Gottesinstanz zu regredieren hat, so sehr ist doch die thomasianische Befreiung des Naturrechts vom Kriterium göttlicher Strafe allenthalben auf ihre allmachtstheologische Begründung angewiesen.

Inwiefern Thomasius die natürlichen Gesetze als ,in die Hertzen eingeschrieben' begreift bzw. inwieweit diese vordergründig innatistische Formulierung in der Folge eine tatsächlich vermehrt voluntaristische oder rationalistische Naturstandslehre anzeigt, gilt es abschließend zu besprechen.

---

[83] So Jan Schröder, „Naturrecht bricht positives Recht" in der Rechtstheorie des 18. Jahrhunderts?, in: Dieter Schwab u. a. (Hg.), Staat, Kirche, Wissenschaft in einer pluralistischen Gesellschaft. Festschrift zum 65. Geburtstag von Paul Mikat, Berlin 1989, 419–433, hier 426.
[84] Thomasius, Grundlehren des Natur- und Völkerrechts (wie Anm. 72), I, 5, § 41.
[85] Ebd., I, 6, § 3.

b) Thomasius' rechtsanthropologischer Voluntarismus und seine triebrationalistische Versicherung

Um zu verstehen, inwiefern Thomasius von der Widerlegung der natürlichen Herrschaft des Verstandes über den menschlichen Willen auf die nach wie vor gültige Vernünftigkeit des Naturrechts kommen kann, ist sowohl auf die Anlage dessen bei Pufendorf zurückzublicken als auch auf Thomasius' Pufendorfkritik in der Vorrede der *Fundamenta* zu schauen. Wie gesehen, bestimmte bereits Pufendorf in seiner zweiten Observatio der menschlichen Natur den Willen in dieser Weise: sowohl als prinzipiell ununterschlagbar, insofern keine äußere Kraft den Menschen zu etwas bewegen kann, wovon sein Willen zurückschreckt, als auch als zumindest zweckvernünftig, insoweit der Wille ein dergestalt verstetigtes und höheres Gutes anstrebt, daß er einstweilige Übel wie restriktive Normen in Kauf zu nehmen in der Lage ist. Thomasius greift in der Neukonzipierung seines Naturstandsdenkens Pufendorf in diesem Punkt zweifelsohne wieder auf. Sein neuer Naturrechtsentwurf ist damit jedoch nicht neopufendorfianisch, sondern Thomasius unterscheidet sich von seinem Lehrer gerade darin, daß er dieses Attribut des Menschen an erste Stelle setzt, nicht noch wie Pufendorf an die zweite.

Daß Thomasius damit dennoch auf ein Vernunftrecht aus ist, wenngleich in nunmehr notwendig anderer Weise als Pufendorf, zeigt wie angekündigt seine Vorrede in den *Fundamenta*. Dort kritisiert er Pufendorfs Unterscheidung von *entia physica* und *entia moralia* und ihre Handhabung durch Pufendorf gerade darin, daß dieser „in vielen Stücken die moralia denen naturalibus annoch gar zu sehr entgegen" setzt, mit der Folge, er „trauet der gemeinen Benennung in Beschreibung der moralischen Sachen ein wenig zu viel".[86] Dem kontrastiert Thomasius seine Erkenntnis „daß die moralia mit denen naturalibus auf das genauste verknüpfet seyn / ja daß alle moralia aus denen naturalibus bewiesen und erleutert werden können".[87] Es deutet sich bereits an, daß seine voluntaristische Wende schon in ihrer Projektierung keine a-rationale oder gar antirationalistische ist. Im Gegenteil hält Thomasius Pufendorfs Lehre von den *entia moralia* vielmehr vor, eine inadäquate Auffassung vom Gegenstandsbereich der Vernunft zu hegen. Sie ist deshalb unangemessen, weil sie mit den *entia moralia* die Objekte des Ver-

---

[86] Thomasius, Grundlehren des Natur- und Völkerrechts (wie Anm. 72), Vorrede § 7; vgl den lateinischen Originaltext: Thomasius, Fundamenta Juris Naturæ et Gentium ex sensu communi deducta, in quibus ubique secernuntur Principia Honesti, Justi ac Decori, Halle, Leipzig 1705, Caput Proœmiale § 7: „[T]amen in multis adhuc nimis opponit moralia naturalibus, & in definiendis entibus moralibus nimium impositioni tribuit."

[87] Thomasius, Grundlehren des Natur- und Völkerrechts (wie Anm. 72), Vorrede § 7; Thomasius, Fundamenta Juris Naturæ et Gentium (wie Anm. 86), Caput Proœmialis § 7: „[R]es ipsa ostendat, intimam esse moralium & naturalium connexionem, & imo moralia omnia demonstrari posse ex naturalibus."

standes als nicht nur begrifflich unterschieden, sondern als tatsächlich unberührt von denjenigen der Begierde und des Willens begreift, die wiederum *entia naturalia* darstellen. Das vom menschlichen Willen grundsätzlich – und das meint: natürlicher Weise – Angestrebte darf von einer Naturstands- und Naturrechtslehre nicht reduktiv abstrahiert werden.

Dies stärkt Thomasius noch durch den Aspekt der Vermittelbarkeit des Naturrechts, denn dessen erstes Prinzip „soll mit den Verstande der Weisen nicht alleine übereinkommen / sondern auch nach dem Begriff und gemeinen Sinnligkeit der Narren eingerichtet seyn / denn sonsten wird es dieselben nimmermehr gewinnen".[88] Einem Narren ist sein Wille augenscheinlich näher und mithin ein entlang des Willens argumentierendes Naturrecht einfacher zu vermitteln als eine juridische Argumentation, die je schon auf Vernunftargumente Bezug nimmt. Frank Grunert hebt besonders dieses vermehrt pädagogische Moment von Thomasius' Naturstandslehre hervor,[89] wohingegen in meinen Augen die wesentlichen, weil argumentativ vorgängigen Leistungen in der Zuständigkeitsverschiebung der Vernunft bestehen. Allerdings ist das allgemein-argumentative Gewicht des besonderen Vermittelbarkeitsaspekts in der Tat nicht zu unterschätzen: Erst er läßt Thomasius in seiner grundsätzlich vernunftrechtlichen Ambition das Moment des menschlichen Willens an den Anfang stellen. Die Annäherung an Thomas Hobbes kommt an dieser Stelle voll zur Geltung, obgleich sie Thomasius unter differenten Prämissen zu differenten Ergebnissen führt. Angelegt war diese Wirkung des Engländers bei Thomasius schon früher; in den *Fundamenta* bricht sie sich schließlich ihre – wenn auch schmale – Bahn.

Thomasius' Urteil über Hobbes fiel schon 1688 in der *Introductio* nicht nur gnädig, sondern wertschätzend aus. Genauso wie Grotius und Pufendorf zeichne sich dieser durch ausgezeichnete Urteilskraft und Verstandesschärfe aus, stehe ihnen jedoch durch seine „falsche Hypothese" eines rechtsfreien Naturzustandes nach.[90] In der Tat nähert sich Thomasius dem hobbesianischen Naturstandsdenken in den *Fundamenta* durch einen voluntaristischen Ansatz an, ohne aber dessen rechtspositivistische Folgen ganz mitzumachen, sondern kommt wieder auf ein nach wie vor *material bestimmtes* Naturrecht. Der natürliche Wille des Menschen – hierin verschiebt sich Thomasius' zweite Rechtsanthropologie in Richtung Hobbes – ist der wesentliche Anhaltspunkt des justum, honestum und decorum:

---

[88] Thomasius, Grundlehren des Natur- und Völkerrechts (wie Anm. 72), I, 6, § 4.

[89] Vgl. Grunert, Normbegründung und politische Legitimität (wie Anm. 59), 207–213.

[90] Thomasius, Introductio ad Philosophiam aulicam (wie Anm. 52), 39, Cap. I, § 39: „[N]obilissimam hanc Philosophiæ partem nitori suo restituere ex novioribus aggressi sunt Viri quidam insigni judiciô & acumine pollentes; ex falsâ quidem hypothesi THOMAS HOBBES Anglus […]; ex genuine verò socialitatis fonte HUGO GROTIUS & SAMUEL PUFENDORFFIUS, quibus Duumviris æqualis laus re novatæ elegantioris & sobriæ Philosophiæ moralis debetur […]."

Nemlich zur innerlichen Verpflichtung des natürlichen Rechts und zu desselben Krafft denen Narren zurathen / ist der Beweißthum der nothwendigen und natürlichen Verbindung der unzehlbaren Nachtheile mit dem närrischen Leben / und unzehlbahren Vortheile mit dem weisen Leben genung / ob sie gleich von dem Urheber der Natur / nemlich GOtt / eine irrige Meynung haben.[91]

Seine Überzeugungskraft – nicht seinen Geltungsgrund! – bezieht das Naturrecht aus der Argumentation mit Nach- und Vorteilen, die auch noch demjenigen zugänglich ist, der von einem Vernunftgebrauch vordergründig absieht und zunächst stets seinem Willen gemäß erwägt. Damit begibt sich für Thomasius die Naturrechtslehre eben nicht in ihre eigene Aufhebung wie bei Hobbes, mündet also nicht in der Bewußtwerdung ihrer eigenen Sinnlosigkeit.[92] Wenn es Thomasius nämlich darum geht, das Naturrecht *initial* angemessen zu erkennen und der breiten Masse von Narren zu vermitteln, zeigt sich diejenige Seite seiner Willenslehre, die nur eine Lehre von den Trieben ist: Thomasius stellt im Weisen eine solche ideale Mischung der Affekte der Wollust und des Ehrgeizes fest, die zu deren gegenseitiger Kompensation führt und damit ein solches den Willen zwar berücksichtigendes, ihn aber nicht verabsolutierendes Vernunftschließen möglich macht.[93] Es ist nicht die implizite Voraussetzung zu übersehen, daß Thomasius anders als Hobbes den Willen nicht nur als extern *zwischen* Menschen konfligierend annimmt, sondern auch als intern *im* Menschen aus heterogenen Neigungen bestehend. Diese Annahme ermöglicht Thomasius den Gedanken eines solchen Verhältnisses der Neigungen, das den Willen ausgewogen und damit nicht mehr notwendig konfliktträchtig sein läßt. Im Gegenteil ist der Wille damit insoweit beruhigt, um seines eigentlichen Endziels überhaupt angemessen innezuwerden und Mittel zu erwägen, die von beliebigen Willenshandlungen gerade absehen lassen. Die gegenseitige Affekthemmung bewirkt sozusagen eine Prolongation der Willensfindung zu Gunsten des *eigentlichen* Willens selbst.

Der natürliche Wille des Menschen rückt bei Thomasius durch die Neuverknüpfung von *entia moralia* und *entia physica* also wieder verstärkt in den Gegenstandsbereich der Vernunft. Daß dieser natürliche Wille letzthin nicht regredierbar und damit unaufhebbar ist – und *nur* darin besteht der voluntaristische Paradigmenwechsel des reifen Thomasius –, wehrt nicht der Vernunft, sich sowohl genau dieser Tatsache innezuwerden als auch desjenigen Objekts, das der natürliche

---

[91] Thomasius, Grundlehren des Natur- und Völkerrechts (wie Anm. 72), I, 6, § 7.

[92] Zu Recht konstatiert Peter Schröder, Naturrecht und absolutistisches Staatsrecht. Eine vergleichende Studie zu Thomas Hobbes und Christian Thomasius, Berlin 2001, 141: „Offensichtlich hatte Thomasius aber die dem Hobbesschen Naturzustandstheorem zugrundeliegende Rechtsantinomie nicht als solche verstanden."

[93] Thomasius, Grundlehren des Natur- und Völkerrechts (wie Anm. 72), I, 4, § 13.

Wille *constanter* anzielt: Überleben und irdische Glückseligkeit.[94] Der Ausgang
von diesem Prinzip erlaubt die Korrelation interpersonaler Pflichten *und* des Ei-
geninteresses, wie sie das Sozialitätsprinzip mit seinem blinden Fleck für die of-
ficia erga seipsum nicht leisten konnte.[95] Es ist dies das allen Menschen gleichermaßen angeborene höchste Willensziel und das Naturrecht ist aus diesem bestimmbar – und *insofern* kann Thomasius seine natürlichen Gesetze als „in die
Herzen geschrieben" bezeichnen. Anders als noch bei Melanchthon handelt es
sich bei Thomasius nicht mehr um einen *propositionellen* Innatismus, der alle
practicae notiones als voll entfaltet eingeboren begreift; in modifizierter Abkunft
Descartes' hat man es hier mit einem *dispositionellen* Innatismus zu tun,[96] der im
einzig inhaltlich bestimmten Willensziel aller Menschen seinen propositionalen
Ausgangspunkt hat und der tätigen Vernunft die Auffindung der Naturrechtsnormen überlassen kann.[97]

Auch für die zweite Naturrechtslehre des Thomasius steht von Beginn an fest,
daß ihr Gegenstand vollumfänglich, d. h. schon seine Prinzipien, intelligibel sind
und eine allgemeine Wissenschaft des gültigen und *guten* Rechts möglich machen. Der unüberwindliche Wille des Menschen ist gerade deshalb der Vernunft
zugänglich und ihrem Kalkül unterwerfbar, weil sein konstantes letztes Ziel un-
überwindlich vernünftig ist. Damit hat man in der Tat keinen grotianischen *appetitus societatis* mehr vorliegen: Dieser stellte letztlich einen je schon vernunfts-
und rechtskonformen Affekt- bzw. Willenstrieb zur friedlichen Vergemeinschaftung dar, wohingegen Thomasius ‚nur' noch von einem vernünftiger Weise gar
nicht anders wollbaren natürlichen Endziel jeden menschlichen Willens ausgeht,
welches die friedliche Vergemeinschaftung nicht selbst schon gebietet, aber diese
als seine einzige aussichtsreiche Realisierungsmöglichkeit erkennen läßt.

Mit seinem für die deutsche Rechtsphilosophie erstmaligen Ernstnehmen des
hobbesianischen Naturstandes in dessen voluntaristischem Moment läßt Thomasius *erstens* einen wesentlichen Teil der widerspruchsvollen aristotelischen Na-

---

[94] Ebd., I, 6, § 21: „Die allgemeine Richtschnur aller Verrichtungen und der Grund-Satz des in
weiten Verstande genommen Natur- und Völcker-Rechts ist: dasjenige muß man thun / was der
Menschen Leben sehr lang und glückselig machet; und dasjenige muß man meiden / was das Leben
unglückselig machet und den Todt befördert."

[95] Vgl. Friedrich Vollhardt, Selbstliebe und Geselligkeit. Untersuchungen zum Verhältnis von
naturrechtlichem denken und moraldidaktischer Literatur im 17. und 18. Jahrhundert, Tübingen
2001, 188.

[96] Siehe hierzu Rainer Specht, Über Angeborene Ideen bei Locke, in: Udo Thiel (Hg.), John
Locke, Essay über den menschlichen Verstand, Berlin 1997 (Klassiker auslegen 6).

[97] Entsprechend diagnostiziert auch Widmaier, Alter und neuer Empirismus (wie Anm. 52), 105,
trotz Thomasius' sonst vehementer Ablehnung angeborener Ideen allemal die „metaphische Annahme [...], daß das natürliche Universum aus vielen, absolut unterschiedenen Arten besteht [...],
deren genus und differentia specifica wir mit unseren ersten Ordnungsbegriffen quasi intuitiv erkennen."

turrechtstradition hinter sich; mit seiner Idee eines gemeinsamen vernünftig wollbaren Willensziels macht er *zweitens* die Universaljurisprudenz auf ihrer Selbstsuche ‚fit' für das 18. Jahrhundert: Rousseaus *volonté générale* genauso wie Kants *Gemeinwille* werden diese Idee aufgreifen.

Das läßt allerdings nicht übersehen, wie weit Thomasius von diesen dennoch entfernt ist, wenn es um die Bestimmung des gemeinsamen Willensziels geht. Dieses vernünftig und damit rationalistisch überformte gemeinsame Willensziel läßt Thomasius nicht nur nicht auf die rechtspositivistischen Folgerungen des Thomas Hobbes kommen, sondern gewährleistet abermals ein *material bestimmtes* Naturrecht: Es ist nicht am Begriff der Freiheit entwickelt wie bei Rousseau und Kant.[98] Die inhaltliche Geltungsinstanz des letzten Willensziels ist wie bei Pufendorf nach wie vor Gott. Eine Rechtswirklichkeit – soviel hat Thomasius von Hobbes gelernt – zeitigt dieses Naturrecht jedoch nicht: Es hat zu Gesetz zu gerinnen, das nur von der auctoritas des weltlichen Gesetzgebers gestiftet und überwacht werden kann. Anders als bei Hobbes hat sich diese Legislation nicht allein willkürlich zu realisieren und auch nicht nur staatspragmatisch zu verhalten wie bei Machiavelli, sondern muß sich an die Richtschnur des Naturrechts halten.

Somit läßt sich nicht nur Thomasius' bestimmte Stellung zwischen philosophischem Rationalismus, pragmatischem Voluntarismus und politischer Theologie genauer bestimmen: Seine *Fundamenta iuris naturae et gentium* denken diese Richtschnur als *vernünftig* erkennbar aus einem gemeinsamen *Willens*ziel, dessen Inhalt selbst wiederum weder apriori vernünftig noch menschlich-willentlich ist, sondern von *Gott* seinem menschlichen Geschöpf bestimmt wurde. Es läßt sich nunmehr auch feststellen, daß die *Fundamenta* in der Tat die jurisprudentielle Erfüllung desjenigen Projekts waren, das Thomasius schon 1688, im selben Jahr des Erscheinens der *Institutiones*, ausgegeben und verfolgt hatte: Die Vernunft nämlich kann nunmehr *erstens* ein universales Recht erkennen, dessen unzugänglicher Geltungsgrund weder in ihm selbst noch im menschlichen Willen liegt, sondern in Gottes Willen. Die Vernunft vermag dies *zweitens* dennoch unter Regression auf den eigentlich als depraviert geltenden menschlichen Willen, weil dieses principium cognoscendi für das Erkennen des Naturrechts bereits hinreichend ist. Weil dies schließlich *drittens* vom principium cognoti (Gottes Willen) abzusehen erlaubt, wie es dem klassischen Begriff von Wissenschaft als dem Begreifen aus Ursachen fremd ist, *ohne* daß nunmehr „der Praktizismus alle Versuche einer systematischen Grundlegung zu beherrschen scheint",[99] so hat Thomasius in den *Fun-*

---

[98] Vgl. abermals Geismann, Kant als Vollender von Hobbes und Rousseau (wie Anm. 34).

[99] Friedrich Vollhardt, ‚Die Finsternüß ist nunmehr vorbey'. Begründung und Selbstverständnis der Aufklärung im Werk von Christian Thomasius, in: F.V. (Hg.), Christian Thomasius (1655–1728). Neue Forschungen im Kontext der Frühaufklärung, Tübingen 1997, 3–13, hier 11.

damenta schließlich jene Klugheitslehre des Erkennens und Vernunftschließens umgesetzt, wie sie die *Introductio ad Philosophiam aulicam* titelgebend vorweggenommen hatte.

Seit den pragmatischen Innovationen des Machiavellismus, der die Geltung universaler Normen bestritt, sahen sich die Rechts- und Staatsphilosophie gezwungen, ihre Theorien des Naturrechts, seiner Verpflichtungsgrundlage und seiner Erkennbarkeit zu verbessern. In seinen Elementa Jurisprudentiae Universalis (1660) unternimmt Samuel Pufendorf (1632 – 1694) den Versuch, die Prinzipien des Naturrechts durch die Beobachtung der Elemente der menschlichen Natur zu erschließen. Bei diesem Versuch vorgeblich empirischer observationes griff er tatsächlich auf die mehr theologische als philosophische Prämisse einer gottgewollten Sozialität zurück. Sein ehemaliger Schüler Christian Thomasius (1655 – 1728) versuchte, Pufendorfs Initiative eines profanen Naturrechts voranzutreiben. Sein erster Versuch, die Institutiones iurisprudentiae divinae (1688), setzte auf der einen Seite das Prinzip der Widerspruchsfreiheit zwar an erste Stelle, führte auf der anderen Seite aber zum Verlust des Universalcharakters des Naturrechts, indem Thomasius an der Idee universaler göttlicher positiver Gesetze festhielt. Thomasius' zweiter Versuch, die Fundamenta iuris naturae et gentium (1705), stellte die universelle Erkennbarkeit des Naturrechts wieder her und verabschiedete ihren Strafcharakter als zusätzlichen Akt, auf den Gott als allmächtiger Gesetzgeber nicht angewiesen ist. Die voluntaristische Basis der Fundamenta, verbunden mit ihrer vernünftigen Reflektion, führte zur Idee allgemeiner, vernünftig wollbarer Zwecksetzung und bereitete so den Weg für die Bemühungen Rousseaus und Kants um ein echtes Vernunftrecht.

Since the pragmatic innovations of Machiavellism, which denied the validity of universal norms, both legal and political philosophy were forced to improve their theories of natural law, its fundament of obligation and its recognisability. In his Elementa Jurisprudentiae Universalis (1660), Samuel Pufendorf (1632 – 1694) tried to find the principles of natural law by observing the elements of human nature. In this attempt of ostensibly empirical observationes, he in fact resorted to the more theological than philosophical premise of divinely ordained sociality. His former student Christian Thomasius (1655 – 1728) seeked to pursue Pufendorf's initiative of profane natural law. His first try, the Institutiones iurisprudentiae divinae (1688), ranked first the principle of consistency on the one hand, but led to the loss of universality of the ius naturae on the other, by adhering to the idea of universal divine positive laws. Thomasius' second try, the Fundamenta iuris naturae et gentium (1705) both reestablished the universal recognisability of natural law and abandoned its penal character as an additive act, on which God as almighty legislator does not depend. Furthermore the Fundamenta's voluntaristic basis, bound to its rational reflection, led to the idea of reasonably desirable determination of common aims and by this prepared the way to Rousseau's and Kant's efforts of a right of reason.

Oliver Bach, Institut für deutsche Philologie, Ludwig-Maximilians-Universität München, Schellingstr. 3, 80799 München, E-Mail: Oliver.Leopold.Bach@campus.lmu.de

AVI LIFSCHITZ

Natur und menschliche Kultur:

Diskussionen um Sprache und Entwicklung des Menschen im Zeitalter der Aufklärung

Einer der verblüffendsten Momente bei der Lektüre von Rousseaus *Discours sur l'inégalité* ist dieser: Der Autor, der nicht gerade für seine philosophische Zurückhaltung bekannt ist, hebt verzweifelt seine Hände und gibt zu, daß er nicht in der Lage ist, den dreifachen Teufelskreis von der Entstehung der Sprache, höherer geistiger Funktionen und der menschlichen Gesellschaft aufzulösen. Da jedes einzelne dieser Merkmale notwendig erscheint, um auf die jeweils anderen hin zu führen, kommt Rousseau zur Erkenntnis, daß sie weder isoliert voneinander erklärt werden können; noch kann eines auf das andere reduziert werden.[1] Während Rousseau im *Discours* sicher durch die Untiefen der Geschichte navigiert, wird in diesem Abschnitt das Paradoxon der Ursprünge deutlich sichtbar.[2] Schließlich ist der *Discours sur l'inégalité* wohl der Inbegriff aller Versuche jener Zeit, das Natürliche vom Künstlichen in der Entwicklung der menschlichen Kultur zu scheiden und die beiden Begriffe zu entwirren; der Text beginnt mit der Ablehnung von Rousseaus Vorläufern, die den modernen Menschen angeblich nicht weit genug von seinen künstlichen Verkleidungen befreit haben, um zum natürlichen Kern des Menschen vorzudringen.[3]

Da Rousseau dieses Paradoxon unmittelbar anspricht, wenn er das Problem der Sprache in ihrem Bezug zur menschlichen Vernunft und Gesellschaft erörtert, möchte ich ihm folgen und einige sich verändernde Merkmale des Begriffs „Natur" bzw. „natürlich" im Bereich dieser Debatte untersuchen. Ich gehe hier der Verschiebung im Verhältnis von „Natur" und „Willkür" in einem Zeitraum vom späten 17. bis zur Mitte

---

[1] Jean-Jacques Rousseau, Discours sur l'origine et les fondemens de l'inégalité parmi les hommes, in J.-J.R., Œuvres complètes, hg. von Bernard Gagnebin u. a., Paris 1964–1995, Bd. 3, 146–151; ders., Diskurs über die Ungleichheit, hg. von Heinrich Meier, Paderborn ³1993, 117–131.

[2] Zur Auswirkung dieser Paradoxa in Rousseaus *Discours* siehe Avi Lifschitz, Language and Enlightenment: The Berlin Debates of the Eighteenth Century, Oxford 2012, 78–87.

[3] Rousseau, Œuvres complètes (wie Anm. 1), Bd. 3, 131–133, 136–137; Rousseau, Diskurs (wie Anm. 1), 67–75, 83–85.

Aufklärung 25 · © Felix Meiner Verlag 2013 · ISSN 0178-7128

des 18. Jahrhunderts nach. Während die meisten Autoren dieser Periode der traditionellen Auffassung anhängen, daß nur Menschen zu komplexen künstlichen (geistigen wie körperlichen) und über die Natur hinausgehenden Funktionen und Tätigkeiten fähig sind, unterscheiden sie sich in der Art und Weise, wie sie diese besondere menschliche Fähigkeit begrifflich fassen. Frühe Denker der Aufklärung, wie etwa Locke und Pufendorf, neigen – teils auch als nominalistische Reaktion auf zeitgenössische Debatten um das natürliche Wesen – dazu, den willkürlichen Charakter des menschlichen Handelns hervorzuheben. Doch in der Mitte des 18. Jahrhunderts vollzieht sich eine begriffliche Neuorientierung und man denkt menschliches Handeln weniger als etwas Willkürliches, sondern vielmehr als etwas Natürliches, das von angeborenen Fähigkeiten herrührt und durch Geschichte und Umwelt geformt wird. Gleichzeitig wird der Begriff des Willkürlichen neu definiert. Willkürlichkeit wird nicht mehr als Unterscheidungsmerkmal gefeiert, das die einzigartige Stellung des Menschen von Anbeginn an ausmacht, sondern stattdessen als Ausdruck einer vorsätzlichen, gut geplanten Handlung, wie sie für die späteren Stufen in der Entwicklung des Menschen typisch ist.

I. Die Willkürlichkeit menschlicher Schöpfung

John Locke verwirft die Versuche von Jacob Boehme und anderen Vorläufern, eine „natürliche Sprache" oder ein Idiom zu schaffen bzw. zu rekonstruieren, das den Kern der bezeichneten Objekte direkt wiedergibt. Stattdessen setzt er einen nominalistischen Angriff gegen die Vorstellung eines natürlichen Wesenskerns in Gang – und damit auch gegen die Auffassung, daß Sprache solche Wesenheiten von Natur aus widerspiegeln könne. Das „Natürliche" steht hier für das Unveränderbare oder alles, das einer äußeren Wirklichkeit eingeschrieben ist – während Locke das menschliche Handeln größtenteils als etwas Willentliches und als frei von äußeren Ketten betrachtet, zumindest wenn es um menschliche Sprache und ihre regelhaften Funktionen geht. In der Sprachtheorie, die Locke in seinem *Essay Concerning Human Understanding* (1689) entfaltet, wird die menschliche Schöpfung vor allem durch ihre Willkürlichkeit definiert. Im dritten Buch des *Essay* erklärt Locke unter der Überschrift „Von den Wörtern": „Die Wörter vertreten also ihrer ursprünglichen oder unmittelbaren Bedeutung nach nur *die Ideen im Geiste dessen, der sie benutzt*; dabei ist belanglos, wie unvollkommen oder sorglos auch immer diese Ideen den Dingen, die sie darstellen sollen, entnommen sein mögen".[4] Insofern man die Verbindung zwischen Wörtern

---

[4] John Locke, Versuch über den menschlichen Verstand, hg. von Reinhard Brandt, Übers. von C. Winckler, Hamburg 1988, Bd. 2, 5; ders., An Essay Concerning Human Understanding, hg. von Peter H. Nidditch, Oxford 1975, III.ii.§2: 405.

und Ideen im Geist der Sprecher immer noch für etwas Natürliches hält, läßt
Locke hier keinen Raum für diese Fehleinschätzung. Für ihn ist es ausgeschlossen, daß Namen etwas Natürliches sind oder daß sie die Natur unmittelbar widerspiegeln. Vielmehr entscheidet er sich für eine beinahe absolute Willkürlichkeit
von Wörtern, die von vollkommener Freiheit bei ihrer Setzung begleitet wird.

> Daß die Wörter jedoch nur die besonderen menschlichen Ideen bezeichnen, und zwar
> *auf Grund einer durchaus willkürlichen Festlegung*, erhellt aus folgendem: Die Wörter
> rufen häufig bei anderen (auch wenn sie dieselbe Sprache sprechen) tatsächlich nicht
> die Ideen hervor, als deren Zeichen sie uns gelten. Auch besitzt jedermann eine so un-
> verletzliche Freiheit, die Wörter nach Gutdünken für jede beliebige Idee zu verwenden,
> daß kein Mensch die Macht besitzt, andere zu veranlassen, dieselben Ideen im Sinne zu
> haben wie er, wenn sie dieselben Wörter benutzen wie er.[5]

Wir sollten im *Essay* zwei Argumente beachten, die diesem Plädoyer für Freiheit
und Willkürlichkeit bei der Setzung von Namen allem Anschein nach zuwiderlau-
fen. Erstens meint Locke, daß die Namen von Substanzen auf die eine oder andere
Weise mit der Natur übereinstimmen müssen: Weder würde jemand das Blöken
eines Schafes mit der Gestalt eines Pferdes in Verbindung bringen, noch die Farbe
von Blei mit dem Gewicht von Gold, so sein Argument.[6] Zweitens macht es der
soziale Umgang erforderlich, daß sich Individuen einigen – auf die „Bedeutung
der allgemein üblichen Wörter […] die für die gewöhnliche Unterhaltung dienen".[7] Diese vage Übereinkunft ist sehr unbestimmt, so Locke, und bietet keine
wirkliche Garantie dafür, daß alle Sprecher dieselbe Bedeutung im Kopf haben.
Obwohl sich Locke oft auf den allgemeinen Gebrauch als die letzte Instanz in der
sozialen Kommunikation bezieht, wird die Rolle, die die sozialen Normen der
Rede einnehmen könnten, durch sein Beharren auf der individuellen Freiheit
und der sprachlichen Willkürlichkeit geschwächt. Auch wenn Locke glaubt,
daß soziale Kommunikation möglich und wünschenswert wäre, haben die Individuen in seiner Darstellung letztlich die Freiheit, Wörter zu erfinden oder ihnen
neue Bedeutungen zu geben.[8] Obwohl er sich gegen einige Punkte verwahrt,
bleibt den Lesern doch die klare Einsicht, daß Locke in seinem *Essay* für die Willkürlichkeit der menschlichen Schöpfung der Sprache und die recht weitgehende
Freiheit der Individuen plädiert, ihre eigenen Wörter zu schaffen.

Vor Locke setzt Samuel von Pufendorf in Bezug auf Sprache einen anderen
Schwerpunkt in der Willkürlichkeit der menschlichen Schöpfung. Im ersten Ka-

---

5   Locke, Versuch (wie Anm. 4), Bd. 2, 9; Locke, Essay (wie Anm. 4), III.ii.§8: 408.
6   Locke, Versuch (wie Anm. 4), Bd. 2, 72 f.; Locke, Essay (wie Anm. 4), III.vi.§28: 456.
7   Locke, Versuch (wie Anm. 4), Bd. 2, 163; Locke, Essay (wie Anm. 4), III.xi.25: 522.
8   Locke, Versuch (wie Anm. 4), Bd. 2, 9 und 105; Locke, Essay (wie Anm. 4), III.ii.§8: 408,
III.ix.§8: 479; Hannah Dawson, Locke, Language, and Early Modern Philosophy, Cambridge 2007,
235. Eine andere Perspektive findet man bei Martin Lenz, Lockes Sprachkonzeption, Berlin 2010,
437–519.

pitel des Buchs IV von *De jure naturae et gentium* (1672) greift Pufendorf die aristotelische These auf, daß sich die menschliche Sprache von der Verständigung
der Tiere durch den willkürlichen Zeichengebrauch unterscheidet. Die Laute,
die Tiere ausstoßen, um Zuneigung, Lust und Schmerz auszudrücken, werden
von der Natur bestimmt, während Menschen Zeichen aufgrund von Brauch
und Sitte verwenden.[9] Wie Descartes ist auch Pufendorf der Auffassung, die Vielfalt der menschlichen Sprachen zeige, daß Wörter dem Vergnügen des Menschen
entspringen.[10] Er geht sogar so weit zu behaupten, daß selbst die adamitische Sprache – die man damals üblicherweise für eine vollkommene Sprache hielt, in der
die Dinge ihrer Natur gemäß von den Wörtern repräsentiert wurden – aus willkürlichen Zeichen bestanden haben muß.[11] Pufendorf ist sich der Implikationen einer
solch starken Version der Willkürlichkeit im sozialen Bereich sehr wohl bewußt,
insbesondere für auf Gegenseitigkeit beruhende Unternehmungen wie Handel
und politische Bündnisse. Schon Hobbes bemerkt, daß Wörter soziale Interaktion
entstehen lassen, während sie diese gleichzeitig durch ihren Mißbrauch zersetzen.[12] Diesen doppelten Charakter der menschlichen Rede hebt Pufendorf hervor:
er entspringt nach seiner Theorie eben der vollkommenen Freiheit des Menschen,
ihren Zeichen bestimmte Bedeutungen zuzuweisen. Diese Freiheit wird in Pufendorfs Werk durch die heuristische Einrichtung eines Vertrags ausgedrückt:

> Wie nun alle Zeichen, ausser denen natürlichen, die Kraft etwas gewisses zu bedeuten,
> aus einer willkührlichen Bestimmung derer Menschen herhaben; so klebet dieser
> willkührlichen Bestimmung ein gewisses entweder durch stillschweigende Überein-
> stimmung oder mit ausdrücklichen Worten errichtetes Bündniß an, vermöge wessen
> die Menschen verbunden und verpflichtet sind, jedes Wort zu Bedeutung keiner andern
> Sache, als wozu es durch gemeinen *Consens* gewidmet ist, zu gebrauchen.[13]

---

[9] Samuel von Pufendorff, Acht Bücher vom Natur- und Völcker-Rechte, hg. von Jean Barbeyrac, übers. von Johann Nicolai Hertius, Frankfurt am Main 1711, IV.i.§1: 740–741; ders., Gesammelte Werke, hg. von Wilhelm Schmidt-Biggemann, Berlin 1996 ff., Bd. 4: De jure naturae et
gentium, hg. von Frank Böhling, Berlin 1998, 305. Siehe auch Richard Serjeantson, The Passions
and Animal Language, 1540–1700, in: Journal of the History of Ideas 62/3 (2001), 425–444;
Matthew Lauzon, Signs of Light: French and British Theories of Linguistic Communication, 1648–
1789, Ithaca, NY 2010, 13–66.

[10] Pufendorf, Acht Bücher (wie Anm. 9), IV.i.§4: 315. Vgl. Abschnitt 5 von René Descartes'
Discours de la méthode (1637), in: R.D., Œuvres et lettres, hg. von André Bridoux, Paris 1953, 164–
166.

[11] Pufendorf, Acht Bücher (wie Anm. 9), IV.i.§4: 748; Pufendorf, De jure (wie Anm. 9), 307 f.

[12] Thomas Hobbes, De homine (1658) X.1–3, in: T. H., Man and Citizen, übers. von Charles. T.
Wood, T. S. K. Scott-Craig und Bernard Gert, mit einer Einleitung hg. von Bernhard Gert, India-
napolis 1991, 37–41. Siehe auch Philip Pettit, Made with Words: Hobbes on Language, Mind, and
Politics, Princeton 2008.

[13] Pufendorf, Acht Bücher (wie Anm. 9), IV.i.§5: 754; Pufendorf, De jure naturae (wie Anm. 9)
310.

In dieser ersten Übereinkunft zum allgemeinen Zeichengebrauch geht es um die logische Wahrheit, wie Pufendorf es formuliert, oder um die Übereinstimmung zwischen Wörtern und Dingen. Dies ist der einzige Weg zur Festlegung öffentlicher Bedeutungen, wenn die Wörter absolut willkürlich sind. Der Vertrag regelt jedoch nicht den tatsächlichen Wortgebrauch in verschiedenen sozialen Kontexten. Um Verstellung und Täuschung entgegenzuwirken oder Unruhen zu vermeiden, schlägt Pufendorf einen weiteren Vertrag vor. Die zweite Übereinkunft würde uns dazu verpflichten, unsere Meinung im Falle gemeinsamer Bestrebungen unseren Mitstreitern kund zu tun.[14] Sie schafft moralische Wahrheit und betrifft vielmehr die Absichten und die Verpflichtung der Sprecher – und nicht die Übereinstimmung von Wörtern und Dingen. Daher bestimmt dieser Vertrag, was allgemein als Wahrheit oder Lüge gelten soll. Eine Lüge, so erklärt Pufendorf, tritt auf

> [...] so offte man anders redet oder sich anders, durch allerhand Zeichen, stellet, als man dencket, oder als sich die uns bekante Sache verhält, und zwar gegen solche Leute die unsere Meinung richtig zuvernehmen Recht haben, und denen selbige truelich und deutlich kund zu thun, uns die verbindliche Schuldigkeit oblieget.[15]

Dem Redakteur und französischen Übersetzer Pufendorfs, Jean Barbeyrac, fällt der problematische und ahistorische Charakter dieses doppelten Vertrags auf. Nach Barbeyrac geht Pufendorf mit der Postulierung eines doppelten – und möglicherweise noch zusätzlich durch weitere spezifische Übereinkünfte ergänzten – Vertrags zur Regelung des Zeichengebrauchs zu weit. Man könne Bedeutung auch durch schlichten Konsens ohne Verpflichtung regeln, so Barbeyrac, denn sonst würde jede Abweichung von den verabredeten Normen der Rede eine kriminelle Handlung darstellen.[16]

Wenn wir Sprache – wie Pufendorf und Locke – als Repräsentation menschlicher Schöpferkraft betrachten, stoßen wir in den Werken dieser Autoren sowohl in Bezug auf den Akt der Benennung als auch in Bezug auf Wörter auf eine nachdrückliche Hervorhebung ihres willkürlichen Charakters. Insbesondere Locke verwahrt sich gegen eine „natürliche Verknüpfung" zwischen Wörtern und Dingen und besteht auf der „unverletzbaren Freiheit" von Individuen, Wörter so zu verwenden, wie es ihnen angemessen erscheint. Diese „unverletzbare Freiheit" präsentiert Pufendorf als Merkmal menschlicher Vertragsverpflichtung. Die ersten Menschen könnten zusammengekommen sein und die Bedeutung von Wör-

---

[14] Pufendorf, Acht Bücher (wie Anm. 9), IV.i.§7: 759 f.; Pufendorf, De jure naturae (wie Anm. 9), 313.

[15] Pufendorf, Acht Bücher (wie Anm. 9), IV.i.§8: 762; Pufendorf, De jure naturae (wie Anm. 9), 314. Siehe auch T. J. Hochstrasser, Natural Law Theories in the Early Enlightenment, Cambridge 2000, 90–95.

[16] Kommentare 2 und 3 in Pufendorf, Acht Bücher (wie Anm. 9), IV.i.§5: 755.

tern bestimmt haben, wie es ihnen gefiel, solange sie einen zusätzlichen Vertrag
geschlossen hätten, der die Aufrichtigkeit des Wortgebrauchs sicherstellt. Willkürlichkeit stellt hier anscheinend ein grundlegendes, ursprüngliches Merkmal
menschlichen Handelns dar, das bereits von Anbeginn der Entwicklung von Gesellschaft und Normen präsent ist; es steht auch im Gegensatz zur Natur, die als
unveränderbar und gleichbleibend charakterisiert wird.

II. Die Natürlichkeit der menschlichen Schöpfung

Diese Darstellung von Natur, menschlicher Schöpfung und Willkürlichkeit
scheint Ernest Renans Ablehnung der Aufklärung zu bestätigen. Als Renan
1848 auf das vorangegangene Jahrhundert zurückblickt, behauptet er, die Autoren
dieser Zeit hätten einem „freien und selbstbewussten Willen" viel zu wichtig genommen: „[Das 18. Jahrhundert] war vor allem mit dem rationalen Vermögen des
Menschen beschäftigt und dehnte die Sphäre der menschlichen Erfindungen viel
zu weit aus".[17] Zu den besonderen Übeltätern zählte er Condillac und Rousseau –
denen wir als Verfechter einer ganz anderen Sichtweise begegnen werden. Wenn
wir die Mitte des 18. Jahrhunderts betrachten, entdecken wir in der Tat, daß sich
die Begriffe von Natur, von menschlicher Schöpfung und Willkür beträchtlich
verändert haben.

Eine erste sinnvolle Station ist die Debatte zwischen Maupertuis und Turgot zur
Entwicklung des Menschen und der Erfindung der Sprache. Maupertuis' Auffassungen von Willkür und menschlicher Freiheit ähneln denen Lockes und Pufendorfs sehr. In seinen (wahrscheinlich 1748 verfaßten) Réflexions philosophiques
sur l'origine des langues et la signification des mots unternimmt er ein Gedanken-
experiment. Er stellt sich vor, daß er an einen fiktiven Ausgangpunkt gelangt, an
dem sein Geist „leer von Ideen" ist.[18] In einem nächsten Schritt zeigt er, wie er
seine Wahrnehmungen der Außenwelt bezeichnet hätte – angefangen von Bäu-
men und Tieren bis hin zu Begriffen wie Substanz und Sein. Nach Maupertuis
hängt die Vielfalt der Sprachen von den unterschiedlichen Zeichen ab, die die ersten Sprecher bewußt gewählt haben. Dies ist „eine Bezeichnung, die viel willkürliches enthält und die die ersten Menschen auf viele unterschiedliche Weisen gemacht haben könnten".[19] Der junge Turgot nimmt Anstoß an dieser Theorie vom

---

[17] Ernest Renan, De l'origine du langage, Paris ²1858, 92 f.
[18] Pierre Louis Moreau de Maupertuis, Réflexions philosophiques sur l'origine des langues et la
signification des mots, in: Œuvres de Mr de Maupertuis, Lyon 1756, Bd. 1, 253–285. Zur Datierung
vgl. Maupertuis, Turgot und Maine de Biran, Sur l'origine du langage, hg. von Ronald Grimsley,
Genf 1971, 1–25; David Beeson, Maupertuis: An Intellectual Biography, Oxford 1992, 153 f.
[19] Maupertuis, Œuvres (wie Anm. 18), Bd. 1, 276.

Ursprung von Sprache. Er bemerkt, daß die ersten menschlichen Sprecher in Maupertuis' Darstellung einzelnen Philosophen gleichen, die Sprache „mit kaltem Blut" erfänden, während die menschlichen Zeichen jedoch „aus der Hitze der Empfindung" geboren seien.[20]

> Sprachen sind nicht das Werk eines selbstbewussten Verstandes. In einem lebhaften Gefühl, einem Schrei, mit einer Geste, die auf ein Objekt hinweist – darin steckt die erste Sprache. Den Dingen, die ein Mensch gesehen hat, gibt er oft einen Namen – dem Schrei entsprechend, den die durch das Ding ausgelöste Empfindung hervorgebracht hat: so gab – nach Leibnizens Ansicht – Adam den Tieren einen Namen.[21]

Nach Turgots Meinung hat – im Unterschied zur Maupertuis' bewußter Setzung von verschiedenen Zeichen für Wahrnehmungen – die Natur die ersten sprachlichen Zeichen des Menschen ohne absichtsvollen Plan hervorgebracht. Die Vielfalt von Sprachen kann nicht den willkürlichen Benennungsstrategien ihrer ersten Sprecher zugeschrieben werden, wie Maupertuis vorschlägt; vielmehr beharrt Turgot darauf, daß die verschiedenen Idiome von Hirten- oder Jägervölkern von Umwelt- und sozialen Faktoren geformt werden.[22] Diesen Punkt wiederholt Turgot in seinem Artikel in der *Encyclopédie* zum Stichwort „Etymologie" (1756). Dort prophezeit er eine neue „experimentelle Metaphysik", eine Geschichte der Zivilisation und des menschlichen Geistes, die auf der Entfaltung von Sprache beruht. Ein solches Projekt sei vorstellbar, weil die menschlichen Sprachen eben keine willkürlichen Erfindungen sind, sondern natürliche Produkte von historischen, psychischen und gesellschaftlichen Umständen.[23] Vielleicht kann man Turgots Theorie von der natürlichen (und nicht willkürlichen) Entstehung von Sprache als Vorwegnahme einer romantischen oder „primitivistischen" Auffassung verstehen.[24] Aber wie wir sehen werden, ist die Spätaufklärung insgesamt um diese Umformung der Bedeutung von Natur, menschlicher Schöpfung und Willkür bemüht.

---

[20] Œuvres de Turgot et documents le concernant, hg. von Gustave Schelle, Paris 1913–1923, Bd. 1, 162 f. Siehe Gerda Haßler, Sprachtheorien der Aufklärung. Zur Rolle der Sprache im Erkenntnisprozeß, Berlin 1984, 43–53; Avi Lifschitz, Language as the Key to the Epistemological Labyrinth: Turgot's Changing View of Human Perception, in: Historiographica Linguistica 31 (2004), 345–365.

[21] Turgot, Œuvres (wie Anm. 20), Bd. 1, 171; Leibniz, Brevis designatio meditationum de Originibus Gentium, ductis potissimum ex indicio linguarum, in: Miscellanea Berolinensia ad incrementum scientiarum, Bd. 1, Berlin 1710, 2.

[22] Turgot, Œuvres (wie Anm. 20), Bd. 1, 172.

[23] Ebd., Bd. 1, 473–516, bes. 474 f.

[24] Daniel Droixhe, Le primitivisme linguistique de Turgot, in: Chantal Grell, Christian Michel (Hg.), Primitivisme et mythes des origines dans la France des Lumières, 1680–1820, Paris 1989, 59–87.

Die bewußte Modifikation der Bedeutungen des „Natürlichen" und „Willkürlichen" zeigt sich besonders deutlich in verschiedenen Werken von Etienne Bonnot de Condillac. Im Verlauf von dreißig Jahren vollzieht Condillac eine Wendung
– zunächst hält er die ersten Sprachzeichen für willkürlich, später nennt er sie
künstlich. In seinem *Essai sur l'origine des connoissances humaines* (1746) unterscheidet er klar zwischen tierischen Lauten und menschlicher Sprache: die
Einzigartigkeit letzterer besteht in ihrem Gebrauch von „konventionellen Zeichen". In seinem Frühwerk definiert Condillac solche Zeichen – im Unterschied
zu natürlichen oder zufälligen – zunächst als diejenigen, „die wir selbst gewählt
haben und die mit unseren Ideen nur eine arbiträre Beziehung haben".[25] Nur diese
eingeführten Zeichen können die selbstbewußte Herrschaft des Menschen über
seine kognitiven Fähigkeiten sicherstellen. Die ersten konventionellen Zeichen
kommen in einer *langage d'action* zum Tragen, dem ursprünglichen Kommuni-
kationsmittel, das seinerseits aus natürlichen Schreien und Gebärden entstanden
ist. In dieser Sprache kann dieselbe Idee auf verschiedene Weise wiedergegeben
werden, nach Maßgabe der Umstände, in denen man ihr zum ersten Mal begegnet
ist. Daher zeigen alle Sprachen eine ursprüngliche Verknüpfung zwischen Zeichen und Dingen, die später unter den Schichten der weiteren Verfeinerung ver-
lorengegangen ist.

In demselben Werk erkennt Condillac jedoch auch den Übergang von der Natur
zur Willkür als ein potenzielles Paradoxon. Er fragt sich, wie die ersten menschlichen Sprecher konventionelle Zeichen verwenden können, wenn sie nicht über
die erforderlichen geistigen Fähigkeiten verfügen – die ihrerseits vom Gebrauch
konventioneller Zeichen abhängen.[26] Im *Essai* macht Condillac den Vorschlag,
daß der Gebrauch von natürlichen Zeichen durch häufige Verwendung zur Gewohnheit werden kann – auch wenn die Umstände nicht dieselben sind, die die
Entstehung der Zeichen veranlaßt haben, so daß ihre Bedeutungen allmählich
konventionell oder willkürlich werden.[27] Doch diese Erklärung befriedigt Condillac nicht. Er macht einen weiteren Versuch, die Verschiebung vom Natürlichen
zum Willkürlichen zu klären: in der *Grammaire* (1775), einem seiner Lehrbücher
für den Prinzen von Parma. In diesem Text nimmt Condillac eine Umbenennung
vor: das konventionelle wird zum „künstlichen" Zeichen. Die Wende vom „Willkürlichen" (1746) zum „Künstlichen" (1775) soll die offenkundige Inkommensu-

---

[25] Condillac, Essai über den Ursprung der menschlichen Erkenntnisse, hg. von Ulrich Ricken,
Leipzig 1977, I.2.4.§35: 95; Œuvres philosophiques de Condillac, hg. von Georges Le Roy, Paris
1947–1951, Bd. 1, 19.

[26] Condillac, Ursprung (wie Anm. 25), I.2.5.§49: 102 f.; Condillac, Œuvres philosophiques (wie
Anm. 25), Bd. 1, 22.

[27] Condillac, Ursprung (wie Anm. 25), II.1.1.§3: 188–89; Condillac, Œuvres philosophiques
(wie Anm. 25), Bd. 1, 61.

rabilität zwischen den natürlichen Lauten und den vom Menschen gemachten konventionellen Zeichen thematisieren.

In dieser späteren Phase ist Condillac der Ansicht, daß vollkommene Willkürlichkeit in der Sprache unmöglich sei, denn Wörter müßten von den primitiven Verwendern solch natürlicher Zeichen wie Schreie und Gebärden verstanden werden. Die menschliche Intelligenz gestattet keinen reinen Zufall auf diesem Gebiet: jede neue Erfindung oder Veränderung muß sich an die akkumulierten Schichten des Vokabulars, der Grammatik und an die sozialen Normen der Rede anschließen.[28] Nach Condillacs *Grammaire* gibt es überhaupt keinen Widerspruch zwischen der menschlichen Schöpfung und den Beschränkungen durch Natur und historische Entwicklung. Nur auf Grundlage natürlicher Umstände und dem Stadium ihres gegebenen Vokabulars sind die Menschen dazu in der Lage, neue Ausdrucksweisen einzuführen. In demselben Werk geht Condillac so weit zu behaupten, „[...] dass Sprachen das Werk der Natur sind, dass sie sich sozusagen ohne uns gebildet haben und dass wir bei der Arbeit an ihnen nur sklavisch unserer Art des Sehens und Fühlens gehorcht haben".[29] Die nämliche Überzeugung taucht auch in dem posthum veröffentlichten Text *Langue des calculs* auf, in dem Condillac erklärt, daß „Sprachen keine Ansammlung zufällig zusammengekommener Ausdrücke sind" und daß konventionelle Bedeutungen keine freie Wahl des Menschen mit sich bringen.[30]

In Condillacs Augen ist das Zusammenspiel von natürlichen (äußerlichen) Beschränkungen und spontaner (innerer) Aktivität auch die Hauptquelle des dichterischen Geistes. In einem Kapitel seines *Essai*, das die Überschrift „Du génie des langues" trägt, zeigt Condillac, wie sich Regierung, Klima und Sprachen unablässig gegenseitig beeinflussen. Dadurch entwickelt sich der Nationalcharakter historisch gesehen zusammen mit der Sprache eines Volkes. Auch wenn man Zeichen in dem Sinne für willkürlich hält, daß sie künstlich gemacht sind, so gibt es nach Condillac doch keine absolute Freiheit bei ihrer ursprünglichen Anwendung, denn jede Nation gebraucht ihre Ideen auf eine spezifische, historisch gewachsene Art und Weise.[31] Dieser nationale „Sprachgeist", meint Condillac, ist letzten Endes auch für die Inkommensurabilität verschiedener Sprachen verant-

---

[28] „Remarquez bien, Monseigneur, que je dis de *signes artificiels*, & que je ne dis pas de *signes arbitraires:* car il ne faudroit pas confondre ces deux choses. En effet, que'est-ce que des signes arbitraires? Des signes choisis sans raison & par caprice. Ils ne seroient donc pas entendus. Au contraire, des signes artificiels sont des signes dont le choix est fondé en raison: ils doivent être imaginés avec tel art, que l'intelligence en soit preparée par les signes qui sont connus" (Condillac, Grammaire, in Œuvres philosophiques [wie Anm. 25], Bd. 1, 429).

[29] Condillac, Œuvres philosophiques (wie Anm. 25), Bd. 1, 432 f.

[30] Condillac, La langue des calculs, in: Œuvres complètes de Condillac, Paris 1798, Bd. 23, 1 f.

[31] Condillac, Ursprung (wie Anm. 25), II.i.15.§160: 277 f.; Condillac, Œuvres philosophiques, (wie Anm. 25), Bd. 1, 103.

wortlich, sodaß man Dichtung nie wortgetreu von einer Sprache in die andere übersetzen kann. Sprachliche Freiheit und Willkür werden hier also schwerwiegend eingeschränkt – von einer kulturellen Matrix aus Geschichte, sozialen Normen und der Umwelt.

Wie Condillac revidiert auch Jean-Jacques Rousseau seine Überlegungen zur Sprache und gelangt zu der Auffassung, daß die ersten Handlungen und Zeichen des Menschen viel eher natürlich als willkürlich seien. Daher entwickelt er in seinem *Essai sur l'origine des langues* (wahrscheinlich zwischen 1756 und 1761 geschrieben und 1781 posthum veröffentlicht) einen bildhaften, unmittelbaren und auf Handlung gerichteten Sprachbegriff. Obwohl er mit Condillac in Bezug auf die Bedeutung von Bedürfnissen und Leidenschaften für die Entwicklung der Sprache nicht übereinstimmt, gibt es Ähnlichkeiten zwischen Rousseaus Bild der ersten Sprache und Condillacs Darstellung antiker Prosodie, Musik und Dichtung. Wir haben bereits gesehen, daß Rousseau im *Discours sur l'inégalité* in eine Sackgasse gerät; seine Erörterung der Schwierigkeiten, die im Übergang von der Natur zur menschlichen Schöpfung liegen, führen in einen Teufelskreis.[32] In seinem *Essai sur l'origine des langues* versucht er, den Ursprung der Sprache neu zu denken und präsentiert das ursprüngliche Idiom als etwas, in dem es vergleichsweise wenige klar artikulierte, vom Menschen gemachte Worte gibt, jedoch viele natürliche, unklare Laute, die die Leidenschaften ausdrücken. Rousseau unterscheidet zwischen „Stimmen, Lauten, Tonfall, Quantität, die aus der Natur stammen" und die einen Großteil des ursprünglichen Vokabulars ausmachen, und „Lautbildungen, die die Konvention geschaffen hat". Doch auf welche Art von Konvention können die ersten Menschen nach Rousseau zurückgreifen? Sie ist überhaupt nicht willkürlich und wird von natürlichen Bedingungen und der menschlichen Psychologie beschränkt: „Die meisten Wurzelwörter wären Nachahmungslaute oder gäben den Tonfall der Leidenschaften wieder oder wären das Ergebnis von empfundenen Dingen: Onomatopoesie wäre in ihnen ständig spürbar".[33]

Diese größtenteils lautmalerische Sprache, in der natürliche Schreie und Gebärden mit den ersten künstlichen Zeichen gemischt sind, ähnelt der Handlungssprache nicht nur in Condillacs *Essai*, sondern auch in William Warburtons *Divine Legation of Moses* (1738–41) und Diderots *Lettre sur les sourds et muets* (1751). In keinem dieser Werke wird Sprache als Ergebnis bewußter Planung, überlegter Setzung oder willkürlicher Benennung verstanden. Condillac ist der Meinung, daß Dichter zum Geist der Sprache sehr viel mehr beitragen als Philosophen; und Rousseaus erste Sprache wird eher rau gesungen als klar artikuliert gesprochen. Die aussagekräftigste Ablehnung sprachlicher Willkürlichkeit findet man

---

[32] Siehe oben Anm. 1.
[33] Rousseau, Œuvres complètes (wie Anm. 1), Bd. 5, 382 f.

jedoch in der etwas kryptischen Bemerkung, die Rousseau an das Ende des 4. Kapitels des *Essai sur l'origine des langues* gestellt hat: „Wenn man diese Ideen bis in allen ihre Verästelungen ausbreitet, kommt man zu dem Schluss, dass der *Kratylos* doch nicht so lächerlich ist, wie er erscheint".[34]

Im Europa der Frühen Neuzeit wird der platonische Dialog *Kratylos* für gewöhnlich als Text verstanden, in dem die Möglichkeit eines Idioms, das die Wirklichkeit unmittelbar widerspiegelt, formuliert wird. Der Protagonist des Dialogs, Kratylos, vertritt diese Meinung im Gegensatz zu seinem Gesprächspartner Hermogenes, der für die vollkommene Willkürlichkeit von Wörtern plädiert. Obwohl Sokrates beide Positionen infrage stellt, sind verschiedene frühneuzeitliche Leser der Meinung, daß er in wesentlichen Punkten mit Kratylos übereinstimme.[35] Einige von Rousseaus Vorläufern, die über den Ursprung der Sprache nachdenken, üben Kritik daran, daß in diesem Dialog eine natürliche Verknüpfung zwischen Wörtern und Objekten angenommen wird; an dieser Front gehörten Richard Simon und Samuel Pufendorf zu den entschiedensten Kritikern Platons.[36]

Wir müssen jedoch fragen, wie und in welchem Maß Rousseau Platons *Kratylos* rehabilitieren will. Da seine Bemerkung auf die Theorie einer lebendigen, ausdrucksvollen Handlungssprache folgt, scheint es, daß Rousseau nicht nach einer vollkommenen Sprache sucht, die das Wesen der Dinge widerspiegelt. Dies wäre, wie Condillac einwendet, ein von Philosophen erdachtes Idiom, während die erste Sprache in Rousseaus *Essai* eine Sprache des Gesangs und der Leidenschaften ist. Überhaupt führt die quasi-adamitische Übereinstimmung zwischen Wort und Gegenstand dazu, daß der platonische Dialog vor allem „lächerlich" erscheint, wie Rousseau selbst zugibt. Es ist einleuchtender, daß Rousseau eine Verknüpfung zwischen Natur und Wörtern in den Ursprüngen der Sprache wiedereinsetzen will – eine Verknüpfung, die auf den psychischen Reaktionen auf die Umwelt beruht. In Übereinstimmung mit Turgot und Condillac betont Rousseau hier seine Ablehnung von Hermogenes' Auffassung, daß die Namen von Dingen willkürlich und ohne Berücksichtigung der natürlichen und historischen Kontexte gesetzt seien.

Sowohl Condillac als auch Rousseau nehmen sich aller Auswirkungen des Paradoxons an, das im *Discours sur l'inégalité* untersucht wird; dort fragt Rousseau, wie der Übergang von der Natur zur menschlichen Kultur überhaupt ablaufen

---

[34] Ebd.

[35] „[Sokrates:] Und doch wäre es vielleicht die schönste Art des Sprechens, die überhaupt möglich ist, wenn man nur Namen verwendete, die alle oder doch zumeist den Dingen ähnlich sind, das heißt die zu ihnen passen, während das Umgekehrte die unschönste Art des Sprechens wäre" (Platon, Kratylos, in: Spätdialoge, hg. von Olof Gigon und Rudolf Rufener, Zürich, Stuttgart 1965, 407).

[36] Richard Simon, Histoire critique du vieux testament, Amsterdam 1680, Bd. 1, 92–101; Pufendorf, Acht Bücher (wie Anm. 9), IV.i.§4: 749 f.; Pufendorf, De jure (wie Anm. 9), 308 f.

kann. Tatsächlich zeigt Rousseau in seinem frühen Werk, daß Akteure, die einfach nur frei und zwanglos überlegen, niemals in der Lage gewesen wären, Sprache einzuführen. Letztlich gelingt es ihm, die Verschiebung von der Natur zur Willkürlichkeit dadurch zu umschiffen, daß er die Natürlichkeit der ursprünglichen menschlichen Sprache in den Vordergrund rückt und die deutlich gesprochene Rede als etwas darstellt, das einem ursprünglichen Idiom der Leidenschaft entspringt. Condillac entscheidet sich für eine ähnliche Lösung, auch wenn er Rousseaus *Essai* nicht gelesen haben kann, als er seine *Grammaire* verfaßt. Er umgeht Rousseaus Problem – den Übergang von der Natur zur menschlichen Schöpfung –, indem er den Schwerpunkt in Richtung Natur verschiebt: Die menschliche Schöpfung, sei sie sprachlich oder kulturell, wird zu etwas, das durch Natur und Geschichte gleichermaßen bedingt ist.[37]

III. „Quelque chose de primitif": Leibniz und die epikureische Tradition

Was ist für diesen Wechsel der Perspektive auf den Ursprung der menschlichen Sprache und Kultur verantwortlich? Warum wird der Vorrang des Willens und der Willkürlichkeit, der für die Theorien des späten 17. Jahrhunderts so typisch ist, von einer allgemeinen Auffassung abgelöst, die die ersten Menschen vor allem durch ihr leidenschaftliches Handeln charakterisiert, während sie gleichzeitig durch Natur, Physiologie und Geschichte begrenzt werden?

Wahrscheinlich kann man diese Frage wenigstens teilweise mit einem wachsenden Interesse an der epikureischen These zum Ursprung der Sprache beantworten. In der Antike ist dies der dritte Weg zwischen der aristotelischen Auffassung sprachlicher Konventionalität und der platonisch-kratylischen Theorie einer natürlichen Verknüpfung zwischen Wörtern und Dingen. Epikur meint, daß alle sprachlichen Zeichen etwas Natürliches haben, das auf der unmittelbaren Auswirkung der bezeichneten Objekte auf den Geist des Wahrnehmenden beruht. Die Sprachenvielfalt ist letztlich mit diesen verschiedenen psychischen und Umweltfaktoren verbunden, obwohl die ursprünglichen Zeichen allmählich von Schichten konventionellerer Wörter überlagert werden.[38] In dieser These werden nicht nur natürliche Ursprünge und menschliche Willkürlichkeit miteinander verbunden; Lukrez setzt sie auch in eine naturalistische Theorie der menschlichen Ent-

---

[37] Siehe auch Marian Hobson, ‚Nexus effectivus' and ‚nexus finalis': Causality in Rousseau's *Discours sur l'inégalité* and in the *Essai sur l'origine des langues*, in: Kate E. Tunstall, Caroline Warman (Hg.), Hobson, Diderot and Rousseau: Networks of Enlightenment, Oxford 2011, 165–199; Avi Lifschitz, Zeichensprache, in: Iwan-Michelangelo D'Aprile, Stefanie Stockhorst (Hg.), Rousseau und die Moderne. Eine kleine Enzyklopädie, Göttingen 2013, 339–348.

[38] Epikur, Brief an Herodot, 75–76, in: Die Hellenistischen Philosophen. Texte und Dokumente, hg. von A. A. Long und D. N. Sedley, Cambridge 1987, 113.

wicklung im Buch V von *De rerum natura* hinein.[39] Wenn der theoretische
Schwerpunkt von der menschlichen Willkürlichkeit als einzigem Gründungsmo-
ment – die adamische Benennung der Tiere oder der Urvertrag – erst einmal auf
eine diachrone Darstellung verschoben wird, kann man die epikureische These
attraktiver finden. Sie bietet einen natürlichen, aber nicht notwendigerweise ver-
traglichen Ursprung der Sprache, während sie gleichzeitig der Vielfalt der Sprachen Rechnung trägt. Ernst Cassirer meint, daß die These Epikurs möglicherweise die Quelle für die „affektiven" Theorien von Sprache ist, die er Vico, Hamann
und Herder zuschreibt.[40] Die jüngste Forschung und der Überblick hier legen jedoch nahe, daß die epikureisch-lukrezianische Darstellung der Sprachentwicklung eine sehr viel breitere Wirkung gehabt haben.[41]

Eine weitere mögliche Quelle für die Wendung zur Natur in Bezug auf die
menschliche Willkürlichkeit könnte auch in der – immer noch unterschätzten –
Wirkung von Leibniz auf die französischen Denker des 18. Jahrhunderts liegen.
Wir haben bereits gesehen, daß sich Turgot, wenn er die natürlichen Aspekte von
Wörtern hervorhebt, vor allem auf Leibniz beruft. Anscheinend hat nicht nur
Locke die Gedanken der *philosophes* zur Sprache angeregt.[42] Tatsächlich ist Leibniz über Locke und Pufendorf, die den freien Willen und die Willkürlichkeit für
außerordentlich wichtig halten, ziemlich verärgert. Seine Kritik an den allgemeinen Vorstellungen von Freiheit und Willkürlichkeit ist besonders schlagkräftig an
zwei verschiedenen Stellen seiner Antwort auf Lockes *Essay*, den *Nouveaux essais sur l'entendement humain* (verfaßt 1704, veröffentlicht 1765): in seiner allgemeinen Untersuchung von Macht und Freiheit in Buch II und in seiner Erörterung von Sprache in Buch III.

Leibniz verwirft die weitverbreitete Vorstellung von einer gleichgültigen Freiheit – die Idee, es sei möglich, daß wir uns ohne besonderen Grund für die eine
oder andere gleich gewichtete Wahlmöglichkeit entscheiden und daher unsere
Entscheidungen nach Laune oder willkürlich treffen. Seiner Ansicht nach sind
wir in Bezug auf zwei Alternativen niemals gleichgültig, auch wenn wir das glauben. Vielleicht ist es uns nicht bewußt, aber alle unsere Entscheidungen werden

---

[39] Titus Lucretius Carus, De rerum natura, hg. von W. H. D. Rouse und Martin Ferguson Smith
Cambridge 1982, Buch V, Zeilen 1028–1090, 458–463.

[40] Ernst Cassirer, Philosophie der symbolischen Formen, Bd. 1: Die Sprache, hg. von Claus
Rosenkranz, Hamburg 2001, 88–98.

[41] Stefano Gensini, Epicureanism and Naturalism in the Philosophy of Language from Humanism to the Enlightenment, in: Peter Schmitter (Hg.), Sprachtheorien der Neuzeit, Bd. 1, Tübingen
1996 (Geschichte der Sprachtheorie, 4), 44–92; Avi Lifschitz, The Enlightenment Revival of the
Epicurean History of Language and Civilisation, in: Neven Leddy, Avi Lifschitz (Hg.), Epicurus in
the Enlightenment, Oxford 2009, 207–226.

[42] Vgl. Hans Aarsleff, From Locke to Saussure: Essays on the Study of Language and Intellectual
History, London 1982, 49.

von einem Zusammenwirken von inneren Zuständen und äußeren Eindrücken geformt.[43] Die physische Handlung wird von einer Kette von Ursachen bedingt und
moralische Entscheidungen sind ebenfalls bestimmt. Dennoch betont Leibniz,
daß eine determinierte Handlung nicht zwingend ist, so daß sie immer noch als
frei betrachtet werden kann. „Bestimmtwerden" sollte nicht mit Notwendigkeit
verwechselt werden, so Leibniz. Dies wird von einem wichtigen Element in seiner
Theorie des Geistes unterstützt – von seiner Auffassung, daß wir uns vieler Mechanismen des menschlichen Verstands nicht bewußt sind.

Eines der von Leibniz angeführten Beispiele sind die „fliegenden Gedanken",
die uns unausweichlich durch den Kopf gehen. Er vergleicht sie mit den Gestalten,
die von einer Laterna magica auf eine Wand projiziert werden. Diese unfreiwilligen Gedanken kommen teils von außen zu uns und werden von Gegenständen
ausgelöst, die auf unsere Sinne treffen; teils kommen sie von innen als Spuren früherer Wahrnehmungen. Leibniz will hier zeigen, daß selbst freie Akteure determiniert handeln – gewissermaßen bestimmt von psychischen und Umweltfaktoren, die den Akteuren meistens nicht bewußt sind. Dies anders aufzufassen oder zu
meinen, Menschen (und sogar Gott) seien fähig, frei und gleichgültig zwischen
Alternativen zu wählen, würde bedeuten, einige der „wichtigsten Wahrheiten"
zu zersetzen. Dazu gehört die Weisheit Gottes und einer von Leibniz' Lieblingssprüchen *nihil sine ratione* – das Prinzip, daß nichts ohne Ursache geschieht.[44]

Wenn Leibniz sich mit der menschlichen Freiheit in Bezug auf Sprache befaßt,
verbindet er Lockes Kommentare zur absoluten Willkürlichkeit mit einer langen
Tradition, die bis zu Aristoteles' *De interpretione* zurückreicht; jedoch vollzieht
er in seiner Antwort eine interessante Wendung.

> Ich weiß, daß man in den Schulen und auch sonst allgemein zu sagen pflegt, die *Be
> deutung* der Worte sei willkürlich (*ex instituto*); und es ist allerdings richtig, daß diese
> Bedeutungen nicht durch eine natürliche Notwendigkeit bestimmt sind; nichtsdesto
> weniger sind sie es bald durch natürliche Gründe, bei denen der Zufall mitwirkt,
> bald durch moralische Gründe, wobei eine Wahl stattfindet.[45]

Obwohl Leibniz dies nicht explizit mit seiner Erörterung des freien Willens verknüpft, kann man diese Stelle als scharfsinnige Anwendung seiner Theorie einer
determinierten, wenngleich nicht notwendigen Freiheit betrachten. Nichts ereignet sich ohne Grund und die Ursachen können natürlich sein – so wie ein Wasserfall oder ein Löwe auf unsere Sinne trifft – oder „moralisch" und von uns selbst

---

[43] Gottfried Wilhelm Leibniz, Neue Abhandlungen über den menschlichen Verstand, übers. und
hg. von Ernst Cassirer, Hamburg 1996, II.xxi.§48: 177–179; ders., Nouveaux Essais, hg. von André
Robinet und Heinrich Schepers, Berlin 1962 (Sämtliche Schriften und Briefe, 6. Reihe, Bd. 6), 197 f.
[44] Ebd.
[45] Leibniz, Neue Abhandlungen (wie Anm. 43), III.ii.§1: 272 f.; Leibniz, Nouveaux Essais (wie
Anm. 43), 278.

verursacht, wie etwa der Austausch von Gütern oder die Emigration in ein fremdes Land.

Das frühe 20. Jahrhundert konzentrierte sich vornehmlich auf seine logischen Schriften, aber Leibniz treibt neben seinen Studien zur Logik und seinen Versuchen, ein universales Idiom zu konstruieren, auch historische Studien lebender Sprachen.[46] Es ist genau dieses Gebiet, das ihm die Historizität aller menschlichen Sprachen vor Augen führt. Wenn wir Zugang zur adamitischen Sprache hätten, wäre es uns möglich, die Verbindung zwischen Wörtern und Dingen zu erkennen. Aber auch wenn wir dieses vollkommene Idiom nicht rekonstruieren können, mögen wir doch wenigstens bemerken, daß den Anfängen der existierenden Sprachen „etwas Ursprüngliches" anhaftet („...elles ont neantmoins quelque chose de primitif en elles mêmes"), auch wenn der Sprachwandel durch Zufall entstanden ist, aber auf physische Gründe zurückgeht.[47] Was uns als reiner Zufall erscheint, muß nach Leibniz in gewisser Weise determiniert sein. Mit der Formulierung „etwas Ursprüngliches" bezieht sich Leibniz auf den natürlichen und nicht-willkürlichen Aspekt von Sprache: wenn natürliche Phänomene die ersten Sprecher dazu bringen, bestimmte Laute als deren Namen zu verwenden, kann man solche Wörter nicht als etwas vollkommen Willkürliches betrachten. Selbst wenn diese natürlichen Bedeutungen später metaphorisch in abstrakte Bedeutungen umgeformt werden, bleibt in ihnen doch ein Residuum von ihrer „Ursprünglichkeit". Die spätere Aneignung fremder Wörter durch Handel, Wanderungen und soziale Interaktion ist in der Tat kontingent, aber historisch motiviert – was Leibniz als jenen Zufall benennt, der auf natürliche Gründe zurückgeht. In Leibniz' Augen ist der Hauptmotor des Sprachwandels nicht die überlegte Setzung neuer Wortbedeutungen durch nachdenkende Individuen. Was die Entwicklung der Sprache angeht, sind die Individuen in Leibniz' Darstellung in ausgedehnte soziale Strömungen und Bewegungen verstrickt.

Dennoch hat sich Leibniz anscheinend die Freiheit genommen, vom tradierten Gebrauch in seinen Hinweisen auf die „natürliche Sprache" abzuweichen. Im Unterschied zur modernen Referenz auf die allgemeine Umgangssprache betrachtet man im 17. Jahrhundert eine natürliche Sprache als ein gewissermaßen adamiti-

---

[46] Sigrid von der Schulenburg, Leibniz als Sprachforscher, mit einem Vorwort hg. von Kurt Müller, Frankfurt am Main 1973, 3–5; Klaus D. Dutz, ‚Lingua Adamica nobis certe ignota est.' Die Sprachursprungsdebatte und Gottfried Wilhelm Leibniz, in: Joachim Gessinger, Wolfert von Rahden (Hg.), Theorien vom Ursprung der Sprache, Berlin 1989, Bd. 1, 204–240; Stefano Gensini, „De linguis in universum": On Leibniz's Ideas on Languages, Münster 2000, 10–42 und 60–65; Maria Rosa Antognazza, Leibniz: An Intellectual Biography, Cambridge 2009, 362–365.
[47] Leibniz, Neue Abhandlungen (wie Anm. 43), III.ii.§1: 276; Leibniz, Nouveaux Essais (wie Anm. 43), 281.

sches Idiom, das das wahre Wesen der Dinge widerspiegelt.[48] Dagegen meint
Leibniz, daß alle Sprachen, auch die Umgangssprachen und Volksdialekte etwas
Natürliches in sich tragen. Dieser Rest kann auf die psychischen Reaktionen auf
die natürliche Welt zurückgeführt werden oder auf den historischen Kontakt zwischen verschiedenen Nationen. In diesem Sinne konstituiert die Historizität der
Sprache ihre Natürlichkeit und widerspricht ihrer Willkürlichkeit. Nichts, das
aus Ursachen in der Umwelt und aus historischer Veränderung entsteht, kann vollkommen willkürlich sein, da der Umfang dieser kontingenten Ereignisse durch
ihre physischen und sozialen Kontexte begrenzt wird. Individuen können versuchen, neue Wörter zu erfinden oder tradierte Bedeutungen zu modifizieren, aber
sie können die Sprache als ganze oder den üblichen Sinn bestimmter Wörter nicht
mutwillig verändern. Derlei Modifikationen werden nur langsam und allmählich
durch den allgemeinen Gebrauch im Verlauf der Zeit akzeptiert. In dieser Hinsicht
funktionieren Geschichte und Natur für Leibniz als Bollwerk gegen die pure
menschliche Willkür.[49]

In den zeitgenössischen Versuchen, Universalsprachen zu schaffen, fehlt genau
dieses „Ursprüngliche", so Leibniz. Diese künstlichen Idiome wollen eine Sprache konstruieren, deren morphologische und syntaktische Strukturen das enzy-
klopädische Wörterbuch des Universums spiegeln. Doch Leibniz, der selbst eifrig
über *characteristica universalis* nachdenkt, kann an solchen Unterfangen nichts
Natürliches finden. Universalsprachen können nur als willkürliche Schöpfungen
betrachtet werden, denn sie werden anhand bewußt überlegter Pläne konzipiert
(die von Leibniz angeführten Beispiele sind die Sprachen, die George Dalgarno
und John Wilkins in England entworfen haben).[50] Historisch gewachsene (oder
natürlich entwickelte) Sprachen hätte man nie absichtlich planen können,
meint Leibniz. Die willkürlichen Universalsprachen erfordern Renans „freien
und selbstbewußten Willen", während die Entwicklung der tatsächlichen Sprachen keinen Raum für überlegte, rationale Planung hat.

In seinem Beharren darauf, daß die Definition unserer Nomen der wirklichen
Existenz von natürlichen Arten und Gattungen in der Welt keinesfalls wider-

---

[48] Allison Coudert, Some Theories of a Natural Language from the Renaissance to the Seventeenth Century, in: Studia Leibnitiana, Sonderheft 7 (1978), 56–118.

[49] Gottfried Wilhelm Leibniz, De connexione inter res et verba, seu potius de linguarum origine,
in: Opuscules et fragments inédits de Leibniz, hg. von Louis Couturat, Paris 1903, 151 f., auch in
Marcelo Dascal, Leibniz: Language, Signs and Thought, Amsterdam 1987, 189; Stefano Gensini,
Criticisms of the Arbitrariness of Language in Leibniz and Vico and the ‚Natural' Philosophy of
Language, in: Raffaele Simone (Hg.), Iconicity in Language, Amsterdam 1994, 3–18.

[50] Leibniz, Neue Abhandlungen (wie Anm. 43), III.ii.§1: 273; Leibniz, Nouveaux Essais (wie
Anm. 43), 278. Siehe auch David Cram, Jaap Maat, George Dalgarno on Universal Language,
Oxford 2001; Rhodri Lewis, Language, Mind, and Nature: Artificial Languages in England from
Bacon to Locke, Cambridge 2007, 146–187.

spricht, verfolgt Leibniz ein eigenes metaphysisches Interesse. In ausgeprägtem Gegensatz zu Locke glaubt Leibniz, daß unsere Unkenntnis vom Wesen der Dinge nicht notwendigerweise bedeutet, daß es dieses Wesen nicht gibt; für gewöhnlich schaut er sogar recht zuversichtlich auf die Möglichkeiten der Wissenschaft, das menschliche Wissen über das Wesen der Dinge zu mehren.[51] Leibniz' Glaube an die objektive Existenz von natürlichen Arten und Gattungen – unabhängig von willkürlicher Klassifikation – kann auch mit seiner Überzeugung verknüpft werden, daß nichts ohne Grund existiert und daß sogar Gott nicht willkürlich handeln kann. Diese Vorstellung wird besonders deutlich in den *Monita quaedam ad S. Pufendorfii principia* (1706), der zu den recht bekannten politischen Texten von Leibniz gehört; Barbeyrac fügt ihn im Anhang seiner Edition von Pufendorfs *De officio hominis* hinzu. In diesem Text geht es Leibniz auch um eine scharfe Kritik am Voluntarismus, dem er in den Werken von Hobbes und Pufendorf begegnet. In seinen Monita kritisiert Leibniz die Idee, daß Menschen in Abwesenheit eines Höherrangigen von allen Verpflichtungen entbunden seien. Als Quelle menschlichen Betragens stammt die Gerechtigkeit von Gott, erklärt Leibniz, aber Gott kann nicht wie ein Tyrann willkürlich festlegen, was gerecht und gut ist. Wie Leibniz betont, „hängt weder die Norm des Betragens selbst, noch das Wesen des Gerechten von seiner freien Entscheidung ab, sondern vielmehr von ewigen Wahrheiten".[52]

Obwohl Leibniz Pufendorfs Vertrag, der für das zweckmäßige Funktionieren von Sprache erforderlich ist, nicht direkt anspricht, könnte dieselbe Kritik auch auf Pufendorfs Ideen zum Ursprung von Sprache gemünzt sein. Menschen können weder willkürlich Dinge benennen (der erste Vertrag), noch frei entscheiden, was die Wahrheit in ihrem Wortgebrauch bezeichnet (die zweite Übereinkunft). Für Leibniz ist die unveränderliche Natur der Dinge ein metaphysischer Widerspruch der Willkürlichkeit, während an der Sprachfront die willentliche Setzung von Namen von der Natur und der Geschichte besiegt wird. Das natürliche Element in allen Sprachen liegt in den verschiedenen psychischen Zuständen der Sprecher beim ersten Kontakt mit den bezeichneten Objekten und ebenso in sozialen, historischen und Umweltfaktoren. Es ist also der Vorherrschaft von Natur und Geschichte in der Sprachentwicklung geschuldet, wenn Leibniz sie als „den besten Spiegel des menschlichen Geistes" bezeichnet und meint, daß „eine genaue Ana-

---

[51] Leibniz, Neue Abhandlungen (wie Anm. 43), III.v.§10: 302 f. und III.vi.§38: 331 f.; Leibniz, Nouveaux Essais (wie Anm. 43), 303 und 325 f.

[52] „Jugement d'un Anonyme [Leibniz] sur l'Original de cet Abregé, avec des Réfléxions du Traducteur", in. Pufendorf, Les devoirs de l'homme et du citoyen, übers. von Jean Barbeyrac, Bd. 2, Trevoux 1741, 193–280.

lyse der Wortbedeutungen besser als alles andere die Verrichtungen des Verstandes erkennen" läßt.[53]

IV. Schlußbemerkung

Genau in diesem Sinne versucht Condillac zu zeigen, in welcher Weise künstliche (jedoch nicht willkürliche) Zeichen das Fundament für die Entwicklung von Kultur und den menschlichen Geist bilden. Der große Einfluß Lockes auf die Epistemologie der Aufklärung kann und soll nicht bestritten werden; doch Condillac und seine Kollegen weichen von Lockes Ansichten über die Natürlichkeit der menschlichen Sprache und der menschlichen Schöpfung signifikant ab.[54] Natürlich räumen sie ein, daß Individuen spontan sprechen und Neuerungen erfinden können, wenn auch auf „freie aber determinierte" Weise, wie Leibniz sie versteht: auf der Grundlage von natürlichen Bedingungen und einem sozialen Vokabular, das sich allmählich entwickelt.

Um die 1760er und 1770er Jahre hat sich die Bedeutung von Natur und Willkürlichkeit durchgängig verändert. Um nur zwei prominente Beispiele zu erwähnen: In seinem bedeutendem Werk zur Entstehung der Sprache (1765) meint Charles de Brosses, daß die menschliche Rede der Natur der Dinge sehr viel mehr zu verdanken hat als alles, was „blos nach dem Willen des Menschen durch den Gebrauch, und durch eine eingeführte Konvention zur Sprache hinzugekommen ist".[55] In seiner Preisschrift zum Ursprung der Sprache gibt Johann Gottfried Herder vor, den Ausdruck „willkürlich" nicht zu verstehen. Da er mit Condillac und Rousseau auch in einigen anderen Punkten nicht einverstanden ist, schreibt er: „Eine Sprache willkürlich und ohne allen Grund der Wahl aus dem Gehirn zu erfinden, ist wenigstens für eine menschliche Seele, die zu allem

---

[53] Leibniz, Neue Abhandlungen (wie Anm. 43), III.vii.§6: 341; Leibniz, Nouveaux Essais (wie Anm. 43), 333.

[54] Verschiedene Werke von Leibniz waren als Zeitschriftenartikel und in verschiedenen Sammlungen verfügbar, einschließlich der weit verbreiteten Bände, die von Pierre Des Maizeaux herausgegeben wurden, Recueil de diverses pièces, sur la philosophie, la religion naturelle, l'histoire, les mathématiques, &c. par mrs. Leibniz, Clarke, Newton, & autres auteurs célèbres, 2 Bde., Amsterdam 1720. Siehe auch die Einleitung zu Condillacs wiederentdecktem Beitrag zum Monadenstreit der Berliner Akademie der Wissenschaften im Jahr 1747: Etienne Bonnot de Condillac, Les Monades, hg. von Laurence L. Bongie, Oxford 1980. Zu Christian Wolffs möglicher Vermittlerrolle siehe Gianni Paganini, Signes, imagination et mémoire. De la psychologie de Wolff à l'Essai de Condillac, in: Revue des sciences philosophiques et théologiques 72 (1988), 287–300. Eine allgemeine Einführung findet sich bei W. H. Barber, Leibniz in France from Arnauld to Voltaire, Oxford 1955, 244–265.

[55] De Brosses, Über Sprache und Schrift, hg. von Michael Hißmann, Leipzig 1777, Bd. 1, 16; ders., Traité de la formation mécanique des langues et des principes physiques de l'étymologie, Paris 1765, Bd. 1, 19.

einen, wenn auch nur einigen Grund haben will, solch eine Qual, als für den Körper, sich zu Tode streicheln zu lassen".[56]

Trotz der bedeutenden Unterschiede zwischen dieser Auffassung und dem Plädoyer der Frühaufklärung für eine sprachliche Willkürlichkeit sind sich Locke und Pufendorf der Fragestellungen, die von ihren Nachfolgern aufgeworfen werden, durchaus bewußt. Die Veränderung bezieht sich vor allem auf eine Verschiebung der Schwerpunkte, Beweggründe und Interessen.[57] Die Autoren des späten 17. Jahrhunderts versuchen manchmal, den Glauben an das wahre Wesen zu bekämpfen, oder argumentieren gegen den Versuch, die vollkommene adamitische Sprache zu rekonstruieren. In diesem Kampf sind die Willkürlichkeit der Zeichen und die Freiheit des Menschen, Wörter zu erfinden, nützliche intellektuelle Waffen. Auch wenn sich Locke und Pufendorf kurz mit dem Ursprung der Wörter befassen, um jede Theorie einer natürlichen Verknüpfung zwischen Zeichen und Dingen anzufechten, sind sie dennoch an der weiteren Sprachentwicklung nicht sonderlich interessiert. Aber in der Mitte des 18. Jahrhunderts wird der gemeinsame Fortschritt von Sprache und menschlichem Geist zum Gegenstand aufregender philosophischer Untersuchungen. Wenn erst einmal die Geschichte einer allmählichen Entwicklung in den Vordergrund des intellektuellen Interesses gerückt ist, liegt der philosophischer Schwerpunkt auf der „Natur", die man als Umwelt- und soziale Kontexte dieser Entwicklungen definiert. Der betonte Voluntarismus der frühen Aufklärung wird durch einen historischen wie natürlichen Wandel ersetzt. Die Autoren des 18. Jahrhunderts erzählen nicht die Geschichte allgewaltiger, selbstbewußter Akteure, die ihre Sprache und Kultur mit den Mitteln rein willkürlicher Übereinkunft erfinden. In diesen Werken umgibt die Natur das Handeln des Einzelnen mit unüberwindlichen Hindernissen, die den Akteur praktisch auf die von Geschichte und Umwelt gebahnten Wege leiten.

Dieser Punkt wird vielleicht noch von der jüngsten Forschung verstärkt, die der Aufklärung bestimmte Vorstellungen zuschreibt, die man bisher ausschließlich in der Romantik des 19. Jahrhundert zu entdecken glaubte – von einem komplexen Geschichtsdenken hin zur sprachlichen Verwurzelung menschlichen Handelns. Natürlich hat sich die Begrifflichkeit von „Natur", „Willkür" oder „spontanem Handeln" im Gebrauch der Romantiker und Idealisten noch einmal stark verän-

---

[56] Johann Gottfried Herder, Abhandlung über den Ursprung der Sprache, in: J.G.H., Frühe Schriften 1764–1772, hg. von Ulrich Gaier, Frankfurt am Main 1985 (Werke in zehn Bänden, Bd. 1), 743. Aber zu den Unterschieden zwischen zeitgenössischen Auffassungen von ‚Willkürlichkeit' siehe Jürgen Trabant, La critique de l'arbitraire du signe chez Condillac et Humboldt, in: Winfried Busse, J. T. (Hg.), Les idéologues: Sémiotique, théories et politiques linguistiques pendant la Révolution française, Amsterdam 1986, 73–96.

[57] Vgl. Locke, Essay (wie Anm. 4), II.ii.§6: 290 f.; Knud Haakonssen, Protestant Natural Law Theory: A General Interpretation, in: Natalie Brender, Larry Krasnoff (Hg.), New Essays on the History of Autonomy: A Collection Honoring J. B. Schneewind, Cambridge 2004, 92–109.

dert. Doch traditionelle Ansichten wie die Ernest Renans, der die Aufklärung *in toto* dafür verdammt, daß sie den Ursprung der Gesellschaft im rationalen und willkürlichen Handeln verortet, sind so nicht länger haltbar. Diese Sichtweise zeigt wenig Bewußtsein für den Graben, der die Auffassungen Pufendorfs und Lockes zur menschlichen Sprache und Willkürlichkeit von den Ansichten Condillacs und Rousseaus trennt. Auch wenn die Autoren in der Mitte des 18. Jahrhunderts aus der Veröffentlichung der Leibnizschen *Neuen Abhandlungen* im Jahr 1765 noch keinen Nutzen ziehen können, befassen sie sich doch eingehend mit einem entscheidenden Punkt, den auch Leibniz hervorhebt: Die Spannung zwischen Willkürlichkeit und Freiheit auf der einen Seite und auf der anderen Seite die natürlichen Ursprünge, auf die eine historische Entwicklung folgt. Diese Denker der Aufklärung interessieren sich sehr viel mehr für die komplizierte Konvergenz von natürlichen Veranlagungen, von Umweltfaktoren und der von Menschen geschaffenen Kultur als für die „subjektive, willkürliche Reflexion" oder für die „Souveränität eines freien und selbstbewussten Willens".[58]

Ist die Erfindung der menschlichen Kultur ein natürlicher oder ein willkürlicher Prozeß? Dieser Aufsatz geht den veränderten Auffassungen zur Entstehung menschlicher Schöpfungen im Zeitalter der Aufklärung nach, insbesondere anhand der Untersuchung von Theorien zur Genese der ersten menschlichen Wörter. Seit dem späten 17. bis zur Mitte des 18. Jahrhunderts betrachtet man die Erfindung der Sprache als paradigmatischen Fall einer natürlichen Entwicklung für alle Facetten der menschlichen Zivilisation. In den Auffassungen zur Natürlichkeit der Kultur, wie sie sich in den Debatten um die Entstehung der ersten Wörter darstellen, läßt sich eine signifikante Verschiebung feststellen. Während Autoren wie Locke und Pufendorf die Willkürlichkeit und weitreichende Freiheit bei der Prägung von Wörtern hervorheben, betonen die Philosophen zur Mitte des 18. Jahrhunderts vor allem die natürlichen Aspekte von Sprache und die begrenzten Gestaltungsmöglichkeiten von Freiheit und Verstand. Diese Veränderung ist mit zwei wesentlichen intellektuellen Entwicklungen verknüpft: einer zunehmenden Beschäftigung mit der epikureischen Theorie der Sprachentstehung und mit dem Einfluß von Leibniz' Sprachauffassung im Frankreich des 18. Jahrhunderts – sogar schon vor der Veröffentlichung seiner Nouveaux essais.

Is the invention of human culture a natural process or an arbitrary one? This article traces the changing Enlightenment attitudes to the emergence of human artifice, especially through the examination of theories concerning the formation of the first human words. From the late seventeenth to the mid-eighteenth century, the invention of language was seen as a paradigmatic case of the naturalistic development of all facets of human civilization. It is therefore telling to find a significant shift in attitudes to the naturalness of

[58] Renan, De l'origine (wie Anm. 17), 92 f.; 77. Dieser Beitrag ist eine überarbeitete und erweiterte Version eines im Journal of the History of Ideas 73/4 (2012), 537–557, publizierten Aufsatzes. Die Überarbeitung wurde während eines Forschungsaufenthalts am Wissenschaftskolleg zu Berlin (2012/2013) fertiggestellt. Ich bedanke mich bei Sophia Pick, die den Beitrag ins Deutsche übersetzt hat, und beim Wissenschaftskolleg zu Berlin für die Finanzierung der Übersetzung.

culture, as expressed in debates over the first words. While authors such as Locke and Puf-endorf emphasized arbitrariness and extensive freedom in the coining of words, mid-eig-hteenth-century thinkers highlighted the natural aspects of language and the limited application of freedom and reason. This change is linked to two main intellectual develop-ments: an increasing engagement with the Epicurean theory of the emergence of langu-age, and the influence of Leibniz's views on language in eighteenth-century France – even before the publication of his Nouveaux essais.

Dr. Avi S. Lifschitz, Department of History, University College London (UCL), Gower Street, London WC1E 6BT, GB, E-Mail: avi.lifschitz@ucl.ac.uk

MARTIN MULSOW

Joseph als natürlicher Vater Christi

Ein unbekanntes clandestines Manuskript
des frühen 18. Jahrhunderts

I.

„Natur" und „Natürlichkeit" sind im 18. Jahrhundert zu bevorzugten Legitimationsgrundlagen geworden, im Gegensatz zu Metaphysik, Transzendenz und dem „Übernatürlichen".[1] Theologisch äußert sich diese Tendenz nicht nur in einem „Naturalismus", also einem Propagieren der „natürlichen Religion", die ohne eine Offenbarung auskommt, sondern auch in einer „natürlichen" Auffassung Jesu Christi, der als ein einfacher Mensch, nicht aber als Gott angesehen wird. Welche Konsequenzen hatte das für das Verständnis der Geburt Jesu? Sollte man so weit gehen, die Jungfrauengeburt mit Zeugung durch den Heiligen

[1] Wolfgang Proß, „Natur", Naturrecht und Geschichte. Zur Entwicklung der Naturwissenschaften und der sozialen Selbstinterpretation im Zeitalter des Naturrechts (1600–1800), in: Internationales Archiv für Sozialgeschichte der deutschen Literatur 3/1 (1978), 38–67; Simone de Angelis, Florian Gelzer, Lucas Gisi (Hg.), „Natur", Naturrecht und Geschichte. Aspekte eines fundamentalen Begründungsdiskurses der Neuzeit (1600–1900), Heidelberg 2010, Jean Ehrard, L'idee de la nature en France dans la première moitié du 18ème siècle, Paris 1963; Ronald W. Harris, Reason and Nature in 18th Century Thought, London 1968; Paul Hazard, Die Herrschaft der Vernunft. Das europäische Denken im 18. Jahrhundert, Hamburg 1949, 173–250; Panajotis Kondylis, Die Aufklärung im Rahmen des neuzeitlichen Rationalismus, Stuttgart 1981; Lorenzo Bianchi (Hg.), Natura e storia, Napoli 2005; Lorraine Daston, Gianna Pomata (Hg.), The Faces of Nature in Enlightenment Europe, Berlin 2003. Nicht zu vergessen ist die auf das 17. Jahrhundert bezogene, aber ungemein einflußreiche Interpretation vom „natürlichen System der Geisteswissenschaften", die Wilhelm Dilthey schon im späten 19. Jahrhundert entwickelt hat: Das natürliche System der Geisteswissenschaften im siebzehnten Jahrhundert, in: Archiv für Geschichte der Philosophie 5/6 (1892/1893), wiederabgedruckt in: W.D., Gesammelte Schriften II, Stuttgart, Göttingen 1957, 90–245. Vgl. dazu Martin Mulsow, Diltheys Deutung der Geisteswissenschaften des 17. Jahrhunderts. Revisionen, Aktualisierungen, Transformationen, in: Thomas Leinkauf (Hg.), Dilthey und Cassirer. Die Deutung der Neuzeit als Muster von Geistes- und Kulturgeschichte, Hamburg 2003, 53–68. – Ich danke Elke Matthes für die wichtigen Hinweise auf die Besprechung in den *Unschuldigen Nachrichten* und auf die Stelle bei Edelmann.

Geist zu leugnen?[2] Sollte man von einer „natürlichen" Geburt ausgehen? Wer aber war dann der Vater? Joseph? Oder womöglich ein anderer Mann? In der spätantiken Polemik gegen das Christentum hatte letzteres ja bereits Kelsos im 2. Jahrhundert in einem Dialog mit einem Juden dargestellt, in dem der Jude sagt: „Der Zimmermann, mit dem sie [Maria] verlobt war, hat sie von sich gejaget, nachdem er erfahren, daß sie die eheliche Treue gebrochen, und sich von einem Soldaten, Namens Panthera, hatte schwängern lassen".[3] Unter Juden lief also die Polemik um, daß Jesus der – natürliche – Sohn nicht von Joseph, sondern von Panthera war, nach einem Seitensprung der ehebrecherischen Maria. Das schlug sich später im Talmud nieder (Shab 104b), in dem diskutiert wurde, ob Jesus der Sohn eines Mannes namens Stada oder von „Pandera" sei.[4] Im Mittelalter wurde diese Legende durch die *Toledot Jeschu* transportiert, eine handschriftlich überlieferte Polemik, die 1681 in den *Tela ignea Satanae* von Christoph Wagenseil erstmals gedruckt worden ist.[5] Der Tenor dieser antichristlichen Tradition liegt freilich nicht auf der Natürlichkeit der Sohnschaft Christi – das ist impliziert – sondern auf der blasphemisch gemeinten Denunziation, Jesus sei ein Bastard.

Anders ist die Argumentationslage im Frühchristentum selbst. Die judenchristlichen Ebioniten hatten kein Interesse, Jesus als Gott anzusehen; aber auch judenchristliche Gnostiker wie Kerinth und Karpokrates bestritten die Jungfrauengeburt.[6] Zudem gab es Gegner der Maria-Verehrung, die sogenannten „Antidikomarianiten", die bei Epiphanios um 370 als eine christliche Sekte in Arabien bezeich-

---

[2] Die theologische Literatur zum Thema Jungfrauengeburt ist unübersehbar. Ich nenne hier nur einige Titel: Hans von Campenhausen, Die Jungfrauengeburt in der Theologie der alten Kirche, Heidelberg 1962; Giovanni Miegge, Die Jungfrau Maria. Studie zur Geschichte der Marienlehre, Göttingen 1962; Art. Maria/Marienfrömmigkeit, in: Theologische Realenzyklopädie, Bd. 22, Berlin 1992; Josef Brosch (Hg.), Jungfrauengeburt gestern und heute, Essen 1969. Polemisch: Gerd Lüdemann: Jungfrauengeburt? Die Geschichte von Maria und ihrem Sohn Jesus, Springe 2008.

[3] Kelsos nach Origenes, Contra Celsum I,28. Ich zitiere die Übersetzung von Johann Lorenz Mosheim, Origenes [...] Acht Bücher von der Wahrheit der christlichen Religion, Hamburg 1745, 73. Zu Kelsos und seiner antichristlichen Polemik vgl. Winfried Schröder, Athen und Jerusalem. Die philosophische Kritik am Christentum in Spätantike und Neuzeit, Stuttgart 2011.

[4] Vgl. Peter Schäfer, Jesus in the Talmud, Princeton 2007, 15–24.

[5] Liber Toldos Jeschu, in: Christoph Wagenseil, Tela ignea Satanae, Hoc est: arcani & horribiles Judaeorum adversus Christum Deum & christianam religionem libri anekdotoi. Joh. Christophorus Wagenseilius ex Europae Africaeq; latebris erutos, in lucem protrusit. Additae sunt Latinae interpretationes, et duplex confutatio. Accedit Mantissa de LXX. hebdomadibus Danielis, Altdorf 1681, eigene Paginierung, 1–24.

[6] Zu Kerinth und Karpokrates vgl. Kurt Rudolf, Die Gnosis, Leipzig 1977; Christoph Markschies, Kerinth: Wer war er und was lehrte er?, in: Jahrbuch für Antike und Christentum 41 (1998), 48–76; Clemens Scholten, Art. Karpokrates (Karpokratianer), in: Reallexikon für Antike und Christentum, Bd. 20, Stuttgart 2004, 173–186.

net werden, welche die immerwährende Jungfräulichkeit Marias leugnet.[7] Das schloß zwar keine Behauptung über die natürliche Zeugung Jesu ein, aber barg doch die Gefahr einer Trivialisierung der Stellung Marias in diesem Kontext. Der argumentative Kontext wird deutlich bei Helvidius im späten 4. Jahrhundert, der im Zuge seines Kampfes gegen die Ehelosigkeit und Askese im Christentum in einer verlorengegangenen Schrift behauptet hat, daß Maria, nachdem sie Jesus geboren hatte, mit Joseph ehelich gelebt und mit ihm mehrere Kinder gezeugt und geboren habe.[8]

Erst in der Neuzeit wird die noch radikalere These akut, Jesus selbst sei aus einem natürlichen Beischlaf von Maria und Joseph entstanden. Diese These kommt in dem Moment auf, als mit der antitrinitarischen Bewegung seit Mitte des 16. Jahrhunderts die Skepsis an der Göttlichkeit Jesu wächst.[9] Erstaunlicherweise hielten sich die meisten Antitrinitarier, auch Fausto Sozzini, darin zurück, eine natürliche Zeugung Jesu zu erwägen. Sozzini lehrte, daß Jesus mittels der wunderbaren Einwirkung des Heiligen Geistes empfangen worden sei („sine viri ope"); eben deswegen werde der Mensch Jesus auch „Sohn Gottes" genannt.[10] Allerdings gab es einige Antitrinitarier, die in diesem Punkt extremer waren. Szymon Budny, ein polnisch-weißrussischer Humanist (1530–1593), sah Joseph als den natürlichen Vater Jesu an. Dafür ist er von den anderen Unitariern, vor allem von Marcin Czechowic, als „Josephit" verunglimpft und exkommuniziert worden.[11]

---

[7] Adv. Haer. III 78.

[8] Zu ihm vgl. Georges Jouassard, La personalité d'Helvidius, in: Mélanges Saunier, Lyon 1944, 139–156; Thomas R. Karmann, „Er erkannte sie aber nicht,…" Maria, das Virginitätsideal und Mt. 1,18–25 im späten 4. Jahrhundert, in: Hans-Ulrich Weidemann (Hg.), Asceticism and Exegesis in Early Christianity. The Reception of New Testament Texts in Ancient Ascetic Discourses, Göttingen 2013, 118–147, bes. 127 ff.; Stefan Rebenich, Hieronymus und sein Kreis, Stuttgart 1992, 176 f.

[9] Die Skepsis betraf insbesondere die Zweinaturenlehre und die Doktrin von der Präexistenz Christi als Logos. Vgl. Otto Fock, Der Socinianismus: nach seiner Stellung in der Gesammtentwickelung des Christlichen Geistes, nach seinem historischen Verlauf und nach seinem Lehrbegriff dargestellt, Kiel 1847, 510–551.

[10] Vgl. etwa Fausto Sozzini, Opera, in: Bibliotheca Fratrum Polonorum, Bd. 1, Amsterdam 1668, 654a. Die Sozinianer sind bemüht zu zeigen, daß Jesus zwar ein Mensch, aber doch kein normaler, sondern ein besonderer Mensch gewesen sei. Daher halten sie am Dogma der übernatürlichen Geburt fest, allerdings auf unorthodoxe Weise: Christi Leib wird nicht etwa aus dem Geblüt der Jungfrau Maria durch die Kraft des Heiligen Geistes geschaffen, sondern Gott tat hinzu, „was sonst der Mann hinzuzuthun pflegt, indem er den männlichen Saamen bei dem Ort der Empfängniss erschuf." Fock, Der Socinianismus (wie Anm. 9), 534. Vgl. Abraham Calov, Scripta antisociniana, Ulm 1684, Bd. 3, 168.

[11] Vgl. Kestutis Daugirdas, Andreas Volanus und die Reformation im Großfürstentum Litauen, Mainz 2009, 223–230, bes. 226 f. Ich danke Kestutis Daugirdas für den Hinweis auf Budny. Vgl. auch Stefan Fleischmann, Szymon Budny, Köln 2006.

Natürlich kann man in der überbordenden antisozinianischen Polemik des 17. Jahrhunderts Spuren davon finden, wie sich die Orthodoxie gegen solche Zumutungen wehrte. Doch im allgemeinen gingen Theologen, die das Problem der Jungfrauengeburt behandelten, an der Oberfläche nicht auf gegenwärtige Debatten, sondern nur auf die antiken Häresien ein. So hat etwa der Altdorfer Theologe Johann Saubert 1678 in seiner *Palaestra theologico-philologica* die Helvidianer und Antidikomarianiten in den Mittelpunkt gestellt, als er sich des Themas annahm.[12] Er behandelt dabei allerdings auch die Einwände jüdischer Autoren, die darauf hingewiesen hatten, daß Joseph und Maria doch nicht nur verlobt, sondern verheiratet waren, was bedeute, daß sie sexuell miteinander verkehrten.[13] Hier kommen wir der Tradition schon näher, mit der sich die lutherische Orthodoxie in dieser Zeit besonders konfrontiert sah. In diese Richtung weist auch ein kleiner Traktat, in dem Johann Crause in Jena schon 1667 *de Josepho et Maria salvatoris parentibus* disputiert hat, weil offenbar das Thema der „Eltern des Messias" eines war, „das von sehr vielen Mythen *(fabulis)* ringsumher besudelt ist".[14] Welche Mythen es waren, die umliefen, sagt Crause nicht direkt. Er nennt aber als sein Vorbild Richard Montagu, jenen Bischof von Norwich, der gegen die „puritanischen Anglikaner" und ihre profanierenden Tendenzen gekämpft hat. Montagu hatte 1622 in seinen *Analecta ecclesiasticarum Exercitionum* über die Puritaner gesagt:

> Sie zerstören und verabscheuen alle Feste und lassen nicht zu, daß es bei den Christen etwas gibt, das sozusagen noch nach Judentum riecht, und schmeißen gleichsam die zerrissenen Fetzen, wie sie sagen, des Papismus nach draußen und verweisen sie ins Pestland, und aus diesem Grunde ziehen sie mit dem natürlichen Licht des Heilands ihre Pflüge, düngen ihre Äcker, haben ihre Kurzweil, verfolgen ihre Geschäfte, und verwandeln alles auf diese Weise, als ob sie mit Fleiß dieses Licht profanieren wollten.[15]

---

[12] Johann Saubert, Palaestra theologico-philologica, Nürnberg 1678, 218 ff.: „Haeresis Ebionis et Cerinthi: Error Helvidianorum et Antidicomarianitarum."

[13] Ebd. 222 f.

[14] Johann Crause (praes.) / Georg Erdmann Voigt (resp.), Exercitium academicum de Josepho et Maria salvatoris parentibus, Jena 1667, A2r: „Soliciti sumus de argumento eidem congruo, incidimus in illud de laudatissimis Messiae parentibus, quod quantumvis plurimus passim fabulis conspurcatum sit, quibus si quis credere animum inducat, necesse est, ut fidei oppido prodigus sit."

[15] Crause, Exercitium academicum (wie Anm. 14), A2r; Richard Montagu, Analecta ecclesiaticarum exercitationum, London 1622, 369: „omnia festa tollunt & abominantur nec in usu patiuntur esse apud Christianos tanquam Judaismum redolentia, et tanquam laceras, ut loquuntur, Papismi lacinias fora ejiciunt et amandant in Morboniam [eigentlich: Morboviam], eamque ob causam ipsa naturali luce Salvatoris aratra ducunt, agros stercorant, lodicinam exercent, negotia tractant, omnia ita transfigunt, quasi qui de industria cuperent illam profanare." Crause hatte dieses Zitat aus zweiter Hand. Er schrieb es sich aus Johann Sebastian Mitternachts Schrift *De nativitatis Dominicae anno*, Leipzig 1659, ab; vgl. dort 80.

Für Montagu war die große „Reinigung" der Kirche, die die Puritaner anstrebten, ein absurdes Unternehmen, das weit über sein Ziel hinausschoß, denn es bedeutete faktisch eine Desakralisierung der Kirche und des Lebens. Dieses Desakralisieren wollte man auch im lutherischen Deutschland bekämpfen, obwohl es dort keine Puritaner gab (und auch noch keinen Pietismus). Gegen wen also wendete man sich?

Offenbar vor allem gegen jüdische antichristliche Polemiken. Solche Polemiken haben eine nicht zu unterschätzende Rolle dabei gespielt, gefährliche Argumente, die später in Radikalaufklärung übergehen konnten, in die europäischen Debatten einzuführen.[16] Dementsprechend sah man in der Orthodoxie schon im 17. Jahrhundert deren Kritik an christlichen Dogmen in einem Zusammenspiel mit profanisierenden, weil antiritualistischen Tendenzen der Gegenwart. Crause zitiert den *Sefer ha-nizzachon* des Rabbiners Jomtob Lipmann Mühlhausen aus der Zeit um 1400, dessen Werk von Theodor Hackspan einem jüdischen Gesprächspartner entwendet und gegen dessen Willen 1644 ediert worden war.[17] Hackspan hatte das gemacht, weil er Lipmanns Kritik am karäisch-saduzäischen Judentum für das Christentum nutzen wollte.[18] Dennoch setzte er dabei auch Argumente gegen das Christentum frei, unter anderem eine kraftvolle Argumentation Lipmanns gegen die angebliche Wundergeburt Jesu.[19] Hackspans Kollege an der Universität Altdorf, Sebald Schnell, übersetzte noch vor der Edition seines Freundes Teile des *Sefer ha-nizzachon* ins Latein, gab der Übersetzung aber

---

[16] Zur Wirkung antichristlicher Polemiken im Vorfeld der Aufklärung vgl. Richard H. Popkin, Some Unresolved Questions in the History of Scepticism. The Role of Jewish Anti-Christian Arguments in the Rise of Scepticism in Regard to Religion, in: R.H.P., The Third Force in Seventeenth-Century-Thought, Leiden 1992, 222–235; ders., Jewish Anti-Christian Arguments as a Source of Irreligion from the Seventeenth to the Early Nineteenth Century, in: Michael Hunter, David Wootton (Hg.), Atheism from the Reformation to the Enlightenment, Oxford 1992, 159–181; ders., The Image of the Jew in Clandestine Literature circa 1700, in: Guido Canziani (Hg.), Filosofia e religione nella letteratura clandestina secoli XVII e XVIII, Milano 1994, 13–34; Silvia Berti, ‚At the Roots of Unbelief', in: Journal of the History of Ideas 56 (1995), 555–575; Martin Mulsow, Moderne aus dem Untergrund. Radikale Frühaufklärung in Deutschland 1680–1720, 41–84; Adam Sutcliffe, Judaism and Enlightenment, Cambridge 2003.

[17] Liber Nizachon Rabbi Lipmanni, Conscriptus anno a Christo nato M.CCC.XCIX. diuque desideratus. Accessit tractatus de usu librorum Rabbinicorum, prodromus Apologiae pro Christianis adversus Lipmannum triumphantem, Nürnberg 1644. Vgl. Ora Limor, Israel Jacob Yuval, Scepticism and Conversion: Jews, Christians and Doubt in *Sefer ha-Nizzahon*, in: Allison Coudert, Jeffrey S. Shoulson (Hg.), Hebraica Veritas? Christian Hebraists and the Study of Judaism in early Modern Europe, Philadelphia 2004, 159–179.

[18] Vgl. Dietrich Klein, Hermann Samuel Reimarus. Das theologische Werk, Tübingen 2009, 139 ff.; und ders., Inventing Islam in Support of Christian Truth: Theodore Hackspan's Arabic Studies in Altdorf 1642–1646, in: History of Universities 25 (2010), 26–55.

[19] Vgl. Liber Nizachon Rabbi Lipmanni (wie Anm. 17), § 8.

auch eine Widerlegung von Lipmanns Angriff auf die Jungfrauengeburt bei.[20] In diesem Punkt also wurde – mit Recht – eine der bedrohlichsten Argumentationen dieses Textes wahrgenommen. Und in der Tat werden die Argumente Lipmanns nicht nur von Crause, sondern auch von Saubert zitiert.[21] Saubert war einer der Nachfolger Hackspans und Schnells in Altdorf und kannte die bei Lipmann aufgeworfenen Probleme nur allzu gut.

Der kritische Punkt waren die komplizierten Rechtsverhältnisse in Josephs Stammbaum, da ja Christi Legitimität von Josephs Genealogie abhing. Was Maria anging, so nennt Crause Sozinianer wie Valentin Schmalz, Johann Crell und Jonas Schlichting, die hier Probleme angemeldet hatten.[22] Sozinianismus und Judentum: das waren ganz offenbar die Quellen, aus denen die Bedrohung für die Jungfrauengeburt floß. Aber ist diese von wachsamen Theologen wahrgenommene Bedrohung tatsächlich in radikalaufklärerische Texte umgesetzt worden? Hatten die Orthodoxen Recht mit ihrer Sorge? Gab es eine Schrift, in der die vorhandenen Argumente – von Lipmann bis Budny – gebündelt und zugespitzt wurden?

II.

Ja, es gab sie. Eine Schrift mit der Behauptung, Jesus sei nur der natürliche Sohn Josephs, zirkulierte als clandestines Manuskript im frühen 18. Jahrhundert in Deutschland.[23] Dieses Manuskript und seine Abschriften sind bisher der Auf-

---

[20] Sebald Schnell, Setîrâ al ledāt Yēšû we-al še-ba'û kolēm le-gêhînnôm Hoc Est Numerus IIX Spectans cap. 2 Genes. vs. 17 Arcani libri Nitzachon Typis Academicis nuper exscripti, Quo Rabbi Lipman Fidem Christianam de Jesu Salvatoris nostri secundam carnem nativitate … quem Pontificii appellant, limbum Patrum ; Sub annum […] Judaicum 5159 Christianum vero 1399 impugnavit, Altdorf 1643.

[21] Saubert, Palaestra (wie Anm. 12), 224: „Nimium ex textu Vulg. Lat. Matth. I.v.16. (cuius ipsissima cita verba) N. genuit *Josephum VIRUM Mariae, de qua natus est Jesus qui vocatur Christus*, & cum primis ex vocabulo VIRI Mariam amissae virginitatis it convictum: Unde & sequatur, Mariam fuisse uxorem & maritatam: Et hoc ipsum Evangelistam intendere argutatur, secus enim illum loco istius appellati, fuisse usurpaturum vel *Custodis* vel *Procuratoris* voce. Verum istas tricas exactissime solvit & discutit supra § VII. ex Maimonide citatum testimonium, satis aperte indicans, desponsatam, tametsi adhuc non maritatam, nec in domum viri introductam, esse & apud priscos Ebraeos vocatum fuisse uxorem viri." Vgl. Crause: Exercitium academicum (wie Anm. 14).

[22] Crause, Exercitium academicum (wie Anm. 14), B5v.

[23] Zum Phänomen der clandestinen Literatur vgl. einführend Gianni Paganini, Introduzione alle filosofie clandestine, Bari 2008; Ira A. Wade, The clandestine Organization and Diffusion of Philosophic Ideas in France from 1700 to 1750, Princeton 1938; Antony McKenna, Alain Mothu (Hg.), La Philosophie clandestine à l'Age classique, Paris 1997. Eine Übersicht über die wichtigsten Texte gibt Winfried Schröder, Ursprünge des Atheismus. Untersuchungen zur Metaphysik- und Religionskritik im 17. und 18. Jahrhundert, Stuttgart 1998. Zur Situation in Deutschland vgl. Mulsow, Moderne aus dem Untergrund (wie Anm. 16).

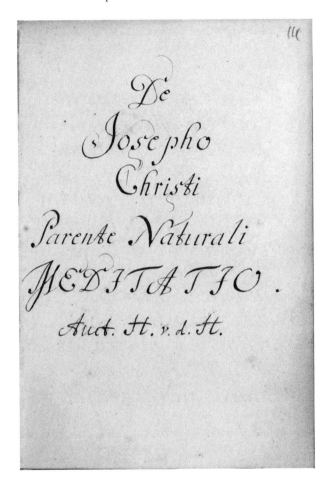

merksamkeit der Forschung völlig entgangen. Im sonst sehr vollständigen Verzeichnis radikaler Untergrundschriften von Miguel Benítez tauchen sie nicht
auf.[24] Dabei hat der Text, wie sich zeigen wird, durchaus eine kleine, wenn
auch begrenzte, Zirkulation erlebt.

„Der Teufel hat es aufgeschrieben, am 13. März 1743". Dieser Satz steht am
Ende des Manuskriptes, das sich, in schöner Zierhandschrift, in der Herzog-Au-
gust-Bibliothek Wolfenbüttel befindet.[25] Der Text ist betitelt: *De Josepho Christi*

---

[24] Miguel Benítez, La face cachée des lumières. Recherches sur les manuscrits philosophiques
clandestins de l'âge classique, Paris 1996; neueste erweiterte Version in ders.: La cara oculta de las
luces, Valencia 2003.

[25] HAB Cod. Extrav. 265.14.

Parente Naturali Meditatio, also: Eine Überlegung über Joseph als natürlichen Vater Christi. Daß es sich um eine clandestine Schrift handelt, also einen im Untergrund zirkulierenden Text, wird schon daraus klar, daß der Text des Manuskriptes in Wolfenbüttel noch ein zweites Mal vorhanden ist, und dort zusammengebunden mit den *Meditationes de Deo, Mundo, Homine* des Freidenkers Theodor Ludwig Lau.[26] Lau war ein Philosoph und Jurist, der 1717 und 1719 mit seinen religionskritischen Schriften Furore gemacht hatte.[27] Schriften wie diese wurden gesammelt, abgeschrieben und mit anderen radikalen Schriften zusammengebun-

[26] HAB Cod. Extrav. 157.11.

[27] Zu ihm vgl. Martin Mulsow, Prekäres Wissen. Eine andere Ideengeschichte der Frühen Neuzeit, Berlin 2012.

den. Zuweilen gab man den Konvoluten dann Titel wie „Scripta antichristiana", „Scripta atheistica" oder ähnliche.[28] Auch in der Staats- und Universitätsbibliothek Dresden ist, wie wir sehen werden, eine Variante der Handschrift vorhanden.

Die heterodoxe Natur der These, die im Titel des Manuskripts ausgesprochen ist, haben wir schon im Durchgang durch die Vorgeschichte gesehen: Joseph ist der natürliche Vater Christi, also ist die Vorstellung einer Jungfrauengeburt zu verwerfen. Der Inhalt der Handschrift läßt sich kurz wiedergeben. Die Geschichte der Zeugung Christi wird aus Matthäus und Lukas so rekonstruiert, daß der mit Maria verlobte Joseph seine Verlobte, nachdem sie von der Verkündigung durch den Engel erzählt, zunächst für fremdgegangen oder für phantasierend hält. Joseph seinerseits träumt, der Engel ermahne ihn mit Maria zu schlafen, damit der Geist den Samen purifizieren könne, der dann die ganze Menschheit erlösen werde. Dies tut Joseph, nicht aus Begehren, sondern „ex praecepto coelestis nuncii", nach Anweisung des himmlischen Boten.[29] Danach führt er Maria als seine Frau (*suam uxorem*) feierlich nach Art der Juden in sein Haus, schläft aber nicht weiter mit ihr, um den vom Heiligen Geist geheiligten Uterus nicht mit seinem bloß menschlichen Samen zu verunreinigen.

Nachdem einige Einwände durch Parallelstellen und philologisch entkräftet sind, kommt der Autor zum Hauptgrund für seine Rekonstruktion: „Wenn Joseph nicht der natürliche Vater Christi ist, folgt, daß dieser nicht der wahre Messias ist".[30] Diese Folgerung aber gilt es zu verhindern. „Wenn Joseph nicht der natürliche Vater ist, dann frage ich, warum die Genealogie Christi aus der Genealogie Josephs abgeleitet wird. Warum führen Matthäus und Lukas so besorgt die Vorfahren Josephs auf?"[31] In der Tat hatten ja diese beiden Evangelisten ausführliche Stammbäume von Jesus über Joseph bis zu Abraham und sogar Adam gegeben.[32] Der Autor des Manuskripts fährt fort: „Wenn er [Joseph] nämlich nicht der Vater Christi wäre, hätten sie die Genealogie Marias aufstellen müssen. Denn wer bitte beweist in vernünftiger Weise, daß ich aus der Familie der Braunschweigischen Herzöge bin, wenn der Braunschweigische Herzog mein Stiefvater war? Insbesondere, wenn meine Mutter nie mit diesem Mann geschlafen hat? Weg mit solchen Possen!"[33]

---

[28] Vgl. Martin Mulsow, Die Transmission verbotenen Wissens, in: Ulrich Johannes Schneider (Hg.), Kulturen des Wissens im 18. Jahrhundert, Berlin 2008, 61–80.

[29] HAB Cod. Extrav. 265.14, 6 (der Text ist in der Appendix abgedruckt).

[30] Ebd. 27: „Si Joseph non est Christi naturalis pater, sequitur, quod non sit verus Messias."

[31] Ebd. 32: „Si Jospeh non est pater Christi naturalis, quaeso cur Genealogia Christi ex Genealogia Josephi deducitur? Cur tam anxiè Matthaeus atque Lucas Josephi parentes recensent?"

[32] Matth. 1,1–17; Luk. 3,23–38.

[33] HAB Cod. Extrav. 265.14, 32ff: „Si enim Christi pater non fuisset, Mariae texere Genealogiam debuissent. Numquis sanus demonstrat, me esse ex familia Ducum Brunsvicensium si vitricus

Daß hier der Braunschweigische Herzog als Beispiel herangezogen wird, ist ein klares Indiz dafür, daß der Text aus dem Territorium Braunschweig-Wolfenbüttel stammt. Der Ton ist locker und herausfordernd, ähnlich wie man es von der lateinischen Schrift *De tribus impostoribus* von der Hand Johann Joachim Müllers kennt, und zugleich etwas scholastisch nach Einwänden und Erwiderungen gegliedert, wie im angehängten Schlußteil von *De tribus impostoribus*.[34] Wohlgemerkt ist der Text aber ganz offenbar nicht aus einer antichristlichen Intention heraus geschrieben. Es soll ja gerade gesichert werden, daß die für Joseph bezeugte königliche Genealogie und die Figur von Jesus als Messias verbunden sind, daß also der Anspruch Christi gerechtfertigt ist. Zumindest als Rechtstitel – so wie Fausto Sozzini und seine Anhänger es sahen – wäre die Stellung Christi als Messias dann gesichert.[35]

Im Text wird die natürliche Gezeugtheit Christi auch christologisch begründet, als Implikat der Zweinaturenlehre: „Wenn er wahrer Mensch gewesen ist, mußte er auch auf natürliche Weise empfangen werden".[36] Außerdem wird über Wunderminimierung argumentiert:

> Da Gott nicht pflegt Wunder zu wirken, wo er durch natürliche Ursachen handeln kann. Aber sag mir, warum hat hier ein so großes Wunder nötig sein sollen, wenn ein wahrhaft natürlicher und nicht eingebildeter Mensch, der essen und trinken kann, zu formen ist? Konnte Joseph einen solchen Menschen wirklich nicht hervorbringen? Ich glaube, ich weiß, was dich beklemmt und drückt: Du bildest Dir ein, daß Christus auf diese Weise nicht immun von der Erbsünde geblieben wäre. Aber Deine Angst ist eitel und albern, weil es einfach keine Erbsünde gibt. Und wenn es sie gäbe, konnte dann nicht der Geist den Samen Josephs heiligen und rein machen?[37]

An dieser Stelle spätestens wird sichtbar, daß der Autor auch jenseits seiner christlichen Fundierung ein Radikaler ist. Er glaubt nicht an die Doktrin der Erb-

meus dux fuit Brunsvicensis? Inprimis cum mater mea nunquam cum viro cohabitavit? Absint nugae!"

[34] Anonymus (Johann Joachim Müller), De imposturis religionum (De tribus impostoribus); Von den Betrügereyen der Religionen; Dokumente, kritisch herausgegeben und kommentiert von Winfried Schröder, Stuttgart 1999.

[35] Vgl. Fock, Der Socinianismus (wie Anm. 9).

[36] HAB Cod. Extrav. 265.14, 36: „Quia Christus quoad humanam naturam fuit verus et naturalis homo. Si fuit verus homo, naturali etiam modo debuit concipi."

[37] Ebd. 38 ff.: „Quia Deus non solet miracula edere ubi per naturales causas agere potest. Sed dic, cur tantum miraculum hic fuerit necessarium, cum homo verus naturalis non phantasticus, qui edere et bibere poterat, esset formandus? An Joseph talem hominem procreare forte non potuit? Sentio quid te angat prematque. Opinaris Christum hoc pacto non mansisse immunem â Peccato Originis. Sed vanus et stolidus est timor, quia plane non datur Peccatum Originis. Et si esset, num Spiritus semen Josephi sanctificare et purum reddere nequibat?"

sünde.[38] Daraus folgt für ihn, daß Jesus kein durch Jungfrauengeburt „reines" Wesen sein muß, das kraft dieser Eigenschaft die Menschen von ihrer Sünde erlösen kann. Die Erbsündendoktrin war insbesondere von den Sozinianern verworfen worden, weil sie mit den Prämissen der Freiheit und Vernunftfähigkeit des Menschen nicht übereinstimmte und zumal überflüssig wurde, wenn man das Dogma der Satisfaktion, der Rechtfertigung und Erlösung durch das Opfer Christi am Kreuz ablehnte, wie sie es taten.[39] Der Autor von *De Josepho* scheint solche Ablehnung zu teilen. Wie wir sehen werden, gehen nicht alle Kopisten, die diesen Text zustimmend verbreiteten, so weit – sie lassen den betreffenden Satz weg. Der Autor hingegen läßt beide Möglichkeiten offen: entweder die wirklich radikale, bei der die Erbsünde geleugnet wird, oder („und wenn es sie gäbe") die abgeschwächte, bei der es zwar Erbsünde gibt, aber dennoch keine Jungfrauengeburt, weil die Konstruktion der „purificatio" des Samens ihre Funktion überflüssig macht.

Der Ton der Schrift ist jetzt freilich fast schon der eines Pamphlets geworden. Die Annahme, der Messias sei ohne Vater, komme nirgendwo bei den Propheten vor und sei „insipida", töricht. Die Kirchenväter hätten sich dies mit dutzenden anderer Possen ausgedacht („cum sexcentis aliis naeniis effinxerunt") und dem leichtgläubigen Volk als Glaubensartikel aufgedrängt („obstruserunt").[40] Dieser Autor hat keine Geduld mehr mit dem Christentum. Er hält die Dogmen für korrupt und für einen Priesterbetrug. Auch dieser Ton erinnert an die lateinische Schrift *De tribus impostoribus*, deren Autor die Religionsstifter für Betrüger hält und die genaue Kenntnis jüdischer Traditionen dazu benutzt, seine Verachtung des Christentums auszudrücken. Gleich der erste Satz von *De Josepho*, „Fabulas multas de Christo Messia nostro circumferri, non solum credo; sed ex plurimis rerum documentis compertum habeo", scheint mir geradezu nach dem ersten Satz von *De tribus impostoribus* konstruiert zu sein. Dieser lautet, ähnlich mit einem AcI anhebend: „Deum esse, eumque colendum esse, multi disputant […]".[41] Es geht um Kritik an fabulösen Ansichten, um Aufklärung.

---

[38] Zur Kritik an der Erbsündendoktrin, die im späten 17. Jahrhundert in Deutschland bereits recht verbreitet war, vor allem durch den Einfluß des Arminianismus, vgl. Anselm Schubert, Das Ende der Sünde. Anthropologie und Erbsünde zwischen Reformation und Aufklärung, Göttingen 2002.

[39] Vgl. Fausto Sozzini, De statu primi hominis ante lapsum disputatio, in: Bibliotheca fratrum Polonorum, Bd. 2, Amsterdam 1668. Dazu Otto Fock, Der Socinianismus (wie Anm. 9), 655 ff.

[40] HAB Cod. Extrav. 265.14, 43ff: „In historia Christi rursus nullum apparet vestigium de hac opinione insipida. Nunquam vel Pharisaei vel Sadducaei adversus illam disputarunt et locuti sunt, ne quidem in ore vulgi talem sermonem fuisse deprehendimus. Christus ipse nullibi de hac re quicquam commemoravit; Apostoli tacent de miraculoso hoc nativitatis genere. Donec post aliquod tempus ex falso et superstitioso interpretandi modo patres Ecclesiae communem de origine Christi sententiam cum sexcentis aliis naeniis effinxerunt, populoque incauto ceu Sanctum fidei Articulum obstruserunt."

[41] De imposturis religionum (wie Anm. 34), 99.

III.

Als Autor benennt das Titelblatt „H. v. d. H".. Diese Abkürzung ist unschwer als „Hermann von der Hardt" zu entschlüsseln, was das Dresdener Manuskript bestätigt. Dort steht ganz explizit: „Dni. Herm. van der Hardt". Ob „der Teufel", der das Manuskript geschrieben habe, damit Hardt selbst ist, oder ob das „Diabolus descripsit" präziser als „Der Teufel hat es abgeschrieben" zu übersetzen ist, werden wir noch sehen. Hermann von der Hardt war ein streitbarer, unbequemer Professor für orientalische Sprachen an der Universität Helmstedt.[42] Zu seiner Zeit war er berühmt, ja die Leuchte seiner Universität und lange Zeit ihr Rektor, heute aber ist er vergessen. Das hat damit zu tun, daß Hardts Theorien und sein Verhalten späteren Generationen von Theologen peinlich gewesen sind. Er hat sich, aus pietistischem Milieu kommend, zum rationalistischen Ausleger der Bibel gemausert und wilde Spekulationen über die Herkunft der Biblischen Bücher, ihre Autoren und Entstehungszeiten geäußert. Seiner Ansicht nach waren viele antike Texte und vor allem die biblischen Schriften in einem enigmatischen Stil abgefaßt worden. Sie waren verrätselt, weil ihre Geschichten und Mythen in Wirklichkeit politisch-historische Schilderungen von Kriegen, Staatenbünden, Städtegründungen oder Invasionen enthielten, also Arkanwissen, das nicht ohne weiteres über-

---

[42] Zu Hermann von der Hardt (1660–1746) vgl. die ausführliche Studie von Hans Möller, Hermann von der Hardt als Alttestamentler, maschinenschriftliche Habilitationsschrift Leipzig 1962; vgl. weiter A. G. Hoffmann, Art. ‚Hardt' in: Allgemeine Encyclopädie der Wissenschaften und Künste, Zweite Section, H-N, Zweiter Theil, Leipzig 1828, Sp. 388–395; Ferdinand Lamey, Hermann von der Hardt in seinen Briefen und seinen Beziehungen zum Braunschweiger Hofe, zu Spener, Franke und dem Pietismus. Beilage I zu den Hss. der Großherzoglichen Badischen Hof- und Landesbibliothek Karlsruhe, Karlsruhe 1891; Dieter Merzbacher, Die „Herwiederbringung der herrlichen Schriften, so fast verloren gewesen". Das ‚concilium Constantiense', ein Editionsprojekt Hermann von der Hardts und des Herzogs Rudolf August von Braunschweig-Lüneburg, in: Dorothea Klein u. a. (Hg.), Vom Mittelalter zur Neuzeit. Festschrift für Horst Brunner, Wiesbaden 2000, 569–592; Ralph Häfner, Tempelritus und Textkommentar. Hermann von der Hardts ‚Morgenröte über der Stad Chebron'. Zur Eigenart des literaturkritischen Kommentars im frühen 18. Jahrhundert, in: Scientia Poetica 3 (1999), 47–71; ders., „Denn wie das buch ist, muß der leser seyn" – Allegorese und Mythopoesis in den ‚Hohen und hellen Sinnbildern Jonae' des Helmstedter Gelehrten Hermann von der Hardt, in: Herbert Jaumann (Hg.), Die europäische Gelehrtenrepublik im Zeitalter des Konfessionalismus, Wiesbaden 2001, 183–202; Martin Mulsow, Sintflut und Gedächtnis. Hermann von der Hardt und Nicolas-Antoine Boulanger, in ders., Jan Assmann (Hg.), Sintflut und Gedächtnis. Erinnern und Vergessen des Ursprungs, München 2006, 131–161; ders., Religionsgeschichte in Helmstedt, in: Jens Bruning, Ulrike Gleixner (Hg.), Das Athen der Welfen. Die Reformuniversität Helmstedt 1576–1810, Wolfenbüttel 2010, 182–189; Asaph Ben-Tov, Helmstedter Hebraisten, in: ebd. 224–231; Martin Mulsow, Harpocratism: Gestures of Retreat in early Modern Germany, in: Common Knowledge 16 (2010), 110–127; ders., Der Silen von Helmstedt, in: Franke Berndt, Daniel Fulda (Hg.), Die Sachen der Aufklärung, Hamburg 2012, 300–313; ders., Politische Bukolik. Hermann von der Hardts Geheimbotschaften, in: Zeitschrift für Ideengeschichte (2013/2014), 103–116.

mittelt werden konnte. Schon damals, so meinte von der Hardt, war Instruktion eine „politische" Kunst, das heißt, schon damals hatte man „pro indulgentia erga traditiones vulgi" formuliert, aus Rücksicht auf die Traditionen des Volkes, und damit das einfache Volk den Sinn der Rede *nicht* verstehe, um nicht unruhig zu werden.[43] „Dadurch mußte diese lange symbolische Rede, die ein dreifaches Rätsel enthält", so erläutert der Helmstedter Professor, „das Beispiel sein für den enigmatischen Stil der Alten, in dem sie die Schicksale der großen Könige abzubilden pflegten. Und zwar so, daß in der Geschichte eines einzigen großen Helden ein Bild gegeben sei von einer anderen, ebenso berühmten Tat eines anderen Königs, auf daß ein dreifaches gleichzeitiges Bild errichtet werde mit denselben symbolischen Worten in einem dreifachen Rätsel".[44]

Das war eine komplizierte Entschlüsselungs-Hermeneutik, die darauf hinaus lief, die Bibel auf einen säkularen politischen Text zu reduzieren. Aus diesem Grund ist von der Hardt mehrfach vom Hof in Wolfenbüttel gemaßregelt worden, vor allem, nachdem er 1704 nach dem Tod Herzog Rudolf Augusts die enge Protektion seines Herrn verloren hatte. Seit 1713 stand er unter Zensur, seine wichtigsten Bücher hat man konfisziert, die Bibelexegese hat man ihm verboten, und 1727 hat man ihn von seinem Lehrstuhl entfernt.[45] Das hat den alten Mann nicht davon abgehalten, auch bis zu seinem Tode 1746 unter Vorwänden und in kleiner Auflage seine gewagten und nach heutigen Maßstäben oft verfehlten (aber zuweilen auch ins Schwarze treffenden) Dekodierungen zu publizieren.

Ist es von der Hardt zuzutrauen, einen Text wie *De Josepho* geschrieben zu haben? Um einer Antwort auf diese Frage näherzukommen, muß man differenzieren. Von der Hardt war fast ausschließlich mit dem Alten Testament beschäftigt; um neutestamentliche Themen machte er einen Bogen. Man kann auch nicht freiweg behaupten, er sei ein Aufklärer oder gar Deist gewesen; dazu scheint seine Exegese und seine Begeisterung für die biblische Tradition noch viel zu sehr dominant zu sein; zumindest einen Glauben an die Providenz Gottes scheint sich der Professor erhalten zu haben. Allerdings gibt es auch eine Reihe von Übereinstimmungen mit dem Autor von *De Josepho*. Von der Hardt war ein großer Kenner der rabbinischen Literatur – Schüler von Edras Edzardi –, und er bezog vor allem aus dieser Literatur viele Anregungen für seine euhemeristische Exegese. Daß er im

---

[43] Zu dieser Absetzung einer Elite vom Volk vgl. Gianni Paganini, Wie aus Gesetzgebern Betrüger werden. Eine philosophische Archäologie des ‚radikalen' Libertinismus, in: Jonahan I. Israel, Martin Mulsow (Hg.), Radikalaufklärung, Berlin 2014, 49–91. Zum „politischen" Denken allg. vgl. Gotthard Frühsorge, Der politische Körper. Zum Begriff des Politischen im 17. Jahrhundert und in den Romanen Christian Weises, Stuttgart 1974.

[44] Hardt, Aenigmata prisci orbis. Jonas in Luce in Historia Manassis et Josiae, ex Eleganti Veterum Hebraeorum Stilo Solutum Aenigma, Helmstedt 1723, 32.

[45] Vgl. Möller, Hermann von der Hardt als Alttestamentler (wie Anm. 42), 87 ff.

Anschluß an viele lutherische und calvinistische Autoren[46] kritisch gegenüber den
Kirchenvätern und ihrer „Leichtgläubigkeit" eingestellt war, ist ihm durchaus zu-
zutrauen; selbst daß er die Doktrin der Erbsünde nicht wirklich teilte, ist bei einem
Autor möglich, der die Geschichte von Adam und Eva im Paradies ohnehin nur für
eine Städtesage aus Milet hielt. Allerdings hat sich von der Hardt in dogmatischen
Dingen natürlich zeitlebens bedeckt gehalten.

Dennoch: Es fällt schwer zu glauben, daß dieser Professor, der sich auf penible
Weise an akademische Regeln und ein hohes Niveau hielt, eine Schrift abgefaßt
hat, die frontal ein zentrales Dogma angreift und sich dabei immer wieder pole-
mische Ausfälle erlaubt. Wie also können wir diese Skepsis mit der doch sehr of-
fensichtlichen Zuschreibung an Hermann von der Hardt als Verfasser versöhnen?
Vielleicht dadurch, daß wir den Text nur auf indirekte Weise durch von der Hardt
verursacht oder inspiriert halten. Aus dem Ton der Schrift könnte man folgern, daß
wir eher auf den Umkreis von der Hardts, auf radikalisierte Kolportagen aus einigen seiner mündlich hingeworfenen Äußerungen achten müssen, die dann von
Schülern und Hörern benutzt worden sind.

Um das zu erhärten, bietet sich ein Rückblick auf Episoden an, in denen ähnliches vorgefallen ist. Schon im Fall der *Histoire de Bileam* von 1706 war es so,
daß aus mündlichen Überlegungen Hardts eine Schrift fabriziert wurde.[47] Der
Ghostwriter damals war ein durchaus prominenter Mann, nämlich Gottfried Wilhelm Leibniz. Hardt hatte mit ihm und der Königin Sophie Charlotte über die Passage aus Num. 22,28 geredet, wo Bileams Eselin zu sprechen anfängt.[48] Hardt äußerte die Vermutung, man könne diese Episode als Traumerscheinung erklären.
Man überlegte zusammen, ob Bileam eine Art Träumer gewesen sei, der auch
auf der Reise manchmal solche Erscheinungen gehabt haben könnte. Leibniz
war es dann, der diese Erklärung kurzerhand aufschrieb, auf Französisch, damit
auch die Königin es problemlos lesen konnte. Hardt hat den Text kurze Zeit später
drucken lassen, den Leibniz dann für eine spätere Auflage korrigierte.[49] Noch eine
Weile korrespondierten sie über das Thema. Für von der Hardt war der Text Teil
einer kleinen Serie von Bibeldeutungen, die alle (im Blick auf die Königin) fran-

---

[46] Vgl. Wilhelm Schmidt-Biggemann, Die Entstehung der unitarischen Exegese und die philologische Destruktion des Trinitätsdogmas, in W.S-B., Apokalypse und Philologie. Wissensge-
schichten und Weltentwürfe der Frühen Neuzeit, Göttingen 2007, 79–122.

[47] Vgl. Wilhelm Brambach, Gottfied Wilhelm Leibniz: Verfasser der *Histoire de Bileam:* mit
Vollständigem Abdruck der *Histoire de Bileam* in der von Leibniz gebilligten Form, Leipzig 1887.

[48] Zum exegetischen Problem dieser Passage und seiner Auslegungsgeschichte vgl. Bernd Ro-
ling, Physica sacra. Wunder, Naturwissenschaft und historischer Schriftsinn zwischen Mittelalter
und Früher Neuzeit, Leiden 2013, 9–64.

[49] Badische Landesbibliothek Karlsruhe Ms. 320,4.

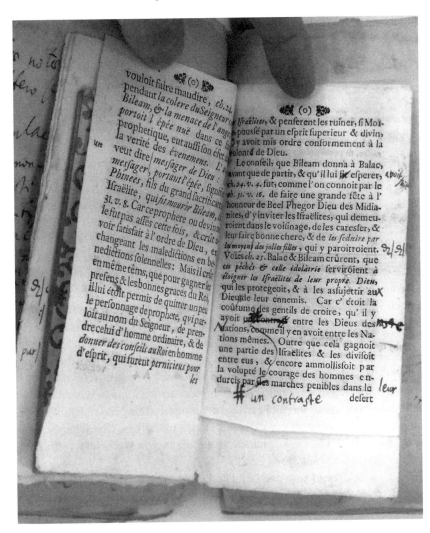

zösisch abgefaßt waren, alle anonym herauskamen und Bibelstellen rationalistisch oder euhemeristisch zurechttruckten.[50]

Als das *Journal de Trévoux* der Jesuiten, nach einer Eingabe von Trier aus, im Juni 1710 warnend auf von der Hardt hinwies, da bezog es sich auf diese Schriften. Es hieß dort:

[50] Histoire de Bileam; Renards de Samon; Machoire d'Ane; Corbeus d'Elie; L'antichrist, [Helmstedt] 1707.

L'Allemagne n'a pas eté inaccessible a une certaine Critique audacieuse toujours prête a favoriser l'incredulité, malgre l'heureux penchant pour la Religion, qu'un esprit naturellement solide donne à ses peuples. Trois ou quatre Ecrivains impies la scandalizent depuis quelque tems par les conjectures, qu'ils oserit debiter. Ces sont Messieurs Thomasius, Gundlingius, van der Hard, &c.[51]

Man war also auf die Gefährlichkeit der rationalistischen Bibelexegese aufmerksam geworden. Auch in Helmstedt selbst gingen Gerüchte um. Ein Reisender, Gottlieb Stolle, berichtet schon 1703 von dem, was er über von der Hardt hört:

> Ob er schon mehr courage hat seine Meinungen heraus zusagen, als der Herr Abt Schmidt, so nimmt er sich als ein kluger Mann dennoch nach Gelegenheit der Personen und andr[er] Umbstände etwas in acht, bittet auch seine auditores, wenn er was paradoxes vorgetragen, es vor sich zu behalten, damit er nicht auf der Canzel als ein Haereticus traducirt werde. Man hält ihn insgemein vor einen Socinianer, und sagt: Daß er es in Holland worden, weil er so fleissig mit denen Unitariis umbgegangen.[52]

Hardt ist also einiges an „Paradoxem" zuzutrauen. Mir scheint aber die Beobachtung wichtig, daß es in dieser Phase zunächst oft andere Personen waren, die die Deutungen des zögernden von der Hardt kurzerhand in Texte umsetzten. Das gilt auch für einen anderen Kurztext der kleinen Schriftenserie, die *Renards de Samson*. Darin wird gemutmaßt, daß die dreihundert Füchse, die Samson in Richter 15,4 jagt, lediglich Heuhaufen waren. Diese wiederum in der Absicht verfaßte These, der Bibel ihre mirakulösen Seiten auszutreiben, war schon kurz bevor sie durch Hardts Druck erschien, 1704 in den Hallenser *Observationes selectae* herausposaunt worden: als *Metamorphosis vulpecularum Samsonis in stramivis manipulos*. Diesmal war es möglicherweise der junge und ehrgeizige Jakob Friedrich Reimmann aus Halberstadt gewesen, der Hardts mündliche Überlegungen gehört und in einen Text verwandelt hatte.[53] Reimmann war auch später ein eifriger Sammler der Schriften von der Hardts.[54]

Sehen wir bei Reimmann nach. Hat er das heterodoxe Manuskript *De Josepho Christi Parente Naturali* gekannt? Ja, er hat den Text gekannt und gibt uns wich-

---

[51] Journal de Trévoux, Juin 1710.

[52] Gottlieb Stolle, Reisejournal (z. T. zusammen mit Hallmann verfaßt), Biblioteka Uniwersytecka, Wroclaw R 766, 4 f. Zu diesem Reisebericht vgl. Martin Mulsow, Eine Reise durch die Gelehrtenrepublik. Soziales Wissen, Wahrnehmungen und Wertungen in Gottlieb Stolles Reisejournal von 1703/1704, in: Ulrich J. Schneider (Hg.), Kultur der Kommunikation. Die europäische Gelehrtenrepublik im Zeitalter von Leibniz und Lessing, Wiesbaden 2005, 185–202.

[53] Observationes selectae ad rem litterariam spectantes, Bd. VIII,14, Halle 1704. Zu den Observationes und Reimmanns Beteiligung vgl. Martin Mulsow: Ein kontroverses Journal der Frühaufklärung: Die Observationes selectae, Halle 1700–1705, in: Aufklärung 17 (2005), 79–99. Zu Reimmann vgl. ders., Helmut Zedelmaier (Hg.), Skepsis, Providenz, Polyhistorie. Jakob Friedrich Reimmann 1668–1743, Tübingen 1998.

[54] Vgl. die zahlreichen Exemplare von Hardts Schriften in der Staats- und Universitätsbibliothek Göttingen aus Reimmanns Besitz.

tige Informationen über seine Herkunft. In Reimmanns *Catalogus Bibliothecae Theologicae Systematico-Criticus*, einem umfassenden Verzeichnis theologischer Werke anhand eigener Lektüre, gibt es – direkt nach der Auflistung des *Esprit de Spinosa* und des *Cymbalum Mundi/Symbolum Sapientiae,* also zweier der wichtigsten und berüchtigsten atheistischen Texte der frühen Radikalaufklärung[55] – einen Abschnitt über *De Josepho.*[56] Reimmann beschreibt die Schrift, weist sie Hermann von der Hardt zu und sagt:

> Ich habe sie von einem bestimmten Freund bekommen. Der auch hinzufügte, daß sie diesem Gelehrten heimlich entwendet wurde und aus diesem Grund gegen den Willen seines Herrn an andere gelangt ist und dann auch in die Bibliothek des berühmten Fürsten ... kam.[57]

Um welchen Freund mag es sich gehandelt haben, der Hardt die Schrift gegeben hat? Es ist nicht ausgeschlossen, daß Leibniz dieser Freund war, denn mit Leibniz stand Reimmann in regem Austausch, ja Leibniz besuchte den Halberstädter Schulrektor sogar gelegentlich zuhause.[58] Leibniz hatte auch gute Beziehungen zu Hermann von der Hardt, so daß er Interna wie die eines Diebstahls durchaus von Hardt selbst hätte erfahren können. Aber auch andere Verbindungsmänner, direkt aus Helmstedt, sind denkbar, wie Johann Andreas Schmidt oder Johann Fabricius.[59] Die „Bibliothek des berühmten Fürsten" ist jedenfalls mit einiger Wahrscheinlichkeit die Wolfenbüttelsche, die unter Leibniz' Aufsicht stand und in die der Text, wie wir gesehen haben, ja auch gelangt ist.

Dennoch: Auch die Informationen des Freundes scheinen mit einer gewissen Unsicherheit behaftet zu sein: „Ob sich all das so verhält, kann ich nicht mit Bestimmtheit sagen", räumt Reimmann ein. Er bleibt dem Text gegenüber im übrigen keineswegs gleichgültig, denn er fügt hinzu: „Hier das unsere: Daß diese *Meditatio* abscheulich ist, grauenvoll und skandalös".[60]

---

[55] Esprit de Spinosa, o.O. 1719; ediert in: Traktat über die drei Betrüger, hg. von Winfried Schröder, Hamburg 1992; Cymbalum Mundi sive Symbolum Sapientiae, hg. von Guido Canziani, Winfried Schröder und Francesco Socas, Milano 2000.

[56] Jakob Friedrich Reimmann, Catalogus Bibliothecae Theologicae Systematico-Criticus, Hildesheim 1731, 1030 f.

[57] Ebd.: „Quam esse Domini H v.d… ab Amico quondam accepimus. Qui et hoc addebat, eam a quodam discipulo huic Doctori clanculum surreptam, &, hac ratione invito Domino ad alios delatam, in illustrissimi quoque Principis … Bibliothecam transiisse."

[58] Zu Leibniz' Besuchen vgl. Kurt Müller: Leben und Werk von G. W. Leibniz – Eine Chronik, Frankfurt 1984. Eine erste Durchsicht des zum Teil noch unedierten Briefwechsels Leibniz-Reimmann aus den Jahren vor 1711, die Nora Gädeke freundlicherweise für mich vorgenommen hat, blieb negativ.

[59] Zu ihnen vgl. etwa Horst-Rüdiger Jarck, Dieter Lent u. a. (Hg.), Braunschweigisches Biographisches Lexikon: 8. bis 18. Jahrhundert, Braunschweig 2006.

[60] Reimmann, Catalogus Bibliothecae Theologicae (wie Anm. 56), 1030 f.: „Quae Omnia an ita sint, nostrorum non est definire. Hoc nostrum; Meditationem hanc infandam esse, & diram, &

IV.

Grauenvoll mußte der Text für einen orthodoxen Theologen in der Tat sein. Zumindest für den alternden Reimmann, der 1731, als er seinen *Catalogus* veröffentlichte, 63 Jahre alt war und nicht mehr so vorwitzig wie damals, als er – als Mittdreißigjähriger – möglicherweise selbst Ideen von der Hardts übernommen hatte. Doch nochmals: Kann man Hermann von der Hardt wirklich zutrauen, einen solch radikalen Text wie *De Josepho* geschrieben zu haben? Bei allen möglichen Tendenzen zum Sozinianismus, die ihm nachgesagt wurden, weiß man doch auch, wie vorsichtig dieser Professor war, sobald Dinge öffentlich wurden. Ich habe schon die Vermutung angedeutet, jemand könne mündliche Äußerungen des Mannes aufgenommen und daraus einen Text fabriziert haben, ganz wie es die Fälle der *Histoire de Bileam* und der *Metamorphosis vulpecularum Samsonis* gezeigt haben. Hat hier jemand ein Gespräch mit von der Hardt im kleinen Kreis gleichsam mitprotokolliert? Gibt der Text eine private Disputationsübung mit extra provokanter These wieder? Es kam ja gelegentlich vor, daß radikale Positionen intern durchgespielt wurden und dann bei einigen Teilnehmern der Übung etwas von der Radikalität haften blieb.[61] In diesem Kontext würde auch das Gerücht vom heimlichen Diebstahl (*clanculum surreptam*), das Reimmann kolportiert, einen konkreteren Sinn bekommen: Hardt wäre dann zwar noch Ideengeber, aber seine Argumente wären ihm gewissermaßen gestohlen und für einen Text mit radikaler Tendenz und provozierendem Ton mißbraucht worden.

Falls Hardt also nicht als direkter Autor des Textes anzusehen wäre, wer könnte es dann in diesem Falle gewesen sein, der ihm seine Ideen „entwendet" hat, der sie aufschrieb und vielleicht nochmals radikalisierte? Kommen wir in diesem Zusammenhang noch einmal zurück zum „Teufel", der – nach dem Vermerk des Wolfenbütteler Manuskripts – das Werk geschrieben oder abgeschrieben hat. Was, wenn das „Diabolus" wörtlich zu nehmen ist und nicht einfach den Höllenfürsten meint, auf den es natürlich anspielt, sondern einen Eigennamen? Jemanden, der Teufel hieß? Jemanden aus dem Umkreis von der Hardts, der dessen Gedanken in Pamphlete verwandeln konnte? Es gibt tatsächlich einen Teufel, der Schüler von der Hardts war. Und nicht nur ein normaler, braver Schüler, sondern ein Fortführer seiner radikaleren Gedanken. 1706 hat dieser Christian Teufel unter dem Pseudonym „Christianus Theophilus" ein äußerst gewagtes *Delicatissi-*

---

scandalosam." Und er fährt fort, die Schrift möge bitte unveröffentlicht bleiben: „Ἀ νέκδοτον adhuc, & dignam, quae tenebris sempeternis prematur, ne occasionem habent ὁι ἔξω, religionem nostram exagitandi, & nova maledicta in eam conferendi."

[61] Vgl. Martin Mulsow, Der ausgescherte Opponent. Akademische Unfälle und Radikalisierung, in: M.M., Die unanständige Gelehrtenrepublik. Wissen, Libertinage und Kommunikation in der Frühen Neuzeit, Stuttgart 207, 191–216.

mum Salomoneum Epithalamium veröffentlicht.[62] Ausgerechnet als Hochzeitsgedicht für den preußischen Kronprinzen kam hier die These daher, Psalm 45 wäre kein theologisch gemeinter Text, sondern ganz schlicht selbst ein Hochzeitsgedicht aus dem alten Israel, historisch situiert bei der Hochzeit König Salomos mit der Tochter des Königs von Tyre.

Die Reaktionen der Orthodoxie waren ganz und gar nicht freundlich. In Löschers *Unschuldigen Nachrichten* liest man:

> Ach Gott sehe darein und trete den Satan unter unsere Füße! O daß der unglückselige Autor und die, die ihn hierin gebraucht haben [gemeint sind wohl von der Hardt und sein Freund Johann Fabricius], es bussfertig erkennen möchten, ehe der Mühlstein ihnen an den Hals gehängt wird, oder noch schwerere Gerichte über solche Aergernisse erfolgen.[63]

Das war eine unverhohlene Drohung, denn mit einem Mühlstein um den Hals ertränkt zu werden, war eine Strafe für Schwerstverbrecher.

Biographisches zu Christian Teufel ist nur schwer zu ermitteln. An einer Stelle heißt es gerüchteweise, daß Teufel durch von der Hardt „schon, gelegentlich einer andern Ketzerei über die Benennung der Thiere durch Adam, geschützt worden".[64] Das war wohl 1705, als die kleine Briefabhandlung *Ad Paulum Martinum Noltenium [...] de vocatis ab Adamo animalibus epistola* erschien.[65] Darin wird in Auseinandersetzung mit Samuel Bochart gesagt, die in Gen. 2,18–20 beschrie-

---

[62] Delicatissimum Salomoneum Epithalamium in gratiam tanti Israelitar. regis ante tot secula cantatum, nunc in gratiam gloriamque serenissimi principis ac domini D. Frederici Wilhelmi et Don. Sophiae Dorotheae [...] cum auspiciatissimum inirent matrimonium, s.l. 1706. Vgl. fol. A4r sq.: „Hoc itaque elegantissimum hymenaeum, a quoqunque tandem profectum, carmen, ante quam ordiretur, quisquis illud descripserit, in ipso primum titulo modum indicat, ac circumstantias, quibus illud, purgatissimis, delicatissimisque, nec nisi suasissima aventibus, judicioque acerrimis, alacribusque curiosissimi Regis aestimandum auribus oblatum sit. Non solam cantoris vocem, humanique gutturis artem modulationemve, ac mirificam oris coarctationem et divaricationem, tonosque emissos vivos, suffecisse, sed musici insuper hexacordi cujusdam instrumenti strepitum suavissimum, auribus gratissimum, concentumque dulcissimum, ac tremulas, nunc submissas nunc accutas, nunc mediocres planasque sonorum variations, ac naturae convenientissimos nunc tenerissimos, nunc languidos lentosque, ac placidos, atque ad sedandos spiritus aptos, nunc citissimos ac vivaces, et ad gaudium proclives, nunc celerrimos interque se certantes, fugitivos et praeruptos harmonicos lusus, artificiosissima quadam alternatio, dimensisque interruptionum spatiis, gratiam cantatis ori, venustatemque affudisse."

[63] Unschuldige Nachrichten von alten und neuen theologischen Sachen auf das Jahr 1707, Leipzig 1707, 265, 270. Johann Fabricius galt als viel zu liberal und zu konziliatorisch gegenüber den Katholiken. Zu den Polemiken von Seiten der lutherischen Orthodoxie gegen ihn – insbesondere durch Sebastian Edzardi – vgl. Ulrich Groetsch, Sesatian Edzard's Epic Battle for Souls, erscheint in: Johann Anselm Steiger (Hg.), 400 Jahre Hochschulwesen in Hamburg (im Druck).

[64] Ebd.

[65] Hermann von der Hardt, Ad Paulum Martinum Noltenium [...] de vocatis ab Adamo animalibus epistola, Helmstedt 1705.

bene Szene sei kein Benennen der Tiere, aus dem man wer weiß für welche metaphysischen Thesen über eine adamische Weisheit und Sprache herleiten könne,
sondern eher als ein Herbeirufen zu verstehen, damit die Israeliten nicht den Umgang mit Geistern von Verstorbenen suchen, sondern mit Tieren vorlieb nehmen
sollten. Aufklärer wie Gundling haben diese Interpretation schnell und gern in
ihre Ablehnung theologisch-metaphysischer Konstruktionen aufgenommen.[66]

Da die Briefabhandlung unter von der Hardts, nicht aber Teufels Namen erschien, hat es möglicherweise auch hier einen Vorlauf gegeben, etwa eine mündliche Disputation Teufels, der die Thesen von der Hardts in vielleicht provokan-
terer Art vertrat und dann von Orthodoxen in Helmstedt angegriffen wurde, worauf ihn der Lehrer schützte. Ein weiteres Gerücht über Teufel – von Johann Bernhard Hassel, Oberhofprediger in Wolfenbüttel, an Johann Vogt gemeldet – besagt,
er solle „aber zuletzt [...] ein Jud geworden seyn".[67] Das wirft ein interessantes,
wenn auch höchst unsicheres Licht auf ihn, vor allem mit Blick auf *De Josepho
Christi Parente Naturali Meditatio*. Falls die Schrift etwas mit Teufel zu tun haben
sollte, könnte aus ihrem Inhalt dann die Folgerung für den Autor nahegelegen haben, zum Judentum zu konvertieren? Völlig fern liegt das nicht. Der Autor ist, wie
von der Hardt selbst, sehr vertraut mit jüdischen Gebräuchen und nimmt sie zum
Maßstab seiner Interpretation. „Du kennst die Sitten der Juden nicht, mein
Freund", sagt er herablassend im Manuskript. „Zwischen Verlobung und Hochzeit gab es fast keinen Unterschied, außer der feierlichen Heimführung ins
Haus. Es war kein Verbrechen, mit seiner Verlobten geschlafen zu haben".[68] Er
verweist auf gelehrte Literatur, Buxtorf, Selden, Lightfoot und „alte Manuskrip-
te" – mit denen durchaus jüdische, also rabbinische Handschriften gemeint sein
können.[69] Es war nicht ausgeschlossen, daß solche Kenntnis in Rabbinica und Ju-
daica gelegentlich zu einem Judaisieren von Christen oder sogar zur Konversion
führte. Von der Hardt selbst hat von Theologen berichtet, die zum Judentum kon-
vertiert seien.[70] Dieser Bericht bezieht sich auf drei Reformierte, daher wohl nicht
auf seinen Schüler.

---

[66] Mulsow, Moderne aus dem Untergrund (wie Anm. 16), 322 ff.

[67] Adam Rudolph Solger, Bibliotheca sive supellex librorum impressorum in omni genere
scientiarum maximam partem rarissimorum, Bd. 3, Nürnberg 1763, 310, Nr. 2035 unter der Rubrik
„Libri paradoxi et suspecti".

[68] HAB Cod. Extrav. 265.14, 48 f.: „Ignoras mores Judaeorum, amice: Inter sponsalia et nuptias
nulla ferè intercedebat differentia, praeter solennitatem unicam deductionem in domum. Nec crimen
erat sponsam cognovisse. Hinc sponsae alienae compressio jam adulterium vocabatur."

[69] Ebd. 48: „Vid. Buxtorf. Seldenus Ligtfoot et MS. Antiquit. tit. sponsa."

[70] So berichtet Gottlieb Stolle, Reisejournal (wie Anm. 52), 10 f.: „Weil er [Johann Peter Speeth]
nun unter diesen und andern, so er gesprochen, keine Einigkeit der Meinungen angetroffen, sondern
ein jeder immer etwas gehabt, das des andern Meinung contrair gewest, habe er endlich geschlossen:
omnia esse incerta, nisi hoc: unum scilicet esse Deum, und sey zu Befriedigung seines Gewissens zu
den Juden übergegangen, als welche diese Warheit von anfange gehabt, und bißher erhalten. Der

V.

Wenn man weitere Vermutungen über den möglichen Autor anstellen will, ist es zuvor unerläßlich, die Entstehung des Manuskripts zu datieren. Eine Schwierigkeit macht dabei zunächst das Datum auf dem Exemplar, von dem wir ausgegangen sind: 1743. Wenn der Text erst in diesem Jahr entstanden wäre, gäbe es eine große Diskrepanz zwischen den dokumentierten Aktivitäten Teufels um 1706 und dem Datum 1743. Teufel wäre inzwischen fast vierzig Jahre älter; statt um die zwanzig um die sechzig. Das ist nicht sehr wahrscheinlich. Falls die Schrift von Teufel stammt, ist sie wohl sehr viel älter als von 1743.

Und in der Tat läßt sich zeigen, daß sie älter ist. Johann Christoph Wolf bezieht sich bereits 1725 im ersten Band seiner umfassenden *Curae philologicae et criticae*, in denen er die Forschungsliteratur zu den Büchern des Neuen Testamentes darstellt, auf das Manuskript.[71] Es habe, berichtet er, einen „nicht weniger unglücklichen wie sinnlosen Versuch" gegeben, Joseph als natürlichen Vater Christi nachzuweisen. Wolf kennt den Text nicht aus Autopsie, aber er beruft sich auf eine Besprechung in den *Unschuldigen Nachrichten* vom Jahr 1711. Die *Unschuldigen Nachrichten von alten und neuen theologischen Sachen* erschienen seit 1701, herausgegeben von Valentin Ernst Löscher, und waren das Publikationsorgan der lutherischen Orthodoxie schlechthin.[72] Wir sind damit weit vor dem Jahr 1743 und in der Zeit der Aktiviäten Teufels angekommen. Offenbar hatte Löscher – oder einer seiner Mitarbeiter – eine Abschrift von *De Josepho* zugespielt bekommen, und er hat in einem Artikel seiner Zeitschrift darauf reagiert:

> Zu einem von uns ist ein handschriftliches – und von daher unordentliches – Blatt gelangt, über Joseph als natürlichen Vater Christi, in einem gefährlichen Stil verfaßt, mit üblen beißenden Bemerkungen, die die guten Sitten verderben, das es verdient, hier angeführt zu werden. Den Autor, wer immer es sein mag, rufen wir zur Buße auf, daß er, von seinem hochgefährlichen Mangel an Geist befreit, lernt, im Licht der Gnade

Abfall vom Christen- zum Juden-thum sey so gar seltsam nicht, denn er wisse selbst, daß vor wenig Jahren au[ch] 3 Theologi reformati sich beschneiden lassen, davon aber der eine, weil er den Schmertz der Beschneidung nicht verwinden können, bald gestorben." Zu den Konversionen vgl. Martin Mulsow, Richard H. Popkin (Hg.), Secret Conversions to Judaism in Early Modern Europe, Leiden 2004.

[71] Johann Christoph Wolf, Curae philologicae et criticae, Bd. 1, Hamburg 1725, 15: „Quamvis S. Matthaeus & ceteri Evangelistae satis professi sunt, quo sensu Josephus Mariae uxoris maritus, atque adeo Christi pater vocetur, fuit tamen, qui infelici non minus, quam vano, conatu, Josephum Parentem Christi naturalem fuisse, contenderet. Vide somnia ejus explosa in Relationibus Theolog. Innoxiis (Unschuldige Nachrichten) an. 1711. p. 622sqq."

[72] Vgl. Martin Greschat, Zwischen Tradition und neuem Anfang. Valentin Ernst Löscher und der Ausgang der lutherischen Orthodoxie, Witten 1971; Klaus Petzoldt, Der unterlegene Sieger: Valentin Ernst Löscher im absolutistischen Sachsen, Leipzig 2001.

zu denken und von seinen Phantasiegeschichten (um nichts schlimmeres zu sagen), die voller Ärgernis sind, Abstand zu nehmen.[73]

Das war der offizielle und besorgte Ton des Kirchen-Establishments.

[73] Unschuldige Nachrichten von alten und neuen theologischen Sachen auf das Jahr 1711, Leipzig 1711, 622: „Pervenit ad aliquem nostrum scheda manu exarata, atque hince inde sparsa, de Josepho parente Christi naturali, pernicioso sane stylo scripta, pravisque dicteriis, quae bonos mores corrumpunt, merito accensenda. Auctori, quisquis est, seriam apprecamur μετνάνοιαν, utque, αταξία mentis periculosissima liberatus, sapere discat in luce gratiae, & a τερατολογίαις scandalo plenissimis, nequid gravius dicamus, abstineat." Vgl. den weiteren Text im Anhang dieses Artikels.

In der Sächsischen Landesbibliothek Dresden gibt es ein Exemplar von *De Joseph*, das der Besprechung in den *Unschuldigen Nachrichten* zugeordnet werden kann.[74] Es ist ein Text, der von der bisher betrachteten Abschrift von 1743 in vielen Einzelheiten (aber nicht im Gesamtduktus) abweicht. Die Dresdener Schrift wirkt wie eine Überarbeitung, die den Text flüssiger und lesbarer macht.[75] Sie läßt einige Sätze weg (auch der letzte Textabschnitt, eine letzte „objectio", fehlt), fügt aber auch einige Sätze hinzu. Sie kann also entweder vom Autor selbst stammen, oder von einem Bearbeiter, der sich Freiheiten genommen hat – und vielleicht vor der expliziten Leugnung der Erbsünde zurückschreckt, denn diesen Satz läßt er aus. Daß den *Unschuldigen Nachrichten* diese Textversion vorgelegen hat, zeigt etwa die Bezugnahme S. 626 auf „Prolepsis, vel Hysterosis". In der Wolfenbütteler Variante war die Passage mit „ὕστερα πρωτερα" ausgedrückt worden, in der Dresdener aber mit diesen Begriffen. Sehr wahrscheinlich ist das Dresdener Manuskript genau das Exemplar, das dem Rezensenten der *Unschuldigen Nachrichten* – vielleicht Löscher selbst, der seit 1709 in Dresden als Pastor an der Kreuzkirche und Oberkonsistorialassessor lebte – vorgelegen hat.

VI.

Wir haben also von einer Entstehungszeit des Textes auszugehen, die 1711 oder früher anzusetzen ist. Die Schrift ist recht eindeutig auf Braunschweig-Wolfenbütteler Territorium entstanden, wahrscheinlich im Umkreis von Hermann von der Hardt, möglicherweise – wie wir vermuten – durch einen Schüler des Professors, der Ideen aufgenommen und in einen Text verwandelt hat, der dann in eine gewisse Zirkulation gekommen ist. Er ist an die Wolfenbütteler Bibliothek gelangt, und von dort – oder auf anderen Wegen – durch einen besorgten Zeitgenossen zur „Überwachungsinstanz" der lutherischen Orthodoxie nach Dresden. Al-

---

[74] Mscr.Dresd.A.189.c

[75] Es ist schwer zu sagen, welcher Text primär ist. Auch wenn die Wolfenbütteler Handschrift Ms. 265/14 extrav. erst von 1743 und damit sehr wahrscheinlich später als die Dresdener ist, nehme ich an, daß sie von der Urschrift, die ja wohl aus Wolfenbüttel oder Helmstedt stammt, kopiert ist und damit möglicherweise eine frühere Textstufe als das Dresdener Manuskript darstellt. Umgekehrt ist es aber nicht völlig auszuschließen, daß die Dresdener Variante primär ist. In einem Punkt findet sich eine kleine Textumstellung: „Es ist unwürdig zu sagen, Christus sei aus einer unrechtmäßigen Ehe geboren: Du nennt Christus einen Bastard. Was stand dem entgegen, daß der Beischlaf Josephs, wenn er es denn gewesen ist, vom Tag der Hochzeit verschieden war?" (S. 46 im Wolfenbütteler Text) Hier setzt der Schreiber eine Bemerkung an den Rand, die sich im Wolfenbütteler Text erst später findet: „Maria that dahero keine Kirchen-Buße, ob sie gleich zu früh in die Wochen kam." Die weitere Wolfenbütteler Handschrift (Cod. Extr. 157.11) ist hingegen recht nahe an der anderen (der von 1743), denn es gibt nur wenige unbedeutende Veränderungen. Vgl. zu den Varianten den Text in der Appendix.

lerdings scheint es schon bald mindestens zwei Varianten des Textes gegeben zu
haben, bei der die eine wohl eine Überarbeitung der anderen gewesen ist.

Zu Beginn scheint der Text nur in geringem Maße zirkuliert zu sein. Eine Abschrift ging, wohl durch gemeinsame Freunde Hardts und Reimmanns, an Jakob
Friedrich Reimmann. Wahrscheinlich besaßen in Helmstedt noch einige weitere
Gelehrte Kopien. Doch es gelang, eine flächendeckende Verbreitung, wie es beispielsweise mit *De tribus impostoribus* geschehen war (einem attraktiveren und
radikaleren Text), zu verhindern. Eine ganze Weile war es ruhig um das Manuskript. Vielleicht hat das Erscheinen von Reimmanns *Catalogus Bibliothecae
Theologicae Systematico-Criticus* im Jahre 1731 das Interesse wieder etwas an-
geheizt, denn solcher Clandestina-Verzeichnisse bedienten sich die Sammler und
Verehrer von verbotenen und heterodoxen Schriften, wenn sie sich über den
Schwarzmarkt orientieren wollten.[76] Vor allem in den Jahren um 1743, aus
dem die Wolfenbütteler Handschrift stammt, werden Lektüren von *De Josepho*
wieder sichtbar. Johann Christian Edelmann, der reichsweit bekannte Freidenker,
der gut über die deutsche Clandestina-Szenerie informiert war,[77] schreibt in seinem *Glaubensbekenntnis* von 1746:

> Diejenigen, die da wissen, was vor einen berühmten Mann der gute Herr Reimmann in
> seinem Catalogo Syst. Crit. Tom. I. p. 1030. unter denen daselbst bemerckten Anfangs-
> Buchtsaben H.v.d..... verstehe, und dessen gelehrte Schrifft in dieser Materie (die noch
> als ein Geheimniß unter den Gelehrten im Manuscript herum gehet) selbst mit Augen
> gesehen und gelesen / die werden zum wenigsten das Urtheil des Herrn Reimmanns /
> Krafft dessen er diese bescheidenen Gedancken vor eine schandlose, verfluchte und
> ärgerliche Schrifft erkläret, die einer ewigen Finsterniß werth / nicht aller Orten so
> leicht unterschreiben, zumahl wenn sie bedencken / daß auch ausser unserm Vaterlan-
> de, nehmlich in Engelland / eben diese Materie, nehmlich, daß Joseph der natürliche
> Vater des Herrn Jesu gewesen / dato noch öffentlich / und zwar in London / nicht nur mit
> dem Nahmen des Auctoris, (welcher nun todt seyn soll,) sondern auch des Buchführers
> / vor 6 Stüber zu Kauffe sey.[78]

De Josepho wird von Edelmann hier ein zirkulierendes Clandestinum bezeichnet,
eine Schrift, „als die noch als ein Geheimniß unter den Gelehrten im Manuscript
herum gehet". Hat er die Wolfenbütteler Kopie von 1743 gelesen, als er das Glaubensbekenntnis schrieb? Oder eine ähnliche Kopie? Falls es die Wolfenbütteler
Kopie war, hat er dann auch mit dem „Diabolus adscripsit" etwas anfangen können? Und eine weitere Frage: Falls der Kopist mit dem „Diabolus" wirklich auf

---

[76] Mulsow: Die Transmission (wie Anm. 28).

[77] Vgl. Johann Christian Edelmann, Sechs Briefe an Georg Christoph Kreyssig, hg. von Philipp
Strauch, Halle 1918; zu Edelmann allg. vgl. Annegret Schaper, Ein langer Abschied vom Christentum. Johann Christian Edelmann (1698–1767) und die deutsche Frühaufklärung, Marburg
1995, sowie die sich in Vorbereitung befindliche Monographie von Hermann Stockinger.

[78] Johann Christian Edelmann, Abgenötigtes, jedoch andern nicht wiederaufgenötigtes Glau-
bens-Bekenntnis, s.l. 1746 (Ndr. Stuttgart 1969), 96 f.

Christian Teufel anspielen wollte, warum wird die Schrift dann zugleich „H. v. d. H." zugeschrieben? Und woher nahm er so viele Jahre nach der Entstehung des Textes das Wissen über Teufels Rolle?

Wir sehen, das hier noch vieles ungeklärt ist, und daß insbesondere unsere Hypothese, Teufel habe den Text „entwendet" bzw. niedergeschrieben, bloße Spekulation bleibt, solange keine schlagenden Evidenzen auftauchen. Immerhin können wir noch ein wenig der Rezeption nachspüren, oder zumindest der Verbreitung der Auffassung im Laufe des 18. Jahrhunderts, Jesus sei der natürliche Sohn Josephs gewesen.

VII.

Dabei ist der Hinweis nützlich, den Edelmann gibt. Auf welchen Text bezieht er sich, wenn er von einem Buch spricht, das „in Engelland [...] öffentlich [...] zu Kauffe sey"? Es ist eine Schrift mit dem Titel *The supernatural Incarnation of J. Christ proved to be false,* die 1742 in der Tat unter Angabe des Verfassernamens erschienen war.[79] Ihr Autor, Edward Elwall, war ein Tuchhändler und Krämer, also ein einfacher Mann. Dementsprechend ist sein Werk gegen die „übernatürliche Inkarnation" auch einfach gestrickt. „And that Joseph was the real Father of Jesus, appears plainly, from his natural Affection to him [...]", heißt es beispielsweise.[80] Elwall war Unitarier und sabbatarianischer Baptist, also keineswegs ein „Aufklärer", sondern ein freikirchlicher Dissenter. Ganz so unproblematisch, wie Edelmann es darstellt, war Elwalls Position in England nicht. Die Trinität zu leugnen stand unter Strafe, und Elwall wurde deshalb 1726 vor Gericht gestellt. Er hatte Glück und gewann den Prozeß, was für ihn und viele andere heterodoxe Eng-

---

[79] Edward Elwall, The supernatural incarnation of Jesus Christ proved to be false: having no foundation in the prophets, nor in all the Old Testament; and utterly inconsistent with his being the Son of David. But the main Prop and Support of all the absurd Doctrines, both of Papists and Protestants; to the great Scandal and Reproach of the true Christian Religion. And that our Lord Jesus Christ, was the real son of Joseph and Mary, London 1742; 2. Aufl. London 1743. Zu Elwall (1676–1744) vgl. Oxford Dictionary of National Biography, Oxford 2004, s.v.

[80] Elwall, Supernatural incarnation (wie Anm. 79), 6. Vgl. auch 8 f.: „And the best, I think, that can be said of this Jargon, monstrous Doctrine, is, that it is a grand unintelligible unconceivable Piece of ill concerted, unconnected, incoherent Nonsense. And may I be allowed to write my sincere Opinion concerning Joseph and Mary, and their holy Child and Son Jesus, of Nazareth; I do verily believe, that they are all three most shamefully abused and scandalized, by almost all Denominations of pretended Christians, except the first Followers and Believers of Christ, called Nazarenes; for they never, any of them, believed otherwise of him than I my self now do." So schließt sich der Kreis zu den frühesten Skeptikern der Jungfrauengeburt, den Judenchristen. Die „Nazarener" waren in Dissenter-Kreisen Englands durch John Toland wieder populär geworden. Vgl. ders., Nazarenus, Or, Jewish, Gentile, and Mahometan Christianity, London 1718; Neuausgabe hg. von Justin Champion, Oxford 1999.

länder bis hin zu Joseph Priestley zu einem Hoffnungszeichen wurde.[81] Daß Elwall bei der Abfassung seiner Schrift das in Deutschland zirkulierende *De Josepho* kannte, ist freilich unwahrscheinlich. Keinerlei Spuren von diesem sehr viel gelehrteren Text lassen sich bei dem Tuchhändler finden.

Aber Elwalls Buch ist ein Symptom. Ein Symptom für die langsam schwindende Akzeptanz der mirakulösen Vorstellung von der Jungfrauengeburt im Zeitalter der Aufklärung. Immer mehr wurde eine gewisse unitarische Gesinnung ein Gemeinplatz, und Jesus war zunehmend allein als Morallehrer von Interesse.[82] Edelmann ist in diesem Prozeß eine Übergangsfigur: Er kennt als Clandestinum – zumindest aus zweiter Hand – noch die alte, gelehrte Überlieferung, steht aber schon für eine neuere, „naturalistische" Weltsicht, die beginnt, mit der Offenbarung zu brechen. Nach Edelmann ist der direkte Rezeptionsstrom von *De Josepho* möglicherweise versiegt; zumindest müssen spätere Wirkungsspuren erst noch gefunden werden. Das heißt aber nicht, daß die Tendenz dieser Schrift nicht auch im späteren 18. Jahrhundert Vertreter gefunden hätte. Im Gegenteil: Im Jahr 1796 erscheint eine *Nachricht, dass Jesus durch den heiligen Geist und von einer Jungfrau geboren sey, – aus Zeitbegriffen erläutert,* in der skeptische Töne angeschlagen werden. Allerdings wagt auch nun, etliche Jahre nach der Französischen Revolution, der Verfasser noch nicht, mit seinem eigenen Namen zu zeichnen; er wählt das Kürzel „Br." Der Aufsatz findet seinen Platz in Johann Ernst Christian Schmidts *Bibliothek für Kritik und Exegese des Neuen Testaments* und zieht rabbinische Literatur heran.[83] Er glaube, sagt der Verfasser mit aller Vorsicht, daß er „berechtigt sey, die Nachricht von jener Conception durch den h. Geist, von jener Geburt von einer Jungfrau – aus *jüdischen* Vorstellungsarten erklären zu dürfen."[84] Die Jenaer *Allgemeine Literatur-Zeitung* resümiert bei ihrer Besprechung die Selbstpositionierung des Autors dabei so, daß, „seit Semler zum erstenmale diesen Weg der Auslegung vorzeichnete", Vorstellungen wie die von der Jungfrauengeburt „nach jüdischen Zeitbegriffen", also im Kontext ihrer eigenen Zeit und Kultur, verstanden werden könnten. Das ist eine typische, aber keineswegs korrekte, Wahrnehmung des späten 18. Jahrhunderts. Die Vorstöße aus der ersten Hälfte des Jahrhunderts, die noch clandestin geschahen, wurden nicht zur Kenntnis genommen, sie waren vergessen. Das gilt nicht nur für diesen Fall der

---

[81] Vgl. The Triumph of Truth; being an account of the trial of E[dward] E[lwall] for Heresy and Blasphemy at Stafford Assizes. [Written by himself.] … To which are added extracts from some other pieces of Mr. E.'s, concerning the Unity of God … By the author of an appeal to the … professors of Christianity [i.e. Joseph Priestley], Leeds 1771.

[82] Jonathan Sheehan, The Enlightenment Bible. Translation, Scholarship, Culture, Princeton 2005, 118–147.

[83] Bibliothek für Kritik und Exegese des Neuen Testaments 1,1 (1796), 101–110. Schmidt selbst, der Herausgeber, war theologischer Rationalist.

[84] Ebd. 103.

Diskussion der Jungfrauengeburt, sondern genauso etwa für die Kritik des Kanons des Neuen Testamentes, die ebenfalls längst vor Semler eingesetzt hatte, aber sich nicht in publizierten Werken artikulierte.[85]

Die Kontextualisierung der Jungfrauengeburt in jüdischen Vorstellungen konnte allerdings keineswegs nur positive Konnotationen haben, sondern ganz im Gegenteil mit entgegengesetztem Vorzeichen die antijüdische Tendenz vieler Aufklärer bedienen, sich von ‚primitiven' Überlieferungen zu distanzieren. So liest man Sätze wie diesen: Solange nicht „eine haarscharfe Scheidung jüdischer Vorurtheile von den edlen und reinen Ideen des Christenthums vorgenommen wird, – kann es auch mit der allein wünschenswürdigen, wahrhaft sittlichen Religions Aufklärung nicht vorwärts kommen."[86] Das schreibt im Jahr 1800 Carl Venturini, geboren 1768 in Braunschweig, ein Historiker und theologischer Rationalist. Auch er nannte seinen Namen auf dem Titelblatt seiner *Natürlichen Geschichte des großen Propheten von Nazaret* nicht, und er nannte als Verlagsort auch nicht Kopenhagen, wo er damals lebte und unterrichtete, sondern „Bethlehem".

Gegen den „angestammten Hang zum Wunderbaren und Uebernatürlichen"[87] setzt er, wie viele seiner Generation, die Berufung auf das „Natürliche", mit der das Leben Jesu nicht nur rekonstruiert, sondern auch recht romanhaft ausgestaltet wird. In diesen Jahren nimmt die Leben-Jesu-Forschung zunehmend Gestalt an, bis schließlich in den 30er Jahren des 19. Jahrhunderts David Friedrich Strauß in seiner nichtsakralen, sondern lediglich biographistischen Rekonstruktion des Lebens Jesu endgültig das Standardwerk und die Summe dieser Bemühungen verfaßt.[88] Für Strauß ist die Jungfrauengeburt ein Mythos neben anderen, den Urchristen erfunden hätten, um ihre Ideen auszudrücken.[89] Er rekapituliert viele der Ar-

---

[85] Martin Mulsow, Paalzow, Lessing und die ‚Historische Einleitung in die Offenbarung Johannis', in: Christoph Bultmann, Friedrich Vollhardt (Hg.), Lessings Religionsphilosophie im Kontext. Hamburger Fragmente und Wolfenbütteler Axiomata, Berlin 2011, 337–347.

[86] Natürliche Geschichte des großen Propheten von Nazaret, Bethlehem 1800, 4.

[87] Ebd. 13.

[88] David Friedrich Strauß, Das Leben Jesu, kritisch bearbeitet, Erlangen 1836, 105–197.

[89] Vgl. Heinrich M. Köster, Die Jungfrauengeburt als theologisches Problem seit David Friedrich Strauss, in: Hermann Josef Brosch (Hg.), Jungfrauengeburt gestern und heute (wie Anm. 2), 35–88, bes. 38 f. Strauß benannte als exegetische Einwände etwa, die Vorfahrenlisten seien konstruiert, unvereinbar und ergäben nur Sinn, wenn sie ursprünglich Jesu natürliche Davidsohnschaft, also Josefs Vaterschaft aussagen wollten; das hätten Matthäus und Lukas nachträglich an das von ihnen geschaffene Jungfrauengeburtsmotiv angepasst; die jeweiligen Geburtsankündigungen seien unvereinbar und daher ohne historischen Auskunftswert. Lk 1,32 f. verheiße nur den machtvollen König, den Davidsohn im Sinne von 2. Samuel 7,14 und Ps 2,7; die in Lk 1,34 f. angekündigte Geburt Jesu durch eine Jungfrau sei sekundär angefügt worden. Auch Mt 1,21 zeichne Jesu Sendung als messianisch, so dass der Geistempfang in V. 19 und das Reflexionszitat von Jes 7,14 nach der LXX vom Evangelisten stammen müsse; er habe es kontextwidrig auf Jesus bezogen. Zu Strauß vgl.

gumente, die seit den jüdischen Polemiken und den sozinianischen Interpretationen bis zu den rationalistischen Exegesen für die natürliche Sohnschaft Jesu vorgebracht worden waren und die auch das clandestine *De Josepho* ins Spiel gebracht hatte. Nun, 1836, war die Naturalisierung des Gottessohnes, so scheint
es, an ihrem Ziel angekommen. Sie war, zusammen mit vielen anderen Auf-
deckungen von supranaturalen „Mythen", in die Leben-Jesu-Forschung gemün-
det, die sich anschickte, ein Surrogat für die theologische Behandlung der Chri-
stus-Figur zu werden.

Um was für einen Prozeß von Naturalisierung handelt es sich, den wir hier anhand der Zentralthese von der Vaterschaft Josephs nachgezeichnet haben? Wird
Gott zum Menschen? Ist der Prozeß einer der Säkularisierung? Und handelt es
sich überhaupt um einen einzigen, linearen Prozeß? Das scheint keineswegs so
zu sein. Das Argument der „natürlichen" Sohnschaft ist nämlich, wie wir gesehen
haben, für durchaus unterschiedliche Zwecke eingesetzt worden. In *De Josepho
Christi Parente Naturali* wird der Messias-Charakter Jesu ja keineswegs aufgegeben, im Gegenteil, es wird aus logisch-argumentativen Gründen gefordert, Jesus
müsse der natürliche Sohn Josephs sein, weil sonst die Genealogie des Messias
nicht gewährleistet sei. Zusätzlich wird angestrebt, die ‚reine' christliche Religion
von Fabeln und „falschen Wundern" zu reinigen.[90] Das ist eine andere Stoßrichtung als diejenige, die allein von der Abwehr supranaturaler Geschehnisse ausgeht
und schließlich auch bereit ist, den Messiastitel Christi aufzugeben. Erst mit dieser Tendenz, die im Laufe des 18. Jahrhunderts zunimmt, kommt die „Naturalisierung" der Sohnschaft Jesu mit den anderen Naturalisierungen zusammen, wie
sie sich im Sinne des Naturrechts, der natürlichen Theologie und der neuen Naturwissenschaften herausbilden. Dann nämlich überwiegt die Vorstellung, Jesus
sei ein Mensch gewesen, der eine natürliche, dem Naturrecht verwandte Moral
gelehrt habe und somit dem entspreche, was eine natürliche Theologie ohnehin
für richtig erachte.

Friedrich Wilhelm Graf: Kritik und Pseudo-Spekulation. David Friedrich Strauß als Dogmatiker im
Kontext der positionellen Theologie seiner Zeit, München 1982.

[90] HAB Cod. Extrav. 265.14, 1 f.: „Sed religionis nostrae capitula uti fucis haud indigent, fal-
sisque miraculis magis magisque destruuntur."

Appendix

1. Der Text[91]

De

Josepho

Christi

Parente Naturali

MEDITATIO.

Auct. H. v. d. H.[92]

[1] Fabulas multas de Christo Messia nostro circumferri, non solum credo; sed et ex plurimis rerum documentis compertum habeo. Familiam ducit constans illa de Christo ἀπατωρι traditio. Sed religionis nostrae capitula uti fucis[93] haud indigent, fal- [2] sisque miraculis magis magisque destruuntur; Ita, ut reor, Salvatoris nostri gloriae decedet nihil, etiamsi veram nativitatis suae historiam tot seculis occlusam atque incognitam in lucem tandem protrahamus.

---

[91] Herzog August Bibliothek Wolfenbüttel Ms. 265/14 extrav. In den Fußnoten sind die wichtigsten Textvarianten der anderen Wolfenbütteler Handschrift Cod. Extr. 157.11, fol. 18ᵛ-22ᵛ vermerkt (= X), vor allem aber die zahlreicheren der Handschrift Mscr.Dresd.A.189.c (= D) angegeben. Nicht notiert wurden die zahlreichen Abweichungen in der Klein- und Großschreibung sowie in der Interpunktion. Der Dresdener Text setzt sehr viel mehr Kommata, um die Lektüre für den deutschen Leser flüssiger zu machen. Auch Differenzen beim Zitieren, etwa „c." bzw. „cap.", „Gal. 4 V. 4" bzw. „Gal. IV,4", wurden nicht vermerkt.

[92] D: Dni. Herm. van der Hardt. X, Marginalie: Hermann von der Hardt, Olim Prof: Lingv: Or. Helmst: autorem huius meditationis esse dicunt.

[93] D: falsis

Res sic se habet. Maria cum Josepho [3] erat desponsata. Nuncius Gabriel sponsae indicat, fore, ut conciperet pareretque filium, nomine[94] Jesum. Maria tunc quidem virum nondum passa miratur sermonem Angeli, et Josepho suo narrat omnia. Bonus sponsus aut concubitum alienum praesumebat [4] aut phantasmata ex deliria foeminae sibi apud gentem suam maximopere[95] nocitura. Mariam quidem derelinquere animus est; Sed ab Angelo monitus[96] ne pessima quaeque de casta sponsa praesumeret, metueretve sibi adjungere Mariam, cum illaque con- [5] cumbere, Spiritum quippe divinum semen esse purificaturum, qui[97] universum terrarum orbem à peccatis tandem liberaret. Quid ad hoc Josephus? Excitatus[98] à somno fecit quomodo injunxerat ipsi Angelus Domini et adjunxit sibi atque cognovit [6] Mariam suam, non ex pruritu stolido, sed ex praecepto[99] coelestis nuncii[100]. Quo facto postea Mariam suam uxorem pro more Judaico in domum solenniter duxit, nec tamen illam amplius cognovit, ne uterum à Spiritu Sancto[101] semel sanctificatum semine [7] merè humano pollueret.

Narratio isthaec è Matthaeo et Luca Evangelistis est desumta[102], nec quicquam adjectum aut effictum[103], quod è scriptoribus istis[104] probari non possit. Sed tamen ne ullus maneat[105] scrupulus, uratque pectus timi- [8] dum, narrationem nostram[106] et firmabimus argumentis et ab oppositionibus quibuscunque vindicabimus.

Speciosa objectio est: quod Matthaeus doceat, Mariam jam tum fuisse gravidam cum Josephus[107] ab ea divertere voluerit. Sed speciosa est [9] non firma. Nam 1.) Evangelistae non rarò errant in enarrandis historiis, non mala, sed bona fide. Erant quippe homines simplices et pleraque sua ex fama sermoneque aliorum hauriebant. Inde quoque factum est, quod tantopere Evangelistas inter sese [10] discrepare, et tot dissensiones in eorum Actis deprehendamus, quod sane fieri ne-

---

[94] D nicht: nomine
[95] D: maxime
[96] D: monetur
[97] D: et partim inde formaturum, qui
[98] D: Excitatur
[99] D: praeceptis
[100] D: nuntii
[101] D: divino
[102] D: desumpta
[103] D: affictum
[104] D: ex Scripturis ipsis
[105] D: remaneat
[106] D: nos rationem historiae
[107] D: Joseph

queat[108], si in recensione sua essent infallibiles. 2.) Multa[109], dantur ὕστερα πρω-τερα[110] in divinis eloquiis nec ordinem semper observant SS[111]. Sic Gen: 24. V. 64. Re- [11] becca agnovit jam tum Isaacum et postea ex ministro quaerit[ur] quis ille sit qui obviam iret. Lucas in recensenda tentatione Christi à Satana[112] quaedam priori loco ponit, quae à Matthaeo extremò facta esse dicuntur[113]. Marcus Christum hora tertia cruci- [12] fixum scribit cum reliqui horam sextam nominent. In passionis historia bringet einer veste das hinten, und die andern vorne setzen. Nec obstat V. 18. Math:[114] Cum Mater ejus Maria desponsata esset Josepho priusquam congressi fuissent deprehensa [13] est gravida à Spiritu Sancto. Concludunt[115] hic ὁι ἀντιλέγοντες 1[116].) gravidam jam[117] fuisse ante congressum et[118] concubitum cum Josepho. 2[119].) gravidam fuisse à Spiritu Sancto, Ergo non à Josepho. Respond.[120] nomen[121] congredi h. l.[122] non significat coire, sed matrimonium per [14] deductionem in domum consumere. Die[123] waren noch nicht beysammen ajunt Germani. Συνελθείν habet textus non vero γυν[ώσ?]κειν[124]. Quod et Lutherus[125] bene vertit: Ehe er sie heimholete. 2[126].) A potiori hic fit denominatio et unius positio non est alterius exclusio. Praesertim [15] cum S.S.[127] infrequens non sit[128], Deo soli[129] adscribere, cui multis in causis[130] intermedia fuerunt.

---

[108] D: non poterat
[109] D: Multae
[110] D: ὕστερίζεις καὶ προλύψεις
[111] D: Sacri Scriptores
[112] D: Satanas
[113] D: fuisse indicantur
[114] D: Matthaei
[115] X: Nicht: Concludunt ....a Spiritu Sancto.
[116] D: α
[117] D: jam tum
[118] D: id est,
[119] D: β
[120] D: Respondetur
[121] D: vox
[122] D: hoc loco
[123] X: Sie
[124] D: γυν[ασ?]κειν
[125] D: propter
[126] Hier muß es eigentlich 3 heißen. D: γ
[127] D: in Bibliis
[128] D: non sit infrequens
[129] D: soli quid
[130] D: multae tamen causae

Nec est quod causantur non legi Josepho à nuncio[131] coitum fuisse injunctum, multò minus ipsum coitum cum Maria[132] consumasse; Nam neque id legimus de [16] Zacharia: num ergo Johannes sine virili semine[133] conceptus est.[134] Nec etiam[135] Christum in his terris minxisse aut risisse. Ergone obambulavit[136] miraculosè absque urinae missione? Ergone non risit? Non puto. Evangelistae brevitati student quam maximè, [17] multasque circumstantias etiam[137] necessarias omittunt, quae à Lectore suppleri debent. Sed in historia nativitatis Christi hoc ista[138] esse supplendum, infra allata demonstrabunt. Castitas scriptoris hanc circumstantiam per se jam conjici- [18] endam[139] emisit[140]. Nam ea, quae naturaliter insunt, praesumuntur.

Dicis respondere Angelum Mariae objicienti se nullum virum admisisse: Der Heilige Geist wird über dich kommen K. T. Λ.[141] non[142] quod cum sponso rem habere debeat[143]. Sed repete 1[144].) quod ad Object: 3.[145] respondi. [19] 2[146].) Statim sequitur: Und siehe Elisabeth ist auch schwanger. Denn bei Gott ist kein Ding unmöglich. Comparatur hic cum Elisabetha Virgo Maria[147] et monetur, ut videat, quomodo Elisabetha gravida facta fuerit. Ut ergo[148] inde non sequitur, Elisabetham absque virili opera con- [20] cepisse; Sic nec de Maria id dici potest. Conferatur[149] simul diligenter narratio Lucae, quid angelus cum Zacharia locutus fuerit, et multum lucis inde[150] accedet historiis nostris[151]. Lippis et tonsoribus innotescit, à silentio historici ad rei negationem [21] non esse concludendum. 3[152].) utique Ga-

---

[131] D: untio
[132] D: ipsum cum Maria concubitum
[133] D: opera
[134] D: est?
[135] D: etiam invenimus,
[136] D: ambulavit
[137] D: interdum etiam
[138] D und X: ita
[139] D: concipiendam
[140] D: omisit
[141] D nicht: K. T. Λ.
[142] D: non vero
[143] D: habere debeat rem
[144] D. α
[145] D: Objectionem tertiam
[146] D: β
[147] D: Maria Virgo
[148] X: vero
[149] D: Evolvatur
[150] D nicht: inde
[151] D: historiae nostrae
[152] D: γ

briel primariam hujus generationis causam commemorare hic necesse habuit, quia nascendus erat filius Dei, non nudus homo.

Sed Joseph filium Dei generare non poterat. Ad Spiritum ergo divinum hic potissimum dirigendus [22] erat sermo. Praesertim cum regulariter in actu illo Venereo non detur praesentia Sancti spiritus[153], etiam si propheta officio generationis defungatur, uti habetur ex Hieronymo c. 4. caus. 32. qv. 2. Maxima ratio dubitandi apud Mariam non erat[154], unde [23] sibi filium[155] quaereret, quia jam erat desponsata, sed unde filium gignere quizet[156] [?], qui filius Dei appellari, et tot tantaque miracula in orbe edere posset. E[rgo][157] ad illam cum primis respondet Angelus[158].

Nota: Angelum Zachariae non prae- [24] cepisse, ut concumberet, sed ipsi tantum annumerasse[159] nativitatem filioli.[160]

Unicum restat dubium. Diese eine Jungfrau ist schwanger. R[161] 1.) Gal. 4. V. 4. heisset es: Da die Zeit erfüllet war sandte Gott seinen Sohn gebohren von einem [25] Weibe εκ γυναικός non vero εκ παρθένου.

2.) עלמה ['almá] Esa: 7. V. 14. denotat juvenculam nulla habita status ratione[162], Eine junge Frau[163].

3.) Dicimus Die Jungfrau ist schwanger, quae[164] nondum nupta[165] est[166] marito. Judaei probant [26] ex Proverb: 30. V. 9[167]. עלמה denotare virginem corruptam.

4.) Locus ille plane ad Christum non spectat, sed ad mulierem, quae tempore Esaiae[168] vixit. forte Esaiae concubinam. Es[169]: c.7.

---

153 D: Spiritus Sancti
154 D: dubitandi ratio non erat apud Mariam
155 D: filium sibi
156 D: queat
157 D: Ergo
158 D: cum primis Angelus respondere cogebatur
159 X: annunciasse
160 Nota.....filioli: nicht in D.
161 D: Resp.
162 D: nulla status ratione habita
163 D: Jungfrau
164 D: qua
165 D: accepta
166 X: erat
167 D und X: 19
168 D: Jesaiae

Sequuntur Argumen- [27] ta probantia Jospehum fuisse Christi parentem[170].

I[171].) Si Joseph[172] non est Christi naturalis pater[173], sequitur, quod[174] non sit verus Messias.

Quia Messias ex semine Davidis erat oriundus. Unde vero constat Christum fuisse [28] ex semine Abrahae et Davidis, si à Josepho non est procreatus? Solvat mihi quis hunc nodum Gordium. Certe φρασις[175] ista: Aus deinem Saamen sollen alle Völker auf Erden gesegnet werden. omninò indicat Messiam ex semine [29] cujusdam, quicumque etiam ille[176] fuerit provenisse. Non ignoro objici Mariam fuisse ex stirpe Davidica[177]; Sed quaeso unde hoc probabunt boni Theologi.[178] Genealogia Mariae prorsus nos latet. Et si non lateret, nunquam [30] tamen[179] dici posset hoc pacto ex semine Davidis ortum duxisse Messiam. Quia Judaei φράσιν[180] hanc ex semine oriri semper de mascula stirpe, nunquam de foeminina, intelligunt. Quod antiquitatum gnaris[181] dubium esse non po- [31] test. Videant ergo Theologi, numne fundamentum totum Christianae religionis hac sua de Christi ortu hypothesi euertant, Judaisque viam monstrent, Jesum fuisse verum Messiam, multa cum ratione inficiandi. [32]

II[182].) Si Jospeh non est pater Christi naturalis, quaeso cur Genealogia Christi ex Genealogia Josephi deducitur? Cur tam anxiè Matthaeus atque Lucas[183] Josephi parentes recensent? Si enim Christi pater non fuisset, [33] Mariae texere Genealogiam[184] debuissent. Numquis[185] sanus demonstrat, me esse ex familia Ducum Brunsvicensium si vitricus meus dux fuit[186] Brunsvicensis? Inprimis[187] cum mater

---

169 D: Jesa.
170 D: patrem naturalem
171 D. 1
172 D: Josephus
173 D: pater naturalis
174 D: quod Christus
175 D: phrasis
176 D: ille etiam
177 Non ignoro … Davidica: nicht in D.
178 D: Theologi?
179 D nicht: tamen
180 D: phrasin
181 X: gnarus
182 D: 2
183 D: Lucas et Matthaeus
184 D: Genealogiam texere
185 D und X: Num quis
186 D: fuerit
187 D nicht: Inprimis

mea nunquam cum viro coha- [34] bitavit? Absint nugae! Et licet apud Judaeos insolens fuerit Genealogias texere mulierum; tamen haec ratio suberat, quia liberi patres habebant. Sed[188] Christus patrem, ut opinantur, non habuit. E[rgo][189] nec [35] poterat Genealogia â patre, sed debebat â matre deduci.

III[190].) Quia Joseph diserte Christi pater ab Evangelistis[191] dicitur: Sein Vater und seine Mutter verwunderten sich. Quod autem[192] hoc denotet patrem [36] putatiti-um[193] Einen Pflege-Vater de eo ne γρυ[?][194] extat. E[rgo][195] debet ab adversariis probari.

IV[196].) Quia Christus quoad humanam naturam fuit verus et naturalis homo. Si fuit verus homo, naturali etiam modo debuit concipi. [37] In omnium ore est, Christum in omnibus[197] nobis similem factum esse[198], praeter peccatum. E[rgo][199] In conceptione nobis quoque similis factus erit[200]. Man siehet[201] es auch daraus, dass er muß natürl[icher][202] Weise concipiret und geboh- [38] ren seyn. Weil die Zeit der Schwangerschaft wie bey anderen Weibern ratione durationis beschaffen gewesen ist. Pertinet huc; Und es kam die Zeit daß sie gebähren sollte[203].[204]

V[205].) Quia Deus non solet miracula edere ubi per naturales causas [39] agere potest. Sed dic, cur tantum miraculum hic fuerit necessarium, cum homo verus naturalis non phantasticus, qui edere et[206] bibere poterat, esset formandus? An Joseph talem hominem procreare forte[207] non potuit? [40] Sentio quid te angat prematque. Opinaris Christum hoc pacto non mansisse immunem â Peccato Origi-

---

[188] D. Sed hic
[189] D: Ergo
[190] D: 3
[191] D: Joseph ab Evangelistis diserte Christi pater
[192] D nicht: autem
[193] D und X: putativum
[194] γρυ würde „Grunzen" bedeuten.
[195] D: Ergo
[196] D: 4
[197] D: cunctis
[198] D nicht: esse
[199] D: Ergo etiam
[200] D: est
[201] D: sieht
[202] D: natürlicher
[203] D: solte
[204] D fügt hier an: Si Spiritus Parentem hic egit, perfectum statim formare potuisset.
[205] D: 5
[206] D: edere, bibere
[207] D: hominem forte formare

nis.[208] Sed vanus[209] et stolidus est timor, quia plane non datur Peccatum Originis. Et si esset, num Spiritus [41] semen Josephi sanctificare et purum reddere nequibat?[210]

VI[211].) Quia Christus imbecillitates suas habebat, laborabat affectibus, liquido argumento corpus ipsum[212] â Spiritu divino non fuisse fabri- [42] catum. Vide principium passionis Christi.

VII[213].) Non legimus unquam Prophetas de Messia sine patre[214] in mundum prodituro quicquam esse vaticinatos. Sed an notabilem hanc circumstantiam[215] hoc [43] pacto negligere potuerint, viderint alii. In historia Christi rursus[216] nullum apparet vestigium de hac opinione insipida. Nunquam vel Pharisaei vel Sadducaei[217] adversus illam disputarunt et locuti [44] sunt, ne quidem in ore vulgi talem sermonem fuisse deprehendimus. Christus ipse nullibi de hac re[218] quicquam commemoravit; Apostoli tacent de miraculoso hoc nativitatis genere. Donec post aliquod[219] tempus ex [45] falso et superstitioso interpretandi modo patres Ecclesiae communem de origine Christi sententiam cum sexcentis aliis naeniis effinxerunt, populoque incauto ceu Sanctum fidei Articulum[220] obstruserunt.[221] [46]

VIII[222].) Solvendi sunt duo ad huc nodi.[223] α[224].) Indignum est dicere Christum ex injusto thoro fuisse[225] natum. Tu Christum dicis Spurium. Quid obstat[226], quo minus concubitum[227], si qui fuit, in nuptiarum diem differas[228]. [47]

---

[208] Sed vanus … Peccatum Originis: nicht in D.
[209] X: validus
[210] D: nequiebat.
[211] D: 6
[212] D: ipsius
[213] D: 7
[214] D: Parente
[215] X: circumstantiam
[216] D nicht: rursus
[217] D: Saducaei
[218] D: de hac re nullibi
[219] D nicht: aliquod
[220] D: ceu tantum articulum fidei
[221] X: obstruserunt
[222] D hat hier keine Zählung mehr. Am linken Rand steht der Satz, der im Wolfenbütteler Ms. Etwas weiter unten in der Responsio zu finden ist: Maria that dahero keine Kirchen-Buße, ob sie gleich zu früh in die Wochen kam.
[223] D: Solvenda restant duo. Danach wird ein Absatz gemacht.
[224] D: 1
[225] D nicht: fuisse
[226] D: obstabat

β.) Lucae[229] 3. V. 23. Er ward gehalten vor einen Sohn Joseph[230].

R[231] ad α[232]) Ignoras mores Judaeorum, amice: Inter sponsalia et nuptias nulla ferè intercedebat differentia, praeter solennitatem unicam deductionem in domum. Nec[233] crimen erat sponsam cognovisse. Hinc sponsae alienae compressio jam adulterium vocabatur. Vid. Buxtorf. Seldenus[234] Ligtfoot et MS.[235] Antiquit. tit. sponsa. Maria that daher keine Kirchen-Buße, ob [49] sie gleich zu frühe in die Wochen kam.[236]

β[237].) νομιζω uti[238] textus habet non semper falsam opinionem significat. Math: 5.V. 17. ex 10.V. 34. Peccabant in eo daß sie ihn bloß für[239] einen[240] Zimmermanns Sohn hielten, und die göttli- [50] chen Eigenschaften in ihm nicht[241] erkannten. Nam si absolute id falsum fuisset, cur hac occasione Lucas Genealogiam totam Josephi[242] recenset?

Obj.[243] Ex stirpe ac tribu eadem ducendam fuisse uxorem ex quo fuit [51] maritus; Si ergo Josephus ex stirpe Davidis fuit, fuit quoque Maria.

R. 1.) Confusa jam omnia erant cognationum genera apud Judaeos.

2.) Non sequitur ex stirpe eadem fuisse uxorem ducendam. E. [52] Maria debuit ex semine Davidis pronasci. Nam distingue inter stirpem et ramos ex stirpe. Erat scriptum Messiam oriundum fuisse ex semine Davidis. David stirpem peculiarem non constituebat, [53] sed Juda.

---

227 D: quo minus Josephi concubitus
228 D: in diem nuptiarum differetur?
229 D: luc.
230 D: Josephs
231 D: Resp.
232 D: 1
233 D: nimium nec
234 D: Selden
235 D. multa
236 Maria ... Wochen kam: nicht in D; aber etwas weiter oben links am Rand notiert.
237 D: Resp. ad 2
238 D: ut
239 X: vor
240 D: einen dummen
241 D: noch nicht in ihm
242 D: Josephi totam
243 Die ganze Objectio, also der Schlußteil des Textes, ist nicht in D vorhanden.

Diabolus descr[ipsit] d. XIII. Martii
1743.[244]

2. Die Widerlegungsschrift in den
Unschuldigen Nachrichten 1711, S. 622–627.

[622] Meditatio de Josepho Christi parente naturali *cum necessaria Commonitione adversus illam*

Pervenit ad aliquem nostrum scheda manu exarata, atque hince inde sparsa, de Josepho parente Christi naturali, pernicioso sane stylo scripta, pravisque dicteriis, quae bonos mores corrumpunt, merito accensenda. Auctori, quisquis est, seriam apprecamur μετνάνοιαν, utque, ἀταξία mentis periculosissima liberatus, sapere discat in luce gratiae, & a τερατολογίαις scandalo plenissimis, nequid gravius dicamus, abstineat. Hypothesis sacri libelli haec est: Josephum audito nuntio, quod Gabriel ad Mariam pertulerat, rumores pravaque populi judicia pertimescentem, deserere eam voluisse, sed abs Angelo monitum, concubuisse cum Maria (turpe dictum) an- [623] tequam illam haberet conjugem, κ.τ.λ. Argumenta, in quibus portentum hoc opinionis innititur, haec sunt:

I. Christum ex semine Davidis oriundum dici non posse, si non sit a Josepho procreatus, eo quod illa phrasis semper de mascula stripe intelligatur. Resp. Ecquid ignorat, qui talia scripsit, mulieris semen, Gen. III,15. Imo quid obstat, quo minus nepotem ex filia semen meum dicam? Recogitet Mariae avos atavosque semen Davidis fuisse: De quo cum dubitare videatur, repetat tum jura Judaeorum, tum verba Lucae, Cap. I,27.

II. Genealogiam Christi apud Matthaeum & Lucam utrinque a Josepho deduci, nullibi a Maria. Resp. Ea quidem, quae apud Matthaeum exstat, deducitur more Judaeorum a Josepho, patre quippe forensi, sed addita statim ratione manifesta, Cap. I,16. 18. Altera vero apud Lucam Mariae est, deducta ad ejus usque patrem, Eli, cui cum filii deessent, ritu Ebraeorum Josephus gener in locum filii successit.

III. Josephum ab Evangelistis diserte Christi patrem appellari. Resp. Patrem lege destinatum firmatumque, etsi physice talis non sit, cur non patrem appelles? Ac-

---

[244] Diabolus … 1743: nicht in D. In X stattdessen: Finis

cedit quod disertis verbis Lucas enuntiet, Jesum Josephi filium non physice, sed εἰς ἐνομίζετο, *fuisse, Cap. III, 23.*

IV. Christum, excepto peccato, per omnia similem nobis fuisse, adeoque in ipsa etiam conceptione: Reliqua, ipsum etiam tempus gesti uteri, naturalia fuisse. Resp. Similis in omnibus fuit salva eminentia θεανδρικὴ, quae enim ad unionis mysterium spectant, ipsa quoque incarnation, faciunt illum sine exemplo hominem.

V. Ad verum & naturalem hominem formandum non opus esse miraculosa conceptione. Resp. Eam vero poscebat divinum de incarnatione filii Dei consilium, quem actu naturae corruptae concipi nequaquam decebat.

VI. Christum inbecillitates humanas habuisse, quae hominem a Spir. S. formatum non decuissent. Resp. Non habuit illas ex actu miraculosae conceptionis, sed ex voluntaria earundem assumtione, quam statu exinantionis declaratam dedit.

VII. Nihil Prophetas, nihil Apostolos, nihil ipsum Servatorem de articulo illo fidei dixisse, itaque a Patribus illum videri introductum. [625] […]

Hactenus communientem suam Thesin vidimus, nunc oppugnantem munimenta nostra audiemus. Excipit enim:

I. Matthaeum & Lucam in enarranda hac Historia, ut in aliis non raro, erase bona fide, ex fama videlicet scribentes, argumento esse ipsorum dissensions. [626]

Resp. Id vero blasphemiae proximum est; enantiophanias autem Evangelistarum quo quis diligentius spectat, eo uberius, inventa veritate de recondite Dei sapientia gaudere necessum habebit, quod experientia edocti scribimus.

II. Prolepses & Hysteroses in sacra historia dari; sic congressum Josephi cum Maria postpone nativitati Messiae. Resp. Nulla, quam dura etiam sit, Prolepsis, vel Hysterosis allegari poterit, qua diserte negetur rem aliquam factam, quae facta sit, posito simul termino exclusionis. Imo fassus est Adversarius ipse, Josephum post Christi nativitatem, reverentia sanctificatae divinitus sponsae, cum illa non congressum. Undenam igitur Prolepsis illa?

III. τὸ συνελθεῖν non congressum maritalem, sed domiductionem significare. Resp. Contrarium & vocis in hac materia frequens usus & hoc cumprimis edocet, quod Josephus & Maria civili sensu cohabitarint, antequam Christus in lucem ederetur, quod Lucas clarissime affirmat.

IV. A potiori fieri denominationem, quando Christus ope Spiritus divini conceptus dicitur: stylo biblico Deo soli tribui id, in quo potiores ejus sint partes. Resp. Detur exemplum, ubi *cum exclusione* causae secundae Scriptura sic loquatur. [627]

V. Virginem אלמה [sic!] apud Jesaiam cap. VII.14. denotare juvenculam etiam defloratam, quod ex Prov. XX,19. sit clarum, imo locum illum plane non de Christo, sed forsan de Jesaiae concubine dictum. Resp. Prius refellunt peritissimi Ebraeorum literarum, neque illis obstat locus Salomoneus, quippe & difficilior, & de Christo facile explicandus. Posterius non sine horrore legere possumus, (aeque ac illa, quae de negato peccato originis effutiuntur;) reclamat sane omnis senior Exegesis, & Matthaeus, divinus Scriptor, & ipsa Prophetae sanctitas.

VI. τὸ *νομίζειν*, quod Luc. III, 23. de Jesu Josephi filio adhibeatur, aliquando veram opinionem significare, v. gr. Matth. V,17. X,34. Resp. Quod si aliquando, cur & hic? Imo utroque loco allegato de falsa opinione & vetita agitur.

Vellicet Scriptoris conscientiam καρδιογνῶσης ille και καρδιοδαμάτωρ Dei Spiritus, ut animus ipsius ac stylus serio emendetur.

Der Artikel untersucht zum ersten Mal ein bisher unbeachtetes Manuskript, De Josepho Christi parente naturali, und stellt es in seinen geistesgeschichtlichen Zusammenhang. Der Text datiert auf die Jahre vor 1711 und geht mit großer Wahrscheinlichkeit auf Hermann von der Hardt zurück, ist aber möglicherweise durch einen Schüler von der Hardts aus dessen Ansichten kompiliert oder bearbeitet und in Zirkulation gebracht worden. Als Hypothese wird formuliert, daß dieser Schüler Christian Teufel gewesen sein könnte. Der Text steht in einer Linie mit ‚Naturalisierungen' Christi und Ablehnungen der Vorstellung der Jungfrauengeburt, insbesondere bei einigen Sozinianern und in der jüdischen anti-christlichen Polemik; nach von der Hardt wird die Linie über Elwall und Edelmann bis in die Zeit der Leben-Jesu-Forschung um 1800 weitergezeichnet, zu Venturini und Strauß.

This article examines for the first time a hitherto unknown clandestine manuscript, De Josepho Christi parente naturali, and puts it into its historical context. The text originated in the years before 1711 and entails almost certainly the ideas of Hermann von der Hardt. It may have been compiled or composed, however, by one of von der Hardt's students, who also brought it into circulation. This student may have been Christian Teufel. De Josepho has to be seen in a long tradition of opposition to the idea of a virgin birth and of attempts to „naturalize" Jesus Christ, especially among some Socinians and in Jewish anti-christian treatises. The article also sketches the development of this topic after De Josepho, in authors such as Elwall and Edelmann, up to the „Life of Jesus"-research around 1800, to Venturini and Strauß.

Prof. Dr. Martin Mulsow, Lehrstuhl Wissenskulturen der europäischen Neuzeit, Direktor des Forschungszentrums Gotha der Universität Erfurt, Schloss Friedenstein, Postfach 100561, 99855 Gotha, E-Mail: martin.mulsow@uni-erfurt.de

RICCARDA SUITNER

Jus naturae und *natura humana*
in August Friedrich Müllers handschriftlichem Kommentar
zu Andreas Rüdigers *Institutiones eruditionis*

*I. Über das Verfassen von Notizen im 18. Jahrhundert
am Beispiel der durchschossenen Exemplare der
Institutiones eruditionis (Leipzig, Bibliotheca Albertina)*

Man kann sicherlich nicht behaupten, daß der sächsische Arzt und Philosoph Andreas Rüdiger (1673–1731) besonders viel Glück in seinem Leben gehabt habe. Er wurde in einer sehr armen Familie geboren und mußte aufgrund seiner angeschlagenen Gesundheit als knapp 20jähriger seine Anstellung als Privatlehrer im Hause von Christian Thomasius aufgeben, bei dem er auch an der Universität Halle studiert hatte, und nach Gera zurückkehren. Nach einem Aufenthalt in Jena, wo er erneut als Lehrer in einem Privathaushalt tätig war, wurde ihm 1703 in Leipzig der Doktortitel in Medizin verliehen (die Dissertation betraf den Blutkreislauf).[1] 1702 verschlechterte sich erneut sein Gesundheitszustand aufgrund des Diebstahls seiner gesamten Habe und er mußte seine Arzttätigkeit unterbrechen. Nach einigen in Halle verbrachten Jahren nahm er in Leipzig seine Lehrtätigkeit, wenn auch sehr unregelmäßig, wieder auf, doch die Zahl der seinen Vorlesungen folgenden Studenten soll nicht sehr hoch gewesen sein. Allerdings waren es dann gerade zwei Studenten aus wohlhabenden Familien, die es ihm ermöglichten, den Rest seines Lebens ohne finanzielle Probleme verbringen zu können.[2]

Was seine Fortüne nach dem Tode betrifft, lief es auch nicht sehr viel besser. Die uns vorliegenden Monographien sind recht alten Datums und betreffen nur einzelne Aspekte seines Denkens.[3] Wenn wir die Quellen aus jener Zeit betrach-

---

[1] Andreas Rüdiger, Disputatio inauguralis medica de regressu sanguinis per venas mechanico, Halle 1704.
[2] Vgl. Allgemeine Deutsche Biographie (ADB), Bd. 24, 1889, 467–68; Johann Heinrich Zedler, Grosses vollständiges Universallexicon aller Wissenschafften und Künste, Bd. 32, 1738–1740.
[3] Heinrich Schepers, Andreas Rüdigers Methodologie und ihre Voraussetzungen. Ein Beitrag zur Geschichte der deutschen Schulphilosophie im 18. Jahrhundert, Köln 1959; Karel H. de Jong,

Aufklärung 25 · © Felix Meiner Verlag 2013 · ISSN 0178-7128

ten, erscheint das Ganze allerdings in einem anderen Licht. Seine Theorien auf dem Gebiet der Physiologie, der Physik sowie der Erkenntnislehre, die, wie wir sehen werden, durchaus originell sind, wurden in zeitgenössischen Schriften regelmäßig zitiert, kommentiert und besprochen. Seine Stellungnahmen zu entscheidenden Fragen der philosophischen Debatte in Deutschland zu Beginn des 18. Jahrhunderts, zum Beispiel zum Verhältnis zwischen mathematischer Methode und Philosophie sowie zur Wechselbeziehung zwischen Seele und Körper, haben zu langjährigen und harten Auseinandersetzungen Anlaß gegeben. Die Aussagen bezüglich seines angeblichen Mißerfolgs im akademischen Leben mögen wahr oder falsch sein, sicher ist jedoch, daß Rüdiger eine eigene Schule gegründet hat, der Adolph Friedrich Hoffmann (1703–1741) sowie dessen Schüler Christian August Crusius (1715–1775) und August Friedrich Müller (1684–1761) zugeschrieben werden können. Bei der Übernahme einiger Ideen Rüdigers seitens des jungen Kant spielte Crusius eine wichtige Rolle, und auch der Einfluß von Müller auf die Formulierung des kategorischen Imperativs von Kant konnte belegt werden.[4] Es ist also mehr als verständlich, daß sofort nach dem Tod von Rüdiger, der zur selben Zeit wie Johann Franz Budde, Christian Thomasius, Nikolaus Hieronymus Gundling und August Hermann Francke verstarb, ein anonymes Totengespräch in zwei Teilen in Druck gegeben wurde, in welchem der Philosoph die Hauptrolle spielte, mit niemand anderem als René Descartes als Partner.[5]

Rüdiger und ein Anfang! Kant und ein Ende!, Leiden 1931; Wilhelm Carls, Andreas Rüdigers Moralphilosophie, Halle 1894, Nachdruck Hildesheim, Zürich, New York 1999. Siehe auch Stephan Meier-Oeser, Descartes bei Christian Thomasius und Andreas Rüdiger, in: Jean Ferrari u. a. (Hg.), Descartes und Deutschland – Descartes et l'Allemagne, Hildesheim, Zürich, New York 2009, 111–131.

[4] Zu Crusius vgl. Martin Krieger, Geist, Welt und Gott bei Christian August Crusius. Erkenntnistheoretisch-psychologische, kosmologische und religionsphilosophische Perspektiven im Kontrast zum Wolffschen System, Würzburg 1993; Magdalene Benden, Christian August Crusius: Wille und Verstand als Prinzipien des Handelns, Bonn 1972; Raffaele Ciafardone, Von der Kritik an Wolff zum vorkritischen Kant. Wolff-Kritik bei Rüdiger und Crusius, in: Werner Schneiders (Hg.), Christian Wolff 1679–1754. Interpretationen zu seiner Philosophie und deren Wirkung. Mit einer Bibliographie der Wolff-Literatur, Hamburg 1983, 292–296. Zu Adolph Friedrich Hoffmann, sehr viel weniger bekannt als der fast gleichnamige Friedrich Hoffmann (1670–1742), Arzt aus Leipzig, fehlen hingegen spezifische Arbeiten. Für eine kurze Darstellung vgl. aber: Max Wundt, Die deutsche Schulphilosophie im Zeitalter der Aufklärung, Tübingen 1945, 245–254; Robert Theis, Kurzbiographie: Adolph Friedrich Hoffmann (1703–1741), in: Aufklärung 21 (2009), 275–278. Zum Einfluß Müllers auf die Formulierung des kategorischen Imperativs siehe Joachim Hruschka, Die Person als ein Zweck an sich selbst. Zur Grundlegung von Recht und Ethik bei August Friedrich Müller (1733) und Immanuel Kant (1785), in: Juristen Zeitung 45 (1990), 1–15.

[5] Curieuses Gespräche im Reiche derer Todten, zwischen [...] Andrea Rüdigern, und [...] Renato Cartesio, o.O. 1731; Besonderes curieuses Gespräche im Reiche derer Todten, zwischen [...] Andrea Rüdigern, und [...] Renato Cartesio [...]. Anderer Theil, o.O. o.J. Vgl. dazu Riccarda

Das vielleicht ausgefallenste Werk Rüdigers ist die *Physica divina.*[6] Es betrifft das Konzept einer alternativen Physik zu der ‚atheistischen' von Aristoteles, Descartes und Gassendi und ist reich an sehr originellen Theorien im Bereich der Physiologie und Teilchenphysik, welche auch im Zentrum der wichtigsten Auseinandersetzung gestanden haben, die Rüdiger zeitlebens geführt hat: der mit Christian Wolff. Rüdiger hatte nämlich 1727 den psychologischen Teil (das fünfte Kapitel) der *Deutschen Metaphysik* (*Von dem Wesen der Seele und eines Geistes überhaupt*) mit seinen widerlegenden Anmerkungen als Fußnoten erneut in Druck gegeben.[7]

Die Arbeit, welche seine Zeitgenossen und er selbst als sein Hauptwerk betrachteten, war jedoch das zum ersten Mal 1707 unter dem Titel *Philosophia synthetica*[8] erschienene *Institutiones eruditionis.* Zwei in der Bibliotheca Albertina befindliche Ausgaben des Werks lassen mehr als eine strittige Frage aufkommen, die mit ihrem Format verbunden sind. Es handelt sich insgesamt um drei Bände: Einer ist eine Ausgabe aus dem Jahr 1711 der *Institutiones eruditionis*, bei den beiden anderen handelt es sich um die Ausgabe von 1717 desselben Werks. Es sind „durchschossene Exemplare": Jeder Textseite liegt ein weißes, unpaginiertes Blatt gegenüber (vgl. Abb. 1 u. 2). Die Bände wurden von der Leipziger Bibliothek im Katalog als gedruckte Texte deklariert.[9] Man hätte sie allerdings aufgrund

Suitner, Uno scontro nel regno dei morti: Descartes e Rüdiger, in: Carlo Borghero, Antonella Del Prete (Hg.), Immagini filosofiche e interpretazioni storiografiche del cartesianismo, Florenz 2011, 141–164; dies., Totengespräche der Frühaufklärung (Diss. in Vorbereitung).

[6] Andreas Rüdiger, Physica divina, recta via, eademque inter superstitionem et atheismum media […], Frankfurt am Main 1716. Siehe dazu Martin Mulsow, Idolatry and Science: Against Nature Worship from Boyle to Rüdiger, 1680–1720, in: Journal of the History of Ideas 57 (2006), 697–711.

[7] Andreas Rüdiger, Herrn Christian Wolffens Meinung von dem Wesen der Seele und eines Geistes überhaupt; und D. Andreas Rüdigers Gegen-Meinung, Leipzig 1727, Nachdruck hg. von Michael Albrecht, Hildesheim, Zürich, New York 2008. Das erneut von Rüdiger gedruckte Kapitel von Wolff ist enthalten in Christian Wolff, Vernünfftige Gedancken von Gott, der Welt und der Seele des Menschen, auch allen Dingen überhaupt, Halle 1751, Nachdruck hg. von Charles A. Corr, Hildesheim, Zürich, New York 1983, 453–574. Für weitere Einzelheiten zu diesen Vorgängen vgl. Michael Albrecht, Vorwort zu Rüdiger, Gegen-Meinung, 5–7 und 13–16; Suitner, Totengespräche (wie Anm. 5). Allgemeiner zu den Auseinandersetzungen jener Zeit zur Philosophie von Wolff: Hans-Martin Gerlach (Hg.), Christian Wolff. Seine Schule und seine Gegner, Hamburg 2001; Jürgen Stolzenberg, Oliver-Pierre Rudolph (Hg.), Christian Wolff und die europäische Aufklärung, Bd. 5, Hildesheim, Zürich, New York 2010.

[8] Andreas Rüdiger, Philosophia Synthetica, tribus libris, de Sapientia, Justitia, et Prudentia, methodo mathematicae aemula, Leipzig 1707, Nachdruck hg. von Ulrich G. Leinsle, Hildesheim, Zürich, New York 2010.

[9] Andreas Rüdiger, Institutiones eruditionis, seu Philosophia synthetica, tribus libris, de Sapientia, Justitia, et Prudentia, methodo mathematicae aemula, Halle 1711, Leipzig, Bibliotheca Albertina, Philos.102-mb; ders., Institutiones eruditionis, seu Philosophia synthetica, tribus libris, de Sapientia, Justitia, et Prudentia, methodo mathematicae aemula, Frankfurt am Main 1717,

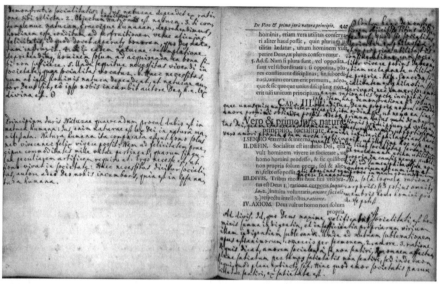

Abb. 1

der zahlreichen Anmerkungen sowie ihres Formats (welches ausdrücklich gewählt wurde, um Anmerkungen und Notizen hinzufügen zu können) genauso
gut zu den Handschriften zählen können.

Die ersten Hinweise auf durchschossene Bücher, von deren Entwicklung man
wenig weiß, gehen auf das 17. Jahrhundert zurück, vermehren sich im 18. Jahrhundert, um dann aber erst im 19. Jahrhundert eine signifikante Zahl zu erreichen.
Formate dieser Art, zu denen es im deutschsprachigen Raum nur einen Aufsatz
von Arndt Brendecke gibt,[10] konnten sehr unterschiedlichen Zwecken dienen.
Ein Student konnte sich ein Lehrbuch von einem Drucker durchschießen lassen,
um auf den weißen Seiten während der Vorlesungen Notizen festzuhalten oder
beim häuslichen Studium Vermerke einzutragen; ein Professor konnte seinerseits
Anmerkungen für seine Vorlesung machen oder seinen eigenen Schriften für eine
neue Ausgabe etwas hinzufügen; oder aber ein besonders polemischer Leser
konnte ein durchschossenes Buch drucken lassen, um dem Text seine handschriftlichen Widerlegungen hinzuzufügen. Man weiß sogar vom Gebrauch derartiger

Leipzig, Bibliotheca Albertina, Philos.102-mc:1,2. Im folgenden werde ich den durchschossenen
Band von 1711 als „Marg. 1711" zitieren und die Bände von 1717 als „Marg. 1717", wobei ich die
der jeweiligen Textseite gegenüber befindliche nicht nummerierte Seite mit einem Apex kennzeichnen werde. Die Datierung bezieht sich natürlich nur auf die Drucklegung und nicht auf die
Abfassung der Marginalien, welche ich in § 2 behandeln werde.

[10] Arndt Brendecke, Durchschossene Exemplare. Über eine Schnittstelle zwischen Handschrift
und Druck, in: Archiv für Geschichte des Buchwesens 59 (2005), 50–64.

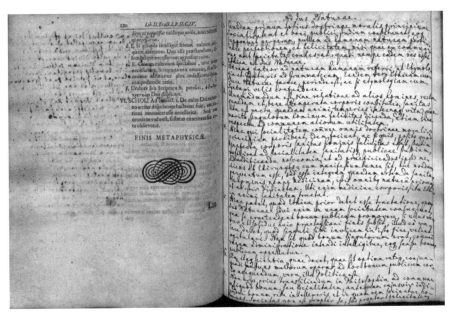

Abb. 2

Exemplare seitens der Freunde von Verstorbenen, um Anmerkungen anzubringen, die wir ‚zum Angedenken‘ nennen könnten.[11]

Die durchschossenen Bände sind sicherlich ein beispielhaftes Zeugnis für die extreme Staffelung beim Übergang vom handgeschriebenen auf den gedruckten Text sowie dafür, daß die beiden Formen für lange Zeit nicht als gegensätzlich, sondern als sich gegenseitig ergänzend angesehen wurden. Es handelt sich in der Tat um gedruckte Bücher, deren Format jedoch speziell gewählt wurde, um handschriftliche Anmerkungen hinzufügen zu können; es sind Einzelexemplare, bei denen Text und Anmerkungen eine Einheit bilden. Allerdings ist es in gewissem Sinne überraschend, daß die Marginalien zu gedruckten Texten als eigenständiger Studiengegenstand das Interesse der Wissenschaftler vor allem in jüngerer Zeit geweckt haben.[12] Dasselbe kann nicht von den durchschossenen Büchern gesagt werden. In vielen wichtigen Studien zur Dialektik von gedruckten Buch-Handschriften werden sie so gut wie nie erwähnt.[13]

[11] Ebd.

[12] Vgl. Heather J. Jackson, Marginalia: Readers Writing in Books, New Haven 2001; William Slights, Managing Readers: Printed Marginalia in English Renaissance Books, Ann Arbor 2001; Vincenzo Fera, Giacomo Ferraù, Silvia Rizzo (Hg.), Talking to the Text: Marginalia from Papyri to Print, Messina 2002.

[13] Dieser sehr langen Entwicklung wurde das Buch von David McKitterick gewidmet: Print, Manuscript and the Search for Order 1450–1830. Standardwerk ist Elisabeth L. Eisenstein, The

Die durchschossenen Bände aus dem 18. Jahrhundert sind in Deutschland,
auch in ihrer ‚klassischen' Form, weitaus weniger zahlreich als die aus dem folgenden Jahrhundert. Bei den Texten aus der Albertina haben wir es außerdem mit
einer eher ungewöhnlichen Typologie zu tun. In diesem Fall wurden nicht nur bezüglich des Formats des Buches Veränderungen vorgenommen, sondern auch bezüglich des vom gedruckten Text eingenommenen Raumes: Er wurde auf einem
reduzierten Teil der Seite gedruckt, um die Möglichkeit für Notizen auf beiden
Seiten zu lassen, was den glossierten Werken des Mittelalters nicht ganz unähn-
lich ist. Die Randbemerkungen sind alle in lateinischer Sprache verfaßt, mit Ausnahme einiger Abschnitte in Französisch, die kurioserweise alle aus *L'éducation
des dames* (1679) des Kartesianers François Poullain de la Barre stammen. Die
behandelten Themen reichen von der Teilchenphysik bis zum Verhältnis von Körper und Seele, vom Naturrecht bis zum Ursprung der Religion und deren politischer Rolle. Die Bücher sind jenen Exemplaren ähnlich, von denen Brendecke
schreibt, daß in ihnen zwei Formen von Anmerkungen anzutreffen seien: solche
zu Vorlesungen, die neben dem Text angebracht wurden, und später angefertigte
Notizen auf der gegenüber liegenden Seite.[14]

Könnte dies auch auf unsere Marginalien zutreffen? Und vor allem: Wer war
ihr Autor? Zum ersten Mal wurden sie von Heinrich Schepers in dem Buch *Andreas Rüdigers Methodologie und ihre Voraussetzungen* (1959) erwähnt. Soweit
ich weiß, wurden danach die handschriftlichen Anmerkungen in wissenschaftlichen Studien nicht mehr behandelt. Für Schepers kommen zwei potentielle Autoren der Anmerkungen in Betracht. Der erste ist Gottfried Polycarp Müller, zwischen 1716 und 1723 Professor für Poetik und Rhetorik in Leipzig. Müller hatte
lange Zeit hervorragende Beziehungen zu Rüdiger gepflegt, um dann mit ihm eine
Auseinandersetzung zu beginnen, die 1723 in einem äußerst heftigen Pamphlet
mit dem Titel *Erörderung von der Moralität derer Streit-Schrifften* gipfelte.[15]
Die Überlegungen von Schepers gründen sich auf einen Verweis in den handschriftlichen Bemerkungen zu seinen *Philosophia facultatibus superioribus ac-
comodata.*[16] Dies scheint mir allerdings nicht ausreichend zu sein, um eine der-
artige Hypothese zu formulieren.

Printing Press as an Agent of Change. Communications and Cultural Transformations in Early
Modern Europe, 2 Bde., Cambridge u. a. 1979 (das auch in gekürzter Form unter dem Titel *The
Printing Revolution in Early Modern Europe*, Cambridge 1983, erschienen ist).

[14] Brendecke, Durchschossene Exemplare (wie Anm. 10).

[15] Andreas Rüdiger, Erörderung von der Moralität derer Streit-Schrifften, bey Gelegenheit einer
Controvers, mit Herrn Gottfried Polycarpus Müllern, Leipzig 1723.

[16] Siehe Schepers, Andreas Rüdigers Methodologie (wie Anm. 3), 10–11: „Zwar kommen
Zweifel an der Verfasserschaft Müllers auf, wenn man auf p. 201' der gleichen Auflage liest: ‚Vid.
Müller, Philos. p. m. 366! 368'".

Die zweite von Schepers vorgeschlagene Urheberschaft, die er selbst für die wahrscheinlichere hält, beruht auf einer überzeugenderen Annahme. Der erste der beiden 1717 verfaßten Bände enthält die Notiz „Confer praecepta mea philosophica, in Log. c. 8, § 2". Die hier erwähnte Logik ist ein Auszug aus einem der ersten Handbücher zur Philosophie in deutscher Sprache, der zum ersten Mal 1728 vom vielleicht wichtigsten Schüler Rüdigers, August Friedrich Müller (1684–1761), veröffentlichten *Einleitung in die philosophischen Wissenschaften*.[17] Dieser Bezug scheint also keinen Zweifel an der Autorschaft der Anmerkungen zu lassen. Wir verfügen leider über keine von Müller selbst verfaßten Notizen, welche eine sichere Zuordnung möglich machen würden. Schepers führt als Argument, welches für Müller als Autor der Marginalien spricht, auch eine Gegenüberstellung der Handschrift der Anmerkungen mit der der sieben Bände der Ausgabe von 1728 der *Einleitung in die philosophischen Wissenschaften* in der Albertina an.[18] Auch hier handelt es sich um durchschossene Bände, wenn auch in eher ,klassischer' Form, denn Platz für Notizen gibt es nur auf den weißen Seiten und nicht neben dem gedruckten Text. Die Schrift ist mit Sicherheit dieselbe.[19] Dies bedeutet aber natürlich nicht, daß es nicht eine andere Person gegeben haben könnte, die mit dem philosophischen Kreis im Leipzig jener Zeit, mit Rüdiger oder mit Müller in Kontakt stand, und sowohl die Bände von Rüdiger als auch die von Müller mit Anmerkungen versehen hat.

In *Andreas Rüdigers Methodologie* beschäftigt sich Schepers mit den gnoseologischen Voraussetzungen der Philosophie bei Rüdiger, mit ontologischen Problemen, mit der Debatte gegen die mathematische Methode von Wolff sowie deren logisch-formalen Grundlagen. Er geht von der Kritik Rüdigers an Descartes und Leibniz aus, wobei er eine Verbindungslinie zieht, die über Müllers maßgebliche Vermittlung bis zu Rüdiger und dem vorkritischen Kant führt; was in seinem Werk jedoch vollkommen fehlt, sind Fragen der Theologie, des Rechts sowie der praktischen Philosophie. Um zu versuchen, etwas mehr sowohl über die Autorschaft der Anmerkungen als auch über die vom Autor vertretenen Positionen zu erfahren, ist es notwendig, Fragen zu stellen, die eng mit dem Inhalt verbunden sind, insbesondere gerade mit jenem Teil des Systems von Rüdiger, den Schepers in seinem Buch nicht behandelt hat.

Auf den folgenden Seiten werde ich jenen Teil der durchschossenen Bände aus Leipzig näher untersuchen, der besonders reich an Randnoten ist, und zwar den

---

[17] Ebd. August Friedrich Müller, Einleitung in die philosophischen Wissenschaften, 6 Bde., Leipzig 1733, Nachdruck hg. von Kay Zenker, Hildesheim, Zürich, New York 2008. Ich danke Detlef Döring für seinen Hinweis auf Schepers Zuschreibung der Marginalien an August Friedrich Müller.

[18] Schepers, Andreas Rüdigers Methodologie (wie Anm. 3), 10–11.

[19] Heinrich Schepers, Einleitung in die philosophischen Wissenschaften, 7 Bde., Leipzig 1728, Sign.: Philos.429:1,1–2; Philos.429:2,1–3; Philos. 429:3,1–2.

zum Naturrecht. Ich werde die Meinung des Autors der Anmerkungen im Rahmen der naturrechtlichen Tradition behandeln (Pufendorf, Thomasius, Hobbes) und dabei den Begriff von *Natur* analysieren, so wie er in den handschriftlichen Notizen zum Ausdruck kommt, und zwar in seiner doppelten, eng miteinander verbundenen Bedeutung: anthropologisch (die *natura humana*) und naturrechtlich (das *jus naturae*). Obwohl ich mich auf eine ,aufs Exempel'-Analyse beschränken werde, wird diese es trotzdem gestatten,

1. das Verhältnis zwischen den Randbemerkungen und dem Text von Rüdiger, zwischen dem handschriftlichen und dem gedruckten Text zu analysieren;
2. zu zeigen, daß die anthropologische und naturrechtliche Theorie des Autors der Marginalien dem intellektuellen Profil Müllers völlig entspricht, wobei auf diese Weise eine Bestätigung der von Schepers vorgeschlagenen Autorschaft der Anmerkungen auf einer, im Gegensatz zu Schepers, mehr inhaltlich orientierten Basis gegeben wird;
3. die Frage der Datierung der Marginalien zu klären;
4. einige Überlegungen zum naturrechtlichen Modell von Rüdiger und Müller zu entwickeln.

II. Die Schlüsselbegriffe der naturrechtlichen Theorie von Rüdiger und Müller (socialitas, philautia, amicitia) und ihre Rolle bei der Zuschreibung und Datierung der Marginalien

Wenn es jemanden gegeben hat, der, im Gegensatz zu Rüdiger, keinerlei Probleme hatte, einen Vortragssaal mit Studenten zu füllen, dann war dies August Friedrich Müller (1684–1761). Müller hatte in Leipzig bei Rüdiger Philosophie studiert, sich aber auch der Rechtswissenschaft vor allem über Gottlieb Gerhard Titius angenähert. 1714 erhielt er in Erfurt den Doktortitel, um sofort danach seine Lehrtätigkeit in Rechtswissenschaft in Leipzig aufzunehmen. Mehr als 200 Studenten sollen seine Vorlesungen besucht haben und seine Berufung nach Halle zu Anfang der 30er Jahre soll die akademische Welt wie ein Schock getroffen haben, allerdings wurde sie von Müller nicht angenommen.[20] Trotz seiner Bedeutung existieren noch weniger Arbeiten über Müller als über Rüdiger.[21]

Die *Einleitung in die philosophischen Wissenschaften* ist das Resultat der von Müller verwendeten vorbereitenden Arbeiten für seine Vorlesungen.[22] Es ist zu

[20] Vgl. Art. Müller (August Friedrich), in: Johann H. Zedler (wie Anm. 2), Bd. 22, 1739, 197–200.

[21] Hruschka, Die Person als ein Zweck an sich selbst (wie Anm. 4); Zenker, Vorwort zu Müller, Einleitung (wie Anm. 17), Bd. 1, 5–29.

[22] Ebd., 9.

vermuten, daß darunter auch diese Marginalien fallen. Die Anmerkungen gehen aller Wahrscheinlichkeit nach auf die Anfangsphase des Schaffens von Müller zurück, welche mit der Veröffentlichung der ersten Ausgabe der *Einleitung* endet. Ihre genaue Datierung bereitet Schwierigkeiten. Da es zur damaligen Zeit allgemeiner Usus war, ein durchschossenes Buch jahrelang aufzubewahren, um zu verschiedenen Zeiten Randnotizen hinzuzufügen, ist es fast unmöglich, einen *terminus ante* ihrer Abfassung festzulegen. Rein den Inhalt betreffende Elemente können jedoch, wie wir weiter unten sehen werden, hilfreich sein. Was den *terminus post* anbelangt, so sind die Anmerkungen des ersten Bandes sicherlich nach 1711 und die Anmerkungen der beiden anderen Bände nach 1717 geschrieben worden. Ausgeschlossen werden kann, daß die Randbemerkungen von Müller angefertigt wurden, als er den Vorlesungen von Rüdiger folgte: Zwar hatte er in Leipzig bei Rüdiger studiert, aber dies nur bis 1707. Auch enthüllt eine rein inhaltliche Analyse sofort, daß die Marginalien mehr sind als nur einfache Notizen eines Studenten. Es handelt sich dabei ganz im Gegenteil um eine ausgesprochen unabhängige Arbeit, mit manchmal ganz anderen Ansätzen als im Text, den sie kommentieren. Der Umstand, daß die Anmerkungen gänzlich auf Müller zurückgeführt werden, läßt allerdings diverse Möglichkeiten offen: Sie können als Kommentare zu Studienzwecken geschrieben worden sein oder aber als Vorbereitung für seine Vorlesungen.

Bezüglich des Stils und der Struktur ist der Text, zu dem die Randbemerkungen gehören, ziemlich ‚schwer'. Der von Rüdiger im Titel der *Institutiones eruditionis* angekündigte „methodus mathematicae" enthüllt sich als eine Aufteilung der behandelten Thematik in Definitionen, Axiome, *consectaria* und Scholien; es handelt sich um eine sicherlich weniger innovative ‚Methode' als die in denselben Jahren von Christian Wolff vorgeschlagene. Dieser beharrte sehr viel weniger auf formalen Aspekten, sondern setzte mehr auf eine logische Strenge der Argumentation sowie auf die Wichtigkeit einer äußerst rigorosen „Verbindung zwischen den Wahrheiten", wobei er sich auf eine von ihm selbst entworfene, recht komplexe philosophische Theorie stützte.[23] Was die Aufteilung der Inhalte betrifft, besteht das von Rüdiger vorgeschlagene System aus drei Teilen: *Sapientia* (Logik und Physik, d. h. der Bereich der Naturphilosophie in letzterer), *Iustitia* (Metaphysik oder Naturtheologie, Naturrecht) sowie *Prudentia* (praktische Philosophie, Ethik und Politik). Das Naturrecht gehört also laut Rüdiger zur Sphäre der *Iustitia* und unterscheidet sich von der Metaphysik dadurch, daß es nicht die Pflichten des Menschen gegenüber Gott, sondern gegenüber den anderen Men-

---

[23] Für eine genaue Darstellung des *nexus rerum* von Seiten Wolffs vgl. ders., Der vernünfftigen Gedancken von Gott, der Welt und der Seele des Menschen, auch allen Dingen überhaupt, Anderer Theil, bestehend in ausfürlichen Anmerckungen, Frankfurt am Main 1740, Nachdruck der 4. Ausgabe hg. von Charles A. Corr, Hildesheim, Zürich, New York 1983, § 176.

schen beschreibt; er trennt auf diese Weise deutlich, wie vor ihm auch schon Pufendorf und Thomasius, den rein theologischen Bereich von dem philosophisch-rechtlichen.[24]

Die mit den meisten Anmerkungen versehenen Teile beider Ausgaben der *Institutiones* betreffen die *Iustitia*, vor allem jene, die das Naturrecht behandeln, und die *Prudentia*. Der Autor der Randbemerkungen ist nicht sonderlich am Verhältnis zwischen Körper und Seele interessiert, welches allerdings im Zentrum der Produktion und wahrscheinlich auch der Vorlesungen von Rüdiger gestanden hatte, und auch dieser Umstand spricht für die Autorschaft Müllers. Das einzige Zeugnis seines Interesses für physiologische Fragen besitzen wir in Form seiner Rolle als *respondens* auf Rüdigers *Disputatio philosophica de eo, quod omnes ideae oriantur a sensione*.[25] Die Produktion von Müller konzentriert sich vor allem auf Fragen des Rechts, der Ethik und der Politik, welche Rüdiger jeweils in den Kapiteln *Iustitia* und *Prudentia* der *Institutiones eruditionis* behandelt.

Die Randbemerkungen können nicht ohne weiteres als zwei getrennte Teile betrachtet werden; sowohl die direkt neben dem Text angebrachten als jene auf den vollkommen weißen Seiten besitzen dieselbe Funktion und Wichtigkeit. Die Bemerkungen zum Naturrecht im durchschossenen Band aus dem Jahre 1717 beginnen mit einer *Demonstratio socialitatis* (Abb. 1):

> Demonstratio socialitatis: 1) Jus naturae dependet ex ratione sibi relicta. 2) Objectum conitionis rationalis est natura. 3) Si contemplemur naturam, praecipue humanam, deprehendimus, homine esta conditum ad perfruitionem verae alicujus felicitatis, id quod docet apparatj bonorum, quo Dej naturam instruxit. 4) Ex eadem naturae contemplatione deprehendimus, hominem solum ad acquirenda ea bona sibi non sufficere. 5) Unde sequitur necessitas vivendi in societate, quae socialitas vocatur. 6. Haec necessitas, cum ab ipsa hominis natura dependeat, et naturae autor Deus sit, eô ipso nobis incumbit autore Deo, h. e. lex divina est.[26]

Der Autor der Randbemerkungen fährt fort, indem er uns einen entscheidenden Punkt seiner Überlegungen vorstellt, und zwar zum Prinzip des Naturrechts. Dies habe seinen Ursprung in der menschlichen Natur (*natura humana*), da „das Naturrecht die Formwerdung des göttlichen Gesetzes in der Natur ist":

> Principuim Juris Naturae quaerendo procul dubio est in natura humana: Jus enim naturae est lex Dei in naturâ manifestata. Natura humana ita comparata est, ut homo solus nec vivere nec felix vivere possit: Nam ad felicitatem praecipue commoditates mille vitae pertinent, quarum singulae peculiarem artificem requirunt. Ergo necesse est, ut

---

[24] Für eine synthetische Darstellung der Struktur des Systems von Rüdiger vgl. Wundt, Die deutsche Schulphilosophie (wie Anm. 4), 82–98.

[25] Andreas Rüdiger (Praes.), August F. Müller (Resp.), Disputatio philosophica de eo, quod omnes ideae oriantur a sensione, Leipzig 1704.

[26] Marg. 1717, Bd. 2, 446'.

homo vivat in societate: Haec necessitas dicitur socialitas, autore adeo Deo nobis in-
cumbens, quia est in ipsa natura humana.[27]

Die Frage nach dem Prinzip des Naturrechts, auf die in den vorhergehenden
Jahrzehnten sehr unterschiedliche Antworten gegeben worden waren, wurde damals intensiv diskutiert. Die Anmerkungen zu den *Institutiones eruditionis* stellen
mehr oder weniger eine Erklärung des daneben stehenden Textes dar, in diesem
Fall des Kapitels „Vero & primo juris naturae principio, socialitate". Die von dem
Autor der Anmerkungen und von Rüdiger vertretene Meinung stimmt mit der von
Grotius, Pufendorf und Thomasius überein, die gerade in der *socialitas* die Grundlage des Naturrechts gesehen hatten.[28] Rüdiger war bis zirka 1723 derselben Auffassung wie Grotius und Pufendorf gewesen, dann aber war in der *Philosophia
pragmatica* an die Stelle der *socialitas* das Konzept der *amicitia* getreten, welche
zum „primo et proprio juris naturae principio" wurde, der *socialitas* selbst vorangestellt, die „ex amicitia sequitur, non contra".[29] Die Abwesenheit des Begriffs der
amicitia läßt vermuten, daß die Randbemerkungen auf eine Zeit vor 1723 zurück-
reichen. Müller ist immer ein sehr aufmerksamer Leser der Werke von Rüdiger
gewesen, und gerade der von diesem vorgeschlagenen Theorie der *amicitia* hat
er einen langen Kommentar in der *Einleitung in die philosophischen Wissenschaften* gewidmet. Wenn die Marginalien chronologisch auf die Vorstellung dieser
Theorie in den Werken von Rüdiger gefolgt wären, hätte dies sicherlich in den
Anmerkungen ihren Niederschlag gefunden. Es ist also, kurz gesagt, sehr wahrscheinlich, daß die Marginalien zum Band von 1711 der *Institutiones* den Jahren
zwischen 1711 und 1722 und jene zu den beiden Bänden von 1717 der Zeit zwischen 1717 und 1722 zuzuordnen sind.

In den Randbemerkungen erscheint ein typisch Müllerscher Begriff, wenn
auch nur auf einer Seite, und zwar der Begriff der *philautia* (Abb. 1):

---

[27] Ebd.

[28] Eine knappe Zusammenfassung der verschiedenen Positionen bezüglich der Frage des Prinzips des Naturrechts finden wir in Müller, Einleitung (wie Anm. 17), Bd. 3, 1. Vgl. dazu auch die
Studie von Friedrich Vollhardt, Selbstliebe und Geselligkeit. Untersuchungen zum Verhältnis von
naturrechtlichem Denken und moraldidaktischer Literatur im 17. und 18. Jahrhundert, Tübingen
2001; ders., Freundschaft und Pflicht. Naturrechtliches Denken und literarisches Freundschaftsideal
im 18. Jahrhundert, in: Wolfram Mauser, Barbara Becker-Cantarino (Hg.), Frauenfreundschaft –
Männerfreundschaft. Literarische Diskurse im 18. Jahrhundert, Tübingen 1991, 293–310.

[29] Andreas Rüdiger, Philosophia pragmatica, Bd. 2/2, Leipzig 1723, 119–27, Nachdruck hg. von
Ulrich Leinsle, Hildesheim, Zürich, New York 2010. Vor Rüdiger hatte die Freundschaft eine
ähnliche Rolle in Johann von Feldens *Elementa juris universi* gespielt: Nach dem Aristoteliker war
die *amicitia* tatsächlich das Prinzip jeder menschlichen Gemeinschaft, sowohl der kleineren (*societas paterna, domestica,* usw.) als auch der der Reiche (*imperia*). Vgl. Johann von Felden, Elementa juris universi et in specie publici justinianaei, Frankfurt am Main, Leipzig 1664, Kap. I, 2;
Hans-Peter Schneider, Justitia universalis. Quellenstudien zur Geschichte des *christlichen Naturrechts* bei Gottfried Wilhelm Leibniz, Frankfurt am Main 1967, 130.

Contra hinc demonstrationem objicit Titius ad Pufendorf quod sic socialitas derivetur
ex philautia et ex propriae utilitatis consideratione, cum socialiter vivere potius debea-
mus etiam reclamante utilitate propria. Resp. Concedo, socialitatem ex philautia sic
derivari, nec immeritor amor enim rationalis recte incipita à se ipso; item, hac demon-
stratione id solum, ostenditur, Deum propria nostra comoda, quae unusquisq naturaliter
quaerit, ita ordinaste, ut nemo ea fine amore proximi obtinere possit. Adeoque primum
hujus demonstrationis principium est voluntas Dei, quam ita creando hominem in ef-
fectum deduxit, ut fortissimam homini infuderit philautiam, hanc vero amori proximo
tam arcte inplicuerit, ut illa sine hoc esse nequeat. Deinde licet socialitas servanda sit
reclamante etiam utilitate propria, in causis nempe publicis: id tamen philautia non
contrarium est, cum idem at alii homines reciproce in meum commodum tacere tene-
antur.[30]

Müller war noch nicht zu seiner Theorie gelangt, welche der *philautia* die Funktion des Prinzips des Naturrechts zuweist. Das Konzept der ‚Selbstliebe' sollte
dann ein ganz anderes Gewicht in der *Einleitung* einnehmen.[31] Müller hat das gesamte erste Kapitel des Teils zum Naturrecht einer Abhandlung *Vom Rechte der
natur und dessen principio* gewidmet, worin er die wichtigsten Standpunkte in der
Debatte zum Prinzip des *jus naturae* zusammenfaßte. Auch hier bezieht er sich auf
die Mangelhaftigkeit der Theorien seiner Vorgänger, unter denen sich auch die
Position seines Lehrmeisters Titius befindet, welche als nicht vollständig und
nicht ausreichend bezeichnet wird:

Die meisten lehrer zwar des natürlichen Rechts bezeugen, ich weiß nicht was vor einen
abscheu, das eigene wohlergehen eines jeden zum höchsten principio unserer pflichten
dergestalt anzunehmen, daß man auch selbst die socialität ihm als ein mittel subordin-
ire. D. Titius [...] wendet darwieder, und wieder die nur iezt angeführte Pufendorffia-
nische demonstration, ein, daß sie nicht allerdings bündig sey: denn, spricht er, Amor
proprius amorem aliorum non statim continet, cum potius hunc saepe expungat. Dicis:
amor proprius me impellit, quo sim socialis, ac ab aliis bona consequar? Verum ita sub-
ordinatur socialitas philautiae, ac utilitas propria ultimum Juris naturalis fundamentum
constituitur, quod tamen minime admittendum. Alles es lässet sich leicht aller zweifel
heben, wenn wir einen unterschied machen zwischen der wahren menschlichen glückseligkeit, die gott unstreitig dem menschen zum lezten zweck verordnet, [...] und zwischen dem vermeinten eigenen nuzen der ihren eiteln affecten ergebenen menschen,
welcher freylisch sich allenthalben wiederspricht, und in der that vielmehr ihr eigener,
obwohl ihnen unerkanter, größter schade ist; auf welche art eines unächten eigenen nu-
zens die unvernünftige selbstliebe gerichtet ist.[32]

Müller fährt in seiner Schlußfolgerung folgendermaßen fort:

Der lezte zweck der glückseligkeit und des wohlergehens der menschen ist nicht etwa
einem menschen allein eigen, sondern allen und jeden gemein: dieweil alle und jede
menschen einerley moralische natur haben, von welcher die begierde des selbsteigenen

---

[30] Marg. 1717, Bd. 2, 447.
[31] Vgl. Müller, Einleitung (wie Anm. 17), Bd. 3, 1, § 13.
[32] Ebd.

wohlergehens eines jeden, als seines lezten zweckes, unzertrennlich ist [...]. Da nun aus der betrachtung, daß gott selbst der menschlichen natur, als der schöpfer derselben, diesen zweck geordnet, folget, daß der mensch, indem er durch die natürliche begierde der selbstliebe solchen zweck suchet, solches mit recht, und zwar, weil es der lezte zweck ist, mit dem höchsten rechte thue [...]: so folget unstreitig, daß alle und jede menschen in absicht auf solchen lezten zweck gleiches recht haben; und daß also kein mensch befugt sey, dem andern in erlangung desselben entgegen zu seyn: indem es sich selbst wiederspricht, daß gott die glückseligkeit aller menschen wolle, und doch zugleich auch wolle, daß ein mensch den andern unglücklich mache: Dahero dann, da der wille gottes der höchste grund unserer rechte ist, nothwendig alle und jede menschen gleiches recht haben müssen, nach ihrer wahren glückseligkeit zu streben.[33]

Die *socialitas* (hier *socialität* oder *geselligkeit* genannt) – führt Müller weiter aus – könne nicht dem persönlichen Streben nach Glückseligkeit untergeordnet werden, denn das Streben nach einer bloßen Befriedigung der eigenen Bedürfnisse stehe im Gegensatz zu einer friedlichen Koexistenz mit den anderen Menschen. Mit anderen Worten dürfe die *socialitas* in einem derartigen Zusammenhang nicht einmal existieren. Die Konsequenz daraus sei, daß, wenn überhaupt, das persönliche Glück ein Mittel zum Glück anderer ist. Das göttliche Ziel – und dieser Gedanke ist derselbe, den wir kurz vorher in dem zitierten Abschnitt aus den handschriftlichen Anmerkungen zum Text von Rüdiger lesen konnten – sei die Erhaltung der Gesellschaft, und um dies zu erreichen, statte Gott den Menschen mit Selbstliebe aus, die dann automatisch zur Nächstenliebe werde.[34]

Die zahlreichen Übereinstimmungen zwischen diesen Teilen der *Einleitung* und den Marginalien scheinen mir wenig Zweifel daran zu lassen, daß ihr Autor Müller ist. Allerdings ist die Theorie der *philautia* in den Marginalien nur in embryonaler Form präsent; hier steht vielmehr vor allem das Element der *socialitas* im Mittelpunkt, und dies in absoluter Übereinstimmung mit dem Denken Rüdigers der Jahre vor 1723. Die Anmerkungen datieren also eindeutig aus einer Phase bei Müller, in der der Einfluß Rüdigers noch stark spürbar war.

Ein anderes zentrales Konzept bei der Behandlung des Naturrechts in den Marginalien ist die *recta* oder *sana ratio*. Sie läßt den Menschen verstehen, daß er seine eigene Existenz nicht alleine leben kann, sondern nur in Abhängigkeit von seinen Nächsten. Über die *recta ratio* sind wir in der Lage, die Nützlichkeit des Naturgesetzes zu erkennen, welches wiederum vom göttlichen Gesetz abhängt. Eine Voraussetzung ist also, daß dem Menschen seine Abhängigkeit von Gott bewußt ist.[35] Das bekanntermaßen von Grotius entworfene Prinzip der *recta ratio* wurde

---

[33] Müller, Einleitung (wie Anm. 17), Bd. 2, 1, § 9.

[34] Ebd., § 10 ff.

[35] Marg. 1711, 225' und insbes. 226: „Socialitas est necessitas vivendi in societate, ex natura humana per rectam rationem agnita. Iam vero naturae humanae autor est Deus, Ergo etiam autor est illius necessitatis, hoc est, socialitas est lex divina". Zu den Begriffen von *socialitas*, *ius naturae* und *recta ratio* bei Pufendorf vgl. Frank Grunert, Normbegründung und politische Legitimität, Tübingen

auch von Pufendorf und Thomasius angewendet, und dieser hatte davon vor allem
in Auseinandersetzung mit dem *Compendium Iuris Naturae Orthodoxae Theolo-
giae Conformatum* (1678) von Valentin Alberti gesprochen, wo von einem Modell
des Naturrechts mit sehr starken theologischen Anklängen die Rede war, was zu
jener Zeit bereits absolut anachronistisch anmutete.[36] Thomasius hatte außerdem
den Begriff der *recta ratio* dem der *ratio corrupta* entgegengestellt. Zwischen der
Konzeption von Müller und der von Thomasius bestehen eindeutige Unterschiede. Die Aufgabe der *recta ratio* bei Thomasius ist es, zwischen *verum* und *bonum*
zu unterscheiden, und zwar als Antithese zur *ratio corrupta*, welche als wahr das
erscheinen lassen kann, was nur gut ist und umgekehrt.[37] In den Marginalien wird
die Doktrin der Identifizierung von „wahr" und „gut" hingegen eindringlich zurückgewiesen:

> Contra Thomasium notandum, quod in rebus moralibus verum et bonum coincidant, ut
> et falsam et malum. Sic non est, quod Thomasius pernat hanc vulgarem sibi dictam sa-
> pientiae definitionem, et inanis est subtilitas, quod necessario putet sapientiam definiri
> debere per vivam cognitionem veri boni. Conceptus boni necessario involvit concep-
> tum veri, bonum enim est species veri, est nimirum veritas moralis: malum autem in-
> volvit conceptum falsi, est enim species falsi. Hinc male ratiocinatur ita: Non omnis
> veritas est bona, Ergo Eruditis non est cognitio veritatis.[38]

Die Theorie von Müller sieht, kurz gesagt, wie folgt aus: Der Mensch könne
nicht selbstständig sein eigenes Wohl erwerben. Die menschliche Natur sei derart
geformt, daß der Mensch aus eigener Kraft nicht in der Lage sei, allein oder glücklich zu leben, woraus sich ergebe, daß er notwendigerweise in einer Gesellschaft
leben müsse. Da sich die menschliche Natur und daraus folgend das Bedürfnis des
Menschen nach Gesellschaft von Gott ableite, habe also das Naturrecht göttlichen
Ursprung. Die Glückseligkeit des Menschen hänge folglich von Gott ab, oder besser vom göttlichen Gesetz und dessen Erscheinungsformen in der natürlichen
Umwelt, dem *jus naturae*. Das Prinzip des Naturgesetzes sei der menschlichen
Natur eingegeben: Das Naturrecht sei die Verwirklichung des göttlichen Gesetzes
in der Natur.

Gerade weil Perfektion und Glück keine eingeborenen Eigenschaften der
menschlichen Natur seien, sondern sich im Zusammenspiel mit der Gesellschaft

---

2000, 152–62. Die Ursprünge vieler Begriffe der in diesem Aufsatz zitierten jusnaturalistischen
Terminologie stammen aus dem 16. und 17. Jahrhundert, oft als Entwicklung von schon im mittelalterlichen Recht auffindbaren Bezeichnungen. Vgl. Merio Scattola, Das Naturrecht vor dem Naturrecht. Zur Geschichte des ius naturae im 16. Jahrhundert, Tübingen 1999.

[36] Zu Albertis Naturrechtstheorie vgl. Grunert, Normbegründung und politische Legitimität (wie
Anm. 35), 36–62; Ernst Dietrich Osterhorn, Die Naturrechtslehre Valentin Albertis: Ein Beitrag
zum Rechtsdenken der lutherischen Orthodoxie des 17. Jahrhunderts, Freiburg im Breisgau 1962.

[37] Grunert, Normbegründung und politische Legitimität (wie Anm. 35), 206 f.

[38] Marg. 1717, Bd. 2.

einstellten, müsse nach Müller die Ethik vor dem Naturrecht behandelt werden; das Verhältnis, welches die beiden Disziplinen verbinde, sei vergleichbar mit dem zwischen Etymologie und Syntax (Abb. 2):

> Quidam primum totius doctrinae moralis principium socialitatem et boni publici studium constituunt, eoque supponunt perperam, nullam ad humanam naturam pertinere perfectionem et felicitatem, nisi quae ex communione aut societate coalescat: quasi nempe eadem res asset Ethica et Jus Naturae. 2. Utramque fateor ad naturam humanam referri, ut Etymologia et Syntaxis ad Grammaticam, Eadem vero Ethicam cum Jus Naturae facere, perinde est, ac si etymologiam cum Syntaxi velis confundere. 3. Quemadmodum est, sine relatione ad alios homines, recta quaedam et bene attemperata corporis constitutis, sanitas Vita est recta quaedam animi temperies internaque vita, quae merito singulorum hominum felicitas dicenda, etiam sine respectu ad communem aliorum utilitatem. 4. Hinc qui socialitatem commune omnis doctrinae moralis principium perhibent, idem faciunt, ac si quis, posito quod perfecta corporis sanitas hominis felicitas esset, statim reficiret ad socialitatem sanitatisque publicae studium, ad aedificanda nosocomia, et ad praeficiendos ipsis medicos et Chirurgos cum manifestum tamen sit, huc nondum perventum esse, sed esse integram quandam artem de sanitate hominis, nempe medicinam, istis omnibus naturam priorem et ab ipsis distinctam. Uti enim medicina corporis, ita Ethica animi sanitatem tractat. 5. Hinc patet, quod Ethica prior debet esse tractatione, quam Jus Naturae.[39]

Gegen wen richtete sich die Polemik des Autors der Anmerkungen? Zuerst einmal gegen Rüdiger selbst. Die *Einleitung* von Müller bestand in der Tat aus drei Teilen, der erste betraf die Logik und die Physik, der zweite die Metaphysik, Ethik und Politik, der dritte das Natur- sowie das Völkerrecht: eine Dreiteilung, die sich eindeutig von jener der *Institutiones* von Rüdiger unterscheidet (und auch von der späteren in der *Philosophia pragmatica*), die, wie wir gesehen haben, die Metaphysik zusammen mit dem Naturrecht behandelt hatte und nicht mit der Ethik und der Politik, mit denen Rüdiger sich als letztes beschäftigte.

In dem mit Anmerkungen versehenen Band von 1711 wurde dem Konzept des „bellum omnium contra omnes" von Thomas Hobbes, dem Rüdiger im selben Werk nur vereinzelte Bemerkungen gewidmet hatte, breiter Raum beigemessen. Nach Müller sei es grundsätzlich falsch, die Grundlagen des Naturrechts auf die Angst voreinander und das Gesetz des „alle gegen alle" zurückzuführen. Der Ausgangspunkt des Naturrechts liege vor der menschlichen Verkommenheit; der Vernunft gehe die Verderbtheit voraus. Der *metus* sei also ein Produkt der *civitas* und nicht der *societas*, auf der jene basiere; Hobbes, der den Umstand negiere, daß die menschliche Natur entstanden sei, um in Gesellschaft leben zu können, und einen Naturzustand theoretisiere, der nur von Gewalt und Machtmissbrauch beherrscht sei, verwechsle in der Tat diese beiden Begriffe.[40]

---

[39] Marg. 1711, 220'.
[40] Ebd., 222 und 226'.

Das Naturrecht, welches allumfassende Gültigkeit besitze, werde allein von der Einführung der politischen Gesetze modifiziert. Das Zivilrecht sei von Staat zu Staat unterschiedlich. In diesem Fall bezöge sich das Adjektiv *humana* nicht auf das, was mit der Natur verbunden sei, also das Naturrecht, sondern ganz im Gegensatz dazu fungiere die *lex humana* oder *civilis* (dies zum Begriff der *civitas* gehörig) als Antithese zur *lex divina* oder *naturalis* (dies zum Begriff der *societas* gehörig). Das zitierte Beispiel, welches zur Klärung dieser Unterscheidung beitragen soll, ist ein Abschnitt aus dem *Tractatus theologicus-politicus* von Spinoza, einem Denker, der allerdings von dem vom Pietismus stark beeinflußten Rüdiger verständlicherweise in den *Institutiones* so gut wie ignoriert wurde.[41]

Gegen Hobbes gerichtete Bemerkungen lassen sich auch in den Marginalien des Werks von 1717 wiederfinden. Mehr als vom *metus* sei der Mensch im Naturzustand vielmehr von einer *summa indigentia* beherrscht, und dies sei auch der Grund, warum er die Notwendigkeit zum Leben in Gesellschaft anerkennen müsse:

> Id, quo Deus maxime velificatus est socialitati, est hominis summa indigentia, et insifficientia propriarum virium illam indigentiam sublevandi. Unde ad mutuam sublavationem opus est animorum commercio per sermonem, 2. amore 3. actione.[42]

Müller faßt seine Position im Band von 1711 folgendermaßen zusammen: Die Geselligkeit sei die Notwendigkeit, zusammen mit anderen zu leben, was von der menschlichen Natur dank seiner *recta ratio* anerkannt würde. Da die menschliche Natur durch Gott geschaffen sei, sei folglich die Geselligkeit ein göttliches Gesetz.[43] Die menschliche Natur sei für das Leben in Gesellschaft geschaffen, und die Glückseligkeit des Menschen habe ihren Ursprung in der Natur. Es sei falsch, wie Hobbes meint, daß der Mensch sich an das gesellschaftliche Leben nicht aufgrund seiner Natur, sondern der Disziplin anpasse: Die Disziplin sei nicht etwas, was der menschlichen Natur vollkommen fremd wäre, sondern ganz im Gegenteil mit ihr direkt verbunden: „disciplina est cultura naturae".[44]

III. Schluß

Die Marginalien, die das Naturrecht betreffen, sind nur ein sehr kleiner Teil der handschriftlichen Randbemerkungen in den Bänden von 1711 und 1717 der *Institutiones eruditionis*. Diese Anmerkungen sind jedoch, wie ich versucht habe zu zeigen, sehr wichtig zum Nachweis der Autorschaft von August Friedrich Müller

---

[41] Ebd., 223'.
[42] Marg. 1717, Bd.,
[43] Marg. 1711, 226.
[44] Ebd., 227'.

und zur Dokumentation seines Denkens vor der Abfassung der *Einleitung in die philosophischen Wissenschaften*, also bevor er ein außergewöhnlicher Rechtsprofessor sowie Quelle vieler Denker der nachfolgenden Generationen wurde, unter denen Immanuel Kant hervorsticht. Die Neubewertungen, die eine vertiefende Analyse aller Anmerkungen in den drei durchschossenen Bänden, die sich in der Leipziger Albertina-Bibliothek befinden, ergeben könnte, wären äußerst zahlreich. Sie könnten vor allem weiter zur Verdeutlichung der Ansichten der beiden Philosophen beitragen: der von Rüdiger, dem Vertreter von sehr originellen, aber wenig bekannten Theorien auf dem Gebiet der Physiologie und der Physik einer praktischen Philosophie und Rechtsphilosophie, die bislang fast vollkommen vernachlässigt wurde, sowie des jungen Müller. Eine streng inhaltlich orientierte Analyse der Marginalien würde es also wahrscheinlich erlauben, nicht nur die bereits zum Teil bekannten Anschlüsse Müllers an seinem Lehrer herauszuarbeiten, sondern auch festzustellen, inwieweit Rüdiger von seinem Schüler beeinflußt worden ist. Die Analyse der Anmerkungen könnte außerdem einen repräsentativen Eindruck von den akademischen Debatten der Leipziger Frühaufklärung geben. In den handgeschriebenen Marginalien wird die zuweilen sehr geringschätzige Behandlung Rüdigers durch persönlichere Bemerkungen, die Beschreibung von Ereignissen, Personen und deutlich inneruniversitären Auseinandersetzungen ergänzt.

Die Leipziger Randbemerkungen können aufgrund ihrer Originalität und ihres Inhalts in zwei Blöcke unterteilt werden. In dem Teil der *Institutiones eruditionis,* der der Widerlegung der eingeborenen Ideen gewidmet ist und in dem Stellung bezogen wird zur *vexata quaestio* der Beziehung zwischen Körper und Seele sowie zu präzisen Fragen, die die Physik und die Astronomie betreffen, folgt der Autor der Anmerkungen allgemein der Linie von Rüdiger. Um nur ein Beispiel zu nennen: Die Forschung hat sich sehr oft mit der Herkunft der gewagten Version des von Rüdiger vorgeschlagenen Modells des *influxus physicus* beschäftigt. Seine Darlegung des Problems bezüglich der Modalitäten der Kommunikation zwischen Geist und Körper ist äußerst originell und schlägt eine Unterscheidung zwischen Materialität und Körperlichkeit sowie die Bestätigung der materiellen Natur der Seele vor. Nach Meinung des Philosophen ist nämlich die Ausdehnung eine Eigenschaft nicht nur der Materie, sondern aller geschaffenen Dinge, also auch, obwohl unkörperlich, der menschlichen Seele. Die wahre Eigenschaft, welche die Körper von den geistigen Substanzen unterscheidet, ist ihre Dehnbarkeit, ein Ergebnis der Bewegung des Äthers (bestehend aus *particulae radiantes*) und der Luft (verursacht von der Bewegung der *bullulae*). Jedes Element besteht aus *materia prima*, einer von Gott *ex nihilo* geschaffenen, ausgedehnten Substanz. Rüdiger stellte auf diese Weise eine Äquivalenz zwischen Materie, Ausdehnung und geschaffener Natur her, und ordnete der Seele alle diese Eigenschaften zu. Die Körperlichkeit ist also das wahre Unterscheidungsmerkmal zwischen Körper und Seele, die folglich als unkörperliche materielle Ausdehnung verstanden werden muß.[45] In den Texten von Rüdiger zeigen sich diese Theorien auf sehr schwache und manchmal sogar widersprüchliche Weise. Die Anmerkungen zu diesen Fragen, die in dem Teil *Sapientia* der *Institutiones* enthalten sind, nennen hingegen ausdrücklich die Ziele der Auseinandersetzung von Rüdiger (insbesondere Christian Wolff, Guillaume Lamy und Spinoza) und sind reich an Beispielen und Verdeutlichungen bezüglich der herangezogenen Quellen, vor allem betreffs Fragen zur Physiologie, auch wenn sie nicht zu originellen Einsichten bezüglich der von Rüdiger aufgeworfenen Fragen führen. Dasselbe gilt für die logischen Doktrinen Rüdigers, zum Beispiel die der *ratiocinatio objectiva*.[46]

Der zweite Block der Anmerkungen sind jene, die sich in den Teilen *Iustitia* und *Prudentia* befinden und charakterisiert sind durch eine stärkere persönliche Konnotation. Von dem Teil zum Naturrecht haben wir schon gesprochen. Die bislang von der Forschung vernachlässigte naturrechtliche Theorie von Rüdiger ist ein wichtiger Teil seiner Lehre. Auch wenn sie nicht dieselben originellen Züge wie seine Physiologie und Physik besitzt, so tritt sie doch in eine interessante Auseinandersetzung mit der Tradition des 17. und 18. Jahrhunderts, vor allem mit Samuel Pufendorf, Christian Thomasius und Thomas Hobbes, wobei er den Gedanken von Thomasius folgt und dabei gleichzeitig originelle eigene Eingebungen entwickelt, vor allem bezüglich der Theorie der *amicitia*. Die Marginalien zu jenen Fragen beschränken sich nicht nur darauf, einige Aspekte der Lehre von Rüdiger zu vertiefen, in einer Zeit, in der Müller ausgesprochen beeinflußt war von den Auffassungen seines Lehrers, sondern führen darüber hinaus bedeutende persönliche Kommentare ein, womit klar bewiesen wird, daß Müller der Autor der Anmerkungen gewesen ist. Außerdem zeugen sie von einer Übergangsphase im Denken von Müller, in der einige seiner wichtigsten naturrechtlichen Theorien entstanden sind.

Sowohl im Hinblick auf das, was bezüglich der Marginalien ans Licht getreten ist, als auch im Hinblick auf Überlegungen, die wir bezüglich der Ansichten von Rüdiger und Müller insgesamt angestellt haben, meine ich, daß eine zukünftige, breit angelegte Behandlung der Ideen dieser beiden Philosophen zumindest die folgenden Punkte vertiefend behandeln müßte:

1. Eine genaue Analyse der Marginalien des der *Prudentia* gewidmeten dritten Teils der *Institutiones eruditionis* sowie der Anmerkungen zu Kapiteln, die

---

[45] Vgl. Rüdiger, Einleitung zur Gegen-Meinung (wie Anm. 7), 8 und 16–18 (unpag.); ders., Physica divina (wie Anm. 6), wo diese Fragen ausführlich erklärt werden und in das System der Physik und in die antiatheistische Debatte des Philosophen integriert sind.

[46] Zur *ratiocinatio objectiva* vgl. Schepers, Andreas Rüdigers Methodologie (wie Anm. 3), 113.

theologische Thematiken behandeln, im Teil *Iustitia*. Auch diese Teile wurden intensiv kommentiert, und zwar sowohl in der Ausgabe von 1711 sowie in der von 1717. Oft treten in diesen Anmerkungen die Ansichten des Kommentators mit großer Deutlichkeit hervor, vor allem bei den Bemerkungen zum Machiavellismus und zur Moralphilosophie von Spinoza.

2. Eine genaue Gegenüberstellung der handschriftlichen Notizen, der *Einleitung in die philosophischen Wissenschaften* von Müller und der Anmerkungen zu den sieben durchschossenen Bänden der *Einleitung*, die in der Bibliotheca Albertina in Leipzig aufbewahrt werden.

3. Ein Vergleich der Marginalien mit der von Müller kommentierten deutschen Übersetzung des *Oraculo manual y arte de prudencia* (1647) von Baltasar Graciàn. Das Handbuch mit den Grundsätzen des spanischen Jesuiten, welches bereits von Christian Thomasius für seine Vorlesungen verwendet worden war, wurde in der Aufklärung dank der Ausgabe von Müller bekannt, der ersten, die unabhängig von der französischen Übersetzung von Amelot de la Houssaie (1684) entstanden ist.[47] Die zwischen 1716-1719 veröffentlichte Übersetzung von Müller liegt teilweise zeitgleich zur Abfassung der Marginalien.[48] Auch wenn das *Oraculo* auf allen Seiten der Anmerkungen nur selten direkt zitiert wird, sollte geklärt werden, ob präzise inhaltliche Übereinstimmungen zwischen dem Kommentar von Müller und den Aphorismen und den Marginalien zum Text von Rüdiger existieren.

4. Eine Rekonstruktion der Entwicklung des Dialogs zwischen Rüdiger und Müller und ihrer gegenseitigen Einflußnahme auch mit Hilfe der gedruckten Werke. Rüdiger bespricht nämlich die erste Ausgabe der *Einleitung in die philosophischen Wissenschaften* in der Ausgabe von 1729 der *Philosophia pragmatica*; Müller behandelt seinerseits einige Theorien der *Philosophia pragmatica* (was in Bezug auf die *amicitia* als Prinzip des Naturrechts erwähnt wurde) in der Ausgabe von 1733 der *Einleitung*. Ein vollständiges Verständnis nicht nur der naturrechtlichen Theorie von Rüdiger wie auch der von Müller, sondern auch der Ansichten beider in ihrer Gesamtheit, die heute fast vollständig in Vergessenheit geraten sind, kann nicht von einer diachronischen Analyse ihres

---

[47] Vgl. dazu Eric Achermann, Substanz und Nichts. Überlegungen zu Balthasar Gracián und Christian Thomasius, in: Manfred Beetz, Herbert Jaumann (Hg.), Thomasius im literarischen Feld. Neue Beiträge zur Erforschung seines Werkes im historischen Kontext, Tübingen 2003, 7–34.

[48] August F. Müller, Balthasar Graciaans Oracul, das man mit sich führen und stets bey der Hand haben kann, das ist: Kunst-Regeln der Klugheit, vormahls von Mr. Amelot de la Houffaye unter dem Titel l'Homme de Cour ins Französische, anietzo aber aus dem Spanischen Original, welches durch und durch hinzugefüget worden, ins Teutsche übersetzt und mit neuen Anmerkungen, in welchen die Maximen des Autoris aus den Principiis der Sitten-Lehre erklähret und beurtheilet werden, versehen, 2 Bde., Leipzig 1716–1719.

intellektuellen Dialogs und einem genauen Vergleich der Entwicklung der Ideen sowohl des einen als auch des anderen absehen.

In der Bibliotheca Albertina in Leipzig befinden sich drei durchschossene Exemplare des Hauptwerkes des sächsischen Mediziners und Philosophen Andreas Rüdiger (1673– 1731), die Institutiones eruditionis, die handgeschriebene Textkommentare von August Friedrich Müller (1684–1761) enthalten. In diesem Beitrag behandle ich jenen Teil der Leipziger Bände, der besonders reich an Randnoten ist, und zwar den zum Naturrecht. Ich untersuche die Stellung des Autors der handschriftlichen Anmerkungen im Rahmen der naturrechtlichen Tradition und analysiere den Begriff der ,Natur', der sich in den Randbemerkungen ausdrückt. Dazu mußten 1. das Verhältnis zwischen den Marginalien und dem Text von Rüdiger, zwischen dem handschriftlichen und dem gedruckten Text analysiert, 2. die Frage der Datierung und Zuschreibung der Randbemerkungen geklärt und 3. Überlegungen zum naturrechtlichen Modell von Rüdiger und Müller entwickelt werden.

The Bibliotheca Albertina in Leipzig holds three interleaved volumes which contain a manuscript commentary of Andreas Rüdiger's (1673–1731) Institutiones eruditionis. In this paper I have examined one of the sections of the volumes richest in annotations, the one about natural law. I looked at the position of the annotator in the jusnaturalistic tradition and analyzed the concept of 'natura' expressed in the marginalia. Therefore I have: 1) analyzed the relationship between the annotations und Rüdiger's work, between the manuscript commentary and the printed text; 2) clarified the problem of the dating and authorship of the marginalia; 3) made some reflections on the jusnaturalistic model of Rüdiger and August Friedrich Müller (1684–1761), the author of the marginalia.

Riccarda Suitner, Universität Erfurt, Forschungszentrum Gotha, Postfach 100561, 99855 Gotha, E-Mail: riccarda.suitner@uni-erfurt.de

Michael Multhammer

Was ist eine ‚natürliche Schreibart'?

Zur Reichweite eines transdisziplinären
Wunschbildes der Aufklärung

> Scribendi recta sapere est
> et principium et fons.
> (Horaz, Ars Poetica)

Intuitiv einleuchtende Konzepte zu hinterfragen, mag müßig erscheinen, aber
dennoch bildet gerade dieses Unterfangen eine der wichtigsten, zunehmend in
Vergessenheit geratenen Aufgaben des Geisteswissenschaftlers: dort nachzufra-
gen, wo eigentlich der allgemeine Konsens herrscht. Mit der Kategorie des ‚Natürlichen' haben wir eine mittlerweile durchweg positiv konnotierte Vorstellung
vor uns. ‚Natürlichsein' ist per se wünschenswert.[1]

Das Natürliche wurde in einer noch zu bestimmenden Zeit zu einem positiven
Wert an sich, der bis heute fraglose Geltung besitzt.[2] Gerade deshalb sollte man
die Geschichte und Geschichtlichkeit dieses Konzepts nicht aus den Augen verlieren: Das, was uns heute erstrebenswert erscheint, muß es nicht immer gewesen
sein. Auch das Natürliche hat Geschichte. Als etwa Jean-Jacques Rousseau 1755
in seinem zweiten Diskurs, der *Abhandlung über den Ursprung und die Grundlagen der Ungleichheit unter den Menschen*, den Naturzustand des Menschen –
vor jeglicher Korruption durch die Kultur – zum wieder zu erreichenden Ziel erklärte, war das keineswegs eine auf Konsens zielende Behauptung, sondern vielmehr eine Zumutung an die zeitgenössische Leserschaft. Das immer wieder neu
thematisierte Spannungsverhältnis zwischen Kultur und Natur, Natur und Kunst,
dem Stellenwert des Künstlichen als *ars* (respektive *techne*) und dem jeweiligen
Verhältnis untereinander ist in allen Epochen und Filiationen der möglichen Präferenzen im Kontext zu diskutieren. Einem einfachen Zugang versperrt sich diese
Thematik notwendigerweise und Abkürzungen führen nicht selten zu schiefen,
mitunter sogar falschen Ergebnissen. Diese Heterogenität der Materie gilt es,

---

[1] Siehe hierzu Dieter Birnbacher, Natürlichkeit, Berlin, New York 2006, insb. 30–37.
[2] Ebd., 17–37.

Aufklärung 25 · © Felix Meiner Verlag 2013 · ISSN 0178-7128

wenngleich sie nicht erschöpfend behandelt werden kann, im Auge zu behalten. Im Folgenden soll es nicht um das weite Feld der Kultur des Menschen und ihren Verschränkungen mit einem wie auch immer gearteten Begriff der Natur an sich gehen, sondern nur um einen bescheidenen, aber in seinen Konsequenzen weitreichenden Bereich kultureller Praktiken.

An einem der Umschlagpunkte der Geschichte möchte der Beitrag ansetzen und die Frage aufwerfen, wann eine ‚natürliche Schreibart‘ zu einem erstrebenswerten Ziel wurde, und weiter, was mit diesem Konzept eigentlich gemeint sein sollte, letztlich gemeint war und wie sich die in der Theorie erarbeitete Forderung praktisch umsetzen ließ. Daß eine ‚natürliche Schreibart‘ in unterschiedlichen Disziplinen wie der Rhetorik, Poetik oder Theologie, aber auch in den einzelnen Wissenschaften angestrebt wurde, steht außer Zweifel; bekannte Namen wie Gottsched oder Gellert, die eine solche Schreibart propagiert haben, sollen hierfür einstweilen Pate stehen. Die beiden begrifflichen Bestandteile des Konzepts haben ihre je eigene Geschichte, ihre Semantik ist nicht stabil und die sie begleitenden Denkvoraussetzungen waren einem steten Wandel unterworfen. Darin liegt der Reiz der Untersuchung, die natürliche Schreibart von verwandten Konzepten zu unterscheiden und gleichzeitig die ideengeschichtlichen Konstellationen offenzulegen, denen sie sich verdankt. Die Spuren, denen es dabei nachzugehen gilt, nehmen ihren Ausgang in der Mitte des 17. Jahrhunderts und führen bis in die Zeit der sogenannten Empfindsamkeit in der Mitte des 18. Jahrhunderts.

I. Schreibart versus Stil – Sulzers Theorie
der schönen Künste im Kontext

‚Schreibart‘ ist heute kein gängiger Terminus der Beschreibung stilistischer Eigenheiten. Die Gattungstheorie kennt den ‚weicheren‘ Begriff einer Schreibweise für die Arten schriftlicher Äußerungen, denen der Status einer Gattung gerade nicht zukommt.[3] Das weist allerdings in eine gänzlich andere Richtung, als der hier zur Diskussion stehende Begriff der Schreibart. Will man zu einem adäquaten Verständnis gelangen, kommt man um eine Untersuchung der historischen Semantik nicht umhin. Schlägt man in Zedlers Universallexikon den Begriff ‚Stil‘ nach, wird man auf das Lemma ‚Schreibart‘ weiter verwiesen, das dem lateinischen ‚stylus‘ entspricht. Schreibart „ist eine Zusammensetzung der Wörter, wodurch wir unsere Gedancken auszudrücken suchen", so die allgemeine Definition

---

[3] „Schreibweisen sind materialästhetisch gesehen Wirkungsdispositionen, denn die im Text verwendeten poetischen Mittel sind zusammengenommen im Prinzip dazu geeignet, bestimmte Wirkungen zu erzielen [...]" (Rüdiger Zymner, Gattungstheorie. Probleme und Positionen der Literaturwissenschaft, Paderborn 2003, 187).

gleich zu Beginn.[4] Eine qualitative Bestimmung folgt unmittelbar: „Diese Zusammensetzung überhaupt ist entweder gut oder fehlerhafft". Der Aspekt der Beurteilung der Schreibart oder des Stils soll noch für einen Moment zurückgestellt werden. Folgt man Zedlers Definition, so darf man die beiden Begriffe – ‚Stil' und ‚Schreibweise' – als synonym verstehen. Wir sollten trotzdem nicht vorschnell die Chance verschenken, beide Termini separat zu betrachten. Es finden sich an prominenter Stelle differenziertere Sichtweisen auf das Verhältnis der beiden Begriffe, die es zu berücksichtigen gilt.

Johann Georg Sulzers (1720–1779) *Allgemeine Theorie der schönen Künste* verzeichnet ebenfalls einen Eintrag,[5] der beide Begriffe zugleich abhandelt, allerdings um den Vorbehalt erweitert, daß lediglich die Begriffsextension im Bereich der schönen Künste im Fokus steht.[6] Wenngleich bereits dergestalt eingeschränkt, wird zunächst nur eine sehr vorsichtige und zurückhaltende Definition gegeben:

> Man pflegt in den Werken des Geschmacks die Materie oder die Gedanken von der Art sie vorzutragen oder darzustellen, zu unterscheiden und das letztere den Styl oder die Schreibart zu nennen. Aber es ist schwer genau zu bestimmen, was in jedem Werk zu den Gedanken oder zur Schreibart gehöre und daher auch schwer zu sagen, worin eigentlich die Schreibart bestehe.[7]

Schon das „Man pflegt" gleich zu Beginn markiert eine Unsicherheit in Sulzers Definitionsversuch. Er bemüht eine leidlich vage Formel zur ersten Bestimmung. Stil oder Schreibart bezeichnen den nicht-substanziellen Teil einer Äußerung, also weder die „Materie" selbst oder die eigentlichen Gedanken eines Künstler. Die „Art" des Vortrags, die Performanz,[8] ist nicht eindeutig in distinkten Grenzen zu fassen – und doch macht sie die Hauptsache der künstlerischen Produktion aus. Sulzer weist explizit darauf hin:

---

[4] Art. „Schreibweise", in: Johann Heinrich Zedlers Grosses vollständiges Universallexicon aller Wissenschaften und Künste, Leipzig 1731–1754, Bd. 35, Sp. 1121–1123.

[5] Johann Georg Sulzer, Allgemeine Theorie der schönen Künste, 4 Bde., Leipzig 1792–1799 (Erstausgabe 2 Bde, Leipzig 1771–1774), Bd. 3 (²1779), 144–155. Carsten Zelle weist darauf hin, daß das Projekt allerdings schon einige Zeit zurückreicht, mindestens in die 50er Jahre des Jahrhunderts und somit nicht als reine Momentaufnahme in der Entwicklung der Ästhetik um 1770 mißverstanden werden darf. Vgl. Carsten Zelle, ‚Querelle du Théâtre': Literarische Legitimationsdiskurse (Gottsched – Schiller – Sulzer), in: German Life and Letters 62/1 (2009), 21–38, insb. 34.

[6] Andere Schreibarten, etwa die philosophische oder geistliche, denen Zedlers Lexikon einen langen, separaten Eintrag widmet, werden nicht explizit behandelt.

[7] Sulzer, Allgemeine Theorie (wie Anm. 5), 144.

[8] Zuletzt ausführlich die Zusammenstellung älterer Literatur sowie einiger neuerer Beiträge bei Uwe Wirth (Hg.), Performanz. Zwischen Sprachphilosophie und Kulturwissenschaften, Frankfurt am Main 2002. Ich möchte den Begriff der Performanz nicht überstrapazieren, wie es zuletzt oft in den sogenannten Kulturwissenschaften getan wurde. Unter ‚Performanz' verstehe ich in diesem Zusammenhang die Art und Weise, wie bestimmte Inhalte und gedankliche Fügungen kommuniziert werden.

Da mir nicht bekannt ist, daß sich jemand die Mühe gegeben habe, das, was in allen
Werken der Kunst eigentlich zur Schreibart gehört, mit einiger Genauigkeit zu bestimmen, so will ich versuchen, es hier zu tun. Die Sache scheint um so viel wichtiger, da
jederman empfindet, wie sehr viel in Werken des Geschmacks auf die Schreibart an-
komme und wie wesentlich es für den Künstler sei, eine gute Schreibart in seiner Gewalt zu haben. Aber wie kann man ihm zur Erlangung derselben den Weg zeigen, so
lange man nicht recht weiß, was die Schreibart ist?[9]

Sulzer betont ein Moment der Reflexivität in der Darstellung, das Dargestellte
weist notwendig auf den Künstler zurück.[10] Er wird zum zentralen Bezugspunkt
für Fragen des Stils – Stil ist keine Kategorie, die frei und absolut bestimmbar
wäre. Stil und Schreibart beziehen sich nicht auf die wesentlichen Teile in der Darstellung, sondern auf das Zufällige. Der kontingente Aspekt dabei ist, daß die Person des Künstlers, sein Charakter, die Gestaltung eines bestimmten Stoffes beeinflußt, die auch ganz anders ausfallen könnte, wenn ein anderer sich dem gleichen
Gegenstand zuwenden würde. Wir werden in der näheren Bestimmung der ,natür-
lichen Schreibart' ausführlich auf diesen Punkt zurückkommen. Im Folgenden
wählt Sulzer eine Strategie des Ausschlusses, um in einem ersten Schritt wenigstens die Elemente klar zu bestimmen, die nicht zum Stil oder zur Schreibart gehören. Dahingehend schränkt er weiter ein: Stil sei als ein Oberbegriff zu verstehen, der eine Art und Weise künstlerischer Produktion beschreibt, Schreibart hingegen sei schon spezifischer, insofern sie dem Teilbereich der „Kunst der Rede"
zuzuordnen ist. Sulzer illustriert das an einem Beispiel. Er geht davon aus, daß
mehrere Personen Zeugen ein- und derselben Situation waren und diese im Nach-
gang, um weitere Personen zu unterrichten, getreu schildern sollen. Die Beschreibungen werden notwendig unterschiedlich ausfallen. Verschiedene Faktoren gilt
es dabei zu berücksichtigen: So spielt der Standort des Betrachters eine entscheidende Rolle – es können nicht alle denselben einnehmen. Manche können vielleicht aufgrund einer besseren Perspektive mehr wahrnehmen und daher auch
vollständiger berichten. Ein weiterer Gesichtspunkt wäre die Persönlichkeit
des Berichterstatters. Während sich der eine mit einer nüchternen Darstellung be-
gnügt, fängt ein anderer, empfindsamerer Betrachter Feuer und überführt das Geschehen in eine Ode. Hier gilt es Vorsicht walten zu lassen, so Sulzer, denn ver-
gleichen darf man im Hinblick auf die Schreibart nur einander Ähnliches. Sind die

---

[9] Sulzer, Allgemeine Theorie (wie Anm. 5), 144 f.

[10] Der Zusammenhang zwischen sprachlicher Darstellung und der *conditio humana* ist bei Sulzer
konstitutiver Grundzug: „Darüber hinaus ist die Sprache das Verbindungsglied, das die unterschiedlichen Vermögen eint und somit allererst den ,ganzen Menschen' ermöglicht" (Hans-Peter
Nowitzki, Denken – Sprechen – Handeln. Johann Georg Sulzers semiotische Fundierung der *Allgemeinen Theorie der schönen Künste*, in: Frank Grunert, Gideon Stiening (Hg.), Johann Georg
Sulzer (1720–1779). Aufklärung zwischen Christian Wolff und David Hume, Berlin 2011, 137–
167, hier 138).

gewählten Textsorten oder gar Gattungen gänzlich unterschiedlich, wie im Falle des historischen Berichts und der Ode, so kann man die eigentümlichen Schreibarten der Künstler nicht miteinander in Beziehung setzen. Die Wahl der Gattung gehört insofern nicht zum Zufälligen, sondern zur „Materie“ selbst und kann kein Kriterium für die Schreibart sein. Vor dem Hintergrund dieser Exklusionen kann Sulzer die Eigenheiten der Schreibart näher spezifizieren:

> Wer also bei jedem Schriftsteller das, was zu seiner Schreibart gehört, es liege in den Gedanken oder in dem Ausdruck, von dem, was nicht Schreibart ist, unterscheiden will, der suche vor allen Dingen die Art des Inhalts, die Absicht des Verfassers, folglich auch den Standort und Gesichtspunkt aus denen er seinen Stoff angesehen hat, genau zu fassen. Hernach überlege er bei jedem Gedanken und Ausdruck, ob er so wesentlich zur Sache gehöre oder so natürlich damit verbunden sei, daß jeder Schriftsteller von Genie, Nachdenken und richtiger Urteilskraft (denn diese werden bei jedem vorausgesetzt) der jene Absicht gehabt und aus jenem Standorte die Sache angesehen hätte, ihn würde haben finden oder bemerken können oder ob er natürlicher Weise nur dem scherzhaften oder dem witzigen oder dem etwas boshaften, dem kaltblütigen oder dem hitzigen Mann; kurz ob er nur dem Schriftsteller von irgend einem besonders ausgezeichneten Charakter oder einer besonderen Laune, habe einfallen können. Alles, was zum letztern Falle gehört, rechne er zur Schreibart; was aber zu diesem besonderen nicht gehört, das rechne er zum Wesentlichen der Materie.[11]

Soweit Sulzers allgemeine Bestimmung des Begriffs. Folgt man dieser Explikation, so müßte man eine ‚natürliche Schreibart‘ als eine *contradictio in adjecto* begreifen. Denn wenn ein jeder Künstler notwendig einen Gedanken faßt, er also natürlich ist und zur Sache gehört, so schließt das eine Teilhabe an der Schreibart gerade aus. Das Natürliche einer Sache findet sich in der Abstraktion vom Zufälligen und gehört somit zur Materie selbst. Die erste Bezugsgröße der Schreibart ist der Charakter des Künstlers. Diese kurzen und doch so voraussetzungsreichen Überlegungen werden im weiteren Verlauf des Artikels erläutert – wirklich Neues kommt nicht hinzu. Sulzer bleibt bei der vorsichtigen Annäherung an seinen Gegenstand, versucht Fragen zu plazieren, die seine Beobachtungen umkreisen. Zu einer wirklichen Definition ringt er sich an keiner Stelle durch, was die Schwierigkeit der Unternehmung unterstreicht.

Zwei Fragen stehen deutlich im Mittelpunkt: „1. wie wir in einem Werke von dem Materiellen oder den Gedanken selbst, das, was zur Schreibart muß gerechnet werden, von dem übrigen unterschieden sollen und 2. was auch im Ausdruck als eine Wirkung der Schreibart anzusehen sei?“[12] Der erste Schritt in der Ermittlung dessen, was genuin zur Schreibart gehört, führt über den Charakter der schreibenden Person. Es ist nämlich die Schreibart selbst oder eine „besondere

---

[11] Sulzer, Allgemeine Theorie (wie Anm. 5), 146.
[12] Ebd., 148.

Laune"[13] in derselben, die den Charakter verrät. Es gilt daher darauf achtzugeben, „Nebenbegriffe, die nicht aus genauer Überlegung der Sachen entstehen",[14] zu isolieren. Die Schwierigkeit dabei ist, daß sich die Schreibart beinahe unmerklich „unter die Hauptgedanken" mischen kann. Zweifelsohne stehen beide in einer nicht immer eindeutig zu bestimmenden Wechselbeziehung. Dennoch: „Die Nebengedanken aber machen bei der Schreibart die Hauptsache aus". Will man die besondere Schreibart eines Autors ergründen, muß man von den Hauptgedanken, die zur Darstellung gebracht werden, abstrahieren. Dementsprechend rücken andere Aspekte in den Fokus: „Ferner gehören die Einkleidung, Ordnung und Verbindung der Gedanken ebenfalls zur Schreibart".[15] Aus diesen Parametern, letztlich aus dem vom Autor gewählten Arrangement der Gedanken, läßt sich wieder auf den Charakter desselben schließen, d. h. der Charakter offenbart sich oder soll sich idealerweise in der Schreibart offenbaren. Die natürlichen Anlagen, das jeweilige Temperament, sei es ruhig und besonnen, empfindsam, klar strukturiert oder hitzig, sie schlagen sich in der Schreibart nieder und sind beobachtbar. Der zweite Punkt, den Sulzer ins Feld führt, gestaltet sich noch schwieriger und betrifft den Ausdruck als Wirkung einer Schreibweise. Er ist nicht mehr direkt bestimmbar, sondern der Leser muß ihn sich – die entsprechende Erfahrung in der Lektüre vorausgesetzt – erschließen. Im engeren Sinne reduziert sich der Ausdruck auf die Wortwahl, allerdings dahingehend erweitert, daß ungewöhnliche Verwendungsweisen, die bestimmte Konnotationen mit sich bringen, Teil einer Schreibart werden können. Auf diesem Weg kommt die aus der Rhetorik bekannte Forderung des ‚aptum' als Kriterium zum Tragen, das gerade an den Rändern des ‚Angemessenen' Aufschlüsse über eine gewisse Schreibart erlaubt. Es entsteht so eine Art – metaphorisch gesprochen – Fingerabdruck, der Rückschlüsse auf den Charakter des Schreibers ermöglicht. Es ist wohl kein Zufall, daß sich Sulzer in diesem Zusammenhang des öfteren des Vergleichs mit einer weiteren aufstrebenden Disziplin bedient: „[D]ie verschiedenen Arten des Styls" sind, schreibt Sulzer, so „mannigfaltig als die Physiognomien der Menschen selbst".[16] Wenngleich sich hier kein expliziter Hinweis auf die Studien Johann Caspar Lavaters findet, so sind die Parallelen zu Sulzers Landsmann doch deutlich.[17] Seine *Physiognomischen Fragmente zur Beförderung der Menschenkenntnis und Menschenliebe* (4 Bände, 1775–78) zielten ja ebenfalls auf die Ergründung des Charakters anhand äußerer Merkmale.[18] Ich verfolge diese Verbindung hier nicht weiter, son-

---

[13] Ebd., 149.
[14] Ebd.
[15] Ebd., 150.
[16] Ebd.
[17] Lavater war ebenso wie Sulzer ein Schüler Bodmers und Breitingers in Zürich.
[18] Siehe hierzu Ulrich Stadler, Der gedoppelte Blick und die Ambivalenz des Bildes in Lavaters „Physiognomischen Fragmenten zur Beförderung der Menschenkenntniß und Menschenliebe", in:

dern wende mich, Sulzer folgend, den qualitativen Ausprägungen der Schreibart zu.

Sulzer führt sechs Punkte an, die notwendige Bedingungen für eine ‚gute‘ Schreibart sind.

1. Ein gesittetes Wesen und Anstand[19]
2. Übereinstimmung des Charakters mit dem Inhalt
3. Ästhetische Kraft
4. Klarheit, Leichtigkeit und Bestimmtheit sowohl im Einzelnen (etwa auf Satz-ebene) als auch im Ganzen
5. Die Einförmigkeit der Schreibart, die auf einen stabilen Charakter verweist
6. Wohlklang und Reinheit des Ausdrucks

Alles, was gegen diese Prinzipien verstößt, und sei es auch nur in einzelnen Punkten, führe zu einer ‚schlechten‘ Schreibart. Sulzer liefert überdies Gegenbeispiele, benennt also ebenfalls gerade jene Aspekte, die eine ‚gute‘ Schreibart verhindern würden. Ich greife hierbei nur einen Punkt heraus, der mir in der Bestimmung dessen, was eine ‚natürliche Schreibart‘ sein soll, wichtig erscheint. Gerade bei Punkt 3, der Einschätzung der ästhetischen Kraft des Ausdrucks, kann es leicht zu Verwechslungen kommen. Nicht selten wird das Einfache, Schnörkellose mit dem „Kraftlose[n]“ in eins gesetzt, ein Fehler, den es zu vermeiden gilt:

> Das vollkommen natürliche, sanft- und leichtfließende, ist so wenig kraftlos, daß man ihm vielmehr, ohne müd oder satt zu werden, mit anhaltender Lust zuhört; weil der Geist ohne Anstrengung durch Ordnung, natürlichen Zusammenhang, Klarheit und die höchste Richtigkeit und Schicklichkeit der Gedanken und des Ausdrucks, sich beständig in einer angenehmen Lage findet.[20]

Die Ausdrucksweise, die einen „natürlichen Zusammenhang“ darzustellen vermag, verdankt sich selbst wiederum der Natur. Denn „kein Mensch gibt sich seinen Charakter, er hat ihn von Natur“.[21] Sich selbst und seinen Charakter zu kennen, ist daher eine unabdingbare Voraussetzung für guten Stil: „wer sicher sein will gut zu schreiben, muß seines Charakters gewiß sein“.[22] Primäres Ziel für ei-

---

Claudia Schmölders (Hg.), Der exzentrische Blick. Gespräch über Physiognomik, Berlin 1996, 77–92.

[19] Daß dieser Punkt an erster Stelle steht, kann nicht verwundern. Sulzer fundiert seine „Kunsttheorie […] nicht in der Geschmackstheorie oder der durch Baumgarten und Meier neu begründeten Ästhetik als Wissenschaft der Sinnlichkeit, sondern [in] der Ethik“ (Achim Vesper, Sulzer über die schönen Künste und das Gute, in: Grunert, Stiening [Hg.], Johann Georg Sulzer [wie Anm. 10], 169–189, hier 174).

[20] Sulzer, Allgemeine Theorie (wie Anm. 5), 152.

[21] Ebd., 153.

[22] Ebd.

nen guten Schreiber muß daher die solide Ausbildung des Charakters sein, und damit einhergehend, ein gründliches Maß an Bescheidenheit und Demut in Sicht auf das eigene Vermögen. Hinzu kommen des weiteren zwei Grundeigenschaften, die jeder künstlerisch Tätige mitbringen muß. Im Falle der „Kunst der Worte" sind dies die vollständige Beherrschung der Materie[23] sowie der Sprache.[24] Ohne diese Voraussetzungen ist eine gute Schreibart schlichtweg undenkbar.

Die Forderungen, die Sulzer hier an eine ‚gute Schreibart' heranträgt, versammelt der Artikel im Zedler *grosso modo* unter dem Stichwort einer ‚natürlichen Schreibart'. Die Begründungen nehmen ihren Ausgang jedoch aus einer anderen Richtung. Im Folgenden gilt es daher – vornehmlich unter Rückgriff auf rhetorische Traditionen – das Attribut ‚natürlich' näher zu bestimmen.

II. Abgrenzungen: Natur, Natürlichkeitsideal und ‚Natura-ars-Dialektik'

Was kann gemeint sein, wenn man zwischen den Jahren 1650 und 1750 von Natur und Natürlichkeit spricht? Was ist unter ‚natura' zu verstehen? Die aristotelische Vorstellung von ‚physis', die ‚natura naturans' oder die ‚natura naturata'? In welchen Wesensbestimmungen und Traditionen ist Natur zu denken, platonisch, neuplatonisch, wie etwa bei Marsilio Ficino; entsprechen ihr der Naturbegriff Spinozas oder doch die christlichen Vorstellungen, wie sie Albertus Magnus, Thomas von Aquin oder Cusanus geprägt haben; der neue ‚wissenschaftliche' Naturbegriff eines Roger Bacons oder Isaac Newtons oder doch eher ein Konzept, das Natur als „Quasi-Weltseele"[25] denkt, wie der Paracelsismus oder die Naturphilosophie eines Giralmo Cardano? Die Liste ließe sich noch beliebig fortsetzen, ohne daß man einer Antwort in Bezug auf unsere Frage näher käme. Thomas Leinkauf hat sich bemüht, die möglichen Filiationen des Natur-Begriffs in der Frühen Neuzeit aufzuzeigen – auf seine Arbeit sei hier verwiesen.[26] Viel wichtiger als die einzelnen Möglichkeiten der Realisierung philosophischer Konzepte ist für die vorliegende Fragestellung die Grundannahme Ernst Cassirers in der *Philosophie der Aufklärung,* auf die Leinkauf verweist:

---

[23] „Wer seine Materie nicht völlig besitzt, kann nicht ohne Zwang, ohne Ungewissheit, ohne einige Ängstlichkeit davon sprechen, er müßte denn ein völlig leichtsinniger Kopf sein" (Ebd., 154).

[24] „Wem nicht die Wörter und Redensarten im Überflus [!] zuströmen, der hat auch nicht die freie Wahl, sie dem Charakter seiner Materie und seiner Gedanken gemäß zu wählen" (Ebd.).

[25] Thomas Leinkauf, Der Naturbegriff in der Frühen Neuzeit. Einleitung, in: T.L., Karin Hartbecke (Hg.), Der Naturbegriff in der Frühen Neuzeit. Semantische Perspektiven zwischen 1500 und 1700, Tübingen 2005, 1–19, hier 5.

[26] Ebd. Der Sammelband bietet äußerst sorgfältige Einzeluntersuchungen zu einzelnen Traditionen und Autoren, auf die hier nicht näher eingegangen wird.

Der Begriff und das Wort der ‚Natur‘ umfaßt im Geistesleben des siebzehnten Jahrhunderts zwei Problemgruppen, die wir heute voneinander zu sondern pflegen, und schließt sie zu einer Einheit zusammen. [...] Denn ‚Natur‘ besagt nicht den Umkreis des bloß ‚physischen‘ Seins, von dem das Seelisch-Geistige unterschieden werden soll; nicht das ‚Materielle‘ gegenüber dem ‚Spirituellen‘. Der Ausdruck geht nicht auf ein Sein von Dingen, sondern er geht auf die Herkunft und Begründung von *Wahrheiten*. Der ‚Natur‘ gehören, unbeschadet ihres Inhalts, *alle* Wahrheiten an, die einer rein immanenten Begründung fähig sind; die keiner transzendenten Offenbarung bedürfen, sondern aus sich selbst gewiß und einleuchtend sind.[27]

Zwei Punkte, die hier angesprochen werden, muß man für die weiteren Ausführungen im Hinterkopf behalten, sie bilden gleichsam das Fundament, auf dem über die Reichweite und Möglichkeiten des Konzeptes einer ‚natürlichen Schreibart‘ sinnvollerweise nachgedacht werden kann. Der Naturbegriff ist erstens an eine Form von Wahrheit gekoppelt, d. h. man kann im Rückgriff auf den Naturbegriff Wahrheit begründen und erklären. Der zweite Punkt ist, daß die Wahrheit, die durch ‚Natur‘ oder aufgrund einer bestimmten ‚Natürlichkeit‘ verbürgt ist, selbstevident ist. Sie kann allgemein und ohne weiteres erkannt werden.

Vor diesem Hintergrund läßt sich der Fokus enger stellen und die Fragestellung weiter eingrenzen, was das ‚Natürliche‘ an der natürlichen Schreibart sein kann. Wenn Natur auf Wahrheit verweist, ist es nicht verwunderlich, daß Natürlichkeit wünschenswert ist. Letztlich handelt es sich, zumindest was den Naturbegriff im Barock betrifft – wie Wilhelm Schmidt-Biggemann deutlich gezeigt hat – um einen theologischen Begriff, der notwendig das Moment der Wahrheit inkorporiert.[28] In der rhetorischen Stillehre wurde daher seit Anbeginn das Verhältnis von ‚natura‘ und ‚ars‘ in ihrer gegenseitigen Abhängigkeit beleuchtet. Die unter dem Stichwort Natura-ars-Dialektik versammelten Überlegungen gehen allerdings deutlich über den Bereich hinaus, der hier bescheidener Gegenstand sein soll – sie bezeichnen eines der „zentralen Probleme in der Rhetorik“.[29] Hier soll es uns nur um einen kleinen Ausschnitt dieses Problems gehen. Doch zunächst noch zu einem weiteren zentralen Begriff aus dem Bereich der Rhetorik: dem sogenannten ‚Natürlichkeitsideal‘. In der Redekunst, als ‚techne‘ verstanden, werden immer auch normative Vorgaben verwirklicht, es gibt Regeln, die lehren, was erstrebenswert ist und einen guten Redner ausmacht und was zu vermeiden

---

[27] Ernst Cassirer, Die Philosophie der Aufklärung (1932), Hamburg 2007, 253.

[28] Wilhelm Schmidt-Biggemann, Welche Natur wird nachgeahmt? Beobachtungen zur Erscheinung der Natur in der barocken Literatur, in: Hartmut Laufhütte (Hg.), Künste und Natur in Diskursen der Frühen Neuzeit, 2 Bde, Wiesbaden 2000, Bd. 1, 133–156. Dort auch weiterführende Literatur.

[29] Florian Neumann, Art. „Natura-ars-Dialektik“, in: Historisches Wörterbuch der Rhetorik, hg. von Gert Ueding, 10 Bde., Tübingen 1992–2011, Bd. 6, Sp. 139–171, hier 139.

ist, um die Wirkung der Rede nicht aufs Spiel zu setzen oder schlichtweg mangelhaften Stil zu pflegen.

Mit dem Begriff ‚N[atürlichkeitsideal]‘ lassen sich Stil- und Verhaltenslehren verbinden, die die ‚natürliche‘ im Sinne einer ‚ungezwungen‘ ausgeübten Redekunst präferieren. Das antike Postulat der Kunstverbergung (*celare artem*) führt in einem mehrschichtigen Vermittlungsprozeß erst in der französischen Literaturtheorie des 17. Jh. zu einem N[atürlichkeitsideal], das dem Stil bestimmter Gattungen (in der Brief- und Konversationskultur) und auch dem Verhalten von (höfischen) Personen zugeschrieben wird.[30]

Hier kommen zwei weitere Momente zum Vorschein, die das Ideal weiter konturieren. Zum einen, daß das Natürliche nie naiv in dem Sinne ist, daß Natur lediglich reproduziert werden soll. Das Künstliche spielt immer eine Rolle, allerdings eine, die es zu verschleiern gilt. So wird in Anbetracht der rhetorischen Stilebenen die natürliche Schreibart mit der niedrigen identifiziert. Das Niedere der Schreibart wird, indem es als das Natürliche vorgestellt wird, mit Wahrheit in Verbindung gebracht und erhält dadurch einen spezifischen Wahrheitswert. Selbstverständlich ist diese Verbindung indes nicht.[31] Durch den Verzicht auf schmückendes Beiwerk gelangt man zur Schönheit, wie der Artikel in Zedlers Lexikon ausführt:

> Es giebt also dreyerley Schreibarten, welche, soferne sie natürlich und deutlich sind, mit Recht schön genannt werden. Diesen Begriff muss man sich eigentlich von einer schönen Schreibart machen, denn jede Zusammensetzung der Wörter, die mit den Regeln und der Natur übereinstimmet, ist würcklich schön.[32]

---

[30] Hedwig Pompe, Art. „Natürlichkeitsideal", in: ebd., Bd. 6, Sp. 183–203, hier 183.

[31] Die Verknüpfung von Stil oder Schreibart mit Wahrheit ist nicht selbstevident. Ich möchte hier nur ein Beispiel erwähnen, das sich zeitlich in den Rahmen fügt. In den Jahren 1721 bis 1734 veröffentlichte der erfolgreiche Dramatiker Pierre Carlet de Marivaux (1688–1763), allen voran bekannt durch seine Komödien, drei Journale, die alle von ihm selbst verantwortet und mit Beiträgen bespielt wurden: *Le Spectatuer français* (1721–1724), *Der philosophische Vagabund* (1727) sowie *Die Schriften des Philosophen* (1734). Die „6. Lieferung" des Letztgenannten trägt den Titel „Über den Stil". Dort argumentiert de Marivaux, daß Stil eigentlich gar keine Kategorie sei, die es in der Kritik zu bewerten gelte. Kritik, sofern sie sinnvoll sein soll, richte sich immer gegen Gedanken, die gerade nicht Teil des Stils seien. Guten oder schlechten Stil gebe es nicht, einzig kritisieren könnte man, ob die Wortwahl in der Verbindung der Vorstellungen und Gedanken angemessen sei. Sind die Gedanken extravagant, so muß es folglich auch der Stil sein, um diese neuen, bisher ungehörten (und ‚ungedachten‘) Gedanken zum Ausdruck zu bringen. Zweckdienlichkeit wird somit zum vorherrschenden Kriterium für Stil, nicht Wahrheit: „Kurz, immer ist von Stil die Rede und niemals vom Geist dessen, der diesen Stil hat. Es scheint, daß in dieser Welt nur von Worten die Rede ist und nie von Gedanken" (Pierre Carlet de Marivaux, Die Schriften des Philosophen, in: P.C.M., Betrachtende Prosa. Aus dem Französischen übersetzt und mit einem Nachwort herausgegeben von Gerda Scheffel, Frankfurt am Main 1979, 237–335, hier 274).

[32] Zedler, Art. „Schreibart" (wie Anm. 4), Sp. 1123.

Zum anderen wird das Natürlichkeitsideal auf zwei Ebenen angesiedelt, die miteinander in Verbindung stehen – das Ungezwungene einer Rede läßt sich auf den weiteren Bereich allgemeinen Verhaltens übertragen. Ging das Wahre einerseits eine Verbindung mit dem Schönen ein, kommt hier nun noch zusätzlich eine moralische Komponente ins Spiel. Das Gute, Schöne und Wahre läßt sich im Begriff des Natürlichen vereinigen. Zur ästhetischen Vortrefflichkeit kommt noch eine ethische Vortrefflichkeit hinzu. Für den (wenn auch unausgesprochenen systematischen) Stellenwert dieser Verbindung ist diese zusätzliche, auf den Bereich der zwischenmenschlichen Beziehungen abzielende Erweiterung nicht zu unterschätzen.

In all diesen Bestimmungen, die hier in Bezug auf das Natürliche angeführt wurden, regiert ein relationales Moment: Es steht eine *angemessene* Wechselwirkung zwischen zwei Positionen im Mittelpunkt. Die Kategorie des *aptum* wird zum zentralen Bezugsmoment und Regulativ, das Qualität erst ermöglicht, bzw. das Natürliche in seinem Wert bestimmt. Einfach zu bestimmen ist die Relation nicht – sie verweigert sich nachgerade einer simplen Zuschreibung. Das führt mich zum Kern der Beobachtung. Meine These lautet: Das Natürliche der Schreibart präsentiert zwei mögliche Anschlüsse an das *aptum*. Natürlich ist eine Schreibart, die erstens *im Ausdruck* ungekünstelt auf die Natur verweist und zweitens, sich *als Ausdruck* eines natürlichen Charakters vorstellt. Diese beiden Ebenen sind miteinander verschränkt, können aber nicht in eins gesetzt werden. Gerade diese Verschränkung aber erlaubt es, Rückschlüsse von der einen Ebene auf die jeweils andere zu ziehen. Der vorangegangenen Bestimmung folgend, heißt das, daß der Charakter einer Person direkte Auswirkungen auf die Schreibart hat, wie auch, daß man anhand der Schreibart Rückschlüsse auf den Charakter ziehen kann. Erst aufgrund dieser Abhängigkeit, der wechselseitigen Angemessenheit, läßt sich verstehen, wie ästhetische und moralische Urteile fließend ineinander übergehen können – und auch, daß gänzlich unterschiedliche Überzeugungen unter die Form einer ‚natürlichen Schreibart' subsumiert werden konnten.[33] Wenn Wahrheit das Kriterium ist, so kann man eine einzige Schreibart ebenso wenig erwarten wie eine einzige, von allen geteilte Wahrheit. Treten wir noch einmal einen Schritt zurück. Die Verbindung von Charakter und Stil ist keine neue Erkenntnis an der Wende zum 18. Jahrhundert, sie hat auch schon vor der Aufklärung einen prominenten, wenn auch von der (literaturwissenschaftlichen) Aufklärungs-Forschung nur selten zur Kenntnis genommenen Vorgänger. Bevor wir uns also den ‚üblichen Verdächtigen' – Christian Thomasius, Gottsched, Gel-

---

[33] Auf die ‚doppelte' Dimension des Angemessenen weist schon Wilfried Barner hin. „Es wird oft übersehen, daß diese Kategorie [sc. *aptum*] schon bei Aristoteles eine ethische und eine ästhetische Dimension besitzt" (Wilfried Barner, Spielräume. Was Poetik und Rhetorik nicht lehren, in: Laufhütte [Hg.], Künste und Natur [wie Anm. 28], Bd. 1, 33–67, hier 55).

lert und den Schweizern Bodmer und Breitinger – widmen, sei die Vorgeschichte der ‚natürlichen Schreibart' in Gestalt des niederländischen Gelehrten, Polyhistors und maßgeblichen Vermittler der Antike Justus Lipsius (1547–1606) zumindest erwähnt.[34]

Lipsius orientierte sich stilistisch an Tacitus' Latein[35] und stellte sich somit gegen den zu seiner Zeit vorherrschenden Ciceronianismus, der selbst schon eine bewegte Vorgeschichte hat.[36] Als grundsätzliches Stilideal der Alten anerkannt und auf breiten Konsens gegründet, erschütterte Erasmus' Schrift *Ciceronianus sive de optimo genere dicendi* [1528] diese unkritische Übernahme in der Gelehrtenrepublik und bereitete die Position Lipsius' gleichsam vor.[37] Erasmus' Einwand zielte darauf, daß es unter den gegebenen historischen Umständen nicht angebracht sei, Cicero als absolutes Vorbild, dem es nachzustreben gelte, zu akzeptieren. Die politische Situation sei eine gänzlich andere als zu Zeiten der römischen Republik und erfordere somit auch eine anders geartete Rhetorik.[38] Erasmus unterschied daher zwischen einem ‚inneren' und einem ‚äußeren' *aptum* in der Rede. Während das ‚innere' *aptum* die adäquate Verbindung der Gedanken (res) und Sprache (verbum) garantieren soll, richtet sich das ‚äußere' *aptum* auf die sozialen und historischen Gegebenheiten und soll diesen Rechnung tragen. Im Umkreis dieser Debatte – die hier nicht weiter verfolgt werden kann[39] – ist

---

[34] Zur Biographie siehe den ausführlichen Artikel in der Allgemeinen Deutschen Biographie, Bd. 18, 741–745; sowie Art. „Lipsius, Justus", in: Herbert Jaumann (Hg.), Handbuch Gelehrtenkultur der Frühen Neuzeit, Bd.1: Bio-bibliographisches Repertorium, Berlin, New York 2004, 412–414.

[35] Zu Lipsius' Auseinandersetzung mit Tacitus siehe Else-Lilly Etter, Tacitus in der Geistesgeschichte des 16. und 17. Jahrhunderts, Basel, Stuttgart 1966, 115–138.

[36] Siehe hierzu Jörg Robert, Die Ciceronianismus-Debatte, in: Herbert Jaumann (Hg.), Diskurse der Gelehrtenkultur in der Frühen Neuzeit. Ein Handbuch, Berlin, New York 2011, 1–54.

[37] Zur Wirkmächtigkeit des Textes siehe George W. Pigman, Imitation and the Renaissance sense oft he past: the reception of Erasmus' Ciceronianus, in: The Journal of Medieval and Renaissance Studies 9/2 (1979), 155–177.

[38] Lipsius folgt Erasmus dahingehend: „Damit ist die Abhängigkeit der Sprache und des Stils von der gesellschaftlich aktuellen Gesprächspraxis im Sinne eines politisch-gesellschaftlichen ‚decorum' ausgesprochen. Die Nachahmung Ciceros wird zum Inbegriff eines obsoleten chimärischen Republikanismus, der den aktuellen ‚status rei publicae' außer acht läßt" (Wilhelm Kühlmann, Gelehrtenrepublik und Fürstenstaat. Entwicklung und Kritik des deutschen Späthumanismus in der Literatur des Barockzeitalters, Tübingen 1982, 205).

[39] Die Debatte hat viel weitreichendere Konsequenzen und Ausgangsbedingungen als hier auch nur genannt werden können. So spielt beispielsweise die Frage nach der Volkssprachlichkeit von Literatur und Wissenschaft eine zentrale Rolle, ebenso wie politische Implikationen, die je nach konfessioneller Ausrichtung wiederum anders zu bewerten sind. Als erster Zugriff empfiehlt sich Robert, Ciceronianismus-Debatte (wie Anm. 36), sowie allgemein Kühlmann, Gelehrtenrepublik und Fürstenstaat (wie Anm. 38), zu Cicero und Lipsius 189–254. Ferner Dietmar Till, Transformationen der Rhetorik. Untersuchungen zum Wandel der Rhetoriktheorie im 17. und 18. Jahrhundert, Tübingen 2004, 181–197.

auch die Position Justus Lipsius' zu sehen. Lipsius lehnte explizit die langen und kunstvollen Satzperioden ab, die für den Stil Ciceros charakteristisch waren. Die komplizierten Satzfügungen erforderten ein hohes Maß an Übung, so daß die Einübung in den Stil Ciceros einen Großteil der Ausbildung zum Redner in Beschlag nahm. Gerade aber das Kunstvolle war in den Augen Lipsius' problematisch geworden, die zu investierende Arbeit verhindere gerade den spontanen Ausdruck der Seele.[40] Er setze dem sein eigenes Ideal der *brevitas* entgegen.[41] Kürze sollte nun vorbildlich sein – wie er sie etwa bei Tacitus vorgebildet sah. Das führt uns zurück zur Natürlichkeit: Die stilistische Eleganz der ciceronianisch geprägten Rhetorik verstellt nach Lipsius unser Verhältnis zur Natur und damit auch zur Person. Besonderes Augenmerk lenkt Lipsius daher auch – wie seine Nachfolger – auf den Brief als elementare Ausdrucksform der Person.[42] „The private letter is an appropriate topic for a man intensely interested in the development of individual integrity – Lipsius' generation called it constancy – in the face of the world's mutability and corruption".[43] In Briefen zeigt sich der Charakter des Gegenübers am deutlichsten.[44] Man darf nicht vergessen, daß der Brief dasjenige Medium darstellt, das die Konstitution der Gelehrtenrepublik erst ermöglicht. Wenn persönliche Bekanntschaft nur in den seltensten Fällen realisiert werden kann, ersetzt der Brief diese notwendigerweise. Schreiben nun alle in der einen Art und Weise, sind Rückschlüsse aus der Schreibart nicht möglich – ein jeder ist nicht mehr als ein

---

[40] „Die durch *brevitas* gekennzeichnete Eloquenz ist für ihn [Lipsius] spontaner Ausdruck des Zustands der Seele und des Körpers, ihr direkter, natürlicher Ausfluß" (Neumann, Art. „Natura-ars-Dialektik" [wie Anm. 29], Sp.157).

[41] Zum Zusammenhang von ‚Kürze' und ‚Natürlichkeit' siehe Christian Mouchel, Cicéron et Sénèque dans la rhétorique de la Renaissance, Marburg 1990 (Ars Rhetorica 3), 195–205: „La brièvitié se fait âpre ou plaisante suivant la nature des choses qu'elle exprime" (198).

[42] Lipsius' Briefsteller ist in einer guten, zweisprachigen Ausgabe leicht greifbar. Justus Lipsius, Principles of Letter-Writing. A Bilingual Text *of Justi Lipsi Epistolica Instiutio*, edited and translated by R.V. Young and M. Thomas Hester, Carbondale, Edwardsville 1996. In diesen Umkreis gehören auch die zahlreichen als Vorbild gedachten Briefbände, die Lipsius selbst zusammengestellt hat. Diesen Exemplasammlungen kommt die wichtige Funktion zu, die nicht normativ festzulegenden Eigenheiten der Gattung vor Augen zu führen – sie sind als notwendiges Komplementär zum Briefsteller aufzufassen. Exempla dienen der „Diagnostik und dann auch vor allem dem Ausschluß" dessen, was als „stilpathologisch[e]" Verirrung anzusehen sei (Barner, Spielräume [wie Anm. 33], 53).

[43] R.V. Young, M. Thomas Hester, Introduction. The Life of Justus Lipsius, in: Lipsius, Principles of Letter-Writing (wie Anm. 42), xvii-xviii.

[44] Lipsius drückt diese Relation deutlich aus, in Kapitel 10 des Briefstellers heißt es in Hinblick auf das aptum/decorum: „At *Decentiam* intelligo, id quod Graeci τό πρέπον: quae tum in epistola, cum omnia apte et convenienter scripta. Quod fiet aspectu duplici: *Personae* et *Rei. Personae*, dupliciter; si tuam respicis, et ejus ad quem scribis: *Rei* autem simpliciter; ut omnia pro argumento; et sententiarum phrasiumque vestis apta sit corpori rerum" (Lipsius, Principles of Letter-Writing [wie Anm. 42], 32).

kleiner Cicero. Die Konsequenzen sind weitreichend, wenn man etwa auf Informationen angewiesen ist und diese in Briefform erbittet. Wer ist der Briefpartner, ist er vertrauenswürdig, täuscht er oder hält er Informationen zurück? Manipuliert er am Ende gar? Man sieht: Es kommen hier nicht nur ästhetische Momente in der *imitatio* zum Tragen.[45] Viel gewichtiger ist die ethische Dimension. Lipsius verteidigt dahingehend seinen Stil: „All das, was an meinem Stil beklagenswert ist, kommt von der Natur, ist kaum das Produkt von Arbeit [a natura est, vix a cura]. Willst Du wissen, wie ich schreibe? Ich fließe aus, ich schreibe nicht [fundo, non scribo]".[46] Mit dem Bild des ‚Ausfließens‘ macht Lipsius die direkte Beziehung zum eigenen Selbst und seiner Natur, mithin des göttlichen Ursprungs und der Teilhabe am Göttlichen deutlich,[47] nichts verstellt den Blick auf seine Person und überlagert diese dadurch. „[D]er Brief ist gleichsam die Manifestation der Einheit von Seele und schreibendem Körper, einem ‚autoportrait en relief‘ (Marc Fumaroli), das in seiner textuellen Verfaßtheit das Innere unmittelbar widerspiegelt – keine gelehrte Rhetorik setzt sich als Mittelinstanz dazwischen", wie Dietmar Till treffend zusammenfaßt.[48]

Lipsius' Stimme wurde von den Zeitgenossen gehört, über eine gewisse Zeitspanne wurden seine Ansichten zu einer Modeerscheinung, ohne sich jedoch dauerhaft durchzusetzen. Gegenstimmen gab es immer, die ihm sogar vorwarfen, für den Verfall der Sprache maßgeblich verantwortlich zu sein. Andere, weniger radikale Positionen gewannen die Oberhand und wurden traditionsbildend für die nachfolgenden Jahrzehnte und auch das kommende Jahrhundert. An erster Stelle ist hier Philipp Melanchthon zu nennen. Zusammen mit Johannes Sturm war er es, der in einer vermittelnden, aber auch nicht gänzlich unkritischen Position den Ciceronianismus als anhaltend stilbildend für den Unterricht an hohen Schulen er-

---

[45] Grundlegend zum Begriff der ‚imitatio‘ Heinz Entner, Art. „Imitatio", in: Georg Braungart u.a (Hg.): Reallexikon der deutschen Literaturwissenschaft. Neubearbeitung des Reallexikons der deutschen Literaturgeschichte, 3 Bde., Berlin, New York 2000, Bd. 2, 133–135. Dort auch weitere Literatur. Ferner immer noch einschlägig Hans-Joachim Lange, Aemulatio veterum sive de optimo genere dicendi. Die Entstehung des Barockstils im 16. Jahrhundert durch eine Geschmacksverschiebung in Richtung der Stile des manieristischen Typs, Bern, Frankfurt am Main 1974. Noch komplizierter wird der Fall, wenn man bedenkt, daß Cicero in der Frühen Neuzeit stets auch als moralisches Vorbild gesehen wurde. Für Lipsius, so hat es den Anschein, ist die imitatio eines Stils aber nicht der Garant dafür, daß die moralischen Qualitäten, die damit einhergehen, ebenfalls umstandslos übernommen werden. Stil, so ließe sich salopp zusammenfassen, kann leichter adaptiert werden als moralische Integrität, die möglicherweise durch den Stil transportiert wird.

[46] Justus Lipsius, Epistolarum selectarum centuria II. Epistula 2, Antwerpen 1581. Zitiert in der Übersetzung nach Neumann, Art. „Natura-ars-Dialektik" (wie Anm. 29), Sp.161.

[47] Wilhelm Schmidt-Biggemann weist mit Bezug auf Justus Lipsius, De Constantia, Antwerpen 1584, darauf hin, daß ‚Natur‘ für Lipsius *eo ipso* ‚gut‘ ist. Siehe hierzu Schmidt-Biggemann, Welche Natur wird nachgeahmt? (wie Anm. 28), 138–140.

[48] Till, Transformationen (wie Anm. 39), 200.

halten konnte.[49] Das siebzehnte Jahrhundert muß im Hinblick auf die Verbreitung der Forderung nach einer ‚natürlichen Schreibart' als Latenzzeit gesehen werden. Virulent werden die Vorstellungen wieder um 1700, dafür aber in bisher nicht gekannter Intensität. Einige Streiflichter sollen im Folgenden die möglichen Ausprägungen näher benennen.[50]

III. Die natürliche Schreibart in Frühaufklärung und Empfindsamkeit

Hinter dem Wunsch nach einer ‚natürlichen Schreibart' steckt mehr als der bloße Überdruß an barocker Opulenz und ihrer umfassenden Ornamentik, wie uns die Lehrbücher oft weismachen wollen. Wie steht es aber nun mit den Konkretisierungen in der Theoriebildung der ersten Hälfte des 18. Jahrhunderts? Ich greife im Folgenden einige wenige, aber markante Beispiele heraus.

Es scheint gerechtfertigt, die erneute Diskussion um das Konzept einer natürlichen Schreibart um die Wende des 17. zum 18. Jahrhunderts mit Christian Thomasius' Überlegungen zum Thema zu beginnen. Während sich Christian Weise (1642–1708)[51] noch um eine „Synthese aus der klassisch-humanistischen Rhetorik einerseits und der „politisch-prudentistischen Rhetorik andererseits" bemüht,[52] schafft Thomasius im Ausgang seiner Affektenlehre tatsächlich eine

---

[49] Siehe hierzu Winfried Barner, Barockrhetorik. Untersuchungen zu ihren geschichtlichen Grundlagen, Tübingen 1970, 257–265.

[50] Insofern sind die weiteren Ausführungen an die These Robert Seidels angelehnt und führen diese fort: „Die These, die es im folgenden zu erhärten gilt, lautet, daß die ‚Freundschaftsbriefe' des 18. Jahrhunderts, konkret deren Realisation durch Angehörige der akademisch gebildeten und literarisch ambitionierten Beamtenschicht, eine ganze Reihe von Parallelen mit ihren humanistischen Vorgängern aufweisen, die vor dem Hintergrund dominierender literar- und geistesgeschichtlicher Entwicklungen – und gewiß auch in Überschätzung des zunächst rein formalen Medienwechsels vom Lateinischen zum Deutschen – leicht übersehen werden, die jedoch um so wichtiger sind, als sie Kontinuitäten in der Selbstauffassung und Selbstdarstellung einer kulturhistorisch bedeutsamen Gruppe über die Epochengrenzen hinweg veranschaulichen" (Robert Seidel, Der empfindsame Freundschaftsbrief und die humanistische Tradition, in: Achim Aurnhammer, Dieter Martin, R.S. [Hg.], Gefühlskultur in der bürgerlichen Aufklärung, Tübingen 2004, 75–101, hier 76 f.).

[51] Siehe hierzu ausführlich Anke Schmidt-Wächter, Die Reflexion kommunikativer Welt in Rede- und Stilbüchern zwischen Christian Weise und Johann Christoph Gottsched, Frankfurt am Main u. a. 2004, 159–190.

[52] Georg Braungart, Sprache und Verhalten. Zur Affektenlehre im Werk von Christian Thomasius, in: Friedrich Vollhardt (Hg.), Christian Thomasius (1655–1728). Neue Forschungen im Kontext der Frühaufklärung, Tübingen 1997, 365–375, hier 366. Zu Weises Rhetorik siehe ferner Dirk Rose, Conduite und Text. Paradigmen eines galanten Literaturmodells im Werk von Christian Friedrich Hunold (Menantes), Berlin, Boston 2012, 221–226.

neue Grundlage.[53] Flankiert wird diese durch die schon frühzeitig sich zur festen Überzeugung verdichtende Auffassung, daß die in der (Schul-)Rhetorik tief verankerte Figurenlehre abzulehnen sei. Sie widerspreche nicht nur dem Geschmack, sondern sei überdies auch dysfunktional im Bereich des gegenseitigen gesellschaftlichen Umgangs. Die Abwertung der verba gegenüber den res ist eine andauernde Konstante in den Bemühungen Thomasius', die unter der Hauptprämisse der Klugheit (prudentia) zu sehen ist. Klugheit ist bei Thomasius die grundlegende Größe in all seinen Bemühungen um eine praktische Ausrichtung der Gelehrsamkeit.[54] Aus diesem Umfeld – insbesondere aus dem Bereich der politischen Kommunikation am Hof – speisen sich auch Thomasius' Überlegungen zum Zusammenhang von Affekt und Stil als Manifestation der Schreibart: „Äußerer ‚Stil' und innerer ‚Affekt' verhalten sich wie ‚Ausdruck' und ‚Inhalt'. Dies impliziert, daß man den anderen Menschen ‚lesen' kann, und daraus schöpft die Affektenlehre ihre zentrale Rolle im Kontext der höfischen Verhaltenslehre".[55] Die Konzeption ist darauf angelegt, in die Gesellschaft zu wirken, das *decorum*, in Thomasius' Übersetzung: die „Wohlanständigkeit", erfüllt eine soziale Aufgabe und ist zugleich als Forderung und Zielpunkt moralischer Bildung aufzufassen. Diese ‚pädagogische' Komponente darf nicht darüber hinwegtäuschen, daß es sich bei der Mischung der Affekte um eine Naturanlage handelt und die Lesbarkeit des Stils, gleich ob er sich schriftlich manifestiert oder im Verhalten der Person zeigt, direkt auf den Charakter verweist. Dementsprechend verschiebt sich die Beschäftigung mit der Affektenlehre im Werkkontext von Thomasius aus dem Bereich der Rhetorik hinein in die Ethik.[56] Die enge Verbindung von Stil und Moral war schon bei Lipsius sichtbar, als Ausdruck einer natürlichen Schreibart, wenngleich auch anders begründet. Beiden gemeinsam aber ist die Ausrichtung auf das Gespräch oder dessen schriftliche Form, den Brief. Sie sind die ‚natürlichste' Kommunikationsform, die Priorität liegt in beiden Fällen deutlich auf den res, die verba stehen dagegen zurück. Es ist daher auch kein Zufall, daß Thomasius

---

[53] Thomasius geht von vier Grundaffekten aus, die den Menschen maßgeblich beherrschen. Das sind auf der positiven Seite die ‚vernünftige Liebe' und auf der negativen Seite der Ehrgeiz, der Geldgeiz sowie die Wollust. Der Charakter einer Person bestimmt sich aus der Mischung der genannten Affekte und ist – grosso modo – natürlichen Ursprungs.

[54] „Die für die Folgezeit schwerwiegende Trennung des Rechts von der Moral bei Thomasius macht häufig vergessen, daß er in seinem Naturrechtssystem nicht nur von diesen beiden Ebenen ausgeht, sondern auch die des Decorum und der Prudentia einbezieht" (Hinrich Rüping, Theorie und Praxis bei Christian Thomasius, in: Werner Schneiders [Hg.], Christian Thomasius [1655–1728]. Interpretationen zu Werk und Wirkung. Mit einer Bibliographie der neueren Thomasius-Literatur, Hamburg 1989, 137–147, hier 138 f.).

[55] Till, Transformationen (wie Anm. 39), 291.

[56] Zu Ethik und Moral bei Thomasius auch grundsätzlich Friedrich Vollhardt, Selbstliebe und Geselligkeit. Untersuchungen zum Verhältnis von naturrechtlichem Denken und moraldidaktischer Literatur im 17. und 18. Jahrhundert, Tübingen 2001, 185–196.

für sein erstes und ebenso innovatives wie erfolgreiches Zeitschriftenprojekt das Format des Gesprächs wählt.[57] Die *Monatsgespräche* sind unmittelbarer Ausdruck der hier skizzierten Überlegungen.[58]

Aufgegriffen und in einen anderen Bereich transponiert wird der Zusammenhang von Affekt und Schreibart von Gottsched. Er weist ihm einen expliziten Ort zu: die Komödie. Wir werden gleich sehen, wie das zusammenhängt, doch zunächst soll Gottsched selbst zu Wort kommen. In der *Critischen Dichtkunst* heißt es diesbezüglich:

> Und dieses führt uns endlich auf die Schreibart der Komödien. Sie besteht aus den Ausdrücken und Gedanken derselben: und hierin ist die Komödie von der Tragödie sehr verschieden. Das macht, daß dort fast lauter vornehme Leute; hier aber Edelleute, Bürger und geringe Personen, Knechte und Mägde vorkommen: dort die heftigsten Gemütsbewegungen herrschen, die sich durch einen pathetischen Ausdruck zu verstehen geben; hier aber nur lächerliche und lustige Sachen vorkommen, wovon man in der gemeinen Sprache zu reden gewohnt ist. Es muß also eine Komödie eine ganz natürliche Schreibart haben, […]. Diejenigen machen es also nicht gut, die sich in ihren Komödien, nach dem heutigen Muster der Franzosen, einer gekünstelten, und durchgehend sinnreichen Schreibart bedienen. Ein so gedrechselter Ausdruck ist der täglichen Sprache des Umgangs gar nicht ähnlich, und stellet also ein Stück aus einer andern Welt vor.[59]

Nach Gottsched ist die natürliche Schreibart der Komödie zuzuordnen, sie stellt die Affektnatur des Menschen deutlich zur Schau. Wilhelm Schmidt-Biggemann hat auf diesen Zusammenhang aufmerksam gemacht, der ausgehend von der Typen- oder Verlachkomödie sich in den satirischen Romanen der Barockzeit fortgebildet findet und bis ins 18. Jahrhundert hinein wirkt. In dieser Hinsicht sind beide Gattungen wesensverwandt: „Die Charaktere sind hier durch ihre Affektbindung typologisch festgelegt; und die Situationen, in die sie gestellt werden, illustrieren allein ein typisches Affektverhalten".[60] Eine natürliche Schreibart, die genau darauf verweisen kann, ist demnach höchst funktional. Man kann diesen Befund noch erweitern, wenn man an die physiognomischen Charakteristika der

---

[57] Genau genommen ist der Begriff ‚Zeitschrift‘ im Hinblick auf die *Monatsgespräche* problematisch, es handelt sich um Dialoge, also um eine Publikation in Gesprächsform. Siehe hierzu Herbert Jaumann, Bücher und Fragen: Zur Genrespezifik der *Monatsgespräche*, in: Friedrich Vollhardt (Hg.), Christian Thomasius (wie Anm. 52), 395–404.

[58] Einführend zu den *Monatsgesprächen* siehe Jürgen Wilke, Literarische Zeitschriften des 18. Jahrhunderts (1688–1789), 2 Tle, Stuttgart 1978, hier Teil 1, 54–63. Manfred Beetz hält in Bezug auf die „Funktionen der Gesprächsform" fest: „Thomasius' leitmotivische Kritik an Pedanterie erhält als Folie das Gegenbild eines unpedantischen geselligen Gelehrten" (Manfred Beetz, Konversationskultur und Gesprächsregie in den *Monatsgesprächen*, in: Herbert Jaumann, M.B. (Hg), Thomasius im literarischen Feld. Neue Beiträge zur Erforschung seines Werkes im historischen Kontext, Tübingen 2003, 35–60, hier 44).

[59] Johann Christoph Gottsched, Versuch einer Critischen Dichtkunst, Leipzig 1751, 651 f.

[60] Schmidt-Biggemann, Welche Natur wird nachgeahmt? (wie Anm. 28), 147.

Figuren denkt, die eine Identifizierung des Lasters (und damit der schlechten Seite der Affektnatur) noch eindeutiger machen.[61]

Für Gottsched ist es – wie für seine Zeitgenossen – evident, daß die individuelle Schreibart der Natur des Menschen entspringt und auf diese zurückverweist.[62] Gerade diese Voraussetzung macht das Konzept attraktiv für den Bereich des Poetischen und dessen moraldidaktische Funktion.[63] Sprache – so der pointierte Schluß – verweist auf den Charakter der Person, und der Dichter kann dieses Verhältnis in seinen Figuren instrumentalisierend auf die Bühne bringen, ohne es explizit zu verbalisieren. Der ‚dramentheoretische Mehrwert' stellt sich von ganz allein ein, wenn man die Regeln beachtet. Gottscheds Begriff einer ‚natürlichen Schreibart' ist also dezidiert präskriptiv.[64]

Bei Gottsched wurde der Begriff noch weitgehend wertneutral gebraucht. Bei Bodmer und Breitinger hingegen wird er bis zum Äußersten normativ aufgeladen – und zwar jenseits aller Kategorien der (zwischenmenschlichen) Klugheit, wie das noch bei Thomasius der Fall war. War bei Thomasius die Verschleierung der natürlichen Affekte noch schlicht ungewollt, weil selbst affektiert, so wird den Schweizern alles Handeln und Verhalten aus Kalkül, ja alle Verstellung insgesamt, zum prinzipiellen Grundübel. Gerade die dem höfischen Zeremoniell entsprungene Verstellung wird als widernatürlich empfunden und muß vermieden werden. Ihren Ursprung sehen sie nicht zuletzt in der als überkommen angesehenen Schulrhetorik. Primär geht es den Schweizern aber um Dichtung. Es ist die unmittelbare Leidenschaft, die den Dichter befeuern soll, und insofern sind die Affekte, solange sie nicht durch eine bestimmte Etikette gefiltert wurden, durchaus positiv: „Den Affekttopos […] mobilisieren Bodmer/Breitinger, um die be-

---

[61] Die Verbindung von Physiognomik und Stil/Schreibart wurde schon im Zusammenhang mit den Ausführungen Sulzers thematisiert. Gottsched denkt aber auch noch in ‚rhetorischen' Kategorien: Die ‚natürliche' Schreibart ist bei ihm im Bereich des niederen Stils angesiedelt.

[62] So etwa in seiner *Ausführlichen Redekunst*, in der er sich mit Johann Matthias Gesner einer Meinung weiß (Gottsched zitiert die Vorrede Gesners zu Adam Daniel Richter, Critische Reguln des Lateinischen Stylus, Frankfurt, Leipzig 1740). Bei der Unterscheidung einer guten und schlechten Schreibart hält er fest: „Die Erfahrung lehret es, daß nicht alle Menschen, ja nicht einmal alle Gelehrten, gleiche Köpfe zum Denken; das ist zum Begreifen, Urtheilen und Schließen haben. Theils rühret dieses von ihrer verschiedenen natürlichen Fähigkeiten her; […]. Man kann sichs kaum einbilden, wie ungleich die Gemüthskräfte der Menschen von Natur schon sind" (Johann Christoph Gottsched, Ausführliche Redekunst, Leipzig ⁵1759, 327).

[63] Siehe hierzu ausführlich Gunther E. Grimm, Literatur und Gelehrtentum in Deutschland. Untersuchungen zum Wandel ihres Verhältnisses vom Humanismus bis zur Frühaufklärung, Tübingen 1983, 620–657.

[64] Ähnlich gelten die Regularien für die weiteren ‚niederen' Gattungen wie etwa Brief, Schäferspiel, Lied etc. Für die Briefpoetik Gottscheds siehe Thomas Nolden, „An einen jungen Dichter". Studien zur epistolaren Poetik, Würzburg 1995, 43–74.

sondere Wirkung ihrer antirhetorischen Affektrhetorik zu unterstreichen".[65] Georg Braungart sieht sogar „bereits die Anthropologisierung der rhetorischen Affektsemiotik am Werk".[66] Das Primat liegt also eindeutig auf der Einbildungskraft, dem ‚ingenium' des Dichters und auf dessen Geschmack (iudicium). ‚Natürlich' ist diese Umsetzung des *ingeniums* resp. *iudiciums*, wenn sie möglichst direkt stattfindet. War die natürliche Schreibart bei den Schweizern vor allem hinsichtlich ihrer ‚Literaturtheorie' oder Poetik von Bedeutung, wurde sie in der deutschen Empfindsamkeit erneut weiter gefaßt: am deutlichsten bei Christian Fürchtegott Gellert.

Die ‚natürliche Schreibart' und ihre Ausprägung in der deutschen Empfindsamkeit ist nachgerade zum Topos geworden, der unzweifelhaft mit dem Namen Gellerts verknüpft ist. Die gesellschaftliche Reichweite oder Wirksamkeit nimmt gerade dadurch zu, daß der Fokus enger gestellt wird:

> Im Horizont von Wolffs oder Gottscheds Denken war eine solche Unterscheidung [zwischen ‚Gemeinschaft' und ‚Gesellschaft' nach Ferdinand Tönnies, M.M.] noch nicht vorgesehen. Ob kleiner oder großer Personenkreis, ob Familie oder Staat, überall galten dieselben Maximen, die *aus der Natur* abzuleiten waren. Der Landesvater hatte sein Regiment auf grundsätzlich dieselbe Weise zu führen wie der Hausvater, und zwar nicht wie der Familienvater späterer Zeit auf Grund affektiver Bindung an seine Lieben, sondern auf Grund seiner verantwortlichen Stellung als Regent des ‚ganzen Hauses' oder des ‚ganzen Staates'.[67]

In der Empfindsamkeit tritt die Kommunikation im Nahbereich, also die der direkt erlebten, unmittelbaren Gemeinschaft in den Vordergrund. Diese grundsätzliche ‚Umstellung'[68] – weg von der staatspolitischen Dimension – bildet den unausgesprochenen Hintergrund der Überlegungen Gellerts, die sein Konzept einer natürlichen Schreibart grundieren. Die „affektive Bindung" an Personen wird gleichzeitig zur emotionalen Bindung, genau das rückt Gellert ins Zentrum seiner Schriften zur Epistolographie.

Gellert partizipiert ebenfalls noch an der rhetorischen Tradition der vorangegangenen Jahrhunderte, auch wenn das, wie Dietmar Till betont, gerne marginalisiert wird.[69] Die Rhetorik ist ihm immer noch Voraussetzung der Poetik, ganz wie bei Gottsched.[70] Es gilt, sich an Regeln zu halten:

---

[65] Carsten Zelle, ‚Vernünftige Gedanken von der Beredsamkeit' – Bodmers und Breitingers ästhetische Schriften und Literaturkritik, in: Barbara Mahlmann-Bauer (Hg.), Bodmer und Breitinger im Netzwerk der europäischen Aufklärung, Göttingen 2009, 25–41, hier 29.

[66] Braungart, Sprache und Verhalten (wie Anm. 52), 367.

[67] Karl Eibl, Die Entstehung der Poesie, Frankfurt am Main 1995, 64 f. (Herv. M.M.).

[68] Ebd., 63.

[69] Dietmar Till, Gellert und die Rhetorik. Antike Theorie und moderne Transformation, in: Sibylle Schönborn, Vera Viehöver (Hg), Gellert und die empfindsame Aufklärung. Vermittlungs-, Austausch- und Rezeptionsprozesse in Wissenschaft, Kunst und Kultur, Berlin 2009, 39–52. So

Man nehme die Regel: Was zu viel ist, ist eben sowohl ein Fehler, als was zu wenig ist. Ich habe ein fruchtbares Genie. Und wie? Habe ich auch in meinem Eingange zu viel gesagt? Habe ich die Bescheidenheit übertrieben; oder habe ich meinem Charakter und dem Charakter der Personen gemäß geredet?[71]

Gellert ist der festen Überzeugung, daß die „Regeln der Poesie und Beredsamkeit [...] das Echo unsrer eignen Vernunft und sie Stimmen der Natur [sind]".[72] Gerade die Orientierung an Regeln bürgt für ein Maß an Natürlichkeit, wohingegen Regellosigkeit nur eine widernatürliche Schreibart zur Folge hätte.[73] Ganz den Regeln der Rhetorik entsprechend, führen unterschiedliche Redeanlässe (und Adressaten) zu unterschiedlichen Stilen. Gellert geht es primär um die empfindsame Nähe einer Gemeinschaft – danach richtet er seine Anweisungen ein, die die Kommunikation gelingen lassen sollen.

Am deutlichsten treten diese Anweisungen, die auch eine Bedeutung für die Poesie haben, in Gellerts *Briefe[n] nebst einer Abhandlung von dem guten Geschmacke in Briefen* zu Tage.[74] Gleich der erste Satz der Vorrede seines Briefstellers[75] offenbart den Zweck, den Gellert verfolgt:

> nämlich junge Leute, und insonderheit das Frauenzimmer, zu einer *natürlichen Schreibart* zu ermuntern, und andern, wenn es möglich wäre, das Vorurtheil zu benehmen, als ob unsre Sprache zu den Gedancken der Höflichkeit, des Wohlstandes, des Scherzes und zu andern zarten Empfindungen nicht biegsam und geschmeidig genug sey.[76]

Was versteht Gellert nun unter der für ihn vorbildlichen, unbedingt erstrebenswerten natürlichen Schreibart? Eine einfache Definition findet sich – ähnlich wie wir schon bei Sulzer gesehen haben – auch bei Gellert nicht, allerdings scheinen in der Vielzahl seiner Explikationsversuche die bisher besprochenen Traditionen des

---

etwa auch jüngst bei Sikander Singh, Das Glück ist eine Allegorie. Christian Fürchtegott Gellert und die europäische Aufklärung, München 2012, 66–75.

[70] Gellert parallelisiert Poetik und Theorie der Beredsamkeit, insbesondere in: Wie weit sich der Nutzen der Regeln in der Beredsamkeit und Poesie erstrecke. Eine Rede, in: Christian Fürchtegott Gellert, Gesammelte Schriften, Bd. 5: Poetologische und moralische Abhandlungen, Autobiographisches, hg. von Bernd Witte, Berlin 1994.

[71] Ebd., 205.

[72] Ebd., 199.

[73] „Zwischen Kunst und Natur besteht deshalb, ganz anders als ein weitläufiges Vorurteil über die ‚Künstlichkeit' des rhetorischen Regel- und Normenwerks besagt, kein Verhältnis der Opposition, sondern eines der Übergängigkeit" (Till, Gellert und die Rhetorik. [wie Anm. 68], 45).

[74] Christian Fürchtegott Gellert, Briefe nebst einer Abhandlung von dem guten Geschmacke in Briefen, Leipzig 1751. Ich zitiere im Folgenden nach dieser Ausgabe.

[75] Allgemein zur Gattung der Briefsteller siehe Kirsten Erwentraut, Briefkultur und Briefsteller – Briefsteller und Briefkultur, in: Albert Meier (Hg.), Die Literatur des 17. Jahrhunderts, München 1999 (= Hansers Sozialgeschichte der deutschen Literatur 2), 266–285.

[76] Gellert, Briefe nebst einer Abhandlung (wie Anm. 74), Vorrede unpag. (Hervorh. M.M.).

Konzeptes auf.[77] Seinen Ausgangspunkt nimmt Gellert von einer epistemologisch zu nennenden Beobachtung: „Kein Gedanke ist natürlich, der im Grunde falsch ist".[78] Die Grundlage der natürlichen Schreibart ist zunächst einmal Wahrheit, sie bürgt für die Richtigkeit eines Gedankens, den es auch dergestalt zu artikulieren gilt:

> Man bediene sich also keiner künstlichen Ordnung, keiner mühsamen Einrichtungen, sondern überlasse sich der freiwilligen Folge seiner Gedanken, und setze sie nacheinander hin, wie sie in uns entstehen: so wird der Bau, die Einrichtung, oder die Form des Briefs natürlich seyn. Diese Regel bleibt stets die beste, so viel man auch dagegen einwenden mag.[79]

Mit dem Verzicht auf eine künstliche Ordnung der Gedanken kann Gellert explizit an Justus Lipsius anschließen, dessen *Institutio Epistolica* er an der angeführten Stelle in einer Fußnote zitiert.[80] Die natürliche Ordnung des Briefes ergibt sich direkt aus der natürlichen Anordnung der Gedanken, insofern sie als wahr vorgestellt werden:

> Der Hauptbegriff von dem Natürlichen ist, daß sich die Vorstellungen genau zur Sache, und die Worte genau zu den Vorstellungen schicken müssen. Man muß endlich das Natürliche nicht nur in Worten und in den einzelnen Gedanken eines Briefs, sondern in dem Ganzen, in dem Zusammenhange der Gedanken untereinander, suchen. Wenn die Gedanken auseinander herzufliessen scheinen; wenn keiner fehlt, der zum Verstande nöthig ist; wenn keiner da stehet, der zu nichts dienet, der entweder dem andern kein Licht mittheilet, oder ihn nur verdunkelt, oder der zwar schlußweise zusammenhängt, den wir aber leicht selber denken können, und deswegen in der Reihe auszulassen pflegen; wenn dieß ist, so heißt der Zusammenhang in der Schreibart und in Briefen natürlich. Man wird also bey dem Natürlichen nicht bloß mit dem Lichten zufrieden seyn müssen, sondern immer noch nöthig haben, eine Wahl in den Gedanken zu treffen, welche sich hierher am besten schicken, welche die Sache nicht allein am deutlichsten, sondern auch am feinsten, am kürzesten, am lebhaftesten ausdrücken können. Dieß, dieß ist das große Verdienst der natürlichen Schreibart.[81]

---

[77] Insbesondere die Konzeption Sulzers in seiner *Theorie der Schönen Künste* scheint deutlich von Gellerts Überlegungen beeinflußt, setzt den Akzent aber stärker auf die Verbindung zum Charakter, wie oben ausgeführt.

[78] Gellert, Briefe nebst einer Abhandlung (wie Anm. 74), 20.

[79] Ebd., 47 f.

[80] Gellert zitiert aus Kapitel 6 *De Inventione pauca et Ordine*. Dort heißt es: „Nec in Ordine quidem admodum laboro: qui optimus in Epistola, neglectus aut nullus. Ut in colloquiis incuriosum quiddam et incompositum amamus: [ita hic. Adeo ut nec in Responsionibus ordine et distincte ad capita semper respondeamus: sed ut visum, atque ut hoc illudve in mentem aut calamum venit.] Omnio decora est haec incuria: et magnus Magister [i.e. Cicero, M.M.] recte monuit, *Epistolas debere interdum hallucinare*. Itaque ille ipse haesitat, revocat, turbat, miscet: nec quidquam magis curasse videtur, quam ne quid curae praeferret" (Lipsius, Principles of Letter-Writing [wie Anm. 42], 22). Die mit eckigen Klammern eingefaßte Passage läßt Gellert aus.

[81] Gellert, Briefe nebst einer Abhandlung (wie Anm. 74), 30–32.

Die Anklänge an die Forderung des ‚inneren aptums' sind hier nicht zu übersehen. Die Bestimmung der natürlichen Schreibart speist sich in einem ersten Schritt aus der Übereinstimmung von *res* und *verba*. Die natürliche Ordnung der Gedanken, die für Wahrheit bürgt, soll sich in der Darbietungsform kenntlich zeigen. Ein gewisser Purismus geht mit der Vorstellung einher. Spannend ist hier in der Darstellung Gellerts die Begründung: Die Natürlichkeit in der Anordnung der Gedanken speist sich aus dem Umstand, daß der Mensch als vernunftbegabtes Wesen selbst die Quelle für die Anordnung ist. Alles Künstliche würde diesen direkten Zugriff auf die Vernunft beschränken oder verstellen. Um Verstellung geht es aber auch auf einer zwischenmenschlichen Ebene, dort, wo die Affekte stärkeren Einfluß haben.

Gellert weiß dahingehend auch das ‚äußere aptum' in seine Konzeption einer natürlichen Schreibart zu integrieren. Und hier kommt die Unmittelbarkeit der Umgebung als besondere Konstituente zum Tragen. „Obgleich alle Briefe natürlich seyn sollen, müssen es doch die am meisten seyn, in welchen ein gewisser Affekt herrscht".[82] Es wird hier eine Unterscheidung hinsichtlich der Art der Briefe getroffen, der Verstand muß nicht immer das Zepter führen, gerade wenn Emotionalität und Affekte selbst zum Gegenstand der Briefe werden:

> Wenn man also dem andern seine Traurigkeit, sein Mitleiden, seine Freude, seine Liebe, in einem hohen Maaße zu erkennen geben, oder in ihm selbst die Empfindungen wecken will; so lasse man sein Herz mehr reden als seinen Verstand; und seinen Witz gar nicht. Man wisse von keiner Kunst, von keiner Ordnung in seinem Briefe. Der Beweis dieser Regel liegt in den Affekten selber. Wer recht gerührt, recht betrübt, recht froh, recht zärtlich ist, dem verstattet seine Empfindung nicht an das Sinnreiche, oder an eine methodische Ordnung zu denken. Er beschäftigt sich mit nichts als seinem Gegenstande. Von diesem ist er voll und seine Gedanken sind geschwinde und abgedrungene Abdrücke seiner Empfindungen.[83]

Dennoch gilt die gleiche Regel der Unmittelbarkeit. Garantiert der Verstand die angemessene Ordnung der Gedanken und ihre sprachliche Umsetzung aufgrund seiner Natürlichkeit, so gilt gleiches für die Affekte. Auch sie entspringen der unmittelbaren Natur des Menschen und unterliegen insofern einer Ordnung. In beiden Fällen wird diese zur Darstellung gebracht.

Dieser Übergang zu den Affekten in der natürlichen Schreibart in Briefen markiert überdies die Verbindung zur (empfindsamen) Poesie: Der Briefsteller mit seiner angehängten Exempla-Sammlung wird selbst zum Roman.[84] Die Grenzen zwischen Poesie und Brief verwischen, sie werden bewußt als fließend markiert.[85]

---

[82] Ebd., 79.

[83] Ebd.

[84] Bernd Witte, Die Individualität des Autors: Gellerts Briefsteller als Roman eines Schreibenden, in: The German Quarterly 62/1 (1989), 5–14.

So sind es die Poesie und die Art und Weise, wie in einer Nation Briefe geschrieben werden, die auf den Charakter derselben zurückverweisen und Rückschlüsse über die dort gepflegten Sitten erlauben.[86] Dieser Konnex von Schreibart und Sitten resp. Geschmack einer Nation ist der Fluchtpunkt der Gellertschen Überlegungen und bildet das Ende seiner Abhandlung. Gellert zieht sein Resümee:

> Allein [...] haben doch andre Nationen ihre guten Briefe in ihrer eignen Sprache, und ich weis nicht, was die Ausländer, wenn sie unsere Sprache lernen, von uns denken sollen, daß wir keine haben; oder was sie von dem Geschmacke eines Landes denken sollen, das für unnatürliche Briefe eingenommen ist. Wie man auf den guten oder bösen Geschmack einer Nation aus den öffentlichen Lustbarkeiten, aus den Schauspielen schließt, die sie liebt: so schließt man vielleicht noch sicherer aus der Schreibart, die sie zu dieser oder jener Zeit in ihren Briefen liebt, auf ihre gezwungnen oder ungezwungnen, auf ihre guten oder ausschweifenden Sitten, und auf die pedantische oder vernünftige Art ihres Umgangs.[87]

Bei Gellert wird die Schreibart zum unverwechselbaren Fingerabdruck der Nation, ihrer Sitten und ihres Geschmacks. Das ist eine enorme Reichweite, wenn man diese Beobachtung oder vielmehr Forderung ernst nimmt – und ich denke, man sollte sie ernst nehmen. Ausgehend von Überlegungen zur Epistolographie entwickelt Gellert nicht weniger als ein Bildungsprogramm für die Jugend und die Zukunft der Nation.[88] Erstmals wird Frauen dabei eine tragende Rolle zugesprochen. War bei Justus Lipsius die natürliche Schreibart noch dezidiert männlich, so hat sich das zur Mitte des 18. Jahrhunderts grundlegend geändert. Nun wird das Weibliche zum Garant für das Natürliche. Die angenommene (wenn wahrscheinlich auch nicht tatsächliche)[89] Kunstferne der Frauen wird als experi-

---

[85] Einige einschlägige Beispiele finden sich in der – für die vorliegende Fragestellung – ansonsten wenig aufschlußreichen Arbeit von Antje Arnold, Rhetorik der Empfindsamkeit. Unterhaltungskunst im 17. und 18. Jahrhundert, Berlin, Boston 2012.

[86] Zu den Auswirkungen der Beschäftigungen mit Poesie und den ‚schönen Wissenschaften' auf die Bildung und eine tugendhafte Lebensführung siehe Jutta Heinz, Empfindsame Wissenschaft. Zur Vermittlerfunktion der ‚schönen Wissenschaften' bei Gellert, in: Schönborn, Viehöver (Hg.), Gellert und die empfindsame Aufklärung (wie Anm. 69), 23–37.

[87] Gellert, Briefe nebst einer Abhandlung (wie Anm. 74), 118.

[88] Daß Gellert selbst sich in zunehmenden Alter von neuen Versuchen in der Poesie distanziert und stattdessen seine älteren Gedichte erneut bearbeitet und umschreibt, gewinnt unter dieser Perspektive eine neue Dimension. Die Arbeit am sprachlichen Ausdruck – hin zu einer immer natürlicheren Schreibweise, die sich notwendig mit der Bildung der Person ändern muß, – kann als flankierend zu den hier dargestellten Überlegungen gesehen werden. Siehe hierzu auch Steffen Martus, Die Entstehung von Tiefsinn im 18. Jahrhundert. Zur Temporalisierung der Poesie in der Verbesserungsästhetik bei Hagedorn, Gellert und Wieland, in: Deutsche Vierteljahrsschrift für Literaturwissenschaft und Geistesgeschichte 74 (2000), 27–43, hier insb. 36 f.

[89] Siehe hierzu ausführlich Sabine Koloch, Kommunikation, Macht, Bildung. Frauen im Kulturprozess der Frühen Neuzeit, Berlin 2011.

mentum crucis installiert. Während den männlichen Autoren sowohl die (schul-)
rhetorische Ausbildung als auch ihre Fixierung auf die Vernunft in Hinblick auf
die Kultivierung einer natürlichen Schreibart im Wege stehen, fallen die benach-
teiligenden Faktoren bei weiblichen Autoren weg. Sie haben, ohnehin in deutli-
cherer Nähe zu den unteren Seelenkräften, einen Vorteil: Ihr Zugriff auf die natürliche Schreibart ist in der Vorstellung der Zeit affektiver und gleichzeitig weniger affektiert als bei ihrem geschlechtlichen Widerpart. Bei aller Vernünftigkeit,
die dem weiblichen Geschlecht selbstredend auch zugebilligt wird, ist der emo-
tionale Zugriff auf die Sprache, die Unmittelbarkeit des Herzens, eine weibliche
Domäne. In aller Deutlichkeit findet sich diese Vorstellung auch bei Lessing in
einem Brief an seine Schwester Dorothea Salome, es ist der erste Brief überhaupt,
der uns von Lessing überliefert ist. Dort heißt es anklagend:

> Geliebte Schwester!
>
> Ich habe zwar an Dich geschrieben, allein Du hast nicht geantwortet. Ich muß also den-
> ken, entweder Du kannst nicht schreiben, oder Du willst nicht schreiben. Und fast woll-
> te ich das erste behaupten. Jedoch will ich auch das andere glauben; Du willst nicht
> schreiben. Beides ist strafbar. Ich kann zwar nicht einsehen, wie dieses beisammen
> stehn kann: ein vernünftiger Mensch zu sein; vernünftig reden können, und gleichwohl
> nicht wissen, wie man einen Brief aufsetzen soll. Schreibe, wie Du redest, so schreibst
> Du schön.[90]

Hier finden sich – schon vorab aller theoretischen Fundierung von Seiten Gellerts
– die wichtigsten Elemente einer natürlichen Schreibart empfindsamer Prägung
vereint. Die moralische Entrüstung über die ausgebliebene Antwort ebenso wie
das nur scheinbare Unvermögen, sich auszudrücken. Auch der Hinweis auf die
ästhetische – avant la lettre – Dimension fehlt nicht, gerade weil die charakterliche
Eignung hier wohl außer Frage steht: „Schreibe, wie Du redest, so schreibst Du
schön". Vielleicht läßt sich diese Wendung als typisch ansehen, sowohl was die
Vorstellungen der Zeit betrifft, als auch die Probleme, die die Forschung hat, diese
Aussage auf einen eindeutigen Nenner zu bringen. Das Konzept einer natürlichen
Schreibart kann sich aus ganz unterschiedlichen Traditionen legitimieren und zu
sehr verschiedenen ‚Füllungen' desselben führen. Wünschenswert, so hat es den
Anschein, bleibt es allemal, trotz, oder vielleicht sogar wegen seiner variablen
Anschlußfähigkeit.

Die ‚natürliche Schreibart' gibt es nicht, allerdings das deutliche, wenngleich
auch innerhalb bestimmter Grenzen füllungsfreie Konzept einer solchen. Gerade
die reale Diversität, auch in der Möglichkeit der Anknüpfung an verschiedene
Traditionen, ließ das Konzept zu einem Wunschbild der Aufklärung aufsteigen.

---

[90] Gotthold Ephraim Lessing an Dorothea Salome Lessing (30. Dezember 1743), in: Gotthold
Ephraim Lessing, Werke und Briefe in zwölf Bänden, hg. von Wilfried Barner u. a., Frankfurt am
Main 1985–2003, Bd. 11/I, 7.

Eine ‚natürliche Schreibart' wird im 17. und 18. Jahrhundert zum stilistischen Vorbild ganz unterschiedlicher Disziplinen. Verständlich wird dies erst vor dem Hintergrund zeitgenössischer Rhetorik, Ästhetik, Poetik und Anthropologie und deren Verschränkung. Der Beitrag bemüht sich, diese Verflechtungen nachzuzeichnen.

A „natural style of writing" becomes the stylistic model of very different disciplines in the 17th and 18th Century. This is understandable only in the context of contemporary rhetoric, aesthetics, poetics and anthropology, as well as their entanglement. The article tries to trace these linkages.

Michael Multhammer, Heßstraße 80, 80798 München,
E-Mail: michael.multhammer@germanistik.uni-muenchen.de

Alexander Schmidt

Neo-Epikureismus und die Krise des Naturrechts: Michael Hißmann (1752–1784) über Naturzustand und Gerechtigkeit[1]

I. Einleitung

Vorstellungen des Naturzustandes spielten eine zentrale Rolle in der Debatte über die Geselligkeit (*socialitas, sociabilitas*) im 17. und 18. Jahrhundert.[2] War die bürgerliche Gesellschaft eine quasi organische Folge der Natur des Menschen, d. h. vor allem seiner geselligen Neigungen, oder glich ihre Errichtung eher der eines künstlichen Walls, um die ungeselligen Eigenschaften des Menschen, seine vermeintliche Hab- und Herrschsucht, in Schach zu halten? Wurde Gesellschaft um ihrer selbst willen oder bloß aus genuin egoistischen Bedürfnissen gesucht? Entwickelten Menschen hier ihr natürliches Potential zur moralischen Selbstvervollkommnung oder müßten sie durch Institutionen radikal umgeschaffen und auf ein gesellschaftliches Leben abgerichtet werden – „dénaturer l'homme", wie es Rousseau ausdrückte?[3] Beruhten Gerechtigkeit und Moralität schließlich auf angeborenen Fähigkeiten, die dem Menschen von einem göttlichen Schöpfer verliehen worden waren, oder waren sie die künstlichen Resultate der bürgerlichen Gesellschaft?

Aufklärerische Autoren stritten darüber, ob der Naturzustand nur eine hilfreiche philosophische Hypothese oder eine tatsächliche Stufe in der menschlichen Geschichte sei, die man zum Teil noch bei den Eingeborenen Afrikas, der Südsee oder Südamerikas in ihren Grundzügen studieren könne. Gleichwohl stimmten sie fast alle darin überein, daß ein klares Verständnis des Naturzustandes einen

[1] Der vorliegende Text ist die gekürzte Übersetzung eines demnächst in einem Sonderheft von *History of European Ideas* erscheinenden Beitrages. Für die Hilfe bei der Erstellung des Manuskripts danke ich Marco Gütle und Julia Steinäcker. Ohne die intensiven Diskussionen mit István Hont († 2013) wäre der Text so nicht zustande gekommen. Er ist seinem Andenken gewidmet.

[2] Zur Soziabilitätsdebatte grundlegend: Istvan Hont, Jealousy of Trade. International Competition and the Nation State in Historical Perspective, Cambridge, Mass. 2005, 37–51 und 159–184.

[3] Jean-Jacques Rousseau, Émile, in: J.-J.R., Œuvres complètes, hg. von Bernard Gagnebin und Marcel Raymond, Bd. 4, Paris 1969, 249.

Schlüssel für die Beantwortung der Frage bildete, was künstlich und was natürlich in den rechtlichen und moralischen Normen der Gesellschaft sei. Die universalen und nicht-kontingenten Normen der menschlichen Gesellschaft, von denen die meisten Aufklärer meinten, daß sie von einem göttlichen Schöpfer auf die eine oder andere Weise fest in die menschliche Natur gepflanzt seien, war der Gegenstand des frühneuzeitlichen Naturrechtsdiskurses.[4]

In der Zeit um 1800 erreichte dieser Diskurs eine signifikante praktische Wirkung. Das Naturrecht beeinflußte Rechtskodifikationen wie das *Preußische Allgemeine Landrecht* von 1794 oder den *Code Civil* von 1804. Vor allem aber schienen die amerikanische *Declaration of Independence* von 1776 und die französische *Déclaration des droits de l'homme et du citoyen* 1789 einen Triumph des modernen Natur- und Menschenrechtsdiskurses in den ersten modernen Republiken zu markieren.[5] Jedoch hat die Zentralität dieser beiden berühmten Dokumente in den jeweiligen konstitutionellen Meistererzählungen und im Menschenrechtsdiskurs nach der *Universal Declaration of Human Rights* von 1948 in vieler Hinsicht ein genaues historisches Verständnis verstellt. Tatsächlich erschienen ihre „Wahrheiten" etlichen Zeitgenossen viel weniger „self-evident", wie es Thomas Jefferson in der letzten Fassung der *Declaration of Independence* schrieb, als gemeinhin angenommen.[6] Als Jeremy Bentham die *Déclaration des droits de l'homme et du citoyen* als „nonsense upon stilts" karikierte, drückte er nur eine wachsende Skepsis in Europa über die Festigkeit der philosophischen Fundamente des Menschenrechtsdiskurses aus.[7] 1840 mußte der süddeutsche Liberale Karl von Rotteck (1775–1840), der selbst ein entschiedener Verteidiger des Naturrechts in seiner

---

[4] Einen Überblick bieten Anton Hügli u.a., Art. Naturrecht, in: Joachim Ritter, Karlfried Gründer, Gottfried Gabriel (Hg.), Historisches Wörterbuch der Philosophie, Basel, Stuttgart 1984, Bd. 6, S. 560–623; für die deutschen Debatten vgl. Knud Haakonssen, German natural law, in: Mark Goldie, Robert Wokler (Hg.), The Cambridge History of Eighteenth-Century Political Thought, Cambridge 2006, 251–90; Michael Stolleis, Geschichte des öffentlichen Rechts in Deutschland, Bd. 1: Reichspublizistik und Polizeiwissenschaft 1600–1800, München 1988. Vgl. auch Art. Natur-Recht, in: Johann Heinrich Zedler, Grosses Vollständiges Universal-Lexikon aller Wissenschaften und Künste, Halle, Leipzig 1740, Bd. 23, 1192–1205.

[5] Jonathan Israel, Democratic Enlightenment: Philosophy, Revolution, and Human Rights, 1750–1790, Oxford 2011, 456 ff. und 907 ff.

[6] Siehe Lynn Hunt, Inventing Human Rights: A History, New York, 2007, 15 ff.; David Armitage, The Declaration of Independence and International Law, in: William and Mary Quarterly 59 (2002), 39–64; vgl. Diethelm Klippel, Politische Freiheit und Freiheitsrechte im deutschen Naturrecht des 18. Jahrhunderts, Paderborn 1976.

[7] Jeremy Bentham, Rights, Representation, and Reform: Nonsense upon stilts and other writings on the French Revolution, in: Philip Schofield, Catherine Pease-Watkin, Cyprian Blamires (Hg.), The Collected Works of Jeremy Bentham, Bd. 7, Oxford 2002; vgl. ‚Nonsense upon stilts': Bentham, Burke and Marx on the Rights of Man, hg. und mit Vor- und Nachwort versehen von Jeremy Waldron, London 1987.

postkantischen Form des Vernunftrechts war, zugeben, daß die „Nichtigkeit des Naturrechts" ein Gemeinplatz unter seinen Zeitgenossen geworden sei.[8]

Die rechtshistorische Forschung stimmt weitgehend darin überein, daß der europäische Naturrechtsdiskurs infolge des Aufstiegs von Utilitarismus und der deutschen Historischen Rechtsschule zu Beginn des 19. Jahrhunderts in eine Krise geraten sei.[9] Demgegenüber soll in diesem Aufsatz die These von Leo Strauss zur Krise des Naturrechts aufgegriffen werden.[10] Ich möchte zeigen, daß diese Krise ihre Ursprünge in der Debatte um die menschliche Geselligkeit (*socialitas, sociabilité*) hatte. Diese Diskussion wurde vor allem durch die Auseinandersetzung mit Jean-Jacques Rousseaus *Discours sur l'origine et les fondements de l'inégalité parmi les hommes* von 1755 und ein generelles Wiederaufleben neoepikureischer und skeptischer Positionen in der Moralphilosophie befeuert. Um diese Krise genauer zu verstehen, möchte ich im Folgenden die wenig bekannten, aber für unsere Frage hochinteressanten *Untersuchungen über den Stand der Natur* von 1780 des Göttinger Gelehrten Michael Hißmann (1752–1784) diskutieren.[11] Das Ziel ist vornehmlich exegetisch. Denn Hißmanns Text bietet eine Zusammenfassung wesentlicher Argumentationslinien der Soziabilitäts- und Naturzustandsdebatte. Trotz einiger unabweislicher argumentativer Schwächen erlaubt er einen genauen Blick auf die Frage, welche Implikationen eine bestimmte Anthropologie auf die Auseinandersetzung um die Natürlichkeit von Moralität, Gerechtigkeit und sozialer Gleichheit zwischen Rousseau und dem Auftreten der Kantischen Philosophie hatte.

---

[8] Karl von Rotteck, Art. Naturrecht, Vernunftrecht, Rechtsphilosophie und positives Recht, in: K.v.R., Karl Welcker (Hg.), Staatslexikon-Encyclopaedie der Staatswissenschaften, Altona 1841, Bd. 11,162–213, hier 162. Vgl. Karl von Rotteck (Hg.), Lehrbuch des Vernunftrechts und der Staatswissenschaften, Stuttgart ²1840 (EA 1829), Bd. 1, VII: „Die weitaus vorherrschende Richtung der neuesten Rechtsgelehrten ist dem Naturrecht abhold. Nur das positive und das historische Recht empfängt ihre Huldigungen; das Naturrecht wird in das Reich der leeren, unpraktischen Spekulationen, oder der Träume verwiesen".

[9] Das Ausmaß dieser Krise ist umstritten. Jeremy Waldron betont den generellen Zerfall und die Erstarrung des Naturrechts: Ders., The Decline of Natural Right, in: Allen W. Wood, Songsuk Susan Hahn (Hg.), The Cambridge History of Philosophy in the 19th Century (1790–1870), Cambridge 2012, 623–650. Diethelm Klippel hingegen plädiert für eine größere Kontinuität zwischen dem 18. und 19. Jahrhundert. Er betont, daß das Naturrecht vor allem als akademischer Lehrgegenstand weiterhin großes Interesse genoß. Siehe Diethelm Klippel (Hg.), Naturrecht im 19. Jahrhundert. Kontinuität-Inhalt-Funktion-Wirkung, Goldbach 1997; ders. (Hg.), Naturrecht und Rechtsphilosophie im 19. Jahrhundert. Eine Bibliographie. 1780 bis 1850, Tübingen 2012.

[10] Leo Strauss, Natural Right and History, Chicago, London 1953, 252 ff.

[11] Michael Hißmann, Untersuchungen, über den Stand der Natur, Berlin 1780. Siehe dazu: Dieter Hüning, „Eine fruchtbare philosophische Fiktion". Michael Hißmanns Beitrag zur Anthropologisierung des Naturzustandes, in: Heiner F. Klemme, Gideon Stiening, Falk Wunderlich (Hg.), Michael Hißmann. Ein materialistischer Philosoph der deutschen Aufklärung, Berlin 2012, 121–145.

II. Von Lukrez bis Rousseau: Michael Hißmanns Darstellung
des menschlichen Geselligkeitstriebs

Hißmanns Darstellung dieses Themas wurde entscheidend durch das intellektuelle Klima im Göttingen des späten 18. Jahrhunderts geformt.[12] Der gebürtige Siebenbürger war ein radikal materialistischer Philosoph, Herausgeber einer Zeitschrift und Übersetzer der Werke von Étienne Bonnot de Condillac und Joseph Priestley. Während seines Studiums in Göttingen wurde Hißmann Schüler von bedeutenden Gelehrten wie dem Orientalisten und Theologen Johann David Michaelis, dem Philosophen Johann Georg Feder, dem Altphilologen Christoph Gottlob Heyne, dem Juristen Johann Stephan Pütter und den Historikern Johann Christoph Gatterer und Christoph Meiners. Im Jahr 1778 veröffentlichte Hißmann eine ausführlich kommentierte Leseliste zu allen Gebieten der akademischen Philosophie, von der Geschichte der Philosophie über Metaphysik, Logik, Psychologie und Ästhetik hin zur praktischen Philosophie inklusive Naturrecht und Ökonomie. Sie spiegelt das erstaunliche Niveau wider, auf dem der sechsundzwanzigjährige Hißmann bereits mit dem neuesten Stand der aktuellen philosophischen Debatten vertraut war.[13]

Was die Göttinger Gelehrten in unterschiedlichem Ausmaß verband, war die Auseinandersetzung mit der „science of man" (David Hume). Diese Auseinandersetzung bildete den Kern von Hißmanns Werk über experimentelle Psychologie, Sprache und Naturrecht. Ein gründlicheres empirisches Verständnis der menschlichen Natur, das ihre physiologischen und psychologischen Aspekte verbindet, so die Auffassung der Göttinger Gelehrten, würde ein sichereres Fundament für alle Wissenschaften schaffen – nicht zuletzt auch für das Naturrecht. Johann Jacob Schmauß (1690–1757), der den ersten Lehrstuhl in diesem Fachgebiet an der kurz zuvor gegründeten Universität zu Göttingen innehatte, pries Christian Thomasius, weil dieser die Prinzipien des Naturrechts vom Studium der menschlichen Natur abgeleitet hatte.[14] Schmauß war ein scharfer Kritiker sowohl des Wolffschen als auch des Pufendorfschen Naturrechts. Zeitgenossen berichten, Schmauß habe gewitzelt, er sei ein „Professor NonEntis", also Lehrer eines

---

[12] Zu diesen Debatten vgl. Hans Erich Bödeker, Philippe Büttgen, Michel Espagne (Hg.), Die Wissenschaft vom Menschen in Göttingen um 1800. Wissenschaftliche Praktiken, institutionelle Geographie, europäische Netzwerke, Göttingen 2008.

[13] Michael Hißmann, Anleitung zur Kenntniß der auserlesenen Litteratur in allen Theilen der Philosophie, Göttingen, Lemgo ²1790.

[14] Johann Jacob Schmauß, Neues Systema des Rechts der Natur, Göttingen 1754, Vorrede (unp.). Zu Schmauß in Göttingen siehe Gottfried Zieger, Die ersten hundert Jahre Völkerrecht an der Georg-August-Universität Göttingen. Vom Ius naturae at gentium zum positiven Völkerrecht, in: Fritz Loos (Hg.), Rechtswissenschaft in Göttingen. Göttinger Juristen aus 250 Jahren, Göttingen 1987, 50–56.

nicht existierenden Faches.[15] Tatsächlich erklärte er am Ende seiner Karriere, er hätte eine Weile gebraucht, um anzuerkennen, daß das Naturrecht nicht gänzlich chimärisch ist.[16] Nach diesem eher milden Gesinnungswandel versuchte er, eine minimalistische Version des Naturrechts zu entwickeln, die auf den menschlichen Trieben nach Vergnügen und Selbsterhaltung basierte. Dies implizierte eine Ablehnung von Versionen des Naturrechts, welche entweder von einem universalen menschlichen Verstand als Geschenk Gottes, einem göttlichen Voluntarismus oder von einer (natürlichen) Sozialität ausgingen (*socialitas*).[17]

Schmauß' minimalistischer Ansatz fügte sich gut zusammen mit der eklektischen Auseinandersetzung der Göttinger Gelehrten mit den sensualistischen und skeptischen Trends der französischen und schottischen Philosophie des 18. Jahrhunderts, einschließlich Condillac, Claude Adrien Helvétius, Charles Bonnet und David Hume.[18] Zugleich verband er sich mit einem Studium der menschlichen Natur in ihrer Formung in einer Geschichte der Menschheit. Göttinger Gelehrte rezipierten und kommentierten in diesem Zusammenhang so verschiedene Autoren wie Voltaire, Antoine-Yves Goguet, Rousseau, Adam Ferguson, Henry Home Lord Kames und James Burnett Monboddo. Bei ihrem Versuch, die Entwicklung menschlicher Zivilisation zu verstehen und eine vergleichende Studie der menschlichen Natur zu entwickeln, interessierten sich die Göttinger dabei nicht zuletzt für Reiseberichte über eingeborene Völker aus allen Teilen der Welt.

Es ist bekannt, daß etwa die Berichte von Louis Antoine Bougainville, James Cook und Georg Forster über ihre Pazifikreisen enorme Begeisterung unter den gebildeten Europäern auslösten. Sie sprachen eine Öffentlichkeit an, die besessen von allem Exotischen war, seien es südamerikanische Kannibalen oder die Zivilisationen des Osmanischen und des Chinesischen Reiches. Bereits vor Bougainvilles und Cooks berühmten Reisen in die Südsee glaubten aufgeklärte Denker, daß solche ethnographischen Berichte von nicht-europäischen Völkern entscheidende Einblicke in die früheren Stadien der moralischen, physischen und materiellen Entwicklung des zivilisierten Menschen gewähren würden. Das Ergebnis dieser anthropologischen Wende war ambivalent. Einerseits warf sie einige entscheidende Fragen bezüglich der Universalität und Konventionalität der europäischen, insbesondere der christlichen Normen auf und bediente so eine harsche

[15] Karl Leonhard Reinhold, Ehrenrettung des Naturrechts, in: Der neue Teutsche Merkur 1 (April 1791), 337–382, hier 380.

[16] Johann Jacob Schmauß, Neues Systema des Rechts der Natur, Göttingen 1754, Vorrede (unp.).

[17] Zu Schmauß' Beschäftigung mit der epikureischen und stoischen Moralphilosophie siehe Thomas Ahnert, Problematische Bindungswirkung. Zum ‚Epikureismus' im Naturrecht der deutschen Frühaufklärung, in: Vanda Fiorillo, Frank Grunert (Hg.), Das Naturrecht der Geselligkeit. Anthropologie, Recht und Politik im 18. Jahrhundert, Berlin 2009, 39–54.

[18] Zur Rezeption von Helvétius in Deutschland siehe Roland Krebs, Helvétius en Allemagne, ou la tentation du matérialisme, Paris 2006.

Kritik am europäischen Kolonialismus.[19] Andererseits bereitete sie auch den Weg hin zu rassistischen Einschränkungen des relativen Wertes von menschlichen Wesen basierend auf dem Naturalismus der vergleichenden Anatomie. Hißmann erkannte die Infragestellung von vorhandenen Systemen der Theologie und Moralphilosophie durch diese anthropologische Wende. In den einleitenden Bemerkungen zu seiner Übersetzung von Jean Nicolas Demeuniers *L'esprit des usages et des coutumes des différens peuples ou observations tirées des voyageurs et des historiens* behauptete er, daß viele Theorien der menschlichen Natur auf unzureichendem empirischen Material basierten. Sie könnten folglich mithilfe bloßer Sammlungen von Reiseberichten und Geschichten wie denen Démeuniers als fantastisch abgetan werden.[20] Wie im Folgenden diskutiert werden wird, beeinflußte Hißmanns Interesse an Ethnologie seine Ansichten des Naturrechts. Es spiegelte zudem sein materialistisches und experimentell-empirisches Herangehen an Psychologie und die Philosophie des Geistes wider.[21] Wie Priestley behauptete Hißmann dabei etwa, daß ein materialistisches Konzept der Seele mit einer Form des Christentums vereinbar sei.

In den letzten Jahren hat Jonathan Israel prononciert philosophischen Materialismus mit religiöser Toleranz, radikal egalitären Positionen sowie allgemein mit einem ,demokratischen Republikanismus' in Verbindung gebracht.[22] Hier wird der Einfluß von Hißmanns Materialismus auf seine politischen Ansichten von besonderem Interesse sein – nicht zuletzt deshalb, weil Hißmann mit Christian Wilhelm Dohm befreundet war, den Israel als einen Repräsentanten der „radikalen Aufklärung" im Deutschland des späten 18. Jahrhunderts ansieht.

Hißmann behandelte den *status naturalis* nicht als realen Zustand, sondern als nützliche philosophische Hypothese. Nach der spekulativen Methode von Rousseaus *Diskurs über die Ungleichheit* würde sie entscheidende Einblicke in die Funktionsmechanismen von Gesellschaft und die moralischen Antriebe des Menschen vermitteln. Als anonyme Veröffentlichung sollten die *Untersuchungen zum Stand der Natur* dabei zwei divergierende Vorstellungen vom *status naturalis* und

---

[19] Vgl. Sankhar Muthu, Enlightenment against Empire, Princeton 2003.

[20] Jean Nicolas Démeunier, Über Sitten und Gebräuche der Völker. Beyträge zur Geschichte der Menschheit. Herausgegeben und mit einigen Abhandlungen vermehrt von Michael Hißmann, Nürnberg 1783, Bd. 1, V.

[21] Michael Hißmann, Psychologische Versuche. Ein Beytrag zur esoterischen Logik, Hannover, Göttingen ²1788. Zu Hißmanns Materialismus siehe Klemme, Stiening, Wunderlich (Hg.), Michael Hißmann (wie Anm. 11), besonders die Beiträge von Udo Thiel (Hißmann und der Materialismus, 25–41) und Martin Schmeisser („Der eigentliche Materialist […] weiß von keiner unkörperlichen gehirnbewegenden Kraft". Michael Hißmann und die Psychologie Charles Bonnets, 99–118).

[22] Jonathan Israel, Radical Enlightenment: Philosophy and the Making of Modernity, 1650–1750, Oxford 2001; ders., Enlightenment Contested: Philosophy, Modernity, and the Emancipation of Man 1670–1752, Oxford 2006; ders., Democratic Enlightenment: Philosophy, Revolution, and Human Rights, 1750–1790, Oxford 2011.

deren jeweils zugrundeliegender Konzepte von (Un-)Geselligkeit anfechten. Die eine war Hobbes' Version eines Kriegszustandes, bestimmt durch gegenseitige Feindschaft, permanente Konkurrenz und folglich Unsicherheit, „kein menschliches Individuum, mittelst irgend eines Fadens, an dem andern hängt" und „keines des Andern Macht, durch eine gesellige Mithülfe, vermehrt".[23] Die andere Vorstellung war die Idee eines Goldenen Zeitalters, die antike Dichter wie Ovid beschworen hatten. Nach dieser wandern glückliche Menschen auf einer freigiebigen Erde umher. Sie sind von dringenden Bedürfnissen frei und kooperieren aufgrund ihrer gegenseitigen Sympathien und Bedürfnisse mit ihren Mitmenschen. Um die erste Vorstellung zu widerlegen, paraphrasierte Hißmann im Grunde Rousseaus Ablehnung von Thomas Hobbes im *Discours sur l'inégalité*.[24] Feindselige Geselligkeit träfe auf den ursprünglichen Menschen nicht zu, weil dessen aufkeimende Wünsche nur geringfügig von ihrer Erfüllung entfernt waren und seine begrenzten Bedürfnisse von den Ressourcen seines Lebensraumes ohne größere Anstrengung befriedigt wurden. Stattdessen hätten sich egoistische, auf den Vergleich mit anderen Menschen zielende Gefühle wie Gier und Neid erst in einem späteren Stadium des menschlichen Fortschritts zusammen mit deutlich mehr Bedürfnissen, Abhängigkeiten und Wünschen entwickelt. Erst dies habe dann zu Konflikten und Krieg geführt.[25]

Miteinander kollidierende entgegengesetzte Absichten und Bedürfnisse gingen also mit dem Aufstieg und Wachstum der bürgerlichen Gesellschaft einher. Hißmann behauptete, es sei aussichtslos, den Stand der Natur „unter den Ruinen einer […] bürgerlichen Gesellschaft" zu suchen, die entweder durch die egoistischen Bestrebungen ihrer Mitglieder oder „durch die Tyrannei eines gekrönten

---

[23] Hißmann, Untersuchungen (wie Anm. 11), 5 f.

[24] Jean-Jacques Rousseau, Diskurs über die Ungleichheit/Discours sur l'inégalité. Kritische Ausgabe des integralen Textes, hg. und übers. von Heinrich Meier, Paderborn u. a. [5]2001. Zu Rousseaus Auseinandersetzung mit Hobbes, Grotius, Pufendorf, Locke und dem Naturrechtsdiskurs insgesamt siehe die klassische, jedoch überholte Studie von Robert Derathé, Jean-Jacques Rousseau et la science politique de son temps, Paris 1950; Robert Wokler, Rousseau: A Very Short Introduction, Oxford 2001, Kap. 3; ders., Rousseau's Pufendorf: Natural Law and the Foundations of Commercial Society, in: R.W., Rousseau, the Age of Enlightenment, and Their Legacies, hg. von Bryan Garsten mit einer Einführung von Christopher Brooke, Princeton 2012, Kap. 6. Zu Rousseaus Auseinandersetzung mit Barbeyrac vgl. Gabriella Silvestrini, Rousseau, Pufendorf and the Eighteenth-Century Natural Law Tradition, in: History of European Ideas 36 (2010), 280–301.

[25] Hißmann, Untersuchungen (wie Anm. 11), 12–18. Hißmanns Sicht des Naturmenschen als selbstgenügsames Tier war auch zentral für sein Verständnis menschlicher Sprache als spätere evolutionäre Entwicklung. Nach Hißmann ging Sprache aus dem Bedürfnis, in menschlicher Gesellschaft zu kommunizieren, hervor: Hißmann, Ueber den Ursprung der Sprache, in: Hannoverisches Magazin 14 (1776), 1145–1200, hier 1188.

despotischen Wahnsinnes" ausgelöscht worden ist.[26] Hier bediente er sich Rousseaus düsterer Revolutionsdiagnose, die gegen Hobbes und Montesquieu gerichtet war. Die schnell wachsenden Bedürfnisse des Menschen in den großen monarchischen Staaten, die auf Luxusproduktion und Ungleichheit von Stand und Reichtum aufgebaut sind, würden bestehende Unterschiede und sozialen Konkurrenzkampf weiter verschärfen. Irgendwann müsse dies in einer völligen Auflösung der Staatsverfassung und einer Rückkehr zum Despotismus münden.[27]

Im Gegensatz zu seiner eher beiläufigen Zurückweisung von Hobbes investierte Hißmann mehr Mühe in die Widerlegung einer natürlichen Soziabilität des Menschen, die er vor allem auf Samuel Pufendorf zurückführte. Mit dem schottischen Anwalt Henry Home Lord Kames (1696–1782) und dem Hamburger Gelehrten Hermann Samuel Reimarus (1694–1768) wählte Hißmann zwei bekannte zeitgenössische Kritiker Rousseaus als Hauptziele seines Angriffs aus. In seinem einflußreichen Werk *Die vornehmsten Wahrheiten der natürlichen Religion* hatte Reimarus den gesamten siebten Essay der Widerlegung von Rousseaus epikureischer Darstellung der menschlichen Natur und der unsozialen Geselligkeit im *Discours sur l'inégalité* gewidmet. „Der Grundirrthum (das πρῶτον ψευδοζ) des Herrn R. ist", so Reimarus, „daß die Geselligkeit dem Menschen nicht natürlich sey".[28] Tatsächlich hatte Rousseau vor allem im ersten Teil des *Discours* aus Lukrez' berühmtem Gedicht *De rerum natura* die Idee entliehen, daß die ersten Menschen selbstgenügsame Einzelgänger waren, die frei auf Erden wandelten und sich von den Früchten der riesigen Wälder, wie zum Beispiel Eicheln, ernähr-

---

[26] Hißmann, Untersuchungen (wie Anm. 11), 12; insbesondere auch 16: „Nur das gesellschaftliche Leben ist es, was die Keime der unerhörtesten Bosheit ins menschliche Herz ausstreuet, deren Entwickelung es auch pflegend begünstiget. [...] Von Natur hingegen ist der Stoff des Menschen edel und gut; und er muß erst zum Böseseyn gezwungen werden, wenn er böse seyn soll. Diesen Zwang zur Verschlimmerung seines Charakters thun ihm hauptsächlich die kollidirenden gegenseitigen Absichten an".

[27] Hißmann, Untersuchungen (wie Anm. 11), 13. Vgl. Rousseau, Diskurs/Discours (wie Anm. 24), 260 ff. und 312 ff.

[28] Hermann Samuel Reimarus, Die vornehmsten Wahrheiten der natürlichen Religion in zehn Abhandlungen auf eine begreifliche Art erkläret und gerettet, Hamburg ³1766, 512. Zu Reimarus' Physikotheologie siehe Dietrich Klein, Hermann Samuel Reimarus (1694–1768). Das theologische Werk, Tübingen 2009, 201 ff. In den letzten Jahren hat die Rezeption epikureischen Denkens in der Aufklärung eine besondere Aufmerksamkeit erfahren. Vgl. insbesondere: Neven Leddy, Avi Lifschitz (Hg.), Epicurus in the Enlightenment, Oxford 2009; Pierre Force, Self-interest before Adam Smith. A Genealogy of Economic Science, Cambridge 2003; Winfried Schröder, Naturphilosophische Spekulation im Dienste einer praktischen Zielsetzung. Neo-Epikureismus in der Aufklärung, in: Gianni Paganini, Edoardo Tortarolo (Hg.), Der Garten und die Moderne. Epikuräische Moral und Politik vom Humanismus bis zur Aufklärung, Stuttgart 2004, 343–359; Catherine Wilson, Epicureanism in Early Modern Philosophy, in: James Warren (Hg.), Cambridge Companion to Epicureanism, Cambridge 2009, 266–286.

ten.[29] Da diese „autistischen" ersten Menschen nur durch Zufall und hauptsächlich zum Zwecke der Fortpflanzung auf andere Menschen trafen, hatten sie keinen Bedarf nach Sprache oder nach Künsten und Wissenschaften. Was die Menschen von den Tieren unterschied, waren ihr freier Wille sowie eine eher schlummernde Fähigkeit zur *perfectibilité*. Rousseaus Ansicht nach haben nach längerer Zeit zufällige Ereignisse wie Klimawandel oder Vulkanausbrüche zu einem Bevölkerungswachstum geführt und revolutionäre Entwicklungen wie die Erfindung von Landwirtschaft und Metallurgie verursacht. Dies führte zu einer Bedürfnissteigerung und -differenzierung und festigte bestehende soziale Bindungen. Am Ende dieser ökonomisch-sozialen Revolution überredeten die Reichen die Armen schließlich zu einem betrügerischen Gesellschaftsvertrag, der ihnen ihren geraubten Besitz sicherte.

Die Geschichte der Menschheit wird demzufolge als eine unglückselige Verkettung von Ereignissen gesehen, die die menschliche Perfektibilität verwirklicht und zu den Mißständen der modernen kommerziellen Monarchien geführt hat, die von tiefgreifenden sozialen Ungleichheiten zerrissen sind. Gegen diese Ansicht wollte Reimarus eine physiko-theologische und neustoische Darstellung verteidigen, die die Natur und die menschliche Entwicklung als von der göttlichen Vorsehung und Absicht geführt ansah. Er begriff sehr wohl, daß Rousseau die übliche Sicht des Gegensatzes von der Erbärmlichkeit des Naturzustandes und der Glückseligkeit des bürgerlichen Lebens auf den Kopf gestellt hatte. Ohne die Gesellschaft sowie den Gebrauch des Verstandes und der Sprache wären die Menschen nicht in der Lage, ihr Überleben zu sichern oder ihre grundlegenden Bedürfnisse zu befriedigen, geschweige denn ein anständiges Leben in Einklang mit ihren natürlichen Fähigkeiten zu führen.[30] Reimarus berief sich auf ein paar Standardargumente zur Geselligkeit der Menschen, wie zum Beispiel das Fehlen von Krallen und scharfen Zähnen; dies zwänge die Menschen, bei der Jagd und Verteidigung gegen wilde Tiere in Gruppen zusammenzuleben.[31] Gerade weil Menschen sich auch ganzjährig paaren können und vergleichsweise lange für ihren Nachwuchs sorgen, sei die Familie naturgemäß die grundlegende soziale Einheit.

Natürlich begnügte Reimarus sich nicht mit der schlichten Behauptung, der Mensch sei ein Herdentier wie Wölfe, Löwen oder Schafe. Das Hauptziel seines

---

[29] Rousseau, Diskurs/Discours (wie Anm. 24), 78 ff. Vgl. Lukrez, De rerum natura, hg. von Joseph Martin, Leipzig 1963, V. 925–987. Zu Rousseaus Epikureismus vgl. Reimar Müller, Anthropologie und Geschichte. Rousseaus frühe Schriften und die antike Tradition, Berlin 1997; Christopher Brooke, Rousseau's Second Discourse, between Epicureanism and Stoicism, in: Stanley Hoffmann, Christie McDonald (Hg.), Rousseau and Freedom, Cambridge 2010, 44–57; Avi Lifschitz, Language and Enlightenment: The Berlin Debates of the Eighteenth Century, Oxford 2012, passim.
[30] Reimarus, Die vornehmsten Wahrheiten (wie Anm. 28), 511–512.
[31] Ebd., 509–511.

Angriffs war Rousseaus These, daß die ersten Menschen nur geringe Unterschiede zu den Tieren aufwiesen und demzufolge Verstand und Sprache sowie damit verbunden die zivile Gesellschaft und Kultur durch puren Zufall erlangt hätten und diese also für den Menschen unnatürlich seien. Als Kern von Rousseaus Argumentation identifizierte er einen angeblich irreführenden und wankenden Gebrauch der Begriffe „Natur", „natürlich" und „Naturrecht". Nach Reimarus' Ansicht bestand die Natur des Menschen aus den körperlichen und geistigen Kräften des Menschen sowie seinen angeborenen Fähigkeiten. Rousseaus vielleicht berüchtigtste Behauptung, „que l'etat de réflexion est un état contre Nature, et que l'homme qui médite est un animal déprave",[32] beruhte folglich auf einem fehlerhaften Konzept der (menschlichen) Natur. Denn Rousseau hätte den Verstand, die Freiheit und die Perfektionierbarkeit nicht als wirksame geistige Kräfte begriffen, sondern als bloßes Potential ohne echten Nutzen für die ersten Menschen. Bei Rousseau wurde dies nur durch ein zufälliges Zusammentreffen von verschiedenen Ursachen erschlossen. Im Gegensatz dazu argumentierte Reimarus, daß alles „natürlich" sei, was sich aus den wesentlichen Fähigkeiten und angeborenen Eigenschaften des Menschen heraus entwickelt habe, sofern es nicht durch irgendwelche äußeren Umstände gehemmt worden sei.[33] Kinder würden sprechen und vernünftig denken lernen, solange sie nicht irgendwie behindert wären oder ohne menschlichen Kontakt aufwüchsen. Diese perfektionistische Idee von einer schrittweisen Entwicklung des Verstandes, der moralischen Fähigkeiten und somit einer Kultivierung des Menschen war zentral für viele Darstellungen der menschlichen Natur sowie für Theorien des menschlichen Fortschritts im 18. Jahrhundert. Diese sahen die Entwicklung von individuellen menschlichen Fähigkeiten als analog zu der Entwicklung des Menschen allgemein an – von der Wildheit über die Barbarei hin zur Aufklärung.[34] Solche Ideen waren zugleich tief in stoischen Beschreibungen der moralischen Individualentwicklung des Menschen verwurzelt. Danach wurden unsere anfangs dominierenden selbstbezogenen Triebe allmählich von Verstand und Tugend abgelöst.[35] Die Stoiker hatten außerdem die gegenseitige Zuneigung zwischen Eltern und Nachwuchs als natürlichen Impuls betont, durch den es, so Cicero, „eine natürliche Vertrautheit aller Menschen untereinander gibt, derart, daß ein Mensch gerade darum, weil er ein

---

[32] Rousseau, Diskurs/Discours (wie Anm. 24), 88.

[33] Reimarus, Die vornehmsten Wahrheiten (wie Anm. 28), 518.

[34] Ein gutes Beispiel dafür ist: Isaak Iselin, Philosophische Muthmassungen über die Geschichte der Menschheit, 2 Bde., Frankfurt, Leipzig 1764. Zu Iselin vgl. Béla Kapossy, Iselin contra Rousseau. Sociable Patriotism and the History of Mankind, Basel 2006.

[35] Cicero, De finibus bonorum et malorum/Über die Ziele des menschlichen Handelns, hg. und übers. von Olof Gigon, München, Zürich 1988, 188–191 (III, 16–17). Zur Stellung des Stoizismus im frühneuzeitlichen politischen Denken vgl. jüngst Christopher Brooke, Philosophic Pride: Stoicism and the Politics of Self-Love from Lipsius to Rousseau, Princeton 2012.

Mensch ist, dem anderen Menschen nicht fremd zu sein scheint". Durch ihn sind die Menschen „von der Natur aus (*natura apti*) zum Zusammenleben, zur Vergesellschaftung und zur Staatenbildung bestimmt" und mit der *cosmopolis* des gesamten Menschengeschlechts und der Götter verbunden.[36]

Indem er Reimarus' Erklärung des menschlichen Geselligkeitstriebs anfocht, lehnte Hißmann folglich auch die einflußreiche stoische Idee kosmopolitischer *oikeiosis* ab. Sein Angriffsziel war allerdings modern, nicht antik. Denn Hugo Grotius und Samuel Pufendorf wurden im 18. Jahrhundert häufig als Anhänger der Stoiker betrachtet, weil sie naturrechtliche Prinzipien auf der *socialitas* aufbauten, also der menschlichen Tendenz, einander zu unterstützen, und der damit verbundenen Pflicht, friedfertig zu leben. Diese Deutung resultierte nicht zuletzt aus den Editionen ihrer Werke durch Jean Barbeyrac: Er lenkte ihre Rezeption durch seine Anmerkungen in genau diese Richtung einer natürlichen Geselligkeit.[37] Wegen dieser neustoischen Betonung der Geselligkeit wurden Grotius' und Pufendorfs Konzepte des Naturrechts noch bis zur zweiten Hälfte des 19. Jahrhunderts als „sozialistisch" angesehen.[38] Im Folgenden soll daher skizziert werden, wie sich Hißmanns Ablehnung der natürlichen Soziabilität auf seine Ansichten zum Naturrecht auswirkten.

Unbeeindruckt von Reimarus' Betonung der menschlichen Schwächen und Ängste formulierte Hißmann die Behauptung des Lukrez neu, daß der Mensch von Natur aus ein starkes und selbstgenügsames Geschöpf sowie Degeneration und Abhängigkeit von anderen das Ergebnis der (modernen) Annehmlichkeiten und des sozialen Lebens seien.[39] Dennoch verstand Hißmann sehr wohl, daß er die Idee einer natürlichen Zuneigung zwischen Mutter und Kind zurückweisen mußte, wenn er der Behauptung eines natürlichen Geselligkeitstriebes den Todesstoß

---

[36] Cicero, De finibus bonorum et malorum/Über die Ziele des menschlichen Handelns (wie Anm. 35), 229 (III, 63): „ex hoc nascitur ut etiam communis hominum inter homines naturalis sit commendatio, ut oporteat, hominem ab homine ob id ipsum, quod homo sit, non alienum videri. […] itaque natura sumus apti ad coetus, concilia, civitates".

[37] Vgl. Timothy Hochstrasser, Natural Law Theories in the Early Enlightenment, Cambridge 2006, 15 und 40 ff.

[38] Carl Ludwig Michelet, Naturrecht oder Rechts-Philosophie als die praktische Philosophie enthaltend Rechts-, Sitten- und Gesellschaftslehre, Berlin 1866, Bd. 1, 54–56: „das socialistische Naturrecht". Der Begriff wurde zuerst von Gottlieb Hufeland verwendet: Lehrsätze des Naturrechts und der damit verbundenen Wissenschaften, Jena 1790, 16; vgl. Istvan Hont, The Language of Sociability and Commerce: Samuel Pufendorf and the Theoretical Foundations of the ‚Four-Stages‘ Theory, in: Hont, Jealousy of Trade (wie Anm. 2), 159.

[39] Hißmann, Untersuchungen (wie Anm. 11), 24 ff. Hißmanns Anlehnung an Lukrez ist bereits programmatisch aus dem Motto auf dem Titelblatt seines Essays ablesbar, das den Anfang des 5. Buches von *De rerum natura* zitiert: „Deus ille fuit, […] Qui princeps vitae rationem invenit eam quae Nunc appellatur sapientia, quique per artem Fluctibus et tantis vitam, tantisque tenebris In tam tranquillo, et tam clara luce locavit".

versetzen wollte. Wie Bernard Mandeville und andere neo-epikureische Anhänger der „licentious systems" der Moralphilosophie[40] verstand Hißmann soziale Zuneigungen als ein bloßes seelisches Epiphänomen von Nützlichkeit und Vergnügungssuche. Hier verläuft eine Demarkationslinie zwischen dem Natürlichen und dem Künstlichen, zwischen primären und sekundären Ursachen. Jungtiere und Kinder brauchten Zuwendung und Schutz, während die Mutter anfangs nur den Drang verspürt, Milch zu geben, um Schmerzen zu vermeiden. Daher überrasche es nicht, daß Kinder oft größere Zuneigung für ihre Ammen als für ihre biologischen Mütter empfänden. Gegenseitige Zuneigung war also nicht angeboren, sondern wurde durch die Befriedigung von physischen Impulsen ausgelöst. Diese Abhängigkeit und Sympathie konnten außerdem nur von kurzer Dauer sein und würden abkühlen, sobald sie ihre Funktion verloren hätten.[41]

Während diese zynische Sicht von geschwisterlicher und elterlicher Zuneigung bei Hißmanns Rezensenten Entrüstung hervorrief, zögerte er nicht, seine materialistische Anatomie der Sympathie auf die menschliche Gesellschaft als Ganzes in Anlehnung an Mandeville, Condillac und Helvétius auszuweiten. Wohlwollen (*benevolence*), Sympathie und folglich die Fähigkeit, sich in den anderen hineinversetzen zu können, waren dabei ein Kernpunkt des Plädoyers für natürliche Geselligkeit wie etwa bei Francis Hutcheson (1694–1746).[42] Hißmann aber fragte, ob diese tatsächlich natürliche Eigenschaften oder eher eine Art neues Organ seien, „welches von einigen Weltweisen das Moralische genannt wird" und von den künstlichen Beziehungen der Gesellschaft geschaffen ist.[43] Sympathie, so meinte er, resultiere aus unserer Suche nach Glück. Dies würde deutlich verstärkt, wenn wir unsere Gefühle des Vergnügens auf andere erweiterten und somit unser Leiden unter den Einschränkungen unserer natürlichen Freiheiten durch die Annehmlichkeiten des geselligen Lebens kompensierten. Die Fähigkeit, mit anderen zu sympathisieren oder gar Mitleid für sie zu empfinden, hinge demzufolge von sozialen Faktoren ab, insbesondere von Sprache und Bildung. Hißmann entlarvte alle empathischen Gefühle als bloße soziale Maskeraden eines *amour propre*, de-

---

[40] Adam Smith, The Theory of Moral Sentiments, hg. von D.D. Raphel, A.L. Macfie, Oxford 1976, 306.

[41] Hißmann, Untersuchungen (wie Anm. 11), 29: „Nur die Zeit der Pflege ist die Zeit der Geselligkeit. Mit dieser Periode im thierischen Leben scheint die Liebe zur Geselligkeit in beiden Individuen zu erkalten". Vgl. Rousseau, Diskurs/Discours (wie Anm. 24), 118: „La mere allaitoit d'abord ses Enfans pour son propre besoin; puis l'habitude les lui ayant rendus chers, elle les nourrisoit ensuite pour le leur".

[42] Vgl. Francis Hutcheson, On the Natural Sociability of Mankind, in: F.H., Logic, Metaphysics, and the Natural Sociability of Mankind, hg. von James Moore und übers. von Michael Silverthorne, Indianapolis 2006, 191–216.

[43] Hißmann, Untersuchungen (wie Anm. 11), 36–37, Zitat 37.

ren sich jedoch der Handelnde wegen der inhärenten (Selbst-)Täuschungsmecha-
nismen der modernen Gesellschaften nur selten bewußt war:

> Denn die gemeinnützige Beeiferung für die Wolfahrt, für das Glück und das Vergnügen
> Andrer löset sich am Ende doch nur in den einigen Grundtrieb der Selbstliebe auf. Wir
> befördern das Glück und das Vergnügen andrer Menschen; weil die erheiternden Fol-
> gen ihres Wohlstandes am Ende mittelbarer Weise auch auf uns zurückfallen. [...]
> Sympathie ist Selbstliebe, mit der neuen Modifikation, daß sie aus den glücklichen
> und unglücklichen Ereignissen, die andre Menschen treffen, Vortheile und Nutzen
> zu ziehn sucht.[44]

Wir könnten lediglich in Situationen, von denen wir glauben, daß wir mit ihnen
vertraut sind, mit anderen sympathisieren, betonte Hißmann.[45] Unsere Mitmenschen seien nur Spiegel unserer Erfahrungen und Präferenzen. Sämtliche empathischen Gefühle seien letztendlich doch auf eine Art Egoismus zurückzuführen.

Mandevilles skandalöse *Fable of the Bees* wird an keiner Stelle in Hißmanns
Untersuchungen erwähnt. Dennoch istdessen Ablehnung des natürlichen Geselligkeitstriebs im zweiten Band der Fabel überall präsent. Speziell im vierten Dialog attackierte Mandevilles Sprachrohr Cleomenes den Standpunkt, daß der
Mensch eine „Sociable Creature" sei, weil er von Natur „more fond, and desirous
of Society, than any other Creature" sei. Der Mensch werde vielmehr „by his per-
petual Desire of meliorating his Condition", wie Mandeville so einprägsam formulierte, in die Gesellschaft hineingetrieben.[46] Doch die Gesellschaft sei nicht nur
ein Mechanismus, der die menschlichen Bedürfnisse befriedigt und uns von ver-
wundbaren und hilflosen Kreaturen in zivilisierte und unabhängige Individuen
verwandelt, wie Pufendorf behauptete. Stattdessen würde der Fortschritt der kommerziellen Zivilisation eher die Abhängigkeit des Menschen von der Unterstützung durch andere vergrößern. Die „polite society" des hannoverischen Englands
bot verschiedenste Beispiele für diesen Effekt der Arbeitsteilung, wie das einer
vornehmen Dame zeige. Diese werde „dress'd and undress'd from Head to
Foot like a jointed Baby, by her Woman and the Assistance of another Maid or
two, is a more helpless Creature than Doll the Dairy-Maid, who all the Winter
long dresses herself in the Dark".[47] Auf ähnliche Weise enttarnte Mandeville
alle geselligen Neigungen als Resultate der egoistischen Suche nach Vergnügen:

> I am willing to allow, that among the Motives, that prompt Man to enter into Society,
> there is a Desire which he has naturally after Company; but he has it for his own Sake, in

---

[44] Ebd., 41–42.

[45] Ebd., 44.

[46] Bernard Mandeville, The Fable of the Bees, hg. von Frederick B. Kaye, Indianapolis 1988,
Bd. 2, 180. Zu Mandevilles Epikureismus vgl. E. J. Hundert, The Enlightenment's Fable. Bernard
Mandeville and the Discovery of Society, Cambridge 1994, und John Robertson, The Case for the
Enlightenment. Scotland and Naples 1680–1760, Cambridge 2005, Kap. 6.

[47] Mandeville, Fable of the Bees (wie Anm. 46), Bd. 2, 181.

hopes of being the better for it; and he would never wish for, either Company or any thing else, but for some Advantage or other he proposes to himself from it. What I deny is, that Man naturally has such a Desire, out of a Fondness to his Species, superiour to what other Animals have for theirs.[48]

Demnach könnten gesellige Gefühle keine ausreichende Grundlage für gesellschaftliches Zusammenleben darstellen, sondern nur eine Regierung und Gesetze, erklärte Mandeville in Anlehnung an Hobbes. In einem auffallend ähnlichen neoepikureischen Ansatz stellte Hißmann fest, daß die Anziehungskraft des bürgerlichen Lebens in den geselligen Vergnügungen, der Konversation und Höflichkeit bestünde. Sie würden als ein Kitt der bürgerlichen Gesellschaft wirken. Diese Vergnügungen seien daher Hauptgrund, warum wir Gesellschaft auch in solchen Fällen aufsuchten, wenn sie nicht für unsere körperlichen Bedürfnisse und unseren Schutz sorgte.[49] Der Geselligkeitstrieb ist also nicht in einem engen Sinne unnatürlich, sondern vielmehr „künstlich" (*artificial*) im Humeschen Sinne, da wir ihn uns als sekundäres Ergebnis unserer natürlichen Suche nach Glück angeeignet hätten.[50]

Doch wenn Sympathie und Geselligkeit spätere Ergebnisse unseres anthropologischen Strebens nach Vergnügen und eines langsamen Zivilisationsprozesses sind, wie würde dann das natürliche Verhältnis des Menschen zu seinen Mitmenschen aussehen? Wieder klang Hißmanns Antwort nach Rousseau: Die Menschen seien von Natur aus einander gleichgültig. Diese Gleichgültigkeit hätte ihre Wurzeln im menschlichen Hang zur Ruhe und zum Müßiggang, der noch heute unter Eingeborenenstämmen beobachtet werden könne. Im Gegensatz dazu werde die Aktivität durch Unbehagen, Schmerz sowie eine Art Störung im menschlichen Nervensystem hervorgerufen.[51] Das Leben in hochentwickelten Gesellschaften gleiche daher einem pathologischen Zustand, in dem unsere Energien durch eine beständige Überlastung unserer natürlichen Kräfte und Nerven abgerufen würden. Hißmann nahm hier ein Motiv auf, das sich auch bei anderen Vertretern der These vom ungeselligen bzw. antagonistischen Ursprung der arbeitsteiligen Gesellschaften von Mandeville bis Kant findet. Diese behaupteten, daß natürliche und soziale Übel die treibenden Kräfte eines Zivilisationsprozesses seien, in dem sozial nützliche Leidenschaften wie Gier und Ehrstreben sozial schädlichen Leidenschaften wie Trägheit entgegengestellt würden.[52]

---

[48] Ebd., Bd. 2, 183.

[49] Hißmann, Untersuchungen (wie Anm. 11), 57.

[50] Vgl. David Hume, A Treatise of Human Nature, hg. von David Fate Norton und Mary J. Norton, Oxford 2000, 311 (3.2.1).

[51] Hißmann, Untersuchungen (wie Anm. 11), 52.

[52] Zu diesem Komplex vgl. Albert O. Hirschman, The Passions and the Interests: Political Arguments for Capitalism before its Triumph, Princeton 1977.

III. Der Angriff auf die natürliche Gerechtigkeit

Hißmanns Darstellung der menschlichen Natur und Soziabilität war essentiell für seine Auseinandersetzung mit der „Hauptfrage in Bezug auf den Naturzustand", nämlich ob die Unterscheidungen von Gut und Böse, Recht und Unrecht im Naturzustand existieren oder ob dies spätere Erfindungen der Gesellschaft seien.[53] Hier stellt sich die Frage, wie menschliche Charakteristika mit bestimmten Normen verbunden werden können. Wie können Hißmanns egoistische Individuen überhaupt eine dauerhaft funktionierende Gesellschaft bilden? Und wie können ihnen Regeln und reziprok wirksame Verpflichtungen auferlegt werden? Die Beantwortung dieser Fragen wurde im 18. Jahrhundert immer noch durch die Debatten zwischen den Anhängern der hellenistischen Schulen der Moralphilosophie bestimmt. Diese waren Standardstoff auf den frühneuzeitlichen Universitäten und Gymnasien. Unter den Vertretern dieser Schulen plädierten die Stoiker am stärksten für ein Naturrecht, das aus der geselligen Natur des Menschen resultiere. Ciceros *De legibus* bieten hier eine gute Zusammenfassung dieser Position:

> Folglich gibt es überhaupt keine Gerechtigkeit, wenn sie nicht von Natur aus vorhanden ist, und die Gerechtigkeit, die auf der Nützlichkeit beruht, wird ebenso durch eben diese Nützlichkeit zunichte gemacht; und ebenso gehen alle Tugenden verloren, wenn die Natur das Recht nicht festigt. [...] Denn diese Einstellungen beruhen darauf, daß wir von Natur aus dazu veranlagt sind, unsere Mitmenschen zu lieben, was die Grundlage des Rechts ist.[54]

Im Gegensatz dazu waren Epikur und seine Anhänger wegen ihrer Ablehnung eines natürlichen Konzepts von Gerechtigkeit und Tugend weithin verrufen. Stattdessen argumentierten die Epikureer, daß Gerechtigkeit eine bloße menschliche Konvention sei, konzipiert für den Erhalt unterschiedlicher Gesellschaften in Übereinstimmung mit den jeweiligen lokalen Bedürfnissen und Bräuchen.[55] Damit Gerechtigkeit funktionierte, hatte sie zuerst dem Atomismus individueller Interessen und dem Streben nach Vergnügen zu dienen. Viele der klassisch geschulten Leser von Hobbes erklärten deshalb, daß diese Zurückweisung der natürlichen Soziabilität des Menschen und im Besonderen von Aristoteles' Auffassung des Menschen als politisches Wesen in *De cive* nicht neu war, sondern eine bloße Wie-

---

[53] Hißmann, Untersuchungen (wie Anm. 11), 89.

[54] Cicero, De Legibus/Paradoxa Stoicorum. Über die Gesetze/Stoische Paradoxien, hg. und übers. von Rainer Nickel, München, Zürich 1994, Bd. 1, 15, 42 f.: „ita fit, ut nulla sit omnino iustitia, si neque natura est, eaque quae propter utilitatem constituitur, utilitate illa convellitur, utque si natura confirmata ius non erit, virtutes omnes tollantur. [...] Nam haec nascuntur ex eo, quod natura propensi sumus ad diligendos homines, quod fundamentum iuris est".

[55] Epikur, KD 31; vgl. Leo Strauss, Natural Right and History, Chicago, London 1953, 109–113; Eric Brown, Politics and Society, in: James Warren (Hg.), Cambridge Companion to Epicureanism, Cambridge 2009, 179–196, hier 191 ff.

deraufnahme des Epikur.[56] Epikurs konventionalistische Theorie der Gerechtigkeit wurde auch oft mit der Zurückweisung des Naturrechts durch Karneades von Kyrene, Rhetoriker und Anhänger der skeptischen Akademie im 2. Jahrhundert v. Chr., in Verbindung gebracht. Der Mensch sei wie andere Tiere ein selbstsüchtiges Wesen, welches um jeden Preis nach Selbsterhaltung strebe. Deshalb seien alle Vorstellungen eines Naturrechts bedeutungslos und bloßer Unsinn, behauptete Karneades in einer Demonstration seiner rhetorischen Fähigkeiten vor einer schockierten römischen Zuhörerschaft.[57]

Nach Richard Tuck war Hugo Grotius' Auseinandersetzung mit Karneades in den Prolegomena von *De iure belli ac pacis* (1625) von zentraler Bedeutung für sein Projekt einer Rekonstruktion des Naturrechts, das eine Antwort auf einen wiederaufblühenden moralischen Skeptizismus formulierte.[58] Gegen Karneades, behauptete Grotius, daß die Menschen vom *appetitus societatis* oder *communitatis* angetrieben würden, friedlich und in Übereinstimmung mit den Gesetzen mit ihren Mitmenschen zu leben.[59] Sie waren deshalb von einem höheren Wesen als Tiere, die lediglich mit ihrer Selbsterhaltung beschäftigt seien. Grotius' Annahme einer stoischen *oikeiosis* als Grundlage des Naturrechts in diesem Abschnitt kann als Versuch gelesen werden, der Ablehnung einer natürlichen und selbstlosen Moral durch die Skeptiker entgegenzutreten.[60]

Während jedoch die zentrale Bedeutung des Skeptizismus für die gesamte Naturrechtsdebatte des 17. und 18. Jahrhunderts infrage gestellt werden kann, läßt sich freilich kaum leugnen, daß Karneades ein wichtiger Bezugspunkt in diesem Kontext blieb. Skeptische und epikureische Anschauungen wurden als Bedrohung der moralischen und christlichen Grundlagen der Gesellschaft empfunden.

---

[56] Vgl. z. B. Johann Boecler, Dissertatio academica de socialitate secundum Stoicorum disciplinam expensam, Straßburg 1700, 3: „nihil novi ab Hobbesio productum fuisse, quum hominem ab natura animal socialem esse negavit".

[57] In einer bekannten Passage faßt Laktanz Karneades' Argument zusammen (*Divinae Institutiones*, V, 16, 3): „Iura sibi homines pro utilitate sanxisse scilicet uaria pro moribus, et apud eosdem pro temporibus saepe mutata, ius autem naturale esse nullum; omnes et homines et alias animantes ad utilitates suas natura ducente ferri; proinde aut nullam esse iustitiam aut, si sit aliqua, summa esse stultitiam, quoniam sibi noceret alienis commodis consulens". Vgl. Richard Tuck, The Rights of War and Peace. Political Thought and the International Order from Grotius to Kant, Oxford 1999, 21 f.

[58] Richard Tuck, Carneades, Grotius and Hobbes, in: Grotiana 4 (1983), 43–60; ders., Philosophy and Government 1572–1651, Cambridge 1993, 55 f. und 196 f. Zur Kritik an Tucks Position vgl. Thomas Mautner, Grotius and the Skeptics, in: Journal of the History of Ideas 66 (2005), 577–601. Für meine Argumentation ist es hinreichend, daß zahlreiche Autoren des 18. Jahrhunderts Grotius' Auseinandersetzung mit Karneades für bedeutend hielten.

[59] Hugo Grotius, De jure belli ac pacis/Drei Bücher vom Recht des Krieges und des Friedens. Neuer deutscher Text und Einleitung von Walter Schätzel, Tübingen 1950, 32, vgl. 34 f.

[60] Christopher Brooke, Philosophic Pride. Stoicism and the Politics of Self-Love from Lipsius to Rousseau, Princeton 2012, Kap. 2.

Der Vorwurf des Epikureismus wurde dabei vor allem polemisch genutzt, um gegnerische Positionen zu diskreditieren. Das erschwert die Aufgabe herauszufinden, was tatsächlich unter diesen Positionen verstanden wurde.

Aus ideengeschichtlicher Perspektive erscheint es immerhin plausibel, daß der neo-epikureische Trend im politischen Denken einer säkularen Wiederbehauptung politischer Einheit und monarchischer Autorität diente. Epikureisch argumentierende Autoren reduzierten nämlich Gerechtigkeit zum bloßen Ausdruck eines politischen Vertrages und des Willens des Monarchen. Diese Idee spielte nicht zuletzt bei Hobbes eine eminente Rolle.[61] Bemerkenswert ist auch, daß französische Unterstützer einer aufgeklärten Monarchie wie Helvétius, La Mettrie und Voltaire betonten, daß Moral, insbesondere die Vorstellung von Tugend und Laster, rein menschliche Erfindungen seien, die die Nutzenvorstellungen einer Gesellschaft reflektierten.[62]

Jedenfalls wurden die Anschauungen, die mit Epikur und Karneades verbunden wurden, später im 18. Jahrhundert nun auch öffentlich bejaht, um die verschiedenen Schulen der Naturrechtslehre zu kritisieren. Schmauß, ganz gewiß kein Neu-Epikureer, widmete ausführliche Abschnitte in seinen erst später veröffentlichten Vorlesungen zur Geschichte des Naturrechts in Göttingen Epikur, Karneades und sogar Sextus Empiricus.[63] Er behauptete, daß es Cicero nicht vermocht habe, die Argumente des Karneades zu widerlegen.[64] Auch sei Grotius nicht der Begründer des modernen Naturrechts. Der erste Wegbereiter des modernen Naturrechts war für Schmauß Hobbes, während Grotius bloß ein kluger Scholastiker sei.[65] Im Gegensatz zu den Kritikern Pufendorfs, die auf der Bedeutung einer göttlichen Sanktion des Naturrechts bestanden, erkannte Schmauß lediglich das Vorhandensein menschlicher Triebe als Fundament des Rechts an – eine Ansicht, die auffällig Rousseaus Betonung der *pitié* im zweiten Diskurs ähnelte, dem animalischen Gefühl, welches uns davon abhält, anderen unnötig im Naturzustand zu schaden. Schmauß' Reflexionen zum Naturrecht waren dabei entscheidend von den *Dubia iuris naturae* von 1719 beeinflußt, eine anonyme Schrift des Johann Friedrich Hombergk zu Vach (1673–1748), dem Vizekanzler der reformierten

---

[61] Catherine Wilson, Epicureanism at the origins of modernity, Oxford, New York 2008, Kap. 7.

[62] Voltaire, Traité de métaphysique, in: The Complete Works of Voltaire, hg. von William Henry Barber, Bd. 14: 1734–1735, Oxford 1996, 475: „La vertu et le vice, le bien et le mal moral est donc en tout pays ce qui est utile ou nuisible à la société; et dans tous les lieux et dans tous les temps celui qui sacrifie le plus au public est celui qu'on appellera le plus vertueux. Il paraît donc que les bonnes actions ne sont autre chose que les actions dont nous retirons de l'avantage, et les crimes qui nous sont contraires. La vertu est l'habitude de faire de ces choses qui plaisent aux hommes, et le vice l'habitude de faire des choses qui leur déplaisent".

[63] Schmauß, Neues Systema (wie Anm. 14), 51–67.

[64] Ebd., 61.

[65] Ebd., 213 und 220.

Universität Marburg. Die *Dubia* waren geprägt durch eine Mischung aus calvinistisch-augustinischen und skeptischen Anschauungen über die Möglichkeit menschlicher Vernunft nach dem Sündenfall bei der Lenkung moralischen Empfindens und Handelns. Sie hinterfragten dementsprechend die weitgehenden Vorstellungen über die Wirksamkeit des Naturrechts, welche in der Lehre dieses Faches an protestantischen deutschen Universitäten üblich waren. Obwohl sie am Ende Grotius zustimmten, diskutierten die *Dubia*, ob der niederländische Jurist tatsächlich mit seiner Widerlegung des Karneades erfolgreich war.[66] Die *Dubia* zweifelten ferner die Vorstellung an, daß die komplexen moralischen Prinzipien des Naturrechts in unsere Natur eingepflanzt seien und von jedem erkannt werden können, während sie doch gleichzeitig bereits von den anerkanntesten Gelehrten in Frage gestellt wurden. Rousseaus Kritik am Konzept des Naturrechts war dementsprechend nicht isoliert. Auch der *Discours sur l'inégalité* widersprach einer starken Betonung der menschlichen Vernunft. Stattdessen versuchte er, eine minimalistische Version des Naturrechts zu entwerfen, das nur auf Selbsterhaltung und Mitleid setzte – „deux Principes, sans qu'il soit nécessaire d'y faire entrer celui de la sociabilité".[67]

Vor diesem Hintergrund und durch den Fokus auf Menschheitsgeschichte und Anthropologie in Göttingen geprägt, zögerte Hißmann nicht, die Konsequenzen aus seiner Anfechtung der neo-epikureischen Idee menschlicher Soziabilität zu ziehen. Er leugnete die Gültigkeit des Naturrechts und seiner theologischen Implikationen gänzlich. „Der gesellschaftliche Zustand des Menschen schaft zu gleicher Zeit den ersten Werkstof zum Begrif von Recht und Unrecht", faßte er seine Position in einem Aufsatz von 1778 zusammen, „und unsre Begriffe von Recht und Unrecht sind die Extrakte von unsern gesellschaftlichen Verbindungen".[68] Hißmann führte Karneades an, dessen imaginäre Präsenz seine Gedanken inspiriere. Sein Essay war dabei besonders der anonymen Abhandlung *Der Stand der Natur* (1775) verpflichtet. Ihr Verfasser Heinrich Friedrich Diez (1751–1817) war nicht nur einer von vielen jungen Bewunderern Rousseaus im protestantischen Deutschland, sondern auch preußischer Beamter und später, während seiner Zeit als preußischer Botschafter in Konstantinopel, ein starker Befürworter einer gegen Österreich und Russland gerichteten preußisch-osmanischen Allianz. Diez begnügte sich nicht damit, lediglich Zweifel an den existierenden christlichen und deistischen Vorstellungen vom Naturrecht aufzuwerfen. Er stimmte ausdrücklich

---

[66] [Johann Friedrich Hombergk zu Vach], Dubia Iuris Naturae, editio secunda, Frankfurt 1724, Kap. I, §§ 12–13.

[67] Rousseau, Diskurs/Discours (wie Anm. 24), 56.

[68] Michael Hißmann, Betrachtungen über die Naturgeseze, in: Deutsches Museum 2 (1778), 529–543, hier 529.

mit Karneades und – wie er glaubte – Rousseau in ihrer uneingeschränkten Ablehnung des Naturrechts überein:

> Man hat viel von Gesetzen der Natur geredet und geschrieben. Sie sollen zuverlässig und unabänderlich seyn, die Quellen wahrer Glückseligkeit und die Triebfedern der reinsten Sitten. [...] Allein wie wir mit dem Carneades glauben, giebt es vor Errichtung der Gesellschaft keine Regeln des Rechts und Unrechts. [...] so tragen wir doch jenen Satz des alten Weisen nur in einer andern Wendung vor, wenn wir behaupten: Daß die Regeln der Gerechtigkeit nicht allgemein, daß unsre so genannten Naturgesetze kein richtig entscheidender Ausspruch für die Moralität auf dem ganzen Erdboden sind. Unsre Lehren von dem, was billig und unerlaubt ist, sind bloße Auszüge aus unserer Gesellschaft, bloße Principien, die der Vernünftige von unsern Verbindungen abgezogen, oder von denen er wenigstens durch Vergleichung andrer Umstände die Anmerkung gemacht hat, daß sie für unsre Wohlfahrt beförderlich seyn würden, wenn wir sie zur Richtschnur nähmen.[69]

Wie allgemein bekannt, steht die Betonung der Pluralität menschlicher Konventionen und Gesetze auch im Zentrum von Montesquieus enorm einflußreichem *Esprit de lois* von 1748. Diez (und Hißmann) nahmen Montesquieu sehr ernst. Für sie war der Universalismus moralischer Normen und der Menschenrechte eine beschränkte europäische Wunschvorstellung. Diez plädierte für einen skeptischen kulturellen Relativismus, der wertende Unterscheidungen zwischen zivilisierten Menschen und Wilden als willkürlich und bedeutungslos ablehnte. Bezogen auf die materielle Entwicklung waren Zivilisierte sicherlich weit überlegen. Dafür hätten globaler Handel und koloniale Expansion lediglich die Bedürfnisse und sozialen Ungleichheiten in den entwickelten Regionen der Welt vorangetrieben, die die Europäer noch abhängiger und elender als die sogenannten Wilden machten. Diese führten dagegen ein glücklicheres, zufriedeneres und unabhängigeres Leben. Hierbei wurde eine scharfe Trennung zwischen den Normen menschlicher Gesellschaft und der physischen Natur gezogen:

> Die Natur ist ewig, aber sie weiß nichts von sittlichen Gesetzen. Nur ihre Bürger schaffen dergleichen, und zwar nach Verschiedenheit der Personen und Erdstriche. So vielfach die Gesellschaften, so vielfach und modifikabel sind die Gesetze der Natur. Wie kann man also Universalregeln anpreisen? Mag die Ameise ihrem Haufen der Natur Gesetze vorschreiben![70]

In gewisser Weise akzeptierten Diez und Hißmann die stoische Gleichsetzung von Gerechtigkeit, Vernunft und Soziabilität, stellten sie aber auf den Kopf. Wenn Soziabilität ein künstliches Resultat der Gesellschaft ist, so ist auch Gerechtigkeit vollkommen abhängig von den spezifischen Bedürfnissen einer einzelnen Nation oder Gemeinschaft. Dies schloß implizit sogar vollkommen säkulare Konzepte

---

[69] Heinrich Friedrich Diez, Der Stand der Natur, in: H.F.D., Frühe Schriften (1772–1784), hg. von Manfred Voigts, Würzburg 2010, 127.

[70] Ebd., 129 f.

eines universalen Naturrechts aus, wie sie etwa von Denis Diderot im Artikel *droit naturel* in der *Encyclopédie* formuliert worden waren.

Die neo-epikureische Darstellung von Sprache bietet den Schlüssel zum Problem der Gerechtigkeit.[71] Rousseau und die Neo-Epikureer stimmten mit John Locke überein, daß die Vorstellung von moralisch richtigem und falschem Handeln nicht angeboren sei. Menschliche Wesen im Naturzustand entbehrten der Kenntnis einer richtigen Sprache und eines damit korrespondierenden begrifflichen Bezugsrahmens, um solch komplexe moralische Ideen auszudrücken, die nicht essentiell für ihr Überleben sind.[72] Kognitiv gleichen sie eher Tieren als einem zivilisierten Menschen. Sprache, der menschliche Verstand und die Bedürfnisse der Gesellschaft entwickelten sich dabei wechselseitig im Verlauf der menschlichen Geschichte. Hißmann lehnte entschieden das dominierende christliche Verständnis der Sprache als ein göttliches Geschenk an Adam und sein Geschlecht ab. Stattdessen trieb er die naturalistische These, wie sie von Condillac, Rousseau und anderen vertreten wurde, ein Stück weiter. Hißmann betrachtete Sprache rein materialistisch als komplexes Ergebnis der Entwicklung der menschlichen Anatomie, von Fasern, Muskeln und Nerven, ausgelöst von den Bedürfnissen der Gesellschaft und Umweltfaktoren im Verlaufe der Zeit. Die Vielschichtigkeit einer Sprache war deshalb abhängig vom Fortschritt der Gesellschaft. Dies erklärte auch, warum in einigen Kulturen ,europäische' Konzepte von unsichtbaren und abstrakten Dingen wie ,Seele' oder ,Gott' vollständig fehlten. Manche Völker, wie die Kalifornier oder Tataren, besaßen wiederum nicht wirklich äquivalente Begriffe für Tugend, Laster, Freundschaft oder Unschuld. Hißmann amüsierte sich über die frustrierten Versuche „geschäftiger Heidenbelehrer", diese Leute in den Grundbegriffen der christlichen Religion zu unterweisen.[73] Entscheidend war jedoch, daß diese Kulturen nicht den konzeptuellen Bezugsrahmen teilten, der ihnen erlaubte, die vermeintlich universalen Normen der jüdisch-christlichen Moralvorstellungen zu teilen.

Nach Diez war Moral nichts anderes als eine linguistische Konvention, die die verschiedenen Bedürfnisse unterschiedlicher Kulturen widerspiegelte.[74] Er ver-

---

[71] Zur Sprachursprungsdebatte vgl. Lifschitz, Language and Enlightenment (wie Anm. 29); zu Hißmann: Hans-Peter Nowitzki, Die Mechanik der Sprache. Hißmanns physiologische Sprachphilosophie und ihre anthropologischen Voraussetzungen, in: Klemme, Stiening, Wunderlich (Hg.), Michael Hißmann (wie Anm. 11), 225–251.

[72] Rousseau, Diskurs/Discours (wie Anm. 24), 116 ff.

[73] Hißmann, Ueber den Ursprung der Sprache (wie Anm. 25), 1170–1171.

[74] Diez, Der Stand der Natur (wie Anm. 69), 125: „So hatte jeder Haufe seine Sprache. Diese verband jedes Volk gleichsam zu einer gemeinschaftlichen Brüderschaft. [...] Mit einer gemeinschaftlichen Sprache entstehn gemeinschaftliche Bedürfnisse, Beystand, Familienangelegenheiten, u. dgl. mehr Handlungen, die der Nationalgesellschaft schädlich sind, werden bestraft. Thaten, die dem Ganzen ersprießlich sind, (denn dergleichen Gemeininteresse hängt mit jeder Vereinigung

stand sehr gut, daß die Vielfältigkeit der Normen und sozialen Unterschiede der Hauptgrund menschlicher Konflikte sowohl innerhalb von Staaten als auch zwischen Zivilisationen darstellte. Als Lösung dieses Problems größerer Ungleichheit empfahl er die Utopie einer Gesellschaft aufgeklärter Pyrrhonisten. Nur diese würden von einer moralisierenden Bewertung verschiedener Lebensformen absehen.[75]

IV. Von ungeselliger Soziabilität zu aufgeklärter Gesetzgebung

Diez' Skeptizismus und Hißmanns Neo-Epikureismus wurden hier mit einem charakteristischen Problem des Rechtspositivismus konfrontiert: Wie kann zwischen gerechten und ungerechten bzw. wohltätigen und schlechten Gesetzen unterschieden werden? Trotz seines Konventionalismus löste Hißmann dennoch nicht völlig die Verbindungen zwischen Natur und dem menschengemachten Werk bürgerlicher Gesetze und der Gerechtigkeit. Stattdessen konstruierte er die Vorstellung eines Rechts auf einen natürlichen individuellen Drang nach Glück, Bequemlichkeit und Vervollkommnung. „So folgt, daß alles Recht seyn muß", schreibt er, „was der Mensch auf Anregung und Drang seines Triebes zur Glückseligkeit verrichtet".[76] Positive Gesetze könnten dennoch nur gerecht sein, „wenn sie im Labyrinthe der bürgerlichen Gesellschaft wolthätige und sichere Wegweiser zum Elysium der Ruhe und der Glückseligkeit sind".[77] Idealerweise würden Regeln, die vom Gesetzgeber vorgeschrieben wurden, folglich auch ohne Strafmaßnahmen wirken können, weil gesetzestreue Handlungen mit persönlichem Vergnügen und Nutzen belohnt würden. Die Zwangsgewalt der Gesetze resultiere einfach daraus, daß sie unserem Glück dienen und gesellschaftlichen Schaden verhindern sollen. Hißmanns Idee, daß der Zweck der Gesetzgebung in der Maximierung menschlichen Vergnügens liege, kam an dieser Stelle tatsächlich sehr nahe an die Prinzipien, die Bentham systematischer in seiner *Introduction to the Principles of Morals and Legislation* von 1780 darlegte. In jedem Fall teilte er Benthams Ansicht, daß „the words of *ought*, and *right* and *wrong*" ihre Bedeutung nur aus ihrer Konformität mit dem Prinzip des Nutzens erhalten.[78]

Hißmanns utilitaristische Betonung des Vergnügens und der individuellen Glückseligkeit warf die Frage nach der legitimen Zwangsgewalt der Gesetze auf. In gewisser Weise hatten die Bürger dem Gesetzgeber zu vertrauen, daß er

---

unzertrennlich zusammen,) werden mit Beyfall aufgenommen, und nach Beschaffenheit der Umstände belohnt".

[75] Ebd., 138.

[76] Hißmann, Untersuchungen (wie Anm. 11), 90.

[77] Ebd., 92–93.

[78] Jeremy Bentham, An Introduction to the Principles of Morals and Legislation, Oxford 1907, 4 (Kap. 1, §10).

nur ihre Glückseligkeit im Sinn habe und über ein besseres Urteil verfüge, wie die gegensätzlichen Ziele in einer Gesellschaft und die entsprechende Verteilung der Güter und Ressourcen zu erreichen seien. Um dieses Vertrauen aufrecht zu erhalten, war es notwendig, daß die Bürger öffentlich die Gesetze kritisieren könnten, die ihre Glückseligkeit einschränken.[79] Würde das jedoch eine ausreichende Basis für politischen Gehorsam bieten? Wie könnte man sicher sein, daß grundsätzlich selbstsüchtige Bürger davon absehen, sich nur das für sie jeweils Beste in Bezug auf die Gesetze und Regeln herauszusuchen? Wie Hißmann betont, besitzt schließlich jeder seinen eigenen Gesetzgeber in sich selbst in Form seines Drangs nach Glückseligkeit. Und genau an diesem Punkt weicht Hißmann entscheidend von den Rousseauschen Fundamenten seiner Schrift ab.

Er weist nicht nur die Idee eines (ursprünglichen) Gesellschaftsvertrages angesichts der Unabhängigkeitsliebe des ursprünglichen Menschen als höchst unwahrscheinlich zurück.[80] Hißmann tritt auch für das Recht des Stärkeren ein, um die politische Autorität und die Strafgewalt zu legitimieren.

Rousseaus Empörung gegen das Recht des Stärkeren als Verwechslung moralischer Verpflichtung mit der reinen Unterwerfung unter physische Gewalt im dritten Kapitel des *Contract social* ist bekannt. Statt auf Rousseau beruft sich Hißmann auf Spinozas Vorstellung des Naturrechts als Recht jedes Tieres, sich selbst im Rahmen seiner Kräfte zu erhalten und seinen Trieben ohne Rücksicht auf andere zu folgen.[81] Politische Autorität und soziale Ungleichheit waren demnach auf der natürlichen Unterwerfung des Schwächeren durch den Stärkeren, des weniger Klugen durch den Begabteren gegründet. Hißmanns materialistischer Naturalismus verwischte an dieser Stelle wieder die Grenzen zwischen Natur und dem menschlichen Gebilde einer bürgerlichen Regierung. Es ist kaum überraschend, daß die Rezensenten der *Untersuchungen* dies scharf ablehnten, weil es den Weg zu einem unbegrenzten Despotismus ebnen würde. Hißmann entwarf hier seine eigene, nicht gänzlich überzeugende Version, wie politische Autorität trotzdem begrenzt werden könne und über die reine Furcht, brutale Gewalt und Unterdrückung hinaus Gehorsam beanspruchen könne. Im Zentrum seiner Argumentation stand dabei die Ersetzung eines antagonistischen Modells der Unterwerfung durch ein kooperatives Modell von Herrschaft, das sich im Verlauf der menschlichen Geschichte entwickelte. Wenn Herrscher und Untertanen ihre wahren Interessen verstehen würden, strebten sie beide danach, die Glückseligkeit des

---

[79] Hißmann, Untersuchungen (wie Anm. 11), 93.

[80] Hißmann, Betrachtungen (wie Anm. 68), 540. Zur Debatte um die Vertragstheorie im 18. Jahrhundert vgl. Patrick Riley, Social Contract Theory and its Critics, in: Goldie u. a. (Hg.), The Cambridge History (wie Anm. 4), 347–375.

[81] Hißmann, Untersuchungen (wie Anm. 11), 96; Vgl. Baruch de Spinoza, Theologisch-politischer Traktat, übers. von Carl Gebhardt und hg. von Günter Gawlik, 3. Aufl., Hamburg 1994, 232 ff. (Kap. 16).

anderen durch Anleitung und Gehorsam zu erhöhen. Richtig würde dann das sein, was das Beste für die Maximierung des Nutzens und der Glückseligkeit jedes einzelnen ist.

Für Hißmann war dies das Ergebnis eines langen historischen Prozesses. Im Verlauf der Zeit würde die Aufklärung die anfänglichen menschlichen Triebe und Gefühle durch Vernunft verdrängen, welche schließlich die Autorität dafür würde, was am besten für die Gesellschaft ist. Im Gegensatz zu reinen persönlichen Trieben könnten rationale Politik und Gesetzgebung die Aktionen aller Bürger mit Rücksicht auf ihre Konsequenzen in Betracht ziehen.[82] Eine treibende Kraft dieses kulturellen Fortschrittes war dabei der Antagonismus sozialer Ungleichheiten. Die *Untersuchungen* integrierten an dieser Stelle die Idee einer Geschichte der Menschheit, die dem Modell der menschlichen Ontogenese entsprach. Sie nahmen auch die Schilderung der Aufklärungshistorie von der europäischen Geschichte seit dem Fall des römischen Reiches auf. In dieser wurde die brutale Gewalt der siegreichen germanischen Kriegerhorden schließlich in einem langsamen Prozeß durch bürgerliche Freiheiten, Handel und moralischer Verfeinerung ersetzt.[83] Dieser Zivilisationsprozeß erschuf eine Gesellschaft, die größeren Wohlstand, Freiheiten und Glückseligkeit für alle ihre Mitglieder bot.

Wie Diez entwickelte Hißmann seine vernichtende Kritik am Naturrecht und dessen Fundierung in einer göttlichen Vernunft oder der natürlichen Sozialität aus den epikureischen Prinzipien von Rousseaus *Discours sur l'inégalité*. Hißmanns Darstellung des ungeselliges Triebes nach Maximierung von Glückseligkeit und Vergnügen plädierte dabei für ein säkulares Modell absoluter Monarchie und gradueller Reform, wie es sich etwa bei den französischen Physiokraten findet. Gegen Rousseau setzte Hißmanns amoralischer Naturalismus natürliche, d. h. angeborene mit späteren sozialen Ungleichheiten gleich. Natürliche Rechte und Pflichten gab es dagegen genauso wenig wie moralische Reziprozität. Die *Untersuchungen* sind daher nicht nur als Angriff auf das Naturrecht, sondern auch als Widerlegung der politischen Schlußfolgerungen des *Discours sur l'inégalité* zu lesen. Hißmann würde wohl Kants Idee einer Republik von aus Eigennutz gesetzestreuen Teufeln zugestimmt haben.[84] Dennoch hätte er im Gegensatz zu Kant keine Notwendigkeit weiterer moralischer Vervollkommnung erkannt. Denn was sollte es jenseits des sozialen Gewebes von auf Vergnügen basierender Höflichkeit und künstlicher Sozialität geben?

---

[82] Hißmann, Untersuchungen (wie Anm. 11), 105 f.

[83] Vgl. J.G.A. Pocock, Barbarism and Religion, bislang 5 Bde., Cambridge 1999–2011; Ulrich Muhlack, Geschichtswissenschaft im Humanismus und der Aufklärung. Die Vorgeschichte des Historismus, München 1991.

[84] Immanuel Kant, Zum ewigen Frieden (1795), Akademie-Ausgabe, Berlin 1912, Bd. 8, 366.

Der Aufsatz untersucht die Bedeutung der Debatte um die Geselligkeit (socialitas) für die Krise des Naturrechts im späten 18. Jahrhundert. Durch eine Analyse der Untersuchungen über den Stand der Natur (1780) des Göttinger Gelehrten Michael Hißmann wird gezeigt, daß sich diese Krise infolge von Rousseaus Discours sur l'inégalité und einem generellen Wiederaufleben neo-epikureischer Trends in der Moralphilosophie verschärfte. Die Debatte drehte sich dabei darum, inwiefern die bürgerliche Gesellschaft und gesellschaftliches Leben insgesamt für den Menschen natürlich oder künstlich bzw. Ergebnis von kontingenten Konventionen war. Dies hatte entscheidende Implikationen für die Frage, ob die Vorstellungen von richtig und falsch bzw. gerecht und ungerecht angeboren bzw. rational aus einem göttlichen Bauplan des Universums ableitbar waren, oder ob es sich dabei um rein menschliche Konventionen handelte, die lediglich die Bedürfnisse der jeweiligen Gesellschaften und Kulturen widerspiegelten und nicht universalisierbar waren. Hißmanns Text faßt diese Debatte präzise zusammen. Seine Argumentation beruht zwar auf Rousseauschen Prämissen über die menschliche Natur, seine Schlußfolgerungen widersprechen jedoch Rousseau entschieden. Hier eröffnen sich weitere Fragen nach der Verbindung zwischen politischem Radikalismus und materialistischer Metaphysik und Anthropologie.

The article examines the impact of the debate about human sociability on the crisis of natural law in the later eighteenth century by looking at the Untersuchungen über den Stand der Natur of 1780 by the Göttingen scholar Michael Hißmann. It makes the case that this crisis ensued from Rousseau's Discours sur l'inégalité and a revival of Neo-Epicurean trends in moral philosophy more generally. The sociability debate revolved around the question to what extent society was natural or artificial to man. This had decisive implications on the problem of whether distinctions between right and wrong or just and unjust were natural inborn faculties or had developed at a much later stage of mankind's history, reflecting merely the respective needs and utility of different societies and cultures. Hißmann's essay comprises this European debate concisely. His point of departure are Rousseauian premises, yet his political conclusions turn Rousseau upside down. Here Hißmann's essay opens up a couple of questions regarding the allegedly political radicalism of one substance theories in Enlightenment philosophy.

Prof. Dr. Alexander Schmidt, Friedrich-Schiller-Universität Jena, Historisches Institut, Fürstengraben 13, 07743 Jena, E-Mail: alexander.schmidt@uni-jena.de

JÖRG ROBERT

Fetisch und vergötterte Natur

Schillers Gedicht *Die Götter Griechenlandes*
zwischen Landschaftsästhetik, Religionskritik
und ‚Neuer Mythologie'

I. Kompensation – Naturlyrik und Moderne

Natur – im Sinn von „landschaftliche[r] Natur"[1] – ist eine Erfindung der Moderne.
Ihre Entdeckung setzt das Bewußtsein ihres Verlusts, der Wunsch nach Nähe zu
ihr das Unbehagen ihrer Distanz und Entzogenheit voraus. Natur wird im Zeitalter
der Aufklärung zum Anderen des Menschen, zu dem, was er nicht mehr ist, sein
will oder sein kann: „Der Zivilisationsprozeß fällt mit einer Geschichte der Entsagung und der Trennung davon zusammen, was hinter sich zu lassen und zu verdrängen ist, um den Titel eines Vernunftwesens zu erhalten".[2] Die Folgen dieser
Entsagung sind ambivalent. Einerseits wächst die Faszination für das Verdrängte,
das gleichwohl mit archaischen Ängsten und Tabus belegt bleibt, wie sich im frühneuzeitlichen Diskurs um den Bergbau zeigt.[3] Das Innere der Erde bleibt einer

---

[1] So in der Matthisson-Rezension und öfter. Schiller-Zitate im Folgenden nach der Nationalausgabe (= NA): Schillers Werke. *Nationalausgabe.* Begr. von Julius Petersen, fortgef. von Liselotte
Blumenthal und Benno von Wiese, hg. im Auftrag der Nationalen Forschungs- und Gedenkstätten
der klassischen deutschen Literatur in Weimar (Goethe- und Schiller-Archiv) und des Schiller-
Nationalmuseums in Marbach von Norbert Oellers und Siegfried Seidel (ab 1993), Weimar 1943 ff.,
hier 22, 267.
[2] Hartmut Böhme, Gernot Böhme, Das Andere der Vernunft. Zur Entwicklung von Rationali-
tätsstrukturen am Beispiel Kants, Frankfurt am Main 1983, 15. Die Studie ist in ihrem psychoge-
netischen Frageansatz der klassischen Arbeit von Norbert Elias, Über den Prozeß der Zivilisation.
Soziogenetische und psychogenetische Untersuchungen, 2 Bde., Frankfurt am Main 1997 [zuerst
1939], verpflichtet.
[3] Hartmut Böhme, Geheime Macht im Schoß der Erde. Das Symbolfeld des Bergbaus zwischen
Sozialgeschichte und Psychohistorie, in: H.B., Natur und Subjekt, Frankfurt am Main 1988 (es 470),
67–144.

Aufklärung 25 · © Felix Meiner Verlag 2013 · ISSN 0178-7128

„Geschichte der Angst" eingeschrieben, „die den Zivilisationsprozeß begleitet".[4] Sie ist die Kehrseite einer neu legitimierten *curiositas*, die das „Interesse am innerweltlich Unsichtbaren"[5] befördert, ganz gleich, ob sich dieses in die fernen Räume ‚pluraler' kosmischer Welten oder in die Tiefe der Höhlen, Bergwerke und Schächte richtet, die sich einer neuen speläologischen Lust öffnen. Das Bergwerkskapitel in Novalis' *Heinrich von Ofterdingen* oder Hoffmanns *Die Bergwerke zu Falun* bieten Beispiele für die unterschiedlich getönten Erfahrungen, die das Überschreiten der Grenze zu den „viscera terrae" impliziert. Das Unbehagen in der Kultur und das Unbehagen in der *Natur* bedingen und schattieren sich wechselseitig. Die Entzweiung von Natur und Kultur, Welt und Subjekt führt dabei nicht nur zu Verdrängung und Wiederkehr des Verdrängten. Sie setzen ein komplexes, psychohygienisches Geschehen in Gang, das von Ambivalenzen, Kompensationen und Negationen gleichermaßen bestimmt wird. Angst, Sehnsucht und Distanz bilden eine epochenspezifische vermischte Empfindung im Umgang mit der Natur aus.

Das Bewußtsein der großen Spaltung zwischen Natur und Geist bringt im 18. Jahrhundert jenes „Interesse für Natur"[6] hervor, das Schiller in seinem großen Essay mit der Kategorie des ‚Sentimentalischen' charakterisiert. Das Anziehende an ihr ist ihre Entzogenheit. Schiller schreibt sie jenem „künstlichen Zustande der Kultur"[7] zu, in dem der moderne Mensch unweigerlich gefangen ist. Der Akzent scheint in der ideengeschichtlichen Linie Rousseaus (und später Freuds) auf der Verlustbilanz zu liegen. Der Verlust der großen Natur als *Physis* und Kosmos treibt die Entdeckung der Natur als Landschaft hervor. Schiller präfiguriert damit die große These Joachim Ritters von der Kompensationsfunktion der Landschaftsästhetik: „Die Landschaft gehört so geschichtlich und sachlich zur Entzweiungsstruktur der modernen Gesellschaft", in der die „Natur, ihre Kräfte und Stoffe zum ‚Objekt' der Naturwissenschaften und der auf diese gegründeten Nutzung und Ausbeutung werden".[8] Hier greift ein psychohygienischer Mechanismus der Kompensation: Der ästhetische Zugriff auf Natur entschädigt den Menschen für das Trauma der „entgötterte[n] Natur",[9] wie es in den *Göttern Griechenlandes*

---

[4] Böhme, Geheime Macht (wie Anm. 3), 85; vgl. die Studie von Christian Begemann, Furcht und Angst im Prozeß der Aufklärung. Zur Literatur und Bewußtseinsgeschichte des 18. Jahrhunderts, Frankfurt am Main 1987.

[5] So der Begriff von Hans Blumenberg, Die Legitimität der Neuzeit. Erneuerte Ausgabe, Frankfurt am Main 1999 (zuerst ²1988), 423–439.

[6] NA 20, 415.

[7] NA 20, 436.

[8] Joachim Ritter, Landschaft. Zur Funktion des Ästhetischen in der modernen Gesellschaft (1963), in: J.R., Subjektivität. Sechs Aufsätze, Frankfurt am Main 1974, 161 und 153.

[9] NA 1, 194; v. 168.

heißt. Die im Geiste Newtons bzw. der „Newtone"[10] der Zeit quantifizierte, ent-spiritualisierte Natur wird durch die Projektion des fühlenden Subjekts re-ani-miert. Der Verlust metaphysischer Totalität wird im ästhetischen „Totalein-druck",[11] in der „comprehensio aesthetica"[12] und „perceptio totalis",[13] aufgeho-ben und wiedergewonnen.

Die Dialektik von Natur und Kultur im Konzept von Landschaft stellt den fort-wirkenden Kern der Kultur- und Naturphilosophie Schillers dar.[14] So wäre Ritters Genealogie der Landschaftsästhetik ohne Schillers kulturkritische Diagnosen na-mentlich im *Spaziergang*[15] und im Essay *Ueber naive und sentimentalische Dich-tung* nicht denkbar.[16] Doch Schillers Spaltungs- und Entzweiungserfahrungen sind noch älter. Der „Riß zwischen Welt und Geist",[17] der das *commercium* zwi-schen Subjekt und Objekt, Mensch und Natur unterbindet und den es durch geeig-nete Medien – ‚Mittelkräfte' oder Medien ästhetischer Kommunikation – zu über-winden gilt, bestimmt schon die philosophische Arzneikunst des Karlsschülers.[18]

---

[10] NA 1, 46; v. 20 (*Fantasie an Laura*).

[11] Gerhard Hard, Der Totalcharakter der Landschaft. Re-Interpretation einiger Textstellen bei Alexander von Humboldt, in: Alexander von Humboldt. Eigene und neue Wertungen der Reisen, Arbeit und Gedankenwelt (Geographische Zeitschrift, Beiheft 23), Wiesbaden 1970, 49–73 (mit weiterer Literatur).

[12] Immanuel Kant, Werke, hg. von Wilhelm Weischedel, Darmstadt ⁵1983, Bd. 8: *Kritik der Urteilskraft*, 337 (§ 26).

[13] So der schulphilosophische Terminus, z.B. bei Christian Wolff, Psychologia empirica me-thodo scientifica pertractata, Verona 1736, 19 (§ 44), der über Baumgarten und Meier bis zu Kant reicht.

[14] Ritter, Landschaft (wie Anm. 8), 158–163.

[15] Zur kulturkritischen Dimension des Essays im Horizont der Rousseau-Rezeption vgl. Georg Bollenbeck, Eine Geschichte der Kulturkritik. Von Rousseau bis Günther Anders, München 2007, 102–110, der den Text einen „überdehnte(n) Essay voller Ungereimtheiten und Doppeldeutigkei-ten" nennt (ebd. 102). Ritters Anstoß hat Wolfgang Riedel in seiner grundlegenden Studie zu Schillers Elegie *Der Spaziergang* aufgenommen. Wolfgang Riedel, *Der Spaziergang*. Ästhetik der Landschaft und Geschichtsphilosophie der Natur bei Schiller, Würzburg 1989.

[16] Der ‚Fortschritt' der Ritterschen Argumentation gegenüber Schiller liegt im Kompensations-konzept. Wenn ich recht sehe, hat Schiller den Zusammenhang zwischen enttäuschter Naturerfah-rung, Verlust der Metaphysik und ästhetischer Kompensation bzw. Kompensation durch Ästhetik nur implizit reflektiert. Die Kompensationsfunktion des Schönen, die der ästhetischen Theorie ihre existentielle Notwendigkeit gibt, wird nirgends als solche thematisiert. Nietzsches Einsicht, daß die Kunst die „letzte metaphysische Tätigkeit des Menschen" sei, ist in Schillers Wende zur Ästhetik Ende der 1780er Jahre in der Sache vorausgenommen, aber nirgends expliziert.

[17] NA 20, 13 (*Philosophie der Physiologie*).

[18] Noch immer grundlegend Wolfgang Riedel, Die Anthropologie des jungen Schiller. Zur Ideengeschichte der medizinischen Schriften und der ‚Philosophischen Briefe', Würzburg 1985 (Epistemata, 17). Zur Stabilität der Figur von ‚Riß' und Kommunikation in Schillers Werk meine Überlegungen in J.R., Vor der Klassik. Die Ästhetik Schillers zwischen Karlsschule und Kant-Rezeption, Berlin, Boston 2011 (Quellen und Forschungen zur Literatur- und Kulturgeschichte, 72), 29–36.

Im Essay *Ueber naive und sentimentalische Dichtung* wird dieser „Riß" histo-
risch-dialektisch gewendet. Das Interesse an landschaftlicher Natur ist nun Symptom ihres Verlustes. Das Gegensatzpaar naiv vs. sentimentalisch wird aus dem
gewandelten Verhältnis zur Natur als Landschaft entwickelt:

> Wenn man sich der schönen Natur erinnert, welche die alten Griechen umgab, wenn
> man nachdenkt, wie vertraut dieses Volk unter seinem glücklichen Himmel mit der fre-
> yen Natur leben konnte, wie sehr viel näher seine Vorstellungsart, seine Empfindungs-
> weise, seine Sitten der einfältigen Natur lagen, und welch ein treuer Abdruck derselben
> seine Dichterwerke sind, so muß die Bemerkung befremden, daß man so wenige Spu-
> ren von dem sentimentalischen Interesse, mit welchem wir Neuere an Naturscenen und
> an Naturcharaktere hangen können, bey demselben antrift.[19]

Was das Naturverhältnis der Griechen von dem der Neueren unterscheidet, ist seine Distanzlosigkeit. Beide, Mensch und freie Natur, sind vielmehr von einer Substanz, in der Objekt und Subjekt vereint sind. Weil die Natur ‚schön' ist, kann sich
die Kunst auf ihre Widerspiegelung beschränken. Der Mensch der alten Welt *ist*
Natur, er muß sie nicht außer sich suchen. Die alte Kunst kann sich auf das Prinzip
der Mimesis zurückziehen, weil diese immer schon Mimesis eines Idealen ist. Die
Abdruck- oder Nachahmungsästhetik wird historisiert.[20] Mimesis und Ideal gehören verschiedenen Stufen der Menschheitsentwicklung an, und so muß eine Klassizität, die auf Realismus und ‚Schilderungssucht' beruht, notwendig anachronistisch werden:

> Der Grieche ist zwar im höchsten Grade genau, treu, umständlich in Beschreibung der-
> selben, aber doch gerade nicht mehr und mit keinem vorzüglicheren Herzensantheil,
> als er es auch in Beschreibung eines Anzuges, eines Schildes, einer Rüstung, eines
> Hausgeräths oder irgend eines mechanischen Produktes ist. Er scheint, in seiner Liebe
> für das Objekt, keinen Unterschied zwischen demjenigen zu machen, was durch sich
> selbst und dem, was durch die Kunst und durch den menschlichen Willen ist.[21]

Hervorbringungen von Natur und Kultur gelten ihm gleich, „er hängt nicht mit
Innigkeit, mit Empfindsamkeit, mit süsser Wehmuth an derselben wie wir Neu-
ern".[22] Weil dem Griechen die Distanz zur Natur fehlt, kann er sie nicht als ein
Äußeres, als das Andere seiner selbst empfinden.

---

[19] NA 20, 429.

[20] Carsten Zelle, Darstellung – zur Historisierung des Mimesis-Begriffs bei Schiller (eine Skizze), in: Georg Bollenbeck, Lothar Ehrlich (Hg.), Friedrich Schiller. Der unterschätzte Theoretiker,
Köln u. a. 2007, 73–86.

[21] NA 20, 429. Wilfried Barner, Anachronistische Klassizität. Zu Schillers Abhandlung *Über
naive und sentimentalische Dichtung*, in: Wilhelm Voßkamp (Hg.), Klassik im Vergleich. Norma-
tivität und Historizität europäischer Klassiken. DFG-Symposion 1990, Stuttgart, Weimar 1993
(Germanistische Symposien, 13), 62–80.

[22] NA 20, 429.

II. Natur in der Naturlyrik

Im notorischen Disput um Schillers idealistische Gedanken- bzw. Erlebnislyrik[23] hat die Frage einer genuinen Naturlyrik kaum eine Rolle gespielt.[24] Schiller, der „Landschaftdichter",[25] scheint in der Geschichte der Naturlyrik[26] kaum mehr als eine Fußnote zu sein. Mit Ausnahme der großen Elegie *Der Spaziergang* fand kaum eine der übrigen Naturpoesien den Weg in Anthologien oder wurde zum Gegenstand neuerer Untersuchungen. Dies verwundert insofern, als bereits das erste publizierte Poem des Sechzehnjährigen ein Stück ins Große gearbeiteter Naturlyrik mit poetologischer Dimension darstellt – das Gedicht *Der Abend*.[27] Die-

[23] Eine gute zusammenfassende Diskussion bietet Georg Kurscheidt in der Einleitung der Frankfurter Ausgabe der *Gedichte*, Schiller als Lyriker, in: Friedrich Schiller, Werke und Briefe in zwölf Bänden, Bd. 1: Sämtliche Gedichte, hg. von G.K., Frankfurt am Main 1992, 749–803, hier 752–758.

[24] Die grundlegenden Studien zu Schillers Lyrik sind Joachim Bernauer, ‚Schöne Welt wo bist du?' Über das Verhältnis von Lyrik und Poetik bei Schiller, Berlin 1995 (Philologische Studien und Quellen, 138); Gerhard Friedl, Verhüllte Wahrheit und entfesselte Phantasie. Die Mythologie in der vorklassischen und klassischen Lyrik Schillers, Würzburg 1987; Martin Dyck, Die Gedichte Schillers. Figuren der Dynamik des Bildes, Bern, München 1967; Norbert Oellers (Hg.), Gedichte von Friedrich Schiller, Stuttgart 1996. Wichtige Einzelaspekte behandeln die exemplarischen Beiträge von Georg Kurscheidt (wie Anm. 23); Hannelore Schlaffer, Die Ausweisung des Lyrischen aus der Lyrik. Schillers Gedichte, in: Gerhard Buhr, Friedrich A. Kittler, Horst Turk (Hg.), Das Subjekt der Dichtung. Festschrift für Gerhard Kaiser, Würzburg 1990, 519–532; Walter Hinderer, Ansätze zu einer Lyriktheorie, in: W.H., Von der Idee des Menschen. Über Friedrich Schiller, Würzburg 1998, 94–101.

[25] So Schillers eigene Bezeichnung in der Matthisson-Rezension (NA 22, 266 bzw. 270).

[26] Zum Überblick Wolfgang Riedel: Natur / Landschaft, in: Ulfert Ricklefs (Hg.), Fischer Lexikon Literatur, Bd. 3, Sp. 1417–1433; Ulrich Kittstein, Deutsche Naturlyrik. Ihre Geschichte in Einzelanalysen, Darmstadt 2009; Eckard Lobsien, Landschaft in Texten, Stuttgart 1981; Gerolf Fritsch, Das deutsche Naturgedicht. Der fiktionale Text im Kommunikationsprozess, Stuttgart 1978; Ursula Heukenkamp, Die Sprache der schönen Natur, Berlin, Weimar 1982; Norbert Mecklenburg, Naturlyrik und Gesellschaft, Stuttgart 1977; Alexander von Bormann, Natura loquitur, Tübingen 1968. Bei der Durchsicht des wichtigen Bandes von Mecklenburg fällt auf, daß in der Darstellung der Geschichte der Naturlyrik zwischen Brockes und dem jungen Goethe eine Lücke klafft, die sich offenbar dem Anathema verdankt, das Lessing im *Laokoon* über die deskriptiven „Gemälde" in der Tradition eines Haller, Kleist aber auch Klopstock verhängt hat. In dem genannten Band kommt Schiller nur am Rande, im Hinblick auf den sentimentalischen Naturbegriff von *Naive und sentimentalische Dichtung* vor (16 f.). Eine der eingehendsten Erörterungen zu Schillers Natur- und Landschaftsästhetik bietet Wolfgang Düsing: Kosmos und Natur in Schillers Lyrik, in: Jahrbuch der Deutschen Schillergesellschaft 13 (1969), 196–220.

[27] Erschienen im *Zehenten Stück* (Oktober 1776) des *Schwäbischen Magazins von gelehrten Sachen auf das Jahr 1776*. Hg. von Schillers Karlsschul-Lehrer Balthasar Haug. Eine eingehendere Interpretation des Gedichts als „poetologischer Poesie" bietet Bernauer, ‚Schöne Welt, wo bist du?' (wie Anm. 24), 20–31 (Zitat 17).

ses „lyrische Tedeum"[28] schildert in der Manier von Klopstocks *Frühlingsfeier*
oder Ewald von Kleists *Lob der Gottheit*[29] den Enthusiasmus des Dichter-Ich
im Angesicht einer erhabenen Natur. Die folgenden Zeilen sind zugleich die frühesten unseres Autors:

> Der Abend
>
> Die Sonne zeigt, vollendend gleich dem Helden,
> Dem tiefen Thal ihr Abendangesicht,
> (Für andre, ach! glüksel'gre Welten
> Ist das ein Morgenangesicht)
> Sie sinkt herab vom blauen Himmel,
> Ruft die Geschäftigkeit zur Ruh,
> Ihr Abschied stillt das Weltgetümmel,
> Und winkt dem Tag sein Ende zu.
>
> Jezt schwillt des Dichters Geist zu göttlichen Gesängen,
> Laß strömen sie, o HErr, aus höherem Gefühl,
> Laß die Begeisterung die kühnen Flügel schwingen,
> Zu dir, zu dir, des hohen Fluges Ziel.
> Mich über Sphären, himmelan, gehoben,
> Getragen sein vom herrlichen Gefühl,
> Den Abend und des Abends Schöpfer loben,
> Durchströmt vom paradisischen Gefühl.
> Für Könige, für Grosse ists geringe,
> Die Niederen besucht es nur —
> O GOtt, du gabest mir Natur,
> Theil Welten unter sie — nur, Vater, mir Gesänge.
> (NA 1, 3; v. 1–20)

Schon hier zeichnen sich Themen und Motive ab, die Schillers Poetik und Theorie
der Natur weiter bestimmen werden. Der Antagonismus von schöner und erhabe-
ner Natur, zwischen Idylle und dynamisch bewegter Landschaft (v. 47: „Am Wei-
denbusche ligt der Schäfer"). Der penible Blick auf das Detail (v. 50: „die stille
Luft durchsumßt der Käfer") verweist auf Brockes oder Haller und damit auf die
Traditionen der ‚malenden Dichtung'. Der Sprecher malt im ersten Teil eine Landschaft, die sich – wie es immer wieder heißt – selbst malt (v. 21–22: „Ha! wie die
müden Abschiedsstralen / das wallende Gewölk bemalen"). Immer wieder wird
das eigene Sehen reflektiert (v. 25: „O Anblik, wie entzükst du mich"); der Blick
in die Natur bricht sich dabei – sprachlich-thematisch an Brockes und Klopstock
erinnernd – an den Grenzen des Sichtbaren: den „kleinen Myriaden, Die sich in
diesen Meeren baden" und „deren Sein noch keines Aug durchdrang" (v. 91–93).
Schon hier scheinen Durchblicke und Perspektiven des *Spaziergangs*, aber auch
der zeitgenössischen Landschaftsmalerei und -dichtung aufgenommen: der Blick

---

[28] Benno von Wiese, Friedrich Schiller, Stuttgart [2]1963, 116.
[29] Darauf weist Bernauer, ‚Schöne Welt, wo bist du?' (wie Anm. 24), 36, hin.

von erhöhter Warte in eine Landschaft, die vom Gegensatz von Natur und Zivilisation imprägniert ist („das Gelb gereifter Saaten", „wie der Sonnenglanz die
Königsstadt beschirmet"; v. 26 und 35), und in deren Zentrum entsprechend
der Topik der Landschaftsmalerei und -dichtung eine Idylle mit „Hirt" und „Schäfer" (v. 46–47) steht. Dem Thema „Begeisterung" (v. 11) entsprechend wird das
genus sublime angeschlagen, poetisch-stilistisch verrät sich das Bemühen um
„Anschaulichkeit" (*evidentia*)[30] in der Tradition der „malenden" Dichtung bzw.
„poetischen Gemälde". Das Leben der Natur fordert die Lebendigkeit (*enargeia*)
der Poesie, die jene wiederum erst imaginiert. Auffallend ist das Bestreben nach
zeichnerischer Detailgenauigkeit auf der einen, die ostinate Metaphernbildung
auf der anderen Seite, die Natur anthropomorphisiert und so das Unbeseelte belebt. Semantisch zeigt sich dabei die Tendenz, Natur durch sprachlichen Ornat
(„Pracht"; v. 37) in preziöse Kunst, ja Kunsthandwerk zu verwandeln („Silberwel-
len"; v. 24, „Vergöldet sind der Berge Gipfel"; v. 29, „Wie der Rubin am falben
Haar, das wallet / Um's Angesicht der Königin"; v. 33–34), durch sprachliche
Einhegung zum „Garten" zu domestizieren oder als „Beet" zu kultivieren (v.
40). So läuft der Bemühung um sprachliche Belebung eine Tendenz zuwider, bewegte Natur zum Artefakt stillzustellen. Natur wird als ästhetisches Objekt, als
Preziose oder „Gemälde" wahrgenommen (v. 22: „Das wallende Gewölk bemalen"), das zunächst einmal *delectatio* („Entzücken") und „Augenlust"[31] weckt.
Damit unterläuft der Text geradewegs Lessings Kritik an Hallers Enzianstrophen
im *Laokoon*. Dieser hatte jenen „ganz falschen Gesichtspunkt[]" verurteilt, den
Schiller unbedenklich – in Hallerscher Tradition – wieder einnimmt:

> er [Haller; J.R.] muß mehr auf die fremden Zierraten, die der Dichter darein verwäbet
> hat, auf die Erhöhung über das vegetative Leben, auf die Entwickelung der innern Voll-
> kommenheiten, welche die äußere Schönheit nur zur Schale dienet, als auf diese Schön-
> heit selbst […] gesehen haben.[32]

Es bleibt jedoch nicht bei der malenden Dichtung, beim poetischen Gemälde. In
einem zweiten Schritt wird das *Bild* der Natur durch Klang und Musik abgelöst (v.
45 ff.). Leben heißt nun Klingen. Natur wird zum ‚autophonen' Kosmos, der „Zer-
flossen in melodischem Gesang" (v. 62) sich selbst in Musik transformiert[33] und

---

[30] Gottfried Willems, Anschaulichkeit. Zu Theorie und Geschichte der Wort-Bild-Beziehungen
und des literarischen Darstellungsstils, Tübingen 1989, bes. 272–333.

[31] NA 1, 56; v. 44 (*Die Herrlichkeit der Schöpfung*).

[32] Gotthold Ephraim Lessing, Laokoon. Briefe antiquarischen Inhalts, hg. von Wilfried Barner,
Frankfurt am Main 1990 (= Werke und Briefe in zwölf Bänden, Bd. 5/2), 126.

[33] Naturlyrik steht damit in einer doppelten ‚medialen' Spannung: einerseits – *ut pictura poesis* –
zur „Malerei" (in Lessings semantisch weitem Verständnis), andererseits – *ut musica poesis* – zur
Musik. Wolfgang Riedel, Erkennen und Empfinden. Anthropologische Achsendrehung und Wende
zur Ästhetik bei Johann Georg Sulzer, in: Hans-Jürgen Schings (Hg.), Der ganze Mensch. Anthropologie und Literatur im 18. Jahrhundert, Stuttgart, Weimar (Germanistische Symposien, Be-

durch diesen „Jubel" den Herrn lobt. Dies läßt nach der Funktion und Position des Menschen fragen. Sie ist paradox: angesichts der Symphonie der Schöpfung bleibt dem Dichter nur das schweigende Lauschen auf die Selbstoffenbarung Gottes (v. 65: „Und ich allein bin stumm"). Hier berühren sich poetologische und theologische Ebene: Das Gedicht fragt nach der Möglichkeit einer ästhetischen Gotteserkenntnis. Der Sprecher sucht nach einem festen Standpunkt zum Gotteslob. Dabei begibt er sich in ein *aemulatio*-Verhältnis zur Natur. Welcher „Jubel" ist dem Adressaten angemessen? Offenbart sich Gott in der Natur oder erst in jener „hohen Harfe" (v. 67), die der inspirierte Dichter ertönen läßt? Im ersten Fall bleibt dem Gottessucher nur das Verstummen (v. 91: „O Dichter, schweig"), im zweiten – der göttlichen Inspiration – muß die Stimme der Natur vom *poeta vates* übertönt werden (v. 67: „Verstumm Natur umher"). So kommt es – der Dichter muß sich erst zu jener Inspiration aufraffen, die ihm zuteil werden soll (v. 65: „nein, tön es aus, o Harfe"). Diese Inspiration droht angesichts der göttlichen Allmacht wieder zu verstummen:

> O Dichter schweig: zum Lob der kleinen Myriaden,
> Die sich in diesen Meeren baden,
> Und deren Sein noch keines Aug durchdrang,
> Ist todtes Nichts dein feurigster Gesang.
> (NA 1, 5; v. 91–95)

Das angemessene Lob Gottes – ist das Schweigen. Eine hinreichende *mimetische* Darstellung der Natur durch die „Engelharfe" (v. 97) des Dichters bleibt auf ein Leben nach dem Tod verwiesen. Die stolze Aussage des Anfangs: „O GOtt, du gabest mir Natur" (v. 19) wird durch die schroffe Wendung zum Unsagbarkeitstopos („todtes Nichts"; v. 94) konterkariert. Das Gedicht markiert ein doppeltes, poetologisches und theologisches Problem: Die Frage der Naturpoesie wird an die der Gotteserkenntnis geknüpft und – angesichts der Pluralität der Welten im Großen wie im Kleinen – zunächst einmal negativ beantwortet. Die physikotheologische Hoffnung, Gott aus der Natur zu erkennen, erfüllt sich nicht. Der Hymnus kann nicht mehr sein als *Bitte* um einen Hymnus, das einzig Sagbare ist die Unsagbarkeit. Der Dichter sagt das Unsichtbare als Unsagbares. Er ist Medium zwischen Natur und GOtt, das ständig auf seine Störungsanfälligkeit reflektiert. Im

richtsbände 15), 410–439 (mit Bezug auf Schiller und Sulzer). Die einschlägige Studie von Dorothea Hennig, Musik und Metaphysik. Interpretationen zur Naturlyrik von der Aufklärung bis zur Romantik, Frankfurt am Main u. a. 2000 (Europäische Hochschulschriften, Reihe 1: Deutsche Sprache und Literatur, 1762), schlägt den schon vertrauten Bogen von Brockes über Herder zu Goethe, ohne die von Lessing inkriminierte Linie Haller, Kleist, Klopstock und Schiller zu würdigen. Ähnliches gilt für die anregende, freilich nicht auf die vorromantische Naturlyrik konzentrierte Studie von Axel Goodbody, Natursprache. Ein dichtungstheoretisches Konzept der Romantik und seine Wiederaufnahme in der modernen Naturlyrik (Novalis – Eichendorff – Lehmann – Eich), Neumünster 1984.

Nachweis, daß Gott das Prinzip der Natur ist, findet der Dichter die Bestimmung seines Sehertums. Diese Rolle ist wichtig, um dem grassierenden Materialismus und Mechanismus strikt entgegenzuwirken. Allen Atheisten auf der einen und Mechanisten auf der anderen Seite wird ins Stammbuch geschrieben:

> GOtt thuts, wenn in den weiten Himmeln
> Planeten und Kometen wimmeln,
> Wenn Sonnen sich um Axen drehn,
> Und an der Erd vorüberwehn.
> (NA 1, 5; v. 72–75)

In *Der Abend* wie in zahlreichen Stücken der *Anthologie auf das Jahr 1782* erweist sich Schiller – einer eigenen späteren Äußerung zufolge – als „Sklave Klopstocks",[34] den er während der Karlsschulzeit intensiv rezipiert. Klopstocks Stilgestus bestimmt bis in den Wortlaut den Text. Dies gilt zumal für den „musikalischen Fluß",[35] den Schiller in der Rezension zu Stäudlins *Proben einer deutschen Aeneis* (1782) an Klopstock (auf Kosten von Stäudlins Vergil-Übertragung) hervorhebt: „Es geschieht uns nicht anders, als hörten wir die bezauberndste Symphonie, den herrlichsten Wechsel vom Andante zum Presto, vom Schwung zum Adagio".[36] Noch in *Ueber naive und sentimentalische Dichtung* nennt Schiller ihn daher einen „musikalischen Dichter", kritisiert jedoch am *Messias* den Mangel an „plastisch poetischer" Gestaltung und „Umgrenzung".[37] Gleichzeitig wird Klopstock von der poetischen zur poetologischen Autorität. Klopstocks Lyrik erscheint wiederum als „das erste und auffallendste Muster" jener „symbolisierenden Einbildungskraft",[38] die landschaftliche Natur als „einen Ausdruck von Ideen" betrachtet[39] und die von Schiller in der Matthisson-Rezension als Forderung an den „Landschaftsdichter" erhoben wird.

Die Gewißheit, Gott in der Natur finden oder doch imaginieren zu können, die noch die *Theosophie des Julius* bestimmt, weicht in den 1780er Jahren dem ernüchterten Blick in eine Natur, die durch den neuzeitlichen Rationalismus, Mechanismus und Monotheismus „entgöttert" genannt wird. Die theoretische Refle-

---

[34] Schiller habe über sein Gedicht *Der Eroberer* (1781) gesagt: „O! damals war ich noch ein Sklave von Klopstock" (NA 42, 19); vgl. 23, 5: „Freilig hab ich Klopstoken viel zu danken, aber es hat sich tief in meine Seele gesenkt und ist zu meinem nahen Gefühl, Eigenthum geworden, was wahr ist, was mich trösten kann im Tode". Zur Klopstock-Verehrung Peter-André Alt, Schiller. Leben – Werk – Zeit, 2 Bde., München 2000, hier Bd. 1, 197–204.
[35] NA 22, 181.
[36] NA 22, 180.
[37] NA 20, 456.
[38] NA 22, 273.
[39] NA 27, 199.

xion über Natur und Prinzipien einer Kunst *der* Natur[40] setzt an dieser Schnittstelle an: sie begibt sich auf die Suche nach Operationen, die jene Spur des Göttlichen poetisch re-generieren, die rationalisierte und mortifizierte Landschaft zumindest dem ästhetischen Schein nach in eine belebte, anthropomorphe Götterwelt verwandeln, der Freiheit und Notwendigkeit zugesprochen werden kann. Poetisch konkretisiert sich das Resultat dieser Bemühungen in der klassischen Naturlyrik nach 1795, zumal im *Spaziergang*, aber auch in der singulären Ode *Der Abend*, die sich wiederum an Klopstock, nunmehr jedoch an dem Experimentalmetriker, ausrichtet.[41]

Der Abend

Nach einem Gemählde

Senke, strahlender Gott, die Fluren dürsten
Nach erquickendem Thau, der Mensch verschmachtet,
    Matter ziehen die Rosse,
    Senke den Wagen hinab.
Siehe, wer aus des Meers krystallner Woge
Lieblich lächelnd dir winkt! Erkennt dein Herz sie?
    Rascher fliegen die Rosse,
    Thetis, die göttliche, winkt.

Schnell vom Wagen herab in ihre Arme
Springt der Führer, den Zaum ergreift Kupido,
    Stille halten die Rosse,
    Trinken die kühlende Flut.

An dem Himmel herauf mit leisen Schritten
Kommt die duftende Nacht; ihr folgt die süße
    Liebe. Ruhet und liebet,
    Phöbus, der liebende, ruht.
(NA 1, 238; v. 1–16)

Die Themengleichheit zum ersten publizierten Abendstück von 1776 schärft den Blick für Unterschiede wie Kontinuitäten: das lyrische Naturbild ist nunmehr ausweislich des Untertitels „nach einem Gemählde" entworfen, wir haben eine Bild-

---

[40] Vgl. meine Überlegungen in J.R., Die Kunst der Natur – Schillers Landschaftsästhetik und die anthropologische Revision von Lessings *Laokoon*, in: Georg Braungart, Bernhart Greiner (Hg.), Schillers Natur. Leben, Denken und literarisches Schaffen, Hamburg 2005 (Zeitschrift für Ästhetik und allgemeine Kunstwissenschaft. Sonderheft 6), 139–154.

[41] Es orientiert sich an Gedichten wie *An Cidli, Hermann und Thusnelda* u. a. Siehe NA 2iiA, 232. Humboldt hatte Schiller aufgefordert (Brief vom 31.8.1795), „einmal einen Versuch in den eigentlichen lyrischen Silbenmaaßen, wie die Klopstockischen und Horazischen sind, zu machen" NA 2iiA, 232. Im Stile Klopstocks handelt es sich um eine neu arrangierte Strophenform. Vers 1 und 2 bestehen aus einem *Phalaecaeus*, Vers 3 aus einem Pherekrateus und Vers 4. aus einem archilochischen Vers.

beschreibung / Ekphrasis vor uns.[42] Es handelt sich um einen ‚neuen Mythos'. Wie das Versmaß ist die hier skizzierte Spielart der heiligen Hochzeit – die Verbindung von Helios / Apoll mit der Meergöttin Thetis – eine moderne Konzeption im Stile einer klassischen. Wie im Frühgedicht ist die Natur göttlich belebt. An die Stelle eines die Schöpfung durchwirkenden christlichen Gottes à la Klopstock tritt die klassische bzw. klassizistische Mythologie, die qua „symbolische[r] Operation"[43] in die Natur re-projiziert wird. Ambivalent wird das Gedicht durch seinen doppelten Bezug auf Kunst *und* Natur. Das Wesen der Natur wird durch *die* Wesen der Mythologie ergründet. Der Bezug auf die Natur selbst ist damit artistisch-ästhetisch vermittelt. Das Gedicht imaginiert eine vergötterte Natur, verweist im Untertitel jedoch auf die mediale Brechung dieser Projektion. Doch nur in der Dichtung werden die – auf dem echten oder imaginären Gemälde – dargestellten Gottheiten ‚lebendig'. Erst der Vollzug des Textes, die Sukzession der Zeichen schafft die Belebung. Die absolutiven Komparative im Stile Klopstocks („rascher") und der Wechsel von Ruhe (Strophe I) zu dynamischer Bewegung (Strophe II/III) und wieder zu Beruhigung („stille"; Ende Strophe III) entspricht dem Ideal der ‚Darstellung' (*evidentia*), das Schiller von Klopstock – dieses Mal dem Poeten und Poetologen, nicht dem Theologen – bezieht. Im Gedicht gewinnt es eine Funktion im Dienst der ‚neuen Mythologie'. Das dynamische Wechselspiel von Ruhe und Bewegung, Begehren und Erfüllung, Licht und Dunkel illustriert ein archaisches Naturbild, dessen erotisch-naturmagische Züge angedeutet, durch die Umlenkung des Blicks auf die Rosse (statt auf die Vereinigungsszene) aber doch wieder abgeblendet werden. Vom Anfang her bleibt dabei der Illusionscharakter gegenwärtig, indem der Dichter durch die Unterschrift den Schein „aufrichtig selbst zerstört".[44] Die Götter Griechenlands, so deuten wir diese intermediale Engführung, leben nur im Imaginarium einer Dichtung fort, die in der Revokation zugleich deren Negation mitdenken muß.

---

[42] Am ehesten ist an Darstellungen im Stile eines Asmus Jakob Carstens (*Nacht und ihre Kinder, Schlaf und Tod* 1794) zu denken. Ob das Gedicht eine förmliche Ekphrasis darstellt, läßt sich kaum klären. Sicher ist die Anlehnung an Ovids *Metamorphosen*. In met. 2, v. 68 f. findet sich der Hinweis, daß Tethys, die Meergöttin, Helios, bei Ovid mit dem Beinamen Phoibos und dem Apollon, bewirtet, wenn dieser mit seinem Sonnenwagen allabendlich untergeht. Wie bei der metrischen Form so variiert Schiller auch im Mythos, um die einfache Nachahmung der Antike zu vermeiden. Der Hinweis auf eine Vorlage soll möglicherweise diese Assoziation zur klassizistischen Gegenwartskunst herstellen.

[43] NA 22, 271.

[44] NA 2i, 64; v. 137.

III. Polytheismus und Naturreligion – Die Götter Griechenlandes

Damit ist eine tragisch-elegische Konstellation angesprochen, die zu den Grundlagen des Schillerschen Naturverständnisses gehört. Ihr Basistext – *Die Götter Griechenlandes* (1788) – situiert sich zwischen *Der Abend* (I) und *Der Abend* (II).[45] Das Gedicht, dessen erste Fassung wir untersuchen, reagiert einerseits auf die verzweifelte Gottessuche (*Der Abend* I) und bereitet die mediale Kippfigur von *Der Abend* (II) vor, die elegisch-resignativ die Präsenz der antiken Mythologie zur alleinigen Aufgabe der poetischen Reanimation werden läßt. Erstmals werden dabei nur lose verbundene, metaphysische Motive des frühen Schiller in eine enge (geschichts-)logische Verbindung gebracht. Die Entzogenheit des christlichen *deus absconditus*, der keine lesbaren Spuren in der Natur hinterläßt, wird nun in ein Verhältnis zum Verlust der klassischen Mythologie gesetzt. Die Tendenz zum Monotheismus konvergiert mit der Rationalisierung, Mechanisierung und mithin Entzauberung der Welt:

> Wo jetzt nur, wie unsre Weisen sagen,
> seelenlos ein Feuerball sich dreht,
> lenkte damals seinen goldnen Wagen
> Helios in stiller Majestät.
> Diese Höhen füllten Oreaden,
> eine Dryas starb mit jenem Baum,
> aus den Urnen lieblicher Najaden
> sprang der Ströme Silberschaum.
> (NA 1, 190; v. 17–24)

Form und Inhalt stehen in einem dialektischen Verhältnis, das im Begriff der ‚Classicität' sein Zentrum hat. Der Text ruft poetische Konventionen auf, um

---

[45] Hier eine Auswahl aus der Fülle der rezenten Literatur: Bernauer, ‚Schöne Welt, wo bist du?' (wie Anm. 24), 105–130; Klaus Berghahn, Schillers mythologische Symbolik. Erläutert am Beispiel der *Götter Griechenlands*, in: Weimarer Beiträge 31 (1985), 1803–1822; Heinz Gockel, Mythos und Poesie. Zum Mythosbegriff in Aufklärung und Frühromantik, Frankfurt am Main 1981 (Das Abendland; N.F, 12), 85–200; Helmut Koopmann, Poetischer Rückruf: „Die Götter Griechenlands", in: Norbert Oellers (Hg.), Gedichte von Friedrich Schiller, Stuttgart 1996 (Universal-Bibliothek, 9473), 64–83; Horst Turk, Machthaber um 1800. Schillers ‚Die Götter Griechenlands' und das Szenario politischer Theologie, in: Maria Gierlak u. a. (Hg.), Im Wechselspiel der Kulturen. Festschrift für Karol Sauerland, Torun 2001, 119–140; Werner Frick, Schiller und die Antike, in: Helmut Koopmann (Hg.), Schiller-Handbuch, 2. Aufl., Stuttgart 2011, 95–122; Norbert Oellers, Schiller und die Religion, in: Walter Hinderer (Hg.), Friedrich Schiller und der Weg in die Moderne, Würzburg 2006 (Stiftung für Romantikforschung, 40), 165–186; David Pugh, Aesthetic und Moral Autonomy in Schiller's *Gedankenlyrik*, in: Wolfgang Wittkowski (Hg.), Revolution und Autonomie. Deutsche Autonomieästhetik im Zeitalter der Französischen Revolution. Ein Symposium, Tübingen 1990, 314–325; Peter-André Alt, Natur, Zivilisation und Narratio. Zur triadischen Strukturierung von Schillers Geschichtskonzept, in: Zeitschrift für Germanistik N.F. 18 (2008), 530–545.

sie als Konventionen durchzustreichen. Den „liebenswürdig verspielten Zügen des Rokoko",[46] die sich dem Einfluß Wielands verdanken, wird ein archaisch-animistisches Natur- und Weltverhältnis unterlegt.[47] Dessen Status bleibt zudem offen: Die indikativische Form („lenkte seinen goldnen Wagen") überläßt die Entscheidung, ob die Präsenz der Götter in der Natur eine objektive Tatsache oder bloße subjektive Zuschreibung und Projektion ist, ganz dem Leser. Eher das letztere scheint der Fall, wenn es heißt: „An der Liebe Busen sie zu drücken, / gab man höhern Adel der Natur." (v. 13 f.) Subjektiver und objektiver Animismus verschmelzen. Der Exodus der Götter aus der Natur folgt dabei dem Schema des Ovidischen Weltaltermythos aus dem ersten Buch der *Metamorphosen*. Angesichts der sittlichen Dekadenz des Menschengeschlechts, heißt es dort am Ende, „verläßt die Astraeische Jungfrau als letzte der Himmlischen die bluttriefende Erde".[48] In der Ballade *Die vier Weltalter* (1801/02) greift Schiller die ovidische Erzählung in romantisierender Form und mittelalterlichem Kolorit auf und wiederholt die Leitthese der *Götter*:

[…]
Das Alter der göttlichen Phantasie,
Es ist verschwunden, es kehrt nie.

Die Götter sanken vom Himmelsthron,
    Es stürzten die herrlichen Säulen,
Und geboren wurde der Jungfrau Sohn,
    Die Gebrechen der Erde zu heilen,
Verbannt ward der Sinne flüchtige Lust,
Und der Mensch griff denkend in seine Brust.
(NA 2i, 195; v. 47–54)

Aus Ovids Sukzessionsmythos wird hier eine geheime Geschichte der Dichtkunst, die – ganz im Sinne der *Künstler* – zum Gedächtnisraum und „heiligen keuschen Altar" einer glücklicheren Weltverfassung wird. Schillers Gedichte – die *Götter Griechenlandes* wie die *Vier Weltalter* oder auch *Nänie* – sind performative und metapoetische Texte, ‚Gedichtgedichte', sofern sie immer schon, wie auch Ovids *Metamorphosen*, in jenem imaginären „Feenland der Lieder" (v. 147) zu Hause sind. Der Verlust des ‚Feenlandes' und seine Rückgewinnung sind in der Form der Elegie dialektisch, in der Logik des Sentimentalischen aufeinander be-

---

[46] Von Wiese, Friedrich Schiller (wie Anm. 28), 407.

[47] Peter-André Alt, Begriffsbilder. Studien zur literarischen Allegorie, Tübingen 1995 (Studien zur deutschen Literatur, 131), 603: „Die allegorische Interpretation der Mythologie ist Teil der sentimentalischen Perspektive und damit auch Objekt der poetischen Darstellung". Dort 600–605 zum Verhältnis der Hymne zur Matthisson-Rezension.

[48] Met. I, v. 149 f. Publius Ovidius Naso: Metamorphosen. In deutsche Hexameter übertragen und hg. von Erich Rösch. Mit einer Einführung von Niklas Holzberg, München, Zürich [11]1988, 14 f.: „victa iacet pietas, et virgo caede madentis, / ultima caelestum, terras Astrea reliquid".

zogen. Der Vortrag konstituiert und rekonstruiert Dichtung als Gedächtnisraum, als einen kosmisch-universalhistorischen Bilderteppich. „Daher widerspricht das Gedicht sich selbst, die Form widerlegt den Inhalt".[49] Umso mehr kommt es in diesen Texten darauf an, die Szenerie ihrer eigenen Aufführung mitzuliefern: Wir wohnen dem rituellen Moment bei, in dem der Dichter in seinem Vortrag „das zusammengefaltete Leben" (v. 14) ausbreitet (wie Ovid den Teppich der Arachne; met. 6, v. 1–145). Sein Singen ist daher Ritual, rituelle Wiederholung, die „ein Bild des unendlichen All / In des Augenblicks flüchtig verrauschenden Schall [drückt]" (v. 23 f.). Dichtung ist mediale Übersetzung (vom Bild zum Schall), Vollzug und Rückholung, die nur im Akt des Vortrags bestehen. Der Sänger der *Vier Weltalter* errichtet auf dem „heiligen keuschen Altar" (v. 61) der Musen ein Imaginarium, das nur im performativen Akt des Imaginierens selbst existiert. Intertextuell ist die Rettung der Götter dabei eine Rettung Ovids, aus dem der Moderne seine mythologischen Figuren bezieht: Helios (und Phaethon), Dryaden, Najaden, Daphne, Niobe, Syrinx, Philomena, Demeter und Persephone. Der Schillersche Klassizismus zeigt hier seine literarhistorische Eigenart: Die griechische Welt wird beschworen im Medium der lateinischen.

Daß die römische Literatur, vor allem Ovid und Horaz, eine entscheidende Rolle spielt, liegt an deren vergleichbarer, ‚moderner' Position gegenüber der griechischen Kultur und Literatur: Schillers lebenslanges Interesse an römischer Dichtung, das sich nach 1795 noch einmal intensiviert, läßt sich als Versuch verstehen, einen historischen Prototypen für das Ideal einer Klassizität in der Modernität zu finden.[50] Der Sprecher des Gedichts ist ein Ovid-Leser, der die *Metamorphosen* beim Wort nimmt, zum naiven Dokument umdeutet und ihre poetische Quintessenz, die göttliche Ätiologie aller Dinge, zum Kern der griechischen (!) Welt- und Naturanschauung erhebt. Ohne diese Ovidische Vorlage, die zeitgemäß anakreontisch-rokokohaft umgedeutet wird, keine *Götter Griechenlandes.* Die *Metamorphosen* werden zum Schlüsseltext einer antiken Natur- als Mysterienreligion, in der jede Pflanze, Stern oder Stein „den eingeweyhten Blicken, […] eines Gottes Spur" (v. 15 f.) anzudeuten vermochte. Was dem Heutigen bleibt, ist die „goldne Spur" (v. 148) der antiken Dichtung, die Gedächtnisspur des Textes. Klassizität und Intertextualität werden zum letzten Mittel der Tröstung und der Wiederbelebung der Natur.

---

[49] Bernauer, ‚Schöne Welt, wo bist du?' (wie Anm. 24), 114.
[50] Zur Bedeutung der lateinischen Tradition vgl. Jörg Robert, Klassizität in der Modernität – Schillers Antike(n) und der Beginn der Klassik, in: Cordula Burtscher, Markus Hien (Hg.), Schiller im philosophischen Kontext, Würzburg 2011, 165–180; zum Kontext Angela Cornelia Holzer, Rehabilitationen Roms: Die römische Antike in der deutschen Kultur zwischen Winckelmann und Niebuhr, Heidelberg 2013.

Für den Modernen ist die Natur nach Newton („unsre Weisen"; v. 17) vernunft-
und leblos, sie gehorcht der „blinde[n] Notwendigkeit", die durch die Kausalität
der Mechanik und der Gravitation verkörpert wird.[51] Mag diese Schwerkraft eine
vis occulta sein, so ist sie doch keine göttliche. Das „Gesetz der Schwere" (v. 167)
steht schon atmosphärisch der heiteren Leichtigkeit der griechischen Kultur entgegen, die „an der Freude leichtem Gängelband" (v. 2) geführt wird. Heiterkeit
und Trauer, Leichtigkeit und Schwere, Levitation und Gravitation bilden ein Gefüge polarer Gegensätze, die durch keine historische ‚Figur des Dritten' versöhnt
werden, wie später im Essay *Über naive und sentimentalische Dichtung*. Der moderne Mensch ist konstitutiv melancholisch. Die Gravitation drückt ihn physisch
und geistig zu Boden. Dagegen ist die alte Welt von Leichtigkeit bestimmt. Zwischen Sinnen- und Geisterwelt, Menschen und Göttern besteht ein ständiges *commercium*, ein Wechsel von Auf- und Abstiegen, das sich im Gedicht in Szenen der
Kommunion und Kommunikation darstellt (Verbindungen von Göttern und Menschen, Gabe und Tausch, Tanz und Fest usw.). Die moderne, götterlose Welt ist
dagegen ein metaphysischer *locus desertus*, eine Welt ohne Wahrnehmung, an-äs-
thetische Natur:[52]

> Ausgestorben trauert das Gefilde,
> Keine Gottheit zeigt sich meinem Blik,
> Ach! von jenem lebenwarmen Bilde
> Blieb nur das Gerippe mir zurück.
> (NA 1, 194; v. 149–152)

Die nach-mythische Welt erscheint in ihrer Leere als eine Toten- und Unterwelt,
ein Reich der Schatten. Wenn Leben und Fühlen, Existenz und *Aisthesis*, untrenn-
bar aneinander gebunden sind, so muß die postapokalyptische Welt nach der Katastrophe der Götterflucht wesentlich durch ihre Leere ausgezeichnet sein. Der
Schauder des Sprechers ist ein ästhetisch-metaphysischer *horror vacui*:
„Durch die Wälder ruf ich, durch die Wogen/ ach! sie wiederhallen leer!" (v.
159 f.). Mit den Göttern scheinen in dieser postapokalyptischen Welt auch die
Menschen verschwunden. Der Schrei *ex profundis* verhallt auf der Ebene des Gedichts ungehört. Im Monolog des einsamen Modernen bleibt es bei Klage, Trauer
und Gebet an den *deus absconditus* („Werk und Schöpfer des Verstandes", v. 194).
Es ist das Gedicht selbst, das die ohne Wiederkehr verloren geglaubte Welt,

---

[51] Vgl. Thomas Stachel, Der Ring der Notwendigkeit. Friedrich Schiller nach der Natur, Göttingen 2010; Peter Schaarschmidt, Die Begriffe ‚Notwendigkeit' und ‚Allgemeinheit' bei Schiller
und Kant, Diss. Zürich 1971.

[52] In diese Richtung deutet eine Überlegung Schillers zur ästhetischen Kategorie des „Unbe-
stimmten", die im Aufsatz *Vom Erhabenen* diskutiert wird: „Wenn uns Virgil mit Grausen über das
Höllenreich erfüllen will, so macht er uns vorzüglich auf die Leerheit und Stille desselben aufmerksam. Er nennt es *loca nocte late tacentia* weitschweigende Gefilde der Nacht, *domos vacuas
Ditis et inania regna* leere Behausungen und hohle Reiche des Pluto" (NA 20, 189).

gleichsam im Rücken des Sprechers, beschwört. Die tragische Ironie dieser Stimme liegt in dieser dialektischen Konstellation: Nur in der Form der Elegie kann die Rückkehr der Götter aus dem „Feenland der Lieder" (v. 147) stattfinden. Der Klassizismus, an Wieland geschult, wird zum Medium dieser poetischen ‚Rückrufaktion'.[53] Die *Götter Griechenlandes* kommentieren die Allegorese der Alten und erneuern sie in sentimentalischer Perspektive. Der naive Animismus wird durch einen sentimentalischen, die *essentiale* Einheit durch *poetische* Operationen ersetzt.

IV. Mythentheorien – Heyne, De Brosses, Herder

Schillers Text steht am Schnittpunkt poetologischer, geschichtsphilosophischer und proto-ethnologischer Debatten. Letztere sind in der Forschung wenig beachtet worden, obwohl sie in den teilweise heftigen Reaktionen der Zeitgenossen widerhallen. Zunächst das Offensichtliche: Der Sprecher des Gedichts nimmt die antike Mythologie, wie sie ihm in den Quellen (Ovid) entgegentritt, ernst und deutet sie als Ausdruck einer primitiven, vor-zivilisierten Weltsicht. Antike Poesie und Mythologie ist wildes Denken und Dichten. Damit wird eine Position auf die Spitze getrieben, die in den Debatten um eine neue Mythologie[54] seit langem prominent vertreten ist. Schon Herder betont in seiner Abhandlung *Über den Ursprung der Sprache* (1769) die These vom primitiven Polytheismus, würdigt jedoch das Potential archaischer Sprache, in den Substantiven eine „sinnliche Hauptidee" prägnant zu bezeichnen. Der Mythos wird zur Sprache der Sinnlichkeit und damit der Poesie:

> Indem die ganze Natur tönt, so ist einem sinnlichen Menschen nichts natürlicher, als daß sie lebt, sie spricht, sie handelt. Jener Wilde sahe den hohen Baum mit seinem prächtigen Gipfel und bewunderte: der Gipfel rauschet! Das ist wehende Gottheit [...] Bei den Wilden in Nordamerika z. B. ist noch alles belebt: jede Sache hat ihren Genius, ihren Geist, und daß es bei den Griechen und Morgenländern ebenso gewesen, zeugt ihr ältestes Wörterbuch und Grammatik.[55]

Schon Manfred Frank hat auf die Bedeutung des Göttinger Philologen und Herder-Freundes Christian Gottlob Heyne (1729–1812) hingewiesen, der eine „kri-

---

[53] Koopmann, Poetischer Rückruf (wie Anm. 45).

[54] Stellvertretend seien hier die Standardwerke von Manfred Frank, Der kommende Gott. Vorlesungen über die neue Mythologie, Frankfurt am Main 1982, bes. 123–152 (Herder); im Überblick und vollständiger Heinz Gockel, Mythos und Poesie (wie Anm. 45), 27–58 (Herder und die Vorgeschichte).

[55] Johann Gottfried Herder, Abhandlung über den Ursprung der Sprache, hg. von Hans Dietrich Irmscher, Stuttgart 1966, 48.

tische Reform der Mythologie"[56] betrieb, die „auf die zeitgeschichtlichen Be-
dingtheiten von Weltbildern" hinwies.[57] Für Heyne wie für die meisten Mythen-
theoretiker der Aufklärung ist der Mythos das Phänomen einer kulturellen Frühzeit. Schon in der frühen Schrift *De caussis fabularum seu mythorum veterum phy-
sicis* (1764) bietet Heyne eine Theorie des Mythos auf der Grundlage vergleichen-
der Ethnologie und Mythenkunde.[58] In der Frühzeit befindet sich die Menschheit
auf der Stufe der Kindheit („infantia generis humani"). Das Denken ist ganz
Wahrnehmung. Die Armut der Sprache zwingt zur Verständigung durch Gesten
und Mimik. Es entsteht eine Ausdrucksweise, die durch primäre Bildlichkeit ge-
kennzeichnet ist (Allegorien, Tropen, Metaphern). In der Folgezeit werden die
Mythen durch zufällige Tradierung vermischt, verändert, literarisch sublimiert.
Auf der ersten Stufe bringt das Staunen (*miratio*) die Mythen hervor. Auf der
nächsten Stufe wird Übersinnliches in Götterfabeln anthropomorphisiert.
Heyne faßt die wesentlichen Elemente dieser historischen Genealogie des Mythos
im späten wirkungsmächtigen Aufsatz *Sermonis mythici seu symbolici interpre-
tatio* (1808) noch einmal zusammen. Seine berühmte Entstehungsformel lautet:

> Cum [...] natura autem ac vis mythorum ab ingenii humani imbecillitate et a dictionis
> egestate sit profecta, ita ut verborum propriorum inopia ad symbolorum inuenta, post-
> haec ad lusus ingeniosos, orationis suauitatem, tandem ad commenta varia deducta sit
> [....].[59]

Der *sermo mythicus* ist notwendige Frühstufe der Menschheitsentwicklung. Jetzt
unterscheidet Heyne aber die naturwüchsigen, archaischen Mythen von ihrer poetischen Ausarbeitung. Weil die mythische Rede die einzige Ausdrucksweise ist,

---

[56] Im Sinne der Unterscheidung von Ute Heidmann Fischer nicht als „Gesamtheit oder Sammlung von Mythen einer Kultur", sondern als „Erforschung und Konzeptualisierung von Mythologie
mit historisch-rekonstruktivem oder philosophischem Interesse". Ute Heidmann Fischer, Art. Mythologie, in: Reallexikon der Deutschen Literaturwissenschaft, hg. von Klaus Weimar u.a., Bd. 2,
Berlin, New York 2000, 660–663, hier 660 f.

[57] Frank, Der kommende Gott (wie Anm. 55), 142. Zur Bedeutung Heynes für die Literatur
Hermann Bräuning-Oktavio, Christian Gottlob Heynes Vorlesungen über die Kunst der Antike und
ihr Einfluß auf Johann Heinrich Merck, Herder und Goethe, Darmstadt 1971; Marianne Heiden-
reich, Christian Gottlob Heyne und die alte Geschichte, Leipzig, München, 2006 (Beiträge zur
Altertumskunde, 229); Fritz Graf, Die Entstehung des Mythosbegriffs bei Christian Gottlob Heyne,
in: F.G. (Hg.), Mythos in mythenloser Gesellschaft: Das Paradigma Roms, Stuttgart, Leipzig 1993,
284–294 (Colloquia Raurica, 3).

[58] Christian Gottlob Heyne, Opuscula academica collecta et animadversionibus locvpletata, 6
Bde., Göttingen 1785–1812, hier Bd. 1, 184–206, hier 189–191.

[59] Heyne, Opuscula academica (wie Anm. 58), Bd. 6, 285: „Wesen und Wirkung der Mythen
sind aus der Schwäche des menschlichen Geistes und aus der Armut der Sprache hervorgegangen, in
der Weise, daß die Not an eigentlichen Bezeichnungen zur Erfindung der Symbole, später dann zu
geistreichen Spielen, zu wohlklingender Rede und schließlich zu den verschiedensten wissenschaftlichen Reflexionen geführt wurde" (Übers. J.R.).

läuft jeder allegorische Auslegungsversuch ins Leere. Oft ließen sich Mythen vielmehr über den Vergleich mit zeitgenössischen primitiven Kulturen verstehen. Heyne entwickelt eine fein differenzierte Hermeneutik des Mythos, die von vierzehn Regeln und Kautelen der Interpretation ausgeht.

Man kann Heyne als frühen Archegeten eines im 20. Jahrhundert zur vollen Geltung gelangenden literarisch-philologischen Primitivismus[60] beschreiben. In der Tat setzt Heyne Akzente, die fortwirken. Seine Überlegungen zur Funktion des *sermo mythicus* verbinden den antiquarischen mit einem historisch-ethnologischen Ansatz, der universale Gültigkeit beansprucht. Der Mythos wird zu einer primordialen Behelfssprache – bei den Griechen wie bei anderen, archaischen Völkern. Hier zeigen sich die Einflüsse der Reiseliteratur und der außereuropäischen Kulturkontakte, die nun auch auf das Bild der klassischen Mythologie durchschlagen. In einer Rezension zu Robert Woods *Essay on the original genius of Homer* stellt Heyne denn auch fest: „Aus Reise- und Länderbeschreibungen der Wilden und anderer Völker, die in einer noch ungebildeten Gesellschaft und Staatsverfassung leben, lernt man das meiste über den Homer".[61] Damit schärft sich der Blick auf die Überlieferung, auch die klassische. Heyne differenziert den primären Mythos als Not- und Behelfssprache von seinen sekundären Verfeinerungen in Sprache und Kultur. Er etabliert dabei – auf den Spuren Vicos – eine Art ‚genealogische Methode' im Sinne Nietzsches, die das Hohe (die Kunst) aus dem Niederen (dem *sermo mythicus*) ableitet. Indem Heyne primären und sekundären (d. h. poetischen) Mythos unterschied, formulierte er eine Theorie des ‚wilden Denkens', die den Mythos ernst nahm als eine archaische, aber doch funktionale und universale Form der Weltaneignung und Weltsicht. Dabei kommt er – *mutatis mutandis* – Lévi-Strauss' Verständnis des mythischen Denkens als einer „Art intellektueller Bastelei"[62] bereits nahe. Die Nähe und Entsprechung wird umso verblüffender, als schon Heyne eine strukturalistisch-semiotische Deutung

---

[60] Nicola Gess (Hg.), Literarischer Primitivismus, Berlin, New York 2013; hier bes. der Beitrag von Lucas Marco Gisi, Die Genese des modernen Primitivismus als wissenschaftliche Methode. Konjekturen über eine primitive Mentalität im 18. Jahrhundert (141–158); vgl. meine Überlegungen in J.R., Ethnofiktion und Klassizismus. Poetik des Wilden und Ästhetik der ‚Sattelzeit', in: J.R., Friederike Günther (Hg.), Poetik des Wilden. Festschrift für Wolfgang Riedel, Würzburg 2012, 3–39.

[61] Vorwort zu: Robert Woods Versuch über das Originalgenie des Homers. Aus dem Englischen, Frankfurt am Main 1773, 6–26, hier 8 f.

[62] Claude Lévi-Strauss, Das wilde Denken, Frankfurt am Main 1968 (zuerst 1962), 29: „Die Eigenart des mythischen Denkens besteht nun aber darin, sich mit Hilfe von Mitteln auszudrücken, deren Zusammensetzung merkwürdig ist und die, obwohl vielumfassend, begrenzt bleiben; dennoch muß es sich ihrer bedienen, an welches Problem es auch immer herangeht, denn es hat nichts anderes zur Hand. Es erscheint somit als eine Art intellektueller Bastelei, was die Beziehungen, die man zwischen mythischem Denken und Bastelei beobachten kann, verständlich macht".

des Mythos als funktionale Sprache und *Code* unternimmt.[63] In dieser Auffassung, daß Mythos eine eigene *Sprache* darstelle – Sprache der Bilder, Sprache der Sinnlichkeit – folgen ihm alle Teilnehmer der Debatten um die neue Mythologie. Im Lichte der philologisch-ethnologischen Aufarbeitung ist die ‚neue Mythologie' – auch und gerade die *Götter Griechenlandes* – der Versuch einer Renaissance ‚wilden Denkens' im Zivilisierten.

Heynes Blick auf den *sermo mythicus* ist der des historischen Philologen und Proto-Ethnologen. An eine Renaissance des archaischen Denkens im Dienst des modernen denkt er nicht. Diese Wendung der Dinge verdankt Schiller offenkundig Herder, zumal wohl dem Aufsatz *Neuerer Gebrauch der Mythologie*. Die große Erzählung von der Zivilisierung der Religionsideen, der auch Heyne zustimmt, wird im ästhetischen Horizont Winckelmanns zum Loblied auf das mythische Denken und Dichten, zum Plädoyer eines literarischen Primitivismus, in dem schon die Projektionstheorie der *Götter Griechenlandes* vorweggenommen ist:

> Zweitens: ein großer Teil der Mythologie ist *Allegorie! personifizierte Natur*, oder *eingekleidete Weisheit!* Hier belausche man die Griechen, wie ihre dichterische Einbildung zu schaffen, wie ihre sinnliche Denkart, abstrakte Wahrheit in Bilder zu hüllen wußte, wie ihr starrendes Auge *Bäume* als Menschen erblickte, Begebenheiten zu Wundern hob, und Philosophie auf die Erde führte, um sie in Handlung zu zeigen.[64]

Diese neue ethnopoetische Position zeigt sich im Kontrast zu Texten der Jahrhundertmitte, die den Standpunkt der aufgeklärten Religions- und Idolatriekritik vertreten. Als Beispiel mag ein Gedicht aus Barthold H. Brockes' *Irdischem Vergnügen in Gott* dienen, das noch J. J. Breitinger zustimmend zitiert. Auch Brockes fragt nach der Evidenz und Präsenz Gottes in der Natur. Wie ein metaphysischer Detektiv examiniert er Zeichen und ‚Spuren': Der Mensch sieht in der Natur die „Spur / Von der durch GOTTES Macht stets wirckenden Natur".[65] Wer hier nichts oder etwas anderes sieht, ist „ein Atheist, / Ein Vieh, ein Klotz, ein Fels, ja noch was gröbers":[66]

> Die Heiden haben dort bald Nymphen, bald Najaden,
> Dryaden und Hamadryaden
> Im Wasser, Feld' und Wald' erdacht,
> Die gleichsam jedes Kraut theils machten, theils versorgten.
> Dieß war zwar schädlicher Abgötterey
> Verworfne Brut und eitle Phantasey,

---

[63] Umgekehrt weist Lévi-Strauss für die klassische Moderne auf den „mythopoetischen Charakter der Bastelei" hin (ebd. 30).

[64] Johann Gottfried Herder, Neuerer Gebrauch der Mythologie, in: Johann Gottfried Herder, Frühe Schriften 1764–1772, hg. von Ulrich Gaier, Frankfurt am Main 1985, 432–455, hier 449.

[65] B.H. Brockes, Irdisches Vergnügen in Gott, bestehend in Physicalischen und Moralischen Gedichten. Erster Theil [...] Hamburg 1732, 76 f. (*Betrachtung der Blätter*).

[66] Ebd., 77.

Die ihre Pfaffen bloß vom Lügen=Geiste borgten,
Und die die Christenheit mit allem Recht verlacht:
Doch die zu Gottes Ehr geschäft'ge Geistigkeiten,
Die der Gewächse Pracht, den Schmuck der Büsch' und Bäume
Vermuthlich zubereiten,
Sind nicht, wie jene leeren Träume.[67]

Brockes Text steht – ein Jahrzehnt vor der Zeitenwende Winckelmanns – fest auf
dem Boden der rationalistischen Kritik des Polytheismus. Gegenüber dem Atheismus, der zum Ausdruck des Unmenschlichen wird, stellt die Vielgötterei immerhin eine leichtere Form der *superstitio* dar, die vom physikotheologischen Standpunkt als Form des Priesterbetrugs verurteilt wird. Eine Rechtfertigung dieser
„Phantasey" in poetischer Hinsicht liegt Brockes (noch) fern. Die Natur ist das
Werk eines Artistengottes, dessen „Zeichnungs=Kunst"[68] der Dichter herausar-
beitet. Der Betrachter („Lisander") muß die göttliche Proto-Ästhetik („zarte Zier-
lichkeit / Des Umstrichs"; „Regel=recht, wie schön / Die zart'sten Linien" usw.)
in seinem eigenen Text sichtbar machen. Der physikotheologische Gottesbeweis
ist zugleich ein ästhetischer. Daß Brockes dem paganen einen *eigenen* christlich-
hermetischen Animismus entgegensetzt, zeigt jedoch bereits das Bedürfnis nach
einer Respiritualisierung der Natur („geschäft'ge Geistigkeiten"), die um 1800
dann der Aktivität des Dichters und seinen „symbolischen Operationen" der Be-
seelung und Animation überlassen wird.

Die Religionsdebatten der Aufklärung nehmen diesen Standpunkt im Rahmen
des Fortschritts- und Zivilisationsparadigmas[69] auf. David Humes *Natural History of Religion* (1757) betont: „It appears to me, if we consider the improvement of
human society, from rude beginnings to a state of greater perfection, polytheism or
idolatry was, and necessarily must have been, the first and most antient religion of
mankind".[70] Vor 1700 Jahren seien alle Menschen Polytheisten gewesen. Je weiter
man in die Antike zurückgehe, desto verbreiteter finde man die Idolatrie. Wie die
Alten, so die Wilden heute: „The savage tribes of *America*, *Africa*, and *Asia* are all
idolaters. Not a single exception to this rule".[71] Polytheismus und Idolatrie sind
die „primitive Religion einer noch ungebildeten Menschheit".[72] Ihr religionspsy-
chologischer Ursprung sind die „unablässigen Hoffnungen und Ängste, die den

---

[67] Ebd., 77 f.

[68] Ebd., 75.

[69] Dazu die klassische Studie von Johannes Rohbeck, Die Fortschrittstheorie der Aufklärung.
Französische und englische Geschichtsphilosophie in der zweiten Hälfte des 18. Jahrhunderts,
Frankfurt am Main 1987; ders. (Hg.), Geschichtsphilosophie und Kulturkritik. Historische und
systematische Studien, Darmstadt 2003; Jörg Dierken, Fortschritte in der Geschichte der Religion?
Aneignung einer Denkfigur der Aufklärung, Leipzig 2012.

[70] David Hume, The natural History of Religion, in: D.H., Four Dissertations, London 1757, 3.

[71] Ebd., 4.

[72] Ebd., 10: „[…] idolatry and polytheism, the primitive Religion of uninstructed mankind".

menschlichen Geist bewegen".[73] Anthropomorphismus und Polytheismus stellen einen ersten Versuch dar, eine Ordnung hinter den sichtbaren Phänomenen herzustellen: „Der Mensch figuriert die unbekannte Welt im vertrauten Schema seiner selbst".[74]

Humes Religionsgeschichte und -psychologie ist zugleich Teil einer Naturgeschichte des wilden Denkens, die in diesen Jahren (1760–1790) auch das Phänomen des Fetischismus intensiv diskutierte.[75] Charles de Brosses' Traktat *Du Culte des Dieux Fétiches* (1760) wurde 1785 von Christian Brandanus Hermann Pistorius (1763–1823) ins Deutsche übertragen.[76] Hermann Andreas Pistorius fügte der Übersetzung seines Sohnes einen langen religionswissenschaftlichen Traktat mit dem Titel „Einleitungsversuch über Aberglauben, Zauberey und Abgötterey" an, „die erste Schrift in Deutschland über den Fetischismus".[77] De Brosses, Hume und Heyne folgend ordnet Pistorius senior die griechische Kultur dem Fetischkult zu: „Die Griechen, die es in dieser Verfeinerung und Ausschmückung der gröbern barbarischen Abgötterey am weitesten gebracht haben, waren in ihren Stammeltern, den Pelasgern und andern wilden Stämmen ursprünglich Fetischisten [...].

---

[73] Ebd., 12 f.: „[...] The first ideas of religion arose not from a concern with regard to the events of life, and from the incessant hopes and fears, which actuate the human mind".

[74] Hartmut Böhme, Fetischismus und Kultur. Eine andere Theorie der Moderne, Reinbek bei Hamburg, 2006. Vgl. ebd. 185: „Es kann gar nicht in den Blick kommen, daß der afrikanische Fetischismus ein komplexes System der Ordnungserzeugung, der Handlungssteuerung, der Grenzbewahrung, des Schutzes, der Angstbewältigung, der symbolischen Sinnstiftung und der rituellen Integration von Gemeinschaften wie Individuen darstellt".

[75] Die Frage, ob und wie Schiller von Humes Thesen Kenntnis erhielt, ist nicht eindeutig zu klären. Dazu die Überlegungen von Wolfgang Riedel, Abschied von der Ewigkeit [Resignation], in: Norbert Oellers (Hg.), Interpretationen. Gedichte von Friedrich Schiller, Stuttgart 1996, 51–63, hier 60–63. Ein Reflex von Humes „hopes-and-fears"-These findet sich in Abels *Philosophischen Säzen über die Religionen* (1780) unter § 5 („Hoffnung, und am allermeisten Furcht"). Zu Abels Hume-Rezeption vgl. Jacob Friedrich Abel, Eine Quellenedition zum Philosophieunterricht an der Stuttgarter Karlsschule (1773–1782). Mit Einleitung, Übersetzung, Kommentar und Bibliographie hg. von Wolfgang Riedel, Würzburg 1995, 440–445. Die Hume-Tradition spielt in der Studie von Matthias Schulze-Bünte, Die Religionskritik im Werk Friedrich Schillers, Frankfurt am Main u. a. 1993, keine Rolle. Zur Hume-Rezeption in Deutschland Reinhart Brandt, Heiner Klemme, David Hume in Deutschland. Literatur zur Hume-Rezeption in Marburger Bibliotheken, Marburg 1989; Günter Gawlick, Lothar Kreimendahl, Hume in der deutschen Aufklärung. Umrisse einer Rezeptionsgeschichte, Stuttgart-Bad Cannstatt 1987.

[76] Charles de Brosses, Du Culte des Dieux Fétiches ou Parallèle de l'ancienne Religion de l'Egypte avec la Religion actuelle de Nigritie, Paris 1760 (Nachdruck 1988); deutsch: Ueber den Dienst der Fetischengötter oder Vergleichung der alten Religionen Egyptens mit der heutigen Religion Nigritiens. Mit einem Einleitungsversuch über Aberglaube Zauberey und Abgötterey und anderen Zusätzen, Berlin, Stralsund 1785. Zum Fetischismusdiskurs der Aufklärung zusammenfassend Böhme, Fetischismus und Kultur (wie Anm. 74), 155–211.

[77] Böhme, Fetischismus und Kultur (wie Anm. 74), 199. Text in: De Brosses, Fetischengötter (wie Anm. 76), 217–293.

Sie waren also grade in einem solchen Zustande, worin wir noch itzt die wilden Völkerschaften von Nordamerika antreffen".[78] Plato wird als Gewährsmann angeführt, daß „die ältesten Einwohner Griechenlandes in dem weitläufigsten Sinne, worin wir das Wort nehmen, Fetischisten gewesen und auch noch zu seinen Zeiten waren".[79] Auch Pistorius unterscheidet einen archaischen Fetischismus von seinen entwickelteren Formen. Über die *Theogonie* Hesiods heißt es: „Seine Götter, von deren Entstehung, Zeugungen, und Verwandtschaften er Nachricht giebt, sind nichts, als ein Versuch, die Natur zu vergöttern und zu beseelen und so gut er konte mit Hülfe einer alles personificirenden Einbildungskraft die Entstehung des Weltalls und der vornehmsten Naturbegebenheiten und Erscheinungen sich zu erklären".[80]

V. Irritationen – Effekte eines Gedichts

Der Problemzusammenhang Fetischismus, Idolatrie und wildes Denken lag also in der Luft, als Schillers *Götter Griechenlandes* 1788 erschienen. Die aufgeklärte ‚Normalposition', repräsentiert durch Hume, de Brosses, Heyne u. a., die im Polytheismus eine überwundene, primitive und wilde Entwicklungsstufe des Menschen erblickte, hallt denn auch, wenig modifiziert, in den kontroversen Stellungnahmen der Kritik zu Schillers Text nach.[81] Schon Karl Ludwig von Knebel rückt in einer der ersten Rezensionen im *Teutschen Merkur* die *Götter* in den grassierenden Diskurs über den Polytheismus (*Ueber Polytheismus. Veranlaßt durch das Gedicht, die Götter Griechenlandes, im letzten Stücke des T.M.*).[82] Der Eingangssatz schließt deutlich erkennbar an Humes religionspsychologische These („incessant hopes and fears") an: „Die Götter sind von jeher aus des Menschen Brust gekommen".[83] In der Jenenser Antrittsvorlesung wird ˙Schiller diesen Ball aufnehmen und in den aufgeklärten Normaldiskurs über die primitiven Kul-

---

[78] Pistorius, in: De Brosses, Fetischengötter (wie Anm. 76), 274.

[79] Ebd., 277 f.

[80] Ebd., 278.

[81] Zu dieser Auseinandersetzung vgl. die Dokumente in Oscar Fambach (Hg.), Ein Jahrhundert deutscher Literaturkritik, Bd. 2: Schiller und sein Kreis, Berlin 1957, 40–70; Wolfgang Frühwald, Die Auseinandersetzung um Schillers Gedicht ‚Die Götter Griechenlandes', in: Jahrbuch der Deutschen Schillergesellschaft 13 (1969), 251–271; Hans-Dietrich Dahnke, Die Debatte um ‚Die Götter Griechenlandes', in: H.-D. D. (Hg.), Debatten und Kontroversen. Literarische Auseinandersetzungen in Deutschland am Ende des 18. Jahrhunderts, Bd. 1, Berlin u.a. 1989, 193–269; Norbert Oellers, Stolberg, das Christentum und die Antike. Der Streit mit Schiller, in: Frank Baudach (Hg.), Friedrich Leopold Graf zu Stolberg (1750–1819). Beiträge zum Eutiner Symposium im September 1997, Eutin 2002 (Eutiner Forschungen, 7), 109–126.

[82] Fambach: Schiller und sein Kreis (wie Anm. 81), 40–43.

[83] Ebd., 41.

turen einstimmen, für den er sich auf die „Reisebeschreiber" beruft.[84] Die Hume'-
sche These steht hier am Ende des Abschnittes, der im Fetischismus ein Wesens-
merkmal primitiver Religion erblickt:

> Dort sah man einen Despoten Afrikas seine Unterthanen für einen Schluck Brandwein
> verhandeln: — hier wurden sie auf seinem Grab abgeschlachtet, ihm in der Unterwelt
> zu dienen. Dort wirft sich die fromme Einfalt vor einen lächerlichen Fetisch, und hier
> vor einem grausenvollen Scheusal nieder; in seinen Göttern mahlt [sic] sich der
> Mensch.[85]

Kein Wunder, daß sich die Rezensenten ob Schillers vermeintlicher Volten verwundert die Augen reiben: „Hat der Dichter zwo Seelen", fragt Stolberg.[86]
Karl Ludwig von Knebel bezieht die *Götter Griechenlandes* kritisch auf die aufgeklärte Mastererzählung der Religionsentwicklung (vom Polytheismus zum
Monotheismus). Ursprungsort der „Vielgötterey" ist Ägypten, die Griechen beziehen den ihren von dort. Knebel sieht den Polytheismus durchaus in einem positiven Licht. Mit einem Argument, das schon Hume vorträgt, ist die Vielgötterei
der Beginn einer „weise[n] Abstraktion", die „sinnliches Anschauen" zum Begriff läutert.[87] Die Geschichte der Religion folgt dem Gesetz der Induktion.
Die Pointe des Textes liegt in der konfessionellen Polemik. Im Christentum – genauer: im Katholizismus – gerät der heidnische Polytheismus in das Fahrwasser
eines „geistige[n] Despotismus". Die Kunst dient der „Auszierung für Bilder und
Gebäude jener himmlischen Barbaren, die man Heilige nennt".[88] Im Katholizismus und seiner Kunst lebt der Polytheismus unterschwellig als Instrument des
Priesterbetrugs fort: „Dieß ist der Geist und das Wesen des Pabstthums bis auf
diesen Tag".[89] In den konfessionell erhitzten 1780er Jahren liest sich das Lob
des Polytheismus stets wie ein Rekatholisierungsappell. An die Spitze seiner Argumentation setzt Knebel jedoch das kulturhistorische Argument, das Schiller im
Essay *Ueber naive und sentimentalische Dichtung* aufnehmen wird: „Unsre
Denkart kann, alle äusserlichen Umstände ungerechnet, nimmermehr in die Zeiten der Griechen und Römer zurücktreten".[90]

---

[84] NA 17, 364.

[85] NA 17, 364 f.

[86] Fambach, Schiller und sein Kreis (wie Anm. 81), 47: „Bis zu Wonnethränen hat mich Schillers
Rundgesang die Freude gerührt. Bei zwo andern lyrischen Gedichten [gemeint sind: *Freigeisterei
der Leidenschaft* und *Resignation*] dieses Mannes empfand ich, was ich bei diesem Lobe der Götter
Griechenlandes empfinde. Hat der Dichter zwo Seelen, wie jener junge Meder beim Xenophon zu
haben wähnte?".

[87] Ebd., 41.

[88] Ebd., 42.

[89] Ebd.

[90] Ebd.

Anders als Knebel, der das Gedicht behutsam mit dem Stand der historischen Religionskritik abgleicht und zu einem versöhnlichen Ende führt, geißelt Graf Stolberg in seiner Rezension unversöhnlich den verwirrenden Neopaganismus und verurteilt die animistische Naturreligion der heidnischen „Nazionen" in der schon bei Brockes geläufigen Weise:

> Sie [die Vertreter eines Polytheismus; J.R.] erfüllen die Natur mit Göttern, Göttinnen, mit schalkhaften Nymphen und lüsternen Faunen, mit Tritonen, Najaden, Dryaden etc. Ihre Dichter schmückten diese Geburten der Fantasie aus. [...] Jeder Lasterhafte fand einen Gott, oder eine Göttin, gegen welche er unschuldig scheinen, oder mit deren Beispiel er wenigstens seine Frevel beschönigen konte.[91]

Dialektik und Perspektivismus des Rollengedichtes werden in solchen Stellungnahmen ignoriert. Autor und Stimme des Textes fallen ineins. Einen differenzierteren Standpunkt nimmt Georg Forster in seinem apologetischen *Fragment eines Briefes an einen deutschen Schriftsteller über Schillers Götter Griechenlands* ein.[92] Er identifiziert zunächst Sprecher und Autor, um dann sorgfältig zwischen beiden zu unterscheiden:

> Ein Grieche würde so klagen, der nach Jahrtausenden erwachte, und seine Götter nicht mehr fände: ein Grieche, dessen junge, in Bildern spielende Vernunft noch keinen Sinn hat für einen metaphysischen Gott. Dies ist das hohe Vorrecht des Dichters, mit jeder Seele sich identificiren zu können. Dachten sich nicht die Schauspieldichter so an die Stelle eines jeden neuen Charakters in ihren unsterblichen Werken?[93]

Damit ist der rhetorische Charakter des Textes gut beschrieben. Forster zieht die nahe liegende Parallele zum dramatischen Monolog und zur Figurenrede, die nicht notwendig mit der Auffassung des Dramatikers zusammenfallen muß.

VI. Ein verschollenes Julian-Projekt?

Im Hinblick auf *Die Götter Griechenlandes* gewinnt diese Affinität des Lyrischen zum Dramatischen noch in anderer Hinsicht an Plausibilität. Wenn Forster die Elegie als dramatisch-elegischen Monolog, als Figurenrede eines spätantiken Siebenschläfers bezeichnet, ist nicht nur der rhetorisch-deklamatorische Gestus des Gedichts, sein Zug ins Arienhafte, gut erfaßt. Eine Bestätigung erfährt diese These von einem merkwürdigen Projekt des Jahres 1788, das Schiller offenbar parallel zur Arbeit an den *Göttern Griechenlandes* bewegt. Sein Protagonist ist der spätantike Renegatenkaiser Julian Apostata (331–363 n. Chr.), der während seiner kurzen Regentschaft (361–363) den historisch folgenlosen Versuch unter-

---

[91] Ebd., 45.
[92] Ebd., 60–69.
[93] Ebd., 66.

nahm, das durch seinen Onkel Konstantin als Staatsreligion etablierte Christentum zugunsten einer synkretistischen, auf Neuplatonismus und Mysterienkulten
beruhenden ‚paganen' Religiosität zurückzudrängen, ein Plan, der durch den frühen Tod des Kaisers auf dem Feldzug nach Persien (bei Maranga) vereitelt wurde:
„Die Weltgeschichte sähe anders aus, wenn Julian nicht bereits nach neunzehn-
monatiger Regierung gefallen wäre".[94] Auf Julian, den Gegenrevolutionär des
Glaubens, ließe sich Forsters Wort vom wiedererwachten Hellenen beziehen,
der nach der christlichen Revolution „seine Götter nicht mehr fände". Schillers
poetisches Spiel mit der Apostasie und das Projekt über den Apostatenkaiser begegnen sich daher keineswegs zufällig in jenem Brief Körners, in dem dieser auf
die erste Lektüre der *Götter Griechenlandes* reagiert. Körner erkennt den Bezug
zwischen beiden Arbeiten, von denen zuvor zwischen den Freunden die Rede gewesen sein muß. Nachdem er zunächst jene „Ausfälle" kritisiert hatte, „die nur die
plumpe Dogmatik, nicht das verfeinerte Christentum treffen", stellt er am Ende
die Assoziation zum Julian-Projekt her: „Im Ganzen habe ich Ideen zum Julian
erkannt. Hast Du etwa wieder daran gedacht?"[95] Nimmt man Körners Assoziation
ernst, gewinnen die antichristlichen „Ausfälle" figurenpsychologische Plausibilität. Die *Götter Griechenlandes* ließen sich verstehen als Fragment aus und Vor-
studie zum Julian-Projekt, sie bezeichneten bei aller Kontinuität eine Akzentver-
schiebung von *Julius* zu *Julian*, von der metaphysischen Erkenntnis- und Glau-
benskrise zur (aufklärerischen) Religionskritik, schließlich zur offenen, ‚klassizi-

[94] Alexander Demandt, Handbuch der Altertumswissenschaft, Abteilung 3, Teil 6: Die Spätantike. Römische Geschichte von Diocletian bis Justinian (284–565 n.Chr.), München ²2007, 119–
136, hier 136. Vgl. die neueren Biographien von Klaus Rosen, Julian. Kaiser, Gott und Christen-
hasser, Stuttgart 2006; Klaus Bringmann, Kaiser Julian. Gestalten der Antike, Darmstadt 2004; zur
Rezeption in der deutschen Literatur Richard Förster, Kaiser Julian in der Dichtung alter und neuer
Zeit (Studien zur vergleichenden Literaturgeschichte, 5), Berlin 1905, und Käte Philip, Julianus
Apostata in der deutschen Literatur, Berlin 1929; Wilhelm Kühlmann, Romantik der Spätantike?
Julian Apostata bei David Friedrich Strauss und Joseph von Eichendorff, in: Hans-Günther Schwarz,
Christiane von Stutterheim, Franz Loquai (Hg.), Fenster zur Welt. Festschrift für Friedrich Strack,
München 2004, 134–143.

[95] Brief vom 25.4.1788 (NA 33i, 181). Zu Schillers Beschäftigung mit Julian eingehend, wiewohl vielfach sehr spekulativ Rudolf Asmus, Schiller und Julian, in: Zeitschrift für vergleichende
Litteraturgeschichte 17 (1909), 71–114. Asmus geht vom Plan zu einem „Julianepos" aus
(ebd. 113), in dem der Komplex der Freigeisterei konzentriert wäre, der sich vor allem durch das
Werk des frühen Schiller (*Resignation, Freigeisterei der Leidenschaft, Don Carlos*) zieht. Die erste
Fassung der *Götter Griechenlandes* zeige „wenn auch nicht aus dem Mund des Kaisers selbst, ganz
unverhohlen eine julianische Tendenz" (72). Asmus sieht als Quelle vor allem Klopstocks *Betrachtungen über Julian den Abtrünnigen* (zuerst in *Nordischer Aufseher* I, 1758; hier nach: Werke,
Bd. 11, Leipzig 1816, 244–268). Für Klopstock ist Julian ein Freigeist, dessen Philosophie „die
verwirrte verdorbne Philosophie seiner Zeiten" gewesen sei (247). In Klopstocks Referat der Schrift
Gegen die Galiläer konnte Schiller die Frage lesen: „Warum habt ihr unsre Götter verlassen und
seyd zu den Juden übergegangen?" (ebd., 257).

stischen' Apostasie, deren publizistische Folgen Friedrich Schiller, den poetischen Häretiker, sogleich mit voller Wucht treffen. An einer Reihe von Stellen
läßt sich zeigen, „dass die ‚Ideen zum Julian' bis auf Schillers Anfänge zurück-
reichen und integrierende Bestandteile seines Ideenvorrats bildeten".[96]

Schiller ist nicht der erste, der solche neo-paganen Gedankenspiele mit der Figur Julians verbindet. Erschien der Apostatenkaiser bis weit in die Frühe Neuzeit
– v. a. im Drama der Jesuiten[97] – als vom Teufel verführter Despot, Christenver-
folger und Feind der Kirche, bei Agrippa von Nettesheim als Häretiker im Namen
der Philosophie, so bedeutet das 16. Jahrhundert für das Julian-Bild einen Um-
schwung. Dies gilt vor allem für die protestantische Seite und in Frankreich.[98]
Schon Erasmus und Bodin hatten sich positiv geäußert, der Hugenotte Pierre Martini hatte einzelne Schriften des Kaisers ediert, die ein präziseres Bild seiner Persönlichkeit zeichneten. „Indem Constantins Stern sank, stieg der Julians".[99] Montaigne nennt ihn „un très-grand homme et rare" (Essais 2,19: *De liberté de con-
science*), Montesquieu schildert ihn in *De l'esprit des lois* (1748) gar als idealen
Herrscher, und bereits 1735 widmete ihm der Abbé de la Bletterie eine vorsichtig
würdigende Biographie.[100]

Eine Schlüsselrolle bei dieser Rettung und Rehabilitierung fiel Voltaire zu. Im
Artikel „Julien" seines *Dictionnaire Philosophique* hebt er den Wandel des Juli-
an-Bildes im Zeichen einer progressiven Aufklärung und Toleranz deutlich hervor.[101] Nichts unterstreiche dies mehr als die Tatsache, daß der Kaiser nunmehr
ohne sein Attribut ‚Apostata' – Abtrünniger – angesprochen werde: „et c'est
peut-être le plus grand effort de la raison qu'on ait enfin cessé de le désigner
de ce surnom injurieux".[102] Wer dies nur hundert Jahre zuvor gewagt hätte,
wäre, so Voltaire, selbst als Atheist verurteilt worden. Voltaire stellt Julian auf
eine Stufe mit Marc Aurel, nennt ihn „le premier des hommes, ou du moins le second",[103] Idealbild eines mit allen menschlichen Tugenden versehenen, aller Aus-
schweifung abgeneigten Philosophen- und Soldatenkaisers, in dem sich für Vol-

---

[96] Asmus, Schiller und Julian (wie Anm. 95), 82.

[97] Jeremias Drexel, *Summa der Tragödien von Keyser Juliano*, 1608; Anon., *Julianus Apostata Tragoedia*, 1659; Anon., *Litera occidit seu Julianus ex infelici doctore infelicissimus Apostata, Magus & Tyrannus* [...], Augsburg 1694; *Julianus Pseudo-Politicus. Comoedia*, Dillingen 1699.

[98] Jeanne-Marie Demarolle, L'image de l'empereur Julien dans la deuxième moitié du XVIème siècle. Une attitude nouvelle chez quelques auteurs francais, in: Raymond Chevalier (Hg.), Aiôn. Le temps chez les Romains, Paris 1976, 317–331.

[99] Demandt, Spätantike (wie Anm. 94), 135.

[100] In dieses Lob stimmt auch Friedrich d. Große mit einer Ode *An die Verleumdung* (1760) ein: „La vérité défigurée / Triomphe à la fin de l'Erreur; / Contre l'imposture sacrée / Julien trouve un défenseur". Nach Demandt, Spätantike (wie Anm. 94), 135 Anm. 143.

[101] Œuvres complètes de Voltaire, Bd. 14, Paris 1860, 80–86.

[102] Ebd., 79.

[103] Ebd., 80 f.

taire die Züge eines „héros" mit denen eines „homme d'esprit" und „vrai philosophe" verbinden. Voltaire vollzieht in seiner biographischen Studie psychologisierend die Entstehung von Julians Aversion gegen das Christentum nach. Der junge Mann – „amoureux déjà de la philosophie et de la simplicité"[104] – habe die Anmaßung des christlichen Klerus kennen und verachten gelernt und sich im Gegenzug der heidnischen Priesterschaft, die keine politischen Ambitionen verfolgt habe, zugewandt, um nicht die Repräsentanten beider Religionen gegen sich zu haben: „Il fallut opter entre deux partis qui se combattaient".[105] Voltaires Julian folgt mithin nur einem Gebot politischer Klugheit, das Verstellung auch in Glaubensfragen fordere und Aberglauben („credulité") zum Kalkül des Regierens erhebe. Voltaire erscheinen beide religiöse[n] Optionen – Christentum wie pagane Götter – gleichermaßen indiskutabel; beide sind Formen naiven Un- und Leichtglaubens, die als Motiv einer Rückwendung nicht ernsthaft in Betracht kommen. Julians Regression zum paganen Kult mit seinen abergläubischen Praktiken habe seine Vernunft nicht weniger erniedrigt als der christliche Glaube, den sein Großonkel Konstantin eingeführt hatte. Allein aus Gründen politischer Opportunität und mithin durch Vernunft läßt sich sein Verhalten deuten; weder Julians christliche Opponenten noch seine neopaganen Enkomiasten wie Ammianus Marcellinus seien demnach über „Märchen" („fables") hinausgekommen. Für Voltaire ist Julian ein zutiefst rationaler, selbstdisziplinierter und aufgeklärter, mit allen politischen Wassern gewaschener Staatsmann und *politicus*, Heerführer und – allenfalls – Philosoph mit stoischer Ausrichtung.

Julian war für die Religionskritik der Aufklärung zugleich Reiz- und Projektionsfigur. Der Impuls zu seiner Rehabilitation im Zeichen einer historischen Wahlverwandtschaft ruft Mitte des 18. Jahrhunderts eine Reihe von Apologien auf den Plan, etwa aus der Feder des Abts de la Blatterie, Cramer oder Klotz. Im selben Jahr wie Voltaires *Dictionnaire* erscheint in Berlin eine kommentierte zweisprachige Ausgabe der erhaltenen Fragmente aus Julians polemischer Schrift *Contra Galileos* („Gegen die Christen"), herausgegeben unter dem Titel *Défense du paganisme par l'Empereur Julien* durch den Voltaire-Freund und Vizedirektor der neu gegründeten Berliner Akademie der Wissenschaften, Jean-Baptiste de Boyer Marquis d'Argens (1703–1771). In ihr bezieht d'Argens, der seit 1741/42 am Preußischen Königshof wirkte, am Fall Julians zu Fragen des Priesterbetrugs, des Deismus und Atheismus Stellung. D'Argens' Schrift stößt in Deutschland auf lebhaftes Interesse. Herder schreibt ihr im zweiten seiner *Kritischen Wälder* (1769) das „Verdienst [zu], genauere Erörterungen über Julians Charakter und

---

[104] Ebd., 82.
[105] Ebd., 83.

Zeitpunkt veranlaßt zu haben".[106] Die Schrift provoziert Reaktionen und Rezensionen der bekanntesten Philologen und Philosophen. Auch Christian Gottlob
Heyne (1765)[107] verfaßt eine Rezension, die in philologischer Perspektive die
zahlreichen Fehler und Versehen der Ausgabe in Textkonstitution und Übersetz-
zung anprangert. Georg Friedrich Meier verfaßt eine *Beurtheilung der Betrachtung des Herrn Marquis von Argens über den Kaiser Julian* in Buchformat, die
wiederum von Thomas Abbt in der *Allgemeinen Deutschen Bibliothek* rezensiert
und durch eigene Überlegungen angereichert wird.[108] All diese Publikationen, die
in dichter Folge erscheinen, zeigen, auf welche Skepsis die Rehabilitierung Julians aus dem Geist der französisch inspirierten Religionskritik der Aufklärung stoßen konnte. Abbt immerhin bleibt die (konstruierte) Wahlverwandtschaft nicht
verborgen: „Der Marquis thut immer als ob Julian des Hrn. v. Voltairens Schriften
gelesen, und Herr Meier, als ob der Abtrünnige bey dem sel. Baumgarten über die
symbolischen Bücher gehört hätte".[109] Abbt plädiert angesichts der offenen Par-
tei- bzw. Distanznahme der Julian-Rezeption für eine gelassene historische Beurteilung seiner Person, die von der Prämisse ausgeht, „daß unsere Religion bey Julians Denkungsart gar nicht intereßiert ist".[110] In Julians frühem Tod erblickt er
dennoch den Fingerzeig der göttlichen Providenz, die „augenscheinlichste Rettung, die Gott jemals der christlichen Religion hatte wiederfahren lassen".[111]
Für Abbt ist Julians Handeln historisch bedingt: „Seine Zeiten waren abergläu-
bisch. Man war nun einmal darauf verfallen, daß die Menschen zum Umgang
mit höhern Geistern könnten zubereitet werden".[112] Julians Faszination für die
heidnische Religiosität führt er auf die Schwäche der christlichen zurück, die
schon damals „keine Gabe mehr, Wunder zu thun, keine Gabe mehr zu weissagen,
kein[en] geheimnisvolle[n] Umgang mit höhern Naturen" gekannt habe.[113] Julian
präfiguriert in Abbts historischer Psychologie jenen Typus des Schwärmers und
Geistersehers, der zeitgenössisch mit dem Namen Emanuel Swedenborgs verbunden wird – daher Abbts Hinweis auf die Verbindung von „Schwärmerei und Be-
trügerei" im Hinblick auf Julian. Im folgenden Jahr sollte die bekannteste Ausein-

---

[106] Johann Gottfried Herder, Kritische Wälder oder Betrachtungen, die Wissenschaft und Kunst
des Schönen betreffend, nach Maßgabe neuerer Schriften (1769), in: Herders Sämmtliche Werke,
Bd. 3, hg. von Bernhard Suphan, Berlin 1878, 450.

[107] In: Allgemeine deutsche Bibliothek, 1. Bd., 1. Stück, Berlin, Stettin 1765, 188–198.

[108] Thomas Abbt, Rezension über G.F. Meier, Beurtheilung der Betrachtung des Herrn Marquis
von Argens über den Kaiser Julian, in: Allgemeine deutsche Bibliothek, 1. Bd., 2. Stück, Berlin,
Stettin 1765, 134–153.

[109] Abbt, Rezension (wie Anm. 108), 140.

[110] Ebd., 141.

[111] Ebd., 145.

[112] Ebd., 147.

[113] Ebd.

andersetzung mit Swedenborg erscheinen: Kants *Träume eines Geistersehers, erläutert durch Träume der Metaphysik* (1766). In der Abbt'schen Lesart – Julian als spätantiker Geisterseher – liegt ein weiterer Aspekt, der die Figur des Apostaten für Schiller um 1788 interessant machen mußte. Julian bot Anregung für beide Entwürfe, den *Geisterseher* wie die *Götter Griechenlandes*: die Physiognomie des Schwärmers wie den Typus des häretischen Klassizisten.

Letzterer gewinnt schon bei Abbt jene Konturen, die auch Schillers elegischen Klassizismus in den *Göttern* bestimmen werden. Es ist die Faszination für die Sinnlichkeit und Sichtbarkeit der alten Götter, die ästhetische Gestalt des Numinosen:

> So einfach fand Julian die Religion, in welcher er war unterrichtet worden; und so wundervoll wurde ihm die Religion seiner Väter verheißen, zu der er wieder treten sollte, und die man ihm mit ganz neuen Vorzügen bekannt zu machen versprach. Alle Schriften, die seinen Geist ergötzten, redeten voll Anmuth und Majestät von den Gottheiten, denen er neuen Weyhrauch widmete: ihre Bildsäulen erfüllten ihn mit Ehrfurcht, und ihre dunklen Tempel mit heiligem Schauer [...] Er fühlte, oder glaubte zu fühlen, die Gegenwart der Götter, und so schien ihm eine Religion, welche gleichsam den Himmel mit Majestäten bevölkerte, auf der Erde aller Augen fesselte und in unterirrdischen Grüften den Geist vollends gefangen nahm, der schicklichste Gottesdienst für den römischen Erdkreis zu werden.[114]

Abbts Psychogramm Julians nimmt präzise jene Vermengung des Religiösen und der (bildenden) Kunst zu einer häretischen Kunst-Religion vorweg, die Schillers Prinzen von O** wie den Mortimer der *Maria Stuart*, seinen kongenialen Verwandten, auf die Bahn des Katholizismus, der ästhetisch-sinnlichen Religion bringt.[115] Für Abbt ist Julian ein religiöser Träumer und Geisterseher, dem das Heilige nur als ästhetisches Erlebnis gerechtfertigt ist – auch wenn Abbt der entscheidende Schritt, Klassizismus und Renaissance der paganen Götter zu verbinden, noch fern liegt. So erscheint Julians Unternehmung als die eines Schwärmers und Phantasten, der an Stelle des Versuchs behutsamer „Correctifmittel" das Kind mit dem Bade ausschüttet und letztlich auch politisch scheitert, weil er gegen die göttliche Providenz verstößt:

> Da es Gott einmal der Ordnung der ganzen Welt für gemäß gehalten auf unserm Erdkreise das Licht der christlichen Lehre leuchten zu lassen, und den Leuchter dazu besonders in unserm Europa beständig zu erhalten: so ist jedes Widerstreben gegen diese Ordnung moralischbös.[116]

Verglichen mit der identifikatorischen Energie, die in der französischen Religionskritik der Aufklärer und *politicus* Julian auf sich zieht, fällt die hochgradig

114 Ebd., 147 f.
115 Robert, Vor der Klassik (wie Anm. 18), 206–222.
116 Abbt, Rezension (wie Anm. 108), 150.

skeptische Haltung der deutschen Rezeption ins Auge. Sie bestimmt etwa Herders Bild Julians, der sich in den *Kritischen Wäldern* von Gustav Adolph Klotzens Rehabilitierung Julians als „vir […] elegantissimi magnique ingenii […] magnique animi, nec militaris solum rei, sed artium quoque liberalium"[117] deutlich distanzierte. Im zweiten Abschnitt von *Auch eine Philosophie der Geschichte zur Bildung der Menschheit* (1774) erscheint der von Julian angefachte Streit der Religionen als „großes und sehenswürdiges Schauspiel", der Kaiser wird gezeichnet als religiöser Synkretist, der

> zu allem [griff], wozu er konnte; zur *kräftigsten* und *ältesten Religion*, die er kannte, zur *Religion des Morgenlandes* – regte in ihr alle *Wunderkräfte, Zaubereien* und *Erscheinungen* auf, daß sie ganz *Theurgie* ward; nahm soviel er konnte, *Philosophie, Pythagorism* und *Platonism* zu Hülfe, um allem den *feinsten Anstrich der Vernunft* zu geben – setzte alles auf den *Triumphwagen* des größten *Gepränges*, von den zwei unbändigsten Tieren, *Gewalt* und *Schwärmerei* gezogen, von der *feinsten Staatskunst* gelenkt – alles umsonst! sie erlag! sie war verlebt – elender *Aufputz* eines *toten Leichnams*, der nur zu andrer Zeit hatte *Wunder* tun können: die *nackte, neue christliche Religion* siegte![118]

VII. Wallenstein oder: Die Wiederkehr der Götter

Der Heros, der Schwärmer, der Religionsstifter – dies sind die drei widerspruchsvollen Julian-Bilder, die im Religionsdiskurs der 1760er Jahre zirkulieren. Wenn Körners Assoziation zutrifft, hat Schiller dieser Deutungstrias eine vierte Variante hinzu gefügt: die des Mythenpoeten und Klassizisten Julian, dessen Stimme wir hinter der lyrischen Ich-*persona* der *Götter Griechenlandes* vermuten dürfen. Im Kontext der späten achtziger Jahre bleibt der Körner-Brief vom 25. April 1788 zunächst der singuläre Beleg für eine solche Verbindung. Das Projekt bleibt jedoch virulent, und es vergehen zehn Jahre, bis es, nur scheinbar unvermittelt, wieder auf die Tagesordnung gesetzt wird. Anfang Januar 1798, mitten in der Arbeit am ersten Teil des *Wallenstein*, kommt Schiller brieflich gegenüber Goethe auf eine „alte Idee" zu sprechen:

> Ich möchte wohl einmal, wenn es mir mit einigen Schauspielen gelungen ist, mir unser Publikum recht geneigt zu machen, etwas recht böses thun, und eine alte Idee mit Julian dem Apostaten ausführen. Hier ist nun auch eine ganz eigen bestimmte historische Welt, bei der mirs nicht leid seyn sollte, eine poetische Ausbeute zu finden, und das fürchterliche Interesse das der Stoff hat, müßte die Gewalt der poetischen Darstellung desto wirksamer machen. Wenn Julians Misopogon oder seine Briefe (übersetzt nehm-

---

[117] Herder, Kritische Wälder (wie Anm. 106), 451.
[118] Peter Müller (Hg.), Deutsche Literatur von Lessing bis Sturm und Drang. Weltanschauliche und ästhetische Schriften, 2 Bde., Berlin, Weimar 1978, hier Bd. 1, 325.

lich) in der Weimarischen Bibliothek seyn sollten, so würden Sie mir viel Vergnügen
damit machen, wenn Sie sie mitbrächten.[119]

Ob Goethe sein Versprechen („an den Julian will ich denken")[120] eingelöst hat, ist
dem weiteren Briefwechsel nicht mehr zu entnehmen. Daß Schiller auch im Fortgang der Arbeit am *Wallenstein* immer wieder gesprächsweise auf das Projekt zu-
rückkam, geht immerhin aus einer Tagebuchnotiz Goethes vom 25. Mai 1798 hervor. Goethe, der sich zwischen 20. und 31. Mai in Jena aufhält und täglich mit
Schiller zusammenkommt, vermerkt neben der Lektüre von Humboldts Abhandlung *Über Hermann und Dorothea* und der Besprechung der „Einleitung zu den
Propyläen" auch Gespräche „über verschiedene Gegenstände besonders Julian"
und „über Gibbons Geschichte".[121]

So bleibt die Auseinandersetzung mit dem spätantiken Häretiker und Apostaten ein brisantes und „böses" Sujet, noch immer gewöhnungsbedürftig für das Publikum. Wenn Schiller das „fürchterliche Interesse[,] das der Stoff hat", betont, so
ist dies ein Hinweis auf die neue Konzeption einer radikalen Furchtdramatik, die
seit 1797 in der Auseinandersetzung mit der Aristotelischen *Poetik* und ihrer Pa-
thos- wie Katharsislehre geführt wird. Nur wenige Wochen vor der Julian-Erwäh-
nung im Brief vom 6. 1. 1798 hatte Schiller anläßlich einer Neulektüre von Shakespeares *Richard III.* von der „reine[n] Form des tragisch furchtbaren"[122] gesprochen, mit welcher der Dichter diesem „unbehülflichen Stoffe immer die poetische
Ausbeute abzugewinnen wußte".[123] Vor diesem dramenpoetischen Horizont muß
Schiller das Julian-Projekt situiert haben, auch wenn sich kaum näher bestimmen
läßt, ob die dramatische Furcht hier politischen oder weltanschaulichen („sentimentalischen") Quellen entsprungen wäre. Wie der wenig später bearbeitete
Agrippina-Stoff oder der Plan eines Themistokles-Dramas bleibt auch dieser Versuch eines genuinen Antikendramas unausgeführt. Einerseits barg die Reizfigur
Julians zu offensichtlich die Gefahr, den eine Dekade zurückliegenden Disput um
die *Götter Griechenlands* neu zu entfachen. Andererseits hätte Schiller sich mit
diesem Stoff zum ersten und einzigen Mal in die „ganz eigen bestimmte historische Welt" der Spätantike begeben, die ihm als Historiker weit weniger vertraut
war als die Perikleische Ära oder die frühe Kaiserzeit (*Agrippina*). Immerhin belegt die Lektüre von Edward Gibbons *History of the Decline and Fall of the Roman
Empire*, deren vierter bis sechster Band ebenfalls 1788 erschienen war, eine singuläre Faszination für jene kulturelle Spätphase der Antike, die in den klassizisti-

---

[119] NA 29, 183.
[120] NA 37, 214.
[121] Goethes Werke, hg. im Auftrag der Großherzogin Sophie von Sachsen (Weimarer Ausgabe),
Weimar 1887–1919, III. Abt., Bd. 2, 209.
[122] NA 29, 162.
[123] NA 29, 161.

schen Projekten und Diskussionen zwischen Jena und Weimar sonst eher rand-
ständig ist. Schiller hatte das Werk zuerst zu Beginn des Jahres 1789, in der Vorbereitung auf sein Amt als Professor der Geschichte in Jena studiert, schließlich
erneut in Rudolstadt und Volkstädt zwischen dem 18.9. und 21.10.1789. Hier
konnte Schiller in Kap. 23 eine ausführliche Darstellung der Person Julians sowie
der Motive seiner Christenverfolgung finden, die dann – dies belegt Goethes Tagebuchnotiz – für die späteren Dramenpläne der Neunziger Jahre unmittelbar verbindlich gewesen sein dürfte.

Schiller hat das Julian-Projekt im Anschluß an den *Wallenstein* nicht mehr realisieren können oder wollen; dennoch ist es nicht vergessen, im Gegenteil: das
Thema der verlorenen bzw. wiedergewonnenen Götter kehrt wieder als Bestandteil der Trilogie selbst. Im Februar 1798 – nur einen Monat also nach der letzten
Erwähnung der „alten Idee" eines Julian-Dramas – greift Schiller auch die andere
‚alte' Idee der *Götter Griechenlandes* auf, um sie nun dem dritten Akt der Piccolomini einzuschreiben. Die Götter aus dem Fabelland haben die „lächerliche Frat-
ze" der Astrologie angenommen.[124] Es bleibt Max Piccolomini in Auftritt III/4
überlassen, These und Tendenz des elegischen Klassizismus ein zweites Mal vor-
zutragen, und es ist kein Zufall, wenn es sich bei diesem sentimentalischen Plädoyer für die entflohenen Gestirngötter tatsächlich um eine dramatische Figurenrede handelt. Wir befinden uns hier im Zentrum des Stückes, in dem der Glauben
bzw. Aberglauben Wallensteins steht. Thekla hatte soeben die Eindrücke beschrieben, die ihr der „astrologische Turm", das „Heiligtum" Senis und Wallensteins, mit seinen „Königs-" bzw. Planetenbildern erweckt hatte. In Theklas Erzählung schwingt Skepsis mit; auf sie reagiert Max mit einer religionspsycholo-
gischen Digression, die alle wesentlichen Elemente der *Götter Griechenlandes* in
den neuen Kontext des astrologischen Denkens transponiert. Auch die Astrologie
ist ein „Glauben", den Max dem Vater nicht bestreiten will, auch wenn ihm bewußt ist, daß der „Stolz des Menschen [...] den Raum [füllt]".[125] Max nutzt die
Gelegenheit, um gleichsam über die Bande der Astro-Mythologie seiner Liebe
zu Thekla Ausdruck zu verleihen; damit kehrt auch die Vorstellung der Liebe
als kosmologischer Kraft – „Venus Urania" in den *Künstlern* – wieder, die
Idee, daß „über uns, in unermeßnen Höhn, / Der Liebe Kranz aus funkelnden Ge-
stirnen, Da wir erst wurden, schon geflochten ward".[126] Wie die *Götter Griechenlandes*, so ist auch deren Reprise durch Max Piccolomini ein Plädoyer für die
Dichtung, das poetische „Wunder", die „Fabel" als „der Liebe Heimatwelt".

Die Fabel ist der Liebe Heimatwelt,
Gern wohnt sie unter Feen, Talismanen,

---

[124] An Goethe, 4. Dez. 1798; NA 30, 8.
[125] NA 8, 124; v. 1621.
[126] NA 8, 124; v. 1647–1649.

Glaubt gern an Götter, weil sie göttlich ist.
Die alten Fabelwesen sind nicht mehr,
Das reizende Geschlecht ist ausgewandert;
Doch eine Sprache braucht das Herz, es bringt
Der alte Trieb die alten Namen wieder,
Und an dem Sternenhimmel gehn sie jetzt,
Die sonst im Leben freundlich mit gewandelt,
Dort winken sie dem Liebenden herab,
Und jedes Große bringt uns Jupiter
Noch diesen Tag, und Venus jedes Schöne.
(NA 8, 124; v. 1632–43)

Mythengeschichtlich kommt Max damit auf dasselbe Ergebnis, das Jean Seznec in seiner Studie über das „Fortleben der antiken Götter" herausgearbeitet hat.[127] Mit und in den Planeten sind – astrologischer Animismus – die antiken Götter gemeint: „Die Astrologie vermischt ständig die astronomische Beobachtung mit der mythologischen Überlieferung".[128] Max versieht diese Erkenntnis jedoch mit ‚sentimentalischen' Vorzeichen, indem er sie mit der Tradition des Weltaltermythos und der ‚alten' Klage über die ‚entgötterte Natur' verbindet. Max argumentiert auch hier ‚aufgeklärt'-anthropologisch: es ist der „alte Trieb" (sc. des Religiösen), der die „alten Namen" (der klassischen Mythologie) wiederbelebt; anders als in den *Göttern Griechenlandes* ist ihr Refugium nun nicht mehr eine ‚neue' Dichtung. Die ‚neue Mythologie' ist die Astrologie, verstanden als ‚Glauben' und Religionssurrogat. So hat der „alte Trieb" ein doppeltes Ziel: Er ist zugleich *nisus religiosus* und *nisus poeticus*. Das Himmelszelt wird buchstäblich zur Projektionsfläche, die Stern- zu Sprachzeichen, zur ‚Sprache des Herzens'. Die Astrologie ist eine sentimentalische Wissenschaft, der sich Max mit einer Theorie der sentimentalischen (Liebes-)Dichtung nähert. Ihre Anregung bezieht sie aus der antiken Dichtung selbst, der das Genre der aitiologischen Gestirnsage („Katasterismoi") seit hellenistischer Zeit (Eratosthenes von Kyrene) bestens vertraut war. Auch hier mußte Schiller nur auf Ovids *Metamorphosen* zurückgreifen, die eine Fülle solcher ‚Verwandlungen' in Gestirn- und Planetengötter enthielt.

Mit Max Piccolomini weiß der moderne Autor immer schon um das Anachronistische der Gestirnsagen und Gestirnbilder, die *sub specie veritatis* keinen Bestand haben können. Mehrere kurze Texte aus dem Vor- und Umfeld des *Wallenstein* artikulieren diese Skepsis an der Astronomie / Astrologie, z.B. das Epigramm *Menschliches Wissen:*

---

[127] Jean Seznec, Das Fortleben der antiken Götter. Die mythologische Tradition im Humanismus und in der Kunst der Renaissance. Aus dem Französischen von Heinz Jatho, München 1990 (zuerst franz. 1940), 31–63.

[128] Dieter Borchmeyer, Macht und Melancholie: Schillers Wallenstein, Frankfurt am Main 1988 (2. Aufl. 2003), 27.

Weil du liesest in ihr, was du selber in sie geschrieben,
    Weil du in Gruppen fürs Aug ihre Erscheinungen reyhst,
Deine Schnüre gezogen auf ihrem unendlichen Felde,
    Wähnst du, es fasse dein Geist ahnend die große Natur.
So beschreibt mit Figuren der Astronome den Himmel
    Daß in dem ewigen Raum leichter sich finde der Blick,
Knüpft entlegene Sonnen, durch Siriusfernen geschieden,
    Aneinander im Schwan, und in den Hörnern des Stiers.
Aber versteht er darum der Sphären mystische Tänze,
    Weil ihm das Sternengewölb sein Planiglobium zeigt?
    (NA 1, 271; v. 1–10)

Maxens elegischer Ton weicht hier einer Kritik der Projektion. Sie schafft zwar
Ordnung in der disparaten Pluralität der Welten. Der astronomische Blick greift
jedoch nur eine Ordnung für *uns*, nicht die Ordnung *an sich*. Der Astronom verfällt
der Suggestion seines eigenen, bildgebenden Darstellungsverfahrens, das an der
Oberfläche verbleibt und nicht in die Tiefe sieht. Das Wesen der „großen Natur"
offenbart sich in der Musik („Tänze"), nicht im Bild, das immer – im Sinne Bacons
– ein *Idol des Stammes* („idola tribus") darstellt. Schiller aktualisiert die frühneuzeitliche, pythagorisierende Linie der Musiktheorie (*musica theorica*), die im bereits behandelten Hymnus *Der Abend*, dann in den Laura-Gedichten der *Anthologie auf das Jahr 1782* (z. B. *Laura am Klavier*, *Fantasie an Laura*) oder zeitnah
in der Elegie *Der Tanz* anklingt. Wesen und „Wohllaut der großen Natur"[129] offenbaren sich allein in den harmonischen Ordnungen der Sphären, deren irdisches
Abbild die Schönheitslinien des Tanzes sind. Auch dieser Ansatz ist jedoch mo-
notheistisch: „Des Wohllauts mächtige Gottheit" regiert Gestirn wie Tanz, während die *Götter Griechenlandes* im Namen einer ästhetischen Wissenschaftskritik
nun auch aus ihrem letzten Refugium vertrieben werden. Daß dieser musikalische
Gottesbeweis nun seinerseits zu den überholten Beständen der vormodernen Kos-
mologie zählt, zeigt die dilemmatische Position einer Dichtung, die unaufhebbar
in den Prozess der Entgötterung und Entzauberung der Natur eingebunden ist.

*Ab Natur ist ein Angelpunkt in Schillers Philosophie, Anthropologie und Ästhetik. Ziel des
Artikels ist es, wichtige Stationen dieser Thematik, insbesondere im Hinblick auf die Lyrik,
herauszuarbeiten. Einen Wendepunkt markiert dabei die Elegie Die Götter Griechenlandes. Der Verlust der griechischen Götterwelt impliziert den Verlust eines unmittelbaren
Verkehrs mit der Natur und der Schönheit („schöne Welt, wo bist du?"). Der zweite
Teil des Artikels verfolgt die Idee einer naiven archaischen Kultur zurück in die philosophischen, religiösen und ethnologischen Diskussionen der Aufklärung (David Hume, Barthold H. Brockes). Die frühe griechische Kultur erscheint bei Schiller als eine primitive
Fetisch-Kultur, wie sie Charles de Brosses in seiner Fetisch-Schrift skizziert hatte. Zudem*

---

[129] NA 1, 228, v. 27.

sind die Götter Griechenlandes Teil eines unvollendeten Arbeitsvorhabens, das sich mit dem römischen Kaiser Julian Apostata beschäftigen sollte.

Nature is a main issue in Schiller's philosophy, anthropology and aesthetics throughout his work. The article aims at sketching important landmarks of this concern, starting with his first published poem (Der Abend). An important turning point is the elegiac poem Die Götter Griechenlandes where the loss of the greek polytheistic Pantheon implies the loss of an immediate relationship to nature und beauty („schöne Welt, wo bist du?"). The second part of the article traces these concepts of an „naïve" and archaic culture back to central philosophical, theological and ethnological discussions of the enlightenment (David Hume, Barthold H. Brockes). Early greek culture is envisaged by Schiller as a primitive fetish-culture (as outlined by Charles de Brosses). Furthermore the Götter Griechenlandes are part of a project on the late Roman emperor Julian Apostata which remained unfinished.

Prof. Dr. Jörg Robert, Universität Tübingen, Deutsches Seminar, Wilhelmstr. 50, 72074 Tübingen, E-Mail: joerg.robert@uni-tuebingen.de

MARKUS HIEN

Natur und Nation

Zur literarischen Karriere einer Fiktion in der deutschen Aufklärung

I. ,Nation Building' und die Poesie der Aufklärung

Während die Wissenschaft am Konstruktcharakter nationaler Identitäten keinen Zweifel mehr läßt,[1] den Wortgebrauch kollektiver Identitäten gelegentlich sogar insgesamt verwirft,[2] erfreut sich Thea Dorns und Richard Wagners reich illustriertes ,Seelenlexikon' zum ,deutschen Wesen' in der Öffentlichkeit großer Beliebtheit – wohl nicht zuletzt, weil es die Identität, die es zu untersuchen vorgibt, schlicht voraussetzt und dabei erst entstehen läßt.[3] Der Blick auf die eigene Vergangenheit soll nach dem Wunsch der Verfasser endlich unverkrampft möglich sein, um die deutsche Kulturnation keineswegs verherrlichend, aber zwanglos und im romantischen Sinne ,zum Klingen' zu bringen. Daß sich Literaten dergleichen zur Aufgabe machen, ist keineswegs ein neues Phänomen, vielmehr war die Konstruktion nationaler Identitäten und Stereotypen immer schon impliziter wie expliziter Teil des literarischen Geschäfts und das, wie jüngere Forschungen zeigen, auch und besonders im Zeitalter der Aufklärung.[4]

Lange galt das 18. allein als ein kosmopolitisches Jahrhundert, dessen friedfertiger Patriotismus vom chauvinistischen Nationalismus des 19. Jahrhunderts ka-

---

[1] Benedict Anderson, Die Erfindung der Nation. Zur Karriere eines folgenreichen Konzepts, Frankfurt am Main, New York [2]1996; Ernest Gellner, Nationalismus und Moderne, Hamburg 1995.

[2] Vgl. die scharfe Kritik des „Plastikworts" ,kollektive Identität' bei Lutz Niethammer, Kollektive Identität. Heimliche Quellen einer unheimlichen Konjunktur, Reinbek 2000, hier 33 ff. Abwägend: Jürgen Straub, Identität, in: Friedrich Jaeger, Burkhard Liebsch (Hg.), Handbuch der Kulturwissenschaften. Grundlagen und Schlüsselbegriffe, Bd. 1, Stuttgart 2004, 276–303.

[3] Thea Dorn, Richard Wagner, Die Deutsche Seele, München 2011.

[4] Vgl. Ruth Florack, Bekannte Fremde. Zu Herkunft und Funktion nationaler Stereotypen in der Literatur, Tübingen 2007. Allgemein zur narrativen Konstruktion kollektiver Identitäten: Norbert Meuter, Narrative Identität. Das Problem der personalen Identität im Anschluß an Ernst Tugendhat, Niklas Luhmann und Paul Ricoeur, Stuttgart 1995; Eva Reichmann (Hg.), Narrative Konstruktion nationaler Identität, Röhring 2000.

Aufklärung 25 · © Felix Meiner Verlag 2013 · ISSN 0178-7128

tegorial zu scheiden sei.[5] Nationalistische Töne etwa in der Literatur des Sturm
und Drang konnten so als harmlose Abweichungen von der Generallinie verbucht
werden, die keine Relevanz für die Geschichte des Nationalismus hätten. Gegenwärtig besteht allerdings kein Zweifel, daß Literaten des Jahrhunderts der Aufklärung in umfangreicher Form an die nationalen Topoi des Humanismus und Barock[6] anschlossen, diese ausbauten und für einen Rezipientenkreis, der weit
über die Gelehrtenwelt hinausragte, produktiv machten.[7] Mit Ute Planert läßt
sich von einer „nationalen Sattelzeit" sprechen,[8] in der sich die Vorstellung des
Nationalen transformierte, ohne sich aber von der „Begründungsmotivik"[9] der
vorangehenden Jahrhunderte völlig zu lösen. An die Stelle starrer Stufenabfolgen
tritt in der Forschung deshalb zunehmend die Erkenntnis, daß zutiefst heterogene
Nationskonzepte koexistierten und sich sogar innerhalb einzelner Texte nieder-
schlagen konnten. Nationskonzepte besaßen schon im 18. Jahrhundert sowohl
kosmopolitisch-friedfertige   als   auch   chauvinistisch-exkludierende   Facetten
und konnten sich auf ganz unterschiedliche Referenten beziehen – sei es die kulturelle Tradition, die Sprach- und Abstammungsgemeinschaft, das Heimatdorf,
die Region, das Territorium, das Reich oder die Konfession.[10] Wiewohl die Nati-

---

    [5] Rudolf Vierhaus, ,Patriotismus' – Begriff und Realität einer moralisch-politischen Haltung, in:
R. V., Deutschland im 18. Jahrhundert. Politische Verfassung, soziales Gefüge, geistige Bewegung,
Göttingen 1987, 96–109; Otto Dann, Nation und Nationalismus in Deutschland 1770–1990,
München [3]1996.

    [6] Caspar Hirschi, Wettkampf der Nationen. Konstruktionen einer deutschen Ehrgemeinschaft an
der Wende vom Mittelalter zur Neuzeit, Göttingen 2005; Herfried Münkler, Nation als politische
Idee im frühneuzeitlichen Europa, in: Klaus Garber (Hg.), Nation und Literatur im Europa der
Frühen Neuzeit, Tübingen 1989, 56–86.

    [7] Vgl. Hans Peter Herrmann, Hans-Martin Blitz, Susanna Moßmann (Hg.), Machtphantasie
Deutschland, Frankfurt am Main 1996; Hans-Martin Blitz, Aus Liebe zum Vaterland. Die deutsche
Nation im 18. Jahrhundert, Hamburg 2000; Daniel Fulda, Zwischen Gelehrten- und Kulturnationalismus. Die ,deutsche Nation' in der literaturpolitischen Publizistik Johann Christoph Gottscheds,
in: Georg Schmidt (Hg.), Die deutsche Nation im frühneuzeitlichen Europa, München 2010, 267–
292; Daniel Fulda, Die Erschaffung der Nation als Literaturgesellschaft. Zu einer meist übergan-
genen Leistung des Publizisten Gottsched, in: Denkströme 4 (2010), 12–29.

    [8] Ute Planert, Wann beginnt der ,moderne' deutsche Nationalismus? Plädoyer für eine nationale
Sattelzeit, in: Jörg Echternkamp, Sven O. Müller (Hg.), Die Politik der Nation. Deutscher Nationalismus in Krieg und Krisen, 1760–1960, München 2002, 25–59.

    [9] Volker Reinhardt, Nation und Nationalismus in der Frühen Neuzeit, in: Catherine Bosshart-
Pfluger, Joseph Jung, Franziska Metzger (Hg.), Nation und Nationalismus in Europa. Kulturelle
Konstruktion von Identitäten. Festschrift für Urs Altermatt, Stuttgart, Wien 2002, 155–178, hier
177.

    [10] Hans Peter Herrmann, Einleitung, in: Herrmann, Blitz, Moßmann (Hg.), Machtphantasie
Deutschland (wie Anm. 7), 7–31, hier 18. Herrmann ignoriert allerdings die neuere Reichsfor-
schung, wiewohl das Reich in diesem Zusammenhang eine wichtige Rolle spielt: vgl. Georg
Schmidt, Wandel durch Vernunft. Deutsche Geschichte im 18. Jahrhundert, München 2009. Das gilt
auch für die Literaturgeschichte. Dieses Verhältnis behandelt meine Dissertation, deren Druckle-

onsvorstellungen besonders im Blick auf die Literatur meist bürgerlicher Prove-
nienz waren, wäre es ein Fehler, sie in das Prokrustesbett überkommener Bürger-
tumstheorien zu spannen. Die Nationsidee ist nicht schlicht das Produkt des auf
Emanzipation sinnenden ‚bürgerlichen Bewußtseins‘. Dergleichen Ansichten
verzerren teleologisch und simplifizierend die vielfältigen Schattierungen nationaler Imaginationen und gehen an der Lebenswirklichkeit der meisten Autoren
des 18. Jahrhunderts vorbei.[11] Im Anschluß an Humanismus und Barock existier-
ten vielmehr ethnisch und sprachlich legitimierte Identitätsangebote, die mehr
und mehr von bürgerlichen Wertfiguren geprägt wurden und alle zugehörigen
Glieder auf das nationale Gemeinwohl verpflichteten oder den Abwehrkampf
predigten, ohne daß die Ideengeber automatisch mit der politisch-sozialen Ordnung brachen oder ihre bürgerlich-deutsche ‚Misere‘ kompensieren mußten. Nationskonzepte wurden im Laufe der Sattelzeit – ganz besonders über das Medium
der Literatur – demokratisiert, emotionalisiert und politisiert. Sie wurde daher
überständisch, aber längst nicht immer antiständisch gedacht. Eine ‚bürgerliche
Welt‘ oder gar ein zentralistischer Nationalstaat im Sinne der Neuesten Geschichte lagen in aller Regel jenseits der Vorstellung der Zeitgenossen.[12] Emanzipato-
rische Theorien erklären die erst retrospektiv erkennbare Verbindung der bürgerlichen Literatur des 18. Jahrhunderts mit der Welt des 19. Jahrhunderts zu einer
absichtsvollen Entwicklung. De facto aber waren die Nationskonzepte, auch
wenn sie oft unschwer als Gegenbild zu Mißständen der Gegenwart zu erkennen
sind und utopischen Charakter haben, für das Hier und Jetzt bestimmt. Herders
berühmter Satz aus den *Briefen zu Beförderung der Humanität* – „Volk (nicht Pö-
bel), zu ihm gehört der König sowohl als der Bauer; jeder auf seiner Stelle, in dem
ihm bestimmten Kreise"[13] – hebt die Ständeordnung ja keineswegs auf, sondern
integriert sie vielmehr in eine überständische Nation resp. ein überständisches
Volk.[14]

gung in Vorbereitung ist: Markus Hien, Altes Reich und Neue Dichtung. Zum Verhältnis von
Literatur und Reichsidentität in der Sattelzeit (Manuskript).
  [11] Zum Bürgerbegriff im 18. Jahrhundert: Hans-Edwin Friedrich, Fotis Jannidis, Marianne
Willems, Einleitung, in: H.-E. F., F. J., M. W. (Hg.), Bürgerlichkeit im 18. Jahrhundert, Tübingen
2006, IX-XVI; zur Lebenswelt bürgerlicher Autoren im Reich am Beispiel des Sturm und Drang
siehe Gerrit Walther, „… uns, denen der Name ‚politische Freiheit‘ so süße schallt": Die politischen
Erfahrungen und Erwartungen der Sturm und Drang-Generation, in: Christoph Perles (Hg.), Sturm
und Drang, Frankfurt am Main 1988, 307–327.
  [12] Vgl. Dieter Langewiesche, Nation, Nationalismus, Nationalstaat in Deutschland und Europa,
München 2000; Georg Schmidt, Dieter Langewiesche (Hg.), Föderative Nation. Deutschlandkon-
zepte von der Reformation bis zum Ersten Weltkrieg, München 2000.
  [13] Johann Gottfried Herder, Briefe zur Beförderung der Humanität, in: J. G. H., Werke, 10 Bde.,
hg. von Martin Bollacher u. a., Frankfurt am Main 1985–2000, Bd. 7, 767 f.
  [14] Zu Herders Volks- und Nationsvorstellung: Wulf Koepke, Das Wort ‚Volk‘ im Sprachgebrauch
Johann Gottfried Herders, in: Lessing Yearbook XIX (1987), 209–221.

Ein besonders aufschlußreiches Moment der ‚nationalen Sattelzeit' ist die ‚Naturalisierung der Nationsvorstellung'.[15] In der künstlerischen Verbindung von Natur und Nation wird der Konstruktionsvorgang nationaler Identitäten besonders gut greifbar. Als vorgängige, unhintergehbare Gewißheit kann die Nation allein deshalb gelten, weil sie naturhaft und damit jedem direkten Einfluß enthoben zu sein scheint. Daß es ausgerechnet das Medium der Kunst ist, das diesen Vorstellungen Vorschub leistete und sie mit (durchaus heterogenen) Inhalten und bürgerlichen Werten füllte, zeigt wie wenig ‚natürlich' und wie kontingent Nationsideen letztlich sind. Das Verhältnis von Natur und Nation in Poetik und Poesie läßt sich dabei nur mit Blick auf den Wandel des Naturbegriffs in der Sattelzeit verstehen.

In drei Argumentationsschritten wird im Folgenden dieser Transformationsprozeß beleuchtet: Zunächst soll die Rolle der nationalen Zugehörigkeit im Kontext der Wettkampfrhetorik des deutsch-schweizerischen Literaturstreites knapp skizziert werden, um im Unterschied zu ihrer Intensität die vornehmlich funktionale und instrumentelle Bedeutung des Nationalen in den Poetiken Gottscheds, Bodmers, Breitingers und Schlegels gewahr zu werden. Natur und Nation sind hier zwar über die statuierten Nationalcharaktere vielfach verwoben, zugleich ist die Verbindung aber durch den Grundgedanken einer vernünftig-logischen Naturordnung begrenzt (*II.*). In einem zweiten Schritt gilt es darauf aufbauend, den ästhetischen Wandel des Naturbildes am Beispiel der ‚Nationalidylle' in der Hermannsdichtung Schlegels und Schönaichs in den Blick zu nehmen. Natur und Nation werden hier wie nie zuvor als ursprüngliche Einheit präsentiert, familiarisiert und emotionalisiert, bleiben aber funktionaler Teil der aufgeklärten Poetik (*III.*). Mit dem eklatanten Wandel der Naturvorstellungen von einer Weltordnung nach Maßgabe der *mathesis universalis* zur spinozistisch aufgeladenen *natura naturans* um die Mitte des 18. Jahrhunderts dynamisiert sich das Verhältnis von Natur und Nation außerordentlich. Was vorher historischer Stoff und wohlkalkulierter Topos im Rahmen poetologischer Prinzipien wie Wahrscheinlichkeit und Angemessenheit für das nationale Publikum war, wird nun gleichsam (auch) auf die produktionsästhetische Seite der Poetiken gezogen. Nationalpoesie wird als Produkt der schaffenden Natur gesehen, der Barde wandert aus dem literarischen Bild in die (künstliche) Wirklichkeit. Ein kurzes Kapitel verfolgt die Rückwirkung dieses Wandels auf die aufgeklärten Konzepte der Gartentheorie am Ausgang des Jahrhunderts – ein Beleg für die überständische, nicht antiständische Stoßrichtung des naturalisierten Nationsbegriffs im 18. Jahrhundert (*IV.*).

---

[15] Hierzu bereits knapp: Hans Peter Herrmann, „„Mein Arm wird stark und groß mein Muth (…)". Wandlungen des deutschen Nationalismus im 18. Jahrhundert, in: Hansjörg Bay, Kai Merten (Hg.), Die Ordnung der Kulturen. Zur Konstruktion ethnischer, nationaler und zivilisatorischer Differenzen 1750–1850, Würzburg 2006, 53–79; Bettina Brandt, Germania und ihre Söhne. Repräsentation von Nation, Geschlecht und Politik in der Moderne, Göttingen 2010, 86–93.

II. Die poetologische Dimension: Nation
als wirkungsästhetisches Argument

1. Gottsched und die ‚Schweizer' im Wettkampf der Nationen

Das erste ist, daß das eine Werck in Leipzig, das andere aber im Schweitzerland verfertiget und gedruckt worden; [...] Das andere Merckmahl ist, daß dieses eine Critische Dichtkunst überhaupt, jenes aber eine Critische Dichtkunst für die Deutschen ist. Es kann zwar das eine Werck so wenig als das andere von jemand gelesen werden, der die deutsche Sprache nicht versteht, und in diesem weitläufigsten Sinn sind beyde Wercke nur für die Deutschen geschrieben: Aber das Leipzigische Werck ist auf den deutschen Horizont so geschickt eingerichtet, daß wenn es gleich in eine andre Sprache übersetzt würde, dennoch niemand als ein gebohrner Deutscher solches verstehen, oder sich zu Nutze machen könnte: Es leitet das innere Wesen der Poesie und der Dichtung nicht aus der allgemeinen Natur der Menschen überhaupt, sondern aus der Natur der deutschen Nation ins besondre her: Und der Verfasser hat aus diesem Grunde gar genau und mit einer mehr als mathematischen Gewißheit bestimmen können, daß es lediglich unmöglich sey, und daß es mit der Natur der deutschen Nation streite, daß ein redlicher Deutscher jemahls einen Geschmack an Miltons Verlohrnem Paradiese finden sollte. Wem also noch einige Tropfen deutsches Bluts in den Adern rinnen, der wird den Lohensteinschen Geschmack, der in dem Miltonischen Gedicht herrschet, verabscheuen, und Addison, als einen Verführer der gantzen Englischen Nation, und als einen Verfechter des verderbten Geschmacks verachten.[16]

Diese Worte aus dem Jahr 1741 fassen Wohlbekanntes zusammen und verwundern doch: Das Augenmerk liegt weniger auf dem poetologischen Dissens, den die Handbuchdarstellungen des berühmten Literaturstreits zwischen Gottsched und den ‚Schweizern' Bodmer und Breitinger zu Recht in den Vordergrund stellen (die Rolle des Wunderbaren, die Freiheitsgrade der Einbildungskraft etc.), sondern auf dem Unterschied zwischen „Leipzig" und dem „Schweitzerland". Daß sich überhaupt die Kollektivbezeichnung ‚die Schweitzer' in der Literaturwissenschaft gehalten hat, wiewohl die Ansätze Bodmers und Breitingers durchaus bedeutende Unterschiede aufweisen, rührt aus eben dieser nationalen Stoßrichtung, die sich durch die Polemik aller Schriften der Kontrahenten zieht. Schon Waniek wies auf ein „erhöhtes nationales Interesse", hin, daß die Auseinandersetzung durch die „Gottsched'sche Partei" erhalten habe.[17] Wilke spricht ebenfalls von ei-

---

[16] Anmerkungen der Herausgeber zu einem Zitat Gottscheds: Anonym, Herrn G-ttsch-ds Critische Beyträge, in: Sammlung Critischer, Poetischer, und anderer geistvollen Schriften: Zur Verbesserung des Urtheiles und des Witzes in den Wercken der Wolredenheit und der Poesie, Bd. 2, Zürich 1741, 67 f.

[17] Gustav Waniek, Gottsched und die deutsche Litteratur seiner Zeit, Leipzig 1897, 381.

ner „gewisse[n] nationale[n] Note",[18] aber allein Detlef Döring zeichnete den na-
tional-republikanischen Furor im Blick auf den regionalen und sprachlichen Kontext Zürichs detaillierter nach.[19] Die Schweizer werfen in der zitierten Stelle
Gottsched vor, das Wesen der Poesie „nicht aus der allgemeinen Natur der Menschen", sondern „aus der Natur der deutschen Nation" erschlossen zu haben. Seine *Critische Dichtkunst* sei ganz auf den „deutschen Horizont" und den „deutschen Geschmack" abgezirkelt. – Ein kurioser Vorwurf galt doch Gottsched für
die nachfolgenden Generationen spätestens seit der *damnatio memoriae* Lessings
als Verhinderer eines genuin deutschen Nationalgeschmackes, weil er sich ganz
an französische Vorbilder geheftet und alle Regeln seiner poetischen Diktatur aus
der kühlen Vernunft abgeleitet habe.[20] Der oben zitierte Vorwurf kehrt die Ziele
des Literaturreformers in der Tat geradezu um: Wie die Schweizer hier für Breitingers Poetik beanspruchen, das „innere Wesen der Poesie" nach der „allgemeinen Natur der Menschen" zu beschreiben, nimmt Gottsched an Aristoteles Maß,
der „das innere Wesen der Beredsamkeit und Poeterey aufs gründlichste eingese-
hen" habe: „alle Regeln, die er vorschreibet, gründen sich auf die unveränderliche
Natur der Menschen, und auf die gesunde Vernunft".[21] Wenn die Schweizer von
„deutschem Horizont", „Blut", „gebohrne[n] Deutsche[n]" und der „Natur der
deutschen Nation" sprechen, argumentieren sie (scheinbar) auf klimatheoreti-
scher Grundlage, sprechen Gottscheds Werk und Denken einen spezifisch deutschen Nationalcharakter zu und unterminieren damit dessen Methode, die wie die
ihre an der Philosophie des Rationalismus Wolffscher Prägung geschult ist und
sich in keine nationalen Grenzen zwängen läßt.[22] Sie beziehen sich allerdings

[18] Jürgen Wilke, Der deutsch-schweizerische Literaturstreit, in: Franz Josef Worstbrock, Helmut
Koopmann (Hg.), Formen und Formgeschichte des Streits. Der Literaturstreit, Tübingen 1986, 140–
151, hier 144.

[19] Detlef Döring, Der Literaturstreit zwischen Leipzig und Zürich in der Mitte des 18. Jahrhunderts. Neue Untersuchungen zu einem alten Thema, in: Anett Lütteken, Barbara Mahlmann-Bauer
(Hg.), Johann Jakob Bodmer und Johann Jakob Breitinger im Netzwerk der europäischen Aufklärung, Göttingen 2009, 60–104.

[20] Vgl. Gotthold Ephraim Lessing, Siebzehnter Literaturbrief, in: G. E. L., Werke, hg. von
Herbert G. Göpfer, 8 Bde., Bd. 5, München 1973, 70–73. Zur Wahrnehmung Gottscheds in der
zweiten Hälfte des 18. Jahrhunderts vgl. Rüdiger Otto, Nachleben im Bild: Ein Überblick über
posthume Bildnisse und Beurteilungen Gottscheds, in: Manfred Rudersdorf (Hg.), Johann Christoph Gottsched in seiner Zeit. Neue Beiträge zu Leben, Werk und Wirkung, Berlin 2007, 375–418.

[21] Johann Christoph Gottsched, Versuch einer Critischen Dichtkunst, in: J. C. G., Ausgewählte
Werke, hg. von Joachim Birke, P. M. Mitchell, 12 Bde., Berlin, New York 1968–1987, Bd. 6/1, 146.

[22] Zur unterschiedlichen Wolff-Rezeption bei Gottsched und den Schweizern vgl. Simone Zur-
buchen, Aufklärung im Dienst der Republik. Bodmers radikal-politischer Patriotismus, in: Anett
Lütteken, Barbara Mahlmann-Bauer (Hg.), Johann Jakob Bodmer und Johann Jakob Breitinger im
Netzwerk der europäischen Aufklärung, Göttingen 2009, 386–409; Döring sieht den Unterschied in
unterschiedlichen Varianten der Aufklärungsphilosophie: Während Gottsched an Wolff Maß neh-

nicht auf die üblichen klimatheoretischen Negativzuschreibungen (Roheit, Kulturlosigkeit, Einfalt etc.), sondern karikieren mit ihrer nationalen Diktion Gottscheds Versuch, als „Vormund der gantzen deutschen Nation" die deutsche Literatur reformieren zu wollen.[23] Daß die Deutschen keinen Geschmack an Miltons *Paradise Lost* (1667) finden könnten, läge zum einen an dem schädigenden Einfluß der „gemeinen Poeten" und zum anderen an der „Neigung der Deutschen zu philosophischen Wissenschaften und abgezogenen Wahrheiten", heißt es in der bekannten Vorrede zur *Critischen Abhandlung von dem Wunderbaren in der Poesie* (1740). Die Deutschen seien daher „so vernünftig und schließend" und ganz gegen die Natur „matt und trocken" geworden.[24] Die von Bergen geschützten Schweizer zeichnen sich hingegen durch Kraft, Fleiß und Freiheitsliebe aus.[25] Bodmer geht es in seiner Kritik an Gottsched nicht um die ‚Natur der deutschen Nation', sondern um den momentan vorherrschenden Nationalgeschmack, der sich nicht aus der Natur, sondern aus der Leipziger ‚Tyrannei' erklärt, gegen die sich die Schweizer behaupten wollen. In einer Satire läßt er Gottsched in der Figur „Strukaras" als ersten von fünf Punkten der gesamt Nation Abbitte leisten:

> Ich bekenne, daß ich meine Nation schändlich verunehret habe, indem ich mich vor ihren Sachwalter ausgegeben, und die Unehre, die ich mit meinen elenden Schriften erholet, auf sie geschoben habe.[26]

Wie zu zeigen sein wird, ziehen beide, Bodmer und Breitinger, den deutschen bzw. schweizerischen Nationalcharakter umgekehrt heran, um mit Blick auf das Volk das Bedürfnis nach einer Poesie, die sich an dessen Vorstellungen und Kenntnissen orientiert, zu rechtfertigen. Vor allem verteidigen sie den Wert der starken und bildreichen Züricher Mundart gegenüber dem Leipziger Alleinvertre-

---

me, würden sich die Schweizer an Thomasius ausrichten. Vgl. Döring, Der Literaturstreit (wie Anm. 19), 60–104.

[23] Wolfgang Erlenbach [= Johann Jacob Breitinger], Echo des deutschen Witzes. Vorrede, in: Sammlung Critischer, Poetischer, und anderer geistvollen Schriften: Zur Verbesserung des Urtheiles und des Witzes in den Wercken der Wolredenheit und der Poesie, Bd. 4, Zürich 1742, 21–35, hier 27.

[24] Johann Jacob Bodmer, Critische Abhandlung von dem Wunderbaren in der Poesie und dessen Verbindung mit dem Wahrscheinlichen. In einer Vertheidigung des Gedichtes Joh. Miltons von dem verlohrnen Paradiese […], Zürich 1740, Vorrede o. S.

[25] Vgl. Uwe Hentschel, Mythos Schweiz, Tübingen 2002, 1–60. Bodmer geht in seinem Kapitel über die Nationalcharaktere auf die Wirkung der Berge im Allgemeinen ein: Johann Jacob Bodmer, Kritische Betrachtungen über die poetischen Gemälde der Dichter, Zürich 1741, Nachdruck: Frankfurt am Main 1971, 447.

[26] [Johann Jacob Bodmer], Strukaras / oder Die Bekehrung; Eine historische Erzählung aus dem Französischen, in: Sammlung Critischer, Poetischer, und anderer geistvollen Schriften: Zur Verbesserung des Urtheiles und des Witzes in den Wercken der Wolredenheit und der Poesie, Bd. 12, Zürich 1744, 54–82, hier 76.

tungsanspruch mit durchaus nationaler Rhetorik, da sie diese für poesietauglicher halten als das ‚nervenlose' Obersächsisch.[27]

Gottsched rückt, vielleicht in Reaktion auf den oben zitierten Angriff, in seiner Vorrede zur dritten Auflage der *Critischen Dichtkunst* (1742) seinerseits das Nationale mit klimatheoretischen Argumenten in den Vordergrund: Er spricht von dem „gereinigten Geschmack der deutschen Nation", den sein Werk mitbegründet habe, und verwirft das Werk Breitingers *ex cathedra*, da es ganz von den Züricher „Sitten" geprägt sei und er ihm daher solange nichts erwidern könne, „bis wir in Leipzig die zuercherische Bergsprache besser werden gelernet haben".[28]

> Die Sitten, die Sprache, die Lebensart, die Kleidung der Zuericher ist von der unsern so unterschieden, daß man glauben sollte, sie waren mehr denn hundert Meilen von uns entfernet. Das ist gewiß, daß sie arbeitsame Leute, aber in geist- und vernuenftigen Sitten, werden sie noch lange Zeit grobe Schweitzer bleiben.[29]

All das nur Polemik und Rhetorik mit anderer Absicht? Vielleicht. Gottsched reagierte auf die Vorstöße der Schweizer aber auch an anderer Stelle geradezu mit nationalem Furor und nicht zufällig insbesondere dort, wo Bodmer die deutsche der englischen Sprache unterordnet.[30] Es ist nur die halbe Wahrheit, die nationalen und patriotischen Töne dieser Texte auf den „landschaftliche[n]" und sprachlichen „Gegensatz" zwischen Sachsen und Leipzig zu reduzieren.[31] Vielmehr sind diese auch und besonders Resultat eines aus dem Humanismus und Barock herrührenden deutschen Gelehrtennationalismus, in dessen Tradition Gottsched sein Wirken sah. Gottsched wähnte die Ehre der deutschen Nation durch die scharfe Kritik der Schweizer an der gegenwärtigen Verfassung der deutschen Sprache und der deutschen Poesie beleidigt. Sich an den stolzen Engländern zu orientieren und gleichzeitig die heimische Literatur mit Invektiven zu belegen, wirft die Deutschen im „Wettkampf der Nationen"[32] weit zurück und ist ihnen unwürdig – aber „ein Deutscher wird er [Bodmer] doch verhoffentlich noch seyn wollen", fragt Gottsched rhetorisch:

[27] Döring, Der Literaturstreit zwischen Leipzig und Zürich (wie Anm. 19), 73.
[28] Gottsched, Critische Dichtkunst (wie Anm. 21), 20 und 24.
[29] Ebd., 25.
[30] Bodmer widersprach damit nicht zuletzt der Auffassung im Gottsched-Kreis, die sich etwa in der Abhandlung *Von der Schönheit der Deutschen Sprache in Absicht auf ihre Bedeutung* niederschlug. In: Beyträge zur critischen Historie der deutschen Sprache, Poesie und Beredsamkeit, herausgeben von einigen Mitgliedern der Deutschen Gesellschaft in Leipzig, Bd. 1, Leipzig 1732, 55–70; Vgl. „Anmerkungen eines Ungenannten über die Unvollkommenheit der deutschen Sprache", in: ebd., Bd. 5, Leipzig 1738, 428–434.
[31] Waniek, Gottsched (wie Anm. 17), 432.
[32] Caspar Hirschi, Wettkampf der Nationen. Konstruktionen einer deutschen Ehrgemeinschaft an der Wende vom Mittelalter zur Neuzeit, Göttingen 2005.

In Wahrheit, diese Lästerung, wider unser Vaterland und alle seine Poeten, dünkt mich so ungerecht zu seyn, daß ich nicht umhin gekonnt, zu ihrem Schutze die Feder zu ergreifen und diesen eigenmächtigen Kunstrichter zurück zu weisen, der uns zwingen will, ein ausländisches Buch zu bewundern, weil er es übersetzt hat.[33]

Über den Unterschied der poetologischen Zielsetzung beider Parteien wird noch zu sprechen sein, er liegt auch der Verwendung nationaler Argumente zugrunde. Wichtig ist zunächst jedoch allein, daß die Intensität der Auseinandersetzung viel mit dem Erbe des barocken Sprach- und Gelehrtennationalismus zu tun hat, ja, vielleicht maßgeblich von ihm befeuert wurde. An Gottsched läßt sich das gut zeigen.

Wenn Gottsched von der ‚Natur der Nation' spricht, geschieht das beinahe ausschließlich im Kontext sprachlicher Erwägungen. In einer Ode schreibt er, daß es in der ganzen Natur keine Tiere gäbe, „die den Rumpf mit fremden Häuten decken". „Das deutsche Volk vergeht sich nur", heißt es weiter, „indem es wider die Natur / Die eigne Mundart haßt, nach fremden Sprachen lechzet".[34] Keine Frage, diese Verse stehen ganz in der Tradition der barocken Alamode-Kritik.[35] Die von fremden Sitten, Sprachen und Formen verletzte Natur, meint die nicht näher bestimmte Eigenart des Deutschen. Die Tiermetapher hat dabei explikativen, nicht aber definitorischen Sinn: ‚Natur der Nation' ist hier nicht organologisch zu verstehen, sondern rhetorisch. Daß zugleich eine Wesenheit der deutschen Sprache vorausgesetzt wird, übernimmt Gottsched unhinterfragt von barocken Denkern wie Schottelius, der nicht minder von der „Natur der teutschen Sprache" oder auch dem „Sprachwesen" schrieb.[36] Gottsched und sein Umkreis sahen die Qualität der deutschen Sprache nicht wie Bodmer und Breitinger in der (förderungsbedürftigen) Ausdrucksstärke, den ‚Machtwörtern' und ‚Idiotismen', sondern im Sinne der Schulphilosophie in Reinheit, Bestimmtheit und Klarheit – die Natur der deutschen Sprache mußte hier nach den Forderungen der Vernunft gedacht werden, um dem noch nicht voll erreichten Ideal entgegenzukommen.[37] Gerade deswegen war die Unabhängigkeit der Sprache und Poesie von lateinischer und französischer Bevormundung von großer Bedeutung. Während in der Auseinan-

---

[33] Gottscheds Rezension zu „Joh. Jacob Bomders Critische Abhandlung von dem Wunderbaren in der Poesie [...]", in: Beyträge (wie Anm. 30), Bd. 6, Leipzig 1740, 652–668, hier 659 f.

[34] Gottsched: Jubelode, in: Ausgewählte Werke (wie Anm. 21), Bd. 1, 169.

[35] Vgl. Gothier-Louis Fink, Vom Alamodestreit zur Frühaufklärung, in: Recherches Germaniques 21 (1991), 3–47.

[36] Justus Georg Schottelius, Ausführliche Arbeit von der Teutschen HaubtSprache: Worin enthalten Gemelter dieser HaubtSprache Uhrankunft [...] [...], Braunschweig 1663, 4,12, 46, 54 u. a. Siehe dazu: Christine Schlaps, Das Konzept eines deutschen Sprachgeistes in der Geschichte der Sprachtheorie, in: Andreas Gardt (Hg.), Nation und Sprache. Die Diskussion ihres Verhältnisses in Geschichte und Gegenwart, Berlin, New York 2000, 303–348, hier 310.

[37] Andreas Gardt, Nation und Sprache in der Zeit der Aufklärung, in: A. G. (Hg.), Nation und Sprache (wie Anm. 36), 169–198, hier 192–194.

dersetzung mit den Schweizern Zürich gegen Leipzig oder die Schweiz gegen das Reich ausgespielt werden mußten, um einen nationalen Unterschied zu statuieren, war es gegen Frankreich leicht, nationale Töne anzuschlagen. Das gilt sowohl für sprachnationale bzw. allgemein kulturelle als auch für reichspatriotische[38] Zusammenhänge – in beidem folgt Gottsched der Wettkampfrhetorik aus dem Gelehrtennationalismus des 16. und 17. Jahrhunderts und ist keineswegs ein schlichter Adept des Französischen. Wenn Gottsched ein Loblied auf die deutsche Erfindung der Buchdruckerkunst und den deutschen Volksreichtum singt, so verdankt sich das genauso humanistischer Topik wie die Gleichsetzung der Germanen mit den Deutschen als Abstammungs- und Ehrgemeinschaft und ihren naturgegebenen Charakteristika wie Ehrlichkeit, Sittenreinheit und Stärke.[39] Höhepunkt seiner antifranzösischen Polemik sind die Anmerkungen zur Pierre Bayles *Gedanken bey Gelegenheit des Cometen [...]*, die unverkennbar im Kontext des österreichischen Erbfolgekrieges entstanden sind und zum politisch wie kulturellen Abwehrkampf gegen die „französische Universalmonarchie" aufrufen. Gerne möchte er noch erleben, schreibt Gottsched, „was alle redlichen Deutschen von einer nahen Demüthigung Frankreichs wünschen und hoffen".[40]

Daniel Fulda wies allerdings auf den entscheidenden Unterschied des Nationskonzeptes zu den beiden vorangehenden Jahrhunderten hin: Während die Nation bislang allein innerhalb der Gelehrtenrepublik und mit den politischen Autoritäten verhandelt wurde, richtete sich Gottsched aufgrund veränderter Kommunikationsbedingungen und des Ideals der Volksaufklärung an ein breites patriotisches Publikum, an die gesamte „Literaturnation", die er selbst freilich erst herbeizuschreiben begann.[41] Das Ziel der *Deutschen Schaubühne* (1741–1745), zu deutschen „Originalstücken" anzuregen, ist daher durchaus national motiviert.[42] Die nationale Dimension in Gottscheds Werk spielt aber für seine Poetik im engeren Sinne kaum eine Rolle.

---

[38] Zum Reichspatriotismus bei Gottsched vgl. meine Dissertation (wie Anm. 10).

[39] Vgl. Johann Christoph Gottsched, Lob- und Gedächtnißrede auf die Erfindung der Buchdruckerkunst, in: Ausgewählte Werke (wie Anm. 21), Bd. 9/1, 115–155, hier 151; dazu: Fulda, Zwischen Gelehrten- und Kulturnationalismus (wie Anm. 7).

[40] Johann Christoph Gottsched (Hg.), Herrn Peter Baylens, weyland Prof. der Philosophie zu Rotterdam, verschiedene Gedanken bey Gelegenheit des Cometen, der im Christmonate 1680 erschienen, an einen Doctor der Sorbonne gerichtet, aus dem französichen übersezet, und mit Anmerkungen und einer Vorrede ans Licht gestellt von Johann Christoph Gottsched, Hamburg 1741, 836 und 911.

[41] Fulda, Zwischen Gelehrten- und Kulturnationalismus (wie Anm. 7), 282.

[42] Vgl. dazu Heide Hollmer, Anmut und Nutzen. Die Originaltrauerspiele in Gottscheds ‚Deutsche Schaubühne', Tübingen 1994.

2. Die Rolle des Nationalen in der deutschen Poetik
von Gottsched bis Schlegel

Wenn Gottsched in der *Critischen Dichtkunst* von Natur und Geschmack spricht, scheidet das Nationale mehr oder minder aus. Grund dafür ist der ihr zugrunde-liegende rationalistische Naturbegriff. Von Natur ist bei Gottsched meistens in Verbindung mit Vernunft die Rede. Sie verweist dann auf die vernünftige Ordnung des Kosmos.[43] Geschult an den Erkenntnissen über die mechanischen Gesetze der Körperwelt, sei es die menschliche Anatomie oder der Blutkreislauf, festigte sich im 17. Jahrhundert das Bild eines mathematisch-vernünftig eingerichteten Kos-mos: Die Welt als ein Uhrwerk und Gott als Uhrmacher.[44] Mit der Bestimmung der Naturnachahmung als erstem und ehernem Prinzip der Poesie sind alle wei-teren Regeln aus Gottscheds Poetik direkte oder indirekte Ableitungen dieser lo-gisch-vernünftigen Ordnung.[45] Für nationale Spezifika ist in Gottscheds Poetik schon deshalb kaum Platz, weil allen Nationen wie allen Menschen die gleiche Vernunft, „die unveränderliche[] Natur der Dinge selbst",[46] eigen ist, und die Kunst allein auf diese zielt.

Wenn man die Reste von ihren Meisterstücken dargegen hält, so wird man gewiß fin-den, daß sie eine Schönheit an sich haben, die der Vernunft nothwendig gefallen muß: dafern man nur nicht in Vorurtheilen ersoffen, und in seine eigene Misgeburten allbereit verliebt ist. Dieses thun insgemein diejenigen, die ein tiefgewurzeltes Vorurtheil, für ihre Nation, oder für ihre Zeiten haben, und sich einbilden, ein jedes Volk habe seinen eigenen Geschmack; und jedes Jahrhundert auch. Da könnte nun dasjenige hier schön seyn, was dort häßlich ist etc.[47]

---

[43] Zu Gottscheds Naturbegriff im Blick auf seine Poetik: Gunter E. Grimm, Literatur und Ge-lehrtentum in Deutschland. Untersuchungen zum Wandel ihres Verhältnisses vom Humanismus bis zur Frühaufklärung, Tübingen 1983, 620–658.

[44] Christian Wolff, Deutsche Metaphysik, in: C. W., Gesammelte Werke, hg. von Charles A. Corr, Hildesheim, Zürich, New York 1983, 335–337, §§ 556 f.; Zum Naturbild um 1700: Heinrich Schippers, Natur, in: Otto Brunner, Werner Conze, Reinhart Koselleck (Hg.), Geschichtliche Grundbegriffe, Bd. 4, Stuttgart 1978, 215–244; Heribert M. Nobis, Frühneuzeitliche Verständnis-weisen der Natur und ihr Wandel bis zum 18. Jahrhundert, in: Archiv für Begriffsgeschichte 11 (1967), 37–58; Robert Spaemann, Genetisches zum Naturbegriff des 18. Jahrhunderts, in: ebd., 59–74.

[45] „Die Schönheit eines künstlichen Werkes, beruht nicht auf einem leeren Dünkel; sondern sie hat ihren festen und nothwendigen Grund in der Natur der Dinge. Gott hat alles nach Zahl, Maaß und Gewicht geschaffen. Die natürlichen Dinge sind an sich selber schön: und wenn also die Kunst auch was schönes hervorbringen will, so muß sie dem Muster der Natur nachahmen", Gottsched, Criti-sche Dichtkunst (wie Anm. 21), 183.

[46] Gottsched, Critische Dichtkunst (wie Anm. 21), 174.

[47] Ebd., 181.

Wenn von nationalen Differenzen in Geschmack und literarischen Stoffen die Rede ist, geschieht das vormerklich im Kontext der ‚Wahrscheinlichkeits'-Doktrin und nur als geringe Abweichung zur regelpoetischen Orientierung an einer universellen Vernunft. „[U]nd wenn eine Fabel nicht wahrscheinlich ist," schreibt Gottsched apodiktisch, „so taugt sie nichts".[48] Der Begriff der poetischen Wahrscheinlichkeit (*vraisemblance*) ist bei Gottsched eng an das Prinzip der Naturnachahmung gekoppelt, richtet er sich doch an dem Vergleich des Kunstwerks mit der Wirklichkeit bzw. der Natur aus. Insofern weist die Wahrscheinlichkeit als Wahrheitsnorm die Phantasie in die Grenzen der vernünftig-natürlichen Ordnung.[49] Schon in der *doctrine classique* am Ende des 17. Jahrhunderts sind Wahrscheinlichkeit und Angemessenheit allerdings oft wirkungsästhetische Kategorien. Angelika Wetterer unterscheidet deshalb zwischen ‚vernünftiger Wahrscheinlichkeit' und ‚publikumsbezogener Glaublichkeit'.[50] Beide Kategorien lassen sich aber in den Texten meist nicht scharf trennen. Im zweiten Fall soll die Plausibilität für den Rezipienten sichergestellt werden, indem das Kunstwerk dem geschichtlichen Vorwissen oder der Alltagserfahrung des Publikums entspricht bzw. – verbunden mit dem Prinzip *bienséance* – den Sitten und Gewohnheiten nicht zuwiderläuft.[51] Auch nationale Kontextbedingungen spielen dabei eine beachtliche Rolle. Bei Hédelin d'Aubignac heißt es: „Die dramatischen Gedichte müssen so unterschieden seyn, als die Völker, bey denen man sie vorstellet. Und daher kommet es, daß sie nicht alle gleich aufgenommen werden, ob sie gleich sich allezeit ähnlich sind".[52]

Nur in diesem Rahmen der Publikumsvergewisserung spielen in Gottscheds universalistischer Kunstauffassung historische und nationale Unterschiede eine Rolle. Die „Nachahmung des unschuldigen, ruhigen und ungekünstelten Schäferlebens" gewinne im Vergleich zu den „armselige[n], gedrückte[n] und geplagte [n]" „Landleuten" der Gegenwart keine Wahrscheinlichkeit, weshalb Schäfergedichte in einer paradiesischen Vorzeit entrückt werden müßten.[53] Miltons abergläubisches Werk könne „dem Volk", statuiert Gottsched, den Fortschritt der Auf-

---

[48] Ebd., 141.

[49] Ebd., 141; dazu: Angelika Wetterer, Publikumsbezug und Wahrheitsanspruch. Der Widerspruch zwischen rhetorischem Ansatz und philosophischem Anspruch bei Gottsched und den Schweizern, Tübingen 1981, 93–122.

[50] Wetterer, Publikumsbezug und Wahrheitsanspruch (wie Anm. 49), 94 f.

[51] Bernd W. Seiler, Wahrscheinlichkeit, in: Jan-Dirk Müller (Hg.), Reallexikon der deutschen Literaturwissenschaft, Bd. 3 (P-Z), Berlin 2003, 813–815.

[52] Franz Hedelin, Abt von Aubignac, Gründlicher Unterricht von Ausübung der Theatralischen Dichtkunst. Aus dem Französischen übersetzt durch Wolf Balthasar Adolph von Steinwehr, Hamburg 1737, 258; zit. nach Albert Meier, Johann Elias Schlegel: Canut. Ein Trauerspiel, in: Dramen vom Barock bis zur Aufklärung, Stuttgart 2000, 252–274, hier 257.

[53] Gottsched, Critische Dichtkunst (wie Anm. 21), 76.

klärung heillos überschätzend, im vernünftigen 18. Jahrhundert schwerlich wahrscheinlich vorkommen.[54] Aus dem gleichen Grund erklärt er die Anpassung der
Fabeln an den nationalen Kontext für durchaus sinnvoll:

> Ich suche in der Historie dergleichen Prinzen, die sich zu meiner Absicht schicken, und
> mein Vaterland insbesondre angehen. [...] Wäre ich ein alter Gallier, so könnte Attila
> die Hauptperson meines Gedichtes abgeben, der in den catalaunischen Feldern aufs
> Haupt geschlagen worden. Weil ich aber itzo in Deutschland lebe; so dörfte ich nur
> Ludwig den XIV. und dessen bei Höchstädt gedämpften Übermuth in meinem Gedichte
> beschreiben und demselben den Titel des herrschsüchtigen Ludewigs oder eingebilde-
> ten Universal=Monarchen geben, so hätte es in diesem Stücke seine Richtigkeit, und
> die Nebenfabeln, sammt allen dazu gehörigen Personen müßten, nach Beschaffenheit
> der Umstände und Geschichte bequemet, und also aufs wahrscheinlichste eingerichtet
> werden.[55]

Hier geht es weniger um historische Wahrheit als um nationale Wirksamkeit.
Auch in der *Deutschen Schaubühne* zielen die Vorschläge auf „ein deutsches
und einheimisches Ansehen" und verlangen gelegentlich die Anpassung des ‚Settings' an die deutschen Gegebenheiten.[56] Es ist nur ein gradueller Unterschied,
wenn Gottsched eben dort Johann Elias Schlegels Hermannsdrama mit nationaler
Rhetorik lobt, da ein Franzose „die wahre Größe eines deutschen Helden, bey weitem nicht so natürlich vorzustellen" in der Lage wäre, „als ein deutscher Dichter;
der selbst ein deutsches Blut in den Adern, und die Neigung zur deutschen Frey-
heit im Herzen, mit der Gabe des poetischen Witzes verbunden hat".[57] Und doch
treten alle nationalen Anpassungen auch hier hinter dem Konzept einer vernünftigen und nützlichen Poesie zurück.

Wetterer benennt das Dilemma Gottscheds im Vergleich zu den ‚Schweizern'
präzise als unterschiedliche Akzentuierung desselben Problems: Wie nämlich
eine auf Vernunft und Wahrheit ausgerichtete Poesie mit einem möglichst wir-
kungsvollen Publikumsbezug zu versöhnen seien, ohne das eine Ziel durch das
andere ausspielen zu müssen. Bodmer und Breitinger beschritten den Weg zur
ars popularia in viel umfassenderer Form. Der „Endzweck" der Poesie sei
„Lust und Vergnügen".[58] Um die Phantasie und Einbildungskraft anzusprechen
und so Wirkung zu entfalten, müsse sie auf den Horizont des Publikums, den

---

[54]   „Was uns also heute zu Tage sehr unwahrscheinlich vorkömmt, das konnte damals dem Volke
sehr wahrscheinlich klingen", ebd., 259.

[55]   Ebd., 220.

[56]   Johann Christoph Gottsched, Auszug aus der Vorrede der ersten Ausgabe, vom Jahr 1742, in: J.
C. G., Die deutsche Schaubühne, neue verbesserte Aufl. Leipzig 1746, 15–28, hier 25.

[57]   Johann Christoph Gottsched, Vorrede, in: J. C. G., Deutsche Schaubühne, Bd. 4, Leipzig 1743,
3–27, hier 9.

[58]   Bodmer, Kritische Betrachtungen (wie Anm. 25), 126.

„Wahne des größten Haufens",[59] berechnet sein. Von hieraus erklärt sich die, verglichen mit Gottsched, größere Bedeutung der Nationalcharaktere in der schweizerischen Poetik.

Breitinger führt in seiner *Critischen Dichtkunst* (1740) die „Lust" einer „Nation" an verschiedenen „Vers=Arten" auf deren „absonderlichen Gemüths=Charakter" und die „absonderliche[] Beschaffenheit ihres Gehöres" zurück – eine Differenz qua Klima und Natur.[60] Besonders in der Sprache präge sich „der Original=Character einer Nation" aus, weshalb sie naturgetreu ihrer „Stamm= und Wurzel=Wörtern"[61] bedürfe. Als wesentlicher stofflich-kulturgeschichtlicher Unterschied gerät das Nationale in der *Critischen Dichtkunst* meist nur diachron, selten aber synchron in den Blick, da Breitinger explizit aus der Perspektive „aller christlichen Nationen" schreibt.[62] Auf den Spuren Jean-Baptiste Dubos argumentiert Breitinger stärker als je ein Deutscher zuvor mit der ‚historischen Wahrscheinlichkeit', der Frage also, was in vergangenen Kulturen, Nationen und Jahrhunderten als wahrscheinlich galt bzw. dem Wesen der Vergangenheit oder den geschichtlichen Kenntnissen in der Gegenwart entspricht.[63] Das Neue und Fremde anderer Nationen und Zeiten nimmt nach Breitinger qua Neugierde die Sinne ein und soll daher Gegenstand der Poesie sein.[64] Der Poet müsse allerdings z. B. „die Historie des Aberglaubens" studieren, damit seine Dichtung mit der Zeit, in der sie spielt, übereinstimmt. Auch diese Forderung zielt auf das Publikum in der Gegenwart, geht es Breitinger in der Poesie doch vorrangig um das „Wahre der Einbildung".[65] Ohne eine korrekte Darstellung „der Materie" sei jedoch „alle Glaubwürdigkeit" verloren.[66]

Bodmer versieht von ähnlichen Prämissen ausgehend in seinen *Kritischen Betrachtungen über die poetischen Gemälde* (1741) ein ganzes Kapitel mit der Überschrift: „Von den Charactern der Nationen". Neben der natürlichen „Beschaffen-

---

[59] Johann Jacob Breitinger, Critische Dichtkunst. Faksimiledruck nach der Ausgabe von 1740 mit einem Nachwort von Wolfgang Bender, 2 Bde., Stuttgart 1966, Bd. 1, 137.

[60] Ebd., Bd. 2, 446.

[61] Ebd., Bd. 2, 42, 46.

[62] Ebd., Bd. 1, 127.

[63] Breitingers Definition des Wahrscheinlichen in der Poesie: ebd., Bd. 1, 134. Bodmer definiert die „historische Wahrscheinlichkeit" als jene Wahrscheinlichkeit, „die durch zusammenstimmende und vereinigte Zeugnisse bewiesen wird", Bodmer, Kritische Betrachtungen (wie Anm. 25), 548. Vgl. Jill Anne Kowalik, The Poetics of Historical Perspectivism: Breitinger's Critische Dichtkunst and the Neoclassic Tradition, Chapel Hill, London 1992, 62–86 (Poetic Reception and *la vraisemblance historique*).

[64] Breitinger, Critische Dichtkunst (wie Anm. 59), Bd. 1, 111.

[65] Ebd., 339 f. und 138.

[66] Ebd., 339 f. Breitinger stellt fest: „Alles dasjenige, was für die Gelehrten wahrscheinlich ist, ist es gleichermaassen für das gemeine Volck, aber nicht alles das, was für die Unwissenden wahrscheinlich ist, ist es auch allemahl für die belesenen Leute", ebd., 140.

heit der Weltgegenden", des Bodens, der Luft und des Klimas, sind es vor allem die Regierungsarten und die Erziehung, die für unterschiedliche Ausprägungen der Nationalcharaktere sorgen.[67] Der Poet muß anhand der Literatur, wie z. B. Johann Jacob Mascovs *Deutscher Geschichte*, Fachwissen erwerben, um das Bild der Nation möglichst treffend zu zeichnen und dadurch erst wahrscheinlich zu machen.[68] Es geht auch hier nicht in erster Linie um historische Korrektheit. Die „Grundsätze" und das „Wesen" einer Nation könne man „so wohl in ihren Gedancken, als in ihren Handlungen und Sitten verspüren".[69] Da „die Haupt=Linien in den Charactern der Weltalter, Nationen, und Zeiten" „am meisten bekannt sind", wären hier besondere „Fertigkeiten" des Poeten gefragt.[70] Bodmer akzeptiert nicht nur Nationalcharaktere als Realität, sie promovieren im Sinne einer publikumsbezogenen Wahrscheinlichkeit zum notwendigen handwerklichen Rüstzeug des Dichters.

Das gleiche Plausibilitätsargument verwendet Johann Elias Schlegel, seinerseits angeregt durch Dubos, um die vollständige Anpassung der Dichtung an die nationalen Gegebenheiten einzufordern.[71] Da es in der englischen Nation mehr „außerordentliche und hochgetriebene Charaktere" gäbe als z. B. in der französischen, könnten diese „andern Nationen" auch weniger „wahrscheinlich vorkommen".[72] „[E]in Theater, welches gefallen soll", müsse „nach den besondern Sitten, und nach der Gemüthsbeschaffenheit einer Nation eingerichten seyn".[73] Besonders in Fragen des Charakters solle sich der Poet ganz an den nationalen Gegebenheiten ausrichten, da das Publikum schwerlich ein Vergnügen an Originalen fände, die „man nicht kennt, oder die man wohl gar für unmöglich hält".[74]

Wie sehr sich auch die Poetik der Aufklärung hier zu dem Konzept einer Nationalpoesie zu verwandeln scheint, da die Regelpoesie zugunsten der nationalen Wirksamkeit in den Hintergrund tritt, geschieht dies doch vor vergleichbaren universalistischen Voraussetzungen. An Schlegels vernünftig-mathematischer Naturauffassung besteht kein Zweifel. Das Wesen der Poesie hofft er über die Uni-

---

[67] Bodmer, Kritische Betrachtungen (wie Anm. 25), 436 f. Dazu bereits: Florack, Bekannte Fremde (wie Anm. 4), 111–116.

[68] Bodmer, Kritische Betrachtungen (wie Anm. 25), 457; Johann Jacob Mascov, Geschichte der Teutschen bis zu Anfang der fränkischen Monarchie, Leipzig 1726.

[69] Bodmer, Kritische Betrachtungen (wie Anm. 25), 504.

[70] Ebd., 513.

[71] Meier, Johann Elias Schlegel (wie Anm. 52); Florack, Bekannte Fremde (wie Anm. 4), 116–120.

[72] Johann Elias Schlegel, Gedanken zur Aufnahme des dänischen Theaters, in: J. E. S., Ausgewählte Werke, hg. von Werner Schubert, Weimar 1963, 559–586, hier 561.

[73] Ebd., 561 f.

[74] Ebd., 576.

versalharmonie der Proportionen zu ergründen.[75] Daß von Gottsched bis Schlegel poetologische bzw. kulturpolitische Bestrebungen oft in nationaler Wettkampf-rhetorik formuliert wurden, tut dabei nichts zur Sache. In der Tradition des Humanismus wünschen Gelehrte wie Gottsched die Ebenbürtigkeit der deutschen mit der französischen resp. englischen Literatur unter Beweis zu stellen, nicht aber eine Poetik zu befördern, die Dichtung ganz aus der ‚Natur der Nation' er- und begründet. Im Rahmen des Konzepts der historischen und publikumsbezogenen Wahrscheinlichkeit erhalten jedoch national aufgeladene Stoffe und Bildreservoirs Eingang in die Dichtung, die – wie zu zeigen sein wird – vor dem Hintergrund eines gewandelten Naturbegriffs zu ganz explizit nationalen Poesieidealen fortgeführt werden konnten.

III. Die poetische Dimension: Nationalidylle und Hermannsdichtung

Nach Joachim Ritter läßt sich die ästhetische Naturwahrnehmung, „Natur als Landschaft", als „Gegenspiel" zur funktionalisierten „Objektwelt der Naturwissenschaft" begreifen, wie sie im Zeitalter der Aufklärung ihren Siegeszug feierte. Die durch das Medium Kunst vermittelte Naturerfahrung liefere jene anschauliche Ganzheit, die im Zeitalter der „technischen Nutzung und Ausbeutung" der Natur sonst nicht mehr anzutreffen sei.[76] Mit Schiller zu sprechen, handelt es sich um die sentimentalische Empfindung des Kranken für das Gesunde, den Blick des gegenwärtigen Menschen zurück auf den unerreichbaren paradiesischen Urzustand.[77] Ritter verkürzt in seinem kompensatorischen Modell allerdings den Naturbegriff der Aufklärung um seinen integralen Aspekt, liegt diesem doch die Auffassung einer vernünftig-harmonischen Ordnung zugrunde, der auch die hier zur Rede stehenden ‚Nationalidyllen' und ihre Poetik bestimmt. Die ersten bedeutsamen deutschsprachigen Naturhymnen des 18. Jahrhunderts stammen – angeregt durch englische Vorbilder – aus der Schweiz, allen voran von

---

[75] Johann Elias Schlegel, Abhandlung von der Nachahmung, in: Ausgewählte Werke (wie Anm. 72), 486–527, hier 502; dazu: Wetterer, Publikumsbezug und Wahrheitsanspruch (wie Anm. 49), 30. Zum Spagat zwischen universalistischem und nationalem Literaturmodell der hervorragende Aufsatz: Gonthier-Louis Fink, Vom universalen zum nationalen Literaturmodell im deutsch-französischen Konkurrenzkampf (1680–1770), in: Wilfried Barner (Hg.), Tradition, Norm, Innovation. Soziales und literarisches Traditionsverhalten in der Frühzeit der deutschen Aufklärung, München 1989, 33–67.

[76] Joachim Ritter, Landschaft (1963), in: J. R., Subjektivität. Sechs Aufsätze, Frankfurt am Main 1974, 141–165, hier 153.

[77] Friedrich Schiller, Naive und sentimentalische Dichtung, in: F. S., Sämtliche Werke, 5 Bde., hg. von Peter-André Alt, Albert Meier, Wolfgang Riedel, München ²2008, Bd. 5, 694–780, hier 711. Vgl. zum Naturbild im 18. Jahrhundert am Beispiel Schillers: Wolfgang Riedel, ‚Der Spaziergang'. Ästhetik der Landschaft und Geschichtsphilosophie der Natur bei Schiller, Würzburg 1989.

Brockes, Haller und Gessner. Auf antike Vorbilder rekurrierend – die Idealisie-
rung der *vita rustica* und des ländlichen Arkadiens – erfährt die Bergwelt und
die einheimische Bevölkerung im ästhetischen Blick eine ungeheure Aufwertung.
Für Gottsched ist die Idylle toposgetreu ein Bild der Einheit zwischen dem sitt-
samen Menschen und der fruchtbaren Natur.[78] Es handelt sich daher immer auch
um moralische Kategorien, die gegen den sittlichen Verfall der Zivilisation gestellt werden. Dieses Ideal verbunden mit der Aktualisierung durch die Schweizer
Wirklichkeit lieferte den deutschen Dichtern die nötige Bildsprache, um das Bar-
baren-Verdikt über die Germanen endgültig abzuschmettern.

Im Anschluß an die humanistische Germanenidealisierung seit der Wiederentdeckung der taciteischen *Germania*[79] und angeregt von den Berichten über die Ur-
einwohner aus den Kolonien richtete sich schon der Blick des Historikers und
Geographen Philipp Clüver auf die pseudohistorische nationale Vorvergangen-
heit. Biblische und antike Motive vermischen sich in seiner *Germania antiqua*
(1616) mit einer quasi-ethnologischen Darstellung der primitiven Lebensverhält-
nisse des alten Germaniens.[80] Doch erst im Zeichen des neuen bürgerlichen *laus
ruris* wurde zu Beginn des 18. Jahrhunderts die germanische Simplizität und Tugend, ihre Aufrichtigkeit und Gefühlstiefe zum unbezweifelten Ideal. Wie die Ge-
birge der Schweiz nicht länger als Beleg der Rückständigkeit des Bergvölkchens
galten, sondern zum Schutzwall vor dem grassierenden Sittenverfall stilisiert
wurden, festigte sich in der Hermannsdichtung das Bild einer ‚Nationalidylle‘, einer naturverbundenen, paradiesischen *aurea aetas* der Nation, die der Defizienz-
Erfahrung der Gegenwart entgegen gestellt wurde. Friedrich Ernst Carl Mereaus
Taschenbuch der teutschen Vorzeit von 1794 steht am Ende einer langen Reihe,
die auf Clüvers Werk direkt Bezug nimmt und den germanischen Krieger zum edlen Wilden erhebt.[81] Das Frontispiz zur Ausgabe von Justus Mösers *Osnabrücker
Geschichte* aus dem Jahr 1780 zeigt ebenso die ländliche Idylle der wehrhaften
Germanen: An einem Hain ruht in leichter Bekleidung eine Frau, die ihr Kind
stillt, im Hintergrund pflügt ein bewaffneter Germane mit charakteristischem
Zopf das Land.[82] Die Nationalidylle darf aber nicht voreilig als reiner Gegenent-
wurf zum ‚Feudalabsolutismus‘ Deutschlands oder als Kompensation der deut-

---

[78] Gottsched, Critische Dichtkunst (wie Anm. 21), 77 f.

[79] Ludwig Krapf, Germanenmythos und Reichsideologie. Frühhumanistische Rezeptionsweisen
der taciteischen ‚Germania‘, Tübingen 1979.

[80] Philipp Clüver, Germania antiqua: Libri tres, Elzevir 1616; dazu: Torsten Kaufmann, Germanen-Bilder. Grundzüge einer visuellen Germanenrezeption im 17. und 18. Jahrhundert, Oldenburg 1993, 14–69.

[81] Friedrich Ernst Carl Mereau, Taschenbuch der teutschen Vorzeit, Nürnberg 1794. Zum edlen
Wilden und den Germanen: Kaufmann, Germanen-Bilder (wie Anm. 80), 89–95.

[82] Justus Möser, Osnabrücker Geschichte, Erster Teil, mit Urkunden, neue, vermehrte und verbesserte Auflage, Berlin, Stettin 1780, Frontispiz.

schen Misere verstanden werden.[83] Als Bild verbürgt sie die zeitlosen nationalen Werte, die auch in der Gegenwart für die ‚Nachfahren Hermanns' in allen Ständen verbindlich sind. Sie dient in der Dichtung Schlegels und Schönaichs als kulturelle wie politische Appellationsfigur, als Wertereservoir, nicht als Plädoyer für ein ‚Zurück' zum nationalen Naturzustand. Der historischen und publikumsbezogenen Wahrscheinlichkeit folgend erhalten dabei nicht nur die Tugendideale und die Wehrhaftigkeit der Germanen, sondern auch ihre Naturreligiosität und Naturverbundenheit Eingang in die Dichtung, ja, das Nationale wird dort erst über seinen so darstellbaren naturalen Kern stabilisiert.

Gleich die erste Szene in Johann Elias Schlegels *Hermann. Ein Trauerspiel* (1743) spielt im ‚germanischen Hayn'. Der Held des Dramas sucht in der friedvollen Natur das „Ehrenmaal" seiner deutschen Vorfahren und göttlichen Ahnen Thuiskon und Mannus auf. „Unschuld" und „Einfalt" der „Väter" werden beschworen, aus deren Gedenken Hermann Kraft und Mut für den Kampf gegen die ausländische Gefahr schöpft. Die letzte Szene des Schauspiels ruft erneut den „Hayn" und den damit verbundenen Wertekosmos auf, um diesmal die gegenwärtige „deutsche Welt", nun am Beispiel Hermanns, für den Kampf gegen die Feinde zu stärken.[84] Es ist die äußere wie die innere Natur, die die Nation vor der Überformung und römischen Bedrohung sichert. Nie zuvor wurde der Gegensatz zwischen „den beglückten Hütten" der Germanen, ihrer Unschuld und Ehre, so scharf gegen die römischen Laster, den „Eigennutz", die „Wollust" und den „Müßiggang" der römischen „Paläste[]" gesetzt.[85] Daß es sich dabei um Nationalstereotypen handelt, die von den Zeitgenossen auf die Franzosen angewandt wurden, explizierte Gottsched in der *Deutschen Schaubühne* schonungslos.[86]

Bettina Brandt zeigte die enge Verbindung von Natur, Nation und Emotion an Schönaichs Epos *Hermann oder das befreyte Deutschland*. Während Arminius mit den „Brüdern" in geradezu blutrünstiger Art und Weise gegen den Feind kämpft, repräsentiert Thusnelda als Germania den naturhaft-emotionalen Wert der Nation, für die gekämpft wird.[87] Es ist diese Form der Geschlechterrollen, die wehrhaft-tapfere Männlichkeit und die hingebungsvoll-emotionale Weiblichkeit, die zu den Grundcodes des Nationalismus auch des 19. Jahrhunderts gehören, und sich durch die Hermannsdichtung des gesamten 18. Jahrhunderts zie-

---

[83] Diese vereinfachte politische Lesart der Idylle im 18. Jahrhundert bei Florian Schneider, Im Brennpunkt der Schrift. Die Topographie der deutschen Idylle in Texten des 18. Jahrhunderts, Würzburg 2004.

[84] Johann Elias Schlegel, Hermann, ein Trauerspiel, in: Ausgewählte Werke (wie Anm. 72), 124–171, hier 124–126, 171.

[85] Ebd., 128 f.

[86] Gottsched, Vorrede (wie Anm. 57), 5–11.

[87] Brandt, Germania und ihre Söhne (wie Anm. 15), 65.

hen.[88] „Die Differenz zwischen weiblicher Bedürftigkeit und männlicher Kraft, die geschlechterspezifische Aufteilung der ‚zwei Körper' der Nation, ist ganz auf den männlichen Akteur ausgerichtet."[89] Der überkommene Arminiusstoff wurde durch die hier und bei Schlegel greifbare Naturalisierung des Nationalen entscheidend verbürgerlicht. Germania, ehemals Reichsallegorie, wird nun mit „bürgerliche[n] Referenzen (wie Moral, Natur) überblendet".[90] Zwar ist der Reichsbezug, wie Vorrede und Widmung Gottscheds belegen, damit keineswegs aufgehoben,[91] die Nation wird aber als überständisches und letztlich jeden politisch-territorialen Referenten transzendierendes Wertkonzept deutlich. Begleitet von dem alten erfahrenen Helden Brenno macht sich Hermann zu Beginn des Epos auf, um Marbods Bündniswilligkeit zu erfragen. Der Weg führt sie durch den finsteren Wald Germaniens bis sie an der „dicksten Eiche Fuß" „männlich schön" einen göttlichen Ton durch den Wald beben hören. Hermann erscheint ein Greis, ein Barde, der seit Ariovists Zeiten wie ein Naturgeist in einer Höhle des Hains haust und dem Helden, auf dessen Geschlecht er alle Hoffnung setzt, einen prophetischen Rat zuteil werden läßt:[92] Rom werde fallen, Germanien triumphieren, wenn sich Hermann und sein Vater Siegmar an die Spitze der Deutschen stellten. Der Barde warnt Hermann jedoch davor, sich von „der Lorbern Prangen" einnehmen zu lassen und „der Brüder Herr, und nicht ihr Held zu seyn." In der Forschung werden die kurz darauf folgenden Zeilen gerne kontextlos wiedergegeben: „O! wie glücklich sind die Völker, die ein einzig Haupt regiert; / Wo man kein getheiltes Herrschen, keine fremde Macht verspürt". Der Schein aber trügt: „Hier geht es keineswegs um die „politische Idee der Zentralmonarchie nach westlichem Vorbild".[93] „Und wo kein erzwungnes Band", spricht der Greis weiter, „Fürsten Händ' und Zepter bindet. Noch beglückter! wenn der Prinz dieses Band nicht unsanft findet!"[94] Schönaichs Epos zielt eben nicht auf eine andere Staatlichkeit, sondern auf die germanischen Tugenden. „[D]as ewige Band der Natur", heißt es schließlich gegen Ende, hätte die Zwietracht der Deutschen verhindert und „die Häupter aller Deutschen" hinter Hermann als Feldherrn

---

[88] Vgl. dazu auch: Herrmann, Blitz, Moßmann (Hg.), Machtphantasie Deutschland (wie Anm. 7).

[89] Brandt, Germania (wie Anm. 15), 100.

[90] Ebd., 76.

[91] Zum Verhältnis von Reich und Hermannsdichtung im 18. Jahrhundert ausführlich meine Dissertation (wie Anm. 10).

[92] Christoph Otto v. Schönaich, Hermann oder das befreyte Deutschland. Ein Heldengedicht mit einer Vorrede ans Licht gestellt von Johann Christoph Gottsched, Leipzig 1751, 7 f.

[93] Conrad Wiedemann, Zwischen Nationalgeist und Kosmopolitismus. Über die Schwierigkeiten der deutschen Klassiker einen Nationalhelden zu finden, in: Günter Birtsch (Hg.), Patriotismus, Hamburg 1991, 75–101, hier 91 f.; ihm folgt seine Schülerin Renate Stauf, Justus Mösers Konzept einer deutschen Nationalidentität. Mit einem Ausblick auf Goethe, Tübingen 1991, 63.

[94] Schönaich, Hermann oder das befreyte Deutschland (wie Anm. 92), 12.

(Herzog) – nicht als König (!) – geeint.[95] In der Hermannsdichtung der Aufklärungsepoche tritt die Nation als von der Natur gefestigter Männerbund in Erscheinung. Der Hain und die starken Eichenstämme des germanischen Waldes gehören zu dem Pool jener naturalen Metaphorik, die bis ins 20. Jahrhundert hinein den Diskurs über die deutsche Nation grundiert.

IV. Substanzgewinn durch Naturalisierung

1. Naturpoesie aus dem Geist der Nation

In den Nationalidyllen der aufgeklärten Hermannsdichtung zeigt sich ein durch und durch naturalisiertes Nationskonzept, es bleibt aber letztlich doch im Bereich des Stofflichen und des wirkungsästhetischen Kalküls. Erst über eine Poesie, die nicht mehr auf dem mathematisch-vernünftigen, sondern einem organologisch-dynamischen Naturbegriff fußt, wie im Falle Gerstenbergs, Klopstocks und Herders, um nur die Wichtigsten zu nennen, gewinnt das Verhältnis von Natur und Nation scheinbar Substanz: Es liefert den Dichtern ein unhinterfragbares Identitätsangebot, das weit über die nationale Konkurrenz vorangehender Jahrhunderte hinausgeht. Das Begriffspaar Natur und Nation wechselt gleichsam von der wirkungsästhetischen auf die produktionsästhetische Seite. Der Künstler begreift sich als organischer Teil der nationalen Natur. Er bezieht die Nation nicht ein, um auf den Horizont des Publikums in spezifischer Weise zu wirken, vielmehr gilt Kunst nun selbst als Produkt der Nation, die, so das Konzept, durch den Poeten zur Sprache kommt. Dieser kategoriale Wandel erhellt sich mit Blick auf die „epigenetische Wende" (Wolfgang Riedel) des aufgeklärten Wissens von der Natur.[96] Hallers dekaptierte Frösche, deren Muskeln auch ohne Kopf auf Reize reagierten, rüttelten an dem mechanistischen Bild, daß der physische Körper lediglich das Werkzeug der Seele sei. Etwa zeitgleich verwischte Abraham Trembleys Entdeckung des Polypen die Grenze zwischen Tier- und Pflanzenreich. Die Natur wurde in der Mitte des Jahrhunderts – mit den Begrifflichkeiten der philosophischen Tradition von Averroes über Spinoza bis Schelling gesprochen – nicht mehr als *natura naturata*, als geschaffene Natur, sondern als *natura naturans*, als sich selbst schaffende Natur, begriffen.[97] Anders ausgedrückt: An die Stelle der wohlgeordneten Vernunftnatur trat die schöpferische, dynamische Mutternatur. Die

---

[95] Ebd., 132.
[96] Wolfgang Riedel, Deus seu Natura. Wissensgeschichtliche Motive einer religionsgeschichtlichen Wende – im Blick auf Hölderlin, in: HJb 31 (1998/99), 171–206, hier 191.
[97] Klaus Hedwig, Natura naturans/naturata, in: Joachim Ritter, Karlfried Gründer (Hg.), Historisches Wörterbuch der Philosophie, Bd. 6, Basel 1984, 504–509.

Poesie der zweiten Hälfte des 18. Jahrhunderts kennt viele Namen für diese produktive, dynamisch-organologische Natur. Seit Klopstocks Ode *Zürichsee* ist „Mutter Natur" wohl das verbreitetste Bild – Goethe und eine ganze Generation folgen ihm darin.[98] Nicht anders ruft Heinse auf den Spuren der Eingangsverse des lukretischen Lehrgedichts *De rerum natura* immer wieder „Vater Äther" an.[99] *Locus classicus* für dieses religiös aufgeladene Naturverständnis sind Herders Gespräche über Gott, die sowohl auf Spinoza als auch auf Shaftesburys Naturhymnus rekurrieren. Natur als göttliche Alleinheit besteht für Herder aus schöpfenden, treibenden organischen Kräften.[100] In dieses große Gleichgewichtssystem der Welt sind die Völker resp. Nationen eingebunden, sie erscheinen selbst als „Pflanze der Natur", als „menschliche Nationalpflanze" in einem großen Garten der Nationen.[101] Alles aber ist bei Herder im Fluß und Teil eines großen kybernetischen Systems: „Die Gestalt der Erde, ihre Oberfläche, ihr Stand ist verändert: verändert das Geblüt, die Lebens- die Denkart, die Regierungsform, der Geschmack der Nationen".[102]

Einer der ersten, der Nation, Natur und Poesie organisch zusammendachte, war Heinrich Wilhelm von Gerstenberg. Seine klimatheoretisch untermauerte Genieästhetik ähnelt stellenweise noch der aufgeklärten Wirkungsästhetik, intensiviert sie doch zunächst wie Johann Elias Schlegel die Forderung nach publikumsbezogener Wahrscheinlichkeit unter nationalen Vorzeichen.[103] Gerstenbergs Ideal einer nordischen Poesie – prominent vertreten in dem *Gedicht eines Skalden* (1766) – überschreitet allerdings das Prinzip der Naturnachahmung hin zur Produktionsästhetik des Genies. Es geht ihm um die natürlich-schöpferische Kraft, mit der der Poet das Publikum ergreift: Dichtung wird selbst zum ursprünglichen Naturpro-

---

[98] Friedrich Klopstock, Der Zürichsee, in: F. G. K., Oden, Bd. 1, hg. von Horst Gronemeyer, Klaus Hurlebusch, Berlin, New York 2010, 95–97, hier 95. Vgl. dazu allgemein die Literaturhinweise in Anm. 44.

[99] Wilhelm Heinse, Ardinghello und die glückseligen Inseln. Eine italienische Geschichte aus dem sechzehnten Jahrhundert, Nachwort von Rüdiger Görner, Zürich 2000, 318.

[100] Johann Gottfried Herder, Gott. Einige Gespräche, in: Werke (wie Anm. 13), 679–794.

[101] Herder, Ideen, in: Werke (wie Anm. 13), Bd. 6, 509; „ein Volk ist sowohl eine Pflanz der Natur, als eine Familie", ebd., 369; Ulrich Gaier, Philosophie der Systeme und Organisationen beim frühen und späten Herder, in: Sabine Groß, Gerhard Sauder (Hg.), Der frühe und der späte Herder: Kontinuität und / oder Korrekturen, Saarbrücken 2004, 33–44.

[102] Johann Gottfried Herder, Von der Veränderung des Geschmacks, in: Werke (wie Anm. 13), Bd. 1, 159.

[103] [Heinrich Wilhelm von Gerstenberg], Philotas. Ein Trauerspiel, in: Bibliothek der schönen Wissenschaften und der freyen Künste, Bd. 5, St. 2 (1762), 311–317; vgl. auch die klimatheoretische Argumentation im Blick auf die Wirkungsästhetik Dubos': [Heinrich Wilhelm von Gerstenberg], Von der Kritik der Empfindungen über eine Stelle des Herrn du Bos, in: Bibliothek der schönen Wissenschaften und der freyen Künste, Bd. 8, St. 1 (1762), 1–20; Hierzu ausführlich: Anne-Bitt Gerecke, Transkulturalität als literarisches Programm Heinrich Wilhelm von Gerstenbergs Poetik und Poesie, Göttingen 2002, 104–109.

dukt.[104] Aufgrund der seit der Antike in unterschiedlicher Differenzierung postulierten drei Klimazonen rückt für die deutschen Literaten der 1760er und 1770er-Jahre die ‚nordische‘, d. h. die skandinavische und englische Literatur, ins Blickfeld der nationalliterarischen Programmatik. Shakespeare, Ossian, Skalden und Barden können aufgrund dieser fingierten gemeingermanischen Verwandtschaft zum Vorbild einer Literatur erklärt werden, die ihre Fundierung in der nationalen Natur gefunden zu haben glaubt. Johann Gottfried Herder sammelt seine Volkslieder für „Nation! Volk! Einen *Körper*, der Vaterland heißt!"[105] Sein Bild für die Geschichte Deutschlands ist das eines „verstümmelt[en]" Baumes.[106] Die Volkslieder sollen dem entgegenwirken, sie sollen die „Rüstkammer eines neuen Deutschen Genies" werden.[107]

Ein Blick auf Klopstocks Hermannsdramen zeigt, wie sehr sich das Bild der Nationalidylle, die Rolle der Skalden und Barden, im Vergleich zu Schlegel und Schönaich verändert hat. Der Verteidigungskrieg gegen die Römer und die Bereitschaft zum Tod für das Vaterland wachsen in der *Hermanns Schlacht* zu einer blutrünstigen *unio mystica* mit der naturalisierten Nation, begleitet und beeinflußt von den Gesängen der Barden und den Weihehandlungen der Druiden.[108] Auch in *Hermanns Tod* erhält das idyllische Setting einen hohen Eigenwert. Jäger, Fischer, Hirten, Schiffer und Ackerleute treten auf, um Thusnelda willkommen zu heißen. Ein Vers des ‚Hirtenliedes‘ lautet:

Komm buntes Lämchen, und weide wie sonst,
Im kühlen Thal.
Frischer wächst dort, und weicher jetzo der Klee;
Denn Eine
Kam wieder! Da die Eine wiederkam,
Ward deinem Hirten weisser der Blütenbaum;

---

104 Heinrich Wilhelm von Gerstenberg, Gedicht eines Skalden, Leipzig 1766. Heinrich Wilhelm von Gerstenberg, Briefe über Merkwürdigkeiten der Literatur. Drei Sammlungen und Fortsetzung in einem Band, Hildesheim, New York 1971; vgl. dazu: Gerecke, Transkulturalität als literarisches Programm (wie Anm. 103), 157–207 und 241–260.

105 Johann Gottfried Herder, Vorrede. Alte Volkslieder, in: Werke (wie Anm. 13), Bd. 3, 20. Kursivierung M. H.

106 Ebd., 22.

107 Johann Gottfried Herder, Herrn Prof. Mallets Geschichte von Dänemark, in: J. G. H., Sämtliche Werke, 33 Bde., hg. von Bernhard Suphan, Berlin 1877 ff., Bd. 1, 73–77, hier 74 f.

108 Friedrich Gottlieb Klopstock, Hermanns Schlacht. Ein Bardiet für die Schaubühne, in: F. G. K., Hermann-Dramen, Bd. 1, hg. von Mark Emanuel Amtstätter, Berlin, New York 2009, 1–154; vgl. Bernd Fischer, Das Eigene und das Eigentliche: Klopstock, Herder, Fichte, Kleist. Episoden aus der Konstruktionsgeschichte nationaler Intentionalitäten, Berlin 1995, 131–182; zum pietistischen Hintergrund des religiösen Vaterlandsenthusiasmus vgl. Gerhard Kaiser, Pietismus und Patriotismus im literarischen Deutschland. Ein Beitrag zum Problem der Säkularisation, Wiesbaden 1961.

Klangen lieblicher ihm von Nest im Strauch
Die Lieder.[109]

Emotion, Religion, Geschichte, Natur und Poesie sind hier eine untrennbare Einheit, ein Ideal, das allerdings gefährdeter denn je ist, steht die Ankunft der Hermann feindlich gesonnenen Fürsten doch unmittelbar bevor. Hirte, Jäger und Fischer wollen schließlich sogar für Hermann in die Schlacht ziehen.[110]

Bei Klopstock ist die Figur des Barden weit mehr als nur Staffage. Über weite Teile der drei Schauspiele dominieren die Gesänge der Barden. Nichts konnte dem religiös-patriotischen Enthusiasmus besser gerecht werden als ihre hymnischen Gesänge. Mit der formalen Neuschöpfung dramatischer „Bardiete", dem Wechselspiel aus Bardenchor, Kampfhandlung und Familiengeschichte, wird der ‚germanische' Inhalt über den Stoff hinaus zur Form verwandelt. Beinahe scheint die Handlung gegenüber dem Gefühlswert vernachlässigbar: „Das Motiv des Vaterlandes ist entsprechend nahezu austauschbar mit dem Du des Erlösers, des Freundes, der kleinen und großen Natur".[111] Tritt bei Schönaich der greise Barde als literarisch-historische Figur auf, nimmt Klopstock ihn zum Sinnbild seiner nationalen Inspirationspoetik: Die Fiktion der germanischen Barden präfiguriert die Rolle des Dichters in der Gegenwart: „So wend' ich mich seitwärts, und nehme des Barden Telyn / Und sing', o Vaterland, dich dir!" Hain und Baum sind Klopstocks organische Metaphern für das trotz aller Verstümmelungen ewig reproduktive Vaterland („Es schießen ja bald / Andere Stämme dir auf!").[112] Mit Naturbildern – der einbrechenden Abenddämmerung, dem befruchtenden Regen, dem Wind im „Hain" – faßt Klopstock die nationalreligiöse Inspiration des Dichters, in dessen „deutscheren Odenflug[]"[113] das Vaterland gegenwärtig erst spürbar wird.[114]

Der Bardenkult des sogenannten ‚Göttinger Hainbundes' intensivierte bekanntlich Klopstocks Oden zum Vorbild nehmend die germanischen Barden als nationalistisch-patriotisches Identitätsangebot für jugendliche Dichter. Unter den Namen Werdomar, Haining, Minnehold, Gottschalk, Bardenhold und Reimund nahmen die Dichter Heinrich Christian Boie, Ludwig Hölty, Johann Martin Miller, Johann Heinrich Voß, Gottlieb Dietrich Miller und Johann Thomas Ludwig Wehr spielerisch die Rollenfiktion der Barden an[115] und transferierten sie damit endgültig von der literarischen Figur in die Gegenwart des 18. Jahrhunderts.

---

[109] Friedrich Gottlieb Klopstock, Hermanns Tod, in: F. G. K., Hermann-Dramen (wie Anm. 108), 307.

[110] Ebd., 315.

[111] Bernd Fischer, Das Eigene und das Eigentliche (wie Anm. 108), 144.

[112] Friedrich Klopstock, Mein Vaterland, in: F. G. K., Oden (wie Anm. 98), 320–322, hier 321.

[113] Friedrich Klopstock, Thuiskon, in: F. G. K., Oden (wie Anm. 98), 248.

[114] Bernd Fischer, Das Eigene und das Eigentliche (wie Anm. 108), 145.

[115] Vgl. Paul Kahl, Das Bundesbuch des Göttinger Hains, Göttinger 2006, 285 f.

Die Natur verbürgt in ihren Gedichten die Tugend und die Freiheit der deutschen Nation, „Naturalisierung und Ethnisierung" erheben das Deutsche hier „in den Rang einer nicht hinterfragbaren Gegebenheit".[116] Hans-Martin Blitz wies darauf hin, wie sehr ihr vaterländischer Eifer die Lyrik der Befreiungskriege präfiguriert.[117] Herder freilich sah sein Konzept von Natur, Nation und Poesie mächtig mißverstanden. Den „innren Geist des Liedes", seine Originalität, wollte er nachgeahmt wissen, um eine Nationalpoesie zu befördern, die der Gegenwart entspricht, nicht aber, daß der Unterschied von „Verfassung, Lebensart, Sitten, Wissenschaft, Kunst und Denkart" eines anderen Jahrhunderts oder einer anderen Nation ausgewischt werde.[118] Insofern stimmt Herder mit Wieland, dem Intimfeind der Göttinger Barden, überein, der ebenso auf die Wandlungen der Kultur, den Stand der europäischen Aufklärung und die Veränderungen des „Germanischen Staatskörper" hinwies, um die „von vermeyntlicher Vaterlandsliebe brausenden Köpfe[]" zu jämmerlichen Anachronisten zu erklären.[119]

Die aufgeklärte höfische Gesellschaft des Heiligen Römischen Reichs blieb von den poetologischen und poetischen Wandlungen des Konzepts Natur und Nation nicht unbeeinflußt, wie sich am Beispiel der Schloßgärten zeigen läßt. Der Zusammenhang wird von den Zeitgenossen auch benannt: Justus Möser erklärt mit Blick auf die Formkunst des Sturm und Drang die Gärten der englischen „Brüder[]" zum Vorbild der deutschen Gartenkunst. Ihre Vielfalt füge sich besser zum deutschen Charakter und zum deutschen „Boden" als die einförmigen französischen Vorbilder.[120] Cornelius von Ayrenhoff, selbst ein Dichter, der noch in den 1760er Jahren Gottscheds Regelpoetik Folge leistete, spricht sich in dem

---

[116] Herrmann, Wandlungen des deutschen Nationalismus (wie Anm. 15), 60.

[117] Hans-Martin Blitz, „Gieb, Vater, mir ein Schwert!". Identitätskonzepte und Feindbilder in der ‚patriotischen' Lyrik Klopstocks und des Göttinger ‚Hain', in: Herrmann, Blitz, Moßmann (Hg.), Machtphantasien (wie Anm. 7), 80–122.

[118] Johann Gottfried Herder, Rezension der „Bardenfeyer am Tage Theresiens, Wien 1770", in: Sämtliche Werke (wie Anm. 107), Bd. 5, 330 ff. Vgl. ähnlich Johann Gottfried Herder, Briefwechsel über Ossian, in: Werke (wie Anm. 13), Bd. 2, 493: „Ossian, die Lieder der Wilden, der Skalden, Romanzen, Provinzialgedichte könnten uns auf bessern Weg bringen, wenn wir aber auch hier nur mehr als Form, als Einkleidung, als Sprache lernen wollten".

[119] Christoph Martin Wieland, Zusätze des Herausgebers zu dem vorstehenden Artikel, in: C. M. W.; Gesammelte Schriften, 1. Abt. Werke, hg. von der Deutschen Kommission der Königlich Preußischen Akademie der Wissenschaften, seit 1954 hg. von der Deutschen Akademie der Wissenschaften zu Berlin, seit 1969 durch Hans Werner Seiffert, Bd. 1–23, Berlin 1909–1972, Abt. 1, Bd. 21, 30 f. und 35.

[120] Justus Möser, Über die deutsche Sprache und Literatur, in: J. M.; Sämtliche Werke. Historisch=Kritische Ausgabe, 14 Bde., mit Unterstützung des Landes Niedersachsen und der Stadt Osnabrück hg. von der Akademie der Wissenschaften zu Göttingen, Oldenburg, Osnabrück, Berlin 1943–1981, Bd. 3, 75 und 79 f.

Nachwort zu seinem Alexandriner-Schauspiel *Hermanns Tod* (1768) für die Errichtung von Denkmälern des deutschen Helden in den Gärten der Fürsten aus.[121]

2. Nation und Garten

Förderer der deutschen Gartenkunst nach englischem Vorbild waren insbesondere die mittleren und kleineren Fürsten des Reiches. Schon in der ersten Hälfte des 18. Jahrhunderts hielt die freie, ungeordnete Natur Einzug in die Schloßgärten. Neben religiösen Felsengärten und Eremitagen integrierten die Gartenarchitekten dabei immer mehr geschichtsträchtige Staffagen und Szenen, die seit Mitte des Jahrhunderts unverkennbar national-patriotische Töne anschlagen konnten.[122] Das englische Stonehenge und Parkanlage wie Stourhead zum Vorbild nehmend suchte man in Deutschland nach Findlingen und anderen altdeutschen Monumenten und vermischte diese mit ‚gotischen' Bauten wie künstlichen Ruinen, Burgen und unterirdischen Gängen.[123] Natur, Geschichte und Nation wurden dabei in der Landschaft künstlich, aber greif- und sichtbar als Einheit dargestellt – oft in direktem Rekurs auf die deutsche Poesie und die deutschen Poeten.

Leopold Friedrich Franz von Anhalt-Dessaus Wörlitzer Park ist wohl das imponierendste Beispiel hierfür. Nicht nur Antik-Römisches, auch Deutschtümelndes kommt dabei zum Zug. Seien es die Denkmäler für deutsche Poeten, die kreisförmig zum „Skaldengrab" angeordneten Steine nahe der gotisierenden „Luisenklippe" oder das berühmte „Gotische Haus", dessen Kamin mit Kupferstichen von Szenen aus Schönaichs Hermannsepos versehen war.[124]

Der Landschaftsgarten im Seifersdorfer Tal unweit von Dresden wurde in den 1780er-Jahren von dem Grafen Hans Moritz Brühl und seiner Gattin Christina errichtet und zielte ganz auf die empfindsame Naturerfahrung.[125] „Die Schönheiten der Natur sind nur für gefühlvolle Seelen geschaffen", lauten die ersten Sätze der enthusiastischen Beschreibung Wilhelm Gottlieb Beckers, die man stellenweise

[121] Cornelius von Ayrenhoff, Hermanns Tod. Ein Trauerspiel in fünf Aufzügen, in: C. A., Sämmtliche Werke, neu verbesserte und vermehrte Auflage in sechs Bänden, Bd. 1, Wien 1803, 190.

[122] Adrian von Buttlar, Das ‚Nationale' als Thema der Gartenkunst, in: Ulrich Herrmann (Hg.) Volk – Nation – Vaterland, Hamburg 1996, 185–206.

[123] Vgl. Michael Niedermeier, Germanen in den Gärten. ‚Altdeutsche Heldengräber', ‚gotische' Denkmäler und die patriotische Gedächtniskultur, in: Jost Hermand, M. N. (Hg.), Revolutio germanica. Die Sehnsucht nach der ‚alten Freiheit' der Germanen. 1750–1820, Frankfurt am Main 2002, 21–116.

[124] Niedermeier, Germanen in den Gärten (wie Anm. 123), 23 f.; Buttlar, Das ‚Nationale' als Thema der Gartenkunst (wie Anm. 122), 141–152.

[125] Adrian von Buttlar, Der Landschaftsgarten. Gartenkunst des Klassizismus und der Romantik, Köln 1989, 152–158.

selbst beinahe eine Naturhymne nennen kann. [126] Oft soll in diesem Landschaftsgarten schon die „bloße Benennung der Naturbilder"[127] das gewünschte Gefühl
stimulieren: Neben der „Linde der Ruhe" oder der „Quelle der Vergessenheit
der Sorgen" und einem Aussichtsplatz mit dem wenig subtilen Namen „Ach
wie schön" findet sich die sogenannte Hermannseiche, die Becker wie folgt beschreibt:

> Schild, Schwerdt, und Lanze sind, mit einem Streitkolben gruppirt, an der Eiche auf-
> gehangen, und unten drunter bilden zusammengesetzte Felsenstücke einen Altar, in
> dessen Mitte eine Höhlung ist, die einen altdeutschen Aschenkrug nebst einem kleinen
> Thränenkruge verwahrt. Wie ehrwürdig ist nicht dieß Denkmal durch die passende Ein-
> fachheit, die den Blick auf das Zeitalter des deutschen Helden zurück leitet.[128]

Becker schildert Hermanns Heldentaten, ruft das Denkmal „Irminsul" in Erinnerung, das angeblich von den Germanen zu Ehren ihres ermordeten Führers aufge-
stellt worden sei, betont aber auch die Differenz zur deutschen Frühgeschichte:
Der „deutsche Boden" sei nicht mehr von den „rauhen Sitten" geprägt und
„der kriegerische Muth" habe die „Waffen vertauscht." „Glücklicher ist die Verfassung des Landes; schöner der Sieg der Vernunft über Aberglauben und Thor-
heit". „Seltener" aber „die Tugenden der Alten", die jedoch, das zeigt das Denkmal im Seifersdorfer Tal, „nicht verloren" seien, sondern „in edlen deutschen Herzen" weiter vererbt werden. „Wer nicht stolz ist, ein Deutscher zu seyn, der ist des
lieben Vaterlandes nicht werth, ist ausgeartet", heißt es schließlich.[129] Keine Frage, daß hier auf den religiösen-naturenthusiastischen Nationalismus der Klop-
stock-Bardiete Bezug genommen und zugleich am optimistischen Selbstlob
der deutschen Aufklärung im Heiligen Römischen Reich festgehalten wurde.[130]

   Christian Cay Lorenz Hirschfelds Gartentheorie ist ein einschlägiges Zeugnis
dafür, wie die nationalen Motive der Literatur in die Gärten der adelig-höfischen
Kultur wanderten.[131] Wiewohl Hirschfeld insbesondere im vierten und fünften
Band von den deutschen Genies spricht, zeigt er sich noch vielfach den Argumenten der aufgeklärten Wirkungsästhetik verpflichtet. Er ist wie Schlegel überzeugt,
daß ein ‚natürlicher' Garten, der die freie Landschaft mit der Kunst geschickt verbindet, „die Einbildungskraft und die Empfindung, stärker als eine blos natürlich

---

[126] Wilhelm Gottlieb Becker, Das Seifersdorfer Thal, Leipzig, Dresden 1792, 1.
[127] Buttlar, Der Landschaftsgarten (wie Anm. 125), 154.
[128] Becker, Das Seifersdorfer Thal (wie Anm. 126), 28.
[129] Ebd., 30.
[130] Dazu: Buttlar, Das ‚Nationale' als Thema der Gartenkunst (wie Anm. 122), 191 f.
[131] Ich folge hier im Wesentlichen den Hinweisen bei Wolfgang Schepers, C.C.L. Hirschfelds
Theorie der Gartenkunst (1779–85) und die Frage des ‚deutschen Gartens', in: Park und Garten im
18. Jahrhundert. Colloquium der Arbeitsstelle 18. Jahrhundert, Heidelberg 1978, 83–92, und
Buttlar, Das ‚Nationale' als Thema der Gartenkunst (wie Anm. 122).

schöne Gegend bewegen kann".[132] Die Forderung nach einer deutschen Garten-
architektur, die dem deutschen Nationalgeschmack entspräche, beruht auf klimatheoretischen Überzeugungen. „Dem Deutschen ist es nicht anständig, in seinen
Gärten bloßer Nachahmer zu seyn", ruft Hirschfeld, eine Jahrhundertdebatte der
Literatur aufnehmend. „Vernünftiger Gebrauch der Kenntnisse" sei es, nur das
von anderen Nationen aufzunehmen, „was man selbst bey seinem Klima, bey seinen Landeinrichtungen, bey seinen Bedürfnissen anwendbar findet". Während
die französischen Gärten zu einförmig seien, verbänden sich in den englischen
Gärten zu viel Unnatur mit heterogenen Baustilen.[133] Die Deutschen müßten
zu ihrem eigenen nationalcharakteristischen Stil finden, der sich bei manchen
Fürstenhöfen schon vorbereite.[134] An Stelle der griechischen Tempel und römischen Villen hätten der deutschen „Bauart" entsprechende Ruinen eine weit größere „Wahrscheinlichkeit" für das einheimische Publikum.[135] „Am meisten müssen uns Statuen, die der Patriotismus dem nationalen Verdienst errichtet, interessant seyn; die Bildnisse der Männer, die mit uns zu einer Nation gehören [...]".[136]
Inschriften seien, so Hirschfeld, zum besseren Verständnis des „größeren Haufens" beizugeben.[137] Hirschfeld wollte jedoch nicht allein Vernunft und Moral
vermitteln, sondern das Nationale selbst, repräsentiert in der Einheit von Natur
und Geschichte. Angesichts des englischen Landschaftsgartens von Schloß Harb-
ke nahe Helmstedt notiert er:

> Wir empfinden alsdenn in heiliger Stille das Gefühl der Druiden; um uns her liegen die
> Ueberbleibsel alter deutscher jetzt unbekannter Helden und Heerführer, guter Väter ih-
> rer Stämme, biederer Männer. [...] Die Gattinn hing allein am Arme ihres Mannes, ihre
> Kinder gehörten beyden eigentühmlich, und sie sahen sich darinn vervielfältigt und für
> die Zukunft erhalten. Rohe Natur! Sagt wohl hier einer oder der andere, sie war jedoch
> glücklich diese rohe Natur, und erst dann hörte wahre Deutschheit auf zu seyn, als der
> Römer Trug und List in die Nation brachte.[138]

Hirschfeld steht zwischen den Prinzipien aufgeklärter Theorie und nationalem
Geniekult, mit klarem Übergewicht zu letzterem. Er blieb dabei aber nicht ein
Theoretiker für Schloß- und aristokratische Parkanlagen. Als einer der ersten pro-
pagierte er die Idee des Volksgartens, den auch der König nur als Teil der überständisch gedachten Nation beträte[139] – ein moderner Gedanke, wiewohl damit

---

[132] Christian Cay Lorenz Hirschfeld, Theorie der Gartenkunst I–V, 2 Bde. Mit einem Vorwort von
Hans Foramitti, Hildesheim, New York 1973, Bd. 1, 156.
[133] Hirschfeld, Theorie der Gartenkunst I (wie Anm. 132), Bd. 1, 142 f.
[134] Hirschfeld, Theorie der Gartenkunst III (wie Anm. 132), Bd. 1, 132.
[135] Ebd., 114.
[136] Ebd., 131.
[137] Ebd., 155.
[138] Hirschfeld, Theorie der Gartenkunst IV (wie Anm. 132), Bd. 2, 242 f.
[139] Buttlar, Das ,Nationale' als Thema der Gartenkunst (wie Anm. 122), 196–198.

kein Umsturz der ständischen Ordnung intendiert war. Auch er fußt aber wie die gesamte Poetik der nationalisierten Gartenkunst auf der unhintergehbaren Verbindung von Natur und Nation, ohne die der Nationalismus der Folgezeit nicht zu denken wäre.

Daß die Literaturgeschichte des Aufklärungsjahrhunderts an der Verbreitung dieser Fiktion nicht unbeteiligt war, sollte in diesem Aufsatz gezeigt werden.

Im Laufe der „nationalen Sattelzeit" (Ute Planert) wurden Nationskonzepte zunehmend naturalisiert. Die Literaturgeschichte spielt dabei eine wesentliche Rolle. In drei Schritten verfolgt der Aufsatz den Transformationsprozess des nationalen Denkens im Kontext des sich wandelnden Naturbegriffs: Zum einen wird die nationale Wettkampfrhetorik im sog. deutsch-schweizerischen Literaturstreit skizziert, um demgegenüber die vormerklich funktionale Bedeutung des Nationalen und Nationalcharakteristischen in den Poetiken Gottscheds, Bodmers, Breitingers und Schlegels gewahr zu werden. Ein Blick auf die ‚Nationalidyllen' der aufgeklärten Hermannsdichtung zeigt, wie Natur und Nation trotz eines rationalen Naturbegriffs und in den Grenzen aufgeklärter Poetik als Einheit dargestellt wurden und so das Bildreservoir für spätere Generationen entstand. Die Wendung zu einem organologisch-dynamischen Naturdenken um die Mitte des 18. Jahrhunderts ermöglichte eine weit intensivere und scheinbar substantialisierte Verbindung von Natur und Nation, die sich schließlich auch in den Gärten und Parkanlagen der höfischen Gesellschaft niederzuschlagen begann.

In the course of the „nationale Sattelzeit" (Ute Planert) concepts of nation were increasingly naturalized – a development in which the history of literature plays an important role. This essay traces the process of transformation of national thinking in the context of the changing concept of nature in three steps: Firstly, it sketches the national rhetoric of competition of the so-called German-Swiss controversy, in order to highlight the mainly functional meaning of the national and the nationally characteristic in the poetics of Gottsched, Bodmer, Breitinger and Schlegel. Secondly, a closer examination of the national idylls of enlighted Hermann literature shows how – despite a rational concept of nature and within the limits of enlighted poetics – nation and nature were depicted as a unity and created a common reservoir of images for later generations. Thirdly, the turn towards an organologic-dynamic thinking of nature around the middle of the 18th century permitted a more intensive and apparently substantialized connection of nation and nature, which finally started to affect the design of gardens and parks of the courtly society.

Markus Hien, Universität Würzburg, Institut für deutsche Philologie / Neuere Abteilung, Lehrstuhl für neuere deutsche Literatur- und Ideengeschichte, Am Hubland, D-97074 Würzburg, E-Mail: Markus.Hien@wuerzburg.de

MARIANNE WILLEMS

Das Erdbeben in Chili in seinem Veröffentlichungskontext

Zum Zusammenhang von Naturkonzeption und Nationalismus bei Heinrich von Kleist

> „Nichts mehr von Natur"!
> *(Familie Schroffenstein)*

Traditionell wird Kleists Erzählung *Das Erdbeben in Chili* zu zwei zeitgeschichtlichen Ereignissen in Beziehung gesetzt: zum Erdbeben in Lissabon 1755 und der dadurch forcierten Theodizee-Debatte sowie zur Französischen Revolution 1789. In der Zusammenführung philosophie- und sozialgeschichtlicher Deutungen repräsentiert das ‚physische Übel' der Naturkatastrophe dann das ‚moralische Übel' der Revolution.[1]

Nun liegt die vor allem in Frankreich geführte Theodizee-Diskussion zum Zeitpunkt der Entstehung der Erzählung bereits rund 50 Jahre zurück. Das Leibnizsche Theodizee-Konzept und die ihm zugrunde liegende Vorstellung der ‚natura

---

[1] Vgl. Harald Weinrich, Literaturgeschichte eines Weltereignisses: Das Erdbeben von Lissabon, in: H.W., Literatur für Leser. Essays und Aufsätze zur Literaturwissenschaft, München 1986, S. 74 – 91; Hedwig Appelt, Dirk Grathoff, Heinrich von Kleist *Das Erdbeben in Chili*, Stuttgart 1993 (= Erläuterungen und Dokumente), 36 ff.; Dirk Grathoff, Die Erdbeben in Chili und Lissabon, in: D.G., Kleist, Geschichte, Politik, Sprache, Opladen 1999, 96 – 111. Während gesellschaftsgeschichtliche Deutungen das „Bild des Erdbebens" üblicherweise in Beziehung zur Französischen Revolution setzen (Helmut Koopmann, Das Nachbeben der Revolution. Heinrich von Kleist: *Das Erdbeben in Chili*, in: Deutsche Romantik und französische Revolution. Internationales Kolloquium Karpacz 28. September–2. Oktober 1987, Wroclaw 1990, 85 – 107, hier 97; vgl. auch Helmut J. Schneider, Der Zusammensturz des Allgemeinen, in: David E. Wellbery [Hg.], Positionen der Literaturwissenschaft. Acht Modellanalysen am Beispiel von Kleists *Das Erdbeben in Chili*, München ³1993, 110 – 129), stellte Friedrich A. Kittler in seiner diskursanalytischen Untersuchung (Ein Erdbeben in Chili und Preußen, in: ebd., 24 – 38) einen weit direkteren und konkreteren Zeitbezug her: Die Novelle propagiere die Partisanenkriegstechnik, den ‚totalen Volkskrieg' zur Rettung vor Napoleon mit dem ‚listigen Hintergedanken', daß dieser Volkskrieg zugleich die Vernichtung der alten fürstlichen Ordnung impliziere. Zur Kritik an der Beliebigkeit dieser Interpretation Claudia Liebrand, Das suspendierte Bewußtsein. Dissoziation und Amnesie in Kleists *Erdbeben in Chili*, in: Jahrbuch der deutschen Schillergesellschaft 36 (1992), 95 – 134, hier 97, Anm. 10.

Aufklärung 25 · © Felix Meiner Verlag 2013 · ISSN 0178-7128

naturata', die von der Weisheit und Güte ihres Schöpfers zeugt, ist 1807 in der ,Hochliteratur', der Ästhetik der Klassik und Romantik, ebenso wie in der Philosophie und der Historiographie eigentlich überholt.[2] Entsprechend hat man sich große Mühe gegeben, den Anschluß Kleists an die Theodizee-Diskussion des 18. Jahrhunderts mit ihren wichtigsten Repräsentanten: Leibniz, Pope, Voltaire, Rousseau, Kant, zu (re)konstruieren und Verbindungslinien zu den Sinnangeboten des deutschen Idealismus herzustellen.[3]

Völlig vernachlässigt wurde dagegen der Veröffentlichungskontext der Erzählung und damit einhergehend das Alltagswissen, das sich aus popularphilosophischen, religiösen und literarischen Traditionen speist und nicht mit den Wendepunkten der Philosophiegeschichte Schritt hält. So konnte die jüngere literaturgeschichtliche Aufklärungsforschung, die sich verstärkt der Popularphilosophie zugewandt hat, die Tradierung der Vorstellung einer kosmologisch gedeuteten, rational geordneten Natur, wie sie die wirkungsmächtige Schrift Johann Joachim Spaldings *Die Bestimmung des Menschen* transportiert, bis zum Ende des 18. Jahrhunderts und darüber hinaus nachweisen.[4] Auch in den Erzählungen der Un-

---

[2] Im letzten Drittel des 18. Jahrhunderts setzt sich insbesondere in Philosophie und Dichtung, namentlich bei Herder, Goethe, Hölderlin, Schelling, Hegel das organologisch-dynamische Konzept einer sich selbst bildenden ,Gott-Natur' spinozistischer Prägung durch und verdrängt die Vorstellung der vernünftig geordneten ,natura naturata'. Vgl. Wolfgang Riedel, Deus seu Natura. Wissensgeschichtliche Motive einer religionsgeschichtlichen Wende – im Blick auf Hölderlin, in: Höderlin-Jahrbuch 31 (1998/1999), 171–206; vgl. hierzu auch Markus Hien, Natur und Nation. Zur literarischen Karriere einer Fiktion in der deutschen Aufklärung, in diesem Band, 219–246. Ideengeschichtlich bezeichnet Kants Teleologiekritik den Bruch mit dem Denken, das dem Menschen seinen Platz und damit seine Bestimmung in einer vom Schöpfer zweckmäßig geordneten Natur zuwies. Vgl. Fotis Jannidis, Das Individuum und sein Jahrhundert. Eine Komponenten- und Funktionsanalyse des Begriffs ,Bildung', Tübingen 1996, 123 ff.; Philipp Ajouri, Die Krise der Realteleologie im 19. Jahrhundert, in: P.A., Erzählen nach Darvin, Berlin 2007, 64–138, hier 70 f.; Riedel, Deus seu Natura, 191 ff. Die Vorstellung von der Teleologie der Natur wird freilich – trotz Kant – in den Systemen des deutschen Idealismus, insbesondere bei Schelling und Hegel in modifizierter Form fortgeführt. Vgl. Ajouri, Die Krise, 71 ff.; Riedel, Deus seu Natura, 193 ff.

[3] Vgl. Thomas E. Bourke, Vorsehung und Katastrophe. Voltaires „Poème sur le désastre de Lisbonne" und Kleists „Erdbeben in Chili", in: Karl Richter, Jörg Schönert (Hg.), Klassik und Moderne. Die Weimarer Klassik als historisches Ereignis und Herausforderung im kulturgeschichtlichen Prozeß. Walter Müller Seidel zum 65. Geburtstag, Stuttgart 1988, 228–253; Susanne Ledanff, Kleist und die „beste aller Welten". Das Erdbeben in Chili – gesehen im Spiegel der philosophischen und literarischen Stellungnahmen zur Theodizee im 18. Jahrhundert, in: Kleist-Jahrbuch (1986), 125–155; Bernd Fischer, Das Erdbeben in Cili, in: B.F., Ironische Metaphysik. Die Erzählungen Heinrich von Kleists, München 1988, 17–37. Auch Werner Hamacher, Das Beben der Darstellung, in: Wellbery (Hg,), Positionen (wie Anm. 1), 149–173, zieht Verbindungslinien von der Theodizee-Debatte zu Kants Konzeption des Dynamisch-Erhabenen, wenn auch nicht im Sinne einer ideengeschichtlichen Rekonstruktion.

[4] Mit direktem Bezug zu Kleist vgl. Mark-Georg Dehrmann, Die problematische Bestimmung des Menschen. Kleists Auseinandersetzung mit einer Denkfigur der Aufklärung im *Aufsatz, den*

terhaltungsliteratur, die weiterhin dem aufklärerisch-empfindsamen Paradigma des 18. Jahrhunderts folgen, ist sie zu Beginn des 19. Jahrhunderts nach wie vor präsent und begründet deren Deutungs- und Handlungsmuster. Schon ein Blick auf die Erzählungen im unmittelbaren Veröffentlichungskontext des *Erdbeben in Chili* hätte davon überzeugen können.

Kleists Erzählung erschien erstmals im September 1807 unter dem Titel *Jeronimo und Josephe. Eine Scene aus dem Erdbeben zu Chili* in Cottas *Morgenblatt für gebildete Stände* (10.–15. September 1807, Nr. 217–221).[5] Die Erzählungen in ihrem Kontext zeugen nicht nur von der ungebrochenen Präsens der ‚natura-naturata'-Vorstellung des 18. Jahrhunderts. Sie legen zugleich – ebenso wie die Entstehungssituation der Erzählung – einen viel direkteren Zeitbezug als die Französische Revolution nahe. Das ‚physische Übel' der Naturkatastrophe im *Erdbeben in Chili* ist auf das ‚moralische Übel' des aktuellen Kriegsgeschehens, das im Oktober 1806 in der vernichtenden Niederlage Preußens in der Doppelschlacht von Jena und Auerstedt kulminiert, zu beziehen. Dieses Geschehen ist ab November 1805[6] immer wieder Thema in den Briefen Kleists. Formulierungs- und Motivähnlichkeiten in den Briefen vom 24. Oktober, 24. November und 6. Dezember 1806[7] sprechen für die Abfassung der Erzählung in einem zeitnahen Kontext.[8]

---

sichern Weg des Glücks zu finden, im *Michael Kohlhaas* und der *Hermannsschlacht*, in: Deutsche Vierteljahrsschrift für Literaturwissenschaft und Geistesgeschichte 81/2 (2007), 193–227, bes. 199 f. Vgl. auch Karl Eibl, Johann Joachim Spalding, in: K.E., Marianne Willems (Hg.), Individualität, Hamburg 1996 (= Aufklärung 9/2 [1996]), 139–140, hier 140; Jannidis, Das Individuum (wie Anm. 2), 117 ff.; ders., „Die Bestimmung des Menschen". Kultursemiotische Beschreibung einer sprachlichen Formel, in: Karl Eibl u.a. (Hg.), Aufklärung und Anthropologie, Hamburg 2002 (= Aufklärung 14 [2002]), 75–95.

⁵ Der leichteren Zugänglichkeit wegen wird die Erzählung wie üblich in der Fassung, die im ersten Band der *Erzählungen* 1810 erschien, zitiert, und zwar nach der Ausgabe Heinrich von Kleist, Sämtliche Werke und Briefe, 2 Bde., hg. von Helmut Sembdner, Darmstadt ⁸1985, Bd. 2, 144–159. Der durch Kleists Freund Rühle von Lilienstern während Kleists Inhaftierung in Frankreich vermittelte Abdruck im *Morgenblatt* unterscheidet sich lediglich durch den Titel und die Anzahl der Abschnitte von der späteren Fassung. In der Buchausgabe wurden die 29 Abschnitte des im *Morgenblatt* veröffentlichten Textes auf zwei reduziert. Nach Sembdner hatte das lediglich buchtechnische Gründe. Er stellt daher in seiner Ausgabe des Textes die ursprüngliche Gliederung in Absätze wieder her. Vgl. ebd., 902.

⁶ Preußen steht kurz vor dem Kriegseintritt, als die Niederlage Österreichs in der Schlacht von Ulm (Oktober 1805) und der österreichisch-russischen Allianz in der Schlacht von Austerlitz (2. Dezember 1805) den 3. Koalitionskrieg beendet. In der Folge muß Preußen den Vertrag von Schönbrunn (15. Dezember), einen „Unterwerfungsvertrag", unterzeichnen (Kurt von Raumer, Manfred Botzenhart, Deutsche Geschichte im 19. Jahrhundert. Deutschland um 1800: Krise und Neugestaltung von 1789 bis 1815, Wiesbaden 1980 [Handbuch der Deutschen Geschichte, 3/1 a], 158), dessen Bedingungen sich mit dem Vertrag von Paris (15.2.1806), der zur Schließung der Häfen für die Engländer verpflichtete, noch verschärften (ebd., 189).

⁷ Im Brief an Ulrike von Kleist vom 24. Oktober, der mit dem Ausruf „Wie schrecklich sind diese Zeiten!" (Kleist, Sämtliche Werke [wie Anm. 5], Bd. 2, 770) beginnt, findet sich das Motiv der

Die Erzählung Das *Erdbeben in* Chili liefert wichtige Hinweise zum Verständnis von Kleists Hinwendung zu einem radikalen Nationalismus, wie er erstmals 1808 im Drama *Die Hermannsschlacht* zum Ausdruck kommt. Im folgenden möchte ich zunächst die Deutungsmuster aufzeigen, mit denen in den Erzählungen des *Morgenblatts* im unmittelbaren Kontext der Kleistschen Erzählung auf die Zeitereignisse reagiert wird,[9] und die Verbindungslinien dieser

liebenden Vereinigung mit den nächsten Menschen angesichts des „allgemeinen Elends" in diesen „fürchterlichen Augenblicken" des Kriegs (ebd., 771), das an die liebende Anteilnahme und wechselseitige Hilfe der im Tal Versammelten angesichts des „allgemeine[n] Unglücks" in den „gräßlichen Augenblicken" des Erdbebens (ebd., 152) erinnert. Den Brief an Marie von Kleist vom 24. November 1806 beginnt Kleist mit der bangen Frage: „O meine teuerste Freundin! Leben Sie noch? Haben Sie so viele Schrecknisse, gleichzeitig auf Sie einstürzend, ertragen können?" (ebd., 771). Im Brief an Ulrike vom 6. Dezember klingt das Deutungsmuster der Erzählung an, daß das „allgemeine Unglück" (ebd., 152) die Menschen moralisch bessere: „In der Tat schien mitten in diesen gräßlichen Augenblicken, in welchen alle irdischen Güter der Menschen zugrunde gingen […] der menschliche Geist selbst wie eine schöne Blume aufzugehen" (ebd., 152), heißt es im *Erdbeben in Chili*. „Es scheint mir, als ob das allgemeine Unglück die Menschen erzöge, ich finde sie weiser und wärmer und ihre Ansicht von der Welt großherziger" (ebd., 773), schreibt Kleist im Brief an Ulrike. Die preußische Königin Luise führt er dann als Beispiel für diejenigen auf, die bis vor kurzem noch mit „nichtssagenden Unterhaltungen" (ebd., 152) – so die Formulierung im *Erbeben in Chili* – beschäftigt waren, nun aber ‚Größe' zeigen: „An unserer Königin kann ich nicht ohne Rührung denken. In diesem Kriege, den sie einen unglücklichen nennt, macht sie einen größeren Gewinn, als sie in einem ganzen Leben voll Frieden und Glück gemacht haben würde. Man sieht sie einen wahrhaft königlichen Charakter entwickeln. Sie hat den ganzen großen Gegenstand, auf den es jetzt ankommt, umfaßt; sie deren Seele noch vor kurzem mit nichts beschäftigt schien, als wie sie beim Tanzen, oder beim Reiten gefalle" (ebd., 773).

[8] Als Entstehungszeit der Erzählung wird meist sehr pauschal und ohne Begründung der Zeitraum Mai 1805 bis August 1806 angegeben. Thomas Wichmann (Heinrich von Kleist, Stuttgart 1988, 96) behauptet sogar, das Manuskript sei noch während des Jahres 1806 durch Vermittlung von Rühle von Lilienstern an Cotta gelangt, was der Faktenlage widerspricht. Aus den Briefen Kleists geht eindeutig hervor, daß die Erzählung erst während seiner Inhaftierung in Frankreich (Ende Januar bis Juli 1807) durch Rühle an Cotta weitergeben wurde (vgl. den Brief vom 17. September 1807 an Cotta; Kleist, Sämtliche Werke [wie Anm. 5], Bd. 2, 791). Rühle vermittelte in dieser Zeit auch die Dramenmanuskripte *Amphitryon* und *Der zerbrochene Krug* an Verleger und Buchhändler, um Geld für Kleists Unterhalt während der Inhaftierung zu beschaffen. Da Rühle in Dresden war, als Kleist am 30. Januar in Berlin verhaftet wurde, und Kleist seit Anfang Oktober keinen Kontakt mehr zu Rühle hatte, folgerte Hans Joachim Kreutzer (Die dichterische Entwicklung Heinrichs von Kleist. Untersuchungen zu seinen Briefen und zu Chronologie und Aufbau seiner Werke, Berlin 1968, 189) die Novelle müßte spätestens im Herbst 1806 vollendet gewesen sein. Dabei setzt er voraus, daß das Manuskript von Kleist direkt an Rühle weitergegeben wurde, was keineswegs zwingend ist, erhält doch Rühle auch das Manuskript des Dramas *Der zerbrochenen Krug* über Marie von Kleist, der es Kleist zugesandt hatte. Vgl. Heinrich von Kleist, Sämtliche Werke (wie Anm. 5), 929.

[9] Ich beziehe mich dabei auf eine Untersuchung der Erzählungen der ersten beiden Jahrgänge von Cottas *Morgenblatt für gebildete Stände*, die ich bereits an anderer Stelle dargestellt habe: Marianne Willems, Geschichten und Geschichte. Die Inszenierung der Geschichte in den Erzählungen des *Morgenblatts für gebildete Stände* (1807–1808), in: Uta Klein, Katja Mellmann, Stef-

Deutungsmuster zu Konzeptionen des Nationalismus im 18. Jahrhundert wenigstens andeuten.

Kleist verwendet, wie im zweiten Schritt der Argumentation darzustellen sein wird, die gleichen populären Deutungsmuster, die das Alltagsbewußtsein der Zeit prägen, um die Kontingenz der Zeitereignisse zu bannen. Sie und ihr Bezugsrahmen, die Naturvorstellung der Leibniz-Wolffschen Metaphysik, bilden den Wissenskontext, auf den sich die Kleistsche Erzählung bezieht. Kleist zitiert, wie zu zeigen sein wird, diese Deutungsmuster, löst sie aber nicht mehr ein, weil ihre Grundlage, die ,vernünftige Ordnung der Natur', für ihn ihre Plausibilität verloren hat, ein neues Naturkonzept ihm aber nicht zur Verfügung steht.

Kleists Hinwendung zu einem aggressiven, xenophoben Nationalismus ist als Reaktion auf den mit diesem ,Naturverlust' drohenden Nihilismus zu verstehen. Ausgelöst wird sie durch die Zeitereignisse, die Kleist das Versagen der kosmologischen Naturvorstellung als umfassendes Orientierungsmodell – das bereits in der sogenannten ,Kantkrise' erschüttert wurde – noch einmal in drastischer Weise augenfällig machen. Kleists Nationalismus folgt damit nicht der im 18. Jahrhundert vorgezeichneten Bahn der „Naturalisierung der Nationsvorstellung",[10] die schon auf der Basis der alten ,natura-naturata'-Vorstellung einsetzt, aber erst mit dem spinozistisch geprägten organologisch-dynamischen Naturkonzept, das sich im letzten Drittel des 18. Jahrhunderts durchsetzt, eine adäquate Formulierungsgrundlage findet.[11] Kleists Nationalismus – so die These, die ich abschließend zu skizzieren versuche – basiert vielmehr gerade auf einer konsequenten und radikalen ,Denaturalisierung' des Gesellschafts- und Moralkonzepts. Für Kleist ist jede Vorstellung einer zweckvoll geordneten Natur obsolet geworden, gleichviel ob sie als ,geschaffene Natur' eines transzendenten Gottes oder als ,natura-naturans', als ,bildende Gott-Natur', begriffen wird. Nation ist für Kleist entsprechend keine organisch-natürliche Einheit, die es zu befreien oder zu verteidigen gilt. Für Kleist kann keine Ordnung mehr auf Natur zurückgeführt und auf diese Weise als wahr und moralisch begründet werden.

---

fanie Metzger (Hg.), Heuristiken der Literaturwissenschaft, Paderborn 2006, 393–428. Dort auch Hinweise zum Programm des *Cottaschen Morgenblatts*, zum Stellenwert der Erzählungen und ihrer Auswahl sowie zu den anthropologischen Grundlagen der aufgezeigten Deutungsmuster.

[10] Hien, Natur und Nation (wie Anm. 2), 222, im Anschluß an: Hans Peter Herrmann, „Mein Arm wird stark und groß mein Muth (…)". Wandlungen des deutschen Nationalismus im 18. Jahrhundert, in: Hansjörg Bay, Kai Merten (Hg.), Die Ordnung der Kulturen. Zur Konstruktion ethnischer, nationaler und zivilisatorischer Differenzen 1750–1850, Würzburg 2006, 53–79; Bettina Brandt, Germania und ihre Söhne. Repräsentation von Nation, Geschlecht und Politik in der Moderne, Göttingen 2010, 86–93.

[11] Vgl. Hien, Natur und Nation (wie Anm. 2), 238 ff.

I.

Schon die Erzählung *Die unverhoffte Erbschaft* (August 1807, Nr. 204–207), die unmittelbar vor, und die Erzählung *An Woldemar* (Oktober 1807, Nr. 254–255), die unmittelbar nach Kleists Erzählung im *Morgenblatt* erschien, weisen erstaunliche Motivähnlichkeiten mit Kleists *Erdbeben in Chili* auf und demonstrieren, an welche konkreten historischen Ereignisse Leser im August 1807 dachten, wenn sie von Katastrophen, von Feuer und Sturm, von Tod und Vernichtung lasen. In der Erzählung *Die unverhoffte Erbschaft* wird der Krieg, konkret die Doppelschlacht von Jena und Auerstedt, permanent mit einer Naturkatastrophe verglichen. In den Metaphern vom „drohende[n] Ungewitter" (1807/2, 819),[12] das sich „immer furchtbarer zusammen" zog, vom „Sturmwind", der „über die Gegend" kam (ebd.), vom „Donner", durch den „Berg und Thal [...] erzitterten" (1807/2, 826) etc., wird vom Herannahen des Krieges und dem Ausbruch der Schlacht berichtet. Wie in Kleists Erzählung ergießt sich der Strom der aus der brennenden Stadt – hier aus dem zerstörten Jena und den umliegenden Ortschaften – Flüchtenden in ein „Thal": „Bald aber füllte sich das Thal mit den Flüchtigen aus der Gegend, wo tausend Feuerschlünde Verwüstung und Tod umherspien" (ebd.). In diesem Tal sind die durchlebten Greuel nicht weniger in drastischen „Bilder[n]" des Grauens"[13] präsent als in Kleists Erzählung.

> Sie hatten ihre friedlichen Wohnungen in Flammen aufgehen, ihre sauer erworbene Habe plündern und zertrümmern sehen, Freund und Feind war über sie hergefallen; hier jammerte ein Weib über den Verlust des Gatten; dort ein Greis über die Mishandlung einer einzigen geliebten Tochter; lallende Kinder irrten umher und weinten, denn sie hatten ihre Eltern verloren; jene heulende Mutter sucht ihr Kind; eine zweyte trägt den schlafenden Säugling an der Brust, und hält im andern Arme den bluttriefenden Leichnam ihres ältern Kindes; die Hufe der Pferde haben ihn zerfleischt [...] (ebd.).

Und ebenso wie Kleist läßt es der Autor auch nicht an ‚menschlich-rührenden Szenen' fehlen:

> [...] am folgenden Morgen zog ein Reutertrupp herein [ins Thal] mit einem Offizier an der Spitze. – Die Unglücklichen warfen sich ihm zu Füssen. Er sprach Deutsch; sie flehten um sein Mitleid; er war ein Mensch, und erbarmte sich ihrer [...] (ebd.).

In der in eine Brieffiktion gekleideten Erzählung *An Woldemar* schildert der Ich-Erzähler seine Erlebnisse als preußischer Soldat vor, während und nach der

---

[12] Zitate aus den Erzählungen des *Morgenblatts für gebildete Stände* werden direkt im Text durch die Angabe von Jahrgang und Seitenzahl in Klammern nachgewiesen.

[13] Christa Bürger, Statt einer Interpretation. Anmerkungen zu Kleists Erzählen, in: Wellbery (Hg.), Postionen (wie Anm. 1), 88–109, hier 107, kritisiert die „Bilder des Grauens" in Kleists Erzählung, die ohne Deutung und Zusammenhang mit den Bildern „der Seligkeit" (ebd.) präsentiert würden und so „jede Beziehung auf die Wirklichkeit verlieren" würden (ebd., 108).

Schlacht bei Jena. Auch hier wird der Krieg als flammendes Inferno beschrieben. Jena erscheint als „geplünderte, brennende Stadt" (1807/2, 1018): „Jena [...] stand in Flammen. Gleich einem Zerstörungs=Dämon schwebte die blutrote Dampf=Wolke weilend über der unglücklichen Stadt" (ebd.). Unwillkürlich wird man an Jeronimus' Weg durch das brennende St. Jago erinnert, wenn der Ich-Erzähler berichtet, wie er als Gefangener durch Straßen mit brennenden und zusammenstürzenden Häusern geführt wird. Auch er sieht sich, ähnlich wie Jeronimus, zum zweiten Mal an einem Tage knapp dem Tode entkommen:

> Der Weg führte uns durch die brennende Straße. Eben stürzte das Sparrwerk eines Hauses und ein Strom glühender Steine und Kalchmassen herab, und wir entgingen mit genauer Noth, zum zweyten Mal für heute, der Verstümmlung oder dem gewaltsamen Tode (ebd.).

Auch in der Erzählung *An Woldemar* häufen sich – als Tatsachenbericht gerahmt – ‚Bilder des Grauens'. Am Ende stellt der Erzähler sogar explizit die Frage nach dem Sinn all dieses – vermeintlich plötzlich wie eine Naturkatastrophe hereinbrechenden – Unglücks, also genau die Frage, die leitmotivisch Kleists Erzählung durchzieht:

> Und zu welchem Zweck so viel Qualen über Euch, Sterbliche? Und was hatte die schuldlose, friedliche Stadt verbrochen, das Alekto die volle Kelter des Grimms über ihr ausleerte? (1807/2, 1019).

An Woldemar ist die einzige von 10 Erzählungen der Jahrgänge 1807 und 1808 des Cottaschen *Morgenblatts*, die Zeitereignisse thematisieren, die diese Frage im neuen geschichtsphilosophischen Schema beantwortet. Napoleon erscheint hier als Vollstrecker des Geists der Geschichte, die zum Subjekt, zur ‚bildenden Natur', geworden ist, die sich „verjüngen will" und darum das Alte, das ihrem „Plane den Weg" vertritt, in „den Staub" zurückwerfen muß (1807/2, 1015).

Die übrigen Erzählungen geben andere Antworten: Drei Erzählungen verleihen den Zeitereignissen Sinn, indem sie sie im Märtyrerschema als Bewährungsproben der menschlichen Natur deuten. Sechs Erzählungen binden die Zeitereignisse so in die kausale und zugleich finale Motivierung ihrer Handlungen ein, daß sie, statt Zerstörung und Vernichtung in die Welt der Figuren zu bringen, gerade umgekehrt das Glück der Figuren herbeiführen. Alle diese Erzählungen folgen den Deutungsmustern des empfindsamen Diskurses des 18. Jahrhunderts und setzen die Vorstellung der Natur als vollkommene Schöpfung eines transzendenten Gottes voraus.[14]

---

[14] Hans-Georg Kemper hat in überzeugender Weise die Gottes- und Naturvorstellung der Neologie als Grundlage empfindsamer Literatur herausgearbeitet. Sie ist in der Leibniz-Wolffschen Metaphysik verankert und empfängt starke Einflüsse aus der englischen ‚moral sense'-Philosophie. Vgl. Hans-Georg Kemper, Neologie und Empfindsamkeit, in: H.-G.K., Deutsche Lyrik der frühen

Die für die empfindsame Semantik konstitutive Differenz von gesellschaftlicher und privater Sphäre strukturiert auch noch die Erzählungen des *Morgenblatts*
im Jahre 1807 und 1808. In den empfindsamen Romanen, Erzählungen und Dramen des 18. Jahrhunderts wurde diese Differenz als Differenz von Natur und Unnatur, von Land und Stadt, von privat-familiärer und höfisch-öffentlicher Sphäre,
von ‚kleiner Welt' und ‚großer Welt' inszeniert. Bevorzugter Handlungsraum
empfindsamer Dramen und Erzählungen war der ‚natürliche' gesellschaftsferne
Ort des Landguts. Die Gesellschaft, die ‚große Welt' oder einfach nur ‚die
Welt', wurde ausschließlich unter negativen Vorzeichen thematisiert. Vor allem
in der Gestalt des ‚Hofes' und der ‚Stadt' erschien sie im empfindsamen Roman
als Sphäre der Verstellung und des Scheins, der Unmoral und der Verführung, der
sinnlosen Zerstreuungen und der bloß sinnlichen Genüsse. Ihr stand die Familie
und die ihr angeschlossenen Kreise der Geselligkeit als Sphäre des „allgemein

Neuzeit, Bd. 6/1: Empfindsamkeit, Tübingen 1997, 151–498. Ein wichtiger Anregungstext für die
Neologen war Joseph Butlers „*The Analogy of Religion Natural and Revealed to the Constitution
and Course of Nature* (1736 erschienen, 1752 von Spalding übersetzt), der aus der Naturbetrachtung
die Vervollkommnung der physikalischen und moralischen Welt als „Plan Gottes" (ebd., 194)
entnahm. Neben Christian Fürchtegott Gellerts berühmten *Moralischen Vorlesungen* (siehe C.F.G.,
Moralische Vorlesungen. Moralische Charaktere, hg. von Sibylle Späth, Berlin, New York 1992 [=
Gesammelte Schriften. Kritische, kommentierte Ausgabe, Bd. 6]), die ganze Generationen von
Studenten in Leipzig durchliefen – noch Goethe hörte sie Ende der 1760er Jahre als junger Student –
gehört die Schrift *Die Bestimmung des Menschen* des Neologen Johann Joachim Spalding (siehe J. J.
S., Die Bestimmung des Menschen. Von neuem verbesserte und vermehrte Auflage, Leipzig 1768,
hg. von Horst Stephan, Gießen 1908, Neudruck in: Aufklärung 11/1 [1999], 69–95), die, erstmals
1749 erschienen, bis 1794 mindestens 13 Auflagen erreicht, zu den wirkungsmächtigsten nichtli-
terarischen Texten der Empfindsamkeit. Vgl. Kemper, Neologie und Empfindsamkeit, 166 ff.,
208 ff., 211 ff., 329 ff.; Dehrmann, Die problematische Bestimmung (wie Anm. 4), bes. 200 ff. Die
Ratio erhält in der Empfindsamkeit Unterstützung durch das Gefühl. Als ‚moral sense', als „natürliche[s] Gefühl des Guten und Edlen, das uns Gott ins Herz gedrückt hat" (Gellert, Moralische
Vorlesungen, 67), als natürliche Empfindung „der Güte und der Ordnung" (Spalding, Die Bestimmung, 79) zeigt das Gefühl die Übereinstimmung mit der rationalen Ordnung der Schöpfung an.
Paradigmatisch ist das in der *Bestimmung des Menschen* formuliert: „Solchergestalt habe ich die
Grundregeln […] des Rechts und der *moralischen* Ordnung erkannt. Ich habe erkannt, daß es nicht
bey mir steht, die Beziehungen der Dinge unter einander, aus welchen jene Regeln entspringen, noch
auch meine Empfindungen davon, zu ändern. […] Mein Werth und meine Glückseligkeit soll nun
darin bestehen, daß die oberherrschaftlichen Ansprüche der Wahrheit […] allein meine Handlungen
leiten; daß die reine Empfindung dessen, was sich schickt, meine eigentliche höchste Verbindlich-
keit ausmache; und daß ich also […] das seyn möge, wozu meine Natur und die allgemeine Natur der
Dinge mich bestimmen" (ebd., 81). Zum Einfluß der englischen ‚moral sense'-Philosophie auf die
Empfindsamkeit vgl. Gerhard Sauder, Empfindsamkeit, Bd. 1: Voraussetzungen und Elemente,
Stuttgart 1974, 73 ff. Zu ihren naturrechtlichen Grundlagen vgl. Friedrich Vollhardt, Selbstliebe und
Geselligkeit. Untersuchungen zum Verhältnis von naturrechtlichem Denken und moraldidaktischer
Literatur im 17. und 18. Jahrhundert, Tübingen 2001.

menschlichen [...] ‚natürlichen' Umgangs[]"[15] gegenüber. In der privatfamiliären Tugendwelt, fernab von Hof und Stadt, ist im empfindsamen Diskurs das wahre Glück zu Hause, das nicht auf ‚äußeren Glücksgütern', sondern auf der moralischen Integrität beruht.[16] Diese zu Beginn des 18. Jahrhunderts paradigmatisch in Samuel Richardsons Romanen formulierte Differenz findet sich fast unverändert auch noch in den untersuchten Erzählungen des *Morgenblatts* und bestimmt vor allem die Figurencharakteristik. So wird in der Erzählung *Die unverhoffte Erbschaft* Röschen, die Protagonistin, ganz im Sinne dieser empfindsamen Semantik als tugendhaftes *Land*mädchen geschildert. Sie zeichnet sich durch ‚ihr gutes Herz' und ihren ‚natürlichen Verstand' (1807/2, 814) aus. Sie ist glücklich, wenn Sie Glück und Freude stiften kann, und so die „Königinn" der „ländlichen Feste" (ebd.): „In den Ballsälen der Stadt würden ihr natürlicher Verstand, und ihre pfirsichrothen Wangen vielleicht wenig Glück gemacht haben, denn dort gilt nur Flittergold und nervenschwache Bläßlichkeit" (ebd.). Auch die Charakterisierung ihres Liebhabers, des Müllerssohns Fritz, ist an der Differenz von Stadt und Land, von ‚großer' und ‚kleiner' Welt orientiert. Wie es sich für einen Müllerssohn gehört, hatte er einige Jahre auf der Wanderschaft verbracht. Aber er ist durch seine Begegnung mit der

---

[15] Nikolaus Wegmann, Diskurse der Empfindsamkeit. Zur Geschichte eines Gefühls in der Literatur des 18. Jahrhunderts, Stuttgart 1988, 41.

[16] Vgl. hierzu ebd., bes. 41 und 51 f., und den Abschnitt „Individualität in der Empfindsamkeit" und die dort angegebene Literatur, in: Marianne Willems, Individualität – ein bürgerliches Orientierungsmuster. Zur Epochencharakteristik von Empfindsamkeit und Sturm und Drang, in: Hans-Edwin Friedrich, Fotis Jannidis, M.W. (Hg.), Bürgerlichkeit im 18. Jahrhundert, Tübingen 2006, 178 – 189. Die Differenz von privater und gesellschaftlicher Sphäre ist im empfindsamen Diskurs zwar selbstverständlicher Bezugspunkt der Orientierung, sie wird aber noch nicht als strukturelle Differenz zwischen Interaktionssystem und Gesellschaftssystem reflektiert, sondern moralisch gedeutet. Wie in der Naturrechtstradition wird auch im empfindsamen Diskurs zwischen Gesellschaft und Gemeinschaft noch nicht begrifflich unterschieden. Beide Termini gelten als Synonyme für das Soziale, das ausschließlich von der zwischenmenschlichen Interaktion her gedacht wird. Vgl. Wegmann, Diskurse der Empfindsamkeit (wie Anm. 15), 19; vgl. auch Manfred Riedel, Gesellschaft, Gemeinschaft, in: Otto Brunner, Werner Conze, Reinhart Koselleck (Hg.), Geschichtliche Grundbegriffe. Historisches Lexikon zur politisch-sozialen Sprache in Deutschland, Bd. 2, Stuttgart 1979, 801 – 862. Die natürliche Bestimmung des Menschen zur Geselligkeit bezeugt in der Empfindsamkeit jedoch nicht mehr in erster Linie die Vernunft, sondern die Evidenz des Gefühls. Zwar war diese Bestimmung auch schon im Naturrecht Pufendorfs als Neigung verankert, aber von der Emotionalisierung, wie sie in den Schriften der Empfindsamkeit hervortritt, war die Formulierung dieses Prinzips noch weit entfernt. Vgl. Vollhardt, Selbstliebe und Geselligkeit (wie Anm. 14) 80 f.; Willems, Individualität – ein bürgerliches Orientierungsmuster, 178 ff. Erst diese Emotionalisierung, die freilich die Autorität der Ratio noch nicht tangiert, begründet die Konzentration auf die unmittelbare Face-to-face-Kommunikation im privaten Raum und läßt die Differenz von privatem und öffentlichem Bereich zur Leitdifferenz des empfindsamen Diskurses werden (vgl. ebd.).

‚großen Welt' nicht verdorben worden: Er hatte „viel gesehn, viel erfahren; aber sein Herz war rein geblieben, wie es die väterliche Flur verlassen hatte" (ebd.). Bezeichnet in der *Unverhofften Erbschaft* eine abseits in einem Tal gelegene Mühle den ‚natürlichen', ‚gesellschaftsfernen' Raum der Familie, so in der Erzählung *Das Wiederseh'n* (Februar 1808, Nr. 35, 139 ff.) ein einsames Forsthaus im Wald. Aber auch ein „kleines ärmliches Zimmer" kann diese Funktion übernehmen, wie die Erzählung *Die Einquartirung* (April 1808, Nr. 96 – 97, 382 ff.) zeigt:

> ja wir nannten uns und waren wieder glücklich, als ich eine Tochter, meine Henriette, gebohren hatte. Da war das von uns bewohnte kleine ärmliche Zimmer ein Pallast; geschieden von der Welt und ihren rauschenden Freuden und betäubenden Genüssen fühlten wir uns aufgenommen in den Himmel des bessern Lebens (1808/1, 383).

In die im empfindsamen Diskurs etablierte Differenz von kleiner privatfamiliärer Tugendwelt und großer Welt der Gesellschaft lassen sich die Zeitereignisse mühelos einfügen. Die ‚große Welt' erscheint in den Erzählungen des *Morgenblatts* auch und vor allem in zeitlicher Dimension als Sphäre der Politik, als Sphäre der sich überstürzenden Zeitereignisse. So kümmert es die kleine Familie in der Erzählung *Die Einquartirung* nicht,

> daß drüben die Constitutionen fast mit den Monden wechselten, daß der Erbadel unterging, daß Frankreich im Kriege gegen Oestreich aufstand. Die Constitution, der Adel, der Friede unsers Glückes blieb. Ach, das war eine schöne Zeit! (ebd.)

Familienidylle und große Welt der Gesellschaft werden in den untersuchten Erzählungen jedoch nicht bloß einander gegenübergestellt. Sie werden kausal verknüpft. Politische Veränderungen, Kriege, Flucht, Vertreibung, Einquartierungen, Plünderungen etc. bringen – anders als man erwarten würde – nicht oder doch nur vorübergehend Unordnung und Desorientierung in das Leben der Figuren. Im Gegenteil, sie stellen die durch Konflikte gestörte Ordnung der Familie wieder her. Die Familienidylle, mit der alle Erzählungen enden, verdankt sich jeweils dem Zeitgeschehen.

Dies kann hier nur an einem Beispiel kurz illustriert werden.[17] In der bereits mehrfach zitierten Erzählung *Die unverhoffte Erbschaft* steht ein Amantenkonflikt am Anfang. Röschen ist ein armes Waisenmädchen, das von reichen Müllersleuten wie ein eigenes Kind aufgezogen wurde. Als der Müllerssohn Fritz von seiner Wanderschaft zurückkehrt, kommt es, wie es kommen muß: Die beiden verliebten sich ineinander. Der Vater aber ist wegen des Standes- und Vermögensunterschiedes strikt gegen eine Heirat. Fritz sieht schließlich keinen andern Ausweg, als sein Elternhaus zu verlassen. Die ehemals harmonische Welt der Müllersleute steht damit vor dem Zusammenbruch. Die Liebenden müssen sich trennen und sind völlig verzweifelt, die Mutter ebenfalls. Der Vater ist über den Ent-

---

[17] Vgl. die ausführliche Darstellung: Willems, Geschichten und Geschichte (wie Anm. 9).

schluß des einzigen Sohnes mehr als verbittert. Genau an dieser Stelle greifen die
Zeitereignisse in das Geschehen ein. Das mit Naturmetaphern beschriebene
Kriegsgeschehen bringt nicht Unglück und Zerstörung, sondern führt umgekehrt
die Wendung der Erzählung vom Unglück ins Glück herbei. Es verhindert zunächst, daß der Sohn sein Elternhaus verläßt. Es wirkt aber noch weiter im Sinne
der Liebenden, indem es Röschen einen ihr unbekannten Bruder zurückbringt, der
als Kind von Zigeunern geraubt wurde. Er hat es in der französischen Armee zu
Offiziersrang und Vermögen gebracht und kann so wie ein ‚deus ex machina' den
im ersten Teil der Erzählung exponierten Amantenkonflikt lösen. Er fällt aber
eben nicht wie ein ‚deus ex machina' vom Himmel, sondern sein Kommen ist mi-
nutiös durch die Zeitereignisse motiviert.[18]

Eingebettet in die Kausalketten der Erzählungen leisten die Zeitereignisse jeweils den entscheidenden Beitrag zur Herstellung bzw. Wiederherstellung fami-
liären Glücks, in die die Erzählungen einmünden. Die Zeitereignisse erscheinen
so nicht als Elemente einer zukunftsoffenen und unberechenbaren Geschichte,
sondern als Elemente in einem Plan, in dem ‚alles sich zum Besten' auflöst. Entsprechend wird in den Erzählungen die Teleologie der Vorsehung von den Figuren
direkt thematisiert. Man staunt über die Wege der Vorsehung, dankt überschweng-
lich für die „wunderbare Hülfe des Himmels" (*Charles Erman*, 1808/2, 1039), leistet Abbitte, daß man zunächst wider die „Vorsehung gemurrt" und an der Güte
Gottes verzweifelte (*Das Wiederseh'n*, 1808/1, 140) etc. Dabei wird das Zeitgeschehen, das die gestörte Harmonie in der erzählten Welt wiederherstellt, keineswegs verharmlost, sondern, wie eingangs zitiert, realistisch, ja bisweilen recht
drastisch geschildert. Die Familienidylle am Ende der Erzählungen konstituiert
sich so jeweils im Kontrast zur Welt des Unglücks draußen.

Damit wird ein Deutungsmuster abgerufen, das die Theodizee-Vorstellungen
des 18. Jahrhunderts, nach denen jedes Übel nur partiell ist und sich im Sinngan-
zen der Schöpfung gesehen als heilsam und gut erweist,[19] weiter popularisiert und
regelrecht umkehrt. In den Erzählungen des *Morgenblatts* erfährt das Übel, das
das Ganze einer Gesellschaft trifft, dadurch Sinn, daß es partielles Glück, das
Glück im kleinen privat-familiären Kreis stiftet. Popes „All partial evil, universal
good"[20] wäre entsprechend umzuformulieren: „All universal evil, partial good".[21]
Das Skandalöse, das dem Deutungsmuster, das das ‚kleine private Glück' in einer
‚unglücklichen Welt' preist, eigentlich anhaften müßte, wird offenbar durch die

[18] Vgl. hierzu ausführlich ebd., 407 ff.
[19] Vgl. Harald Weinrich, Literaturgeschichte eines Weltereignisses (wie Anm. 1), 78.
[20] Alexander Pope, An Essay on Man, Epistle 1.
[21] Vgl. hierzu Willems. Geschichte und Geschichten (wie Anm. 9), bes. 410.

gewohnte ‚empfindsame' Topik der Gegenüberstellung von ‚großer Welt' der Gesellschaft und ‚kleiner Welt' der Familie völlig überdeckt.[22]

Nur in zwei Erzählungen des Jahrgangs 1808, die den Frieden von Tilsit (9. Juli
1807) thematisieren, wird das Glück nicht auf den kleinen privaten Kreis einer
Familie beschränkt und mehr oder weniger explizit dem Unglück in der ‚Welt'
gegenübergestellt. In der Erzählung *Die Einquartirung* (April 1808, Nr. 96–
97, 382 ff.) wird das Glück der am Ende „wiedervereinten" Familie (1808/1,
387), die in rührenden Bildern gefeiert wird, in Beziehung gesetzt zum Glück
der durch den Frieden von Tilsit „wiedervereinten Nationen":

> Wie segnete man den Frieden von Tilsit, der, indem er die Leiden von Millionen endig-
> te, auch hier unsäglich beglückte [...]. Als zu Tilsit der Friede geschlossen war, da
> mischtet ihr ein herzerhebendes Te Deum! in den Jubel der wiedervereinten Nationen.
> Wiederhohlt es jetzt für einen glücklichen Privatmann (ebd.).

In dieser Erzählung ist das 'empfindsame Nebeneinander' von unglücklicher Gesellschaft und glücklicher Familie explizit in ein zeitliches Nacheinander aufge-
löst.[23] Mit dem Glück der Familie geht die Befriedung der Gesellschaft einher.
Auch in *Charles Erman* (Oktober 1808, Nr. 258–260, 1029 ff.), einer weiteren
Erzählung des Jahrgangs 1808, die nach dem Tilsiter-Frieden verfaßt wurde
und die vorangehenden Zeitereignisse thematisiert, findet sich diese Auflösung
in ein zeitliches Nacheinander.[24] Formuliert wird in beiden Erzählungen jedoch
keine explizite Gesellschaftsutopie. Glück ist offenbar dem empfindsamen Deutungsmuster gemäß nur als Genuß „der reinen Liebe" (1808/1, 387) und Tugend
im Kreis der Familie zu erfassen. Diese fungiert jedoch als Gesellschaftsmodell
und kann sich entsprechend zur Menschheitsfamilie erweitern.[25]

In unzähligen empfindsamen Romanen und Erzählungen des 18. Jahrhunderts
wirkte die Vorsehung für die Tugendhaften und belohnte sie – oft nach zahlreichen
Prüfungen – am Ende mit Liebe und Freundschaft, mit dem ‚stillen Glück' in der
von der ‚großen Welt' abgeschotteten ‚kleinen Welt' der Familie und der Freunde.[26] In gleicher Weise vermitteln auch noch die Erzählungen des *Morgenblatts*

---

[22] Vgl. ebd., 412.

[23] Vgl. ebd., 418 f.

[24] Vgl. ebd., 419 ff., bes. 421 f.

[25] Vgl. ebd., 425. In den beiden zitierten Erzählungen des *Morgenblatts* hat diese Menschheitsfamilie ihren Ort noch in Frankreich. Dorthin, gleichsam in das ‚gelobte Land', ziehen am Ende die
beiden Familien. Wie schnell sich das ändern und an die Stelle der ‚natürlichen Gemeinschaft' der
Familie statt der ‚Menschheitsfamilie' die Nation treten kann, deutet sich am Ende des Jahrgangs
1808 in der Erzählung *Fritz G.* (1808, Nr. 310, 1240) an. Vgl. ebd., 427 f.

[26] Das Modell liefert Samuel Richardsons *Pamela*. Paradigmatisch sind weiterhin Gellerts
Schwedische Gräfin und die Romane und Erzählungen Sophie LaRoches. Auch Wielands *Agathon*
führt vor, daß derjenige, der das Glück der anderen befördert, seiner „eigenen ‚Glückseligkeit und
Wohlfahrt'" dient (Kemper, Neologie und Empfindsamkeit [wie Anm. 14], 182). Eckhard Meyer

der Jahrgänge 1807 und 1808, daß der Tugendhafte am Ende glücklich wird, daß „die Tugend der einzige und sichre Weg zu unsrer Glückseligkeit"[27] ist. Die fiktiven Zufälle und Wechselfälle des Lebens, die im empfindsamen Roman von der Vorsehung regiert werden, werden in den untersuchten Erzählungen des *Morgenblatts* ersetzt bzw. ergänzt durch die realen aktuellen Zeitereignisse. Und auch hier ist, wie schon in den Erzählungen des frühen 18. Jahrhunderts,[28] die Vorsehung natürlich keine außerempirische Instanz mehr, sondern wirkt innerhalb der empirischen Kausalketten und verweist so auf die Natur als Gottes perfekte Schöpfung, in der Kausalität und Teleologie grundsätzlich vermittelt sind.[29]

Krentler (Der andere Roman. Gellerts „Schwedische Gräfin": Von der aufklärerischen Propaganda gegen den Roman zur empfindsamen Erlebnisdichtung, Göppingen 1974) hat gezeigt, daß Gellerts *Schwedische Gräfin* noch stark mit der Tradition des barocken Geschichts- und des galanten Abenteuerromans verbunden ist. Gleiches ließe sich für LaRoches *Fräulein von Sternheim* zeigen. Auch Manfred Engel (Roman der Goethezeit, Bd. 1: Anfänge in Klassik und Frühromantik. Transzendentale Geschichten, Stuttgart, Weimar 1993, 125) weist daraufhin, daß die Welt in der *Schwedischen Gräfin* noch Züge der chaotischen Fortuna-Welt des barocken Romans trägt. Die unvorhergesehenen Ereignisse und Unglücksfälle sind aber nicht mehr Elemente einer kontingenten Scheinwelt, hinter der der eigentliche und wesenhafte Bereich der göttlichen Ordnung liegt. Sie bilden jetzt die Anlässe zur Bewährung des neuen ‚empfindsamen Tugendideals'. Die von der Vorsehung gelenkten Ereignisse konstituieren aber nicht nur Situationen der Tugendbewährung und -demonstration. Sie führen auch am Ende zur Belohnung der geprüften ‚wahren' Tugend und veranschaulichen so das aufklärerisch-empfindsame Credo, daß derjenige, der tugendhaft ist, auch glücklich wird. Zu den Problemen dieser Konzeption vgl. Werner Frick, Providenz und Kontingenz. Untersuchungen zur Schicksalssemantik im deutschen und europäischen Roman des 17. und 18. Jahrhunderts, Teil 1, Tübingen 1988, 271 ff.

[27] Gellert, Moralische Vorlesungen (wie Anm. 14), 58. Kemper hat das in der Natur des Menschen gegründete und damit gottgewollte Streben nach Glück, das im Genuß der moralischen Selbstvervollkommnung besteht, die sich im sozialen Nutzen, im Handeln für andere äußert, als zentrales Konzept der Neologie nachgewiesen (Neologie und Empfindsamkeit [wie Anm. 14], 191 ff.). Es findet sich schon bei den englischen Vorbildern der Neologen, Tillotson, Shaftesbury, Hutcheston (ebd., 172 ff.) und ist bereits in der Wolffschen „Glückseligkeits-Moral" angelegt (ebd., 194). Letztlich verweist die „soziale[] Umleitung des eigenen Glücksstrebens" (Niklas Luhmann, Gesellschaftsstruktur und Semantik, Bd. 1, Frankfurt am Main 1980, 134) auf die frühneuzeitlichen Naturrechtstheorien zurück (vgl. Vollhardt, Selbstliebe und Geselligkeit [wie Anm. 14]). Die ungeheure Popularität der empfindsamen Tugendkonzeption, die Vollkommenheits- und Glücksstreben verbindet, bezeugt neben der belletristischen Literatur und Gellerts *Moralischen Vorlesungen* vor allem Spaldings *Bestimmung des Menschen*. Zur ideengeschichtlichen Herkunft der Verknüpfung von Vollkommenheits- und Glücksstreben und ihrer Verbreitung im empfindsamen Diskurs vgl. auch Sauder, Empfindsamkeit (wie Anm. 14), 211 ff.

[28] Vgl. Frick, Providenz und Kontingenz (wie Anm. 26), 101 ff., bes. 186 ff.

[29] Auf der Grundlage der Leibniz-Wolffschen Metaphysik haben die ins Unendliche gehenden empirischen Ursache- und Wirkungsketten ihren Anfang in der Weisheit Gottes und damit ihr Ziel in der Vollkommenheit. Vgl. Reinhard Koselleck, Der Zufall als Motivationsrest in der Geschichtsschreibung, in: R.K., Vergangene Zukunft. Zur Semantik geschichtlicher Zeit, Frankfurt am Main [3]1993, 158–175, hier 173 f.; Frick, Providenz und Kontingenz (wie Anm. 26), 75 ff.; Ajouri, Die Krise (wie Anm. 2), 66 ff. Die Identität von Kausalität und Finalität sichtbar zu machen, Modelle der

Auf die gleiche Naturvorstellung bezieht sich auch das zweite dominante Schema, mit dem in den Erzählungen des *Morgenblatts* auf die Zeitereignisse reagiert wird, das Märtyrerschema. Es kann auf eine lange Tradition zurückverweisen. Kulturell vermittelt ist es natürlich in erster Linie durch den religiösen Diskurs, aber auch durch die Literaturtradition. Es findet sich im Märtyrerdrama des 16. Jahrhunderts, im Barockdrama, im heroischen Trauerspiel der Frühaufklärung und wird in modifizierter Form in den Tugendproben und Tugend-Demonstrationen der Heldinnen und Helden der empfindsamen Dramen und Erzählungen des 18. Jahrhunderts weitergeführt.[30]

In den Erzählungen des *Morgenblatts*, die dem Märtyrerschema folgen, werden die Zeitereignisse keiner finalen Motivierung unterworfen. Sie bilden lediglich den austauschbaren Hintergrund, vor dem Beispielgeschichten von ‚Tugend und Aufopferung' oder auch vom Versagen der menschlichen Natur erzählt werden. Die Zeitereignisse, in denen kein geheimer Zweck mehr waltet, erhalten dadurch Sinn, daß sie als Stationen der Bewährung und Prüfung der menschlichen Natur gedeutet werden. Sie bilden gleichsam die dunkle Folie, aus der die Tugend-Demonstrationen „hervorleuchten". Der einleitende Erzählerkommentar der Anekdote *Frauen-Würde. Einige Züge aus der französischen Revolution* (Juni 1808, Nr. 155), faßt die intendierte Lesart prägnant zusammen:

> Unter den Gräueln, welche während der französischen Revolution in vielen Individuen alles Menschengefühl erstickt zu haben schienen, wird das Auge des Menschenfreundes durch einzelne Züge von hoher Tugend und Aufopferung erheitert, die aus den Schreckensszenen hervorleuchten [...] und an die Hoheit und Würde des Menschen erinnern, die auch unter tiefgesunkenen Völkern, und aus unglücklichschwangern Zeiten, wie einzelne Sterne in stürmischen Nächten, lieblich hervorschimmern (1808/1, 619).

In der Erzählung *Frauen-Würde* bieten der Terror im Gefolge der Französischen Revolution, konkret die Septembermorde des Jahres 1792, der Heldin die Gelegenheit zur heroischen Demonstration der ‚hohen Tugend' der Tochterliebe. Mit ihrem alten Vater zusammen eingekerkert, schützt sie ihn mit dem eigenen Körper vor der Ermordung. „Bald hielt sie einen drohenden Schlag von ihrem Vater ab, bald bot sie sich selbst dem tödlichen Streiche hin, und deckte mit ihrem Körper den geliebten Greis" (ebd.).

In einer anderen kurzen Erzählung, *Anekdote aus der Zeitgeschichte* (Juli 1807, Nr. 181) überschrieben, liefert die Schlacht von Eylau, die am 7.–8. Februar 1807

Theodizee, der göttlichen Ordnung der Schöpfung zu liefern, ist die Aufgabe, auf die der Romanautor wie der Dramendichter, aber auch der Geschichtsschreiber im 18. Jahrhundert verpflichtet wurde. Vgl. Willems, Geschichte und Geschichten (wie Anm. 9), 422, und die dort angegebene Literatur.

[30] Vgl. Wolfgang Lukas, Anthropologie und Theodizee. Studien zum Moraldiskurs im deutschsprachigen Drama der Aufklärung (ca. 1730–1780), Göttingen 2005, 68 ff.

stattfand, den Anlaß für die Tugend-Demonstration der Heldin, die hier ein Beispiel vorbildhafter Gattinnentreue gibt (1808/2, 723). In der längeren Erzählung *Albert* (März 1808, Nr. 51–52) reihen sich Zeitereignisse von der französischen Revolution bis zum Vernichtungskrieg gegen die Royalisten in der Bretagne 1793/1794 als Prüfungsstationen für den Helden aneinander.

Das Märtyrerschema verweist auf die alte Zweiweltenlehre zurück. Der barocke Märtyrer legt im Untergang Zeugnis ab für den eigentlichen und wesenhaften Bereich der göttlichen Ordnung, die jenseits der von Fortuna regierten kontingenten Schweinwelt des ewigen Wechsels liegt. Der empfindsame Tugendheld – wie er auch in den Erzählungen des *Morgenblatts* erscheint – legt, indem er in Unglück und Untergang die Tugend demonstriert, Zeugnis ab für die Perfektibilität der menschlichen Natur und damit für die Perfektibilität von Natur und Geschichte. Auch das empfindsam modifizierte Märtyrerschema setzt so die Theodizee-Vorstellungen des 18. Jahrhunderts voraus und gründet sich auf die Vorstellung einer letztlich zweckmäßig für die Entwicklung des Individuums und der Gattung geordneten Schöpfung.

Wie kommt man von hier zum Konzept der Nation oder gar zum Nationalismus? Der Universalismus des Konzepts, das die Tugend, ebenso wie Schönheit und Wahrheit auf die vernünftige Ordnung der Natur gründet, die nicht nur dem Verstand erkennbar ist, sondern sich auch dem Gefühl als ‚moral sense' mitteilt, setzt jedem Nationalismus deutliche Grenzen. Vom konkreten Familienglück im Hier und Jetzt auf der Grundlage der allgemeinen Menschenliebe scheint kein Weg zu einem Nationalismuskonzept zu führen, das den Tod fürs Vaterland und Franzosenhaß propagiert. Und doch erfolgt die „Naturalisierung der Nationsvorstellung"[31] im 18. Jahrhundert zunächst im Rahmen dieser Naturvorstellung und auf der Basis des Konzepts der Familie. Die Sakralisierung der Familie als Tugend- und Gefühlsgemeinschaft bereitet der Sakralisierung der Nation den Boden. Die Überlagerung des Konzepts der Familie durch das der Nation wird dabei gestützt und vermittelt durch das Märtyrerschema. An die Stelle des Jenseits tritt die Nation, die als Letztinstanz gesetzt, dann auch die Aufopferung der Familie und des eigenen Lebens verlangen kann.[32] Dennoch setzt die Naturvorstellung, die dem empfindsam modifizierten Märtyrerschema wie dem empfindsamen Konzept der privat-familiären Tugendwelt zugrunde liegt, deren Überlagerung bzw. Ersetzung durch das Konzept der Nation erhebliche Widerstände entgegen.

Das zeigt sich exemplarisch bereits in Johann Elias Schlegels Trauerspiel *Herrmann*, das genau diese Überlagerung vorführt. Hier besetzen die Germanen die

---

[31] Hien, Natur und Nation (wie Anm. 2), 222.

[32] Vgl. Ute Planert, Wann beginnt der „moderne" deutsche Nationalismus? Plädoyer für eine nationale Sattelzeit, in: Jörg Echternkamp, Sven Oliver Müller (Hg.), Die Politik der Nation: Deutscher Nationalismus in Krieg und Krisen 1760–1960, München 2002, 25–60, hier 48 f. und 51.

Position der Natur. Ihre „schlechten Hütten" (320)[33] werden als Ort des moralisch „bessern Lebens" den „Pallästen" (320) der Stadtkultur der Römer konfrontiert. Die Germanen zeichnen sich neben den heroischen Tugenden ‚Mut' und ‚Constantia'[34] (313) vor allem durch „Einfalt" und „Unschuld" (314) und ein „Herz [] voller Treu" aus, das „dann sich glücklich schätzt, wenns andre glücklich macht" (315).[35] Bei den Römern dagegen ist das Laster zu Hause: List, Verstellung, Verstandeskälte, ‚Herrschsucht' und ‚Ehrgeiz', „Geldsucht" und „Wollust" (319) werden ihnen zugeschrieben.[36]

Die ‚Nation' der Germanen erscheint hier analog der Familie als natürliche Gemeinschaft, die sich nicht auf äußere „Gesetze" (334), sondern auf die ‚Neigung des Herzens' (334), auf „den Trieb, der [...] die Tugend übt" (313), gründet. Als natürliche Gemeinschaft der durch Liebe und Sympathie verbundenen Tugendhaften hat diese ‚Nation' jedoch im Grunde keine Grenze. Ihre Entsprechung ist nicht die ‚Nation' der Germanen, sondern die Menschheit. Die allgemeine Naturordnung, auf der sie fußt, läßt keine andere Grenze zu. Die Grenzziehung zur ‚Nation' der Römer ist in ihrem Rahmen letztlich nicht begründbar, sie bleibt willkürlich und kontingent.

Erst die Amalgamierung des Konzepts der Nation mit der neuen spinozistisch geprägten Vorstellung der ‚natura naturans', wie sie in der Genie- und Geschichtskonzeption des Sturm und Drang, namentlich der Herders, mit Macht hervortritt, ermöglicht diese Grenzziehung und gibt der Verbindung von Natur und Nation

---

[33] *Herrmann. Ein Trauerspiel* wird, mit Seitenangaben in Klammern im Text, zitiert nach der Ausgabe Johann Elias Schlegels Werke. Erster Theil, hg. von Johann Heinrich Schlegeln, Kopenhagen, Leipzig 1761, 283–384.

[34] Das sind die Eigenschaften, die traditionell den Helden der heroischen Tragödie auszeichnen und den zentralen Wirkungsaffekt dieser Tragödienform, die admiratio, auslösen. Die Verknüpfung der empfindsamen Semantik mit der heroischen Tradition des bewunderten Märtyrer-Helden wird von Schlegel in seinem Trauerspiel Canut wieder aufgegeben. Hier mutiert der heroische Held, den ‚constantia' und ‚manganimitas' auszeichnen, zum lasterhaften Gegenspieler, der (vergeblich) gegen „Menschlichkeit", „Güte", gegen die der „Geselligkeit geweihten Rechte" (Johann Elias Schlegel, Canut. Ein Trauerspiel [1746], hg. von Horst Steinmetz, Stuttgart 2003, 38) anrennt, die der Tugendheld Canut repräsentiert, der in der resümierenden Schlußsentenz noch einmal den zentralen Basiswert empfindsamer Moral herausstellt: „die Menschliebe" (ebd., 73). Vgl. Karl Eibl, Dichtungsgeschichtliche Voraussetzungen, in: K.E., Gotthold Ephraim Lessing: Miss Sara Sampson, Frankfurt am Main 1971, 96–118, hier 112.

[35] Das ist in nuce das empfindsame Tugend-Konzept mit seinem zentralen handlungsbestimmenden Prinzip, der „Menschenliebe", der „dem Herzen eingedrückte[n] Neigung, sich für das Glück der Andern zu bemühen" (Gellert, Moralische Vorlesungen [wie Anm. 14], 26), über dessen Einflußtexte und weite Verbreitung in der Empfindsamkeit vor allem Kemper und Sauder informieren. Siehe oben Anm. 27. Vgl. auch Willems, Individualität – ein bürgerliches Orientierungsmuster (wie Anm. 16), 180 f.

[36] Vgl. hierzu auch Hien, Natur und Nation (wie Anm. 2), 236.

Substanz.[37] Das Besondere und Einzigartige, sei es eines Individuums, einer Nation oder einer Epoche läßt sich nun als Produkt der ‚natura naturans', als natürlich und zugleich göttlich beschreiben und begründen.

Die Etikettierungen der ‚großen Welt der Gesellschaft' – deren beliebtestes Modell im 18. Jahrhundert der (französische) Hof war – im Kontrast zur kleinen privat-familiären Tugendwelt, kehren – wie schon im 18. Jahrhundert vereinzelt eingeübt – im 19. Jahrhundert als Etikettierungen des „wälschen Tand"[38] wieder. Verstandeskälte, Verstellung und List, der Hang zu Luxus und zur Wollust stehen dann als französische Nationaleigenschaften der in der *deutschen Natur* gegründeten Tugend und Einfalt, Treue und Liebe gegenüber.[39]

Kleist geht einen anderen Weg. Er folgt nicht der im 18. Jahrhundert eingeschlagenen Bahn der ‚Naturalisierung der Nation'. Sein aggressiver, xenophober Nationalismus ist nur vor dem Hintergrund des Zerfalls der überkommenen kosmologischen Naturvorstellung und der Sinn- und Orientierungskrise zu verstehen, die das *Erdbeben in Chili* dokumentiert.

II.

Kleists *Erdbeben in Chili* gehört sicherlich zu den am häufigsten interpretierten Erzählungen der deutschen Literatur. Aber keiner der Interpreten hat bisher den Veröffentlichungskontext der Erzählung in seine Untersuchung mit einbezogen.[40]

---

[37] Vgl. ebd., 238.

[38] Ernst Moritz Arndt, Des Deutschen Vaterland (1813), in: Heinrich Meisner, Gedichte von Ernst Moritz Arndt. Vollständige Sammlung, Bd. 2, Leipzig [1894], 18–21, zit. nach http://frei burger-anthologie.ub.uni-freiburg.de [30. 7. 2013].

[39] „Das ist des Deutschen Vaterland, / Wo Eide schwört der Druck der Hand, / Wo Treue hell vom Auge blitzt / Und Liebe warm im Herzen sitzt – / Das soll es sein! / Das, wackrer Deutscher, nenne dein!" (ebd.).

[40] Die einzige Untersuchung, die die Erzählung in Bezug zu populären Zeitschriftenerzählungen setzt, ist eine rezeptionsgeschichtliche Studie und bezieht sich auf ‚triviale' Nacherzählungen der Kleistschen Novelle im 19. Jahrhundert: Alfred Estermann, Nacherzählungen Kleistscher Prosa: Texte aus literarischen Zeitschriften des Vormärz, in: Klaus Kanzog (Hg.), Text und Kontext: Quellen zur Rezeptionsgeschichte der Werke Heinrich von Kleists, Berlin 1979, 72–82. Daß man die ‚trivialen' Erzählungen des unmittelbaren Veröffentlichungskontextes keines Blickes gewürdigt hat, verweist auf grundsätzliche Defizite sozialgeschichtlicher Literaturinterpretation. Sie glaubte lange Zeit, sich die empirische auf Textcorpora gestützte Untersuchung von Wissensbeständen ersparen zu können, weil das Widerspiegelungstheorem den direkten Bezug literarischer Texte auf die gesellschaftliche Basis zu ermöglichen schien. Zu den Beziehungen zwischen literarischen Texten und den Wissensbeständen und Sinnstrukturen der Alltagswelt als Ansatzpunkt sozial- bzw. kulturgeschichtlicher Literaturinterpretation, vgl. Marianne Willems, Sozialgeschichte als Analyse kultureller Muster. Stephen Greenblatt im Kontext der Kultursoziologie, in: Martin Huber, Gerhard Lauer (Hg.), Nach der Sozialgeschichte. Konzepte für eine Literaturwissenschaft zwischen histori-

Die Analyse der Erzählungen des *Morgenblatts* macht sichtbar: Kleist schließt nicht an die elaborierten philosophischen Theodizee-Diskurse des 18. Jahrhunderts an und diskutiert sie im Rahmen der Fortführungen telelogischen Denkens in den Systemen des deutschen Idealismus. Vielmehr werden im *Erdbeben in Chili* die gleichen populären, das Alltagsbewußtsein prägenden Schemata der Geschichtsdeutung abgerufen wie in den Erzählungen des *Morgenblatts* im unmittelbaren zeitlichen Kontext.

Kleists Erzählung folgt zunächst dem dominanten Schema der Erzählungen des *Morgenblatts*, das ich als ‚umgekehrte Theodizee' bezeichnet habe.[41] Die ‚Naturkatastrophe' bricht auch hier nicht in eine Idylle ein und zerstört eine harmonische Ordnung, sondern führt sie allererst herbei. Wie in vielen Erzählungen des *Morgenblatts* steht auch im *Erdbeben in Chili* ein Amantenkonflikt am Anfang, der sich auf einen Standesunterschied gründet und tragisch, ja in einer völligen Katastrophe zu enden scheint. Jeronimo als Hauslehrer bei Don Enrico Asteron, einem „der reichsten Edelleute der Stadt", angestellt, hatte sich in dessen einzige Tochter Donna Josephe verliebt. Nachdem die Entlassung Jeronimos und nachdrückliche Warnungen Josephes das „zärtliche Einverständnis" nicht zu trennen vermochten, war Josephe vom entrüsteten Vater in einem Karmeliterkloster untergebracht worden (II 144).[42] Auch der weitere Verlauf der in einer Analepse erzählten Vorgeschichte ist bekannt: Die „unglückliche Josephe" sinkt schließlich ausgerechnet während der Fronleichnamsprozession „in Mutterwehen auf den Stufen der Kathedrale nieder", woraufhin ihr der „geschärfteste Prozeß" gemacht (ebd.) und Jeronimo ins Gefängnis gebracht wird. Als Josephe zum Richtplatz geführt wird, wo ihr die Enthauptung droht, und Jeronimo gerade im Begriff ist, sich an einem Pfeiler seines Gefängnisses zu erhängen, greift das Erdbeben in das Geschehen ein und rettet die Liebenden: Die „Wände des Gefängnisses" reißen (II 146), und der „Hinrichtungszug" wird „auseinander gesprengt" (II 148). Nach einer wilden Flucht durch das brennende zerstörte St. Jago – auf der Josephe vom Gedanken angetrieben wird, ihr Kind dem „Verderben zu entreißen" (ebd.), während Jeronimus „besinnungslos" (II 146), von einstürzenden Häusern, von hochlodernden Flammen ‚gejagt' und ‚getrieben' (ebd.), das eigene nackte Leben zu retten versucht – treffen sich die beiden Liebenden außerhalb der Stadt in einem Tal wieder (II 148) und finden so dort „Seligkeit, als ob es das Tal von Eden gewesen wäre" (II 149). Die kleinfamiliäre Idylle formiert sich unterm Granatapfel-

---

scher Anthropologie, Kulturgeschichte und Medientheorie, Tübingen 2000, 423–444; dies., Herbert Willems, Soziologische Zugänge zur Bedeutung von Medientexten, in: Fotis Jannidis u. a. (Hg.), Regeln der Bedeutung. Zur Theorie der Bedeutung literarischer Texte, Berlin 2003, 401–430.

[41] S.o. und Willems, Geschichte und Geschichten (wie Anm. 9), 410 ff.

[42] Das *Erdbeben in Chili* und alle anderen Texte Kleists werden im folgenden nach der Ausgabe Kleist, Sämtliche Werke (wie Anm. 5), mit Band- und Seitenangabe in Klammern direkt im Text, zitiert.

baum[43] und der Erzähler spricht aus, was auch am Ende jeder Erzählung des *Morgenblatts* stehen könnte: Und sie „waren sehr gerührt, wenn sie dachten, wie viel Elend über die Welt kommen mußte, damit sie glücklich würden!" (II 150).

Die Familienidylle wird dann auch noch – was in zwei Erzählungen des *Morgenblatts* nur angedeutet wird – zur Gesellschaftsutopie, zur Menschheitsfamilie erweitert:

> Auf den Feldern, so weit das Auge reichte, sah man Menschen von allen Ständen durcheinander liegen, Fürsten und Bettler, Matronen und Bäuerinnen, Staatsbeamte und Tagelöhner, Klosterherren und Klosterfrauen: einander bemitleiden, sich wechselseitig Hilfe reichen, von dem, was sie zur Erhaltung ihres Lebens gerettet haben mochten, freudig mitteilen, als ob das allgemeine Unglück alles, was ihm entronnen war, zu *einer* Familie gemacht hätte (II 152).

Da wundert es nicht, daß auch hier die Figuren, ja mehr noch der Erzähler, hinter dem (Natur-)Geschehen das Walten einer gütigen Gottheit vermuten: Josephes Gefühl nennt „den verfloßnen Tag, so viel Elend er auch über die Welt gebracht hatte, *eine Wohltat, wie der Himmel noch keine über sie verhängt hatte* [Herv. M.W.]" (II 152). Der Erzähler kommentiert ganz entsprechend: „Mit welcher Seligkeit umarmten sie sich, die Unglücklichen, *die ein Wunder des Himmels gerettet hatte* [Herv. M.W.]" (II 148). Schon vorher hieß es: Josephe „floh [...] den teuern Knaben, *den ihr der Himmel wieder geschenkt hatte* [Herv. M.W.], dem Verderben zu entreißen" (ebd.). Der Erzähler spricht schließlich – wie bereits zitiert – der Naturkatastrophe den Zweck zu, die Menschheitsfamilie herbeigeführt zu haben, freilich im Konjunktiv, in einer der vielen „als-ob"-Formulierungen der Erzählung: Es war, „als ob das allgemeine Unglück alles, was ihm entronnen war, zu *einer* Familie gemacht hätte."

Aber so endet die Erzählung nicht! Familienidylle und Menschheitsfamilie bilden hier nicht das Ende, sondern den Mittelteil der Erzählung. Josephe und Jeronimo, die der Einladung Don Fernandos folgend, sich dessen Familie angeschlossen hatten, fassen, getäuscht von der Harmonie der ‚natürlichen Gemeinschaft' des Tales, den fatalen Entschluß, anläßlich eines Dankgottesdienstes in die Stadt zurückzukehren. Hier, in der Kirche, fällt der wütende Mob, aufgehetzt durch „priesterliche[] Beredsamkeit" (II 155),[44] über die von Don Fernando angeführte kleine Gesellschaft her. Die Schwägerin Don Fernandos, Donna Con-

---

[43] „Sie fanden einen prachtvollen Granatapfelbaum [...]. Hier ließ sich Jeronimo am Stamme nieder, und Josephe in seinem, Philipp in Josephens Schoß, saßen sie, von seinem Mantel bedeckt, und ruhten" (II 150). Schon Benno von Wiese sah hier, wie viele spätere Interpreten, den „Abglanz der Heiligen Familie" (Benno von Wiese, Das Erdbeben in Chili, in: B.v.W., Die deutsche Novelle von Goethe bis Kafka. Interpretationen, Bd. 2, Düsseldorf 1965, 53–70, hier 63).

[44] Der Prediger deutet das Erdbeben als Strafgericht Gottes und läßt im „Flusse priesterlicher Beredsamkeit" der Anklage der allgemeinen „Sittenverderbnis der Stadt" das Exemplum von Josephe und Jeronimo folgen (II 155 f.).

stanze, die mit Josephe verwechselt wird, Jeronimo und schließlich auch Josephe werden durch Keulenschläge niedergestreckt. Die „Mordlust" der Meute (II 158) ist damit noch nicht gestillt. Der Anführer „der satanischen Rotte" (ebd.) ruht nicht eher, bis er Don Fernando – der seinen eigenen und den Sohn von Josephe und Jeronimo im Arm hält und verteidigt – „der Kinder eines" entrissen und „hochher im Kreise geschwungen, an eines Kirchenpfeilers Ecke zerschmettert" hat (ebd.). Die „satanische [...] Rotte" widerlegt am Ende auf grausame Weise das Deutungsmuster der Theodizee, dem Figuren und Erzähler bis dahin gefolgt waren.

Auch das zweite populäre Schema, das im *Morgenblatt* die Darstellung der Zeitereignisse organisierte und ihnen Sinn verlieh, das empfindsam modifizierte Märtyrerschema, wird im *Erdbeben in Chili* zitiert. Josephe, die schon auf ihrer Flucht aus der Stadt vor dem 'physischen Übel' die ‚hohe Tugend' der Mutterliebe demonstrierte,[45] zeichnet sich auch am Ende angesichts des ‚moralischen Übels' der mordlustigen aufrührerischen Menge durch ihren mütterlichen Heroismus aus: Sie fordert Don Fernando auf, die beiden Kinder zu retten, sie selbst aber ‚ihrem Schicksal zu überlassen' (II 157), was dieser natürlich ablehnt. Schließlich stürzt sie sich, „um dem Kampf ein Ende zu machen" (II 158), in den Tod: „leben Sie wohl, Don Fernando mit den Kindern! rief Josephe – und: hier mordet mich, ihr blutdürstenden Tiger! und stürzte sich freiwillig unter sie" (ebd.). Auch Jeronimus ist zum Selbstopfer bereit, und liefert sich mit Worten, die deutlich an die Gefangennahme Jesu erinnern,[46] selbst aus, um Fernando und die eigene Familie zu retten: „Halt! Ihr Unmenschlichen! Wenn ihr den Jeronimo Rugera sucht: hier ist er!" (II 157).

Allen voran aber erscheint Fernando als der „göttliche Held" (II 157), der „eher umkommen" will, „als zugeben, daß seiner Gesellschaft etwas zu Leide gesche-

---

[45] Josephe – die im ersten Schrecken auch „entsetzensvoll[]" und ‚besinnungslos' zum „nächsten Tore" läuft (II 148) – kehrt – anders als Jeronimo – bald die „Besinnung [...] wieder" (ebd.). Sie wendet sich um und eilt zum Kloster zurück, das bereits ganz in Flammen steht und stürzt sich „unerschrocken durch den Dampf, der ihr entgegenqualmte, in das von allen Seiten schon zusammenfallende Gebäude", um ihr Kind zu retten (ebd.). Claudia Liebrand, Das suspendierte Bewußtsein (wie Anm. 1), 104, hebt den Unterschied im Fluchtverhalten von Josephe und Jeronimo hervor. Josephe gelänge die „reintegrierende Selbstkonstitution im Aufgeben des vorbewußten Egoismus". Sie beziehe die „Kraft zur Flucht [...] aus der Sorge um ihr Kind", während für Jeronimo die „blinde selbstzentrierte Hingabe an die eigenen Fluchtimpulse handlungsleitend" sei. Gegen Kittler, Ein Erdbeben (wie Anm. 1), 28 f., wendet sie, daß der „heroischen Rettungsakt" zwar in „Josephes Mutterschaft" begründet sei, aber sich nicht darin erschöpfe, vielmehr verweise die „noble und heroische Selbstpreisgabe" auf die „finale Aktion Fernandos" voraus (ebd., 103). Eine ‚erbauliche Deutung' der von Josephe durchlebten Apokalypse will sie jedoch erst in der Erzählung Josephes sehen (ebd., 104), von der der Leser freilich nicht mehr erfährt als: „Dies alles erzählte sie jetzt voll Rührung dem Jeronimo" (II 149).

[46] Johannes 18, 4–5. Vgl. auch Liebrand, Das suspendierte Bewußtsein (wie Anm. 1), 112.

he" (ebd.). Mit „wahrer heldenmütiger Besonnenheit" (ebd.) und schließlich wie „ein Löwe" kämpfend (II 158), versucht er, die ihm anvertraute Gesellschaft zu schützen. Er überbietet den 'natürlichen' väterlichen bzw. mütterlichen Heroismus Jeronimos und Josephes, indem er das eigene Leben und das des eigenen Kindes zu opfern bereit ist, um fremdes Leben zu retten.[47]

Es ist keineswegs die Sinnutopie des Erhabenen,[48] die in den heroischen Taten Jeronimos, Josephes und vor allem Fernandos am Ende der Erzählung aufscheint. Es handelt sich auch nicht um eine *kritische* Auseinandersetzung mit dem Konzept des Erhabenen.[49] Diese Taten folgen eindeutig dem empfindsamen Märtyrerschema der Bewährung und Demonstration der Tugend im Unglück, wie es uns in den Erzählungen des *Morgenblatts* begegnet und wie es sicherlich auch in vielen andern Blättern der Zeit zu finden ist. Jeronimo, Josephe und vor allem Fernando geben „Beispiele von ungeheuern Taten" (II 152). Es handelt sich um ‚rührende Geschichten' von „hoher Tugend und Aufopferung" (1808/1, Nr. 155, 619), wie sie im Cottaschen *Morgenblatt* erzählt werden, und wie sie auch im Mittelteil der

---

[47] Fischer, Das Erdbeben in Chili (wie Anm. 3), konstatiert hier, daß das „reale" (ebd., 31), „gleichsam alltägliche Opfer der Eltern" vom „zentralen topos des ritterlichen Heldentodes", den der Held Fernando selbst pathetisch beschwöre (ebd., 32), gleichsam verdeckt werde, und wertet dies zusammen mit den „überschwenglichen Epitheta des Erzählers zu Don Fernandos Heldentum" (ebd., 31) als Ironiesignal. Auch Johannes Friedrich Lehmann, Macht und Zeit in Heinrich von Kleists *Erdbeben in Chili*, in: Roland Borgards, J. F. L. (Hg.), Diskrete Gebote, Geschichten der Macht um 1800. Festschrift für Heinrich Bosse, Würzburg 2002, 177, sieht hier Ironie am Werk. Die fehlende Distanzierung des Erzählers von einer Figur als Ironiesignal zu werten, vermag jedoch nicht zu überzeugen. Traditionell wird die Schwerpunktverschiebung der Erzählung von Josephe und Jeronimo auf Don Fernando und die Identifikation des Erzählers mit der Figur als Indiz für die herausragende Bedeutung Fernandos gewertet, der als Sinnträger der Autonomie wahrgenommen wird. So schon bei Hermann A. Korff, Geist der Goethezeit. Versuch einer idellen Entwicklung der klassisch-romantischen Literaturgeschichte, IV. Teil: Hochromantik, Leipzig 1953, 87. Wolfgang Wittkowki, Skepsis, Noblesse, Ironie. Formen des Als-ob in Kleists „Erdbeben", in: Euphorion 63 (1969), 247–283, bes. 252 ff., rückt die ethische Bewährung Fernandos am Ende der Erzählung ins Zentrum seiner Interpretation. Bei Schneider, Der Zusammensturz des Allgemeinen (wie Anm. 1), 129, wird aus der ‚ethischen Autonomie' eine „poetische[]".

[48] So interpretiert Wolfgang Wittkowski insbesondere die heroische Tat Fernandos. Kleist hebe mit der Apotheose Don Fernandos mit „Kant, Fichte, Forberg und anderen das reine autonome Ethos der Noblesse auf den Thron" (Wittkowski, Skepsis, Noblesse, Ironie [wie Anm. 47], 282). Vgl. auch Korff, Geist der Goethezeit, (wie Anm. 47), 87. Werner Hamacher bezieht die „ungeheuern Taten'" (Hamacher, Das Beben [wie Anm. 3], 160) und die „göttliche Aufopferung'" (ebd., 161) auf Kants Konzept des Erhabenen. Auch in Schneiders Interpretation fungiert Don Fernando als ‚Darstellung der Autonomie' (Schneider, Der Zusammensturz des Allgemeinen [wie Anm. 1], 128 f.), ebenso bei Bettina Schulte, Unmittelbarkeit und Vermittlung im Werk Heinrich von Kleists, Göttingen, Zürich 1988, bes. 199, und Liebrand, Das suspendierte Bewusstsein (wie Anm. 1), 112 f., die in der Nachgeschichte, dann jedoch eine ironische Brechung sieht.

[49] So Fischers Interpretation. Vgl. Fischer, Das Erdbeben in Chili (wie Anm. 3), 29 ff.

Kleistschen Erzählung die im Tal versammelten Überlebenden einander erzählen:

> Statt der nichtssagenden Unterhaltungen [...] erzählte man jetzt Beispiele von ungeheuern Taten: Menschen, die man sonst in der Gesellschaft wenig geachtet hatte, hatten Römergröße gezeigt; Beispiele zu Haufen von Unerschrockenheit, von freudiger Verachtung der Gefahr, von Selbstverleugnung und der göttlichen Aufopferung, von ungesäumter Wegwerfung des Lebens (II 152).

Nicht einer ist unter den Überlebenden im Tal, „für den nicht an diesem Tage etwas Rührendes geschehen wäre, oder der nicht selbst etwas Großmütiges getan hätte" (II 152). Das Bewußtsein solcher Taten, für die das katastrophale Geschehen nur die Folie und den Anlaß liefert, löst – so heißt es wörtlich – „süße Lust" (ebd.) aus. Anders als das Erhabene als ethische Haltung und ‚Darstellung der Freiheit' haben die empfindsamen Tugend-Demonstrationen ihren sinnlichen Antrieb und Lohn im Tugendgenuß, auf den sich im empfindsamen Diskurs das ‚wahre Glück' gründet. Im empfindsamen Märtyrerschema zeugen die heroischen Tugend-Demonstrationen von der Vollkommenheit der menschlichen Natur und zeichnen so der Gattung den Weg der Vervollkommnung vor. Wie „einzelne Sterne in stürmischen Nächten" leuchten sie aus „den Schreckensszenen", aus „unglücklichschwangern Zeiten" hervor – so hieß es im *Morgenblatt* (1808/1, 619). In Kleists *Aufsatz, den sichern Weg des Glücks zu finden*[50] von 1799 erscheint das empfindsame Märtyrerschema völlig ungebrochen, und es finden sich ganz ähnliche Bilder.

Kleist vergleicht dort die Tugend mit „der Sonne", „die nie so göttlich schön den Horizont mit Flammenröte malt, als wenn die Nächte des Ungewitters sie umlagern" (II 306). Christus am Kreuz deutet er als ‚empfindsamen Märtyrer', der angesichts des Todes durch den Genuß der Tugend, den Genuß der eigenen Vollkommenheit, belohnt wird: „er lächelte liebreich seinen Henker an, er sah dem furchtbar schrecklichen Tod ruhig und freudig entgegen, – ach die Unschuld wandelt ja heiter über sinkende Welten. In seiner Brust muß ein ganzer Himmel von Empfindungen gewohnt haben" (ebd.). Die Taten eines „Sokrates, Christus, Leonidas, Regulus" bezeugen ihm, „auf welche Höhe der Mensch sich stellen, wie nah er an die Gottheit treten kann!" (II 314). Der Ruhm dieser Männer, ihre Taten verdankten sich „dem Zufall", „der ihre Verhältnisse so [...] stellte, daß die Schönheit ihres Wesens, wie eine Sonne daraus hervorstieg" (ebd.).

Ist Fernando also der strahlende Tugendheld in finstern Zeiten, der uns, wie die im *Aufsatz* beschriebenen Helden, „mit Liebe zu der großen Gattung" erfüllen soll, indem er uns „deren Wert" (II 314), deren mögliche Perfektibilität vor Augen führt?

---

[50] Heinrich von Kleist, Aufsatz, den sichern Weg des Glücks zu finden und ungestört – auch unter den grössten Drangsalen des Lebens – ihn zu genießen! (II 301–318).

Nein! Auch das empfindsame Märtyrerschema wird im *Erdbeben in Chili* nur mehr zitiert. Seine Voraussetzungen sind für Kleist bereits 1801 in der sogenannten Kantkrise – die die vielfach zitierten Briefe an seine Verlobte Wilhelmine von Zenge (22. März 1801; II 630 ff.) und an seine Schwester Ulrike (23. März 1801; II 636 ff.) dokumentieren – erschüttert worden. Kleist teilt nicht mehr den fraglosen Glauben an eine von einem gütigen und weisen Gott eingerichtete Welt, deren Ordnung der menschliche Verstand erkennen und das Gefühl beglaubigen kann, das als ‚moralisches Gefühl‘ in dieser Ordnung gründet und die Übereinstimmung mit dieser Ordnung im Denken und Handeln als Empfindung der eigenen Vollkommenheit belohnt.

Schon in Kleists Aufsatz *Den sichern Weg des Glücks zu finden*, der noch ganz im Banne dieser Naturkonzeption steht, ja sie regelrecht propagiert,[51] zeigen sich bei genauer Lektüre erste Brüche mit dieser Vorstellung. Ich will hier nur eine gravierende Abweichung hervorheben: Kleists Argumentation beruht gerade nicht auf der Evidenz des Gefühls. Weder sagt ihm sein Gefühl als ‚moral sense‘, was Recht und Unrecht, was Tugend sei, noch spricht er aus der Position dessen, der das „wahre[] Glück[]“ (II 303), das der Tugendgenuß gewährt, bereits erfahren hat. Er will vielmehr aus der Vernunft auf deduktivem Weg „erweisen“, daß der „Weg der Tugend“ „der einzige“ „Weg zum Glück“ sein muß (ebd.).[52] Erst wenn sich ihm der noch ‚dunkle‘ und ‚verworrene‘ „Begriff der Tugend“ weiter aufklärt, wenn sich nach der „möglichst vollkommnen Ausbildung“ aller seiner „geistigen Kräfte“ sich auch die zerstreuten „Eigenschaften“ und „Grundsätze“ der Tugend‘ „fest“ in sein „Innerstes“ ‚gegründet‘ und in seinem „Herzen verflochten“ haben werden (II 304), dann wird er – so hofft er – *in Zukunft*, die „Genüsse“ erfahren, „die in dem erfreulichen Anschaun der moralischen Schönheit

---

[51] Der Text liest sich abschnittsweise wie Spaldings *Bestimmung des Menschen* oder Gellerts *Moralische Vorlesungen,* ja einige Stellen erinnern an Sophie La Roches Erzählung *Das wahre Glück ist in der Seele des Rechtschaffenen,* in: Pomona für Teutschlands Töchter 2 (1783) Heft 7–12 (= Nachdruck der Original-Ausgabe, Speyer 1783–1874, München 1987), 1045–1083. Dort ergeht u. a. die Empfehlung, sich mit „mäßigem Ansehen und Auskommen […] zu begnügen, und einen Vorrath von Tugend und Weisheit zu sammeln“, der das wahre Glück begründet (ebd., 1075). Auch Kleist wünscht sich nur „ein mäßiges *äußeres* Glück“, und nimmt sich vor, zwischen dem „höchsten *äußern* Glück und Unglück“ [Herv. M.W.] auf der „Mittelstraße zu wandern“ und seine „Wünsche nie auf schwindliche Höhen zu richten“, und folgt damit ganz der empfindsamen Topik, die das ‚wahre Glück‘ in die Seele und in die Privatsphäre verlegt.

[52] Am Anfang der Deduktion steht das empfindsam-aufklärerische Credo, daß Gott, der die „Sehnsucht nach Glück“ „unauslöschlich in unsrer Seele erweckt hat“ (II 301), die Welt auch so eingerichtet hat, daß wir glücklich werden können. Alles andere würde mit der „Güte und Weisheit Gottes“ streiten (II 302). Das Glücksstreben leitet so auf den Weg der Vervollkommnung und Tugend, in deren Genuß das „wahre[] Glück“ (II 303) besteht.

unseres eigenen Wesens liegen" (II 304 f.).[53] „Diese Genüsse", führt er weiter aus, „die Zufriedenheit unsrer selbst, das Bewußtsein guter Handlungen, das Gefühl unsrer [...] standhaft behaupteten Würde", werden fähig sein, „unter allen äußern Umständen des Lebens, selbst unter den traurigsten, ein sicheres tiefgefühltes und unzerstörbares Glück zu gründen" (II 305).

Damit muß man den Schlußsatz des *Erdbebens in Chili* konfrontieren: „und wenn Don Fernando Philippen mit Juan verglich, und wie er beide erworben hatte, *so war es ihm fast, als müßte er sich freuen* [Herv. M.W.]" (II 159). Von einem ‚sicheren *tiefgefühlten* und unzerstörbaren Glück', das das „Bewußtsein guter Handlungen, das Gefühl unsrer [...] standhaft behaupteten Würde" auch ‚unter den traurigsten Umständen' gewähren sollte, kann hier keine Rede sein. Das Gefühl ist mehr als schwach, unsicher und schwankend. Es erscheint lediglich als Forderung des vergleichenden Verstandes und nicht als tatsächlicher Zug des Herzens.

Das Gefühl hat bei Kleist die Evidenz verloren – oder besser gesagt: nie die Evidenz gewonnen, die es in der aufklärerisch-empfindsamen Konzeption besaß, in der es in der göttlichen Ordnung der Natur gründete und diese erfahrbar machen konnte. Daß die ontologische Basis des Gefühls, die Ordnung der Dinge, prinzipiell erkennbar ist, und auf dem Weg fortschreitender Bildung auch das Gefühl an Evidenz gewinnen würde, diese Hoffnung hat sich für Kleist 1801 in der ‚Kantkrise', nach der seine künstlerische Produktion erst einsetzt, zerschlagen.

Schon in seinem Debut-Drama *Die Familie Schroffenstein* führt Kleist die Verwirrung des sensus moralis, die Verwirrung des „Rechtsgefühls" vor, dem die ontologische Basis abhanden gekommen ist.[54] Das Konzept der Natur, das den Menschen als soziales Wesen auswies, und die auf es gegründeten Werte werden dort, gleich zu Beginn, in das Reich der Fabel verwiesen:[55]

> Doch nichts mehr von Natur.
> Ein hold ergötzend Märchen ists der Kindheit,
> Der Menschheit von den Dichtern, ihren Ammen,
> Erzählt. Vertrauen, Unschuld, Treue, Liebe,
> Religion, der Götter Furcht sind wie
> Die Tiere, welche reden. [...] (I 53).

---

[53] Zu dem ‚temporalen Bruch' in Kleist Argumentation vgl. auch Dehrmann, Die problematische Bestimmung (wie Anm. 4), 214.

[54] Vgl. ebd., 218 f.

[55] Die Wahrheitsprinzipien der Natur zu veranschaulichen wird seit der Frühaufklärung der Dichtung und unter deren Gattungen insbesondere der Fabel zugewiesen, wobei die Tierfabel als am meisten geeignet gilt. Vgl. das Kapitel „Die Poetisierung des Naturrechts", in: Hans-Georg Kemper, Deutsche Lyrik der frühen Neuzeit, Bd. 5/2: Frühaufklärung, 76–99, bes. 76–90.

Für Kleist gibt es nach der ‚Kantkrise‘[56] keinen Ausweg mehr aus der Welt des Scheins, der Welt des ‚als ob‘: „ob das, was wir Wahrheit nennen, wahrhaft Wahrheit ist, oder ob es uns nur so scheint" (II 634), ist für ihn ununterscheidbar geworden. Es ist unmöglich geworden, sich der wahren Ordnung der Dinge zu vergewissern. Fernandos heroische Tat wie die übrigen zitierten Tugend-Demonstrationen bezeugen nicht mehr die Perfektibilität der menschlichen Natur in einer Schöpfung, die sich trotz allen partiellen Elends auf dem Weg der Vervollkommnung befindet. Sie haben ihren Kontext verloren. Sie sind nicht mehr in einem göttlich geordneten Kosmos verortet, sie sind so sinnlos wie das Geschehen, das sie veranlaßt.

Es sind nicht die Zeitereignisse, die 1806 mit der Bildung des Rheinbunds zur Zerschlagung des Heiligen Römischen Reiches Deutscher Nation führen und in der vernichtenden Niederlage Preußens kulminieren, die Kleists Glauben an das metaphysische Naturkonzept der Aufklärung zerstören. Das ist schon in der Kantkrise 1801 geschehen. Aber die Zeitereignisse lassen die Sinnkrise von 1801 in aller Schärfe wieder hervortreten: „Mein einziges, mein höchstes Ziel ist gesunken, und ich habe nun keines mehr", schrieb Kleist 1801 an Verlobte und Schwester.[57] Jetzt sieht er sich wieder vor einem Abgrund:

---

[56] Welche Schriften die sogenannte Kantkrise ausgelöst haben, ob es überhaupt Schriften von Kant waren, und wenn ja, welche genau, ist im Rahmen meiner Argumentation unerheblich. Bücher und eine unübersehbare Zahl von Aufsätzen sind zu diesem Thema erschienen. Vgl. den kurzen Überblick bei Michael Mandelartz, Von der Tugendkrise zur Lasterschule. Die sogenannte ‚Kantkrise‘ und Fichtes ‚Wissenschaftslehre‘, in: Kleist-Jahrbuch (2006), 120–136, sowie bei Tim Mehigan, Kleist, Kant und die Aufklärung, in: T.M. (Hg.), Heinrich von Kleist und die Aufklärung, New York 2000, 3–21. Kleist dramatisiert nur die Einschränkung der Erkenntnis, die Neufundierung der Erkenntnismöglichkeiten der Vernunft scheint er ebenso wenig wahrzunehmen wie die neuen erkenntnistheoretischen Maßstäbe des Postulats von Freiheit, Gott und Unsterblichkeit. Daraus hat man geschlossen, daß Kleist gar nicht die Schriften Kants rezipiert habe. Man ist sogar soweit gegangen, die Krise zu einer Inszenierung für die Verlobte zu erklären. Vgl. z. B. Wichmann, Heinrich von Kleist (wie Anm. 8), 34 ff. Die Kantkrise ist jedoch keine bloße akademische ‚Erkenntniskrise‘, die durch philosophische Lektüre begründet und auch wieder behoben werden könnte. Sie markiert den Zusammenbruch eines eingelebten Weltbildes, das für Kleist ein umfassendes und notwendiges Orientierungsmodell darstellte. Die Erschütterung dieses Weltbildes ist sicherlich stärker auf Lebensumstände und Erfahrungen Kleists, die auch die (selektive) Wahrnehmung von Texten bestimmen, als auf die Lektüre eines bestimmten philosophischen Textes zurückzuführen. Vgl. hierzu Stefanie Marx, Beispiele des Beispiellosen. Heinrich von Kleists Erzählungen ohne Moral, Würzburg 1994, 120.

[57] Brief an Wilhelmine von Zenge vom 22. März 1801, II 634; Im Brief an Ulrike von Kleist vom 23. März heißt es in fast wörtlicher Übereinstimmung: Mein *einziges* und *höchstes* Ziel ist gesunken, ich habe keines mehr" (II 636). „Bildung", „Vervollkommnung", von der er glaubte, daß sie nach dem Tod fortgesetzt würde, daß man von der hier erreichten „Stufe der Vervollkommnung" nach dem Tod „weiter fortschreiten würde[]" (II, 633), war das Ziel, dem er sich bis dahin verschrieben hatte. Kleist selbst nennt Wieland als Vermittler dieses Denkens. Die Bezüge zu Spaldings *Bestimmung des Menschen* sind offensichtlich. Vgl. hierzu Dehrmann, Die problematische Be-

Ich sitze, wie an einem Abgrund, mein edelmütiger Freund, das Gemüt immer starr über die Tiefe geneigt, in welcher die Hoffnung meines Lebens untergegangen ist [...]. Vergebens habe ich mich bemüht, mich aus diesem unglücklichen Zustand, der die ganze Wiederholung eines früheren ist, den ich schon einmal in Frankreich erlebte, emporzuarbeiten (II 763 f.).[58]

Wieder stellt sich für Kleist die Frage nach der eigenen Bestimmung, nach dem Ziel allen Strebens: „Wo ist der Platz, den man jetzt in der Welt einzunehmen sich bestreben könnte, im Augenblicke, wo alles seinen Platz in verwirrter Bewegung verwechselt?" (II 782).[59] Die Zeitereignisse, die Kleist, wie seine Briefe ab November 1805 belegen, mit Sorgen, ja mit Schrecken verfolgt, die er als „Umsturz der alten Ordnung [...] der Dinge" (II 761)[60] erlebt, rücken die Frage nach einer verstehbaren Weltordnung und dem eigenen Platz in ihr mit neuer Radikalität ins Zentrum. Sie verlangen nach einer deutenden Bewältigung, nach einer Neuorientierung, aber Kleist hat ihnen nichts – das zeigt das *Erdbeben in Chili* – entgegenzusetzen als die alten eingelebten Deutungsmuster, in denen er, wie die meisten seiner Zeitgenossen, sozialisiert wurde, deren Versagen ihm aber die Ereignisse zugleich sinnfälliger als jemals vor Augen führen.

Selbst die wiederholten Absagen an das aufklärerisch-empfindsame Konzept des Strebens nach Glück, das zugleich ein Streben nach Tugend, nach Vervollkommnung war, die sich in den Briefen finden, rekurrieren noch auf die Theodizee-Vorstellung, die diesem Konzept zugrunde lag, und drücken so Kleists tiefe Sehnsucht nach einer in Gott gegründeten sinnvoll geordneten Schöpfung aus.

Wer wollte auf dieser Welt glücklich sein. Pfui, schäme Dich, möchte ich fast sagen, wenn Du es willst! Welch eine Kurzsichtigkeit [...] gehört dazu, hier, wo alles mit dem Tode endigt, nach etwas zu streben. [...] Und was ist des Strebens würdig, wenn es die

---

stimmung (wie Anm. 4), 203 ff. Daß das menschliche Glücks- und Vollkommenheitsstreben nicht mit dem Tode abbricht, sondern im Jenseits seine Fortsetzung findet, betonen neben Spalding bes. die Neologen Reimarus (vgl. Sauder, Empfindsamkeit [wie Anm. 14], 220) und Jerusalem (vgl. Kemper, Neologie und Empfindsamkeit [wie Anm. 14], 201). Angesichts der breiten Verankerung dieses Konzepts im empfindsamen Diskurs (siehe oben Anm. 27) ist es müßig, über Herkunft und Erklärung von Kleists „eigene[r] Religion' [...] der unendlichen Vervollkommnung" (Ledanff, Kleist und die „beste aller Welten" [wie Anm. 3], 141) zu spekulieren.

[58] Brief an Karl Freiherr von Stein zum Altenstein vom 30. Juni 1806. Kleist versuchte sich 1801 auf der Frankreich-Reise mit Ulrike aus dem für ihn „schmerzlichste[n] Zustand[,] ganz ohne Ziel zu sein" (II 635), zu befreien. Die „Abgrund-Metaphorik ist eine stehende Wendung" der Briefe, die Kleist während der Paris-Reise mit Ulrike im Sommer 1801 verfaßte (Marx, Beispiele des Beispiellosen [wie Anm. 55], 140).

[59] Brief an Marie von Kleist vom Juni 1807.

[60] So die Formulierung im Brief von Ende November 1805 an Otto August Rühle von Lilienstern (II 761). Eine fast identische Formulierung findet sich im Aufsatz *Über die Allmähliche Verfertigung der Gedanken beim Reden*: „Vielleicht, daß es auf diese Art zuletzt das Zucken einer Oberlippe war, oder ein zweideutiges Spiel an der Manschette, was in Frankreich den Umsturz der Ordnung der Dinge bewirkte" (II 321).

Liebe nicht ist! Ach, es muß noch etwas anderes geben, als Liebe, Glück, Ruhm usw., x,y,z, wovon unsre Seelen nichts träumen: Es kann kein böser Geist sein, der an der Spitze der Welt steht; *es ist ein bloß unbegriffener! Lächeln wir nicht auch, wenn die Kinder weinen.* [Herv. M.W.] Denke nur, diese unendliche Fortdauer! Myriaden von Zeiträumen (II 768).[61]

Wenn Kleist im *Erdbeben in Chili* die populären Deutungsschemata des empfindsam-aufklärerischen Diskurses zitiert, dann ist dies kein ironisches oder gar zynisches Spiel.[62] Es geht auch nicht um die Dekonstruktion gesellschaftlicher Mythen im Sinne einer skeptischen Aufklärung[63] und erst recht nicht darum, durch die Verweigerung von Sinn und Kohärenz „die Novelle als autonomes Kunstwerk zu setzen"[64] und ihre „Annerkennung als Werk[] der Kunst zu erzwingen".[65] Es handelt sich vielmehr um eine ernste und verzweifelte Sinnsuche in den Deutungsmustern, die Kleist einzig zur Verfügung stehen, die zu keinem Ziel, zu keiner Lösung führt, weil mit der metaphysischen Naturkonzeption der Aufklärung die Voraussetzung dieser Schemata für Kleist zerbrochen ist. Über andere aber verfügt er nicht, weil kein neues Naturkonzept, keines der neuen Sinnangebote der Zeit den Plausibilitätsverlust der eingelebten Strukturen des Weltbilds zu kompensieren vermag, mit dem Kleist aufgewachsen war.

III.

Aus dieser Position des drohenden Nihilismus, des völligen Sinn- und Orientierungsverlusts, von dem das *Erdbeben in Chili* berichtet, erfolgt die Apotheose des Todes[66] und die Neubesetzung des Märtyrerschemas, die sich schon in Don Fern-

---

[61] Noch deutlicher wird die Absage an das empfindsam-aufklärerische Programm des Glücksstrebens in der entsprechenden Formulierung im Brief an Karl Freiherr von Stein zum Altenstein vom 4. August 1806: „Wie kann ein edles Wesen, ein denkendes und empfindendes, wie der Mensch, hier glücklich sein! Wie kann er es nur *wollen*, hier, wo alles mit dem Tode endigt!" (II 766).

[62] Ein ironisches Spiel, das die Sinnangebote des deutschen Idealismus mit einschließt, sieht Fischer, Das Erdbeben in Chili (wie Anm. 3), bes. 25 ff. und 35 f. Zynismus unterstellt Bürger, Statt einer Interpretation (wie Anm. 13).

[63] So argumentieren Fischer (ebd., 26 f.) und Liebrand, Das suspendierte Bewußtsein (wie Anm. 1), bes. 113.

[64] Bürger, Statt einer Interpretation (wie Anm. 13), 104.

[65] Ebd., 109.

[66] Die Verklärung des Todes findet ihren Höhepunkt in der Beschreibung des Gemäldes der sterbenden heiligen Magdalena von Simon Vouet (Kirche St. Loup) im Brief an Marie von Kleist vom Juni 1807: „Sie [eine Seele] liegt, mit Blässe des Todes übergossen, auf den Knien, der Leib sterbend in die Arme der Engel zurückgesunken. [...] Und einen Blick aus sterbenden Augen wirft sie auf sie, als ob sie ins Gefilde unendlicher Seligkeit hinaussähe: Ich habe nie etwas Rührenderes und Erhebenderes gesehen" (II 783). Nach dem Zusammenbruch der Aufklärungskonzeption, die

andos heldenhaftem Kampf am Ende der Erzählung andeutet. So „wie die Dinge
stehn", schreibt Kleist Ende November 1805 an Rühle, „kann man kaum auf viel
mehr rechnen als auf einen *schönen Untergang* [Herv. M.W.]" (II 760). Im Brief
vom 31. August 1806, ebenfalls an Rühle, mündet die Beschwörung, daß ein
„bloß unbegriffener", aber doch gütiger Geist „an der Spitze der Welt" stehen
muß, nach dem Verweis auf die Unendlichkeit in die Aufforderung: „Komm,
laß uns etwas Gutes tun, und dabei sterben!" (II 768). Die Zweck-Mittel-Relation
des heroischen Todes wird vertauscht. Nicht ‚das Gute' ist der Zweck, der den Einsatz des Lebens lohnt. Der Tod ist der Zweck, das „Gute[] tun" das Mittel, der
Weg, ihn herbeizuführen.

Mit dem Naturkonzept der Aufklärung sind für Kleist die Grundlagen der Erkenntnis unwiderruflich zerbrochen: Der Verstand kann keine Wahrheit, keinen
Zweck mehr begründen, ebenso wenig wie das Gefühl. Damit kann der ‚Märtyrer'
nicht mehr *für* etwas sterben. Wenn „hier [...] alles mit dem Tode endet" (II 768),
wenn „hienieden keine Wahrheit zu finden ist" (II 634), kann sie nur mehr im Tod
offenbar werden. Nur im Tod kann sich noch erweisen, daß die Welt kein sich
selbst überlassenes Chaos und Gott keine Chimäre, sondern ein „bloß" auf Erden
„unbegriffener" und unbegreifbarer „Geist" ist (II 768). Die heroische Tat, das
Selbstopfer, nimmt damit die Form einer Gotteswette an.

Diese Wettstruktur und die entsprechende Umdeutung des Märtyrerschemas
zeigt sich dann in Kleists *Hermannsschlacht* wie auch im Drama *Prinz Friedrich
von Homburg*. Dies sei abschließend kurz skizziert.

Daß die Naturordnung der Aufklärung als Begründungsbasis sozialer Ordnungen ausgedient hat, daran läßt Kleists Drama *Die Hermannsschlacht* keinen Zweifel. An vielen Stellen wird das Konzept, das Moral und Recht auf die dem menschlichen Herzen eingeschriebene göttliche Ordnung der Natur gründete, zitiert und
zurückgewiesen.[67] Besonders deutlich geschieht dies in der Begegnung Hermanns mit dem gefangenen römischen Anführer Septimus. Septimus erinnert
Hermann, der ihn zu töten befohlen hat, an die Pflicht des Siegers einem Gefangenen gegenüber, Hermann erwidert:

> An Pflicht und Recht! Sieh da, so wahr ich lebe!
> Er hat das Buch vom Cicero gelesen.

die Erfahrung Gottes in die Natur verlegte und mit der Erkenntnis und Befolgung der göttlichen
Ordnung der Natur ein innerweltliches Glücksversprechen verbunden hatte, rekurriert Kleist offenbar wieder auf die alte *postmortale* ‚visio Dei beatifica'.

[67] Insbesondere in den Gesprächen Hermanns mit Thusnelda. Vgl. Dehrmann, Die Problematische Bestimmung (wie Anm. 4), 224 f. Thusnelda, die empfindsame tugendhafte Seele, wird von
Hermann einem regelrechten Umerziehungsprozeß unterworfen, in dessen Verlauf an die Stelle der
universalen Menschenliebe und des Mitleids Haß und Rache treten. Vgl. hierzu Andreas Dörner,
Politischer Mythos und symbolische Politik. Der Hermannmythos: Zur Entstehung des National-
bewußtseins der Deutschen, Reinbek bei Hamburg 1996, 108 f.

Was müßt ich tun, sag an, nach diesem Werk?
SEPTIMUS. Nach diesem Werk? Armsel'ger Spötter, du!
Mein Haupt, das wehrlos vor dir steht,
Soll deiner Rache heilig sein;
Also gebeut dir das Gefühl des Rechts,
In deines Busens Blättern aufgeschrieben!
HERMANN *indem er auf ihn einschreitet.*
Du weißt was Recht ist, du verfluchter Bube,
Und kamst nach Deutschland, unbeleidigt,
Um uns zu unterdrücken?
Nehmt eine Keule doppelten Gewichts,
Und schlagt ihn tot! (I 612).

Hermann läßt das Argument, das das Recht als göttlich und universal ausweist, nicht gelten. Nicht auf die Ordnung der Natur, die sich als Gefühl, als ‚moral sense‘, dem Menschen mitteilt, sind Recht und Moral zurückzuführen, sondern auf ein „Buch", auf eine bloß menschliche, historisch kontingente Setzung, die in strategischer Absicht gebraucht werden kann und für Hermann keinerlei Verbindlichkeit mehr besitzt.[68]

Die Naturordnung der Aufklärung fällt als Begründungsbasis sozialer Ordnungen aus. Aber an ihre Stelle tritt kein neues Naturkonzept: Die Germanen erscheinen in der *Hermannsschlacht* nicht als natürlich-organische auf Familien-, sprich Blutsbande, gegründete Tugend- und Gefühlsgemeinschaft. Sie existieren gar nicht als Gemeinschaft. Ihre Befreiung ist nicht der Grund für Hermanns Kampf:

Wollt ich auf Erden irgend was *erringen*,
ich würde glücklich sein, könnt ich mit Männern mich,
Wie hier um mich versammelt sind, verbinden;
Jedoch, weil alles zu *verlieren* bloß
Die Absicht ist – so läßt, begreift ihr,
Solch ein Entschluß nicht wohl ein Bündnis zu:
Allein muß ich, in solchem Kriege, stehn (I 543).

Mein Alles, Haus und Hof, die gänzliche
Gesamtheit des, was mein sonst war,
Als ein verlornes Gut in meiner Hand noch ist,
Das, Freunde, setz ich dran, im Tod nur,
wie König Porus, glorreich es zu lassen! (I 545)

Nein! Schritt vor Schritt will ich das Land der großen Väter
Verlieren – über jeden Waldstrom schon im voraus,
Mir eine goldne Brücke baun,

---

[68] Vgl. Dehrmann, Die Problematische Bestimmung (wie Anm. 4), 222 f. Zur Rolle von Ciceros *De officiis* in der englischen ‚moral sense‘-Philosophie vgl. ebd., 223, Anm. 75. Vgl. auch Manfred Schneider, Die Welt im Ausnahmezustand. Kleists Kriegstheater, in: Kleist-Jahrbuch (2001), 104–119, hier 109. Schneider sieht jedoch im Zerbrechen der Naturkonzeption der Aufklärung nicht das Ausgangsproblem, sondern die Intention Kleists.

In jeder Mordschlacht denken, wie ich in
Den letzten Winkel nur mich des Cheruskerlands
Zurückezieh: und triumphieren,
[...]
Wenn ich – nach einer runden Zahl von Jahren,
[...]
Auf einem Grenzstein, mit den letzten Freunden,
Den schönen Tod des Helden sterben kann (I 546).

Es geht Hermann nicht darum, „auf Erden irgend was" zu „erringen". Als Zweck des Kampfes wird in der Exposition des Dramas zunächst der „schöne[] Tod des Helden" und dann abstrakt die „Freiheit" (I 547) bestimmt. Deutlich tritt das Märtyrerschema hervor. Der empfindsame Märtyrer, der im Untergang die Vollkommenheit seiner Tugendnatur demonstrierte, hat allerdings ausgedient. Rekurriert wird wieder auf das alte, genuin religiöse Modell des Märtyrers, der die ‚irdischen Güter‘, ja die gesamte irdische Existenz als ohnehin dem Tod verfallenes, „verlornes Gut" einsetzt, um eine ‚höheres Gut‘, das ‚jenseitige Heil‘, zu erringen, und im Tode über alles Irdische triumphierend Zeugnis ablegt für die jenseitige Heilsordnung.

Aber es fehlt die Heilsgewißheit. Der heroische Kampf, das Selbstopfer wird als Wette mit offenem Ausgang inszeniert, bei der jedoch nichts verloren werden kann, weil der Einsatz, die irdische Existenz, per se wertlos ist. Dieser Märtyrer geht nicht im festen Glauben an das Jenseits in den Tod. Er stirbt nicht *für* das Vaterland, nicht *für* die Gemeinschaft der germanischen Brüder – die werden als egoistischer, zerstrittener, verzagter, taktierender Haufen vorgeführt – Hermanns heroisches Handeln muß den Wert erst schaffen, für den es sich zu sterben lohnt.

Das „Höhre[], als der Erde Gut",[69] das es kämpfend zu erringen gilt, dem alles aufzuopfern ist, nimmt keinerlei konkrete Züge an. Es bleibt, wie das Jenseits, völlig unbestimmt bzw. wird, wie auch in den Schriften des Jahres 1809, mit den zeitüblichen Chiffren ‚Freiheit‘, ‚Vaterland‘ etc. belegt. Worauf sich aber die Ordnung des Krieges gründet, der es herbeiführen soll, wird durchaus deutlich: Nicht auf die Natur, nicht auf göttliches Recht, sondern auf bloße Setzung. Das deutet sich in der *Hermannsschlacht* an und wird im *Prinz von Homburg* ins Zentrum gerückt.

An die Stelle des durch Introspektion der eigenen Natur zu gewinnenden „Lebensplans" (II 473)[70] tritt der „Kriegsplan". Nicht mehr die ins Herz geschriebene

---

[69] Germania an ihre Kinder. Eine Ode, I 25 – 27, hier 27.
[70] Brief an Christian Ernst Martini vom 18. (und 19.) März 1799. Der ‚Lebensplan‘ ist ebenso wie die ‚Bestimmung‘, der es sich durch innere Prüfung der Natur zu vergewissern gilt, ein zentraler Begriff in den Briefen und Schriften Kleists vor 1801. Vgl. die Nachweise bei Kreutzer, Die dichterische Entwicklung (wie Anm. 8), 49 ff. und 53 ff. Spalding, Die Bestimmung (wie Anm. 14), 71, spricht entsprechend von einem „System des Lebens", das es durch Introspektion zu gewinnen

göttliche Ordnung der Natur gibt die Bestimmung des Handelns vor, sondern der „Buchstab" des „Willens" des Herrschers.[71] „Meine Brust ist Erz / Und ein Demantengriffel seine Rede!" (I 560). Mit diesen Worten macht sich Luitgar bereit, den „Kriegsplan" von Hermann zu empfangen (ebd.).[72] Der Kriegsplan, der ‚Buchstabe des Willens' des Befehlshabers, gilt jedoch nicht nur für die der Befehlsgewalt Unterworfenen, sondern auch für die Herrschenden selbst. Er nimmt auch für Hermann „die Kraft nun des Gesetzes an. / An dem Alraunentag rück ich nunmehr so fehllos, / Als wär es sein Gebot, aus meinem Lager aus" (I 561). Hermann wird losrücken, zum Selbstopfer bereit, auf die Gefahr hin, alles zu verlieren. Ganz Cheruska ist sein Einsatz:

> Nun wär ich fertig, wie ein Reisender.
> Cheruska, wie es steht und liegt,
> Kommt mir, wie eingepackt in eine Kiste, vor:
> Um eines Wechsel könnt ich es verkaufen (I 592).

Diese Bereitschaft zum Selbstopfer – und kein höheres, wie auch immer auf Natur gegründetes Recht – heiligt das bloß gesatzte Recht.

Im *Prinz von Homburg* steht die Inszenierung der Heiligung der bloß gesatzten Ordnung im Mittelpunkt. Im „Angesicht des Heers" will Homburg das „Gesetz des Kriegs", das er verletzt hat, durch einen „freien Tod verherrlichen" (I 704) und so – vor den Augen des ganzen Heeres – unbedingten Gehorsam demonstrieren, nicht dem Sittengesetz, sondern dem bloßen ‚Buchstaben des Willens' des Befehlshabers gegenüber.

Gegen diesen „Buchstab" des „Willens" (I 698), gegen den diktierten „Kriegsplan" (I 645, 647) des Fürsten, hatte Homburg verstoßen, als er, statt auf Order zu warten, sich in die Schlacht stürzte. Bezeichnenderweise berief er sich dabei auf die ‚Stimme des Herzens': „Ord'r! Ei, Kottwitz! Reitest du so langsam? / Hast Du sie noch vom Herzen nicht empfangen?" (I 653). Auf die Stimme des Herzens, als vermeintliche Stimme der Natur, gründet sich auch anfangs Homburgs Moral- und Gesellschaftsvorstellung. Der Kurfürst, sein Vetter, ist für ihn ein „Vater" (I 658), er selbst ist dem Kurfürsten „wert wie ein Sohn" (I 668), die Kurfürstin, die am Sterbebett seiner Mutter versprach, „er soll mir sein, als hätt ich ihn erzeugt" (I 676), betrachtet er als seine „Mutter" (I 662). Die Heirat mit Natalie, der geliebten Nichte des Fürstenpaares, würde die Familienidylle komplett ma-

und „bey sich fest zu setzen" gelte, an das man sich „zu allen Zeiten halten könne". Vgl. zum Begriff ‚Lebensplan' bei Kleist und Spalding auch Dehrmann, Die problematische Bestimmung (wie Anm. 4), 209.

[71] *Prinz Friedrich von Homburg*, V/5, I 698.

[72] Vgl. dagegen die zerstreute, mit sich selbst, den Träumen von Liebe und Ruhm beschäftigte Haltung des Prinzen von Homburg während der Verkündigung des „Kriegsplan[s]" (I 645, 647) bzw. des „Plan[s] der Schlacht" (I 642).

chen (vgl. bes. I 658 und 662). Die Gesellschaft konstituiert sich für Homburg nach dem Modell der Familie als natürliche Gemeinschaft der durch Liebe und Sympathie verbundenen Tugendhaften. Sie gründet sich nicht auf äußere Gesetze, sondern auf die moralische Gesetzgebung des Herzens.[73] In den Augen Homburgs steht der Staat dieser natürlichen Gemeinschaft als ein abstraktes Gebilde gegenüber. Seine allgemeinen Gesetze können sich nur auf äußere Handlungen beziehen. Die „Richter" des Kriegsgerichts, die „herzlos" (I 669) nach Gesetzen richten, mußten „auf den Tod erkennen" (I 670). Die Stimme des Herzens aber, das moralische Urteil, das Ausdruck der Menschliebe ist und Handlungen nach ihren Motiven beurteilt, wird ihn frei sprechen:[74] Der Kurfürst hat, als er Homburg gefangensetzen ließ und vor das Kriegsgericht bestellte, „getan, was Pflicht erheischte / Und nun wird er dem Herzen auch gehorchen" (I 668). Davon ist Homburg vollkommen überzeugt. Entsprechend scharf fällt seine moralische Verurteilung aus, als offensichtlich wird, daß der Fürst ihn nicht begnadigen, sondern das Urteil vollstrecken lassen will.

> DER PRINZ VON HOMBURG *steht auf.*
> Er könnte – nein! So ungeheuere
> Entschließungen in seinem Busen wälzen?
> Um eines Fehls, der Brille kaum bemerkbar,
> In dem Demanten, den er jüngst empfing,
> In Staub den Geber treten? Eine Tat,

---

[73] Auf die Opposition von Herz und Gesetz weist auch Susanne Kaul hin. Auch Kottwitz vertritt die Position des Herzens in seiner Fürsprache für Homburg, ebenso wie Natalie. Vgl. Susanne Kaul, Radikale Rechtskritik bei Kleist, in: IASL 31/1 (2006), 212–222, hier 215 f. Die These, daß das Stück die mechanische Herrschaft des Rechts kritisiere und die Aufhebung des als starr und tyrannisch gekennzeichneten Rechts propagiere, entbehrt jedoch der Stützung durch den Text. Dies gilt auch für Klaus Lüderssens These, daß das Drama für ein konsensorientiertes, die Freiheit des einzelnen sicherndes Recht plädiere. Vgl. Klaus Lüderssen, Recht als Verständigung unter Gleichen in Kleists ‚Prinz von Homburg' – Ein aristokratisches oder ein demokratisches Prinzip?, in: Kleist Jahrbuch (1985), 56–83.

[74] Homburg geht ganz selbstverständlich von der Unterscheidung zwischen ‚bürgerlichen' und ‚moralischen' Gesetzen, von rechtlicher und moralischer Zurechnung aus, die mit den naturrechtlich orientierten Strafrechtstheorien etabliert und insbesondere in den Kriminalgeschichten des ausgehenden 18. Jahrhunderts diskutiert wurde. So betont etwa August Gottlieb Meißner im Vorwort zu seiner Sammlung von Kriminalgeschichten „den großen Unterschied zwischen gesetzlicher und moralischer Zurechnung; zwischen dem Richter der nach Thaten und demjenigen, der nach dem Blick ins Innerste des Herzens urtheilt" (Skizzen. Dreizehnte und vierzehnte Sammlung, Leipzig 1796, o.p.). Vgl. hierzu Marianne Willems, Der Verbrecher als Mensch. Zur Herkunft anthropologischer Deutungsmuster der Kriminalgeschichte des 18. Jahrhunderts, in: Karl Eibl u.a. (Hg.), Aufklärung und Anthropologie, Hamburg 2002 (= Aufklärung 14 [2002]), 23–48, hier 42 ff.; vgl. auch Hinrich Rüping, Günter Jerouschek, Grundriss der Strafrechtsgeschichte, 6. völlig überarb. Aufl., München 2011; Eberhardt Schmidt, Einführung in die Geschichte der deutschen Strafrechtspflege, Göttingen [3]1995; Martin Reulecke, Gleichheit und Strafrecht im deutschen Naturrecht des 18. und 19. Jahrhunderts, Tübingen 2007.

Die weiß den Dei von Algier brennt, mit Flügeln,
Nach Art der Cherubinen, silberglänzig,
Den Sardanapel ziert, und die gesamte
Altrömische Tyrannenreihe, schuldlos,
Wie Kinder, die am Mutterbusen sterben,
Auf Gottes rechter Seit hinüberwirft? (I 671)[75]

Nach dem Durchgang durch die „Schule dieser Tage" (I 707), nach nackter Todesangst und der ‚Belehrung' durch den Fürsten, der ihm die Entscheidung über die Rechtmäßigkeit des Urteils und damit über den eigenen Tod überläßt,[76] nimmt Homburg jedoch eine neue, ganz andere Haltung ein. Diese läßt keinerlei Zweifel daran, daß es keine im Herzen verankerte, ‚höhere', der „Satzung" (I 666, 680) übergeordnete moralische Ordnung gibt. Was die Stimme des Herzens zum Ausdruck bringt, ist nicht die Ordnung der Natur, sondern individuelle Willkür, „Trotz" und „Übermut", die es als „Feind in uns" zu besiegen gilt (I 704). Durch das Selbstopfer, durch die bedingungslose Unterwerfung aller, einschließlich des Herrschers unter die von ihm gesatzte Ordnung, die Homburg mit seinem „freien Tod" darstellen will, wird diese zur ‚heiligen', zur moralischen Ordnung, zur neuen Ordnung der Herzen.[77]

---

[75] Schon bei seiner Verhaftung hatte er diesen moralischen Standpunkt eingenommen und auf sein ‚deutsches Herz' gepocht, das „an Edelmut und Liebe" und nicht an den starren Gesetzesvollzug der Antike „gewohnt" sei (I 666).

[76] An der Rechtmäßigkeit des Verfahrens und des Urteils hatte der Prinz von Homburg nicht gezweifelt. Er hatte auf die Begnadigung des Landes*vaters* gehofft, die im Naturrecht als legitimes „Mittel der Gesetzgebung" vorgesehen war, „das in besonderen Fällen an die Stelle der allgemeinen Gesetze treten sollte" (Reulecke, Gleichheit und Strafrecht [wie Anm. 73], 115) und neben dem ‚Staatswohl' auch die besonderen Umstände der Tat, Eigenart und Motive des Täters berücksichtigen sollte (vgl. ebd., 113 f., vgl. auch Schmidt, Einführung [wie Anm. 73], 165 f.; zur Diskussion des Gnadenrechts und der Gesetzesbindung der Strafen im 18. Jahrhundert vgl. auch Rüping, Jerouschek, Grundriss der Strafrechtsgeschichte [wie Anm. 73], 87 ff.). Die Entscheidung, vor die der Kurfürst Homburg stellt, geht dagegen von der vollen Positivierung des Rechts aus. Der Fürst fragt lediglich, ob er seiner Pflicht gemäß gehandelt habe, als er Homburg gefangensetzen ließ (I 687) – das kann Homburg nicht verneinen. Die Gerechtigkeit des Urteils, deren Maßstab die Moral wäre, steht gar nicht zur Debatte. Der Fürst zeigt sich damit seiner „Satzung" selbst bedingungslos unterworfen. Karl Eibl hat überzeugend dargestellt, daß es der wertlose, kontextlose Tod ist, der Homburg ins „Nichts" zurückzustoßen droht, der seine panische Todesangst auslöst. Mit der Entscheidung über den eigenen Tod erhält er die Möglichkeit der sozialen Kontextualisierung, die Möglichkeit seinem Tod einen Sinn zu geben (Karl Eibl, Grund zum Leben – Grund zum Sterben. Beobachtungen am Drama des 18. Jahrhunderts und an Kleist, in: Herbert Willems, Alois Hahn (Hg.), Identität und Moderne, Frankfurt am Main 1999, 138–163, hier 159 f.). Ich würde diese Sinngebung jedoch nicht als Wertaffirmation, sondern als Wertschaffung bezeichnen.

[77] Das Opfer muß dann gar nicht mehr vollzogen werden. Es genügt die dargestellte Opferbereitschaft: Aus „jedem Wort", das Homburg „gesprochen" hat, „blüht" dem Kurfürsten „ein Sieg auf", der den Feind „zu Staub […] malmt" (I 705).

Nicht Vernunft und Natur sind Maßstab dieser Ordnung, sondern ihr Nutzen, der endgültige Sieg über den Feind:

> DER KURFÜRST: Gleichviel. Der Sieg ist glänzend dieses Tages,
> Und vor dem Altar morgen dank ich Gott.
> Doch wär er zehnmal größer, das entschuldigt
> Den nicht, durch den der Zufall mir ihn schenkt:
> *Mehr Schlachten noch, als die, hab ich zu kämpfen* [Herv. M.W.]
> Und will, daß dem Gesetz gehorsam sei (I 663).

> DER KURFÜRST: Den Sieg nicht mag ich, der, ein Kind des Zufalls,
> Mir von der Bank fällt; das Gesetz will ich,
> Die Mutter meiner Krone, aufrecht halten,
> *Die ein Geschlecht von Siegen mir erzeugt!* [Herv. M.W.] (I 697 f.).

Der ‚Kriegsplan‘, die ‚Ordnung‘, der sich alle bedingungslos unterwerfen, schaltet den Zufall aus und weist dem Einzelnen wieder seinen Ort und seine Bestimmung innerhalb des Ganzen zu.[78] Dieses ‚Ganze‘ weist in seiner spiegelbildlichen Verkehrung des ‚vollkommen Ganzen‘ der Naturkonzeption der Aufklärung noch auf diese zurück. Das Gefühl, das fraglose Evidenz besitzt, alle verbindet und jedem einzelnen wieder eine sichere Handlungsgrundlage bietet, heißt nun nicht mehr Menschenliebe sondern Haß, und der Zweck, in dem der einzelne mit dem Zweck des Ganzen übereinstimmt, nicht mehr Vervollkommnung sondern Rache und Vernichtung des Feindes.[79]

> HERMANN: Ich *will* die höhnische Dämonenbrut nicht lieben!
> So lang sie in Germanien trotzt,
> Ist Haß mein Amt und meine Tugend Rache! (I 594).

Prinz Friedrich von Homburg endet mit der Wiederaufnahme des Krieges, der auf die Vernichtung des Feindes zielt.[80] Auch die *Hermannsschlacht* läßt es nicht mit der bloßen Vertreibung der „Dämonenbrut" aus Germanien bewenden, sondern setzt die Vision eines endlosen generationenüberdauernden Vernichtungskriegs ans Ende:

> Und dann – nach Rom selbst mutig aufzubrechen!
> Wir oder unsre Enkel, meine Brüder!

---

[78] Das Drama läßt sich nicht auf einen Beitrag zur preußischen Heeresreform reduzieren, die ja gerade auf die Flexibilisierung militärischer Strukturen setzte. Es gestaltet auch nicht den Konflikt, der sich daraus mit alten Vorstellungen militärischer Ordnung ergibt. Das behauptet Lehmann, Macht und Zeit (wie Anm. 47), 161 f., im Anschluß an Wolf Kittler, der in seiner Interpretation des Dramas die zeitgenössische Rechts- und Moraldiskussion ignoriert. Vgl. Wolf Kittler, Die Revolution der Revolution oder Was gilt es in diesem Kriege, den Kleists Prinz von Homburg kämpft, in: Gerhard Neumann (Hg.), Heinrich von Kleist: Kriegsfall – Rechtsfall – Sündenfall, Freiburg 1994, 61–84.

[79] Vgl. Dehrmann, Die problematische Bestimmung (wie Anm. 4), 224 f.

[80] Vgl. Kittler, Die Revolution der Revolution (wie Anm. 78), 80.

Denn eh doch, seh ich ein, erschwingt der Kreis der Welt
Vor dieser Mordbrut keine Ruhe,
Als bis das Raubnest ganz zerstört,
Und nichts, als eine schwarze Fahne,
Von seinem öden Trümmerhaufen weht! (I 628)

Kleists Nationalismus tritt erstmals 1808 mit dem Drama *Die Hermanns-schlacht* deutlich hervor und schwingt sich gleich zu Forderungen auf, die in „ih-rem Extremismus nur von wenigen erreicht worden sind".[81] Daß diesem Nationa-lismus „die Fundierung" fehlt, ist vielfach bemerkt worden.[82] Kunisch schließt sich, die Forschung resümierend, der These an, Kleists bis zu Untergangsvisionen sich steigernder Nationalismus sei einer „,zeitweiligen Bedenkenlosigkeit'" ent-sprungen, getragen von dem Wunsch, „seinen Werken die erhoffte Geltung zu ver-schaffen und endlich die Zustimmung eines großen Publikums zu finden".[83] Der Wunsch in einem Kreis von Gleichgesinnten Resonanz und Selbstbestätigung zu finden, mag eine Rolle gespielt haben.[84] Sicherlich sind insbesondere die Schrif-ten des Jahres 1809 nicht unabhängig von dem seit dem Frühjahr 1808 in Preußen laufenden systematischen Presse- und Propagandafeldzug zur psychologischen Mobilmachung zu sehen.[85]

Aber Kleists Nationalismus, wie er vor allem im Drama *Die Hermannsschlacht* – aber auch im Drama *Prinz Friedrich von Homburg* – zu Tage tritt, war für die meisten seiner Zeitgenossen gerade nicht anschlußfähig. Dieser Nationalismus ist nicht in einem gewohnten Konzept von Natur fundiert, sondern verdankt sich des-sen Zusammenbruch. Kleists *Prinz von Homburg* fiel beim Berliner und Wiener Publikum durch. Die *Hermannsschlacht* wurde erst gar nicht aufgeführt.[86] Sie hat die Zeitgenossen verstört und die beabsichtigte propagandistische Wirkung nicht entfalten können. Nicht nur, weil das Stück die Mechanismen der Propaganda of-

---

[81] Johannes Kunisch, Von der gezähmten zur entfesselten Bellona. Die Umwertung des Krieges im Zeitalter der Revolutions- und Freiheitskriege, in: Kleist-Jahrbuch (1988/89), 44–63, hier 63.

[82] Vgl. ebd., 62; vgl. auch Hermann F. Weiß, Heinrich von Kleists politisches Wirken in den Jahren 1808 und 1809, in: Jahrbuch der deutschen Schillergesellschaft 25 (1981), 9–40; ders., Funde und Studien zu Heinrich von Kleist, Tübingen 1984, 187–234; Beda Allemann, der Natio-nalismus Heinrich von Kleists, in: Benno von Wiese und Rudolf Hentz (Hg.), Der Nationalismus in Germanistik und Dichtung. Dokumentation des Germanistentages vom 17.–22. Oktober, Berlin 1967.

[83] Kunisch, Von der gezähmten zur entfesselten Bellona (wie Anm. 81), 62 f.

[84] Ebd., 63.

[85] Vgl. Eibl, Grund zum Leben – Grund zum Sterben (wie Anm. 76), 157 f. Das gilt insbesondere für die Schrift *Was gilt es in diesem Kriege*, vgl. Weiß, Heinrich von Kleists politisches Wirken (wie Anm. 81); Kunisch, Von der gezähmten zur entfesselten Bellona (wie Anm. 81), 56. Die Rolle des Barden, die Kriegertum und Dichtertum zu verknüpfen erlaubt, bot sich in dieser Situation Kleist an. In den Widmungsversen des *Prinzen von Homburg* bezeichnet sich Kleist selbst als Barde. Vgl. Eibl, Grund zum Leben – Grund zum Sterben, 157.

[86] Zur Rezeptionsgeschichte vgl. Dörner, Politischer Mythos (wie Anm. 67), 205 ff.

fenlegt,[87] sondern vor allem weil Kleist hier, ebenso wie im *Prinz von Homburg*, die ,neue Ordnung des Gefühls'[88] demonstrativ und schroff in direkten Gegensatz zum Wertesystem der empfindsam-aufklärerischen Naturkonzeption stellt, von der er selbst ausgegangen war, die sein Denken prägte und deren Kosmosvorstellung er immer verhaftet blieb.

Der Beitrag untersucht Kleists Erdbeben in Chili im Kontext der Erzählungen, die 1807 und 1808 in Cottas Morgenblatt für gebildete Stände erschienen. Er zeigt, daß Kleist die gleichen das Alltagsbewußtsein der Zeit prägenden Deutungsmuster verwendet, um die Kontingenz der Zeitereignisse zu bannen, wie die Erzählungen im unmittelbaren Veröffentlichungskontext des Erdbebens in Chili. Kleist löst diese Deutungsmuster jedoch nicht mehr ein, weil ihre Grundlage, die ,vernünftige Ordnung' der Natur, für ihn ihre Plausibilität verloren hat und durch kein neues normatives Naturkonzept kompensiert werden kann. Kleists Hinwendung zu einem xenophoben, aggressiven Nationalismus wird dann als Reaktion auf diesen ,Naturverlust' deutbar. Kleists Nationalismus folgt nicht der im 18. Jahrhundert vorgezeichneten Bahn der ,Naturalisierung' der Nationsvorstellung, die dann am Ende des 18. Jahrhunderts mit dem spinozistisch geprägten organologisch-dynamischen Naturkonzept eine adäquate Formulierungsgrundlage findet. Kleists Nationalismus, wie er in den Dramen Die Hermannsschlacht und Prinz Friedrich von Homburg hervortritt, basiert gerade auf einer konsequenten und radikalen ,Denaturalisierung' der Gesellschafts- und Moralvorstellung.

The article analyses Kleist's Das Erdbeben in Chili in the context of the tales published in Cottas Morgenblatt für gebildete Stände in 1807 and 1808. It shows that Kleist uses the same interpretative models shaping the everyday consciousness of the time like the tales in the immediate publication context of Das Erdbeben in Cili. However, Kleist does not truly commit to these models anymore because for him their foundation, the „rational order" of nature, has lost its plausibility and cannot be replaced by any new normative concept of nature. Kleist's turn to a xenophobic and aggressive nationalism can be interpreted as a reaction to this „loss of nature". Kleist's nationalism does not follow the path of a „naturalization" of the idea of nationhood outlined in the 18th century. Prominent in his plays Die Hermannsschlacht and Prinz Friedrich von Homburg, Kleist's nationalism is based on a consistent and radical „denaturalization" of ideas of society and morality.

Dr. Marianne Willems, Institut für deutsche Philologie, Ludwig-Maximilians-Universität München, Schellingstr. 3, 80799 München, E-Mail: m.willems@lrz.uni-muenchen.de

---

[87] Vgl. die Interpretation von Andreas Dörner, ebd., 102–117.
[88] Vgl. Dehrmann, Die problematische Bestimmung (wie Anm. 4), 224 ff.

KURZBIOGRAPHIE

ELISE REIMARUS (1735–1805)

„Es ist, allgemein betrachtet, vielleicht kein Stand glücklicher als der Stand eines unverheyrateten Frauenzimmers, und ganz gewiss keiner so unglücklich als derjenige einer Frauensperson die eine schlechte Heyrath trifft". Zu diesem Fazit kam Elise Reimarus schon in jungen Jahren und hatte das Glück, von ihrem Elternhaus nicht zum Heiraten gedrängt zu werden, sondern ihr Leben anders gestalten zu können. Ihren Zeitgenossen war sie bekannt als Schriftstellerin und Pädagogin; als Leiterin eines literarischen Salons und Mittelpunkt eines weit verzweigten Briefwechsels; als Übersetzerin, Dramaturgin, Philosophin – kurz, als eine der wichtigsten Frauen der deutschen Aufklärung. Nach ihrem Tod geriet sie freilich – den Maßstäben des neunzehnten Jahrhunderts entsprechend – in Vergessenheit und tauchte höchstens noch als Fußnote im Werk berühmter Männer auf. Ihre eigenen Schriften sind jedoch erhalten, werden zunehmend wieder zugänglich und werfen aus dem weiblichen Blickwinkel neues Licht auf die Aufklärung.

Margaretha Elisabeth Reimarus wurde am 22. Januar 1735 in Hamburg geboren. Ihr Vater war der „illustre" Professor für orientalische Sprachen am Akademischen Gymnasium, Hermann Samuel Reimarus (1694–1768); ihr Großvater mütterlicherseits dessen noch berühmterer Kollege und Professor für Eloquenz, Johann Albert Fa-bricius (1668–1736). Auch die Mutter, Johanna Friderica Reimarus, geb. Fabricius (1707–1783), war in ihrer Jugend auswärtigen Besuchern wegen ihrer Bildung aufgefallen. Elise stand als Sproß dieser leitenden Figuren der deutschen Aufklärung fast die gleiche Bildung offen wie ihrem älteren Bruder Johann Albert Hinrich (1729–1814) – zumindest bis dieser sein Universitätsstudium aufnahm. Bei verschiedenen Privatlehrerinnen und bei den gleichen Hauslehrern, die ihren Bruder und ihren Vetter unterrichteten, lernten auch die Mädchen der Familie – zum Haushalt gehörten neben den Reimarus-Kindern vier verwaiste Cousins – Deutsch, Französisch, Englisch, Italienisch, Religion, Mathematik und Zeichnen. Bezeichnenderweise nahm Elise zusätzlich – wie ihr Bruder und Vetter – beim Vater, einem ausgezeichneten Pädagogen, Unterricht in Latein und Griechisch – ein Hinweis auf ihren Wissensdurst und auf das enge Verhältnis zwischen Vater und Tochter. Darüber hinaus bildete sie sich durch Lektüre in Geschichte, Geographie und Naturwissenschaften eigenständig weiter, angeregt vor allem durch den Briefwechsel mit ihrem Bruder, der 1752–1756 in Göttingen, Leiden, Edinburgh und London Medizin studierte.

So weit ins Ausland wie ihr Bruder kam Elise nie, immerhin mehrmals im Leben nach Bremen und ins Hannoversche sowie ins dänisch-holsteinische Eutin und Plön.

Aufklärung 25 · © Felix Meiner Verlag 2013 · ISSN 0178-7128

Ihre weiteste Reise unternahm sie 1783 nach Berlin, um dort in Begleitung von Joachim Heinrich Campe (1746–1818) und seiner Frau Dorothea geb. Hiller (1741–1827) Moses Mendelssohn (1729–1786) persönlich kennenzulernen.

Elise Reimarus' schriftstellerisches Werk spiegelt unterschiedliche Lebensabschnitte wider. In den *Betrachtungen* aus ihren jüngeren Jahren setzt sie sich besonders mit Themen wie Heiraten, Ehe und dem begrenzten Handlungsraum der Frau auseinander. Auch ihre Übersetzung einer moralischen Erzählung von Jean-François Marmontel, *Die Freundschaft auf der Probe*, gehört zu diesem Themenbereich. Ihre ersten gedruckten Arbeiten, mit denen sie ins Licht der Öffentlichkeit trat, waren Leichengedichte: 1761 nach dem Verlust einer engen Freundin, Dorothea Louise Müller, und 1777 nach dem Tod des Kaufmanns und geliebten Freundes August Gottfried Schwalb (1741–1777).

Im Jahr 1762 übernahm Elise Reimarus die Erziehung der zwei kleinen Kinder ihres verwitweten Bruders. Aus dieser Erfahrung heraus entstanden Aufsätze über Erziehung und vor allem die vielen ‚Kindergespräche‘, für die die Autorin unter Zeitgenossen weithin bekannt wurde. Diese im sokratischen Dialogstil verfaßten Lesestückchen für Kinder erschienen ab 1778 in vielzähligen Auflagen in Campes *Kleiner Kinderbibliothek*, ebenso in französischen, russischen und polnischen Ausgaben. Über ein Jahrhundert lang gehörten diese Kindergespräche zu den Bestsellern der europäischen Kinderliteratur. Der namentliche Hinweis auf die eigentliche Autorin dieser Beiträge zur *Kleinen Kinderbibliothek* ging allerdings im Laufe der Zeit verloren.

Eine weitere literarisch anregende Zeit begann für Elise Reimarus nach der Wiederverheiratung ihres Bruders im Jahr 1770, nachdem seine Familie zu Elise und der inzwischen verwitweten Mutter ins ehemalige Elternhaus gezogen war.

Im gemeinsamen Haushalt entwickelte sich unter der Leitung von Elise Reimarus und ihrer Schwägerin Sophie geb. Hennings (1742–1817) der sogenannte Reimarer Teetisch, einer der frühesten literarischen Salons im deutschsprachigen Raum. Dieser Teetisch war Jahrzehnte lang ein Zentrum der Geselligkeit in Hamburg, wurde Knotenpunkt eines weit verzweigten Briefwechsels und Keimzelle vielfältiger Publikationen. Für Elise Reimarus war das Jahrzehnt von der Mitte der 1770er bis zur Mitte der 1780er Jahre besonders fruchtbar, als wichtige Schlüsselfiguren der Aufklärung entweder persönlich oder durch Korrespondenz am Teetisch zusammentrafen. So gehörten zu dieser Zeit Sophie Reimarus' Bruder, August Hennings (1746–1826) sowie Joachim Heinrich und Dorothea Campe zum Teetisch vor Ort. Zu den auswärtigen Mitgliedern zählten u. a. Gotthold Ephraim Lessing (1729–1781), Moses Mendelssohn und Friedrich Heinrich Jacobi (1743–1819). Nicht zufällig trat Elise Reimarus vom Teetisch aus mit ihren pädagogischen Schriften an die Öffentlichkeit. Am Teetisch verfolgte sie auch den Fragmentenstreit zwischen Lessing und Johann Melchior Götze (1717–1786), rezensierte Hennings' *Olavides* und sammelte für Lessings *Nathan der Weise* und Mendelssohns Bibelübersetzung Subskriptionen.

Vom Teetisch aus übersetzte Elise Reimarus auch Tragödien für die Hamburger Bühne, womit sie sich auf ein für eine Frau normalerweise unschickliches Gebiet begab. Über die Inszenierungen von Voltaires *Alzire* und Mme. de Graffignys *Cénie* in Elise Reimarus' Übersetzung sind keine Einzelheiten überliefert. Ihre Übersetzung von Voltaires *Zaïre* wurde jedoch 1780 nachweislich mit Friedrich Ludwig Schröder (1744–1816) in der Hauptrolle gespielt und war eines der ersten Bühnenstücke in deutscher Sprache im neuen Blankversmaß. Elise Reimarus' Fassung von Addisons *Cato* blieb dagegen ungespielt, angeblich weil die Figuren zu „edel" seien und damit für die Schauspieler eine zu große Herausforderung darstellten. Ein anderer Grund, Elise Reimarus' *Cato* nicht auf die Bühne zu bringen, mag auch der deutlich stärkere politische Unterton dieser *Cato*-Fassung im Vergleich zu der von Addison gewesen sein.

Der Tod der Mutter im Jahr 1783 führte zu großen Veränderungen im Leben einzelner Familienmitglieder. Das Haus am Plan, gegenüber dem Akademischen Gymnasium, in dem vier Generationen der Familie Fabricius-Reimarus gelebt hatten, wurde verkauft, und Johann Albert Hinrich Reimarus erwarb ein Haus in der Neustadt. Elise zog zunächst mit der Familie ihres Bruders in die Neustadt, gründete aber bald danach im Alter von knapp 50 Jahren zum ersten Mal im Leben ihren eigenen Hausstand. Diese Unabhängigkeit verdankte sie dem Kaufmann Georg Heinrich Sieveking (1751–1799), Ehemann ihrer Nichte Johanna Margareta geb. Reimarus (1760–1832). Sieveking zahlte Elise Reimarus eine Rente und stellte ihr in einem seiner Speicherhäuser auch eine Wohnung zur Verfügung.

In dieser Lebensphase konzentrierte Elise ihre Energie wieder mehr auf die Erziehung. Denn erstens hatte sie ein halb verwaistes Kind, Tochter einer Cousine, auf Dauer zu sich genommen. Zweitens hatte sie sich sehr mit Caroline Rudolphi (1754–1811) angefreundet, seitdem diese nach Hamburg gekommen war und vor den Toren der Stadt ein bekanntes Erziehungsinstitut leitete. In diesem Institut in Hamm übernahm Elise Reimarus oft Vertretungsdienste als Lehrerin und Erzieherin, wenn ihre Freundin auf Reisen war. In diese Zeit fällt auch Elise Reimarus' enger Austausch mit ihrer Freundin Sophie Becker (1754–1789), Begleiterin von Elise von der Recke (1754–1833) auf deren Reisen durch Deutschland.

Das schriftstellerische Werk von Elise Reimarus nach der französischen Revolution ist von politischen Themen geprägt. Sowohl ihr Dialogstück *Freiheit*, das im Zusammenhang mit dem Gesellenaufstand von 1791 erschien und lange ihrem Bruders zugeschrieben wurde, als auch ihr *Versuch einer Läuterung und Vereinfachung der Begriffe vom natürlichen Staatsrecht* behandeln Themen, die auf die politische Philosophie von Kant vorausweisen.

Mit dem Tod ihres Gönners Sieveking im Jahr 1799 und der allgemeinen politisch-wirtschaftlichen Lage – Hamburg war damals Grenzstadt des napoleonischen Reiches – schwand Elise Reimarus' wirtschaftliche Sicherheit. Zweimal noch zog sie in eine jeweils kleinere Wohnung um, immer ganz in der Nähe ihres Bruders, und trat ein Zimmer an Untermieter ab, z. B. an Sulpice Boisserée (1783–1854). Korrespondenz pflegte sie bis wenige Monate vor ihrem Tod. Bis zum Ende ihres Lebens hatte sie das Glück, bei Ihrem Bruder Verständnis und Unterstützung zu finden, was ihr ermöglichte, auf den Stand des unverheirateten Frauenzimmers Loblieder zu singen. Sie starb nach längerer Bettlägerigkeit am 2. September 1805.

Zwei Generationen später ging sie als besondere Freundin und Korrespondentin Lessings in die Literaturgeschichte ein, nachdem ein Enkel der Familie die ersten Briefauszüge – immer mit Blick auf Lessing, nicht auf Elise Reimarus – veröffentlichte. Bertha Badt-Strauss (1885–1970) entdeckte Elise Reimarus für das 20. Jahrhundert und legte den Grundstein für weitere Forschungen. Ein Teil des handschriftlichen Nachlasses von Elise Reimarus ist veröffentlicht (Spalding 2005); die Herausgabe ihrer weitläufigen Korrespondenz ist in Vorbereitung.

Literatur: Wilhelm Wattenbach, Zu Lessing's Andenken, in: Neues Lausitzisches Magazin 38 (1861), 193–231; August Boden, Ueber die Echtheit und den Werth der „Zu Lessings Andenken" durch Herrn Professor Dr. W. Wattenbach herausgegebenen Briefe von und an Elise

Reimarus: Ein kritischer Beitrag zur Kenntniß Lessing's, seines Lebens und Wirkens, Leipzig 1863; Bertha Badt-Strauss, Lessings Kampfgenossin: Zum 125. Todestage der Elise Reimarus am 2. September 1805, in: Allgemeine Thüringer Landeszeitung [Weimar], 1. Sept. 1930; dies., Aus unbekannten Briefen von Elise Reimarus, in: Die Frau [Organ des Bundes Deutscher Frauenvereine] 38 (1931), 232–236; dies., Elise Reimarus und Moses Mendelssohn (nach ungedruckten Quellen), in: Zeitschrift für die Geschichte der Juden in Deutschland 4 (1932), 173–189; Heinrich Sieveking, Elise Reimarus (1735–1805) in den geistigen Kämpfen ihrer Zeit, in: Zeitschrift des Vereins für Hamburgische Geschichte 39 (1940), 86–138; Eva Horváth, Die Frau im gesellschaftlichen Leben Hamburgs: Meta Klopstock, Eva König, Elise Reimarus, in: Günter Schulz (Hg.), Die Frau im 18. Jahrhundert und andere Aufsätze zur Geschichte der Erziehung und Bildung, Wolfenbüttel 1976, 175–194; Gerhard Alexander, Johann Albert Hinrich Reimarus und Elise Reimarus in ihren Beziehungen zu Lessing, in: Günter Schulz (Hg.), Lessing und der Kreis seiner Freunde, Heidelberg 1985, 129–150; Maria Erxleben, Zwei bedeutende Frauen – Elise Reimarus, Christine Reinhard – im Urteil ihrer Zeitgenossen Lessing und Goethe, in: Johannes Irmscher (Hg.), Winckelmanns Wirkung auf seine Zeit. Lessing, Herder, Heyne, Stendal 1988 (Schriften der Winckelmann-Gesellschaft, 7), 181–190; Karin Sträter, ‚Es ist doch ein herrlich Ding um Ehrlichkeit und Freundschaft': Sophie Becker und Elise Reimarus, in: Querelles. Jahrbuch für Frauenforschung 3 (1998), 258–265; Rudolf Vierhaus, Lessing und Elise Reimarus, in: Lessing Yearbook 30 (1998), 161–170; Almut Spalding, Zwischen Bühne und Almanach. Elise Reimarus bei der ‚Erziehung des Menschengeschlechts', in: Erich Donnert (Hg.), Europa in der Frühen Neuzeit. Festschrift für Günter Mühlpfordt, Band 4: Deutsche Aufklärung, Köln 1997, 309–323; dies., Aufklärung am Teetisch. Die Frauen des Hauses Reimarus und ihr Salon, in: Peter Albrecht u. a. (Hg.), Formen der Geselligkeit in Nordwestdeutschland 1750–1820, Tübingen 2003, 261–270; dies., Elise Reimarus' ‚Cato': The Canon of the Enlightenment Revisited, in: Journal of English and Germanic Philology 102 (2003), 376–389; dies., Elise Reimarus (1735–1805), the Muse of Hamburg: A Woman of the German Enlightenment, Würzburg 2005; dies., Siblings, Publications, and the Transmission of Memory: Johann Albert Hinrich and Elise Reimarus, in: Naomi J. Miller, Naomi Yavneh (Hg.), Sibling Relations and Gender in the Early Modern World: Sisters, Brothers, and Others, Aldershot 2006, 216–227; dies., Paul Spalding (Hg.), The Household Account Books of the Reimarus Family of Hamburg, 2 Bde, Leiden (erscheint 2014); Lisa Curtis-Wendlandt, No Right to Resist? Elise Reimarus's *Freedom* as a Kantian Response to the Problem of Violent Revolt, in: Hypatia 27 (2012), 755–773; dies., Staging Virtue: Women, Death, and Liberty in Elise Reimarus' ‚Cato', in: Journal of the History of Ideas 74/1 (2013), 69–92; dies., Legality and Morality in the Political Thought of Elise Reimarus and Immanuel Kant, in: Lisa Curtis-Wendlandt u. a. (Hg.), Political Ideas of Enlightenment Women: Virtue and Citizenship, Farnham (erscheint Ende 2013).

Almut Spalding
(Jacksonville, Illinois, USA)

DISKUSSION

ANDREW JAMES JOHNSTON

Das Wunder des Historischen: Stephen Greenblatts *The Swerve*[1]

I. The Swerve und seine Kritiker

Stephen Greenblatt gehört zu den berühmtesten Geisteswissenschaftlern der Welt. Seit etwa 1980 ist der Shakespeare-Forscher als führender Repräsentant einer mittlerweile etwas in die Jahre gekommenen literaturwissenschaftlichen Schule, dem sogenannten ‚New Historicism', weit über die Grenzen seines Faches hinaus bekannt. Zwar gehören seine kontextualisierenden Deutungen Shakespearescher Dramen zu den Glanzstücken virtuoser Interpretationskunst, doch hat es auch schon früh Kritik an der Greenblattschen Methode gegeben. Dies hat den Aufstieg Greenblatts und des New Historicism jedoch nicht aufhalten können. Zum wissenschaftlichen Ruhm gesellte sich der publizistische. Seit Anfang der 1990er Jahre wandte sich Greenblatt zunehmend an ein breiteres Publikum: So erschien sein *Marvelous Possessions* pünktlich zum 500. Jubiläum der Entdeckung Amerikas durch Kolumbus. Vor allem aber mit seiner fesselnden Shakespeare-Biographie *Will in the World* aus dem Jahr 2005 etablierte er sich auch als ein Autor für die nicht-wissenschaftliche Leserschaft, dem es mit erzählerischer Eleganz und sprachlicher Sensibilität gelang, den Werken Shakespeares übergreifende Motive der Verlusterfahrung, des Begehrens und des Kompensationsbedürfnisses zu entlocken. Ein Millionenvorschuß und Plätze in den Bestsellerlisten bewiesen, daß man als ehemaliger Berkeley- und nunmehriger Harvard-Professor für englische Literatur sogar Geld verdienen konnte. Zunächst führte Greenblatts Publikumserfolg keineswegs zu einem Verlust an fachwissenschaftlicher Bedeutung. Selbst der potenziell gefährliche Drahtseilakt des biographischen Genres erwies sich als gekonnt und tat dem wissenschaftlichen Ansehen des Forschers keinen Abbruch.

Deutlich anders verhält es sich allerdings mit einer Publikation, die Greenblatt im Herbst 2011 auf den Markt brachte: *The Swerve: How the World Became Mo-*

---

[1] Ich danke Ute Berns und Kai Wiegandt für hilfreiche Anregungen und Kommentare.

dern.[2] Dieses Buch erntete eine ganze Reihe höchst kritischer, zum Teil wütender Reaktionen,[3] von denen manche mit stichhaltigen Gründen gar Greenblatts wissenschaftliche Kompetenz in Zweifel zogen. Was war geschehen? Greenblatt hatte sich – als Renaissanceforscher, der er ja ist – auf ein für ihn neues Terrain vorgewagt, die humanistische Antikenrezeption. In *The Swerve* beschreibt er, wie der italienische Humanist Poggio Bracciolini, der als päpstlicher Sekretär Karriere machte, im Jahre 1417 in einem deutschen Kloster (vermutlich Fulda) ein Manuskript von Lukrez' *De rerum natura* entdeckte. Dieses Ereignis, so insinuiert Greenblatt eher, als daß er es nachweist, stellte einen entscheidenden Schritt in Richtung der westlichen Moderne dar: Mit der Entdeckung des Lehrgedichts wurde der seit der Antike angeblich verschüttete epikureische Atomismus wieder ans Licht der geistigen Auseinandersetzung gebracht und somit auch der mit diesem Weltmodell verbundene Atheismus als ernsthafte Alternative der Weltdeutung in ein bisher von rein religiösen Vorstellungen beherrschtes Europa eingeführt. Die von Bracciolini verfügbar gemachte Botschaft verbreitete sich langsam, aber stetig. Sie fand Greenblatt zufolge bei so wichtigen Ahnherren der Moderne wie Machiavelli, Michel de Montaigne oder Giordano Bruno Gehör, um schließlich den Sprung über den Atlantik zu tun, wo Thomas Jefferson, einer der Gründerväter der US-amerikanischen Union und bekennender Epikureer, dafür sorgte, daß das angeblich epikureische Prinzip des ‚pursuit of happiness' in die Verfassung der jungen Republik aufgenommen wurde.

Diese Triumphgeschichte der durch die Wiederentdeckung eines spezifischen antiken Textes in Gang gebrachten Entwicklung zur säkularen Moderne erzählt Greenblatt voller – mitunter leicht abgestandenem – Pathos und in satten Farben. Drastisch wird uns des finsteren Mittelalters dumpfe religiöse Verblendung vor Augen geführt, insbesondere die geistige Enge des abendländischen Mönchtums, das, so Greenblatt, direkt für den Verlust gewaltiger Mengen antiker Texte verantwortlich zeichnet. Ein von Greenblatt postulierter Hang zur massenhaften physischen Selbstgeißelung, den er nicht belegt und der historisch so nicht greifbar ist, muß herhalten, um das altbekannte Klischee mittelalterlicher Leibfeindlichkeit zu illustrieren. Dem klerikalen Haß auf alles Körperliche stellt Greenblatt einen enthusiastisch gefeierten epikureischen Glücksbegriff gegenüber, hier insbesondere auch im Sinne eines erotischen Glückserlebens verstanden.

---

[2] Stephen Greenblatt, The Swerve. How the World Became Modern, New York 2011; britische Ausgabe: The Swerve. How the Renaissance Began, London 2011; deutsche Ausgabe: Stephen Greenblatt, Die Wende. Wie die Renaissance begann, aus dem Englischen von Klaus Binder, München 2012.

[3] Typisch für den Zorn der mediävistischen Leserschaft ist der Kommentar der Stanforder Professorin Elaine Treharne, Swerving from the Straight and Narrow. Greenblatt's Fictional Medieval Period, in: Text Technologies, 05.12.2012, http://historyoftexttechnologies.blogspot.de/2012/12/swerving-from-straight-and-narrow.html, gelesen am 28.07.2013.

Für diese Monographie wurde Greenblatt im Jahre 2012 mit dem Pulitzer-Preis und 2011 mit dem National Book Award ausgezeichnet, was, zumal unter Mediävisten, zum Teil heftige Reaktionen auslöste. Aber nicht nur unter Fachwissenschaftlern, sondern auch in der breiteren Öffentlichkeit wurde das Buch im Rahmen eines typisch amerikanischen Kulturkampfs zwischen religiösen und säkularen Kräften rezipiert. Amerikas liberale Presse hieß das Buch überwiegend entzückt willkommen,[4] während sich eher konservative Organe in einer Haltung verbiesterter Abwehr übten. Sie brandmarkten Greenblatt als Vertreter einer (im polemisch-amerikanischen Sinne des Begriffs) ‚liberalen‘ Intelligenz, deren Vertreter sich vor allem in New York und an den geisteswissenschaftlichen Fakultäten der renommierten Universitäten sammelten.[5] Den einen galt Greenblatt als Heros der Aufklärung – ganz so wie er selbst Poggio Bracciolini zu einem solchen stilisiert hatte –, die anderen bezichtigten ihn, ein elitärer Intelligenzler zu sein, der die Hand nicht am Puls der Zeit und erst recht nicht an dem der Nation hatte. Die Vertreter der breiteren Öffentlichkeit nahmen im Großen und Ganzen die Rollen ein, die man von ihnen erwartete. Für die journalistischen Kommentatoren war nicht so sehr die Stichhaltigkeit der Thesen relevant, sondern eher die ideologische Position, die sich damit identifizieren ließ. Das Buch wurde also nicht primär als wissenschaftliche Publikation aufgenommen, sondern als – mehr oder minder polemisches – Sachbuch, das eine bestimmte Funktion in einem spezifisch amerikanischen Konflikt spielen wollte und sollte, nämlich dem zwischen den liberalen Intellektuellen auf der einen und der religiösen Rechten auf der anderen Seite.

Auch in britischen und deutschsprachigen Besprechungen wurde dieser spezielle Kontext wahrgenommen,[6] so daß Greenblatt mitunter auch bei solchen Rezensenten auf Wohlwollen stieß, die sich aus rein wissenschaftlicher Perspektive

---

[4] Um nur einige Beispiele zu nennen: Sarah Bakewell, The Almost Lost Poem That Changed the World, in: New York Times, 28.09.2011, http://www.nytimes.com/2011/10/02/books/review/the-swerve-how-the-world-became-modern-by-stephen-greenblatt-book-review.html, gelesen am 27.07.2013; Dwight Garner, An Unearthed Treasure That Changed Things, in: New York Times, Books of the Times, 27.09.2011, http://www.nytimes.com/2011/09/28/books/the-swerve-how-the-world-became-modern-by-stephen-greenblatt-review.html, gelesen am 27.07.2013; Jane Smiley, From medieval to modern, in: The Globe and Mail, 07.10.2011, http://www.theglobeandmail.com/arts/books-and-media/the-swerve-how-the-world-became-modern-by-stephen-greenblatt/article55 7342, gelesen am 27.07.2013; Eric Ormsby, How the Secular World Began, in: The Wall Street Journal 26.09.2011, http://online.wsj.com/article/SB100014240531119043535045765666186 4350318.html, gelesen am 27.07.2013.

[5] Marshall Poe, A Swerve Too Far, in: Policy Review, Dezember 2012/Januar 2013, 121–128.

[6] Beispielsweise: Ruth Fühner, Der Ruck in die Moderne, in: Frankfurter Rundschau, 26.04. 2012, http://www.fr-online.de/literatur/renaissance-der-ruck-in-die-moderne,1472266,14992326. html, gelesen am 27.07.2013; Andrew James Johnston, Die Große Wende, in: die tageszeitung, 26./ 27./28.05.2012, 30.

möglicherweise weniger freundlich gezeigt hätten. So bescheinigte Martin Mulsow dem Buch in der *Neuen Zürcher Zeitung* vom 8. August 2012:

Vor allem vor dem Hintergrund der Situation in Amerika mit den Debatten um Kreationismus und Fundamentalismus wird verständlich, warum Greenblatt hier so dick aufträgt. Er vermittelt die Bedrohung der modernen Kultur durch ein Christentum, das nicht zögert, unliebsame Theorien zu verdammen.[7]

Anschließend aber stimmt auch Mulsow in den Chor der fachwissenschaftlichen Kritiker ein. Im Unterschied zu den journalistischen Rezensenten ließen die wissenschaftlichen, auch die höflichen unter ihnen, nämlich kaum ein gutes Haar an der Substanz von Greenblatts Monographie.[8] Um das volle Ausmaß der Probleme, die in diesem Buch stecken, wenigstens anzudeuten, seien hier zunächst kurz die wichtigsten fachwissenschaftlichen Kritikpunkte aufgeführt,[9] soll heißen: diejenigen, die der Greenblattschen Darstellung von Antikenrezeption und Humanismus gelten. Es handelt sich um Monita auf allen Ebenen wissenschaftlichen Arbeitens, die von theoretisch-methodischen bis hin zu historiographischen und faktischen Einwänden reichen.

Greenblatt setzt sich nicht mit der antiken bzw. spätantiken Rezeption Epikurs auseinander. Der Neuplatonismus hatte die Lehren Epikurs bereits zur Marginalität verdammt, bevor pagane Bildungsinstitutionen auf christlichen Druck ge-

---

[7] Martin Mulsow, Von Abweichungen und einer Epochenwende: Stephen Greenblatts Buch über den Beginn der Renaissance, in: Neue Zürcher Zeitung, 8. 12. 2012, http://www.nzz.ch/aktuell/startseite/von-abweichungen-und-einer-epochenwende-1.17449379, gelesen am 22. 07. 2013.

[8] Anthony Grafton gehört zu den wenigen Fachleuten aus dem angelsächsischen Sprachraum, die Freundliches über das Buch zu sagen haben, wobei er in seinen abschließenden Bemerkungen jedoch vor allem den volkspädagogischen Wert von *The Swerve* betont. Ansonsten aber liefert er auf wenigen Seiten eine ungleich dichtere und differenziertere Darstellung des humanistischen Interesses an Lukrez, um schließlich zu bemerken, daß Greenblatts Buch nicht immer so genau sei, wie man es sich hätte wünschen können. Besonders hebt er das enorme Ausmaß an antiker Bildung hervor, welches das Mittelalter besessen, gepflegt und vertieft hätte und verweist auf die überraschend detaillierten Quellen, die mittelalterlichen Gebildeten zu Lukrez und dem Epikureismus zur Verfügung standen, nicht zuletzt der Vergil-Kommentar des Servius. Anthony Grafton, The Most Charming Pagan, in: New York Review of Books, 8. 12. 2011, http://www.nybooks.com/articles/archives/2011/dec/08/most-charming-pagan, gelesen am 27. 07. 2013.

[9] Da die Kritikpunkte in ähnlicher Form bei mehreren Rezensenten auftauchen, bzw. sich überschneiden, biete ich hier eine Synthese, die vor allem auf folgenden Besprechungen von *The Swerve* beruht: Jim Hinch, Why Stephen Greenblatt is Wrong — and Why It Matters, in: Los Angeles Review of Books, 1. 12. 2011, http://lareviewofbooks.org/ article.php?id=1217&fulltext=1:, gelesen am 22. 07. 2013; Grafton, The Most Charming Pagan (wie Anmerkung 8); John Monfasani, Review of „The Swerve: How the Renaissance Began", *Reviews in History*, Review Nr. 1283, Juli 2012, URL: http://www.history.ac.uk/reviews/review/1283, gelesen am 18. 07. 2013; Mulsow, Von Abweichungen und einer Epochenwende (wie Anmerkung 7); David Quint, Humanism as Revolution, in: The New Republic, 20. 08. 2011, http://www.newrepublic.com/article/books/magazine/95487/stephen-greenblatt-the-swerve, 36–39, gelesen am 28. 07. 2013.

schlossen wurden, so beispielsweise im Jahre 529 die neuplatonische Akademie in Athen durch Kaiser Justinian den Großen. Dieser spätantike Triumph des Neuplatonismus und seiner platonisierenden Aristoteles-Kommentare hatte entscheidende Auswirkungen auf die Überlieferungsgeschichte der antiken Philosophie insgesamt: Denn im Unterschied zu Greenblatts klischeehafter Behauptung, daß das antike Wissen nicht zuletzt aufgrund mittelalterlicher Bildungsfeindlichkeit weitgehend verloren gegangen sei, fällt auf, daß die Werke Platons nahezu vollständig erhalten sind und daß dies ähnlich für Plotin wie auch in etwas geringerem Maße für Aristoteles gilt. Auch wenn die Vermittlungswege hier nicht überwiegend und vor allem nicht geradewegs durch die Institutionen des abendländischen Mönchtums gingen, so bleibt doch festzuhalten, wie John Monfasani bemerkt, daß das Überleben oder Verschwinden antiker Wissensbestände weitgehend auf kulturellen Entwicklungen beruht, die bereits vor dem eigentlichen Mittelalter einsetzen und nur bedingt mit dem Christentum zusammenhängen.[10]

Zudem haben sich weder Poggio Bracciolini noch Niccolò Niccoli, dem Bracciolini die Transkription des neuentdeckten Manuskriptes schickte, besonders für dessen epikureischen Gehalt interessiert. Auch machten sie keine intensiveren Anstalten, den Text und seine Lehre zu verbreiten. Wenn man von Verfechtern des Epikureismus im 15. Jahrhundert reden will, muß man Lorenzo Valla nennen (den Greenblatt streift) und vor allem Cosma Raimondi mit seiner *Defensio Epicuri*, den Greenblatt jedoch nicht zu kennen scheint. Valla und Raimondi bezogen ihre Kenntnisse Epikurs und seiner Lehre jedoch nicht aus dem Lehrgedicht des Lukrez, sondern vielmehr aus anderen Quellen, die im 15. Jahrhundert wohl bekannt waren: Ciceros Dialogen *De finibus* und *De natura deorum*, Laktanz' *Institutiones divinae* und vor allem aus Diogenes Laertios' *Über Lehren und Leben berühmter Philosophen*, das der Ordensgeneral der Kamaldulenser, Ambrogio Traversari, 1433 ins Lateinische übersetzt hatte. Allein diese Bemerkungen zeigen, daß Greenblatt sich entweder nicht die Mühe gemacht hatte, sich mit der Rezeptionsgeschichte Epikurs genauer auseinanderzusetzen, oder schlicht darauf verzichtete, die entsprechenden Fakten zu berücksichtigen, um nicht die dramaturgische Geradlinigkeit seines Narrativs aufs Spiel zu setzen. Vor allem aber zeigen diese Einwände, daß Lukrez lange Zeit nicht zentral für die frühneuzeitliche Rezeption des Epikureismus war und daß die von Greenblatt bis zur Unkenntlichkeit verzerrt dargestellte Kirche selbst durch hervorragende Vertreter an den neuen humanistischen Entwicklungen des 15. Jahrhunderts beteiligt war.

Ein weiteres Problem stellt der vergleichsweise bescheidene Umfang des durch Texte belegbaren frühneuzeitlichen Interesses an Lukrez dar. Zwar sind 50 humanistische Lukrezhandschriften überliefert, bis zum Jahr 1600 erschienen 28 gedruckte Ausgaben des Gedichts und ein erster frühneuzeitlicher Lukrezkommen-

---

[10] Monfasani, Review of „The Swerve: How the Renaissance Began" (wie Anmerkung 9).

tar entstand 1511, dem bis 1600 zwei weitere folgten. Doch ist das wenig im Vergleich zu der Aufmerksamkeit, die in der gleichen Epoche anderen antiken Philosophen gewidmet wurde. Selbst Thomas Morus und Erasmus war es im frühen 16. Jahrhundert noch möglich, sich auf die Lehren Epikurs zu beziehen, ohne dabei auf *De rerum natura* zurückzugreifen. Giordano Brunos eklektisches Gedankengebäude enthält zwar epikureische Elemente, aber unter den antiken Autoritäten waren für ihn Platon, Plotin und Hermes Trismegistus mindestens ebenso wichtig. Der epikureische Atomismus verbindet sich bei ihm „mit pythagoreischen und neuplatonischen Monaden".[11]

Zu allem Überfluß nimmt Greenblatt den Inhalt von *De rerum natura* höchst selektiv wahr. Das für die italienische Renaissance des Quattrocento typische Konzept des Glücks, welches beispielsweise in Leon Battista Albertis Schrift *Über die Familie* (1434) formuliert wurde, und das Greenblatt über Thomas Jefferson bis in die US-amerikanische Verfassung verfolgen zu können glaubt, unterscheidet sich in zentralen Punkten von dem, was bei Lukrez zu finden ist; insbesondere der Aspekt erotischen Glücksempfindens, den Greenblatt Lukrez mit solcher Emphase zuschreibt, findet sich dort nicht: Für Lukrez stellt die Sexualität eine dem Wahnsinn vergleichbare Form von körperlicher Zwanghaftigkeit dar.[12]

Schließlich übersieht Greenblatt die Rezeption des Skeptizismus im 16. und 17. Jahrhundert, die für die Herausbildung atheistischer Positionen in der Frühen Neuzeit von entscheidender Bedeutung ist. Zunächst stützte sich der Skeptizismus nicht zuletzt auf gegenreformatorische Vertreter, die hier Argumente gegen den protestantischen Subjektivismus fanden, stellte dann aber in der Frühen Neuzeit die denkbar größte intellektuelle Herausforderung an das Christentum dar. Gerade Montaignes ideengeschichtliche Bedeutung beruht weniger auf seiner Liebe zu Lukrez als darauf, daß er dem Skeptizismus zu Popularität verhalf. Doch auch in anderer Hinsicht erweist sich die Entdeckung des Lukrez-Manuskripts (wie übrigens auch die Übersetzung des Diogenes Laertios) als weniger revolutionär, als es die auf dramatische Brüche hin konzipierte (Große) Erzählung Greenblatts suggeriert. Die Lukrez-Forschung kann nämlich Spuren einer Lukrez-Rezeption in Norditalien schon in der Zeit zwischen dem 9. und dem 11. Jahrhundert, sowie bei den Protohumanisten in Padua um 1300 nachweisen. Die Hinweise auf diesen Traditionsstrang finden sich, wie Jim Hinch süffisant vermerkt, in einer so zugänglichen Quelle wie dem *Cambridge Companion to Lucrece*.[13] Angesichts dieser Fülle an Lücken, Irrtümern, Verzerrungen und Fehldarstellung nimmt es nicht wunder, daß John Monfasani seine Rezension mit den Worten

---

[11] Mulsow, Von Abweichungen und einer Epochenwende (wie Anmerkung 7).
[12] Quint, Humanism as Revolution (wie Anmerkung 9), 39.
[13] Hinch, Why Stephen Greenblatt is Wrong (wie Anmerkung 9).

schließt: „[…] Greenblatt has penned an entertaining but wrong-headed belletristic tale".[14]

Nicht nur sachlich-fachliche, sondern auch methodisch-theoretische Einwände blieben *The Swerve* nicht erspart. Immer wieder wunderten sich Rezensenten kopfschüttelnd über das altmodische Mittelalterbild,[15] das Kritiker sogar an Dan Browns Roman *The Da Vinci Code* erinnerte,[16] bzw. über das nicht minder überholte Renaissancekonzept Greenblatts. Tatsächlich ist die Art der Großen Erzählung, die Greenblatt in *The Swerve* bietet, auf eindrucksvolle Art rückwärtsgewandt und schreibt damit etwas fort, wofür Greenblatt schon früher kritisiert worden war. In mancher (aber nicht in jeder) Hinsicht steht *The Swerve* auch im Widerspruch zu den Prinzipien des New Historicism. David Quint beispielsweise hebt die Art und Weise hervor, wie Greenblatt die Metapher des ‚swerve' ins Zentrum seiner Argumentation rückt. *Swerve* ist die englische Übersetzung des Lukrezschen Begriffs ‚clinamen', die minimale Abweichung, der die Atome bei ihrem Fall durch den leeren Raum anheimfallen und die für deren Zusammenballungen verantwortlich ist. Quint ruft das letztlich reaktionäre Zusammenspiel von ‚subversion' und ‚containment' in Erinnerung, das für Greenblatts Machtbegriff zentral ist, und sieht in der strategischen Verwendung der Metapher des ‚swerve' eine Abkehr von der politischen Dynamik, die die Greenblattsche Gedankenwelt bislang geprägt hatte. Die im Grunde bei Foucault entliehene Dichotomie von ‚subversion' und ‚containment' postuliert, daß selbst scheinbar revolutionäres Gedankengut immer den herrschenden Verhältnissen in die Hände spiele.[17]

II. The Swerve im Kontext der älteren Kritik am New Historicism

Quint thematisiert damit implizit das grundsätzliche Theoriedefizit der Greenblattschen Variante des New Historicism, auf das sogar Vertreter des New Historicism selbst schon früh aufmerksam machten, so beispielsweise der Romantik-Forscher Alan Liu. Lius Kritik von 1989 ist, wiewohl sie die wichtigsten Schwächen des New Historicism präsize herauspräpariert, in der Anglistik weitgehend wirkungslos verhallt, wie Neema Parvini in einer neueren Einführung zu Recht feststellt.[18]

---

[14] Monfasani: Review of „The Swerve: How the Renaissance Began" (wie Anmerkung 9).

[15] Jeffrey Jerome Cohen, Stephen Greenblatt's *The Swerve* and the MLA's James Russell Lowell Prize, in: http://www.inthemedievalmiddle.com/2012/12/, 5. 12. 2012, gelesen am 27. 07. 2013.

[16] Jeffrey Jerome Cohen, The Swerve Code, in: http://www.inthemedievalmiddle.com/2013/05/, 22. 05. 2013, gelesen am 27. 07. 2013.

[17] Quint, Humanism as Revolution (wie Anmerkung 9), 36.

[18] Neema Parvini, Shakespeare and Contemporary Theory. The New Historicism and Cultural Materialism, London 2012, 157.

Wie es unter New Historicists bis heute üblich ist, erklärt Liu die Entstehung des New Historicism unter anderem aus der gezielten Abkehr vom sogenannten ‚formalism'. Der englische Begriff ‚formalism' ist mit Vorsicht zu genießen. Er ist keinesfalls mit dem russischen Formalismus synonym zu setzten, sondern umfaßt auch kritische Schulen wie den New Criticism – ist also ein Sammelbegriff für literaturwissenschaftliche Methoden, die eine systematisch-strukturelle Analyse des literarischen Textes und seiner ästhetischen Mittel bevorzugen. Was Liu dem New Historicism allerdings vorwirft, ist, daß dieser, bei aller radikal inszenierten Abkehr vom New Criticism, in eben dessen Wurzeln verfangen bleibe. Liu zufolge stellt auch der New Historicism letztlich einen Fall von ‚formalism' dar, weil er das Verhältnis zwischen Text und Kontext ästhetisiere.

In seinem bedeutenden Aufsatz fährt Liu schon zu Beginn schwere Geschütze auf: Mit der psychoanalytischen Trope der Verdrängung operierend, wirft er dem New Historicism vor, daß dessen sprezzaturahafte Virtuosität, dessen bewußter Verzicht auf eine sorgfältige Auseinandersetzung mit den eigenen theoretischen Wurzeln bzw. den theoretischen Implikationen der eigenen Methode, an deren Stelle eben das Anekdotische und Spielerische tritt, eine neurotische Angst bemänteln soll. Verdrängt wird angeblich, daß im Rahmen eines poststrukturalistisch geprägten Diskursuniversums die Literaturgeschichte sich ihrer eigenen Relevanz nicht mehr sicher sein könne, daß sie obsolet geworden sei:

> It is my thesis that the *why not?* of the New Historicism serves primarily to repress the urgency of its real questions about literature and history; and that the reason this repression is necessary is that the urgency of these questions is motivated not by curiosity about literature and history in the past so much as deep embarrassment about the marginality of literary history now. For what most distinguishes the New Historicism may be read in the brash nervousness with which it wears its title in an intellectual climate commonly prefixed „post-." As I will close by suggesting, the spurious, avant-garde novelty of the method [...] is really a rear-guard action spurred by the postmodern fear that in the face of history, literary history or any such mere show of intellect is passé.[19]

Liu zufolge überträgt der New Historicism das Arsenal klassischer textimmanenter Interpretationsinstrumente unreflektiert auf den historischen Kontext. Durch diese Übertragung erklärt er die geschichtliche Welt nicht nur zu einem Text, sondern vor allem zu einem quasi-*literarischen* Text, der sodann mit den typischen Begriffen aus dem Arsenal des New Criticism, wie etwa ‚Ironie', ‚Ambiguität', ‚Paradox' oder ‚Metapher', erschlossen wird. Was Fachhistoriker primär als Schauplatz politischer Auseinandersetzungen, konfligierender Interessen, konkurrierender Ideologien etc. sehen, wird für den New Historicist zur reinen Reprä-

---

[19] Alan Liu, The Power of Formalism. The New Historicism, in: English Literary History 56/4 (1989), 721–771, hier 722.

sentation, zu einer vollständig synchronen Oberfläche, wie sie in Stephen Green-blatts Begriff einer ‚Poetik der Kultur' zum Ausdruck kommt. Handlungen nimmt der New Historicist immer nur als symbolisch-theatrale wahr, weshalb sich im Umgang mit den Kontexten auch die beispielsweise im deutschen historischen Proseminar mit solcher Emphase betriebene Quellenkritik erübrigt. (Ich erlaube mir hier eine Anmerkung: Für Historiker ist es oftmals frappierend, wie sehr Gre-enblatt und durch ihn geprägte Forscher den historischen Quellen, die sie heran-ziehen, entweder glauben oder aber sich für deren faktischen Wahrheitsgehalt gar nicht interessieren.)[20] Insofern fordert Liu:

> History, in sum must be studied not just as an expressive action of self-, monarch-, or hegemonic state-display (the purely theatrical „action" of the New Historicist unreal-politik) but also as action *qua* action – as action, that is, seen as an alternate ground of explanation definitive of what we mean by identities and their coercive representati-on.[21]

Als besonders problematisch empfindet Liu, daß der New Historicism die Verbin-dung, die er zwischen Text und Kontext herstellt, theoretisch nicht reflektiert: Zwischen dem historischen Kontext, der uns auf der einen Seite präsentiert wird, und dem literarischen Text, auf den unser Blick zugleich gelenkt wird, be-findet sich, so Liu, das reine Nichts, oder präziser: „What now substitutes for his-tory of ideas between context and text is the fantastic interdisciplinary nothin-gness of metaphor".[22] Dieses Nichts wird freilich mit einem nicht weiter erläuter-ten Begriff der Macht verhüllt. Das Wirken solcher Macht wird allein im Raum der Repräsentation eben mit dem schon genannten traditionell literaturwissen-schaftlichen Begriffsrepertoire seziert. Das Verhältnis zwischen Text und Welt wird somit ausschließlich analogisch oder metaphorisch strukturiert. Wie bei Shakespeare, so am Hofe Elisabeths; wie am Hofe Elisabeths, so auf der Bühne Shakespeares. Dies wird natürlich dadurch erleichtert, daß der New Historicism sich die frühneuzeitliche Welt eben als eine theatral-performative denkt. Diese Dimension überhaupt eröffnet zu haben, ist die unbestritten genuine Leistung des Greenblattschen New Historicism. Auf der Ebene des Performativen findet der Übergang zwischen dramatischem Text/Aufführung und theatralisierter Welt gleichsam automatisch statt. Die Verabsolutierung dieser theatralen Dimen-sion führt jedoch dazu, daß die Kluft zwischen Text als semiotischem System und

---

[20] Ein solch problematischer Umgang mit den Quellen findet sich beispielsweise in Greenblatts *Othello*-Interpretation von 1980, wo er die stereotypen Berichte, daß die spanischen Konquistadoren von der indigenen Bevölkerung für Götter gehalten worden seien, für bare Münze nimmt; Stephen Greenblatt, Renaissance Self-Fashioning. From More to Shakespeare, Chicago 1980, hier 222–254, insbesondere 226–229. Siehe dazu auch Andrew James Johnston, Performing the Middle Ages from Beowulf to Othello, Turnhout 2008, 225–312.

[21] Liu, The Power of Formalism (wie Anm. 19), 735.

[22] Ebd., 743

Welt ausgeblendet wird. Wenn es überhaupt eine Vermittlungsinstanz zwischen Text und Welt gibt, dann ist es der eben schon erwähnte Begriff der Macht, der jedoch in das relativ vage Begriffspaar von ‚subversion' und ‚containment' eingespannt wird.

All das wäre vielleicht gar nicht so wesentlich, wenn sich der New Historicism in seiner obsessiven Beschäftigung mit dem, was er ausschließlich für Macht hält, und folglich mit ‚subversion' bzw. ‚containment' bezeichnet, nicht so ungemein politisch geben würde. Es gehörte immerhin zu den zentralen Vorwürfen der poststrukturalistischen wie der neuhistoristischen Literaturwissenschaft an die Adresse des New Criticism, daß dieser seinen Gegenstand und seine Methoden als absolut politikfern, als gleichsam ideologiefrei und objektiv beschrieben habe. Vor diesem Hintergrund muß es dann tatsächlich als besonders ironisch erscheinen, daß der New Historicism ausgerechnet das Begriffsinstrumentarium jener vermeintlich fehlgeleiteten, weil transhistorisch sich gebenden Schule umstandslos auf die als Text deklarierte Geschichte anwendet. Der New Historicism hält Liu zufolge letztlich an einem ahistorischen Konzept von Sprache, bzw. Literatursprache fest, das er vom New Criticism ererbt hat. Dieser Vorwurf erstreckt sich dann auch darauf, wie der New Historicism das Wirken von Sprache in der Welt imaginiert. Anders ausgedrückt: Das scheinbar so mediensensible Postulat von der allgemeinen Theatralität der frühneuzeitlichen Kultur beruht letztlich auf einer ahistorischen Konzeption von Theatralität, die das Kommunikativ-Situative zugunsten einer spiegelglatten Oberfläche auch des Theatralen ausklammert. In Lius Worten klingt dies so:

> The limitation of the New Historicism is that in its failure to carve out its own theory by way of a disciplined, high-level study of the evolution of historically-situated language, its discoverable theory has been too assimilable to the deconstructive view of rhetoric as an a-, trans-, or uni-historical figural language.[23]

Anders ausgedrückt: Der New Historicism verweigert sich dem eigentlichen Phänomen des Historischen, weil er es nicht fertig bringt, auch das Problem des Literarischen als ein politisch-geschichtliches zu begreifen. Dies hängt unter anderem mit der vielfach gepriesenen Einebnung der Grenze zwischen Text und Kontext zusammen, denn gerade diese Einebnung funktioniert nur unter der Bedingung, daß die Konzepte ‚literarischer Text' und ‚nicht-literarischer Kontext' selbst als transhistorisch betrachtet werden. Wer die Grenze zwischen literarischem Text und nicht-literarischem Kontext beseitigt und damit als irrelevant ausblendet, unterstellt damit zugleich, daß diese Grenze ein schlicht Gegebenes sei. Sie wird zur überzeitlich universalen Prämisse und ist folglich nicht mehr Gegenstand von Konflikten und damit aber unpolitisch. Doch die Frage, wo ein je spezifischer li-

---

[23] Ebd., 756.

terarischer Text diese Grenze, sei es explizit oder implizit, verortet, und andererseits die damit zusammenhängende Frage, nach welchen Kriterien diese Grenze dabei konstruiert wird, ist nicht nur eine höchst politische und höchst umkämpfte, sondern eine in hohem Maße historisch wandelbare.

Eine weitere wichtige Kritik an der insbesondere durch Stephen Greenblatt vertretenen Variante des New Historicism hatte der im Jahre 2012 verstorbene anglistische Mediävist Lee Patterson, der sich selbst als New Historicist verstand – aber eben als einen mediävistischen –,[24] schon 1987 geübt. Seine Zweifel entzündeten sich daran, daß sich Greenblatt und Andere vor allem mit der angeblichen Geburt des modernen Subjekts in der Renaissance beschäftigten und so die traditionellen Periodisierungsschemata, die Mittelalter von Früher Neuzeit trennten, eher bekräftigten, anstatt sie im Sinne eines wirklich *neuen* Historismus auf den Prüfstand zu stellen.[25] Patterson bestritt dabei keinesfalls die Bedeutung der Epoche zwischen 1300 und 1600 als einer Periode großen historischen Wandels, aber er wandte sich gegen eine auf der Basis binärer Oppositionen operierende Historiographie, die das Mittelalter auf die Rolle eines absoluten Negativs der Moderne reduzierte.[26]

Eine besondere Schwäche, die paradoxerweise mit der teleologischen Tendenz des New Historicism zusammenhängt, sah Patterson zudem in der rein synchronen Tendenz einer Schule, die sich doch programmatisch einer historischen Perspektive verpflichtet hatte. Auch diese Neigung zur Synchronizität bezog der New Historicism letztlich aus seinen Foucaultschen Quellen, die zwar epistemische Brüche betonten, die jeweilige Episteme aber zum monolithischen Block zu stilisieren pflegten. Pattersons mediävistischer Kollege Paul Strohm kommentierte dieses Phänomen später mit mildem Spott: Die Diskursivierung der Geschichte à la New Historicism/Foucault erlaube es dem Text „to rest easy within a contemporaneous sign system".[27] Aus mediävistischer Perspektive mutet es durchaus komisch an, wenn Vertreter der anglistischen Renaissance-Forschung Patterson heutzutage bescheinigen, seine theoretische Kritik des New Historicism sei ihrer

[24] Eine genaue Analyse der kritischen Teilhabe Lee Pattersons am New Historicism findet sich bei Kathy Cawsey, Twentieth-Century Chaucer Criticism. Reading Audiences, Farnham 2011, 131–153.

[25] Lee Patterson, Negotiating the Past. The Historical Understanding of Medieval Literature, Madison 1987, 57–74.

[26] In der englischsprachigen Debatte werden Frühe Neuzeit und Moderne oft viel umstandsloser miteinander gleichgesetzt, als es im deutschen Wissenschaftsdiskurs geschieht, nicht zuletzt deshalb, weil es im Englischen eben *early modern* heißt und es eine eindeutige Entsprechung zum deutschen Begriff „Neuzeit" nicht gibt. Nicht zufällig lautet der amerikanische Untertitel von Greenblatts *The Swerve* für amerikanische Leser „How the World Became Modern". Die britische Ausgabe und die deutsche Übersetzung blieben da deutlich zurückhaltender: „How the Renaissance Began" bzw. „Wie die Renaissance begann".

[27] Paul Strohm, Theory and the Premodern Text (Medieval Cultures 26), Minneapolis 2000, 150.

Zeit zwanzig Jahre voraus gewesen.[28] Richtig ist vielmehr, daß der New Historicism sich mehr als zwei Jahrzehnte lang mit der Kritik an seinem mangelnden Konzept von Geschichtlichkeit schlicht nicht auseinandersetzen zu müssen glaubte, selbst wenn diese Kritik letztlich aus den eigenen Reihen kam. Allerdings kamen diese Vorwürfe aus dem eigenen Lager nicht zufällig von solchen Vertretern des New Historicism, die sich gerade nicht mit der Epoche Shakespeares beschäftigten, sondern mit dem Mittelalter oder der Romantik.

III. Greenblatts Mirakelerzählung in neueren Kontexten

Vor dem Hintergrund dieser durchaus nicht neuen, aber eben auch alles andere als überholten Kritik am New Historicism nimmt sich Greenblatts *The Swerve* keineswegs mehr als jenes kleine Versehen aus, das man einem *elder statesman* der Literaturwissenschaft schon einmal zugestehen darf, zumal wenn dieser ohnehin auf das breite Publikum zielt und sich obendrein auf löbliche Weise gegen den religiösen Fundamentalismus seiner Heimat stemmt. Im Gegenteil: In dem soeben skizzierten Rahmen theoriegeleiteter Kritik am New Historicism scheinen die problematischen Aspekte an Greenblatts Buch vielmehr mit genau dem historisch blinden Fleck zu tun zu haben, der seine literaturwissenschaftliche Schule, und zwar ganz speziell in ihrer renaissancebezogenen Spielart, prinzipiell auszeichnet. Gerade weil der New Historicism durch seine Tendenz zur rein synchronen Analyse keine Literaturgeschichte im eigentlichen, sprich: das Phänomen der Diachronie reflektierenden, Sinne schreibt und sich zudem, sofern er sich der Epoche Shakespeares zuwendet, an ein teleologisches Fortschrittsnarrativ Burckhardtscher Prägung gekettet hat, von dem sich die nichtanglistische Renaissanceforschung ansonsten eher distanziert,[29] greift Greenblatt in dem Moment, in dem er sich an einer *epochenübergreifenden* Erzählung versucht, weil ihm methodisch komplexe Analyseinstrumente für die Auseinandersetzung mit diachronen Phänomenen schlicht nicht zur Verfügung stehen, auf die Strukturen einer traditionellen Mirakelgeschichte zurück. Erinnern wir uns: In Greenblatts ideengeschichtlichem Narrativ spürt ein einzelner heldenhafter Entdecker ein heilsbringendes Objekt auf, welches dann auf Grund seiner magischen Kraft auf gleichsam mira-

---

[28] Parvini, Shakespeare and Contemporary Theory (wie Anmerkung 18), 154.

[29] Als Beispiel für eine differenziertere Sicht auf das Problem der Epochenscheide Mittelalter/ Frühe Neuzeit sei hier nur eine rezente Studie aus der Wissensgeschichte zu nennen, deren Autorin nachweist, wie stark in der Frühen Neuzeit – oft im Kontrast zu den Selbstzuschreibungen der Verfasser in Programmschriften und Polemiken – scholastische Argumentationsstrategien und Gattungen die Verhandlung von Wissensprozessen prägen: Anita Traninger, Disputation, Deklamation, Dialog. Medien und Gattungen europäischer Wissensverhandlungen zwischen Scholastik und Humanismus, Stuttgart 2012.

kulöse Weise durch die Zeiten wirkt – und zwar eher *durch* sie als *in* ihnen.[30] Iro-
nischerweise ist dieses Erzählmuster ein Wundernarrativ, und zwar ein durch und
durch mittelalterliches. Den von ihm so verachteten Mönchen wäre Greenblatts
narrative Struktur jedenfalls nur allzu vertraut gewesen, folgt *The Swerve* doch
den Gattungskonventionen der ‚inventio‘, der wundersamen Auffindung der Ge-
beine eines Heiligen oder sonstiger Reliquien.[31] Dank seines magischen Charakters enthebt das säkulare Wunder des Poggio – das sich zu allem Überfluß noch in
einem Kloster ereignet – Lukrez und seinen Text geradezu der Zeitlichkeit. Der
verlorene Text wird wiedergefunden und kann sich kontextfrei durch die Jahrhunderte bewegen, um im entscheidenden Moment von je anderen säkularen Heiligen
in der quasi-apostolischen Nachfolge des Papstsekretärs Bracciolini – Montaigne,
Bruno, Jefferson – aufgegriffen und zur Vorbereitung der Moderne genutzt zu
werden. Kein Wunder, daß Greenblatt zum Text des Lukrez selbst wie auch zu
dessen spezifischem Wirken in der Welt so wenig zu sagen hat; die von Greenblatt
gewählte Erzählstruktur erfordert es nachgerade, daß die besonderen Produk-
tions- und Rezeptionsbedingungen des Textes ausgeklammert bleiben. Da das
Gedicht des Lukrez nur als Gefäß für die reine Lehre dienen darf, ist es als Gegenstand der Analyse nicht weiter gefragt.

In die Reihe kontextloser, säkularer Heiliger, die Greenblatt konstruiert, stellt
er sich übrigens auch selbst und folgt damit der von ihm begründeten Tradition der
biographischen Anekdote, die immer wieder dazu herhalten muß, das je aktuelle
neuhistoristische Untersuchungsinteresse zu motivieren. Der ebenso weltge-
schichtlichen wie weltlichen *inventio* des Poggio entspricht Greenblatts eigene
Privatinventio in New Haven, Connecticut, wo er als junger Student der Yale University *De rerum natura* in Übersetzung als billige Sommerlektüre erstand, ange-
zogen vom Titelbild, einem einigermaßen erotischen Ausschnitt aus einem Gemälde von Max Ernst. Auf der Basis seiner Entdeckung konnte sich Greenblatt
von der Todesfurcht befreien, die ihm seine Mutter auf geradezu traumatisierende
Weise vorgelebt hatte. An der Yale University der 1960er Jahre wiederholte sich
somit in individueller Form das Wunder, mit dem Poggio über 500 Jahre früher

---

[30] Ohne allerdings die zugrundeliegende mittelalterliche Erzählstruktur zu bemerken, charakterisiert Reid Barbour Greenblatts historiographische Methode in *The Swerve* sehr präzise: „If so-
metimes Greenblatt's notion of historical causation seems almost revisionist in its emphasis on
accidents and personalities, at other times – and this is of course ironic, given Epicurean anti-
providentialism – the drama of historical change is celebrated as quasi-miraculous" (Reid Barbour,
Book Reviews: *The Return of Lucretius to Renaissance Florence* by Alison Brown. *The Swerve:
How the World Became Modern* by Stephen Greenblatt, in: Philological Quarterly 90/4 (2011), 481–
488, hier 487).

[31] Zur ‚inventio‘ in der mittelalterlichen englischen Literaturgeschichte siehe Monika Otter,
„New Werke". St. Erkenwald, St. Albans, and the Medieval Sense of the Past, in: Journal of
Medieval and Renaissance Studies 24 (1994), 387–414.

angeblich die Moderne eingeläutet hatte. Zugleich vollbringt die autobiographische Anekdote von der eigenen Entdeckung des Lukrez eben jenes transhistorische Repräsentationswunder, das für den New Historicism so typisch ist: Sie liefert eine so unmittelbare narrative Evidenz, daß den historischen Bedingungen der Lukrezrezeption gar nicht mehr nachgespürt werden muß.

Wenn aber der Greenblattsche Text so deutlich die methodischen Schwächen und Aporien des New Historicism zum Ausdruck bringt, dann stellt sich die Frage, ob Greenblatts in *The Swerve* sich ausdrückender blindwütiger Mittelalterhaß, seine hyperpolemische Anti-Mönchstirade, nicht vielleicht doch auch wissenschaftsimmanente Ursachen hat, also nicht ausschließlich die religiöse Rechte in den USA im Visier hat. Dafür gäbe es immerhin einen plausiblen Kontext, den ich hier nur kurz skizzieren kann und der mit dem sich wandelnden intellektuellen Klima in der englischsprachigen Forschung zu Mittelalter und Früher Neuzeit zu tun hat.

In der englischsprachigen Anglistik (und nicht nur dort) wird schon seit geraumer Zeit (primär aber nicht nur) aus mediävistischer Perspektive heftig an der teleologischen Dichotomie Mittelalter/Frühe Neuzeit gerüttelt. Das nimmt viele, zum Teil sehr unterschiedliche Formen an, deren Wirkungen sich in der Summe gleichwohl potenzieren. Hier seien nur einige typische gestreift, die Liste erhebt keinerlei Anspruch auf Vollständigkeit.

Da ist zunächst, auf Greenblatts ureigenem Feld, ein neu erwachtes Forschungsinteresse an der Art, wie Shakespeares Texte auf mittelalterliche Traditionen zurückgreifen und in den Dialog mit ihnen treten. Seit etwas über einem Jahrzehnt wächst der Strom von Arbeiten zu diesem Thema beständig an. Dabei spielen Mediävisten eine nicht unwichtige Rolle, zumal sie oftmals mit Renaissanceforschern zusammenarbeiten: Das Interesse an diesem Problemkomplex ist durchaus nicht einseitig.[32] Hier wird die stereotypisierende Opposition Mittelalter/Frühe Neuzeit sowohl implizit als auch explizit in Frage gestellt.

Zu dieser Entwicklung paßt auch die zunehmende Tendenz unter anglistischen Mediävisten, ihre Aufmerksamkeit der Frühen Tudorzeit zuzuwenden (die Regierungszeiten Heinrichs VII., 1485–1509, und Heinrichs VIII., 1509–1547) und die Grenze zwischen Mittelalter und Früher Neuzeit, die für England traditionellerweise mit der Thronbesteigung Heinrichs VII. nach seinem Sieg in der Schlacht

---

[32] Um nur einige exemplarische Beiträge zu dieser Debatte zu nennen: Helen Cooper, Shakespeare and the Medieval World, London 2010; Martha W. Driver, Sid Ray (Hg.), Shakespeare and the Middle Ages. Essays on the Performance and Adaptations of the Plays with Medieval Settings, Jefferson, North Carolina, 2009; Gordon McMullan, David Matthews (Hg.), Reading the Medieval in Early Modern England, Cambridge 2007; Ruth Morse, Helen Cooper, Peter Holland (Hg.), Medieval Shakespeare. Pasts and Present, Cambridge 2013; Curtis Perry, John Watkins (Hg.), Shakespeare and the Middle Ages, Oxford 2009; Paul Strohm, Politique. Languages of Statecraft between Chaucer and Shakespeare, Notre Dame, Indiana 2005.

von Bosworth gezogen wurde, ins 16. Jahrhundert zu verlegen. Entweder verrückt man die Epochengrenze auf den Beginn der Reformation unter Heinrich VIII. (ab ca. 1530) oder man schlägt gleich die ganze Regierungszeit dieses Monarchen dem Mittelalter zu; so geschehen in dem von James Simpson im Jahre 2002 verfassten Spätmittelalter-Band der *Oxford English Literary History*, die den Titel *Reform and Cultural Revolution* trug, und den Zeitraum von ca. 1350 bis 1547 behandelte.[33] Das gleiche Phänomen war schon drei Jahre zuvor an der nicht minder normsetzenden *Cambridge History of Medieval English Literature* beobachtbar gewesen,[34] die die Reformation zum Schlusspunkt ihres Zuständigkeitsbereichs deklarierte und die Epoche von ca. 1050 bis ca. 1550 zur Einheit erklärte. Wichtig an dieser Neuordnung des Periodisierungsschemas ist insbesondere die Rolle, die den religiösen Ereignissen zugeschrieben wird. In die gleiche Kerbe wie die Literaturwissenschaftler schlagen auch viele Historiker, etwa, indem sie das Fortwirken von Denk- und Lebensformen im Geiste der alten Religion noch lange nach der Reformation Heinrichs VIII. nachzeichnen (z. B. Eamon Duffy) oder – was schon eine längere Tradition hat – im rein säkularen Bereich die Bedeutung der Rosenkriege (nach konventioneller Datierung: 1455–1485) als Wendepunkt oder Epochenscheide ebenso in Frage stellen wie die angeblichen politisch-administrativen Neuerungen der Tudors vor der Reformation (z. B. A. J. Pollard).[35]

Die neu entfachte Periodisierungsdebatte brachte aber auch ein neues Interesse an grundsätzlichen Fragen der Epochenkonstruktion hervor. Vor zwei Jahrzehnten steckte die anglistische Forschung zum ,medievalism‘, der Konstruktion des Mittelalters in späteren Zeitaltern, noch in den Kinderschuhen und galt als nur eingeschränkt seriöser Randbereich der Mittelalterforschung. Inzwischen aber widmen sich führende anglistische Mediävisten diesem Thema sowohl im Bereich der Populärkultur als auch der Wissenschaftsgeschichte.[36] Je mehr aber der Konstruktcharakter des Mittelalters zum Gegenstand der Forschung wird, desto stärker verlieren die überkommenen Mittelalterbilder aus der Frühen Neuzeit, der Aufklärung und dem Historismus (hier im deutschen Sinne verstanden) des 19. Jahrhunderts an Legitimität, desto mehr verliert also auch das dichotomische Pe-

---

[33] James Simpson, Reform and Cultural Revolution, The Oxford English Literary History, vol. 2, 1350–1547, Oxford 2002.

[34] David Wallace (Hg.), The Cambridge History of Medieval English Literature, Cambridge 1999.

[35] Eamon Duffy, The Stripping of the Altars. Traditional Religion in England c. 1400–c.1580, New Haven [2]2005; A. J. Pollard, The Wars of the Roses, Houndmills, Basingstoke, [3]2013.

[36] Eine kurze Darstellung der neuesten Entwicklungen in der englischsprachigen Forschung zum ,medievalism‘ findet sich bei Richard Utz, Coming to Terms with Medievalism, in: Ute Berns, Andrew James Johnston (Hg.), [Themenheft] Medievalism, European Journal of English Studies, 15/2 (2011), 101–113.

riodisierungsschema, dem der Zweig des New Historicism überwiegend huldigt
(e), der sich mit der Epoche Shakespeares beschäftigt, an Überzeugungskraft.
Gefördert wurde diese Entwicklung nicht zuletzt durch das Eindringen neuer
Begrifflichkeiten in den mediävistischen Theoriehorizont, so etwa aus dem Bereich der postkolonialen Historiographie; hier besonders Dipesh Chakrabarty,
der den Eurozentrismus eines auf westliche Verhältnisse zugeschnittenen, teleologischen Modernekonzepts kritisiert, weil dies nicht-westliche Kulturen automatisch auf die Plätze einer historischen Rückständigkeit verweise.[37] Aber
auch die postmoderne Wissenstheorie, vertreten beispielsweise durch Bruno Latour, bot interessante theoretische Ansätze zur Kritik linear-teleologischer Ge-
schichtsmodelle, die von Mediävisten gern aufgenommen wurden. Führend wirken hier die Queer Studies, die die Kritik Chakrabartys am ‚historicism' verallge-
meinern und in poststrukturalistischer Manier radikalisieren, um jedwede Form
der chronologischen Erzählung unter Verdacht zu stellen. An deren Stelle tritt beispielsweise bei Carolyn Dinshaw ein Konzept der ‚multiple temporalities', das
den Blick auf die Gleichzeitigkeit unterschiedlicher Formen von Zeiterfahrungen
lenkt.[38]

Schließlich seien da noch Entwicklungen zu nennen, deren Vertreter weit weniger tief in die Theoriekiste greifen, deren Auswirkungen aber auf die lange vom
New Historicism dominierte Renaissance-Forschung durchaus ins Gewicht fallen. Hier spielen zum Beispiel Fragen nach dem Autorschaftskonzept, das in
Shakespeares Dramen deutlich wird, eine Rolle, mithin Fragen, die unmittelbar
mit der Gestalt der in den Dramen und Gedichten problematisierten Literarizität
zu tun haben. Diese Art der Fragestellung ist deswegen so wichtig, weil sie
zwangsläufig den Blick zurück auf die Spezifika nicht nur des literarischen Textes, sondern der jeweils historisch gegebenen Begriffe vom Literarischen selbst
lenken und eben deren Zeitbedingtheit ausstellen.[39]

All diese Entwicklungen haben dazu beigetragen, die Deutungshoheit des New
Historicism in der anglistischen Frühneuzeitforschung aufzubrechen. Aber gerade die Frühneuzeitforschung stellt in der englischsprachigen anglistischen Literaturwissenschaft einen neuralgischen Punkt dar, und dies nicht nur wegen der
kanonischen Rolle Shakespeares. Denn vor allem in der Frühneuzeitforschung,
die nicht zuletzt der Brillanz der Greenblattschen Shakespearelektüren wegen

---

[37] Dipesh Chakrabarty, Provincializing Europe. Postcolonial Thought and Historical Difference,
Princeton 2000, 3–16; Bruno Latour, Wir sind nie modern gewesen. Versuch einer symmetrischen
Anthropologie, aus dem Französischen von Gustav Roßler, Frankfurt a.M. [2]2002, 91–107.

[38] Carolyn Dinshaw, Temporalities, in: Paul Strohm (Hg.), Middle English, Oxford 2007, 107–
123.

[39] Um nur zwei herausragende Vertreter dieser Richtung zu nennen: Patrick Cheney, Shakespeare's Literary Authorship, Cambridge 2008; Lukas Erne, Shakespeare as Literary Dramatist,
Cambridge 2003.

als so etwas wie das Flaggschiff der neuhistoristischen Flotte fungierte, mußte eben jener blinde Fleck des New Historicism, das Fehlen eines Begriffs vom Historischen sowie das Aufgehen in der reinen Synchronizität, besonders schmerzlich zu Tage treten. Hier rächte es sich, daß dem New Historicism eben nicht nur eine ausreichende theoretische Fundierung im Hinblick auf das Problem der Geschichtlichkeit fehlte, sondern daß er sich gleichzeitig unreflektiert und weitgehend unkritisch an traditionelle Periodisierungsschemata anlehnte. Sobald theoretische, methodische oder auch nur schlicht historiographisch-sachgeschichtliche Alternativen auf den Plan traten, um das Verhältnis von Mittelalter und Früher Neuzeit auf den Prüfstand zu stellen, zeigte sich der New Historicism in seiner durch Greenblatt vertretenen Variante wehrlos.

Insofern kämpft Greenblatt in *The Swerve* eben nicht nur gegen die religiöse Rechte seines Landes, sondern auch gegen den potenziellen Bedeutungsverlust neuhistoristischer Lektüren Shakespeares vor dem Hintergrund einer aus vielen Quellen gespeisten zunehmenden Teleologiekritik in der Debatte um das Verhältnis von Mittelalter und Früher Neuzeit. Somit erklärt sich auch die Wahl von Greenblatts Thema, das, wie sich überdeutlich erwiesen hat, weit außerhalb seines eigentlichen Kompentenzbereichs liegt: Denn wo, wenn nicht in Italien, scheint das aus dem 19. Jahrhundert ererbte Renaissance-Konzept noch zu stimmen? Und wo, wenn nicht bei der Auffindung von *De rerum natura*, kann man noch halbwegs das Klischee der wiederentdeckten Antike inszenieren? Und wo, wenn nicht beim epikureischen Atheismus, läßt sich ein zumindest oberflächlich noch plausibles Narrativ vom linearen Weg in eine säkulare Moderne, die in der Renaissance beginnt, konstruieren? Wo, wenn nicht hier, kommen noch einmal all die Tropen zusammen, auf deren Basis sich die Große Erzählung der westlichen Moderne entfaltet, mit deren Hilfe Greenblatt Shakespeare zu deuten pflegte? Doch wie vor allem Greenblatts Kritiker aus der Renaissanceforschung vorgeführt haben, läßt sich dieses Renaissancebild auch auf dem Terrain, auf dem es einst entstand, so einfach nicht mehr aufrechterhalten. Greenblatts wissenschaftliche Leserschaft hätte sich gewünscht, daß er seine unbestrittene Brillanz eher in den Dienst einer methodisch-theoretischen Unterfütterung des New Historicism gestellt hätte, anstatt das nicht mehr haltbare Bild einer rein säkularen Moderne in den vormodernen narrativen Strukturen eines religiösen Wunders nachzuzeichnen.

Prof. Dr. Andrew James Johnston, Freie Universität Berlin, Institut für Englische Philologie, Habelschwerdter Allee 45, 14195 Berlin, E-Mail: ajjohnst@zedat.fu-berlin.de

CHRISTINE VOGL

„In dem Müntzcabinete des H. General L. v. Schmettau"
Die Münze des Chabrias und ein neuentdecktes Begleitschreiben an Gotthold Ephraim Lessing[*]

Wer suchet, der findet. Dieses Sprichwort bewahrheitet sich erfahrungsgemäß nicht immer, und selbst wenn es zutrifft, bestehen prinzipiell zwei Möglichkeiten: Entweder man entdeckt tatsächlich das Gesuchte oder man findet zwar etwas, aber nicht genau das, wonach man Ausschau hielt. Bei den jüngsten Recherchen zu Lessings *Laokoon*-Nachlaß sind beide Fälle auf eine merkwürdige Weise zusammengetroffen. Auf der Suche nach der verschollenen Nr. XVIII der *Laokoon*-Handschriften, die sich Ende des 19. Jahrhunderts im Besitz von Carl Robert Lessing (1827–1911) befand, wurde in einer bisher unsignierten Mappe der Lessing-Sammlung der Staatsbibliothek zu Berlin – Preußischer Kulturbesitz das gesuchte Stück zwar gefunden,[1] allerdings stellte sich heraus, daß es sich dabei durchaus um kein Paralipomenon zu Lessings *Laokoon* handelt, sondern vielmehr um ein Schreiben, das in den unmittelbaren Kontext einer Notiz in seinen *Collectanea* gehört und mit den *Antiquarischen Briefen* Nr. 35–39 in Zusammenhang steht. Der betreffende Eintrag befindet sich auf S. 55 des Collectaneenbandes[2] unter dem Stichwort „Chabrias":

> In dem Müntzcabinete des H. General L. v. Schmettau befindet sich eine alte Münze, welche der Besitzer für auf die bekannte That des Chabrias geschlagen hält. Die eine Seite zeigt einen nackten Krieger mit Schild Helm und Lanze; er liegt auf dem rechten

[*] Ich danke den Mitarbeitern der Handschriftenabteilung der Staatsbibliothek zu Berlin – Preußischer Kulturbesitz und der Gunnerusbiblioteket Trondheim für ihre freundliche Hilfe. Mein besonderer Dank gilt Herrn Prof. Dr. Friedrich Vollhardt für vielfältige Unterstützung.

[1] Vgl. dazu Christine Vogl, Lessings *Laokoon*-Nachlass. Mögliche Antworten auf editorische Fragen, in: Unordentliche Collectanea. Gotthold Ephraim Lessings *Laokoon* zwischen antiquarischer Gelehrsamkeit und ästhetischer Theoriebildung, hg. von Jörg Robert und Friedrich Vollhardt, Berlin, Boston 2013 (Frühe Neuzeit, 181), 41–98, hier 42–50.

[2] Heutiger Aufbewahrungsort ist die Biblioteka Uniwersytecka Wrocław (Signatur: B 1688). Einzelheiten bei Wolfgang Milde, Gesamtverzeichnis der Lessing-Handschriften, Bd. 1, Heidelberg 1982, 268 f.

Knie, das linke vorgesetzt und mit dem großen runden Schilde bis fast zur Erde bedekt; die rechte hält die Lanze ganz horizontal vor, und die ganze Stellung ist, als ob er eben im Aufstehen begriffen. Im Rücken der Figur stehet ein K und unter demselben XEP; die andere Seite zeiget eine Quadriga mit ihrem Führer, der eine Peitsche über die Pferde schwenkt. Ich habe die Münze selbst vor mir, sie ist von Kupfer und hat alle Merkmale des Alterthums. Die Figuren sind von schlechter Zeichnung.[3]

Dieser Eintrag hat den Herausgebern bisheriger Lessing-Ausgaben schon so manches Kopfzerbrechen bereitet, denn er gibt nicht wenige Fragen auf: Wer ist „H. General L. v. Schmettau"? Welche Münze wird hier besprochen? Und wie gelangte diese Münze aus einer privaten Sammlung in Lessings Hände? Die bisher vorliegenden Kommentare bzw. Sach- und Namenregister zu Lessings Werken können hier wenig weiterhelfen. Während sich die Editionen von Carl Christian Redlich und Göpfert/Schirnding darauf beschränken, auf inhaltliche Bezüge zum XXVIII. Kapitel des *Laokoon* sowie zu den *Antiquarischen Briefen* Nr. 13 und 35 – 39 zu verweisen,[4] nehmen Lachmann/Muncker und Petersen/Olshausen immerhin auch den Namen ‚Schmettau' in ihr Register auf.[5] Allerdings sind die Angaben beider korrekturbedürftig, wie noch zu zeigen sein wird. In der von Wilfried Barner besorgten Studienausgabe des Deutschen Klassikerverlages, der die *Collectanea* nur in Auswahl abdruckt,[6] fand der Eintrag zu „Chabrias" keine Aufnahme. Damit erübrigte sich auch jegliche Kommentierung. Wer auf die genannten Fragen eine Antwort erhalten will, muß also andernorts suchen. Wie die folgenden Ausführungen zeigen, kann einzig und allein der Handschriftenfund in Berlin alle fraglichen Punkte zufriedenstellend klären. Diesen gilt es zunächst einmal vorzustellen.

---

[3] Gotthold Ephraim Lessings sämtliche Schriften, hg. von Karl Lachmann, 3. auf's neue durchgesehene und vermehrte Auflage, besorgt durch Franz Muncker, 23 Bde., Stuttgart, Leipzig 1886 – 1924 (im folgenden zitiert als LM mit Band- und Seitenzahl), hier Bd. 15, 180.

[4] Vgl. Lessing's Werke, T. 19: Zur Geschichte und Gelehrtengeschichte. Vermischtes. Nachträge. Lessing-Bibliothek. Register, hg. von Carl Christian Redlich, Berlin: Gustav Hempel [1877], 299, Anm. 1; Gotthold Ephraim Lessing, Werke, hg. von Herbert G. Göpfert u. a., Bd. 6: Kunsttheoretische und kunsthistorische Schriften, hg. von Albert von Schirnding, München 1974, 1053.

[5] Vgl. LM 23 (wie Anm. 3), 217; Gotthold Ephraim Lessing, Werke. Vollständige Ausgabe in 25 Teilen, hg. mit Einleitungen und Anmerkungen sowie einem Gesamtregister versehen von Julius Petersen und Waldemar von Olshausen in Verbindung mit Karl Borinski u. a., [Erg.Bd. 4 und 5:] Register, hg. von Waldemar von Olshausen, Bd. 1: Sachregister. Personenregister, Berlin [1935], 373.

[6] Gotthold Ephraim Lessing, Werke und Briefe in zwölf Bänden, hg. von Wilfried Barner u. a., Frankfurt am Main 1985 – 2003 (im folgenden zitiert als FA für ‚Frankfurter Ausgabe' mit Band- und Seitenzahl), hier Bd. 10, 461 – 659.

I. Die neuentdeckte Briefhandschrift der Berliner Lessing-Sammlung

Wie in der jüngst erschienenen Studie über *Lessings* Laokoon-*Nachlass* bereits
erwähnt,[7] besteht die bisher unsignierte Briefhandschrift, der die Staatsbibliothek
zu Berlin nun die Signatur ‚Lessing-Sammlung Nr. 4607b' zugewiesen hat, aus
einem dünnen weißgelblichen Einzelblatt (ca. 18,6 x 11,3 cm), das beidseitig
mit dunkelbrauner Tinte in französischer Kursive beschrieben ist (vgl. Abb. 1
und 2), und einem mittelstarken gelblichen Doppelblatt (ca. 21,6 x 16,3 cm),
das offensichtlich von derselben Hand, aber in deutlich größeren Lettern nur
auf der Vorder- und Rückseite (Bl. 2r und 3v) beschriftet ist (vgl. Abb. 3 und
4). Eine diplomatische Transkription der beiden Blätter soll den Wortlaut des
Schreibens originalgetreu wiedergeben:[8]

Einzelblatt:

1	Je Vous prie de faire bien mes compliments	Bl. 1r
	et mes amitiés à Mr. Lessing, pour	
	lui marquer mon Estime et mon atten-	
	tion. Je Vous enverrai par les chariots	
5	de *m*ardi qui arrivent mécredi[9] au	
	*s*oir à Hambourg la belle et unique	
	medaille qu'il désire à voir. J'y	
	joindrai le catalogue détaillé de	
	mes medailles grecques qui sont	
10	en ordre, la moitié n'est ni ran-	
	gée ni dechiffrée, car c'est l'ou-	
	vrage qui occuperait long-tems[10] un	
	très habile homme. J'y joindrai aussi	
	la designation de quelques medailles	
15	romaines, mais je n'ai point	
	de copie de ces catalogues, ainsi	

---

[7] Vgl. Vogl, Lessings *Laokoon*-Nachlass (wie Anm. 1), 48 f. Die dort zitierten Auszüge aus dem
neuentdeckten Schreiben sind als vorläufige Transkriptionen zu betrachten, die an vereinzelten
Stellen durch die hier abgedruckten Texte korrigiert werden.

[8] Folgende diakritische Zeichen werden verwendet: T̶e̶x̶t̶ = getilgter Text; Text = unterstri-
chener Text; t̤e̤x̤ = unsichere Lesung; Text̲ ̲es bzw. Text̲e̲s̲ = unsichere Getrennt- bzw. Zusam-
menschreibung; T̰exte bzw. t̰exte = unsichere Groß- bzw. Kleinschreibung. Die drei Formen des ‚s'
im Original werden auf eine (‚s') reduziert. Die hochgestellten Ziffern im Text verweisen auf
Erläuterungen in den Fußnoten, die sich vor allem als Vorschläge für eine künftige Edition der
Briefhandschrift verstehen.

[9] Dissimilierte Nebenform von ‚mercredi', die sich in den französischen Dialekten teilweise bis
heute erhalten hat. Vgl. hierzu Georg Steinmeyer, Historische Aspekte des français avancé, Genf
1979 (Kölner Romanistische Arbeiten. Neue Folge, 56), 88 ff.

[10] Im 18. Jh. weitverbreitete Schreibung von ‚longtemps'.

l'envoi que je Vous fais est d'une
Importance extréme.
    Si Mr. Lessing pouvait faire
20 sonder le terrain à Berlin il me
ferait le plus grand plaisir. C'est y
compris les antiques que je demandais
10. mille rl.[11] pour les medailles.[12]
                 Je

                                            Bl. 1v

1 Je les donnerai seules pour
8000 rl. courant et comptant. Si
la réponse que Monsieur Lessing
recevra est favorable et qu'il desire
5 Copie du Catalogue detaillé, il
faudrait le faire copier, mais par
feuilles pour ne pas aventurer
trop à la fois. Celui qui achetera
doit etre prevenû qu'il n'y a point
10 de Catalogue de reste, que les Romaines
Imperiales sont même assez en desordre
jusqu'ici, tout cè que j'ai pu faire etant
de ranger celles qui le sont et n'ayant
plus les livres qu'il faut pour cela.
15   Quant aux Antiques je voudrais
en avoir 2400. en bloc car je ne
les vendrai pas en detail. la statue
d'argent vaut au moins 100. Guinées[13] le
petit buste a eté estimé par nos fils
20 presqu'à autant. Je Vous prie de demander
Mr. Lessing s'il a vu en argent une si
belle Antiquité ?
————

la Lettre de S. E. MleC.[14] de Schmettow est
25   du 30. Avril 1769.

---

[11] Abkürzung für ‚Reichsthaler', zum Teil auch für den dänischen ‚Rigsdaler' verwendet.

[12] Diese Konstruktion ist konditional zu verstehen und soll bedeuten: „Wenn die Antiken inbegriffen sind, dann würde ich zehntausend Reichstaler für die Münzen verlangen".

[13] Guinee (engl. ‚guinea'), eine von 1663 bis 1816 geprägte britische Goldmünze, die zum Teil bis heute als Rechnungseinheit im Auktionshandel verwendet wird.

[14] Abkürzung für ‚Son Excellence Monsieur le Comte'.

Doppelblatt:

1   Contenues.   Bl. 2r
      1. dix neuf Cahiers Des Medailles des
         Rois et surtout des villes grecques qui
         sont rangées. Il en reste nombre de très rares
5   qui ne sont pas inserées dans ce Catalogue.
         Celles de Carthage et l'autre que j'estime
         frappée au sujet de la victoire de Cha-
         brias n'y sont pas.
      2. une feuille de 13. Medailles grecques
10   que j'ai déchiffré mais pas rangé.
      3. Medailles d'or Romains parmi
         lesquels il manque un Medaillon
         d'or de Gallien et qui est dans mon
         Cabinet, sans etre noté dans ce Catal.
15   2. Cahiers in – 8°.
      4. Six Cahiers de Medailles Consulaires
         en Argent. J'en ai encore quelques unes
         qui ne sont pas compris dans ce Catal.
      5. Quatre Cahiers Consulaires en
20   Bronze plus rares que celles en Argent

1   NB   Bl. 3v
      Ce Catalogue ne contient ni
         l'As liberalis[15] ni les Spin-
         triennes,[16] ni les medaillons
5   en argent et en Bronze des
         Empereurs, encore moins les
      Medailles d'argent et de Bronze
      Imperiales que j'avoue pourtant
      ne pas former une collection
10   ni importante ni suivie ni im-
         portante quoique pleine de
         belles Medailles.

Fassen wir die für den vorliegenden Kontext wichtigsten Punkte aus diesen beiden Blättern zusammen:

---

[15] (Libral-)As (lat. ‚as libralis'), römische Kupfermünze, bis zur Einführung des Denars um 211 v. Chr. Grundnominal der römischen Währung.

[16] Spinthrien (lat. ‚spintriae'), münzähnliche Eintritts- oder Spielmarken (sog. Tesserae) aus der römischen Kaiserzeit mit obszönen Motiven. Vgl. hierzu Robert Göbl, Antike Numismatik, 2 Bde., München 1978, hier Bd. 1, 31 f.

1. Ein gewisser „M[onsieur] le C[omte] de Schmettow" übersendet am 30. April
   1769 (Bl. 1v, Z. 24 f.) ein Schreiben an einen ungenannten Empfänger in Hamburg, in dem er ihn bittet, Lessing seiner Freundschaft und Hochachtung zu
   versichern (vgl. Bl. 1r, Z. 1–4) und diesem „die schöne und einzigartige Münze" zu überbringen, „die er zu sehen wünscht" (Bl. 1r, Z. 6 f.). Der Graf ver-
   spricht, diese Münze am Dienstag mit „den Fuhrwägen" der Post oder eines
   organisierten Fuhrunternehmens nach Hamburg zu schicken, wo sie Mitt-
   wochabend, also am 3. Mai 1769, beim Empfänger eintreffen werde (vgl.
   Bl. 1r, Z. 4 ff.).
2. Der Graf will dieser Sendung „von äußerster Wichtigkeit" (Bl. 1r, Z. 17 f.) außerdem noch einen Katalog seiner griechischen Münzen beilegen, die er zum
   Verkauf anbietet (vgl. Bl. 1r, Z. 7–10), sowie ein Verzeichnis einiger römischer Münzen (vgl. Bl. 1r, Z. 13 ff.) und bittet darum, Lessing möge sich in
   Berlin nach potentiellen Käufern für seine Sammlung umsehen (vgl. Bl. 1r,
   Z. 19 ff.). Zudem nennt er Preise und Bedingungen für den Verkauf und
   gibt einige Anweisungen, die den Katalog betreffen (vgl. Bl. 1r, Z. 21 –
   Bl. 1v, Z. 14).
3. Schließlich kommt er auch noch auf seine Antiken zu sprechen, die er verkaufen möchte, und bittet den Empfänger, Lessing zu fragen, ob er je eine so schöne Silberskulptur gesehen habe wie jene aus seiner Sammlung (vgl. Bl. 1v, Z.
   15–22).
4. Auf dem Doppelblatt ist das Inhaltsverzeichnis des übersandten Münzkataloges überliefert (vgl. Bl. 2r) sowie eine Anmerkung auf der Rückseite, was
   nicht darin enthalten sei (vgl. Bl. 3v). Die Angaben verraten, daß es sich
   hier um eine ansehnliche Sammlung griechischer und römischer Münzen handeln muß, die Gold-, Silber- und Bronzeprägungen umfaßt (vgl. Bl. 2r, Z. 2–
   20). Außerdem zählen ein paar „sehr seltene" Stücke dazu, die nicht im Katalog verzeichnet sind, u. a. „jene aus Karthago" und „die andere", die der Besitzer für „auf den Sieg des Chabrias" geschlagen hält (Bl. 2r, Z. 4–8).

Soweit der wesentliche Inhalt der beiden Blätter. Auf den ersten Blick scheint
dieses Schreiben jedoch kaum die Rätsel zu lösen, vor die uns die oben zitierte
Notiz in den *Collectanea* stellt, sondern vielmehr neue Fragen aufzugeben:
Wer ist „M[onsieur] le C[omte] de Schmettow"? Welche ist „die schöne und einzigartige Münze", die Lessing zu sehen wünscht? Wer ist der ungenannte Empfänger, der Lessing Münze und Katalog überbracht hat? Und warum haben die
beiden Blätter eine so merkwürdige äußere Form? Immerhin fehlen sowohl Briefkopf und Anrede als auch eine Schlußformel mit Unterschrift. Schließlich wäre
noch interessant zu wissen, wie die beiden Textträger überhaupt in die Berliner
Lessing-Sammlung gelangt sind. All diesen Fragen sollten wir der Reihe nach
auf den Grund gehen, um abschließend eine Einordnung der Briefhandschrift

in den werkgeschichtlichen Zusammenhang zu versuchen und Rückschlüsse für die Lessing-Forschung zu ziehen.

II. Der „General L. v. Schmettau" und die Münze des Chabrias

Als erste Annäherung an die Frage nach dem Absender, der möglicherweise – so darf man annehmen – mit dem in den *Collectanea* erwähnten „H. General L. v. Schmettau" identisch ist, empfiehlt es sich, in Lessings Gesamtwerk nach dem Namen ‚Schmettow' bzw. ‚Schmettau' zu suchen. In der Tat läßt sich die zweite Form in der historisch-kritischen Ausgabe von Lachmann/Muncker insgesamt dreimal nachweisen: Zweimal wird ein „General v. Schmettau" in den Amtsbriefen genannt,[17] die Lessing als Gouvernementssekretär von Friedrich Bogislaw von Tauentzien verfaßt hat, und einmal begegnet die oben zitierte Schreibweise in dem Collectaneeneintrag zu „Chabrias". Um gleich von vornherein einen Irrtum auszuschließen, sei darauf hingewiesen, daß die verwendeten Abkürzungen in dieser Notiz für ‚H[errn] General L[ieutenant] v[on] Schmettau' stehen,[18] das ‚L.' also keine Rückschlüsse auf den Vornamen erlaubt. Dieser Negativbefund ist insofern problematisch, als aus dem schlesischen Adelsgeschlecht der seit 1565 bezeugten Familie Schmettau bzw. Schmettow insgesamt sechzehn Generäle hervorgingen.[19] Sechs davon lebten im 18. Jahrhundert und standen in preußischen Diensten.[20] Aus diesem Grund ist die Angabe im Register der *Sämtlichen Schriften* „Schmettau, von, preußischer General",[21] die sich auf alle drei Stellen beziehen soll, unzureichend. Petersen/Olshausen formulieren daher genauer und ver-

---

[17] „Ohne Zweifel wird die gedachte Canonade eine Affaire seyn, die der General v. Schmettau, welcher bey Neumark stehet, entamirte" (Brief an Ernst Wilhelm Freiherr von Schlabrendorff, 15. August 1761, in: LM 18 [wie Anm. 3], 394). „Den 5ten Septbr. marchirte von der Brigade des General Major v. Thiele das Regiment Kanitz zu dem Corps des Generals v. Schmettau" (Brief an Prinz Heinrich von Preußen, 9. September 1762, in: LM 18 [wie Anm. 3], 451).

[18] Eschenburg transkribiert in der von ihm besorgten Erstausgabe der *Collectanea* daher: „In dem Münzkabinette des Hrn. Generallieutenants von Schmettau" (Gotthold Ephraim Lessings Kollektaneen zur Literatur, hg. von Johann Joachim Eschenburg, 2 Bde., Berlin 1790, hier Bd. 1, 160).

[19] Vgl. Marianne Schmettow, Friedrich Wilhelm Carl Graf von Schmettau. Ein Beitrag zur Geschichte meiner Familie, in: Friedrich Wilhelm Carl von Schmettau (1743–1806). Pionier der modernen Kartographie, Militärschriftsteller, Gestalter von Parks und Gärten, hg. von Oliver Flint und Lothar Jordan, Frankfurt (Oder) 2009, 13–19, hier 13 f.

[20] Dazu gehören Samuel von Schmettau (1684–1751), Carl Christoph von Schmettau (1696–1774), Johann Ernst von Schmettau (1703–1764), Karl Wilhelm Friedrich von Schmettau (1734–1798), Friedrich Wilhelm Carl von Schmettau (1743–1806) und Bernhard Alexander Gottfried von Schmettau (1748–1816). Einzelheiten bei Kurt von Piersdorff (Hg.), Soldatisches Führertum, 11 Bde., Hamburg 1937–1942, hier Bd. 1, 248 ff., 307 ff., 451 f.; Bd. 2, 316, 463–467; Bd. 3, 485.

[21] LM 23 (wie Anm. 3), 217.

weisen bei dem Collectaneeneintrag zu „Chabrias" auf „Schmettau, Karl Christoph von, aus Berlin, 1696–1775, preuß. Generallieutenant".[22] Allerdings ist von diesem nirgends bezeugt, daß er eine Münzsammlung besessen hätte. Auch für die beiden Amtsbriefe kommt er nicht in Frage, da er durch die Kapitulation von Dresden im September 1759 beim König „in dauernde Ungnade" fiel und „nicht mehr verwandt" wurde.[23] Lessing berichtet im Auftrag Tauentziens hingegen von einem General, der im Zuge des Siebenjährigen Krieges am 15. August 1761 „bey Neumark" stand und dessen Corps sich im September 1762 unweit von Schweidnitz befand, möglicherweise sogar an der Belagerung der Stadt beteiligt war.[24] Zu diesen Angaben paßt aus biographischen Gründen kein anderer als Johann Ernst von Schmettau (1703–1764), der als einziger Vertreter seiner Familie noch in den letzten Jahren des Siebenjährigen Krieges als preußischer General an der Front stand.[25]

Damit wäre nun zwar geklärt, von wem in den beiden Amtsbriefen die Rede ist, aber noch nicht die Frage nach dem Absender des Schreibens gelöst. Da Johann Ernst bereits am 20. Mai 1764 verstarb, kann die auf den 30. April 1769 datierte Briefhandschrift nicht von ihm stammen. Auch die Notiz in den *Collectanea* läßt sich nicht mit ihm in Verbindung bringen, zumal nicht bekannt ist, daß er eine größere Münzsammlung besessen hätte. Der einzige im 18. Jahrhundert lebende General von Schmettau, der von Jugend auf ein passionierter Sammler antiker Münzen und zudem ein großer Kunstfreund war, ist Woldemar Hermann Graf von Schmettau (1719–1785), der nicht wie seine Vettern in preußischen, sondern in dänischen Diensten stand und von 1764 bis 1767 das Amt des Generalgouverneurs von Norwegen innehatte.[26] Wenn Lessing in seinem Collectaneeneintrag zu

---

[22] Lessing, Werke (wie Anm. 5), Erg.Bd. 4, 373. Zu den tatsächlichen Lebensdaten von Carl Christoph s. o. Anm. 20 sowie Piersdorff, Soldatisches Führertum (wie Anm. 20), Bd. 1, 307 ff.

[23] Ebd., 308.

[24] Letzteres geht aus dem Amtsbrief vom 9. September 1762 an Prinz Heinrich von Preußen hervor (s. o. Anm. 17), der über das Belagerungsgeschehen in der unmittelbaren Umgebung von Schweidnitz berichtet.

[25] Vgl. Matthias G. von Schmettow, Schmettau und Schmettow. Geschichte eines Geschlechts aus Schlesien, Büderich bei Düsseldorf 1961, bes. 389–392; Piersdorff, Soldatisches Führertum (wie Anm. 20), Bd. 1, 451 f.

[26] Für eine ausführliche biographische Darstellung siehe Schmettow, Schmettau und Schmettow (wie Anm. 25), 255–325, sowie Jens Glebe-Møller, I kamp mod dumhed og hykleri. Om oplysningsmanden general W.H. von Schmettau (1719–85), Kopenhagen 2011. Schmettaus Vornamen begegnen sowohl in der Forschungsliteratur als auch in den Bibliotheken und Archiven, die über Handschriften oder Drucke von ihm verfügen, in beiderlei Reihenfolge. Matthias G. von Schmettow spricht überhaupt nur von ‚Woldemar'. Ich folge Jens Glebe-Møller und der Gunnerusbiblioteket Trondheim, in der sich immerhin der weitaus größte Teil von Schmettaus handschriftlichem Nachlaß befindet. Als Woldemar Hermann von Schmettau ist der Graf zudem auch in der Heinse-Forschung bekannt; vgl. Markus Bernauer, Heinse Libertin, in: Wilhelm Heinse. Der andere Klassizismus, hg.

„Chabrias" also von „dem Müntzcabinete des H. General L. v. Schmettau"
spricht, so kann er damit nur die umfangreiche Münzsammlung eben dieses dänischen Generals meinen. In der Tat weiß Matthias G. von Schmettow in seiner
Familiengeschichte zu berichten, daß Lessing Woldemars Sammlung um 1770
gesehen und sich ein Stück in den *Collectanea* notiert habe.[27] Ob Lessing tatsächlich die ganze Sammlung gesehen hat, wird noch zu klären sein. Aufgrund der
neuentdeckten Briefhandschrift läßt sich jedoch schon jetzt mit Sicherheit sagen,
daß er zumindest jene „belle et unique medaille" (Bl. 1r, Z. 6 f.) begutachten
konnte, die „M[onsieur] le C[omte] de Schmettow" ihm überbringen ließ. Damit
wird einerseits klar, daß der Absender des Schreibens kein anderer sein kann als
Woldemar Hermann von Schmettau, weil niemand sonst in seiner Familie eine so
große Münz- und Antikensammlung besaß. Andererseits läßt sich daraus schließen, daß die Münze, die er Lessing übersandte, genau jene sein muß, die in den
Collectanea beschrieben wird, also die Münze des Chabrias. Dafür spricht zum
einen, daß dieser Eintrag ein beinahe wörtliches Zitat aus dem Schreiben Schmettaus enthält, und zwar aus dem Inhaltsverzeichnis auf der Vorderseite des Doppelblattes: Unter Punkt 1 erwähnt der Graf jene Münze, „que j'estime frappée au sujet de la victoire de Chabrias" (Bl. 2r, Z. 6 ff.). Diese Aussage übernimmt Lessing
fast wörtlich in seinem Collectaneeneintrag, in dem er von einer alten Münze
spricht, „welche der Besitzer für auf die bekannte That des Chabrias geschlagen
hält".

Ein noch gewichtigerer Beweis dafür, daß man die erwähnte „belle et unique
medaille" tatsächlich mit dieser Münze des Chabrias identifizieren darf, ist uns
allerdings in Form einer Beilage in der Berliner Lessing-Sammlung überliefert.
Beide Blätter der neuentdeckten Briefhandschrift liegen nämlich in einem Umschlag aus weißgelbem Maschinenpapier (ca. 21,3 x 17,4 cm), das auf der Vorderseite mit schwarzer Tinte und in deutscher Schrift[28] (vgl. Abb. 5) von Carl Robert
Lessing, dem Großneffen des Dichters, wie folgt beschrieben ist:

von Markus Bernauer und Norbert Miller im Auftrag der Klasse der Literatur der Akademie der
Wissenschaften und der Literatur Mainz, Göttingen 2007, 28–54, hier 43 ff.

[27] Vgl. Schmettow, Schmettau und Schmettow (wie Anm. 25), 324 und 513, Anm. 171. Auch
Glebe-Møller, I kamp mod dumhed og hykleri (wie Anm. 26), 44 f., behauptet, Lessing habe
Schmettaus Sammlung gesehen. Als Beleg hierfür ziehen beide jedoch ausschließlich den Collec-
taneeneintrag zu „Chabrias" heran.

[28] Nur für Namen bzw. fremdsprachige Wörter, die hier kursiviert wiedergegeben werden, hat der
Verfasser die lateinische Schrift verwendet; vgl. dazu Vogl, Lessings *Laokoon*-Nachlass (wie
Anm. 1), 48. Für die Transkription gilt das unter Anmerkung 7 Gesagte.

XVIII
Ein Blatt octav u. ein halber Bogen Quart.

———

Die Sammlung des Grafen *Schmettow* wird in *Les[sing]'s*
Collectaneen zur Litteratur unter *Chabrias* erwähnt.
Die Münze um die es sich handelt, ist von *Chersonesus*
Taurica. Nach Ramus *Museum Regis Daniae* I
S. XIII. ward diese Schmettow'sche Sammlung 1814
an den König von *Daenemark* verkauft, S. 96. ist die
von *Les[sing]* besprochene Münze, kenntlich am Beizeichen *K*,
beschrieben.

Diese Angaben bestätigen nicht nur den Zusammenhang zwischen dem neuentdeckten Schreiben des Grafen von Schmettau und dem Collectaneeneintrag
zu „Chabrias", sondern machen es aufgrund der bibliographischen Hinweise sogar möglich, die von Lessing erbetene und beschriebene Münze genau zu identifizieren. Zeile 7 verweist nämlich auf den ersten Band des 1816 erschienenen *Ca-*
talogus numorum veterum Graecorum et Latinorum musei regis Daniae von Christian Ramus,[29] in dem die Münze auf S. 96 verzeichnet ist. Nahezu sämtliche in
diesem Katalog beschriebene Stücke befinden sich heute in der königlichen
Münz- und Medaillensammlung des Dänischen Nationalmuseums in Kopenhagen. Die griechischen Prägungen sind in der *Sylloge Nummorum Graecorum, Co-*
penhagen erfaßt.[30] In Band 6 ist auf Tafel 1 unter der Nr. 7 auch Lessings Münze
abgebildet.[31] Eine moderne Vergrößerung läßt die einzelnen Züge der Prägung
noch deutlicher hervortreten (vgl. Abb. 6 und 7). Alle dargestellten Elemente
stimmen exakt mit der Beschreibung in den *Collectanea* überein. Lessings ab-
schließende Bemerkung ist also zweifellos wahr: „Ich habe die Münze selbst
vor mir, sie ist von Kupfer und hat alle Merkmale des Alterthums". Auch mit dieser letzten Einschätzung hat er recht. Denn die antike Bronzemünze stammt aus
der Herakleiischen Kolonie Chersonesos Taurica in der südwestlichen Krim und
wird in die zweite Hälfte des 4. Jahrhunderts v. Chr. datiert.[32] Ob auf der Rückseite
tatsächlich die Figur des Chabrias dargestellt ist, muß freilich dahingestellt bleiben. Die *Sylloge Nummorum Graecorum* spricht lediglich von einem „naked war-

[29] Christian Ramus, Catalogus numorum veterum Graecorum et Latinorum musei regis Daniae,
Bd. 1: Numi regionum populorum urbium regum, Kopenhagen 1816.
[30] Sylloge Nummorum Graecorum. The Royal Collection of Coins and Medals. Danish National
Museum, hg. von Niels Breitenstein u. a., 18 Bde., Kopenhagen u. a. 1942–1944.
[31] Ebd., Bd. 6: Thrace. Part I. The Tauric Chersonese – Thrace: Mesembria, Copenhagen 1942,
Nr. 7.
[32] Einzelheiten bei V. A. Anokhin, The Coinage of Chersonesus. IV Century B.C. – XII Century
A.D., translated from the Russian by H. Bartlett Wells, Oxford 1980 (BAR International Series, 69),
16 und 130 f.

rior kneeling behind his shield".[33] Numismatische Studien des 20. Jahrhunderts
konnten aber immerhin zeigen, daß Lessings Interpretation durchaus nicht abwe-
gig ist.[34] Fest steht auf jeden Fall, daß genau diese antike Bronzeprägung sowohl
für ihn als auch für ihren einstigen Besitzer Woldemar Hermann von Schmettau
die Münze des Chabrias war.

III. Form und Funktion des Schreibens
oder die Rolle des Empfängers

Zwei Fragen sind allerdings immer noch offengeblieben: Wer ist der ungenannte
Empfänger des Briefes, der Lessing Schreiben und Münze überbracht hat? Und
wie läßt sich die merkwürdige äußere Form der beiden Blätter erklären? Da die
Beantwortung der ersten Frage von der zweiten entscheidend abhängt, erscheint
es sinnvoll, mit letzterer zu beginnen. Wie oben bereits erwähnt, besitzt der eigentliche Brief, der auf dem Einzelblatt überliefert ist, weder einen Kopf mit Datum
und Anrede noch eine Schlußformel mit Unterschrift. Vielmehr beginnt der Brief
in medias res mit einem Auftrag an den ungenannten Empfänger: „Je Vous prie de
faire bien mes compliments et mes amitiés à Mr. Lessing" (Bl. 1r, Z. 1 f.). Ebenso
abrupt scheint er zu enden: „Je Vous prie de demander Mr. Lessing s'il a vu en
argent une si belle Antiquité?" (Bl. 1v, Z. 20 ff.) Unter einem langen Schrägstrich
folgt schließlich noch der Hinweis: „la Lettre de S. E. MleC. de Schmettow est du
30. Avril 1769" (Bl. 1v, Z. 24 f.). Auch das Format des Blattes ist durchaus unge-
wöhnlich. Während man für Briefe im 18. Jahrhundert meist (Klein-)Folio- oder
Quartbögen verwendete, ist dieses Blatt ein an allen vier Rändern beschnittener
Zettel mit einer Größe von lediglich 18,6 x 11,3 cm. Handelt es sich hier also möglicherweise nur um einen Ausschnitt aus einem ursprünglich viel längeren Brief?
Die Beschriftung des Blattes verbietet diese Annahme, denn die sauberen, runden
Schriftzüge, die über keinen der vier Ränder hinauslaufen, zeigen eindeutig, daß
der Zettel zuerst beschnitten und dann erst beschrieben wurde.

Bedenkt man den Hinweis am Ende von Blatt 1v, der im Gegensatz zu der
durchgängigen Ichform des Briefes in der dritten Person verfaßt ist, so ergibt
sich nur eine sinnvolle Erklärung: Bei den beiden Blättern handelt es sich um
kein Originalmanuskript von Schmettau selbst, sondern um eine Abschrift. In
der Tat kann ein Schriftvergleich mit anderen Briefen des Grafen, die im Dänischen Reichsarchiv in Kopenhagen überliefert sind,[35] belegen, daß wir hier

---

[33] Sylloge Nummorum Graecorum (wie Anm. 30), Bd. 6, Nr. 7.
[34] Vgl. dazu Anokhin, The Coinage of Chersonesus (wie Anm. 32), 16.
[35] Rigsarkivet København, Johan Hartvig Ernst Bernstorffs arkiv 1712–1772, Nr. 33: Breve til
Johan Hartvig Ernst Bernstorff fra general grev Hermann Woldemar v. Schmettow 1743–1770,

nicht Schmettaus Schrift vor uns haben. Offensichtlich sind aber immerhin beide
Blätter samt dem Hinweis über den eigentlichen Absender von derselben Hand
beschrieben. Dafür sprechen nicht nur die markanten Buchstabenformen und
die gleiche dunkelbraune Tintenfarbe, sondern auch der Duktus, der trotz der unterschiedlichen Schriftgröße auf den zwei Textträgern derselbe ist. Wozu aber
sollte diese Abschrift dienen? Daß es sich hier um eine Fälschung handeln könnte,
ist ausgeschlossen, denn erstens läßt sich anhand der Wasserzeichen nachweisen,
daß beide Papiere aus dem 18. Jahrhundert stammen,[36] und zweitens fehlt für einen Betrug jeglicher Anreiz. Schließlich wäre für eine Handschrift, die so viele
Rätsel aufgibt, weder Geld noch Ruhm zu erwarten und damit eine Fälschung
sinnlos. Noch ein weiterer Grund spricht für die Echtheit des Schreibens: Der ursprüngliche Brief stammt vom 30. April 1769, wie die letzte Zeile auf Blatt 1v
angibt. Dieses Datum ist bedeutsam, denn nur sechs Tage vorher, am 24. April,
ließ Schmettau in Altona den wertvollsten Teil seiner großen Bibliothek versteigern.[37] Der pensionierte General war nämlich seit seinem Abschied aus dänischen
Diensten im Frühjahr 1767 in Geldnot, und mußte sich in den folgenden zwei Jahren von so manchen Schätzen trennen, um seine finanzielle Situation aufzubes-
sern.[38] Wie das entdeckte Schreiben zeigt, hatte er zur selben Zeit offensichtlich
auch vor, seine Münz- und Antikensammlung zu verkaufen. Daher ließ er durch
den ungenannten Überbringer Lessing in Hamburg ausrichten, er möge sich nach
potentiellen Käufern umsehen (vgl. Bl. 1r, Z. 19 ff.). Der biographische Kontext
könnte also kaum besser zum Inhalt des Briefes passen. Wenn eine Fälschung ausgeschlossen ist, wie läßt sich dann aber die Abschrift erklären?

Stregkode 8020188721. Diese Sammlung enthält insgesamt 210 Briefe Schmettaus an Johann
Hartwig Ernst von Bernstorff aus den Jahren 1743–1770, von denen nur ein kleiner Teil abgedruckt
ist in: Bernstorffske Papirer. Udvalgte breve og optegnelser vedrørende Familien Bernstorff i tiden
fra 1732 til 1835, hg. von Aage Friis, 3 Bde., Kopenhagen, Kristiania 1904–1913, hier Bd. 2, 464–
504.

[36] Das Wasserzeichen des Einzelblattes ist zwar nur teilweise sichtbar, aufgrund des doppelstri-
chigen Antiqua-Schriftzuges ‚ZOON‘ in der rechten oberen Ecke von Bl. 1v (zwischen drei Kettlinien
im Abstand von je ca. 2,6 cm) und der feinen Qualität läßt sich das Papier jedoch mit hoher Wahrscheinlichkeit den holländischen Papiermachern Jan Honig & Zoon zuordnen, die von 1737–1787
in Zaandyk tätig waren (vgl. William Algernon Churchill, Watermarks in paper in Holland, England,
France etc., in the XVII and XVIII centuries and their interconnection, Amsterdam 1935, 15). Auch
die Hauptmarke des Doppelblattes zeigt ein typisches holländisches Wasserzeichen der Frühen
Neuzeit (zwischen sechs Kettlinien im Abstand von je ca. 2,5 cm): Die Hollandia mit dem Frei-
heitslöwen in einer Pallisade sitzend, darüber der Antiqua-Schriftzug ‚PRO PATRIA‘ mit dem Beizeichen ‚HW‘. Die Initialen ‚HW‘ stehen vermutlich für den Papiermacher oder -händler H. Wolven,
von dem ein Papier mit Hollandia-Wasserzeichen um 1790 belegt ist (vgl. Edward Heawood,
Watermarks mainly of the 17th and 18th centuries, Hilversum 1950 [Monumenta chartae papyraceae
historiam illustrantia, 1], 3713).

[37] Vgl. Schmettow, Schmettau und Schmettow (wie Anm. 25), 299 ff.

[38] Vgl. ebd., 298 f.

Berücksichtigt man alle genannten Faktoren, ergibt sich nur eine sinnvolle Antwort: Der ungenannte Empfänger, der Lessing Münze und Katalog nicht ohne Begleitschreiben überbringen wollte, muß die Abschrift angefertigt haben. Dies ist angesichts der zahlreichen Einzelheiten, die der Brief enthält, auch naheliegend, denn der Überbringer hätte kaum alle Details im Kopf behalten können, um sie Lessing mündlich mitzuteilen. Das ursprüngliche Schreiben mag außerdem über den kopierten Text hinaus noch persönliche Zeilen enthalten haben, die ausschließlich für den Empfänger bestimmt waren, sodaß er beschloß, nur einen Ausschnitt daraus abzuschreiben und Lessing zusammen mit der Sendung zu überreichen. Damit wäre zugleich erklärt, warum das entdeckte Schreiben weder Briefkopf noch -schluß besitzt und warum Bl. 1 v anstelle einer Unterschrift einen Verweis auf „S. E. MleC. de Schmettow" in der dritten Person enthält. Das Inhaltsverzeichnis des Kataloges, das Lessing ungekürzt haben mußte, wenn er im Auftrag des Grafen nach Käufern suchen sollte, schrieb er hingegen ganz ab und fügte es als Umschlagblatt dem Katalog bei.[39] Dadurch wird verständlich, warum das Doppelblatt nur auf der Vorder- und Rückseite beschrieben ist. Geht man von dieser Konstellation aus, die als einzige alle genannten Fragen zufriedenstellend beantworten kann, so lassen sich folgende Entstehungsschritte rekonstruieren:

Am 30. April 1769 schrieb Schmettau an einen ungenannten Empfänger (UE) in Hamburg einen Brief (B^1), der u. a. den auf dem Einzelblatt überlieferten Text enthielt und die für Lessing bestimmte Sendung ankündigte. Am Dienstag darauf, also am 2. Mai, übersandte der Graf seinem Mittelsmann die versprochene Münze samt Katalog mit dem auf dem Doppelblatt erhaltenen Inhaltsverzeichnis (I^1). Die Sendung traf am Mittwoch, den 3. Mai, abends beim Empfänger in Hamburg ein, der sich alles genau ansah und beschloß, die Lessing betreffenden Passagen des Briefes sowie das Inhaltsverzeichnis abzuschreiben. So entstanden die uns überlieferten Textträger ($B^2 + I^2$). Am folgenden Tag bzw. im nächsten freien Augenblick begab er sich damit zu Lessing, der seit November 1767 in der Hamburger Neustadt wohnte,[40] und überreichte ihm im Auftrag des Grafen die Münze des Chabrias und den Katalog zusammen mit der eigens für ihn angefertigten Abschrift. Zusammengefaßt ließe sich dieser Dreischritt mit Hilfe der eingeführten Siglen wie folgt darstellen, wobei gilt $B^1 > B^2$ und $I^1 = I^2$:

---

[39] Möglicherweise diente das Doppelblatt auch nur als Umschlag für eines der „Cahiers" (Bl. 2r, Z. 2 und passim), aus denen der Katalog bestand.

[40] Vgl. Wolfgang Albrecht, Lessing. Chronik zu Leben und Werk, Kamenz 2008 (Begleitbücher zur Dauerausstellung des Lessing-Museums Kamenz), 62.

	Datum	Absender	Sendung	Empfänger
1.	30. April 1769	Schmettau	B^1	UE
2.	2. Mai 1769	Schmettau	I^1 + Katalog + Münze	UE
3.	4. Mai 1769 oder später	UE	B^2 + I^2 + Katalog + Münze	Lessing

Daß Lessing die Sendung tatsächlich erhalten hat, beweist einerseits sein Eintrag zu „Chabrias" in den *Collectanea*, in dem er genau jene Münze bespricht, die Schmettau ihm überbringen ließ, und andererseits die Tatsache, daß die beiden Blätter in der Berliner Lessing-Sammlung überliefert sind. Zu Recht darf man die neuentdeckte Briefhandschrift also als ‚Begleitschreiben an Gotthold Ephraim Lessing' bezeichnen, weil es sich dabei um eine Abschrift handelt, die Schmettaus Mittelsmann eigens für Lessing angefertigt und ihm persönlich überbracht hat.

Nun bleibt freilich noch zu klären, wer dieser Mittelsmann war. Aus dem Schreiben ergibt sich immerhin, daß er ein guter Bekannter des Grafen gewesen sein muß, der in Hamburg wohnte oder sich zumindest vorübergehend dort aufhielt und dem Schmettau eine so wertvolle Sendung ohne Bedenken anvertrauen konnte. Wenn man in den bisher vorliegenden Biographien recherchiert, so ergeben sich für den ungenannten Empfänger im Grunde nur zwei mögliche Kandidaten: Entweder es handelt sich um den Hamburger Buchhändler und Verleger Peter Carl Petit (um 1705–1779)[41] oder um Schmettaus Adjutanten Johann Reinhold Grube (1733–1790). Petit kommt deshalb in Frage, weil der Graf nicht nur über dessen französische Buchhandlung „bey der Börse" bis 1779 seine Bücher bezog, sondern ihn auch darüber hinaus um den ein oder anderen Gefallen bat, wie aus den erhaltenen Briefen hervorgeht.[42] Am 24. April 1769, nur acht Tage vor der

---

[41] Zu den bisher ermittelten Eckdaten zu Petit siehe Hermann Colshorn, Hamburgs Buchhandel im 18. Jahrhundert. III. Die kleineren Firmen, in: Aus dem Antiquariat 30/3 (1974), A 77–86, hier A 79 und 81; David L. Paisey, Deutsche Buchdrucker, Buchhändler und Verleger 1701–1750, Wiesbaden 1988 (Beiträge zum Buch- und Bibliothekswesen, 26), 194; Holger Böning, Deutsche Presse. Biobibliographische Handbücher zur Geschichte der deutschsprachigen periodischen Presse von den Anfängen bis 1815, Bd. 1/3: Hamburg. Kommentierte Bibliographie der Zeitungen, Zeitschriften, Intelligenzblätter, Kalender und Almanache sowie biographische Hinweise zu Herausgebern, Verlegern und Druckern periodischer Schriften 1796–1815, Stuttgart-Bad Cannstatt 1996, 2120. Die bislang unbekannten Lebensdaten ergeben sich aus dem in der folgenden Anmerkung Gesagten.

[42] In der Gunnerusbiblioteket (vormals Det Kongelige Norske Videnskabers Selskabs Bibliioteket) Trondheim sind Rechnungen und Briefe Petits an Schmettau aus den Jahren 1762–1779 überliefert: Brev og regninger til W.H. von Schmettow / Petit & Fils, Hamburg, QMS 455. Den erhaltenen Briefen, die bis auf den letzten alle von ein und derselben Hand verfaßt und firmiert sind, lassen sich nicht nur interessante Einzelheiten über Petits Zusammenarbeit mit Schmettau entnehmen, sondern auch Informationen über die Buchhandlung und den Verlag. Demnach müssen die bisher von der einschlägigen Forschung vorgelegten Angaben zu Petit (siehe vorige Anm.) in mehreren Punkten revidiert werden. Der Geschäftsname bis mindestens 5. Mai 1767 lautete ‚Petit &

Übersendung der Münze, arrangierte Petit für Schmettau sogar die Versteigerung des wertvollsten Teils der gräflichen Bibliothek im Altonaer Christianeum.[43] Aber auch Grube, der als preußischer Offizier in dänischen Diensten den General nach Norwegen begleitet hatte und im Frühjahr 1769 zu ihm nach Holstein zog,[44] erledigte für ihn allerlei Aufträge. Noch im selben Jahr versuchte er etwa den Text des *Compère Mathieu* für Schmettau in Berlin zu beschaffen und 1771/72 dürfte er es gewesen sein, der unter dem Inkognito eines Hauptmannes „von Liebenstein" den jungen Wilhelm Heinse als „Secretaire du Comte de Schmettau"[45] und Übersetzer anstellte und mit ihm über Frankfurt bis nach Erlangen reiste.[46] Später wurde er Generaladministrator der Königlichen Lotterie in Kopenhagen und erledigte dort so manches für den Grafen und seine Söhne.[47] Demnach wäre er mindestens ebensogut geeignet gewesen wie Petit, um Lessing die erbetene Münze zu überbringen. Auch wenn er nicht in Hamburg wohnte, könnte er sich gerade in jenen Aprilwochen dort aufgehalten haben, um bei der Vor- und Nachbereitung der Versteigerung der gräflichen Bibliothek in Altona behilflich zu sein, denn am 24. des Monats kamen dort immerhin 119 Handschriften, 34 Inkunablen und 600 alte Drucke neben fast 2000 weiteren Büchern aus dem Hause Schmettau unter den Hammer.[48]

Eine vergleichende Papier- und Schriftanalyse scheint diese Annahme zu bestätigen. In der Gunnerusbibliothek Trondheim ist nämlich Grubes Korrespondenz mit Schmettau und dessen Sohn Carl Jacob Woldemar (1744 – 1821) aus den Jahren 1778 – 1790 überliefert.[49] Dabei fällt auf, daß Grube, ein geborener Ostpreuße, in der Regel auf deutsch schreibt, während der Graf meist auf französisch antwortet. Letzteres braucht nicht zu verwundern, da Schmettau seit seinem

---

Dumoutier' (nicht ‚Dumourier'!). Von 7. April 1768 bis Ende 1778 wurde sowohl der Verlag als auch die Buchhandlung (letztere evtl. in eingeschränkter Form) fortgeführt unter dem Namen ‚Petit & Fils'. Nun hatte zwar der Sohn offensichtlich die Geschäftsleitung übernommen, der Vater muß jedoch weiterhin mitgearbeitet haben, da alle erhaltenen Briefe an Schmettau bis zum 15. Juli 1777 von ihm stammen. Der letzte überlieferte Brief vom 28. Mai 1779 ist allerdings vom Sohn alleine verfaßt und unterzeichnet, der als ‚Louis Petit' firmiert. Vermutlich ist der Vater also noch vor diesem Datum gestorben. Da er seit 1729 als Buchhändler bezeugt ist (vgl. Colshorn, Hamburgs Buchhandel [wie Anm. 41], A 79), dürfte er damals schon über 70 Jahre alt gewesen sein.

[43] Vgl. Schmettow, Schmettau und Schmettow (wie Anm. 25), 299.

[44] Vgl. ebd., 304 f.

[45] Heinse an Gleim, 29. Januar 1772, in: Wilhelm Heinse, Sämmtliche Werke, hg. von Carl Schüddekopf, Bd. 9: Briefe. Erster Band. Bis zur italiänischen Reise, Leipzig 1904, 45 ff.

[46] Vgl. Schmettow, Schmettau und Schmettow (wie Anm. 25), 308 f. Siehe dazu auch Bernauer, Heinse Libertin (wie Anm. 26), 44 f.

[47] Vgl. Schmettow, Schmettau und Schmettow (wie Anm. 25), 305.

[48] Vgl. ebd., 299 ff.

[49] Gunnerusbiblioteket Trondheim, Korrespondanse mellom infanterikaptein og lotteri-administratør Grube og W.H. Schmettow og dennes sønn, C.J.W. Schmettow, QMS 466.

Aufenthalt in Paris 1740/41 die dortige Sprache und Kultur so verinnerlicht hatte, daß er seine Briefe überwiegend auf französisch verfaßte.[50] Auch Grubes Briefe enthalten immer wieder französische Passagen, allerdings meist nur Buchtitel, Zitate, Textauszüge u. ä. In einem Schreiben an den Grafen vom 5. August 1780 etwa zitiert er ganze sieben Zeilen aus einem französischen Brief. Die Schriftzüge dieses Absatzes sind denjenigen aus dem neuentdeckten Schreiben so ähnlich,[51] daß kein Zweifel daran bestehen kann, daß beide Stücke aus Grubes Feder geflossen sind. Ein Papiervergleich ergibt jedoch überraschenderweise, daß das Papier des Einzelblattes ausgerechnet identisch ist mit jenem, das Petit zwischen dem 25. November 1768 und dem 20. Juni 1769 für alle überlieferten Briefe an Schmettau verwendet hat.[52] Wie läßt sich dieser scheinbare Widerspruch auflösen? Da ein identischer Papierbefund im 18. Jahrhundert wegen der großen Sortenvielfalt und produktionsbedingten Differenzen selten auf einen reinen Zufall zurückzuführen ist, wäre die plausibelste Erklärung tatsächlich die, daß sich Grube Ende April – vermutlich aus dem oben genannten Grund – bei Petit in Hamburg aufhielt. Als ihn dort das Schreiben des Grafen vom 30. April und kurz darauf die angekündigte Sendung mit der Münze des Chabrias und dem Katalog erreichte, griff er zu Petits Papier,[53] fertigte die uns überlieferte Abschrift an und begab sich damit zu Lessing in die Hamburger Neustadt. Somit wäre nun auch die letzte Leerstelle besetzt: Der ungenannte Empfänger des gräflichen Schreibens, der zugleich die Abschrift angefertigt und Lessing die Sendung überbracht hat, kann kein anderer sein als Johann Reinhold Grube.

---

[50] Vgl. Schmettow, Schmettau und Schmettow (wie Anm. 25), 260 f.

[51] Obwohl zwischen beiden Schreiben elf Jahre liegen, sind mehrere Buchstabenformen und -kombinationen so markant, daß sich die Identität problemlos nachweisen läßt, insbesondere anhand der Versalien ‚M‘ und ‚J‘, der Wörter *Je*, *Vous*, *et*, *est* und de sowie der Endung in *repondrai* mit verschliffenem ‚r‘. Auch die vorkommenden Ziffern gleichen denjenigen in der neuentdeckten Briefhandschrift.

[52] Vgl. Gunnerusbiblioteket, QMS 455 (wie Anm. 42). Anhand des Wasserzeichens und der Kettlinien (s. o. Anm. 36) läßt sich zumindest die Identität für die Briefe vom 8. Dezember 1768 und 20. Juni 1769 eindeutig nachweisen. Mit hoher Wahrscheinlichkeit gehören auch die Papiere vom 25. November 1768 und 9. März 1769 zur gleichen Sorte, obwohl beide lediglich aus einem Quartblatt bestehen, auf dem nur ein Teil des Wasserzeichens zu sehen ist.

[53] Daß Grube für das Doppelblatt ein anderes Papier wählte, das sich nicht in Petits Korrespondenz findet, spricht nicht gegen die angenommene These. Denn dieses Blatt war offensichtlich als Umschlag für den Münzkatalog bestimmt, und dafür mußte ein stärkeres Schreibpapier zweifellos geeigneter erscheinen als ein dünnes Briefpapier. Aus wessen Besitz dieses Papier stammt, läßt sich freilich nicht nachweisen.

IV. Die Frage nach der Überlieferungsgeschichte

Eine weitere Frage drängt sich unwillkürlich auf: Warum wurde dieses für die Lessing-Forschung durchaus nicht uninteressante Schreiben bisher noch nicht veröffentlicht, obwohl es mindestens seit Mitte des 19. Jahrhunderts Bestandteil der berühmten Autographensammlung der Familie Friedländer war und zu den schon damals eingehend untersuchten *Laokoon*-Handschriften gehörte? Der Herausgeber des 1869 bei Gustav Hempel in Berlin erschienenen *Sechsten Theils* von *Lessing's Werken* ist der einzige, der dieses Schreiben jemals erwähnt hat – erstaunlicherweise jedoch, ohne es abzudrucken. In seiner „Vorbemerkung des Herausgebers" findet sich im Zusammenhang mit den damals im Besitz von Julius Friedländer (1813–1884) befindlichen *Laokoon*-Papieren der Hinweis, daß es unter diesen Nachlaßstücken zwei Handschriften gebe, die „hierzu nicht Gehöriges" enthalten. Die eine überliefere „auf einem halbbeschriebenen Octavblatt nur eine unbeendigte Notiz in drei Sätzen über ein auf der Wolfenbütteler Bibliothek befindliches Manuscript der sog. Fabeln der Minnesinger", die zweite aber bespreche „auf zwei Blättern die Münzsammlung des Comte de Schmettow".[54] Während es sich beim ersten Stück um eine Vorarbeit zu dem im fünften Wolfenbütteler Beitrag *Zur Geschichte und Litteratur* erschienenen Aufsatz *Über die sogenannten Fabeln aus den Zeiten der Minnesinger. Zweyte Entdeckung* handelt, die heute als Lessing-Sammlung Nr. 44 überliefert wird,[55] ist das letztgenannte Stück zweifellos die bisher unveröffentlichte Briefhandschrift, die tatsächlich aus zwei Blättern besteht und den „M[onsieur] le C[omte] de Schmettow" als Absender nennt. Daß dieses Schreiben keine Aufnahme in die Hempelsche Ausgabe fand, obwohl in Teil 20/2 auch alle damals bekannten Briefe an Lessing erschienen, ist zwar erstaunlich, mag aber aufgrund der ungewöhnlichen Form, die dem klassischen Muster der in dieser ersten Gesamtedition abgedruckten Texte nicht entsprach, noch zu rechtfertigen sein.

Weniger leicht zu rechtfertigen ist allerdings der Umstand, daß auch Franz Muncker das Schreiben in seine Neuauflage der *Sämtlichen Schriften* nicht aufnahm, obgleich er bei seinem eingehenden Studium der Berliner Lessing-Handschriften, die sich von 1876 bis 1911 im Besitz von Carl Robert Lessing befanden,[56] darauf gestoßen sein muß. Mehr noch, es scheint sogar, daß Muncker das Schreiben bewußt aus dem Textkorpus ausgeschlossen hat. Dafür spricht zumindest die Überlieferung. Denn bis 1898, dem Erscheinungsjahr des 14. Bandes der *Sämtlichen Schriften*, muß sich die Briefhandschrift noch unter den Berliner *Laokoon*-Papieren befunden haben. Das bezeugen nicht nur Munckers eigene An-

---

54 Lessing's Werke, T. 6: Laokoon, Berlin: Gustav Hempel [1869], 178.
55 Vgl. Milde, Gesamtverzeichnis (wie Anm. 2), 185.
56 Vgl. ebd., 157 f.

gaben,[57] sondern auch der von Carl Robert Lessing herrührende Umschlag, der das Schreiben als Nr. XVIII des damaligen Korpus der *Laokoon*-Handschriften ausweist. Seit spätestens 1914 jedoch, dem Erscheinungsjahr des ersten Katalogbandes von *Carl Robert Lessings Bücher- und Handschriftensammlung*, den sein Sohn Gotthold (1861–1919) mit Hilfe von Arend Buchholtz und Ilse Lessing herausbrachte, befindet sich das Schreiben samt Umschlag nicht mehr bei den *Laokoon*-Papieren,[58] sondern in einer eigenen, bisher unsignierten Mappe mit der Aufschrift „Zu Lessing, nicht im gedr[uckten] Katalog", die seit vielen Jahrzehnten unbeachtet im letzten Kasten der Berliner Lessing-Sammlung ruht, und zwar an unterster Stelle nach den Mappen mit Autographen von Johann Wolfgang Goethe, Johann Georg Hamann, Johann Michael Hamann, Friedrich II. von Preußen und Herzog Bernhard von Sachsen-Weimar.[59] Möglicherweise hat sie Gotthold Lessing selbst dorthin verbannt, der 1911 die väterliche Sammlung erbte und sie auf der Grundlage der damals noch im Erscheinen begriffenen historisch-kritischen Ausgabe von Lachmann/Muncker einer grundlegenden Neuordnung unterzog.[60] Franz Muncker, der mit den Besitzern der Lessing-Sammlung in regem Austausch stand, muß also letztlich der Auslöser dafür gewesen sein, daß die Briefhandschrift, die Carl Robert Lessing noch in hohen Ehren gehalten hatte, weder in den dreibändigen Katalog seines Sohnes noch in die *Sämtlichen Schriften* aufgenommen wurde.

Über den Grund dafür läßt sich leider nur mutmaßen, aber man wird wohl kaum fehlgehen, wenn man ihn in den nicht wenigen Rätseln sucht, die das sonderbare Schreiben aufgibt. Ohne die heutige Forschungsliteratur konnte Muncker weder den Absender noch den ungenannten Empfänger ausfindig machen. Nicht umsonst hielt er sich bei dem Eintrag zu Schmettau in seinem Register so bedeckt.[61] Vielleicht vermochte er sich auch die ungewöhnliche Form nicht zu erklären und hielt das Ganze für eine Fälschung bzw. eine spätere Abschrift. Oder er schloß das Schreiben deshalb aus, weil es nicht direkt an Lessing gerichtet war. Vermutlich dürften alle drei Gründe eine Rolle gespielt haben. Warum die Briefhandschrift nach Muncker niemand mehr beachtet hat, läßt sich hingegen leicht nachvollziehen. Welcher der späteren Forscher oder Herausgeber konnte schließlich auf die Idee kommen, in einem Kasten nach Lessing-Handschriften zu suchen, der laut

[57] Siehe dazu Vogl, Lessings *Laokoon*-Nachlass (wie Anm. 1), 46 f.

[58] Vgl. Carl Robert Lessings Bücher- und Handschriftensammlung, hg. von ihrem jetzigen Eigentümer Gotthold Lessing, Bd. 1: Die Lessing-Büchersammlung bearbeitet von Arend Buchholtz und Ilse Lessing. Die Lessing-Handschriften- und die Lessing-Bildersammlung von Arend Buchholtz, Berlin 1914, 159–165.

[59] Lessing-Sammlung Nr. 1645–4607. Einzelheiten bei Milde, Gesamtverzeichnis (wie Anm. 2), 171, und Vogl, Lessings *Laokoon*-Nachlass (wie Anm. 1), 48.

[60] Vgl. hierzu Vogl, Lessings *Laokoon*-Nachlass (wie Anm. 1), 43.

[61] S.o. S. 311 sowie LM 23 (wie Anm. 3), 217.

Verzeichnis überhaupt keine Autographen von ihm enthielt? Somit blieb die eigentliche Entdeckung dieses Schreibens also dem 21. Jahrhundert vorbehalten, auch wenn es sich dabei eher um einen glücklichen Zufall handelt. Festhalten darf man auf jeden Fall, daß dieser Glücksfund eine Handschrift zutage befördert hat, die frühere Jahrhunderte sehr wohl zu schätzen wußten. Nicht von ungefähr hatte ihr Carl Robert Lessing, der für seine Sammlung ein wahres Forscherinteresse entwickelte, einen solchen Ehrenplatz unter den *Laokoon*-Papieren zugewiesen.

Auch die Tatsache, daß die Briefhandschrift bereits Bestandteil der Friedländerschen Autographensammlung war, spricht für ihre Bedeutung. Diese Sammlung, die der gelehrte jüdische Kaufmann David Friedländer (1750–1834) angelegt und sein Sohn Benoni (1773–1858) planmäßig erweitert hatte, vereinigte in sich Originalhandschriften berühmter Dichter, Künstler, Philosophen und Staatsmänner ihrer Zeit.[62] Zu vielen von ihnen stand Friedländer in persönlichem Kontakt. In seinem Haus in Berlin verkehrten u. a. die Gebrüder Humboldt, Moses Mendelssohn, Friedrich Nicolai, Johann Jacob Engel und in späteren Jahren auch Heinrich Heine.[63] Ferner gehörten Karl August Böttiger, Carl Friedrich Zelter und Johann Wolfgang Goethe zu seinen Freunden. Auch Lessings Bruder Karl Gotthelf dürfte Friedländer „ab und zu [...] getroffen haben".[64] Dabei werden sie sich gewiß nicht nur über ihre gemeinsame Liebe zur Numismatik, sondern auch über Lessing-Handschriften ausgetauscht haben. Karl Gotthelf, der bekanntermaßen recht sorglos mit dem Nachlaß seines verstorbenen Bruders umging und den Großteil seiner Autographen verkaufte oder verschenkte, mag Friedländer eines Tages auch das Schreiben des Grafen von Schmettau angeboten haben, das ihn als passionierten Sammler von Handschriften *und* Münzen doppelt interessieren mußte. Sein Sohn Benoni, der 1795 von Engel das Originalmanuskript der *Minna von Barnhelm* als Geschenk erhielt und die Reinschrift des *Laokoon* einschließlich aller Entwürfe und Korrekturbögen noch dazu erwarb,[65] dürfte das Schmettausche Schreiben dann unter die *Laokoon*-Papiere eingereiht haben, wo es der Herausgeber der Hempelschen Ausgabe 1869 vorfand. Die Tatsache, daß er das Schreiben dort und nicht in seiner umfangreichen Briefsammlung archivierte, ist äußerst aufschlußreich, denn sie zeigt, daß bereits den Friedländers zweierlei bewußt gewesen sein muß: Erstens, daß diese Handschrift aus Lessings – und nicht etwa Schmettaus oder Grubes – Nachlaß stammt, d. h. als Begleitschreiben

---

[62] Vgl. Milde, Gesamtverzeichnis (wie Anm. 2), 154 ff., sowie Lessings Bücher- und Handschriftensammlung (wie Anm. 58), I f.

[63] Vgl. Julius H. Schoeps, David Friedländer. Freund und Schüler Moses Mendelssohns, Hildesheim u. a. 2012 (Deutsch-jüdische Geschichte durch drei Jahrhunderte. Ausgewählte Schriften in zehn Bänden, 6), 315.

[64] Ebd., 317.

[65] Vgl. Lessings Bücher- und Handschriftensammlung (wie Anm. 58), II.

an ihn gerichtet war; und zweitens, daß darin von der Münze des Chabrias die Rede ist. Denn nur über die Figur des Chabrias läßt sich die Verbindung zur *Laokoon*-Abhandlung, genauer zum XXVIII. Kapitel, überhaupt herstellen. Von wem aber hätten die Besitzer diese Informationen erhalten können, wenn nicht von Lessings Bruder und Nachlaßverwalter Karl Gotthelf?

V. Die Briefhandschrift im biographischen und werkgeschichtlichen Zusammenhang

Im Anschluß an die bisherigen Überlegungen eher grundsätzlicher Art soll nun noch eine Einordnung des überlieferten Schreibens in den biographischen und werkgeschichtlichen Zusammenhang erfolgen, um seine Bedeutung für die Lessing-Forschung besser bewerten zu können. Setzt man die neuentdeckten Mosaiksteine mit den altbekannten zusammen, so ergibt sich folgendes Bild: Zur Leipziger Michaelismesse 1768 erschien bei Nicolai in Berlin der erste Teil der *Briefe, antiquarischen Inhalts*, darunter auch jener 13. Brief, in dem Lessing seine im XXVIII. Kapitel des *Laokoon* vorgelegte Deutung des Borghesischen Fechters als Chabrias gegen die Kritik des Göttinger Philologen und Altertumswissenschaftlers Christian Gottlob Heyne zu verteidigen sucht. Heyne sah sich dadurch zu einer Antwort herausgefordert und schrieb am 17. Oktober desselben Jahres einen Brief an den Verfasser, in dem er seine Einwände gegen Lessings Deutung detailliert erläuterte und außerdem versprach, seinen ungerechtfertigten Vorwurf der Verwechslung mit dem Florentinischen Miles Veles demnächst zu widerrufen.[66] Heyne hielt Wort. Am 29. Oktober erschien in den *Göttingischen Anzeigen von gelehrten Sachen* seine Rezension der *Antiquarischen Briefe*, in der er seinen Vorwurf zurücknahm, zugleich aber gewichtige Gründe ins Feld führte, die ihn an einer Deutung des Borghesischen Fechters als Chabrias zweifeln ließen.[67] Lessing war sich der Schwere dieser Argumente bewußt und konnte sie nicht unerwidert lassen. Bereits am 29. November schrieb er an Nicolai, daß er vorhabe, sich in der Fortsetzung seiner *Antiquarischen Briefe* „umständlicher darüber auszulassen".[68]

In den Briefen Nr. 35 bis 39, die bereits Anfang März 1769 vorlagen,[69] obwohl der zweite Teil der *Antiquarischen Briefe* erst im September erschien, hat Lessing sein Versprechen dann eingelöst. Während er sich im 35. und 36. Brief vorwie-

---

[66] Vgl. Christian Gottlob Heyne an Lessing, 17. Oktober 1768, in: LM 19 (wie Anm. 3), 275 f.

[67] Vgl. [Christian Gottlob Heyne,] Rezension der Briefe, antiquarischen Inhalts, Erster Theil, in: Göttingische Anzeigen von gelehrten Sachen, Bd. 2, 1768, 130. Stück, 1084–1087.

[68] Lessing an Friedrich Nicolai, 29. November 1768, in: LM 17 (wie Anm. 3), 275.

[69] Am 14. März 1769 übersandte Lessing Nicolai in Berlin die ersten fünf Aushängebogen des *Zweiten Theils* (vgl. LM 17 [wie Anm. 3], 285), die zumindest die Briefe Nr. 35–39 enthielten.

gend mit jenen Einwänden befaßt, die Christian Adolph Klotz gegen seine Deutung des Borghesischen Fechters vorgebracht hat, setzt er sich im 37. Brief mit
Heynes Argumenten kritisch auseinander, bis er in der Nr. 38 schließlich seine
im *Laokoon* formulierte These zurücknimmt. Um aus diesem Gelehrtenstreit,
der zunehmend das Interesse der medialen Öffentlichkeit auf sich zog, aber
nicht gänzlich als Verlierer hervorzugehen, sucht Lessing im 39. Brief mit einer
neuen Entdeckung zu Chabrias aufzutrumpfen:

> [...] und ich habe sonach die Stelle des Nepos, da ich einen stehenden Krieger darinn
> erkannte, doch immer noch richtiger eingesehen, als alle die, welche sich einen knie-
> enden einfallen lassen. Ja es ist so wenig wahr, daß Hrn. Sachsens verwundeter Achil-
> les, in Betracht seiner Stellung, mit dem Chabrias könne verglichen werden; oder daß
> der Miles Veles, wie ihn Gori genannt hat, eher noch Chabrias seyn könne, als der Bor-
> ghesische Fechter, wie der Göttingsche Gelehrte will: daß vielmehr an jene beide auch
> gar nicht einmal zu denken ist, wenn man unter den alten Kunstwerken eine Ähnlich-
> keit mit jener Stellung des Chabrias aufsuchen will. Sie knien; und die Statue des
> Chabrias kann schlechterdings nicht gekniet haben.[70]

Am 1. April 1769 übersandte Lessing diese ersten fünf Briefe des *Zweiten Theils*
an Heyne mit der Bitte um sein „aufrichtiges Urtheil".[71] Heynes Antwort vom
7. April war überaus wohlwollend:

> Ich sage Ihnen lebhaft Dank, daß Sie meine Erläuterung über unsern streitigen Fechter
> geneigt aufgenommen haben. [...] Sie haben die Stellen nunmehr reiflicher erwogen,
> alles mehr durchkauet, als ich gethan habe. Sie haben meinen völligen Beyfall und mei-
> ne wahre Hochachtung [...].[72]

Nach der Unterschrift folgt noch eine Anmerkung zu der umstrittenen Skulptur:

> Ich habe jetzt den Perrier vor mir, wo der Borghesische Fechter umgezeichnet in Kupfer
> vorgestellt ist: der rechte Schenkel voraus u.s.w. Je mehr ich ihn ansehe, desto weniger
> kann ich mir vorstellen, daß er einem nahen Feinde einen Hieb versetzen wolle. Sollte
> es nicht vielmehr ein Stoß von unten herauf seyn? Doch vielleicht ist hier das Kupfer
> unrichtig, wie an der linken Hand.[73]

Mit dem auch schon in seiner Rezension der *Antiquarischen Briefe* zum Ausdruck
gebrachten Mißtrauen gegenüber Kupferstichen[74] berührte Heyne genau jenen
Punkt, der Lessing bei seiner Deutung des Borghesischen Fechters zum eigentli-

---

[70] LM 10 (wie Anm. 3), 353.
[71] Lessing an Christian Gottlob Heyne, 1. April 1769, in: LM 17 (wie Anm. 3), 286.
[72] Christian Gottlob Heyne an Lessing, 7. April 1769, in: LM 19 (wie Anm. 3), 304.
[73] Ebd.
[74] „[...] sonst würden wir noch anführen, daß der ganze Körper des Borghesischen Fechters in
unsern Augen den ganzen Wuchs und Bildung, die Haltung und Stellung eines Fechters, aber gar
nicht das Ansehen eines atheniensischen Feldherrn hat. Aber nach Kupfern läßt sich so etwas nicht
beurtheilen, und hiebey könnte die Vorstellungsart sehr verschieden seyn" (Heyne, Rezension der
Briefe, antiquarischen Inhalts [wie Anm. 67], 1086).

chen Verhängnis geworden war. Zunächst hatte Lessing auf die Einwände des Rezensenten noch sehr selbstsicher reagiert und im 13. Brief mit einem schielenden
Seitenblick auf Winckelmann voller Überzeugung ausgerufen:

> Denn ich, ich bin nicht in Italien gewesen; ich habe den Fechter nicht selbst gesehen! –
> Was thut das? Was kömmt hier auf das selbst Sehen an? Ich spreche ja nicht von der
> Kunst; ich nehme ja alles an, was die, die ihn selbst gesehen, an ihm bemerkt haben; ich
> gründe ja meine Deutung auf nichts, was ich allein daran bemerkt haben wollte. Und
> habe ich denn nicht Kupfer vor mir gehabt, in welchen die ganze Welt den Borghesi-
> schen Fechter erkennet?[75]

Diese Gedanken sind für Lessings Kunstrezeption durchaus programmatisch und
stehen – im Gegensatz zu der von Winckelmann geforderten ‚Anschauung' – als
Grundüberzeugung auch hinter der 1766 erschienenen *Laokoon*-Abhandlung
über die Grenzen der Mahlerey und Poesie. Daß jedoch weder Kupferstiche
noch die Beschreibung anderer das eigentliche Kunstwerk ersetzen können, mußte Lessing schmerzlich erkennen, als sich der Altertumsexperte Heyne in den antiquarischen Streit einschaltete. Unter dem Druck der Argumente kam Lessing im
36. Antiquarischen Brief schließlich nicht mehr umhin, einzugestehen, daß er bei
seiner Deutung des Borghesischen Fechters im *Laokoon* nicht nur von „Winkel-
mannen selbst gewissermaßen irre gemacht"[76] worden war, sondern sich auch
von verkehrten Abbildungen hatte täuschen lassen:

> Vielleicht mochte dasjenige Kupfer, welches mir aus denen, die ich vor mir gehabt hat-
> te, am lebhaftesten in der Einbildung geblieben war, nach einem nicht umgezeichneten
> Bilde gemacht seyn. Es war durch den Abdruck links geworden, und bestärkte folglich
> die Idee, die ich in der Winkelmannschen Beschreibung fand. Ohne Zweifel mag auch
> ein dergleichen Kupfer den Fehler des Herrn Winkelmanns selbst veranlaßt haben.
> Wahr ists, der erste Blick, den ich auch in einem solchen Kupfer auf die Figur im Gan-
> zen geworfen hätte, würde mich von diesem Fehler haben überzeugen können. Denn
> derjenige Arm, welcher das Schild trägt, muß der linke seyn, wenn er auch schon im
> Kupfer als der rechte erscheinet; und der Fuß, diesem Arme gegenüber, muß der rechte
> seyn; wenn er schon in dem Kupfer der linke ist. Aber ich muß nur immer auf diesen
> allein mein Augenmerk gerichtet haben. Genug, ich bin mißgeleitet worden, und habe
> mich allzu sicher mißleiten lassen.[77]

Dieser von Heyne zuerst aufgedeckte Irrtum war natürlich Wasser auf den Mühlen
von Klotz und seinen Anhängern. Ermutigt durch die Kritik des Göttinger Altertumswissenschaftlers, zogen sie gegen Lessing erneut ins Feld. Gerade im Frühjahr 1769 häuften sich kritische Rezensionen und Artikel in der deutschen Presse.[78] So etwa bemerkt Friedrich Justus Riedel in einer am 17. März in der *Erfur-*

---

[75] LM 10 (wie Anm. 3), 273.
[76] Ebd., 338.
[77] Ebd., 338 f.
[78] Einen Überblick bietet Wilfried Barner in FA 5/2 (wie Anm. 6), 987–1056, bes. 1040–1050.

tischen gelehrten Zeitung erschienenen Rezension der *Antiquarischen Briefe* spöttisch:

> Im Buche selbst ist vieles, welches entweder würklich falsch ist, oder doch nur halb-wahr, daß man es im Grunde bestreiten (und in eben dem Tone) könnte, wie Herr Leßing mit seinem Gegner spricht. [...] Er droht S. 115 alles in die Pfanne zu hauen, und wenn ihm ja jemand, besonders in Ansehung der Autopsie bey Kunstwerken eine kleine Er-innerung geben will, weniger voreilig zu seyn, so ruft er ganz trotzig (S. 101) aus: „Hab ich nicht Kupfer gesehn?"[79]

Die ernüchternde Erfahrung der eigenen Täuschung muß zusammen mit diesen Sticheleien letztlich der Auslöser dafür gewesen sein, daß sich Lessing noch vor Ende April 1769 an den Grafen von Schmettau wandte und um seine Münze des Chabrias bat. Kupferstiche allein genügten ihm offensichtlich nicht mehr, nun wollte auch er zu eigener Einsicht durch ‚Anschauung' gelangen. Nicht von un-gefähr äußerte Lessing gerade in diesen Monaten wiederholt den festen Wunsch, nach Italien zu reisen.[80] Auch verschiedene Kunst- und Antikensammlungen wollte er besichtigen. So etwa schrieb er am 30. Dezember 1768 an Rudolf Erich Raspe, er würde gerne das unter seiner Aufsicht stehende Antiken- und Münzkabinett in Kassel besuchen, um „das Merkwürdigste daselbst mit Muße se-hen zu können".[81] Da sich Lessings Reisepläne jedoch immer wieder zerschlugen, mußte er sich schließlich anders behelfen. Und so wandte er sich im April 1769 an Schmettau. Seine Bitte dürfte vor allem mit dem *39. Antiquarischen Brief* in Zu-sammenhang gestanden haben, in dem Lessing auf die Stellung des Chabrias nä-her eingeht und die These vertritt, daß dessen Statue „schlechterdings nicht gekniet haben kann".[82] Zu dieser Theorie suchte er nun nach antikem Anschau-ungsmaterial. Da in Hamburg und Umgebung jedoch nicht so leicht eine Darstel-lung des Chabrias zu finden war, entschied sich Lessing schließlich für Schmet-taus Münzsammlung, die sich seit Sommer 1767 in Holstein befand, zunächst im neuen gräflichen Domizil in Preetz und seit dem Umzug des Generals Anfang April 1769 dann in Plön. Sowohl Preetz als auch Plön lagen ca. 100 km von Ham-burg entfernt, dies entsprach damals einer bis anderthalb Tagesreisen. Da jedoch offensichtlich weder Lessing nach Plön noch Schmettau nach Hamburg kommen konnte, entschied man sich für den Postweg. Die Übersendung von Wertgegen-ständen war damals allerdings mit nicht wenigen Risiken verbunden. Um sich

[79] [Friedrich Justus Riedel,] Rezension der Briefe, antiquarischen Inhalts, Erster Theil, in: Er-furtische gelehrte Zeitung, 1769, 22. Stück, 169 ff.

[80] Freilich dürften auch andere Motive dabei eine Rolle gespielt haben, nicht zuletzt Lessings wachsende Unzufriedenheit in Hamburg; vgl. hierzu Hugh Barr Nisbet, Lessing. Eine Biographie. Aus dem Englischen übersetzt von Karl S. Guthke, München 2008, 505 ff., sowie FA 6 (wie Anm. 6), 781–786.

[81] Lessing an Rudolf Erich Raspe, 30. Dezember 1768, in: LM 17 (wie Anm. 3), 278.

[82] LM 10 (wie Anm. 3), 353.

so weit wie möglich abzusichern, beschritt der Graf daher den oben beschriebenen Weg, der aus heutiger Sicht umständlich erscheinen mag, für damalige Verhältnisse aber durchaus vernünftig war.

Wenn man bedenkt, daß eine direkte Zustellung an den Adressaten im 18. Jahrhundert noch nicht üblich war, sondern die Empfänger ihre Briefe oder Pakete in der Regel vom Postamt abholen mußten und nur aus den dort aushängenden Listen entnehmen konnten, ob sie überhaupt eine Sendung erhalten hatten,[83] wird verständlich, warum Schmettau die Münze, die offensichtlich zu den seltensten Stücken seiner Sammlung zählte (vgl. Bl. 2r, Z. 4–8), nicht direkt an Lessing übersandte, sondern es vorzog, seinen Adjutanten Johann Reinhold Grube als Boten bzw. persönlichen Zustelldienst vor Ort einzuschalten. Aus demselben Grund informierte der Graf seinen Mittelsmann bereits vorab in dem Brief vom 30. April 1769 über die genaue Ankunftszeit der Sendung, damit er diese sofort in Empfang nehmen und baldmöglichst überbringen konnte. Da das Päckchen am 3. Mai abends in Hamburg eintraf, könnte Lessing Münze und Katalog zusammen mit dem überlieferten Begleitschreiben bereits einen Tag später in Händen gehalten haben. Vermutlich hat er sogleich gespannt die antike Prägung besehen. Daß er sie tatsächlich eingehend untersucht hat, davon zeugt sein Eintrag zu „Chabrias" in den *Collectanea*, der recht bald nach dem Erhalt des Päckchens erfolgt sein dürfte, da er die wertvolle Sendung vermutlich nicht lange behalten konnte. Möglicherweise mußte er die Münze schon wenige Tage später wieder an ihren Besitzer zurückschicken, der ja gerade im Begriff war, nach Käufern für seine Sammlung zu suchen, und sie gewiß nicht unvollständig verkaufen wollte. Auf jeden Fall läßt sich der Terminus post quem für die Notiz zu „Chabrias" auf den 3. Mai 1769 festsetzen. Warum Lessing die Münze im zweiten Teil der *Antiquarischen Briefe* nicht erwähnt hat, ist ebenfalls leicht zu erklären. Sie paßte schlichtweg nicht zu seiner im 39. Brief vertretenen These, daß Chabrias in seiner gewagten Stellung nicht gekniet haben könne. Denn der nackte Krieger auf der Münze lag sehr wohl „auf dem rechten Knie", wie Lessing in den *Collectanea* richtig notiert, auch wenn „die ganze Stellung" so ist, als wäre „er eben im Aufstehen begriffen". Die antike Prägung konnte also eher als Beweis für die von ihm widerlegte gegenteilige Theorie dienen als zur Untermauerung seiner eigenen Ansicht. Daher ließ es Lessing bei dem Collectaneeneintrag bewenden und kam nicht mehr auf die Münze zurück.

---

[83] Vgl. Wilhelm Sager, Postgeschichte Schleswig-Holsteins, Heide 2002 (Kleine Schleswig-Holstein-Bücher, 52), 45.

VI. Rückschlüsse für die Lessing-Forschung oder Einblicke in eine bisher unbekannte Freundschaft

Ein für die Lessing-Forschung nicht minder interessanter Fragenkomplex ist bislang noch unbeantwortet geblieben: Woher kannte Lessing Schmettau eigentlich und in welchem Verhältnis standen beide zueinander? Dazu sei zunächst einschränkend bemerkt, daß der handschriftliche Nachlaß des Grafen trotz der ausführlichen Berücksichtigung in Schmettows Familiengeschichte und Glebe-Møllers Biographie noch nicht annähernd hinreichend erforscht und eine endgültige Antwort auf diese Frage daher schwer möglich ist. Aus einem Brief des Grafen an seinen langjährigen Freund und Förderer Johann Hartwig Ernst von Bernstorff vom 12. Mai 1769, der im Dänischen Reichsarchiv in Kopenhagen überliefert ist, geht aber immerhin hervor, daß er mit Lessing gut befreundet gewesen sein muß. Im Zusammenhang mit seiner im April 1769 erfolgten Übersiedlung nach Plön schreibt er:

> [...] j'aurois souhaité pour cet Effet preferablement de m'établir a Altona, j'y aurois eu le Dt. Henseler et a Hambourg Mr. Lessing, que j'aime beaucoup l'un et l'autre, mais je n'ai pas pû y trouver de maison, [...] et Lessing se propose de quitter Hambourg pour aller en Italie.[84]

„Dt. Henseler" steht für den mit Schmettau befreundeten Mediziner Philipp Gabriel Hensler (1733 – 1805), der zunächst in Segeberg praktizierte und im Frühjahr 1769 Stadtarzt von Altona wurde.[85] Der Graf schätzte ihn sehr und besuchte ihn auch gerne.[86] Wenn er in seinem Brief Lessing mit Hensler auf eine Stufe stellt und bekennt, daß er beide so gern habe, daß er ihretwegen am liebsten nach Altona gezogen wäre, ergibt sich daraus im Umkehrschluß, daß er auch mit Lessing gut befreundet gewesen sein muß. Die neuentdeckte Briefhandschrift weist in eine ähnliche Richtung. Schmettau bittet den Überbringer, „de faire bien mes complements et mes amitiés à Mr. Lessing, pour lui marquer mon Estime et mon attention" (Bl. 1r, Z. 1 – 4). Diese Worte gehen über die verlangte Höflichkeit bei weitem hinaus. Auch die Tatsache, daß der Graf bereit war, Lessing eine der seltensten Münzen seiner Sammlung anzuvertrauen, spricht für sich. Daß Schmettau nicht nur ihm persönlich zugetan war, sondern auch seine Schriften sehr schätzte, bezeugt ein Brief vom Sommer 1780 an Johann Reinhold Grube, in dem er insbesondere Lessings philosophische und kritische Schriften lobt.

---

[84] Schmettau an Johann Hartwig Ernst von Bernstorff, 12. Mai 1769, in: Rigsarkivet, Bernstorffs arkiv, Nr. 33 (wie Anm. 35).

[85] Vgl. Philipp Portwich, Der Arzt Philipp Gabriel Hensler und seine Zeitgenossen in der schleswig-holsteinischen Spätaufklärung, Neumünster 1995 (Kieler Beiträge zur Geschichte der Medizin und Pharmazie, 22), 8 – 11.

[86] Glebe-Møller, I kamp mod dumhed og hykleri (wie Anm. 26), 42.

Die Erziehung des Menschengeschlechts erwartete er mit „impatience". Auch seine Dramen gefielen ihm, allerdings nicht die „détestable Emilia Galotti".[87] Unter dem wertvolleren Teil der gräflichen Bibliothek, die Schmettau am 24. April 1769 in Altona versteigern ließ, befanden sich Lessings *Lustspiele* und eine Ausgabe der *Minna von Barnhelm*.[88]

Inwiefern diese Beziehung auf Gegenseitigkeit beruhte, läßt sich mangels überlieferter Zeugnisse schwer beurteilen. Fest steht aber immerhin, daß Lessing mit dem Grafen gut genug befreundet gewesen sein muß, um es wagen zu können, eine äußerst seltene Münze aus seiner Sammlung auf postalischem Weg nach Hamburg zu bestellen – für den Besitzer zweifellos ein Risiko. Sozusagen im Gegenzug bat Schmettau Lessing darum, seine Kontakte in Berlin spielen zu lassen und sich dort nach potentiellen Käufern für die gräfliche Sammlung umzusehen (vgl. Bl. 1r, Z. 19 ff.). Auch für einen solch durchaus delikaten Auftrag ist eine gegenseitige Vertrauensbasis Voraussetzung. Aus all dem geht hervor, daß die Beziehung zwischen Lessing und Schmettau keine reine Brieffreundschaft gewesen sein kann. Sie müssen sich zumindest das ein oder andere Mal auch persönlich getroffen haben. Nur so läßt sich letztlich erklären, warum Lessing überhaupt wußte, daß sich in der Sammlung des Grafen eine Münze befand, auf der Chabrias bzw. ein ihm ähnlicher Krieger abgebildet war. Wo und wann sich die beiden zum ersten Mal begegnet sind, darüber läßt sich freilich nur mutmaßen. Denn Berührungspunkte gibt es mehrere. Schmettau war ebenso wie Lessing außergewöhnlich gebildet, vielbelesen, selbst schriftstellerisch tätig, ein überzeugter Anhänger der Aufklärung und ein Mann mit vielseitigen Interessen. Er besaß nicht nur eine umfangreiche Bibliothek mit ca. 4000 Bänden in fast allen europäischen Sprachen,[89] sondern auch eine ansehnliche Münz- und Antikensammlung mit etwa 1600 römischen und 1400 griechischen Prägungen.[90] Bereits 1741 hatte der französische Altertumswissenschaftler und Numismatiker Nicolas Mahudel (1673–1747) eine seltene karthagische Münze aus dem Kabinett des Grafen beschrieben.[91] Möglicherweise fiel Lessing diese Schrift bei seinen antiquarischen Studien in die Hände, sodaß er dadurch auf Schmettaus Sammlung zum ersten Mal aufmerksam wurde.

---

[87] Schmettau an Johann Reinhold Grube, Sommer 1780, in: Gunnerusbiblioteket, QMS 466 (wie Anm. 49).

[88] Vgl. Schmettow, Schmettau und Schmettow (wie Anm. 25), 301.

[89] Vgl. ebd., 298–301.

[90] Vgl. Ramus, Catalogus numorum veterum (wie Anm. 29), XIII.

[91] Lettre de Mr Mahudel […] à M^r le Baron de Schmettau […] au sujet d'une Médaille de la Ville de Carthage l'Afriquaine du Cabinet de ce Seigneur, [Paris] 1741. Die Schrift erschien ein Jahr später auch in lateinischer Übersetzung von J. Richter: Nova nummi in colonia Kartagine africana percussi explicatio, Leipzig 1742. Vgl. Schmettow, Schmettau und Schmettow (wie Anm. 25), 260 und 502, Anm. 16.

Ein weiterer Berührungspunkt war die Freimaurerei, an der Lessing gerade in Hamburg besonderes Interesse zeigte. 1767 bat er seinen neuen Geschäftspartner Johann Joachim Christoph Bode, der zu den führenden Freimaurern Hamburgs zählte, um Aufnahme in die von ihm geleitete Loge ‚Absalom zu den drei Nesseln'.[92] Auch wenn der Meister ihm diese Bitte abschlug, kam Lessing durch ihn mit zahlreichen Freimaurern in Kontakt. Die von Bode geführte Loge gehörte zur Hochgradmaurerei, an deren Einführung in Hamburg Schmettau als ‚Institutor Ordinis' maßgeblich mitbeteiligt gewesen war.[93] Daher ist anzunehmen, daß Bode den Grafen, der sowohl der großen Handelsstadt an der Elbe als auch den Freimaurern Zeit seines Lebens verbunden blieb, persönlich kannte. Außerdem kann der bibliophile Schmettau auch im Hamburger Buch- und Verlagswesen kein Unbekannter gewesen sein, denn schließlich bezog er nicht nur nahezu sämtliche Bücher aus Hamburg – die meisten davon über Petit –, sondern ließ auch einige seiner eigenen Schriften in Hamburg drucken bzw. verlegen, so etwa 1764 sein erstes größeres Werk *Beispiele zur Bildung eines Soldaten*.[94] Schmettaus engster Vertrauter in Hamburg war zweifellos Petit, der bis 1779 alle Bücherbestellungen des Grafen entgegennahm und auch sonstige Besorgungen für ihn in der Hansestadt machte. Als Buchhändler dürfte er sowohl Bode als auch Lessing gekannt und vielleicht Schmettau sogar empfohlen haben. Möglicherweise bedurfte es dieser Vermittlung jedoch gar nicht, da sich der Graf hin und wieder selbst in Hamburg bzw. Altona aufhielt, um Petit oder Hensler zu besuchen und das ein oder andere zu erledigen, wie aus den erhaltenen Briefen hervorgeht. Bei einem dieser Besuche dürfte er auch Lessing kennengelernt haben – wenn nicht in einem der zahlreichen Kaffeehäuser oder Gasthöfe Hamburgs, dann vielleicht bei den Lotterieziehungen im Eimbeck-Haus. Die Leidenschaft für das Lottospiel war nämlich eine weitere Gemeinsamkeit, die beide verband. Lessing ging ihr seit seiner Ankunft in Hamburg nach,[95] Schmettau vermutlich seit seiner Übersiedlung nach Holstein.[96] Natürlich wäre auch eine Begegnung in einer der vielen Buchhandlungen denkbar, möglicherweise sogar in Petits zentral gelegener Niederlassung bei der Börse. Aber über den genauen Ort zu spekulieren, ist letztlich

---

92 Vgl. FA 10 (wie Anm. 6), 705.

93 Vgl. Schmettow, Schmettau und Schmettow (wie Anm. 25), 263 f.

94 Vgl. ebd., 287.

95 Vgl. Nisbet, Lessing (wie Anm. 80), 492.

96 Obwohl Schack Carl Graf Rantzau (1717–1789) erst im Januar 1770 von dieser Beschäftigung seines verhaßten ‚Nachbarn' berichtet (vgl. Schmettow, Schmettau und Schmettow [wie Anm. 25], 307 f.), über den er vom 7 km entfernten Ascheberg aus so manche negative Nachricht verbreitete, ist davon auszugehen, daß Schmettau mit der Hamburger Lotterie schon wesentlich früher in Berührung kam. Auch sein Adjutant Johann Reinhold Grube muß damit bereits einige Jahre Erfahrung gesammelt haben, denn ab 1771 gehörte er der Verwaltung der neuerrichteten dänischen Lotterie in Kopenhagen an (vgl. ebd., 309).

müßig, denn die pulsierende Hansestadt bot dafür beinahe unbegrenzte Möglichkeiten.

Wesentlich wichtiger erscheint es hingegen, Überlegungen zum ungefähren Zeitpunkt der Begegnung anzustellen, denn dies hätte zweifellos weitreichendere Konsequenzen für die Lessing-Forschung. Die Frage ist natürlich, wo sich dafür Anhaltspunkte finden lassen. Vielleicht enthalten die bisherigen Ausführungen und Quellentexte ja bereits den ein oder anderen Hinweis. In der Tat, einen ersten Anhaltspunkt bietet Schmettaus Schreiben an Bernstorff vom 12. Mai 1769, aus dem hervorgeht, daß der Graf wegen Hensler und Lessing am liebsten nach Altona gezogen wäre, aber dort kein Haus finden konnte.[97] Da Schmettau nach erfolglosen Versuchen andernorts Ende März desselben Jahres ein Haus in Plön mietete,[98] läßt sich daraus schließen, daß die Wohnungssuche in Altona bereits im Januar oder Februar erfolgt ist. Das heißt aber, daß der Graf Lessing schon bedeutend früher kennengelernt haben muß, denn sonst hätte er kaum schon Anfang 1769 seinetwegen nach Altona ziehen wollen. Andererseits läßt sich die erste mögliche Begegnung der beiden aber auch nicht beliebig weit nach hinten verschieben, da Schmettau erst im Sommer 1767 von Norwegen nach Holstein übersiedelte. Am 31. August schrieb er seinen ersten Brief aus Preetz.[99] Eine frühere Bekanntschaft ist mehr als unwahrscheinlich, da sich die Biographien der beiden vor 1767 kaum jemals kreuzten. In Breslau könnte Lessing als Gouvernementssekretär des Generals von Tauentzien allenfalls die in preußischen Diensten stehenden Vettern des Grafen kennengelernt haben, nicht aber ihn selbst, da sich Schmettau in jenen Jahren in Schleswig, Dänemark und Norwegen aufhielt, wo er am 1. Februar 1764 zum kommandierenden General ernannt wurde.[100] Somit dürfte die erste Begegnung der beiden zwischen September 1767 und Herbst 1768 liegen. Aus der neuentdeckten Briefhandschrift geht allerdings hervor, daß es bei diesem ersten Treffen nicht geblieben sein kann. Lessing muß zumindest einmal auch Schmettau in Holstein besucht und dort seine Münz- und Antikensammlung besichtigt haben. Dafür spricht vor allem der letzte Satz des gräflichen Schreibens, der auf eine Skulptur aus seinem Kabinett Bezug nimmt: „Je Vous prie de demander Mr. Lessing s'il a vu en argent une si belle Antiquité?" (Bl. 1v, 20 ff.). Diese Frage macht nur Sinn, wenn Lessing Schmettaus Sammlung tatsächlich gesehen hat. Denn die Schönheit einer Silberskulptur ließe sich nach einem Kupferstich gewiß nur schwer beurteilen. Auch der vorausgehende Satz, in dem ganz unvermittelt von „*la* statue d'argent" und „*le* petit buste" die Rede ist (Bl. 1v, Z. 17 ff.), kann nur für jemanden verständlich sein, der diese Antiken bereits kennt.

[97] S.o. S. 329 mit Anm 84.
[98] Vgl. Schmettow, Schmettau und Schmettow (wie Anm. 25), 304.
[99] Vgl. ebd., 302.
[100] Vgl. ebd., 284–289.

Demnach ließe sich in etwa folgendes Szenario rekonstruieren: Lessing und Schmettau sind sich irgendwann zwischen September 1767 und Sommer 1768 begegnet. Sie tauschten sich über ihre gemeinsamen Interessen aus und wurden Freunde. Als Lessing im August 1768 „einige Tage auf dem Lande"[101] weilte, nutzte er möglicherweise diese Gelegenheit, um einen Abstecher nach Preetz zu machen. Der Graf führte seinen Gast durch die große Bibliothek und zeigte ihm auch seine stattliche Münz- und Antikensammlung. Da Lessing bei seinem Besuch jedoch unmöglich alle 3000 Münzen einzeln begutachten konnte, überflog er die Sammlung nur mit „flüchtigen Blicken"[102] – so wie einst auch das Kabinett in Kassel. Die besonders wertvollen und seltenen Stücke ließ er sich von seinem Gastgeber freilich zeigen, darunter gewiß auch die Prägungen aus Karthago und die Münze des Chabrias, die der Graf auf dem überlieferten Umschlagblatt des übersandten Kataloges eigens erwähnt (vgl. Bl. 2r, Z. 6 ff.), ebenso die antiken Skulpturen. Da Lessing so viele Eindrücke jedoch unmöglich lange behalten konnte, verblaßten sie mit der Zeit wieder. Als er dann im Frühjahr 1769 für den zweiten Teil seiner *Antiquarischen Briefe* auf der Suche war nach einer antiken Darstellung des Chabrias, fiel ihm Schmettaus Sammlung wieder ein. Da der Graf aufgrund seiner Übersiedlung von Preetz nach Plön im März und April jedoch nicht nach Hamburg kommen konnte, mußte sich Lessing schriftlich an ihn wenden. So setzte er noch vor dem 30. April ein Schreiben an Schmettau auf und bat ihn um jene „belle et unique medaille" (Bl. 1r, Z. 6 f.), die er bei seinem Besuch vor einem dreiviertel Jahr zwar kurz gesehen, aber nicht genau im Gedächtnis behalten hatte. Der Graf ließ sich nicht lange bitten, verständigte seinen Adjutanten Grube, der sich gerade in Hamburg aufhielt, und übersandte Lessing binnen weniger Tage die begehrte Münze. Außerdem legte er noch einen Katalog seiner Sammlung bei, in der Hoffnung, daß sein Freund sich für ihn einsetzen und nach Käufern Ausschau halten würde.

Auch wenn möglicherweise nicht alle Einzelheiten dieses Szenarios zutreffen, beweisen die zitierten Quellentexte, daß zumindest die wesentlichen Punkte durchaus der historischen Realität entsprechen. Dazu gehört zum einen Lessings Besichtigung des gräflichen Kabinetts, die Matthias G. von Schmettow mangels sicherer Anhaltspunkte „um 1770" ansetzt,[103] die aber aufgrund der neuentdeckten Briefhandschrift noch vor Jahresende 1768 zu datieren ist. Denn hätte Lessing den Grafen erst im Frühjahr 1769 besucht, wäre es nicht nötig gewesen, die Münze des Chabrias auf postalischem Wege zu bestellen, weil er sie dann gleich vor Ort eingehend studieren oder selbst nach Hamburg mitnehmen hätte können. Ob Lessing tatsächlich seinen mehrtägigen Landaufenthalt im August 1768 für einen

---

[101] Lessing an Friedrich Nicolai, 27. August 1768, in: LM 17 (wie Anm. 3), 257.
[102] Lessing an Rudolf Erich Raspe, 30. Dezember 1768, in: LM 17 (wie Anm. 3), 278.
[103] Schmettow, Schmettau und Schmettow (wie Anm. 25), 324.

Abstecher nach Preetz genutzt hat, muß freilich dahingestellt bleiben, aber plausibel ist diese Annahme durchaus. Der Besuch bei Schmettau könnte zwar auch erst einige Wochen oder Monate später erfolgt sein, allerdings nicht viel früher, da der Graf sonst Ende April 1769 kaum mehr eine so detaillierte Erinnerung an seine Sammlung bei Lessing hätte voraussetzen können, wie er es in seinem Schreiben tut. Zum anderen läßt sich nicht nur aus den oben genannten Gründen, sondern allein schon aus der Tatsache, daß der überlieferte Brief auf eine vorausgehende Bitte antwortet, auf ein schriftliches Ansuchen Lessings schließen, in dem er Schmettau noch vor dem 30. April um jene „belle et unique medaille" gebeten haben muß, „qu'il désire a voir" (Bl. 1r, Z. 6 f.). Somit wären die von Wolfgang Albrecht neu erschlossenen Briefe von Lessing[104] mindestens noch um dieses eine Schreiben zu ergänzen.

Zusammenfassend läßt sich sagen, daß mit der Briefhandschrift der Berliner Lessing-Sammlung Nr. 4607b ein Begleitschreiben an Lessing entdeckt wurde, das ihm der Adjutant Johann Reinhold Grube im Auftrag des pensionierten dänischen Generals Woldemar Hermann Graf von Schmettau zusammen mit der Münze des Chabrias um den 4. Mai 1769 in Hamburg überbracht hat. Bei den zwei Blättern handelt es sich um eine vom Überbringer eigens angefertigte Abschrift der Lessing betreffenden Passagen aus dem Brief von Schmettau an Grube vom 30. April 1769 sowie eine Kopie des Umschlagblattes jenes Münzkataloges, den der Graf zwei Tage später seinem Adjutanten zusammen mit der antiken Prägung zukommen ließ, mit der Bitte um Weiterleitung. Das übersandte Stück aus „dem Müntzcabinete des H[errn] General L[ieutenants] v[on] Schmettau", das Lessing in seinen *Collectanea* unter dem Stichwort „Chabrias" beschreibt, ist eine antike Bronzeprägung aus Chersonesos Taurica und befindet sich heute in der königlichen Münz- und Medaillensammlung des Dänischen Nationalmuseums in Kopenhagen. Münze und Schreiben, das auf eine entsprechende schriftliche Bitte Lessings an Schmettau vor dem 30. April 1769 schließen läßt, stehen in Zusammenhang mit der im XXVIII. Kapitel der *Laokoon*-Abhandlung vorgelegten Deutung des Borghesischen Fechters als Chabrias, die in den *Antiquarischen Briefen* Nr. 35 bis 39 zunächst gegen verschiedene Einwände verteidigt, dann aber revidiert wird. Der unmittelbare Kontext dürfte im 39. Brief zu finden sein, in dem sich Lessing mit der Stellung des Chabrias kritisch auseinandersetzt. Schmettaus Münze sollte offensichtlich als antikes Anschauungsobjekt zu den dort angestellten Überlegungen dienen. Da sie jedoch nicht zu Lessings These paßte, fand sie schließlich keine Aufnahme in den zweiten Teil der *Antiquarischen Briefe*, sondern wurde lediglich in den *Collectanea* besprochen. Dieser unmittelbare Zusam-

---

[104] Vgl. Wolfgang Albrecht, Neu erschlossene Briefe von und an Lessing, in: Lessing Yearbook 35 (2003), 95–117; ders., Weitere neu erschlossene Briefe von und an Lessing und eine angeblich verschollene Manuskriptbestellung, in: Lessing Yearbook 38 (2008/2009), 23–36.

menhang zwischen Lessings Schriften und dem neuentdeckten Begleitschreiben ist neben der Tatsache, daß es ihm persönlich überbracht wurde, zweifellos der wichtigste Grund, warum es in einer künftigen Gesamtausgabe seiner Werke und Briefe unbedingt Aufnahme finden sollte.

Christine Vogl, Ludwig-Maximilians-Universität München, Institut für Deutsche Philologie, Schellingstr. 3, 80799 München, E-Mail: Christine.Vogl@campus.lmu.de

Bildnachweis (s. die folgenden Seiten):

Abb. 1–5: Staatsbibliothek zu Berlin – Preußischer Kulturbesitz, Handschriftenabteilung.
Abb. 6–7: Nationalmuseet København, Den kgl. Mønt- og Medaillesamling. Photo: John Lee.

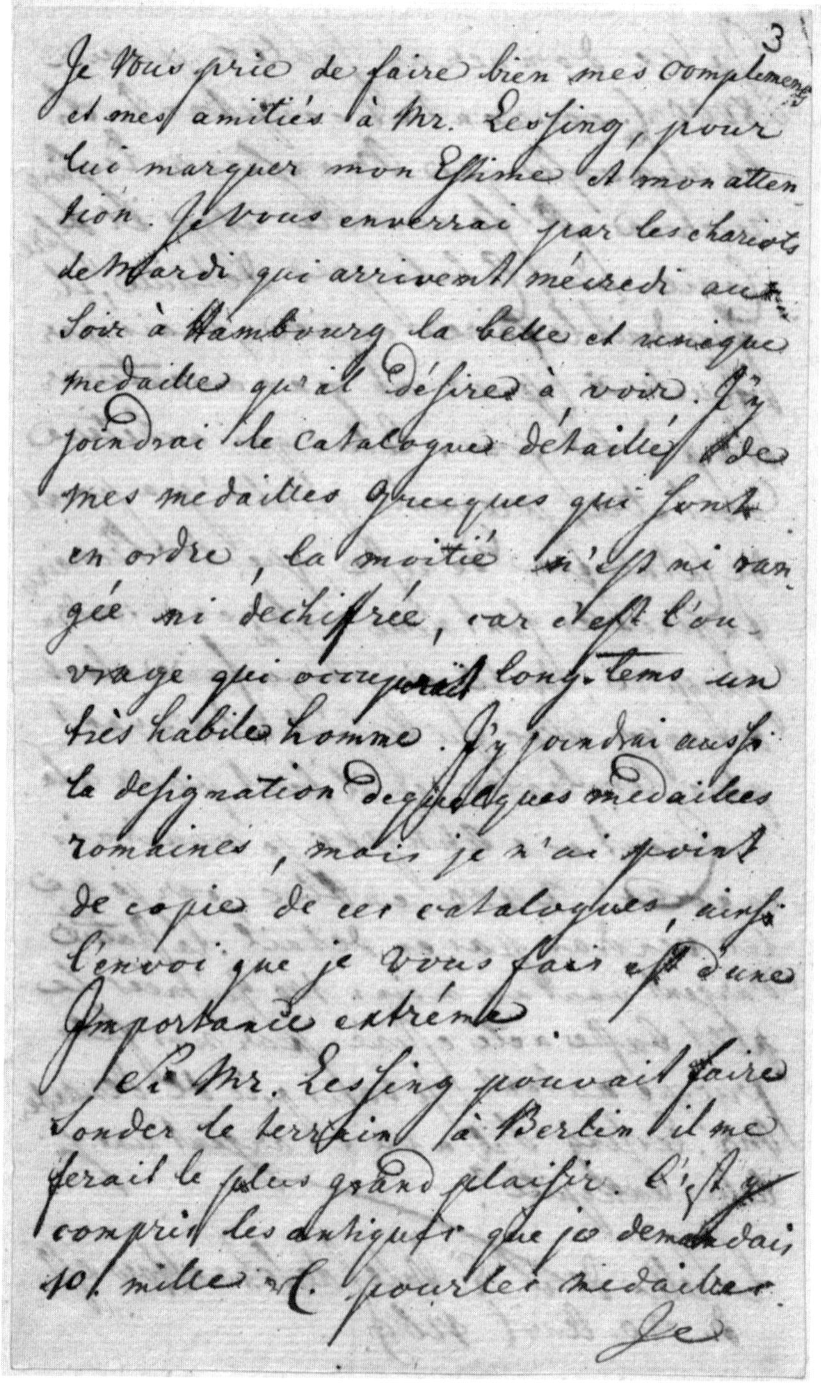

Je vous prie de faire bien mes complimens
et mes amitiés à Mr. Lessing, pour
lui marquer mon Estime et mon attention. Je vous enverrai par les chariots
de Mardi qui arrivent mecredi au
Soir à Hambourg la belle et unique
medaille qu'il désirée à voir. J'y
joindrai le catalogue détaillé de
mes medailles grecques qui sont
en ordre, la moitié n'est ni ran-
gée ni déchifrée, car c'est l'ou-
vrage qui occuperoit longtems un
très habile homme. J'y joindrai aussi
la désignation de quelques medailles
romaines, mais je n'ai point
de copie de ce catalogue, ainsi
l'envoi que je vous fais est d'une
Importance extrême.

Si Mr. Lessing pouvait faire
sonder le terrain à Berlin il me
ferait le plus grand plaisir. C'est y
compris les antiques que je demandais
40. mille ℛℭ. pour les medailles.
Je

Abb. 1: Lessing-Sammlung Nr. 4607b, Bl. 1r (ca. 18,6 x 11,3 cm).

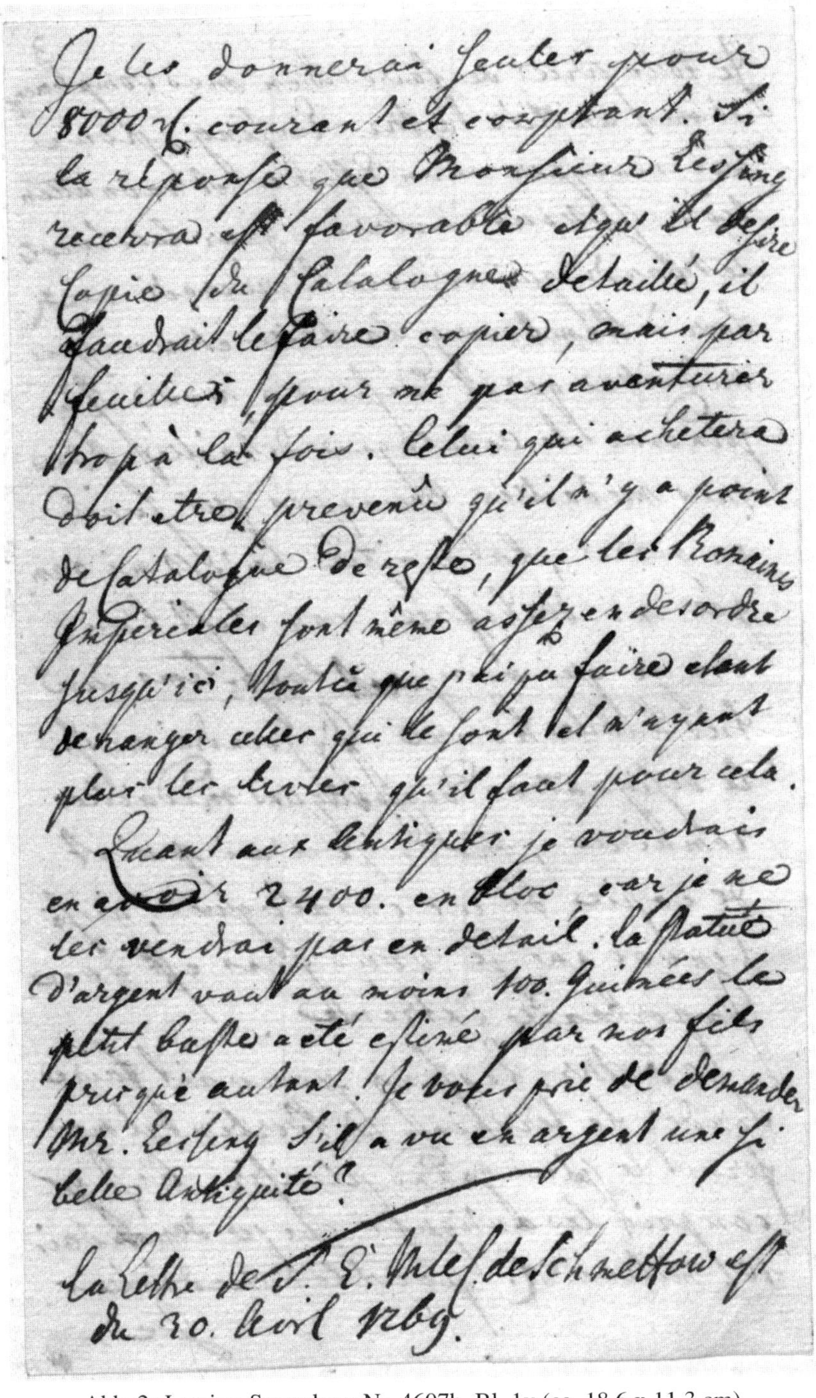

Je les donnerai seuls pour 8000 rh. courant et comptant. Si la réponse que Monsieur Lessing recevra est favorable et qu'il désire Copie du Catalogue detaillé, il faudrait le faire copier, mais par feuilles, pour ne pas aventurer trop à la fois. Celui qui achetera doit être prevenu qu'il n'y a point de Catalogue de reste, que les Romains Imperiales sont même assez en desordre jusqu'ici, ...

Quant aux Antiques je voudrais en avoir 2400. en bloc, car je ne les vendrai pas en detail. la Statue d'argent vaut au moins 100. Guinées le petit basse a été estimé par nos fils presqu' autant. Je vous prie de demander Mr. Lessing s'il a vu en argent une si belle Antiquité?

La lettre de S. E. Mlle. de Schmettow est du 30. Avril 1769.

Abb. 2: Lessing-Sammlung Nr. 4607b, Bl. 1v (ca. 18,6 x 11,3 cm).

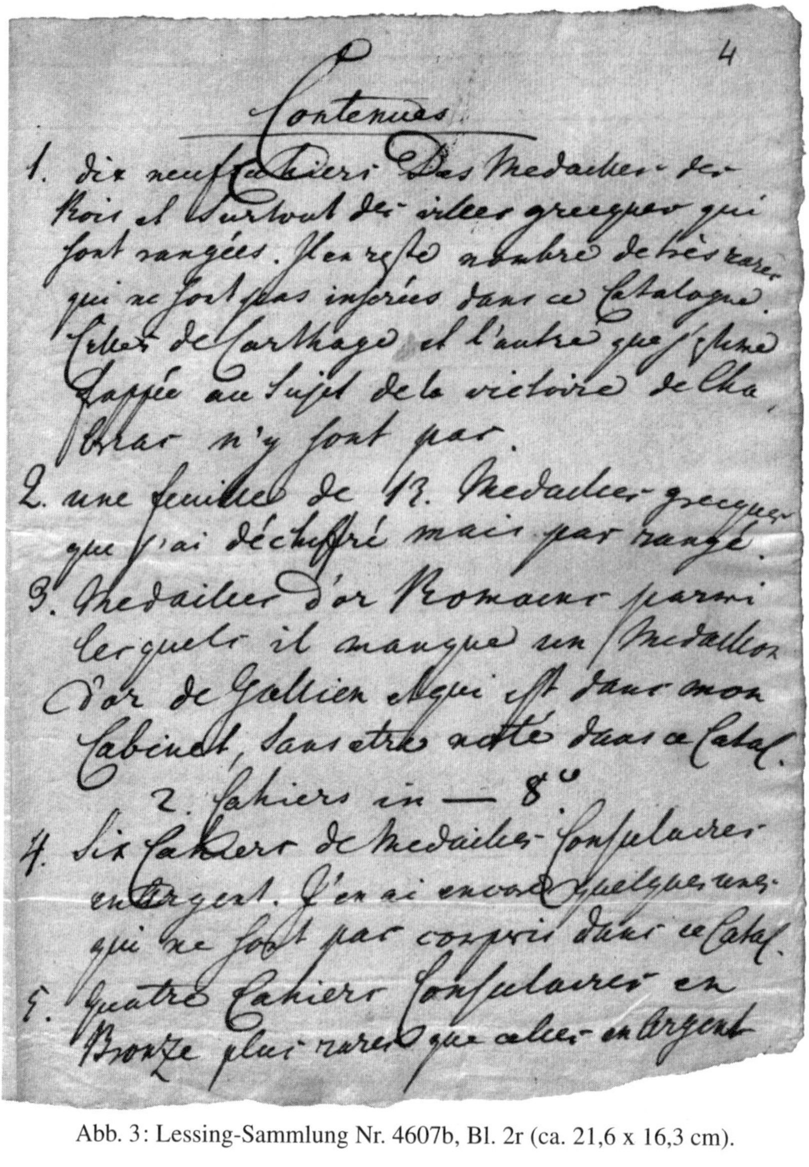

4

Contenues

1. dix neuf cahiers des medailles de Rois et surtout des villes grecques qui sont rangées. Il en reste nombre de très rares qui ne sont pas insérées dans ce Catalogue. Celles de Carthage et l'autre que j'[ai] frappée au sujet de la victoire de Chabar n'y sont pas.

2. une feuille de 13. medailles grecques que j'ai déchiffré mais par rangé.

3. medailles d'or Romains parmi lesquels il manque un Medaillon d'or de Gallien et qui est dans mon Cabinet, sans être noté dans ce Catal.
   2. Cahiers in — 8°

4. Six Cahiers de medailles Consulaires en argent. J'en ai encore quelques uns qui ne sont pas compris dans ce Catal.

5. Quatre Cahiers Consulaires en Bronze plus rares que celles en Argent

Abb. 3: Lessing-Sammlung Nr. 4607b, Bl. 2r (ca. 21,6 x 16,3 cm).

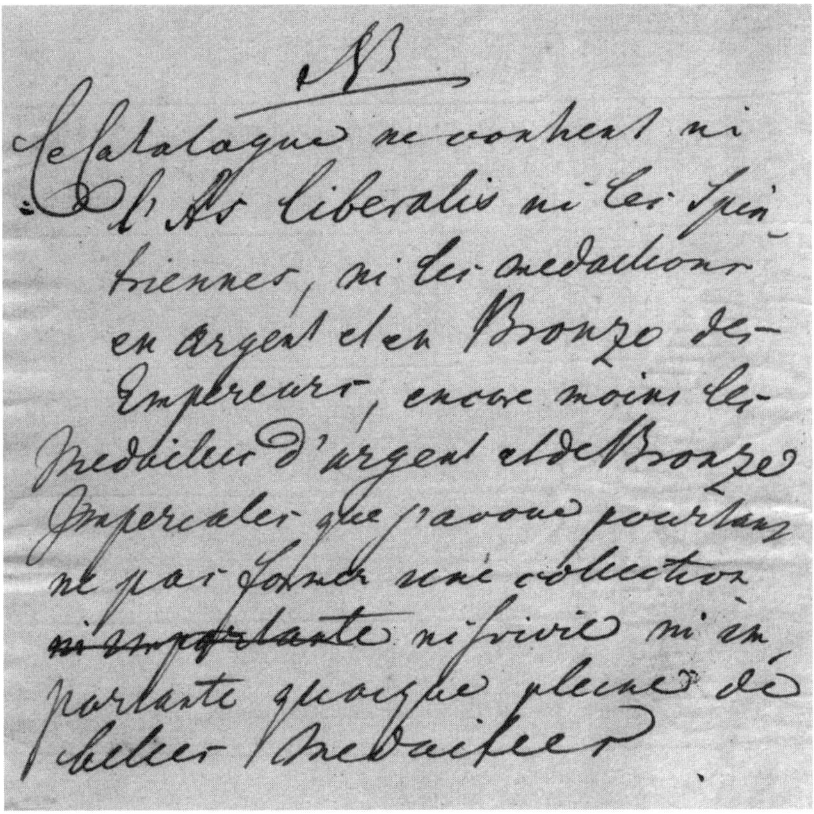

NB

Le catalogue ne contient ni
les As liberalis ni les Speci-
triennes, ni les medaillons
en argent et en Bronze des
Empereurs, encore moins les
medailles d'argent et de Bronze
Imperiales que j'avoue pourtant
ne pas former une collection
~~ni importante~~ ni si riche ni en
portante quelque plaine de
belles Medailles

Abb. 4: Lessing-Sammlung Nr. 4607b, Bl. 3v (ca. 21,6 x 16,3 cm).

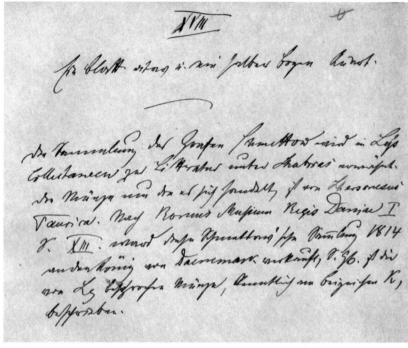

Abb. 5: Lessing-Sammlung Nr. 4607b, Umschlagblatt 1r (ca. 21,3 x 17,4 cm).

Abb. 6: Vorderseite der in Lessings Collectaneeneintrag zu „Chabrias" beschriebenen Münze: Artemis Parthenos mit Fackel, eine Quadriga im Galopp führend. Dichalkon aus Chersonesos Taurica (Æ, 6,09 g, 20 mm), geprägt um 350–330 v. Chr., Nationalmuseet København.

Abb. 7: Die Rückseite der Münze: Nackter Krieger mit Spitzhelm, auf dem rechten Knie liegend, in der Linken einen großen Rundschild, in der Rechten eine Lanze haltend. Aufschrift: rechts ‚K‘, unten ‚XEP‘.

Philosophisch-literarische Streitsachen – wieder erhältlich:

Früher Idealismus und Frühromantik
Der Streit um die Grundlagen
der Ästhetik (1795–1805)
Hrsg. von Walter Jaeschke und Helmut Holzhey.
Mit Beiträgen von E. Behler, H. Gockel, K. Hammacher, W. Henckmann, W.G. Jacobs, W. Jaeschke,
Chr. Jamme, C. Klinger, B. Lypp, Th. Lehnerer,
G. Müller, C.A. Scheier, G. Scholtz, H. Schultz,
U. Stadler.
Philosophisch-literarische Streitsachen 1
Unveränderter Print-on-Demand-Nachdruck der
Ausgabe von 1990. 2013. VIII, 270 Seiten.
978-3-7873-0994-8. Geb. 70.00

Früher Idealismus und Frühromantik, Quellen
Herausgegeben von Walter Jaeschke.
Mit Texten von Eckermann, Goethe, Humboldt, Jacobi,
Novalis, Schelling, Schlegel und Solger.
Philosophisch-literarische Streitsachen 1.1
Unveränderter Print-on-Demand-Nachdruck der
Ausgabe von 1995. 2013. XVIII, 454 Seiten.
978-3-7873-0995-5. Gebunden 118.00

Wenige Epochen haben sich mit auch nur annähernd vergleichbarem Nachdruck sowohl in die Geschichte der Kunst als auch die der Ästhetik eingeschrieben wie diejenige des frühen Idealismus und der Frühromantik. Der Bogen der Kunstphilosophie des thematisierten Zeitraums spannt sich von der Erwartung einer ästhetischen Revolution bis zur Behauptung des Endes der Kunst.

Anliegen dieses Handbuchs ist es, Zusammenhänge aufzuzeigen, Verbindungslinien nachzuzeichnen und die Intensität der Kommunikation der am Streit Beteiligten deutlich zu machen.

Transzendentalphilosophie und Spekulation
Der Streit um die Gestalt einer
Ersten Philosophie (1799–1807)
Herausgegeben von Walter Jaeschke. Mit Beiträgen
v. H. M. Baumgartner, E. Behler, U. Dierse, K. Düsing,
K. Hammacher, W. Jaeschke, W. Janke, K. R. Meist,
C. A. Scheier, G. Scholtz und W. Schrader.
Philosophisch-literarische Streitsachen 2
Unveränderter Print-on-Demand-Nachdruck der
Ausgabe von 1993. 2013. VIII, 240 Seiten.
978-3-7873-0996-2. Geb. 62.00

Transzendentalphilosophie und Spekulation, Quellen
Herausgegeben von Walter Jaeschke.
Mit Texten von Bouterwek, Fichte, Jakobi, Jean Paul,
Hegel, Reinhold, Schelling und Schulze.
Philosophisch-literarische Streitsachen 2.1
Unveränderter Print-on-Demand-Nachdruck der
Ausgabe von 1993. 2013. XII, 416 Seiten.
978-3-7873-0997-9. Geb. 108.00

Die spezifische Kontroverse zwischen Transzendentalphilosophie und Spekulation versucht dieses Handbuch an vier Hauptlinien als eine ›Knotenausgabe‹ mit Kommentar nachzuzeichnen: an der Auseinandersetzung Jacobis, Reinholds und Jean Pauls mit Fichtes Transzendentalphilosophie, an der Kontroverse zwischen Fichte und Schelling um den Begriff der Transzendentalphilosophie, an deren Ablösung durch den spekulativen Idealismus sowie an dem Versuch von dessen skeptischer Widerlegung.

meiner.de/bod

Philosophisch-literarische Streitsachen – wieder erhältlich:

Religionsphilosophie und spekulative Theologie
Der Streit um die Göttlichen Dinge (1799–1812)
Herausgegeben von Walter Jaeschke. Mit Beiträgen von E. Behler, B. Bianco, E. Düsing, K. Hammacher, E. Herms, W. Henckmann, W.G. Jacobs, J. Jantzen, I. Kauttlis, G. Müller und F. Wanger.
Philosophisch-literarische Streitsachen 3
Unveränderter Print-on-Demand-Nachdruck der Ausgabe von 1994. 2013. X, 258 Seiten.
978-3-7873-0998-6. Geb. 68.00

Religionsphilosophie und spekulative Theologie, Quellen
Herausgegeben von Walter Jaeschke. Mit Texten von Eschenmayer, Fries, Goethe, Hegel, Jacobi, Jean Paul, von Kotzebue, Novalis, Schelling und Schlegel.
Philosophisch-literarische Streitsachen 3.1
Unveränderter Print-on-Demand-Nachdruck der Ausgabe von 1994. 2013. X, 430 Seiten.
978-3-7873-0999-3. Geb. 110.00

Ist jede konsequente philosophische Theologie pantheistisch oder atheistisch? Im Streit um die Göttlichen Dinge, der sich an den Spinozastreit (1785 ff.) und den Atheismusstreit (1798 ff.) anschloss, wurde der Theismus selbst zum Gegenstand. Die beiden zentralen Texte – Jacobis Angriff auf Schelling (1811) und dessen Entgegnung (1812) – diskutieren die Möglichkeit einer philosophischen Gotteserkenntnis sowie die inhaltliche Bestimmung des Gottesgedankens.

Der Quellenteil enthält neben diesen beiden Hauptdokumenten auch Texte aus der Vorgeschichte des Streits von Eschenmayer, Hegel, Kotzebue, Novalis, Schelling und Jean Paul sowie der Nachgeschichte von Goethe, Jacobi und Schlegel. Der Kommentarteil macht den dialogisch strukturierten Entstehungszusammenhang dieser wichtigen Texte des deutschen Idealismus deutlich.

Philosophie und Literatur im Vormärz
Der Streit um die Romantik (1820–1854)
Herausgegeben von Walter Jaeschke. Mit Beiträgen von A. Arndt, H. Bock, R. Francke, A. Gedö, V. Hansen, H. Klenner, B. Lypp, J. Mehlhausen, N. Oellers, M. Schraven, G. Scholtz und H. Schultz.
Philosophisch-literarische Streitsachen 4
Unveränderter Print-on-Demand-Nachdruck der Ausgabe von 1995. 2013. X, 272 Seiten.
978-3-7873-1000-5. Geb. 70.00

Philosophie und Literatur im Vormärz, Quellen
Herausgegeben von Walter Jaeschke. Mit Texten von v. Arnim, v. Eichendorff, Feuerbach, Fichte, Hegel, Heine, Immermann, Schlegel, Schleiermacher, Stahl, Tieck und Ullmann.
Philosophisch-literarische Streitsachen 4.1
Unveränderter Print-on-Demand-Nachdruck der Ausgabe von 1995. 2013. X, 454 Seiten.
978-3-7873-1001-2. Geb. 116.0

Die Auseinandersetzungen um den Philosophiebegriff durchziehen die gesamte Philosophie und Literatur des Vormärz. Eine Ihrer wichtigsten Linien stellt der Streit um die Romantik dar: um ihre ästhetische Bedeutung und ihre politischen Implikationen. Verhandelt wurden die Fragen nach der politischen Verantwortung der Philosophie, der notwendigen Veränderung der Philosophie sowie der Veränderung der Gesellschaft durch die Philosophie. Der Quellenteil bietet Texte von v. Eichendorff, Hegel, Heine, Feuerbach, Fichte, Schlegel u.a. – etliche davon zum ersten Mal seit ihrem ersten Erscheinen. Der Kommentarteil diskutiert den Zusammenhang von Philosophie und Literatur an diesem herausragenden Beispiel.

Zusätzlich aufgenommen wurden Beiträge, die das gesellschaftliche und das theologische Umfeld der Auseinandersetzung thematisieren und so dazu beitragen, ihren Hintergrund zu erhellen.

meiner.de/bod